浦睿文化 出品

[波]扬·波托茨基 著
方颂华 译

萨拉戈萨手稿(上)

Manuscrit trouvé à
Saragosse

Jean Potocki

湖南文艺出版社
HUNAN LITERATURE AND ART PUBLISHING HOUSE

目　录

1　　　前言
001　　第一天　　艾米娜和她妹妹齐伯黛的故事
　　　　　　　　戈梅莱斯宫城堡的故事
026　　第二天　　魔鬼附身的男子帕切科的故事
039　　第三天　　阿方索·范·沃登的故事
　　　　　　　　拉韦纳的特里武尔奇奥的故事
　　　　　　　　费拉拉的朗杜尔夫的故事
063　　第四天
068　　第五天　　佐托的故事
081　　第六天　　佐托的故事（续）
098　　第七天　　佐托的故事（续）
112　　第八天　　帕切科的奇遇
120　　第九天　　秘法师的故事
136　　第十天　　蒂博·德·拉雅基埃尔的故事
　　　　　　　　松布尔城堡丽人"达丽奥莱特"的故事
152　　第十一天　吕基亚的墨尼波斯的故事
　　　　　　　　哲学家阿特那哥拉斯的故事
163　　第十二天　吉普赛人首领潘德索夫纳的故事
　　　　　　　　朱利奥·罗马蒂和萨莱诺山公主的故事
182　　第十三天　吉普赛人首领的故事（续）

I

		朱利奥·罗马蒂的故事（续）
		萨莱诺山公主的故事（续）
200	第十四天	利百加的故事
217	第十五天	吉普赛人首领的故事（续）
		玛丽·德·托雷斯的故事
231	第十六天	吉普赛人首领的故事（续）
		玛丽·德·托雷斯的故事（续）
246	第十七天	玛丽·德·托雷斯的故事（续）
		吉普赛人首领的故事（续）
255	第十八天	吉普赛人首领的故事（续）
		佩尼亚·贝雷斯伯爵的故事
276	第十九天	几何学家的故事
296	第二十天	吉普赛人首领的故事（续）
306	第二十一天	犹太浪人的故事
315	第二十二天	犹太浪人的故事（续）
328	第二十三天	贝拉斯克斯的故事（续）
336	第二十四天	贝拉斯克斯的故事（续）
348	第二十五天	贝拉斯克斯的故事（续）
361	第二十六天	吉普赛人首领的故事（续）
383	第二十七天	吉普赛人首领的故事（续）
		梅迪纳·西多尼亚公爵夫人的故事
396	第二十八天	吉普赛人首领的故事（续）
		梅迪纳·西多尼亚公爵夫人的故事（续）
		德·巴尔·弗洛里达侯爵的故事
414	第二十九天	吉普赛人首领的故事（续）

		梅迪纳·西多尼亚公爵夫人的故事（续）
		埃莫西多·希拉尔多的故事
442	第三十天	
446	第三十一天	犹太浪人的故事（续）
		吉普赛人首领的故事（续）
460	第三十二天	犹太浪人的故事（续）
		吉普赛人首领的故事（续）
		洛佩·苏亚雷斯的故事
		苏亚雷斯家族的故事
475	第三十三天	犹太浪人的故事（续）
		吉普赛人首领的故事（续）
		洛佩·苏亚雷斯的故事（续）
488	第三十四天	犹太浪人的故事（续）
		吉普赛人首领的故事（续）
		洛佩·苏亚雷斯的故事（续）
500	第三十五天	犹太浪人的故事（续）
		吉普赛人首领的故事（续）
		洛佩·苏亚雷斯的故事（续）
		堂罗克·布斯克罗斯的故事
		弗拉丝克塔·萨莱诺的故事
528	第三十六天	犹太浪人的故事（续）
		吉普赛人首领的故事（续）
		洛佩·苏亚雷斯的故事（续）
537	第三十七天	贝拉斯克斯的宗教理念
546	第三十八天	犹太浪人的故事（续）

III

		贝拉斯克斯体系的简介
554	第三十九天	犹太浪人的故事（续）
		贝拉斯克斯体系的简介（续）
566	第四十天	
570	第四十一天	托雷斯·罗韦拉斯侯爵的故事
582	第四十二天	托雷斯·罗韦拉斯侯爵的故事（续）
		里卡迪大人和劳拉·切雷拉即帕杜利侯爵夫人的故事
593	第四十三天	托雷斯·罗韦拉斯侯爵的故事（续）
607	第四十四天	托雷斯·罗韦拉斯侯爵的故事（续）
615	第四十五天	托雷斯·罗韦拉斯侯爵的故事（续）
622	第四十六天	犹太浪人的故事（续）
630	第四十七天	吉普赛人首领的故事（续）
640	第四十八天	吉普赛人首领的故事（续）
		由布斯克罗斯讲述的科纳德斯的故事
		由其本人之子即受永罚的朝圣者讲述的迭戈·埃瓦斯的故事
650	第四十九天	由其本人之子即受永罚的朝圣者讲述的迭戈·埃瓦斯的故事（续）
659	第五十天	由其本人之子即受永罚的朝圣者讲述的迭戈·埃瓦斯的故事（续）
670	第五十一天	受永罚的朝圣者布拉斯·埃瓦斯的故事
688	第五十二天	吉普赛人首领的故事（续）
		受永罚的朝圣者的故事（续）
697	第五十三天	受永罚的朝圣者的故事（续）

封地骑士托拉尔瓦的故事

711 第五十四天 吉普赛人首领的故事（续）

729 第五十五天 吉普赛人首领的故事（续）

743 第五十六天 吉普赛人首领的故事（续）

755 第五十七天 吉普赛人首领的故事（续）

765 第五十八天 吉普赛人首领的故事（续）

775 第五十九天 吉普赛人首领的故事（续）

783 第六十天 吉普赛人首领的故事（续）

792 第六十一天 吉普赛人首领的故事（续）

800 第六十二天 戈梅莱斯族长的故事

809 第六十三天 戈梅莱斯族长的故事（续）

817 第六十四天 戈梅莱斯族长的故事（续）

827 第六十五天 戈梅莱斯族长的故事（续）

乌泽达家族的故事

835 第六十六天 戈梅莱斯族长的故事（续）

839 后记

846 第四十七天（版本A） 吉普赛人首领的故事（续）

871 作者及本书大事年表

886 原版初版编者序

908 原版第二版编者序

910 原版第三版编者序

V

前　言

我是法国军官，受命参加了萨拉戈萨围城之战[1]。攻城得手后不久的某一天，我进入到城内一处略显荒僻的地带，那里有座样子看起来相当不错的小屋引起了我的注意，凭我的初步观察，应该还不曾有法国人造访过这屋子。

我满心好奇地想进屋看一看。我敲了敲门，却发现门并没有上锁。我推开门走了进去。我向屋内打了声招呼，接着又把屋子整个找了一遍，一个人也没有。看起来，但凡稍许值点钱的东西，都已经被人搬走，只剩下一些无关紧要的物件散放在桌子上或柜子里。但我还是注意到，在一处角落，有几本写满字的笔记本堆在地上，我于是扫了一眼上面的内容。原来是一摞用西班牙语写成的手稿。这门语言我真的不太懂，但我仅有的那点水平也足以让我明白，这应当是一本有趣的书：书中谈到了盗匪，谈到了鬼魂，还谈到了犹太秘法师，要是想给自己找点消遣，来解除征战沙场后的疲乏，那么，读这样一本奇书，实在是再适合不过了。我确信，这本书再也无法回到它原来的主人那里了，我于是毫不迟疑地将其归为己有。

后来，我们被迫撤出萨拉戈萨。我和我的小分队不幸脱离主力

---

[1] 原注（指法文版编者的注释，下同）：萨拉戈萨于1809年2月20日投降。

部队，遭敌军俘获，这让我顿感万事皆休。西班牙人将我们带到一个地方，随即便开始除我们的军服，取我们的物品。我只求保留一样对他们来说毫无价值的东西，那就是我之前发现的手稿。士兵们起先不太乐意，但最后还是向他们的上尉进行了汇报，上尉看了一眼书的内容便来到我面前，向我表达谢意，他感谢我完好无损地保存下一部对他来说可谓无价之宝的作品，因为这作品记载了他一位祖父辈亲人的故事。我把自己得到这本书的经过说给他听，他听完便带着我一起走了。接下来，我在他的寓所里住了相当长的一段时间，一直享受优待。在这段日子里，我请他把这本书口译成法语，并一边听，一边记录下来。

第一天

当时的莫雷纳山区，还没有奥拉维德伯爵[1]建立的移民点，在这条将安达卢西亚与拉曼恰两个地区隔断的高耸山脉上，只住着各种走私犯、盗匪，以及少量吉普赛人。据说这些吉普赛人会杀害经过的路人，然后啖食人肉，因此有了一句西班牙语俗语——"莫雷纳山里头，有茨冈人[2]吃人肉"。

但可怕的事不只这一件。据说，路人一旦冒险闯入这片蛮荒之地，就必然要遭遇千百种恐怖的经历，即便胆识过人、勇气无限，也难免被惊吓到心胆俱裂。一声声凄厉的悲号会混入湍急的水流声、暴风雨的呼啸声，传进他的耳朵，一道道暧昧不明的诱人光芒会引着他走上歧途，而一只只看不见的手会将他推向无底的深渊。

其实，在这条充满灾难的道路上，还是星星点点地分布着几间孤零零的酒馆和客栈。但据传出了些比酒馆和客栈老板更为凶恶的鬼魂，逼迫他们让出地盘，各自找地方藏身。老板们和这帮幽灵达成了妥协，从此，他们在休息时，除了偶尔会受自己良心谴责外，不

---

[1] 原注：奥拉维德伯爵，安达卢西亚的行政长官，1767—1776年间对莫雷纳山区进行了移民殖民；他将教会的财产充公，然后分发给农民。宗教裁判所将他捉拿关押，但他在1790年成功地逃脱至巴黎。

[2] 编注（指简体中文版编者注释）：茨冈人是俄罗斯人对吉普赛人的称呼。

会再有其他事情忧心。在安杜哈尔，我住的那家客栈的老板以圣地亚哥-德孔波斯特拉[1]为例，想证明这些奇异的传说所言非虚。最后，他还补充道，神圣兄弟会[2]是拒绝向莫雷纳山区出警的，远行的过客也都会转道去哈恩或埃斯特雷马杜拉。

我向他回答说，普通的远行者或许可以做出这样的选择，但我有幸蒙国王腓力五世[3]厚爱，被任命为瓦隆卫队[4]的上尉。作为这样一名骑士，我必须恪守与荣誉相关的神圣法则。因此，我去马德里赴命只能走最短最快的路，而不能考虑那是否也是最危险的路。

"我这位年轻的大人啊，"老板接着说道，"请允许我提醒一句，尽管国王厚爱大人，把卫队里的一个连交给大人统率，但岁月还没有给大人足够的青睐，大人的下巴上连一点须髯都没有长出来，在这样的情况下，谨慎行事可能更为妥当。我想说的是，在魔鬼占据这个地区的时候……"

我没等他后面的话说出口便撒腿就跑，一直跑到我确信再也听不到他苦口婆心的劝说时才停下脚步。我转过身来，只见他依然在打手势，远远为我指着通往埃斯特雷马杜拉的路。我的随从洛佩斯

---

1 译注：安杜哈尔（Andujar）是西班牙现安达卢西亚自治区哈恩省的一个市镇。圣地亚哥-德孔波斯特拉（Santiago de Compostella）是西班牙加利西亚自治区的首府，相传耶稣十二门徒之一的圣雅各安葬于此，是天主教朝圣胜地之一。自中世纪以来，前来此地的朝圣者络绎不绝，乃至形成了一条有名的朝圣之路，即圣雅各之路。圣地亚哥-德孔波斯特拉古城于1985年被列为世界文化遗产。
2 译注：神圣兄弟会即中世纪西班牙各城镇的警察。
3 原注：腓力五世于1700—1746年在位。
4 译注：瓦隆卫队是1537年由神圣罗马帝国皇帝查理五世创立的步兵部队，主要在西属尼德兰招募人员。这是一支精英部队，任务主要是维护西班牙内部的安全，后整编入西班牙王家卫队。

和马童莫斯基托都可怜兮兮地看着我,他们想表达的意思应该和客栈老板的话没什么区别。我装作不明白,自顾自在荒野中策马前行,这一带便是后来被称作拉卡洛塔[1]的移民点。

在如今成为驿站的那个地方,当时有一个供路人遮风挡雨的歇脚点。骡夫们对这里都很熟,他们把这个歇脚点称作"栓皮栎"或"冬青栎",因为这里生长着两棵这样的树。树长得很漂亮,树荫下还有一眼泉水,水量丰富,人们接上一个大理石制成的饮水槽,供路人的牲畜使用。从安杜哈尔到那家被称作"克马达店家"的客栈,一路上只有这一处水源,也只有这一处树荫。这家客栈位于一片荒谷之中,但它是座非常高大也非常开阔的建筑。说起来,它最初是一座摩尔人的城堡,经过佩尼亚·克马达侯爵的翻修才变成现在的格局,"克马达店家"的名称也由此而来。侯爵将翻修后的城堡租给一位穆尔西亚的商人,商人又将其改建为客栈,而且是这条路上最大最气派的客栈。因此,过路客人可以早上从安杜哈尔出发,中午在"栓皮栎"吃随身携带的干粮当午餐[2],晚上留宿在克马达店家;很多人甚至第二天也选择继续留在客栈,以便积蓄体力,准备后面翻山越岭的行程,同时添置些干粮。这也是我的行程安排。

在我们走近那两棵冬青栎时,我对洛佩斯说,等会儿就可以把干粮拿出来吃了。但此时,我突然发现莫斯基托已经不见人影,他那头拉干粮的骡子也消失了。洛佩斯告诉我,这个马童还停在我们身后几百步的地方,他当时说要在骡子的驮鞍上整理东西。我们便

---

1 译注:拉卡洛塔(La Carlota)是西班牙现安达卢西亚自治区科尔多瓦省的城镇。
2 译注:19世纪之前,欧洲人一天并不固定吃三餐,而是两餐至四餐不等,时间也不固定,这在后文中可以看出。

停下来等了他一会儿，接着又稍微向前走了几步，然后再次停下来等他。我们高声呼喊他的名字，甚至还原路返回去找他——全都没有用。莫斯基托失踪了。他一失踪，也把我们最珍贵的期待给带走了，那就是我们的这顿中午饭。不过，吃不上饭的人就我一个，因为洛佩斯一直在啃一块他独自准备的埃尔托波索干酪。可他的神情也同样颓唐，他一边吃一边嘟嘟囔囔地说："安杜哈尔客栈老板说得没错，不幸的莫斯基托肯定是被魔鬼给抓走了。"

等我们走到"栓皮栎"的时候，我看到饮水槽上放着只篮子，篮子上盖满了葡萄叶。看起来，这篮子里原本装了很多水果，是某个路人落下来的。我好奇地翻看篮子，发现里面有四个漂亮的无花果和一只橙子，这让我非常高兴。我拿了两个无花果给洛佩斯，但他不肯要，他说，他可以等到晚上再好好吃一顿。于是，我就一个人将水果全部吃掉了。吃完后，我想喝点旁边的泉水解渴，洛佩斯将我拦住，他的理由是吃完水果再喝水容易生病，然后便递给我一瓶喝剩的阿利坎特葡萄酒。我接过酒喝下去。但酒刚一进胃，我就觉得心口闷得慌。接着，我头晕目眩，只觉得天旋地转，要不是洛佩斯及时出手相救，我肯定就昏倒在地上了。他帮我恢复清醒，然后对我说，这只是劳累和饥饿造成的虚弱，用不着担心。

实际上，我不单单恢复了清醒，甚至还进入一种体力充沛、兴奋不安的状态，一种有点不同寻常的状态。山野仿佛抹上了各种极为鲜艳的色彩，所有的东西都像夏夜里的星辰那样在我眼前闪耀不停，我感到自己血脉偾张，特别是在太阳穴和喉咙这两处位置。

洛佩斯看到我先前的不适并没有造成什么真正的影响，便不由自主地重新开始抱怨起来："唉！弗莱·赫罗尼莫·德·拉特立尼达,这位修道士、布道者、告解神父,他是我们家族的权威人物,我怎么会不听他的话呢?他是我丈母娘的公公的小姨子的女婿的姐夫,算得上是与我们家关系最近的亲戚了,在我们家,每件事都要征求他的意见才会去做。我不肯听他的话,我受到惩罚真是罪有应得。他明明白白地告诉过我,瓦隆卫队里的军官是一帮异端分子,这从他们的金发、碧眼、红脸颊就很容易看出来,过去的基督徒可不是这样,过去的基督徒,他们的体色和圣徒路加[1]画中圣母的体色是一样的,比如说阿托查圣母院[2]里的圣母像。"

我打断他滔滔不绝的无稽之谈,命他把我的双响步枪递给我,然后守在马边。我随后要在附近找个山头登高眺望,看看能不能发现莫斯基托,哪怕有他留下的踪迹也好。听到我的这个方案,洛佩斯一下子哭了出来。他跪在我膝前,以所有圣徒的名义向我哀求,求我不要将他单独留在一个如此危险的地方。我于是提出由我来看马,他去找莫斯基托,但这个方案似乎使他更加惊慌。不过,经我反复劝说,他还是放我去找莫斯基托了。随后,他从口袋里掏出一串念珠,在饮水槽边祷告起来。

我想登上去的那座石山比看起来要远得多,我花了差不多一个小时才走到山下。等攀上山顶,我只看到一片荒凉、原始的旷野:没有任何住家,没有任何人或动物的踪迹,除了我先前一直在走的那条大路之外,没有其他任何一条路,而且这条路上也没有任何行人,处处悄然无声。我用几声高喊打破寂静,回声从远处一遍一遍

---

[1] 译注:圣徒路加,《圣经·新约》中《路加福音》和《使徒行传》的作者。据称路加也是第一个肖像画家,并为圣母、伯铎和保禄画过像。
[2] 原注:阿托查圣母院,马德里的朝圣教堂。

地传回来。最后,我回到饮水槽,只见马被拴在一棵树上,而洛佩斯已不见踪影。

我现在有两条路可走:要么回到安杜哈尔,要么继续我的旅程。但我其实压根儿就没考虑过第一条路。我跃上坐骑,快马加鞭,飞奔两个小时后,来到瓜达尔基维尔河边。这里的瓜达尔基维尔河,可不是环绕塞维利亚城墙的那条水流平缓、辽阔壮丽的河流;这里的瓜达尔基维尔河,是一条从山间奔腾而出、既没有岸也看不见底的急流,它一路轰鸣不休,将自己巨大的能量倾泻在悬岩上。

在瓜达尔基维尔河从河道转变成冲积平原的地方,出现一片名为兄弟谷的谷地。之所以叫兄弟谷,因为曾经有三兄弟——他们的协力同心,主要不是因为血缘的关系,而是对强人剪径的营生的共同兴趣——长期以这里为舞台,展现他们的盖世武功。三兄弟当中后来有两人被捕,遭遇极刑,尸首现在还悬挂在谷地入口的一座绞刑架上。但名为佐托的大哥成功逃脱追捕,免遭在科尔多瓦的牢狱之灾。据传他目前藏身于阿尔普哈拉斯山脉。

关于被绞死的两兄弟,有各种奇异的传说。尽管没人说他们成了冤魂,但还是有人坚持认为,有某种说不清是哪种类型的魔鬼能让他们的尸首暂时复活,到了夜里,这两具僵尸就会挣脱绳索,离开绞刑架,打扰生者。事情被传得有板有眼,差不多快成确凿无误的事实了。萨拉曼卡大学的一位神学专家甚至还写了篇论文,来证明这两个人被绞死后变成了吸血鬼、僵尸之类的东西。同样不可思议的是,那些平时最不信鬼神的人,在这件事情上也毫不迟疑地表达了对神学专家的认同。与此同时,还流传着一种说法,称这两个人其实是无辜的,他们是在不公正的审判下被处死的,因此他们得到了上天的许可，将赶路的过客和其他过路人当作自己复仇的对象。在科尔多瓦时，我已经听到关于这件事的各种说法。于是，在好奇心的驱使下，我走到绞刑架附近。真是令人作呕的一幕啊：那两具丑陋狰狞的尸体随风飘荡，非常怪异地晃来晃去，几只可怕的秃鹫停在上面反复拉扯，正将肉一片一片地撕下来。我惊恐地扭过头，策马冲进山路。

必须承认，盗匪们在兄弟谷干他们的勾当，确实享有得天独厚的条件，而且这里也非常适合他们躲藏。外人想进来，要么会被山头突兀的岩石拦住去路，要么会因为在暴风雨中倒下的大树止步不前。在很多地方，想迈步前行，就必须跨越湍急水流下的河床，或是从一个个深不见底的岩洞前经过，这些岩洞光凭奇形怪状的模样，就让人提心吊胆、增加防备。

出了兄弟谷，我又进入另一片谷地。我发现远处有一家客栈，看来，这里就是我要投宿的地方了。不过，在第一眼看到它时，我心里面就产生了各种不好的预感。因为我看得很真切，屋子既没有窗户也没有百叶帘，烟囱根本不冒烟，附近也毫无动静。等我靠近时，连一声狗吠也没有听到。我只能得出结论，这就是安杜哈尔客栈老板所说的废弃客栈中的一家。

越走近客栈，就越感到静得可怕。等最终来到店门外时，我看到一个教堂用的捐款箱，箱子上还写着这样一段话："过路的先生们，请献上您的爱心，为冈萨雷斯·德·穆尔西亚的灵魂祈祷吧，他是您眼前这座克马达店家过去的老板。但最重要的是，不论有什么理由，都请您接着赶路，切莫在此过夜。"

但我当即拿定主意，要冒险无视这段话的警告。这倒不是说我真的确信世间并没有什么幽灵，关键的原因诸位可以在后文中看到：我接受的各方面教育，都指引我恪守荣誉的信条，对我来说，践行这一信条的方式之一，就是绝不在任何情况下流露出丝毫畏惧之意。

太阳正不断西沉，我想借着最后一点余晖，把屋子的各个角落都查看一遍。我并不是想弄清屋子里到底有多少魔力，好让自己放心，我的主要目的是寻找食物。尽管在"栓皮栎"吃的那点东西帮我支撑了一段时间，但我眼下又变得饥肠辘辘。我穿过一间又一间客房和厅堂。大部分房间的墙面都镶着一人高的瓷砖，天花板上则是摩尔人擅长的那种精美的嵌木细工装饰。我把所有的厨房、阁楼、地窖看了个遍。这些地窖其实都是岩洞，其中一部分还带有地下通道，通道看起来很长，会一直通到深山里面。但不论在什么地方，我都没找到吃的。

最后，阳光消失殆尽。我来到院子里，将原本拴在这儿的马牵进马厩，因为我之前注意到，马厩里还堆着点草料。接着，我来到一间客房，在床上躺下来，这张床是整个客栈里留下来的唯一一张床。我当然很希望有盏烛灯，不过，我正饿着肚子，而腹中空空的好处是，我可以保持警醒，不会轻易入睡。

可是，夜越深，我的想法就越悲观。我一会儿想我两个随从失踪的事，一会儿又想怎样才能弄到点食物。我认为，洛佩斯和莫斯基托在各自独身一人的时候，应该是有一帮盗匪从某片灌木丛中或是从某条地道里出其不意地钻出来，先后袭击了他们。我能免遭不幸，是因为我身上穿着军装，这让他们觉得，想制服我恐怕没那么容易。但对食物的挂念还是压倒了其他一切想法。我先前看到山上有羊，那么，必然存在一个看护这些羊的羊倌，而这个羊倌又必然会储备一些面包,配上羊奶当饭吃。此外,我脑子里还闪过用枪打点东西吃的念头。不过,不论怎么说,走回头路,让自己遭受安杜哈尔客栈老板的耻笑,这件事我是断然不会做的。在这一点上我的意志非常坚定,我肯定会继续沿着现在这条路往下走。

诸如此类的想法在脑子里全过了一遍之后,我不由自主地回忆起儿时听到的一些故事,比如著名的伪币制造团伙的故事,以及类似的其他几个故事。我还想起了那个捐款箱上写的话。我倒不会相信魔鬼拧断客栈老板脖子这样的事,但我实在无法理解,他为什么会无端地死于非命。

几个小时就这样在极度沉寂中过去了。突然,不知从何方传来一阵钟声,我顿时惊得打了几个寒战。钟敲了十二下,正如人们所知,只有在午夜到第一遍鸡鸣这段时间内,幽灵才会发威。我说我受到了惊吓,但这惊吓并不是没有理由的,因为钟在之前的几个整点从没响过,总之,这钟声在我听来带着几分阴森,几分凄切。

钟声响罢,没过一会儿,我的房门开了,一个面色全黑的人走了进来。但这并没有任何让人感到害怕的地方,因为此人是个长得很漂亮的半裸黑女人,两手各拿着一支蜡烛。

黑女人走到我面前,向我深深鞠了一躬,然后用非常标准的西班牙语对我说道:"骑士大人,有几位异邦女士在这间客栈过夜,她们希望您能赏光共进晚餐。劳您大驾,请随我来。"

我跟着黑女人穿过一条又一条走道,最后来到一个灯火通明的大厅,大厅正中摆着张桌子,桌子上放了三套餐具,此外还有几只日本水瓮和用天然水晶制成的长颈瓶。一张华美的大床靠在大厅最里侧的墙边。好多黑人女仆忙前忙后,准备上菜。但突然间,她们毕恭毕敬地列成一队，紧接着，我看到走进来两位女子，一位面若百合，一位面似玫瑰，与侍女们乌木般的脸庞形成鲜明的对比。她们手牵着手，衣着风味独特，或者至少可以说，在我眼中是别具一格的。其实，在巴巴利海岸[1]的许多城市里，这是盛行的打扮，多年后我游历那一带才有了亲身体会。具体说来是这样的：上身她们只穿着一件连紧身褡的衬衣，布制的衬衣一直垂到腰带下方，再往下看，是一片梅克内斯[2]出产的纱罗，这种织物本身是完全透明的，幸亏上面还缠了一条条宽大的丝带，才能掩住春光，空留给人无限遐想。恰到好处盖住酥胸的紧身褡上镶满珍珠，配的都是钻石搭扣，紧身褡本身是没有袖子的，而同样是纱罗质地的衬衣袖子则被高高卷起来，系在了衣领后面。她们裸露的双臂上套了一圈又一圈手镯，从手腕一直套到肘部。如果这两个女人是女魔头，那她们应该长着类似反刍动物的叉蹄，或是鸟类的爪子。但她们只有普通人的双足，都赤脚穿着双绣花的女式拖鞋，脚踝上还套着镶有大钻石的脚环。

这两位陌生女子带着自然随和的神态走到我面前。她们真可谓完美的丽人，一个身材高挑，四肢颀长，光彩照人，另一个则略显羞涩，楚楚动人。气质高贵的这一位不仅身材极佳，五官也同样精致。看上去年幼的这一位则身材更为丰满，双唇更显圆润，她的眼睛仿佛半开半合，隐约露出来的眸子上盖着一层长得超乎想象的

---

1 译注：巴巴利海岸或巴巴利，又译巴贝里海岸或巴贝里，是16—19世纪欧洲人对马格里布的称呼，即北非的中西部沿海地区，相当于今天的摩洛哥、阿尔及利亚、突尼斯及利比亚。这个名词衍生自北非的柏柏尔人。

2 译注：梅内克斯是摩洛哥北部古城，曾为首都，位于现首都拉巴特与菲斯之间。

睫毛。

年纪略长的女子用西班牙语对我说道:"骑士大人,感谢您赏光接受我们的邀请,和我们共进这顿简餐,我想您应当正有此需求。"

她说最后那句话时脸上带着种非常狡黠的神情,我简直要怀疑,是不是她派人偷了我们放干粮的骡子,可她现在又弄了这么一顿饭给我吃,让我也找不出任何理由埋怨她。

我们落座后,这位女子一边递给我一个日本水瓮,一边对我说道:"骑士大人,您面前的这道菜叫荤什锦,它是由各式各样的肉组成的,不过有一种肉例外,因为我们是信徒,或者应该说,我们是穆斯林。"

"美丽的陌生女士啊,"我回答她说,"我觉得您先前说的完全没错。你们当然是信徒,你们的宗教是一种爱的宗教。不过,在我满足自己的食欲前,是否能请您先满足一下我的好奇心,告诉我你们是何方人士?"

"您尽管用餐,边吃边听就好,骑士大人,"美丽的摩尔女子接着说道,"我们不会对您隐瞒身份的。我叫艾米娜,我妹妹叫齐伯黛;我们的家在突尼斯,但我们的家族起源自格拉纳达,我们有几位亲戚如今还留在西班牙,秘密宣扬先人的律法。一周前我们乘船离开突尼斯,登陆的地点是马拉加附近的一个偏僻海滩。我们随后翻越洛哈和安特克拉之间的群山,接下来就到了目前这个荒凉的所在。我们想在这里换换衣服,并做些必要的安排,确保自身安全。骑士大人,您应该看得出,我们正在进行的是一次很重要的秘密旅行,相信您会为我们保守机密。"

我向两位美丽的女子保证,她们不必对我有任何猜疑。接着,我就开始吃起来，可以说我吃得有点儿狼吞虎咽，但还是保持着几分必要的优雅。我相信，但凡年轻男子，当他独自一人和一群女士相处时，都是会守住这几分优雅的。

几道菜下肚，我的饥饿感已经缓解，我开始吃起餐后的甜点。美丽的艾米娜看在眼里，便让黑人女仆向我演示她们国家的舞蹈。看起来，不会再有什么命令能比这一条更让她们开心的了。她们跳了起来，欢快得近乎放纵。我甚至觉得，她们这一跳恐怕就很难停下来了，但我还是问，她们两位美丽的主人是否偶尔也会一展舞姿。两人并没有直接回答我，只是起身命人打响板[1]。她们跳的是穆尔西亚的波莱罗舞，以及阿尔加维[2]的佛发舞，去过这两个地方的人相信会心中有数。不过，即便有人能看明白是什么舞，他恐怕也永远无法全数参透这两位非洲[3]女子舞蹈中的魅力，因为她们天生的高雅气质在舞步中尽显无遗，而半透明的衣装更是起到了淋漓尽致的烘托效果。

起初，我还能带着种心若止水的态度观赏舞蹈；但到后来，她们的动作在愈发激扬的节奏中变得紧凑疾速，摩尔人的音乐声也渐渐显得喧闹无比，我仿佛被猛然间填塞了一顿感官大餐，精神变得极度亢奋。不论是在我的体内还是体外，所有一切汇聚成同一股力量，一股让我失去理智的力量。我再无法弄清，围在我身边的究竟是普通的女子，还是恶毒的女魔头。我不敢面对这一切，我也不想

---

1 译注：响板，碰奏体鸣乐器，流传于西班牙民间的打击乐器，主要用于歌舞的伴奏。
2 译注：阿尔加维（Algarve），葡萄牙最南边的一个大区，也是历史省份之一，现对应省份为法罗省。
3 译注：本书中的非洲多指前文提到的巴巴利海岸地区。

看下去。我用手捂住双眼,我感到自己快要支撑不住了。

两姐妹走到我身边,各自握住了我的一只手。艾米娜问我是不是感觉不舒服。我请她不必担心。齐伯黛看到我胸前佩戴的一枚徽章,便问我徽章上是不是刻着某个情人的画像。

我回答道:"这是我母亲给我的珍宝,我向她承诺过,会永不离身地戴着。这上面有一小块真十字架[1]上的木片……"

听到这话,齐伯黛往后退了几步,脸色发白。

"您看起来有些不安,"我对她说道,"可是,能被十字架吓倒的,只有那些常处在黑暗中的灵魂。"

艾米娜代她的妹妹向我回答道:"骑士大人,您已经知道我们是穆斯林,所以我妹妹在您面前表现出难过的样子,您照说不该感到惊奇才是。其实我也同样难过,您是个基督徒,这让我们非常气恼,因为您算得上是和我们关系最近的男亲戚了。我这么说恐怕您会很惊讶,但您母亲不是戈梅莱斯家族的人吗?我们是同一个家族同一个分支的人,而我们这个分支又是阿本瑟拉赫家族[2]中的一支。不过我们还是先在这个沙发上坐下来吧,我会把更多的事讲给您听。"

黑人女仆都退了下去。艾米娜拉我到沙发上坐下,然后自己盘腿坐在我的一侧。齐伯黛则靠着我的靠垫坐到了另一侧。我们三人离得如此之近,连呼出的气息都混为了一体。

艾米娜看起来先静静地想了一会儿,接着,她一边用极度关切的眼神看我,一边抓住我的手对我说道:"亲爱的阿方索,没必要

---

[1] 译注:真十字架,是基督教圣物之一,据信是钉死耶稣基督的十字架,是耶稣的遗物之一。

[2] 译注:阿本瑟拉赫家族是历史上格拉纳达王国的一个阿拉伯摩尔人部落。

向您隐瞒，我们并不是碰巧来这里的。我们来这里就是为了恭候您，假如您出于恐惧选择了另一条路，那您就会永远失去我们的敬重了。"

"艾米娜，您实在是高抬我了，"我回答她道，"但我看不出自己身上有什么才华，值得你们产生如此浓厚的兴趣。"

"我们对您的兴趣确实非常浓厚，"这位美丽的摩尔女子接着说道，"您基本上可以算是我们见到的第一个男子，知道了这一点，您就不会觉得我在高抬您了吧？我说这样的话您肯定会感到惊讶，看起来您似乎还有些怀疑。刚才我答应过您，要把我们祖先的故事讲给您听，不过，我先从我们自己的故事说起，或许会更好一些。"

艾米娜和她妹妹齐伯黛的故事

我们是加西尔·戈梅莱斯的女儿，他是突尼斯现任台伊[1]的舅父；我们一个兄弟也没有，也从不曾见过我们的父亲，所以，一直深居闺中的我们起初对您这个性别的人是毫无概念的。不过，我们姐妹俩生来就特别喜欢情感方面的事，所以，我们热情似火地爱上了彼此。这种爱、这种依恋从我们的幼年就开始了。只要有人想将我们分开，哪怕只分开一会儿，我们就会号啕大哭。一旦两人当中

---

[1] 译注：1591—1705年间，台伊（dey）是奥斯曼帝国时期驻突尼斯的长官；1705年后，台伊这一职务地位有所下降，成为贝伊（bey）任命的高级官员。

有谁冲对方发脾气,受指责的那个人就会泪如雨下。白天我们在同一张桌子上游戏,晚上又在同一张床上入睡。

这份炽热的情感仿佛伴随着我们一起成长,在接下来我要对您说的这段经历后,这份情感又添加了新的力量。我当时十六岁,我妹妹十四岁。我们很早就注意到,我母亲小心翼翼地躲着我们藏了一些书。起先我们并没有多想,因为要学习的课本已经让我们深感厌烦,但年龄稍长一些后,我们对这些书产生了好奇。有一天,平日里对我们属于禁区的那个柜子被打开了,我们抓住稍纵即逝的机会,匆忙取出了一本小书,书名叫"马吉努恩和莱伊拉的爱情故事",是由本·奥姆里从波斯文翻译过来的译本[1]。这部神圣的作品以如火的热情笔触,刻画出爱情所有的美妙之处,也给我们懵懂的心灵带来光明般的启示。实际上,书中的内容我们并不能完全理解,因为我们还没有见过您这个性别的人,但我们还是将书中的描写照搬着运用起来。我们讲起情侣间的甜言蜜语,讲到后来,我们还想照情侣那样真心相爱。我扮演马吉努恩的角色,我妹妹则成了莱伊拉。我先是用花摆出个造型,向她表白爱意,这种造型是在整个亚洲地区盛行的神秘示爱方式。我随后开始用眉眼向她诉说衷曲,她来到时跪在她面前,她离去后亲吻她留下的足印,我请求清风将我的深情叹惋带到她的耳畔,我觉得,我的一曲曲悲歌都燃烧着熊熊

---

[1] 原注:原书名为"莱伊拉和马吉努恩"(*Leïla et Madjnoun*),是波斯诗人内扎米(Nizami)创作的骑士爱情小说,写成于1188年,素材来自一个阿拉伯的古老传说。我们无从知晓"本·奥姆里"的译本。或许作者波托茨基想到了诗人奥马尔·伊本·阿比·拉比雅(Omar ibn abî Rabîa, 643—718)或奥马尔·伊本·阿尔-法利德(Omar ibn Al-Fâridh, 1181—1235)。

的火焰,能让清风也变得炽热无比。

齐伯黛忠实地遵照作者的安排,同意和我约会。一见到她,我便跪在她膝下,亲吻她的双手,将泪水洒遍她的双足;我的情人起初还略做反抗,但接下来就暗许了我几个放肆的举动,最后,我那早已难抑的如火激情将她完全吞没。可以说,我们的灵魂在那一刻仿佛也融为一体,直到今天我都不敢说,我们还会不会再经历比当时更幸福的时刻。

这类恣情的表演,我已记不清后来又重复了多少次,花了我们多少时间,但我们最终还是决定细水长流,用更平和的情感取而代之。我们对某些学问产生了学习研究的兴趣,尤其是植物方面的知识,著名的阿威罗伊[1]的作品让我们获益匪浅。

我母亲觉得,我们厌倦了闷在闺房里的生活,这不是什么值得大惊小怪、过度防范的事。看到我们有事可忙,她是很高兴的。为了促进我们的学习,她从麦加请来一位女圣人,我们称她为"哈兹莱特"[2],或"模范圣女"。哈兹莱特向我们传授先知的律法,她上课时用的是库赖什部落[3]所说的语言,一种极为纯正又极为悦耳的语言。这样的课真是让人百听不厌,我们差不多将整本《古兰经》都熟记于心。随后,我母亲亲自向我们传授家族史,将一本又一本回忆录交给我们看,既有用阿拉伯语写的,也有用西班牙语写的。

---

1 译注:伊本·路世德(Ibn Rushd,1126—1198),拉丁名阿威罗伊,生于西班牙科尔多瓦,是一位生活于中世纪的享誉世界的阿拉伯哲学家、教法学家、医学家及自然科学家。《医学通则》是他医学理论的代表作。

2 原注:哈兹莱特是与长辈或上级说话时的一种尊称。

3 原注:穆罕默德所属的部落。

啊！亲爱的阿方索，看了这些书以后，你们的律法在我们眼中显得无比丑陋，你们那些作恶多端的教士也让我们无比憎恨。相反，将血脉传给我们的先人中出过不少命运坎坷的名士，我们总是怀着无比强烈的兴趣阅读他们的事迹。

我们时而会对萨义德·戈梅莱斯的遭遇义愤填膺，他被关进宗教裁判所的牢狱，最终殉道；时而又会被他侄子莱伊斯·戈梅莱斯的故事深深吸引，他久居群山之中，过着与兽类没有多大区别的野蛮人生活。在了解这些先人的品格后，我们开始喜欢上男人，我们想亲眼见一见男人，我们于是会经常跑到露台上，朝突尼斯湖的方向远远眺望，看湖中来往船只上的男人，或是看路上那些正赶往土耳其浴场的男人。尽管我们并没有彻底遗忘马吉努恩那些经典的恋爱场景，但至少我们不会再模仿着表演了。我甚至一度以为，我对妹妹的依恋不再具有爱的激情了，但后来发生的一件事证明情况并非如此。

有一天，我母亲将一位上了点年纪的女士带回家，介绍给我们认识，她是塔菲拉勒特[1]的公主。我们尽自己所能，以最好的礼数招待她。等她走后，我母亲告诉我，她是来提亲的，想让我嫁给她的儿子，而我妹妹将来会嫁给同族的一位有戈梅莱斯姓氏的男子。这个消息对我们来说犹如晴天霹雳，刚听到的时候，我们愣了好久，半天都说不出话来。接着，各奔东西、就此离别的不幸场景开始浮现在我们眼前，这凄凉的画面击穿了我们的内心，我们陷入了最可怕的绝望境地。我们拉扯着自己的头发，哭喊声穿透屋子的每一个角落。最后，我们甚至做出各种荒唐的行为，全力表达不堪的痛苦

---

[1] 译注：现摩洛哥的一个地区。

之情。我母亲极度惊慌，向我们承诺，不会强迫我们做出违心之举；她还向我们保证，我们可以一直不出嫁，也可以一起嫁给同一个男人。她的承诺和保证终于让我们稍稍平静下来。

过了一段日子，我母亲告诉我们，她得到了家族族长的指示，族长允许我们拥有同一个丈夫，但条件是这名男子必须具有戈梅莱斯家族的血统。

我们并没有立即做出回应，但共侍一夫这个办法确实让我们欢喜，我们的喜悦之情可以说与日俱增。除了远处的身影，我们还从不曾见过男人，不论是少年还是老翁都没有见过；但我们知道，少女总比老妇看起来舒服，因此我们也希望，我们未来的丈夫能是个年轻人。我们还希望，他能向我们解释本·奥姆里那本译著中几个段落的意思，因为那几个段落的含义我们并没有完全弄明白……

此时，齐伯黛打断姐姐的话，她一边抱住我一边对我说道："亲爱的阿方索，您要是穆斯林那该有多好啊！您要是能和艾米娜紧紧相拥，而我也能和你们缠绵在一起，为你们增添快乐，那我该有多么幸福啊！因为说到底，亲爱的阿方索，我们的家族和先知的家族一样[1]，不论是母系分支还是父系分支，后世男子享有的权利是相同的。我们的家族现在眼看就没有传人了，或许只能找您来做族长。为此，您只需要睁开双眼，看看我们律法中那些神圣的真理，一切就大功告成了。"

---

[1] 原注：什叶派穆斯林只认法蒂玛的后人为唯一合法的宗教领袖，法蒂玛是穆罕默德的女儿，也是他去世后唯一在世的子女。

这番话在我听起来实在太像撒旦在暗示什么,我仿佛已经看到齐伯黛那美丽的额头上生出两只兽角。我张口结舌地说出几句基督教的祈祷语。两姐妹不禁起身后退了几步。

艾米娜神情变得严肃起来,她接着前面的话说道:"阿方索大人,我对您说了太多关于我妹妹和我的事了。这并非我的本意。我来这里主要是向您讲述戈梅莱斯家族史的,因为您母亲,您是这个家族的后人。接下来我就言归正传,对您说一说这段历史。"

戈梅莱斯宫城堡的故事

我们家族的创立者叫马苏德·本·塔赫尔,他的兄长尤瑟夫·本·塔赫尔是率领阿拉伯人征服西班牙的先驱,登陆地点"塔赫尔之山"便出自他的姓氏,那里就是你们现在所称的直布罗陀[1]。马苏德也立下显赫的军功,巴格达的哈里发[2]任命他担任格拉纳达总督,他一直履职到自己的兄长过世。此后,他原本可以继续在格拉纳达生活下去,因为他既受当地穆斯林的拥戴,也得到摩萨拉布的喜爱——所谓摩萨拉布,就是在阿拉伯人占领期间效忠征服者但仍信奉基督教的西班牙本地居民。但巴格达有一些马苏德的宿敌,这

---

[1] 原注:塔里克·伊本·齐亚德于公元711年开始征服西班牙,并以自己的名字命名"塔里克之山"(即直布罗陀)。
[2] 原注:倭马亚王朝时期的首都为大马士革。直到公元750年倭马亚王朝被推翻、阿拔斯王朝建立后,才先后将库法、巴格达作为哈里发国家的都城。

些人不断向哈里发进谗言，试图抹黑他。马苏德知道自己迟早会失去信任，便决定远走高飞。他召集家族成员，一起退隐到阿尔普哈拉斯山脉，您知道，阿尔普哈拉斯是莫雷纳山脉延伸出的一条支脉[1]，它也是格拉纳达王国与巴伦西亚王国的界山。

我们在征服西班牙时打败的是西哥特人，而西哥特人之前从未进入过阿尔普哈拉斯山脉。这里的大部分山谷都没有人烟。仅在三处山谷里居住着西班牙一个古老民族的后代。我们称他们为图尔德塔尼人。他们既不认同穆罕默德，也不认同你们拿撒勒人[2]的先知，他们的宗教见解和律法都蕴含在一些世代相传的歌谣里。他们原本也有各种书籍，但后来都失传了。

马苏德对图尔德塔尼人采取的是以德服人的手段，并不借助武力。他学习他们的语言，然后将穆斯林律法传授给他们。两个民族通过联姻合而为一：正是因为混血的关系，再加上山里面的阳光和空气，我们的面色才会如此充满活力，这是戈梅莱斯家族少女的典型特征，您从我和我妹妹身上就能看得出。在摩尔人当中，很多女子肤色是极白的，但她们的面色都只能算作苍白。

马苏德成了新部落的族长，他率领大家建起一座极为坚固的城堡，称其为"戈梅莱斯宫"。在部落里面，马苏德更像是位大法官而不是君王，他可以随时随刻见任何人，并将此当作一项义务。不过，到了每个月的最后一个星期五，他总会暂别族人，将自己关在城堡的一个地下室里，然后一直在那里待到下一个星期五。他总是这样

---

[1] 原注：实际上阿尔普哈拉斯山脉并不是莫雷纳山脉延伸的一条支脉，而是内华达山脉南部的一条山脉。

[2] 译注：这里借用的是古代犹太人对基督徒的称呼。

有规律地短暂消失，自然会引起人们的种种猜测：有人说，第十二代伊玛目要在末日来到时重回大地[1]，我们的族长正与他定期会面；又有人说，敌基督[2]被关押在我们的地窖里；还有人认为，以弗所七圣童和他们的狗正睡在城堡的地下[3]。各种流言也传到马苏德的耳朵里，但他并没有因此烦恼过；他继续统治着他的小部落，直到体力衰退。最后，他选了部落里最持重的一个人作为继任者，并把地下室的钥匙交给他。随后，他自己找了个隐身之所，在那里又生活了好多年。

新族长沿用前任的治理方法，而且到了每个月的最后一个星期五，他也同样会从人们的视野中消失。一切都保持着原先的节奏，直到有一天，科尔多瓦在巴格达哈里发之外，建立了自己的哈里发国家[4]。当时阿尔普哈拉斯山区里也有人参与了这场革命，这些人开始在平原地区定居，并改称阿本瑟拉赫家族。不过，继续效忠戈梅莱斯宫族长的那些人，他们还是保留着戈梅莱斯的姓氏。

阿本瑟拉赫家族买下格拉纳达王国最美的土地，还购置了城市

---

1 原注：什叶派只接受阿里的后人为穆斯林共同体的首领，阿里是先知的堂弟，也是法蒂玛的丈夫。什叶派认为，"隐遁伊玛目"只是不露形迹，并没有死去，到了末日的时候会重新露面，并在人间建立正义和太平盛世。十二伊玛目派作为什叶派的支派，主要在伊朗传播，信奉者认为，第十二代伊玛目是"马赫迪"（另有伊斯玛仪派即七伊玛目派，信奉者包括了黎巴嫩的德鲁兹人，他们认为救世主是第七代伊玛目）。

2 译注："敌基督"为《圣经》用词，据《约翰福音》所载，敌基督意思是"取代基督"，否定耶稣为基督，否定耶稣为神的独生子，否定耶稣是道成肉身的。他自称为基督，这就是敌基督。

3 原注：据传说，在罗马皇帝德基乌斯统治时代，以弗所有七名少年于公元251年藏在一个洞穴中躲避基督徒的迫害，他们长睡于洞穴，直到两三百年后才醒来。

4 原注：公元756年，倭马亚王朝后裔建立了科尔多瓦哈里发国家。

里最美的房屋。他们的阔绰引起了公众的注意,有人猜想,族长的地下室里可能藏着巨额珍宝。但猜想终归是猜想,没人能拿出真凭实据,因为阿本瑟拉赫家族自己也说不清楚他们财富的来源。

最终,这美丽的王国遭到天谴,落入异族手里。格拉纳达被攻陷了[1]。一周后,著名的贡萨洛·德·科尔多瓦带着三千人马来到阿尔普哈拉斯山脉。我们当时的族长是哈特姆·戈梅莱斯,他来到贡萨洛面前,向他交出了我们城堡的钥匙。这个西班牙人又索要地下室的钥匙,族长也毫不迟疑地交给他。贡萨洛亲自下去看了看,但他只看到一座陵墓和一些书。他高声嘲笑起来,感慨别人告诉他的那些传说都是无稽之谈,然后便匆忙赶回巴拉多利德[2],那里是他享受爱情与风流的温柔乡。

接下来我们这片山区又恢复了太平,直到卡洛斯一世登基后才重生事端[3]。我们当时的族长是瑟菲·戈梅莱斯。此人不知出于何种动机(这动机从来就没有人弄清楚过),放出消息说,要是新皇帝肯派一位心腹大臣来阿尔普哈拉斯山区,他将有重大的秘密汇报。不出半个月光景,堂鲁伊斯·德·托莱多就代表陛下来到戈梅莱斯宫,但他发现,族长在他到达的前一天被人杀害了。堂鲁伊斯抓了几个人审问事情的来龙去脉,但没有问出任何结果,他很快便感到厌烦,于是返回宫中。

一代代族长口口相传的秘密此刻掌握在刺杀瑟菲的人手中。此

---

1 原注:格拉纳达于1492年被贡萨洛·德·科尔多瓦(Gonzalve de Cordoue,1453—1515)攻占。
2 译注:巴拉多利德是现卡斯蒂利亚-莱昂自治区首府与巴拉多利德省省会。
3 原注:卡洛斯一世统治时间为1516—1555年。

人名叫比拉·戈梅莱斯[1],他将部落里几位长老召集在一起,向他们说明,有必要采取更谨慎的全新措施,来守护一个如此重要的秘密。众人商定,秘密将由戈梅莱斯家族内几位成员共同掌握,但每个人只能了解其中的一部分;而且,知情者必须事先展现出超乎常人的勇敢、谨慎和忠诚。

此时,齐伯黛再次打断她姐姐的叙述,说道:"亲爱的艾米娜,您不觉得阿方索已经成功地经受了种种考验吗?啊!谁会对此感到怀疑呢?亲爱的阿方索,可惜您不是穆斯林!要不然的话,那无数的珍宝都可以由您来掌控了……"

这番话又像极了魔鬼的套路:眼看无法用肉体的诱惑来迷倒我,又想用金钱将我击垮。可是,话说回来,这两位美丽的女子就紧紧靠在我的身边,我切切实实地感到,我所触碰的是人的肉身,而不是什么幽灵。

经过片刻的沉默,艾米娜又接着讲起她的故事。

"亲爱的阿方索,"艾米娜对我说道,"卡洛斯一世的儿子腓力二世继位后,我们遭到残酷的迫害,这些事想必您已经十分了解。我们未成年的孩子会被人掠走,然后在基督教的律法下学习成长。他们的父母如果保持穆斯林信仰不变,那么所有财产就会被转移到改宗后的孩子名下。戈梅莱斯家族有个人从小被带到圣多明我会苦行僧的修道院里教育,后来他成了宗教裁判所的大法官……"

此时,屋外传来了鸡鸣声,艾米娜的话就此戛然而止……鸡鸣

---

[1] 原注:比拉(Billah)在阿拉伯语里是"受主(之命)"的意思。

声又一次传来……我要是个迷信的人,恐怕就会等着看这两位美丽的女子钻进烟囱的管道,飞出屋外。她们当然没有这么做,不过,她们看上去都在想心事,而且显得忧心忡忡。

艾米娜率先打破沉默,她对我说道:"可爱的阿方索啊,天就快亮了,我们接下来要共同度过的这些时间实在是太宝贵了,不能浪费在讲故事上了。只有等到您接受我们神圣的律法后,我们才可以成为您的妻子。当然,在此期间,您可以在梦中见到我们。您能答应这个条件吗?"

我表示完全可以答应。

"这还不够,"艾米娜带着最庄重的神情继续说道,"这还不够,亲爱的阿方索,荣誉是您恪守的神圣法则,您还必须以此起誓,保证绝不泄露我们的姓名、我们的存在,以及您所了解的我们的一切。您能照此做出庄严的承诺吗?"

我按照她的所有要求做出承诺。

"可以了,"艾米娜说道,"妹妹,把我们第一位族长马苏德用过的圣杯拿过来。"

在齐伯黛去找魔法杯的时候,艾米娜双膝跪地,用阿拉伯语诵读起祷文。艾米娜读完祷文,齐伯黛也回来了,手中拿着一只我觉得是由一整块绿宝石做成的杯子。她用双唇轻轻蘸了蘸杯中的液体,艾米娜也做了同样的动作。接着,她命我一口气把剩下的液体全部喝完。

我照她的指令做了。

艾米娜对我百依百顺的态度表达谢意,并极为温柔地吻了我一下。

随后，齐伯黛也将她的双唇贴在我的唇上，并显得依依不舍，久久不肯松开。最终她们还是向我告辞了，她们对我说，我一定会与她们重逢的，她们还建议我赶紧上床睡觉。

发生了这么多奇怪的事，听了这么多奇妙的故事，再加上这么多突如其来的感情，或许我本该彻夜不眠，前思后想；但不得不承认的是，她们对我说，我会在梦中见到她们，这一点比其他所有的事都更让我牵挂。我赶紧脱去衣服，躺到她们专门为我准备的床上。刚躺下，我就高兴地发现，这是张非常宽大的床，假如只是为了做梦，完全不必占用这么大的空间。然而，这个念头还没结束，浓浓的睡意便不可抗拒地袭来，我的眼睑变得无比沉重，夜的种种谎言很快将我的感官完全蒙蔽。我能意识到，我的感官被一个又一个幻象迷惑，而我的思绪也借着欲望的翅膀，不由自主地在长空翱翔，一直将我带到非洲贵族小姐的闺楼，深锁在闺楼里的迷人春光被我的思绪俘获，让我享尽虚幻的愉悦。我觉得自己是在做梦，但我依然残存着意识，我认为，这一切应该并非梦境。各种极度疯狂的幻象如海浪般拍打着我，将我淹没，但每次潮落后，我那两位美丽的表妹始终会出现在我身边。我靠在她们胸前睡去，接着又在她们怀中醒来。

我也不知道，醒睡之间这种种亦真亦幻的甜蜜感受，我究竟反复体会了多少次……

第二天

终于，我真真切切地醒了一次。阳光炙烤着我的眼睑，我艰难地睁开双眼。我看到了天空。我看出自己正躺在露天下。我的睡意仍浓，双眼沉重不堪。我没有继续睡下去，但也没有彻底地醒过来。可怕的画面一个接一个地在我脑海里翻腾。我毛骨悚然。随着一阵惊颤，我挺起腰，猛地坐起身来……

上哪儿才能找到合适的词来形容我此刻的恐惧呢？……我正躺在兄弟谷的绞刑架下。佐托两个弟弟的尸首并没有吊在原处，而是分列于我左右两侧。显然，我这一夜是和他们一起度过的。在我躺的地上，堆着一段段绳子，一块块车轮的碎片，还有人的骸骨，以及衣服腐烂后的一团团烂布。

我以为自己还没醒过来，只是在一个可怕的梦中。我再度闭上眼睛，努力在记忆中搜寻，想弄清楚昨夜我究竟身处何方……就在此时，我感到我的两肋被爪子式的东西紧紧抵住。睁眼一看，原来我身上立着一只秃鹫，它正俯下身体，撕扯和我并排睡着的一位同伴。秃鹫的爪子压得我非常疼痛，这疼痛使我终于彻底清醒。我看到自己的衣服都摆放在身边，便赶紧一件件穿了起来。衣冠整齐后，我想从绞刑场的围墙里走出来，但发现门被锁死了。我试图撬开锁，没有成功。看来我必须要从这讨厌的墙上翻过去。我成功地爬上墙顶，然后靠着根绞刑台的柱子，开始观察附近的地貌。我立即确定了自己所处的位置。我就在兄弟谷的入口，不远处便是瓜达尔基维尔河的河岸。

我继续四处观察，看到河边有两个过路客，一个在准备早饭，另一个正拉着两匹马的缰绳。周围有人，这令我激动不已，我当即脱口而出，向他们打招呼，我喊的是巴斯克语"Agour, agour!"，意思是"你们好"，或者是"我向你们问好"。

两位过路客看到我从绞刑场顶端向他们打招呼，一时间显得不知所措。突然，他们各自骑上一匹马，以最快的速度，朝"栓皮栎"的方向飞奔而去。

我冲他们高喊，想让他们别跑，但适得其反，我喊的次数越多，声音喊得越响，他们就越卖力地抽打自己的坐骑。等他们渐渐消失在我的视野之外，我才意识到，该挪个地方了。我于是跳下来，落地时稍稍崴了下脚。

我一瘸一拐地走到瓜达尔基维尔河边，两个过路客准备的食物被遗弃在原地。对我来说，这实在是再巧不过的安排，因为我已经精疲力竭，又累又饿。有正在煮的巧克力[1]，有用阿利坎特葡萄酒泡制而成的甜点，还有面包和蛋。吃完这些东西，我的体力开始恢复，我终于能静心思考，这一夜我究竟经历了什么。我的记忆已是一片模糊，但我真真切切记得一件事，我曾经以荣誉起誓，要保守秘密，我于是下定决心，不背弃自己的誓言。明确了这一点后，我认为，我只要把眼下要做的事弄清楚就可以了，也就是说，弄清楚我接下

---

[1] 译注：当时的巧克力均为热饮料。

来要走哪一条路：在我看来，既然要恪守荣誉的法则，我就更应当一往无前，堂堂正正地越过莫雷纳山脉。

诸位或许会感到惊讶，我居然如此看重自己的荣誉，对昨夜发生的事却并不十分在意。其实，这种思维模式还是要归因于我所接受的教育，对此，后文中会有交代。眼下我还是将话题转回到我的行程。

我很想知道，我那匹留在克马达店家的马究竟被魔鬼们折腾成什么样子了，此外我还要继续朝那个方向赶路，于是我决定再过去看一看。整个兄弟谷，再加上克马达店家所在的谷地，我都只能徒步通过。走到最后，我已经疲惫不堪，期待与马重逢的心情也变得极为迫切。马完好无损，仍然在我当时拴它的那个马厩里。它看起来神清气爽，似乎有人精心照料过，甚至连鬃毛也被梳理得整整齐齐。我想不通这是谁干的，但怪事经历太多后，再冒出来一件，也不至于让我驻足思考多长时间。我原本打算立即赶路，但突然间，我又产生了好奇心，想再看一遍这客栈内部各处的模样。我看到了我一开始睡觉的那个房间，但再想找出我和那些美丽的非洲女子相遇的房间，却怎么也办不到了。我也无力为此耗费太久的时间，便骑马上路了。

当我在兄弟谷的绞刑架下醒过来时，太阳已经走到了它一天行程的中点。又过了两个多小时，我才来到克马达店家。因此，骑上马没走多远，我就必须考虑住宿的问题了，但我一个歇脚的地方也没看到，只得不断前进。终于，我远远看到一个哥特式的小教堂，教堂旁还有座小屋，那应当是某位隐修士住的地方。教堂和小屋离大路很远，但因为肚子又开始饿得咕咕叫，我便毫不迟疑地绕行过去，想找点食物充饥。走到跟前，我将马拴在一棵树上，随后便敲起隐修士的屋门。一位带着最可敬面容的教士出现在我面前，他像父亲一般慈祥地拥抱了我，然后对我说道："到屋里来吧，我的孩子，别耽搁。千万不能在外面过夜，要提防迷惑人的魔鬼。我们的头顶上原本有天主的手庇佑，但他把手收了回去。"

我对隐修士的好意表达了感谢，接着对他说，我现在急需食物果腹。

他回答我道："哦，我的孩子，先想想您的灵魂吧！请到小教堂里去，跪在十字架前祈祷吧。您的身体需要我也不会忘的。但您只能吃点粗茶淡饭，毕竟隐修人的居所里也只有这些。"

我去了小教堂，也按照吩咐做了祈祷。毕竟我不是不信神明的自由思想者，我当时甚至都不明白，世上为何还存在这一类人，而这一切依然与我所受的教育有关。

一刻钟后，隐修士到小教堂找我，将我带回小屋，两套简单但相当干净的餐具已经摆放整齐。桌上有品质上乘的油橄榄，有醋泡的刺菜蓟，有拌了某种调料的甜洋葱，还有一些替代面包的饼干。此外，桌边还放着一小瓶葡萄酒。隐修士对我说，他是从不饮酒的，家中备酒，只是为了弥撒时献祭所用。我于是放弃饮酒，和隐修士保持行动一致，不过，除此之外，这顿饭我吃得非常开心。就在我吃得津津有味的时候，小屋里走进来一个人。长相可怕的人我之前也见过，但实在没一个能和此人相比。这个人看上去倒挺年轻，但瘦骨嶙峋。他蓬乱的头发高高竖起，缺了颗眼球，缺了眼球的眼眶里还有血往外渗。他的舌头一直吊在嘴巴外面，带着泡沫的口水流个不停。他身上穿的那身黑色衣服质地倒不错，但除此之外，他就再没有别的蔽体之物了,既没穿袜子,里面也没穿衬衣。

这个面目狰狞的家伙也不向任何人打招呼,他径直走到一个角落里蹲下,像尊雕像般一动不动,仅剩的那只眼睛死死盯着手中握的一个十字架。我一吃完饭便向隐修士询问,这究竟是何方人物。

隐士回答道:"我的孩子,这是个被魔鬼纠缠附身的人,我现在正为他驱魔。他的可怕经历充分说明,邪恶的黑暗天使是如何在这个不幸的地区滥用法力、肆意妄为的。我让他给您讲讲他的故事吧,这或许对您本人的救赎也有帮助。"

于是他转身对这个魔鬼附身的男子说道:"帕切科,帕切科,我以赎救你的救世主的名义,命你讲一遍你的故事。"

帕切科发出一声令人惊恐的长啸,然后便如此这般地讲起故事:

魔鬼附身的男子帕切科的故事

我生于科尔多瓦,父亲在当地过着有头有脸的生活。我母亲三年前去世了。刚刚丧妻时,我父亲看起来非常难过。但几个月后,他去了趟塞维利亚,在那里爱上一个名叫卡米拉·德·托尔梅斯的年轻寡妇。这个女人名声不算太好,我父亲的几个朋友极力劝说他摆脱这段关系。可是,任他们想尽办法阻挠,在我母亲去世两年后,两人还是成婚了。婚礼是在塞维利亚办的。几天后,我父亲便与新娘卡米拉一起回到科尔多瓦,同行的还有卡米拉的一个妹妹,名叫伊内茜。

对于别人的各种非议，我的这位继母做出了非常完美的回应。她先拿自己家开刀，想让我对她产生爱慕之情。她没有成功。但我真的陷入了爱河，只不过爱的对象是她妹妹伊内茜。很快，我便难以平抑自己的这份强烈感情，跪倒在父亲脚下，请他允许我迎娶他的小姨子。

我父亲一脸仁慈地将我扶起身，然后对我说道："我的儿子，我禁止您再想这门亲事。理由有三条。第一，您要是变成自己父亲的连襟，那实在是有失庄重。第二，按照教会的神圣规范，这类婚姻也得不到认可。第三，我本人并不想让您娶伊内茜。"

在向我说完这三条理由后，我父亲便转身离去。

我回到自己的房间，沉浸在绝望的情绪中。没过多久，我继母从我父亲那里得知了此事。她来到我身边对我说，我根本犯不着伤心难过，假如我真的娶不了伊内茜，那就不妨做她妹妹的情人，此事她可以提供帮助。但说完这些，她又向我袒露了她的心迹，她想让我明白，她把我让给自己的妹妹，这对她来说是莫大的牺牲。为爱痴狂的我听到这些话自然句句顺耳，但伊内茜看起来非常矜持稳重，我觉得，想让她回应我的爱，恐怕是谁也办不到的事。

恰恰就是这段时间，我父亲决定去趟马德里，他想在那里为自己谋得科尔多瓦地方长官的职位。他带着妻子和小姨子一同上路了。按照计划，他们来回只需两个月，但这段时间对我来说显得无比漫长，因为伊内茜不在我的身边。

两个月眼看就要过完，我收到一封我父亲写来的信，信中他命我去莫雷纳山脉的入口，在一个叫克马达店家的客栈等他和我会合。换到几个星期前，我还真不太敢去莫雷纳山区。不过，佐托的两个弟弟前几天刚被处以绞刑，他们那群匪帮现在已作鸟兽散，一路上应当非常安全。

我是早上十点钟左右从科尔多瓦出发的，当晚我在安杜哈尔过夜。我投宿的那家客栈有个话特别多的老板，据说在整个安达卢西亚，他也是最能说会道的客栈老板之一。我点了顿非常丰盛的晚餐，吃掉一部分，再留下一部分做路上的干粮。

第二天，我在"栓皮栎"将那些干粮当午餐吃光了。当晚我便赶到克马达店家。我并没有看到我父亲，不过，他在信中交代的就是让我在这里等他。客栈很宽敞，也很舒适，我自然当即就做出决定，要安心在这里住下来。客栈老板名叫冈萨雷斯·德·穆尔西亚，人挺不错，但看上去有点爱吹牛。他向我承诺，要为我做一顿高级晚餐，就算西班牙第一等贵族来吃，也拿得出手。趁他做饭的工夫，我去瓜达尔基维尔河畔独自散步，等我再回到客栈，晚餐已经准备好了，而且确实很不错。

吃饱喝足后，我让冈萨雷斯给我理一张床出来。此时我看到他面露难色，还张口结舌地对我说了番含混不清的话。他最后干脆向我明说，客栈正在闹鬼，他和他全家人每天都在河边的一间小农舍里过夜。他补充说，如果我也想去那里睡觉，他可以在自己床旁边给我搭一张床。

这个建议在我听来实在过于离奇。我对他说，他尽管去他想去的地方过夜，我只麻烦他一件事，就是把我的随从找来。冈萨雷斯答应了我的要求，摇头耸肩地走了出去。

我随行的几个仆人很快就来了，他们也听说了闹鬼的事，都劝我到农舍里过夜。我颇为粗暴地回应了他们的建议，命他们赶紧搬张床过来,我就在吃饭的那个房间睡觉。他们深感遗憾,但还是照我的吩咐做了。床理好后,他们眼里含着泪水,再次向我苦苦劝说,求我去农舍过夜。他们的唠叨实在让我无比厌烦,我于是摆了几个架势把他们吓跑了。宽衣解带这种事我一向不用仆人代劳,所以,即便没他们帮忙,我还是很快就上床躺下了。不过,尽管我对他们刻薄,他们对我还是有情有义,让我深感惭愧。走之前,他们在我床边留了两支蜡烛,一支已经点好,另一支备用。此外,他们还放了两把防身的手枪,几本能让我保持清醒的书,但实际上我已经失去了睡意。

我一会儿读书,一会儿回到床上,就这样消磨了两个小时。最后,不知道是哪里的挂钟或是自鸣钟响起了午夜报时的声音。我深感惊讶,因为钟在之前的几个整点并没有响过。没过一会儿,门开了。我看到我的继母走了进来,她身着睡衣,手里拿着盏烛台。她蹑着脚向我走来,同时将一根手指放在唇上,仿佛向我示意不要出声。接着,她将烛台放在床头柜上,坐上床抓住我的一只手,对我这样说道:"我亲爱的帕切科,我答应过您,要给您带来快乐,现在到了可以兑现我承诺的时候了。一小时前我们到了这个客栈。您父亲去农舍睡了,我因为知道您在这儿,就让您父亲答应我和妹妹伊内茜留下来过夜。她现在正在等您,她已经准备好了,不论您向她提什么要求,她都不会拒绝的。不过我要告诉您,给您幸福是有条件的。您去爱伊内茜,但要允许我来爱您。在我们三个人当中,绝不可以只有两个享乐,让剩下的那一个受苦。我要求今夜我们三人共睡一床。来吧!"

我继母根本不留时间让我回答,她拉起我的手,带我走了出去。

我们穿过一条又一条走道，最后来到一个房间。她停在门前，透过锁眼往里窥探。

她把里面的情况基本看清后对我说道："一切都很好，您自己看吧。"

我和她换位后便朝锁眼里看去，迷人的伊内茜确实躺在床上，但这远远不是平日里矜持稳重的那个她啊！只见她眉目含情，气息急促，面颊绯红，再加上她躺卧的姿势，种种迹象都表明，她正在等她的情人。

卡米拉准备进屋，她让我留下来继续看，并对我说："我亲爱的帕切科，您就待在门前，时候到了我会告诉您的。"

她走进屋里，我继续把一只眼睛贴到锁眼上看着，无数难于直述的场景出现在我眼前。卡米拉将衣服一件件几乎全脱光了，她坐在妹妹的床上，对她说道："我可怜的伊内茜，你是真的想找个情人吗？可怜的姑娘，他会怎么折磨你，你都不知道啊。他会先一把将你推倒，不断地抽打你，然后再压在你身上，撕扯你的肌肤。"

卡米拉像老师授课一样说了半天，等她觉得自己的学生差不多都领会了后，便打开门，将我带到她妹妹床前，和我们一起躺了下来。

我该怎么对您说这宿命的一夜呢？我享尽无限的愉悦，也犯下无数的罪行。我长时间抵抗着睡意，抵抗着自然的局限性，为的只是尽力延长我在魔域里的欢乐。我最后终于入睡了，但等第二天醒来，我发现自己躺在佐托两个弟弟的绞刑架下，两具可怕的尸体分列于我的两侧。

此时，隐修士打断这个魔鬼附身的男子的话，对我说道："啊，我的孩子！听了这段故事您有什么感受？我想，您假如也发现自己睡在两具尸体当中，一定会惊恐万分吧。"

我回答他道："神父，您这么说让我觉得受到了冒犯。一个绅士自当永不畏惧，更何况这是一个有幸成为瓦隆卫队上尉的绅士。"

"不过，我的孩子，"隐修士接着说道，"同样的奇事或许还在别的人身上发生过，之前您是否曾听人提起过呢？"

我犹豫了片刻，随后答道："神父，既然这样的奇事能发生在帕切科大人身上，那么它同样可以发生在其他人身上。假如您能让他接着说完他的故事的话，我想我能做出更好的判断。"

隐修士转头对魔鬼附身的男子说道："帕切科，帕切科！我以赎救你的救世主的名义，命你接着讲你的故事。"

帕切科发出一声令人惊恐的长啸，然后便如此这般地接着讲了起来：

我离开绞刑场的时候已是个气若游丝的半死之人。我一步步拖着身体往前走，却不知走向何方。最后，我遇到了一些过路客，他们出于对我的同情，将我带回克马达店家。我又见到客栈老板和我的随从，他们一直在为我担心。我问他们，我父亲是不是昨天夜里在农舍过夜了，他们回答说，根本没有任何人来过。

我已无法继续留在克马达店家，便走上返程之路。太阳落山时，我赶到了安杜哈尔。客栈里的客房全满，我让人在厨房安了张床，准备凑合着过一夜。但我躺下后根本无法入睡，前一夜那种种可怕的场景萦绕在我脑海，挥之不去。

上床前，我点了支蜡烛放在厨房的灶台上。突然间，烛火熄灭了，我当即打了个寒战，一种彻骨的凉意袭向全身。

我感到有人在掀我的被子，随后一个低低轻轻的声音传了过来："我是卡米拉，你的继母，我的小心肝，我很冷，快让我到你被子下面来。"

接着又传来另一个低低轻轻的声音："我是伊内茜。让我到你床上来吧。我冷。我冷。"

话音刚落，我便感到一只冰冷的手托住我的下巴。我拼尽全力高声叫道："撒旦，快给我滚开！"

此时，那两个低低轻轻的声音同时响起："你为什么要赶我们走？你难道不是我们的小夫君吗？我们冷啊。我们去弄点火来吧。"

的确，没过一会儿，我就看到厨房的壁炉里冒出了火光。在火光的映照下，厨房里的一切都清晰起来。我发现，自己面前并没有卡米拉和伊内茜，只有吊在壁炉里的佐托的两个弟弟。

看到这幻梦般的一幕，我惊得魂飞天外。我爬下床，翻出窗，朝山里面拼命跑起来。跑了一段时间后，我觉得可以喘息一下了。经历了这么多可怕的事最终还能平安脱身，这让我深感庆幸。我扭头又看了一眼，没想到那两个吊死鬼正在后面追我。我赶紧接着跑，再扭头看时，两个吊死鬼在我身后很远了。但我根本来不及高兴。这两个可恶的家伙翻了几个筋斗，片刻间就追到我的身边。我继续往前跑，但终于开始体力不支。

此时，我感到一个吊死鬼紧紧抓住了我左脚的脚踝。我拼命挣扎，但另一个吊死鬼又拦住我的去路。他站在我身前，两只眼睛瞪得我胆战心惊，一条鲜红的舌头从嘴里伸出来，仿佛刚出火炉的铁棍。我哀求他放过我，但他毫不理睬。他一手掐住我的脖子，一手冲我脸上一掏，我现在缺的那颗眼球就没了。他将滚烫的舌头伸进我空荡荡的眼眶里，向内摸索着舔我的脑干，我疼得鬼哭狼嚎般地叫起来。

抓住我左脚的那个吊死鬼也凑了上来，他想施展一下自己的鹰爪功夫。他捧起我左脚的脚掌，先轻轻挠了几下。接着，这个魔鬼开始撕扯我的脚皮，像弹奏乐器一样，把脚神经全都拨了出来。不过，这乐器的声音似乎并不合他的意。他又将爪子插进我的腘窝，深深地往下探，像调竖琴那样，连掐带拧地狠狠折磨我的跟腱。最后，他又拿我的小腿当某种拨弦乐器把玩起来。恶魔那狠毒的笑声在我耳边回荡，我疼痛难忍，发出了可怕的吼叫，此时地狱里各种凄厉的哭喊声也响了起来，与我的吼叫组成合唱。后来，我又听到这两个魔鬼牙齿的咬合声，我觉得，我身体的每一个组织都被他们的獠牙咬碎了。最后，我失去了知觉。

第二天，几个牧人在山野里发现了我。他们把我带到隐修士的这个小屋。我在这里忏悔了自己的罪行，我的痛苦也在十字架下得到了一定程度的缓解。

讲到这里，这个魔鬼附身的男子发出一声令人惊恐的长啸，然后便沉默无语。

隐修士于是开口对我说道："年轻人，您见识了撒旦的力量，您应该祈祷并为此哭泣。不过，现在天色已晚，我们需要暂时分别。我建议您不要在我这个小屋里就寝，因为夜里帕切科会发出惊叫，会让您睡不安稳。您去小教堂里睡吧。那里有十字架保护您，它能压倒一切魔鬼。"

我回复隐修士,我会遵照他的安排过夜。我们把一张小帆布床抬进小教堂。我在床上躺下,隐修士向我道晚安后就离开了。

一个人静下来后,帕切科的故事又浮现在我的脑海。我深深感到,他的经历与我自身的奇遇有很多契合之处,直到午夜的钟声敲响,我还沉浸在思索之中。我不清楚,这究竟是隐修士的钟在响,还是我又要与幽灵打交道。正在这时,我听见有人轻叩小教堂的大门。我走到门前询问:"外面是谁?"

一个低低轻轻的声音回答道:"我们冷,给我们开门吧,我们是您的娇妻啊。"

"哈哈,可恶的吊死鬼,"我回话道,"回你们的绞刑架吧,让我好好睡觉。"

那个低低轻轻的声音对我说道:"你敢嘲笑我们,无非是因为你在小教堂里面,还是出来说话吧。"

"我马上就出来。"我立即给出了回应。

我取来自己的剑,接着就想出门看个究竟。但我发现,门外是上了锁的。我告诉幽灵门打不开,但已不再有回话。我便重新躺下来,然后一觉睡到天明。

第三天

我是被隐修士叫醒的。看起来,我一夜平安无事让他深感欣慰。他紧紧拥抱我,泪水滴落到我的脸上。他对我说:"我的孩子,昨天夜里发生了一些奇怪的事。请你对我说实话,你是不是曾经在克马达店家投宿过?魔鬼是不是上过你的身?即便真的如此,也还是有药可救的。请跪在神坛下,忏悔你的过失,为自己赎罪。"

隐修士用这番话反反复复地劝了我好几遍。接着,他就不再出声,等我回答。

我于是对他说道:"神父,我离开加的斯的时候,已经做过忏悔。我觉得,从那以后到现在,我并没有犯过任何大罪,除非是在梦中。我确实曾投宿克马达店家。但是,即便我在那里看到了什么东西,我也有充足的理由避而不谈。"

这样的回答似乎完全在隐修士的意料之外。他斥责我,说我被高傲的魔鬼附了身。他再次劝说我,建议我对以往的所有罪过做一次总忏悔,并称这对我非常必要,但我固守己见,令他无计可施。看到事态如此,他便暂时放下宣扬教义的劝诫口吻,换了副更自然的表情,对我说道:"我的孩子,您的勇气让我感到惊讶。对我说说看,您是谁?您接受的是什么教育?您究竟是相信还是不相信幽灵的存在?请满足我的好奇心吧,不要再拒绝了。"

我回答他说:"神父,看得出您确实想了解我,您这样的想法实在让我深感荣幸,为此我向您表示应有的感谢。请允许我先起床,我随后会去您的小屋找您,在那儿,我会把所有您想知道的有关我的事说给您听。"

隐修士再次拥抱我,然后就离开了。

穿戴整齐后,我就去找他了。他热了点羊奶,配上糖和面包递给我,他本人只吃了几块水煮的菜根。

我们吃完饭后,隐修士转头对那个魔鬼附身的男子说道:"帕切科,帕切科!我以赎救你的救世主的名义,命你把我的羊带到山上去。"

帕切科发出一声令人惊恐的长啸,然后就出了门。

我于是如此这般地向隐修士讲起我的故事:

阿方索·范·沃登的故事

我出生在一个历史非常悠久的家族,但它的名声并不显赫,传下的财产更是不值一提。我们家拥有的全部遗产,只是一块被称为沃登的贵族领地,它位于阿登山区,属于神圣罗马帝国的勃艮第帝国圈[1]。

---

1 译注:"帝国圈"制度是神圣罗马帝国的行政体系,1500—1806年间使用。勃艮第帝国圈大致相当于现荷兰、比利时和卢森堡。

我父亲的兄长继承了这块领地,而我父亲本人只得到一份微薄的钱财。即便如此,我父亲也心满意足,因为这已能充分保证他在军队里的体面生活。他从头到尾参加了西班牙王位继承战争[1]。战事平息后,国王腓力五世授予他瓦隆卫队中校的军衔。

看重荣誉是当时西班牙军队里盛行的风气,甚至到了过度诠释、斤斤计较的地步,而我父亲在此基础上又添加了一些个人的追求。说实在话,这并无可指摘之处,因为荣誉确实是一个军人的灵魂和生命。在马德里城内,但凡有人决斗,我父亲就必然会出现在现场,主持礼仪、担任仲裁。只要他宣布决斗到此为止,双方就必须收手。万一有人意犹未尽,不肯罢休,那就意味着他马上要和我父亲本人较量一番,因为我父亲是个要用剑来维护自己每一次决定的人。此外,我父亲有一本白色的记录册,他在上面记录下每一次决斗的前因后果和决斗时的所有情形,有了这本记录册,无论出现怎样令人为难的场面,他都能找到依据秉公处理。

我父亲基本上成天忙着在决斗场上仲裁刀光剑影之事,看起来对爱情的魅力还没开窍。不过,他的心终于还是被一位名叫乌拉卡·德·戈梅莱斯的女子深深打动。这个正处在锦瑟年华的女子是格拉纳达大法官的女儿,拥有格拉纳达王国时期王室的血统。两人有一些共同的朋友,他们知情后立即牵线搭桥,为两人创造接触的机会。就这样,婚事很快敲定了。

我父亲觉得,该把所有与他交过手的人——当然了,必然是没

---

[1] 译注:西班牙王位继承战争(1701—1714),西班牙哈布斯堡王朝绝嗣,王位空缺,法国波旁王朝与奥地利哈布斯堡王朝为争夺西班牙王位而引发了一场欧洲大部分国家参与的大战。本书结尾部分对此有更多描述。

有死于他剑下的人——都请来参加婚礼。赴约的共有一百二十二位,他在马德里的对手有十三位没到,在军队的对手则缺席了三十三位,这些都是他没办法联系上的人。我母亲后来常对我说,他们的婚礼是一场欢乐无比的节日庆典,处处洋溢着极为诚挚、极为友善的气氛。她的描述我深信不疑,因为我父亲本质上是个心地特别善良的人,所有人都非常喜欢他。

我父亲心系家国,原本是绝对不会离开西班牙的。不过,在婚礼的两个月后,他收到布雍城[1]地方长官写来的一封信。信中说,我父亲的兄长不久前过世,由于亡者没有子嗣,家族的领地现在便归他所有。这个消息让我父亲非常苦恼,我母亲后来对我说,他当时神情恍惚,没人能让他开口说哪怕一句话。最后,他翻开那本记录册,挑出参加决斗次数最多的十二位马德里本地人,将他们请到家中,向他们说了这样一番话:"我亲爱的各位刀剑同好,你们都很清楚,每当你们遇上涉及荣誉的大事,我都会出面仲裁,让你们的良心平静下来。但今天我必须要借助诸位的智慧帮我做个裁定,因为我担心,光凭我个人的意见,不足以决断此事,或者说,我担心我在决断时会受到某种私心影响,难于秉持公正。这里是布雍城那帮地方长官写给我的一封信,尽管这些人绝非善辈,但他们说的内容还是需要尊重。请诸位告诉我,如果遵循荣誉的原则,我究竟是该搬到祖先的城堡居住,还是该继续效忠腓力国王?陛下一直待我不薄,前不久还晋升我为准将。我现在把这封信放在桌上,暂时向

---

[1] 译注:布雍(Bouillon)是现属比利时的法语城市,位于瓦隆地区,在阿登山区内。布雍原属神圣罗马帝国的列日大主教领地,1676 年布雍公国独立,名义上属神圣罗马帝国,实际上是法国的保护国。1795 年并入法国。

诸位告辞。半小时后我会再回来，想必到时诸位都已有了自己的想法。"

说完这番话，我父亲就离开了房间。过了半小时，他重新露面，请所有人以投票的方式表达意见。十二人中，有五位建议他留守原职，有七位建议他到阿登山区生活。我父亲毫不犹豫地采纳了多数票一方的意见。

我母亲其实非常想留在西班牙，但她一向对丈夫言听计从，所以我父亲根本没注意到她对背井离乡的抵触。不过，到后来，夫妻二人满心想的都是各种准备工作，他们还打算找几个人随行，让阿登山区的人能看到西班牙各界代表的风采。尽管我当时还没有出世，但我父亲深信这只是迟早的事，他于是认为，到了给我找一位老师教我习武的时候了。他在脑海中将目光投向加西亚斯·耶罗，此人是马德里最好的剑术助理教官。年轻的加西亚斯·耶罗早已厌倦成天在大麦广场[1]上和人比画过招，因此毫不犹豫地接受了邀请。此外，我母亲觉得队伍里不能没有神父，便选了一位在昆卡[2]获得学位的神学专家，此人名叫伊尼戈·贝莱斯。他将教授我天主教教义和西班牙语。在我出生前一年半，我教育方面的各项事宜都已安排妥当。

临行前，我父亲到国王那里辞行。根据西班牙宫里的惯例，他单膝跪地，准备亲吻国王的手。可他动作刚做到一半，便突然感到心里发慌，随之昏厥在地，人们只得将他带回家中。第二天，我父

---

[1] 译注：大麦广场（Place de la Cebada）是马德里最古老的广场，19世纪曾作为死囚的公开行刑场。

[2] 译注：昆卡（Cuenca）是马德里东南142公里外的小城，现为西班牙昆卡省省会。

亲到首相堂费尔南多·德·拉拉府上辞行。首相大人以极高的礼遇接待他，并对他说，国王赏赐给他一万两千里亚尔[1]，并授予他少将（相当于旅长）军衔。我父亲感激不尽。此时，假如让他洒出自己的热血，换得再次跪倒在主上面前的机会，他也会在所不惜。但毕竟他已经辞别过一次，他只得以信代言，尽力将自己的满腔情感表达一二。最后，他像个泪人一样离开了马德里。

我父亲选择从加泰罗尼亚北上，他想再看一眼这片他曾经浴血奋战的地方，并找到几位驻守在边境地带的老战友，与他们叙旧话别。随后，他就从佩皮尼昂[2]进入法国国境。

由此地到里昂一路无话。离开里昂后，他准备去驿站换马，眼看就要赶到，不想一辆轻便的两轮马车超到他前面，抢先进入驿站。我父亲紧跟进来，只见对方已将马拴在马车上。他当即拿起剑，走到这个过路客身边，要求和他单独谈一谈。这位过路客是名法国上校，他看到我父亲身着将官军服，便也拿出剑来，以示尊重。他们走进驿站对面的一家小客栈，要了间房。

等到客栈的人从房间里走开后，我父亲对这位过路客说道："骑士大人，您的两轮马车超到我的四轮马车前面，就是为了抢先进入驿站。您要这种手段本身虽然不是在羞辱我，但还是令我非常不快，因此我觉得要向您讨个说法。"

上校听罢非常惊讶，他把全部过错都推到马车夫身上，并保证

---

1 原注：1 里亚尔 = 1/10 皮阿斯特（一种可浮动货币单位）（译注：通常看法是 1 皮阿斯特 = 8 里亚尔）。
2 译注：佩皮尼昂（Perpignan）位于现法国朗格多克-鲁西永大区，是法国本土最南端的城市之一，文化上接近加泰罗尼亚，拥有多元的民族构成。

自己绝无恶意。

"骑士大人,"我父亲继续说道,"我也不想把这事当作什么了不起的大事,我只是顺应我的第一反应行事。"说完此话,他便拔出剑。

"请稍等片刻,"法国人说道,"我觉得这件事的起因并不是我的马车夫超到您的马车夫前面,而是您的马车夫驾车稍慢,落到了后面。"

我父亲稍做思考后对上校这样说道:"骑士大人,我觉得您说的有道理。您要是在我没拔剑之前说这句话,我想我们两个就没有必要较量一番了。但您也看到了,事态已发展到这一步,那么总得流点血才能了结。"

上校可能觉得我父亲最后一句话也很有道理,便同样拔出剑。两人过招的时间不长。我父亲意识到自己受了伤,便立刻垂剑收势,连番向上校致歉,表示自己给他添了太多麻烦。作为回应,上校将他在巴黎的住址告诉我父亲,表示如有需要必当效劳,随后便登上马车继续赶路。

我父亲本以为自己只受了一点小伤,但实际上伤口很深,深得就像是旧伤疤上添出的新创口。其实,上校的这一剑真的是刺破了我父亲以前被火枪射中的一道伤口,那颗子弹还一直保留在体内。最终,经过两个月的包扎休养,子弹才极费周折地被取了出来,大家于是重新上路。

我父亲到巴黎后,做的第一件事就是向于尔费侯爵,即那位上校表达歉意。此人是法国朝中深受器重的一位人士。他极为热情地接待了我父亲,并想把我父亲介绍给内阁大臣和其他一些达官贵人。我父亲连声道谢,并称只求被引见给塔瓦讷公爵。塔瓦讷公爵是法国资格最老的处理决斗纠纷的大法官,我父亲想向他请教所有关于荣誉法庭[1]的事。这个法庭我父亲一直极为看重,在西班牙的时候就常常和别人提起,并认为这是个非常贤明的机构,有必要将其引入西班牙。大法官极尽礼数地接待了我父亲,并将我父亲介绍给贝利耶弗尔骑士,这位骑士是为法庭里各位法官服务的首席警官,也是法庭的书记员。

骑士于是常来我父亲的住所,随后自然也就看到了那本决斗记录册。骑士觉得这是份独一无二的文献,在征得我父亲同意后,他把记录册带去给各位法官看。法官们和他评价一致,他们于是向我父亲提出,想摹抄一本复本,收藏在他们的档案室内。这自然是令我父亲再得意不过的建议了,他的喜悦之情难以言表。

诸如此类表达尊重的例子多了之后,我父亲觉得在巴黎的日子过得非常开心。不过,我母亲另有看法。她给自己定了条规矩,不仅坚持不学法语,连别人说这门语言她也不肯听。她的告解神父伊尼戈·贝莱斯也总是言辞尖刻地开各种玩笑,嘲讽法国天主教会的自由风气。而不论众人讨论什么话题,加西亚斯·耶罗总会拿同一句话当作结语:法国人是粗鄙的懦夫。

最后,大家终于离开巴黎,四天后抵达布雍城。我父亲到地方长官那里验明身份,正式获取自己的领地。

没了主人后,这祖上传下来的老城堡连屋顶都不全了,一部分瓦不见了踪影,一旦下雨,院子里和屋里基本上是一个样。唯一的区别在于,院子里是石板路,雨停了很快就会干,而屋里的水会积

---

[1] 译注:荣誉法庭是法国旧制度时期处理决斗纠纷的法庭。英国在17世纪也有类似的骑士法庭。

成一个个小水坑，永远也干不了。内涝的烦恼并没有影响我父亲的心情，因为这让他想起了围攻列伊达城[1]的往事：在那段日子里，他的腿泡在水里整整三个星期。

尽管如此，他进门的第一件事还是找了个没水的地方来放置妻子的床。在用来聚会的大客厅里，有个佛兰德斯式的大壁炉，壁炉旁可轻松容纳十五个人围坐取暖，在两根柱子的支撑下，壁炉台简直像是个自成一体的小屋顶。大家堵住壁炉的管道，在壁炉台下安放了我母亲的床，并配上床头柜和一把椅子。由于炉膛是在比床顶高出一尺[2]的地方，这一区域就构成了一座水永远无法浸进来的岛屿。

我父亲的床安放在客厅的另一头，下面垫着两张用木板拼合在一起的桌子。在他的床和我母亲的床当中，大家还修了一道防护堤，堤坝是由大小各异的箱子组成的。这项工程在我们抵达城堡的当天完工，而我出生是在整整九个月后的那一天。

正当大家热火朝天地忙于各项紧急维修工作时，我父亲收到一封令他喜出望外的信。写这封信的人是塔瓦讷法官，这位大人所在的法院正在受理一起与荣誉相关的案件，他想听听我父亲的意见。这算得上是对我父亲实实在在地表达了敬重，我父亲兴奋不已，他要为此庆祝一番，想举办一场宴会，请所有邻居都过来。可实际上我们压根儿就没有邻居，于是庆典被压缩成一曲凡丹戈舞，两位舞者分别是我的剑术老师和弗拉斯卡太太，她是我母亲的侍女领班。

---

1 原注：列伊达的围城发生在 1707 年 9 月 25 日至当年的 11 月 11 日。
2 译注：指法尺，法国古长度单位，1 尺相当于 325 毫米。下同。

在给法官的回信中，我父亲还顺带提了个请求，他想得到法国荣誉法院诉讼案卷的复本。他的这一要求得到了许可。在此后的日子里，每个月月初他都会收到一个包裹，而每个包裹都能成为他接下来四个星期的谈资。不管是长篇大论，还是寥寥数语的闲谈，话题都始终如一。冬天，谈话是在大壁炉旁；夏天，就换到城堡大门外的两条长椅上。

在我母亲怀孕的整个过程中，我父亲始终对她说，生的肯定是男孩，而且他还想给我找个教父。我母亲想请塔瓦讷法官或是于尔费侯爵。我父亲承认，如果他们能答应，那对我们家来说是无比的荣幸。但他担心，请这两位大人或许有点过于兴师动众了。于是，谨慎起见，他最后请的人是贝利耶弗尔骑士，这位骑士带着敬意和感激接受了请求。

我最终降临人世。三岁的时候，我就开始挥舞一把小花剑；六岁的时候，我就敢拿手枪射击，眼睛眨都不眨一下……在我快到七岁的时候，我的教父第一次来到我们家。这位绅士已在图尔奈[1]结婚安家，他在那里负责处理军人的法律事务，并兼任决斗案件的书记员。他的这些工作在比武审判[2]的时代就已经存在，后来才归入法国荣誉法庭的职责范围。

贝利耶弗尔夫人的身体非常虚弱，她丈夫准备带她去斯帕[3]的温

---

1 译注：图尔奈（Tournai）现为比利时西南部城市，属埃诺省，距离布鲁塞尔85公里。
2 译注：比武审判是欧洲中世纪盛行的一种裁定纠纷、解决争议的方法。在比武审判中，争执双方进行生死决斗，活下来的一方赢得审判，一方亦可以选择投降认输，视为有罪。
3 译注：斯帕（Spa）是现比利时列日省阿登山区的城镇，早在古罗马时代就因其温泉理疗闻名。

泉疗养。夫妻两人见到我时，都非常慈爱地将我拥入怀中。由于没有子女，他们便向我父亲请求，由他们来负责我的教育。毕竟，在沃登城堡这种荒僻的地方，我的教育很难得到良好的保证。我父亲同意了。他能做出这样的决定，主要还是对荣誉法庭书记员这一职务的敬重。他相信，在贝利耶弗尔家中，我必然能很早就耳濡目染地学习到各种原则，而这些原则有朝一日将会对我的行为举止起到决定性作用。

首先要确定的问题是需不需要让加西亚斯·耶罗陪我去，因为我父亲认为，最高贵的交手方式是右手持剑，左手拿匕首，而这样的剑术法国人是不会的。但另一方面，我父亲本人每天早上都习惯在耶罗的陪同下对墙射击，这种锻炼方式已成为他保持身体健康必不可少的一道程序，因此他觉得耶罗是不能走的。

需不需要派神学家伊尼戈·贝莱斯陪我去成了下一个伤脑筋的问题，但我母亲只会说西班牙语，她自然不能离开会这门语言的告解神父。弄到最后，这两位在我出世前就特地请来为我提供教育的人，反倒都没法陪在我左右了。不过，他们还是让我带上一个西班牙侍从，这样能保证我不忘西班牙语。

我和我教父一家同去斯帕城。在那里，我们度过了两个月。此后，我们又去了荷兰，到秋末才回到图尔奈。贝利耶弗尔骑士完全没有辜负我父亲对他的信任。在接下来的六年时光里，为了将我培养成一名优秀的军人，他做了全面周到的铺垫，无一疏漏。但贝利耶弗尔夫人在第六年末离世，骑士便离开佛兰德斯，回到巴黎定居，而我也要回到自己亲生父亲的家。

寒冷的天气使我一路相当辛苦。到达城堡时，太阳已落山两个小时，我看到家里人全都围坐在大壁炉旁。我父亲见我回来非常高兴，但他不会做出任何有违你们西班牙人所说的庄重的举动。我母亲抱住我，泪水浸透了我的衣襟。神学家伊尼戈·贝莱斯开始为我祈福。武师耶罗则递给我一把花剑，我们即兴表演了一场剑术比赛。我应对自如，表现的技艺完全超出了我当时那个年龄的水准。我父亲是这方面的行家，自然都看在眼里，但他要保持庄重，无法将内心的激动和父爱充分表达出来。接着，大家吃起晚饭，每个人都非常开心。

吃完晚饭，所有人又重聚在大壁炉旁。我父亲对神学家说："尊敬的堂伊尼戈，劳驾您去把您的那本大部头书拿来，就是那本写了很多奇闻逸事的书，然后找一篇读给我们听听吧。"

神学家上楼从他的房间里拿来一本用白色羊皮纸装订的对开书，这本书看来有了些年头，书页已经泛黄。他随手翻开一页，念起以下这个故事：

拉韦纳[1]的特里武尔奇奥的故事

在意大利一座叫拉韦纳的城市里，曾经生活着一个名为特里武尔奇奥的年轻人。他很英俊，也很富有，因此自视甚高。他每次过马路，总会引得拉韦纳城里众多少女趴在窗前久久注视，但这些人

---

1 译注：拉韦纳（Ravenne）是现意大利艾米利亚-罗马涅大区的一个城市。

没一个能称得上他的心意。或者说，即便偶尔有这位或那位姑娘让他产生了一点好感，他也不会流露出来，因为他觉得，这么做是过度抬举这个姑娘了。但终于有一天，在年轻貌美的尼娜·德·杰拉奇的魅力前，他的高傲败下阵来。特里武尔奇奥放下身段向她表白自己的爱。但尼娜回答道，特里武尔奇奥大人的示爱让她深感荣幸，但她从小就心属自己的堂兄泰巴尔罗·德·杰拉奇，因此她自然只会永远爱他一个人。

听到这个出乎意料的回答，特里武尔奇奥怒不可遏地离开了。

一个星期过去了。这一天是个星期天，拉韦纳城里的所有人都要去圣彼得大主教教堂。特里武尔奇奥在路上的人群中看到挽着堂妹的泰巴尔罗。特里武尔奇奥于是拉起外套，盖住半张脸，跟在他们身后。进入教堂后，没人可以再用外套挡住脸，这对情侣照说会很容易发现尾随他们的特里武尔奇奥，可是两人沉浸在浓浓的爱意中，卿卿我我，对弥撒也心不在焉，而这也算得上是一项大罪。

特里武尔奇奥就坐在他们身后的长椅上。两人的对话他全听在耳里，令他怒火中烧。此时一位神父登上讲经台，问道："我的各位弟兄，我要在这里公布泰巴尔罗·德·杰拉奇和尼娜·德·杰拉奇两人即将成婚的消息，你们有谁反对这门婚事吗？"

"我反对！"特里武尔奇奥高声叫道。话音未落，他拔出匕首，朝这对情侣接连刺了二十下。旁人竭力想拦住他，但他又补了几刀，然后冲出教堂，逃离城市，一路来到威尼斯共和国。

特里武尔奇奥养尊处优惯了，又待人傲慢，但他还是有一副易动感情的软心肠。每每想到因他而死的两个人，他总是极度内疚。他从一个城市流浪到另一个城市，过着凄凉的生活。几年后，他的父母帮他将这件事处理妥当,他又回到了拉韦纳;但此时的他已不再是从前的那个特里武尔奇奥了。当年他意气风发,对自己种种优越之处深感自豪;如今他已判若两人,变化大得连他的乳娘都认不出他了。

回到拉韦纳的第一天,特里武尔奇奥就四处询问尼娜葬在何处。有人告诉他,她和她的堂兄合葬在圣彼得大教堂,坟墓紧挨着他们的遇害之地。特里武尔奇奥浑身颤抖地去了教堂。他找到两人的墓后,当即亲吻了墓碑,泪如雨下。

此刻,这位不幸的杀人凶手内心极为痛苦,但同时也觉得,泪水让自己变得轻松了不少。他找到教堂圣器室的看守人,捐了一笔钱,并得到许可,只要他愿意,随时都可以进入教堂。后来,他每天晚上都要来一趟,看守人对此习以为常,并不在意。

一天晚上,由于前一夜没合眼,特里武尔奇奥不知不觉在墓旁睡了过去。等他醒来时,他发现教堂的大门已经关上。他当即决定就地过夜,因为在这里他可以如自己所愿,尽情沉湎在伤感和忧郁的情绪中。整点报时的钟声一次次传来,他甚至希望就这样等到宣布他死亡的丧钟敲响。

最后,午夜的钟声响了。圣器室的门随之打开,特里武尔奇奥看到看守人走了进去。他一手提着灯笼,一手拿着把扫帚。但这个看守人不同往日,只是徒具形骸。他的脸上只挂着一点点皮肤,两只眼睛像深陷的无底洞,他那宽袖的白色长袍紧紧贴在骨头上,不难看出,他身上根本是一点肉都没有的。

这个可怕的看守人将灯笼放在主祭台上,然后点燃蜡烛,仿佛要做晚祷。接着,他开始打扫教堂四处,清除长椅上的灰尘。甚至有几次他还走到了特里武尔奇奥身边,但他似乎根本就没注意到特里武尔奇奥的存在。

最后,他走到圣器室门前,摇响一直挂在门上的小钟。伴着钟声,教堂里的墓穴全都打开了,一个个死者罩着裹尸布从墓中走出来,他们用一种极为哀伤的声调齐声念起连祷文。

念了一会儿后,其中一位穿戴着圣衣圣带的死者走上讲经台,开口问道:"我的各位弟兄,我要在这里公布泰巴尔罗·德·杰拉奇和尼娜·德·杰拉奇两人即将成婚的消息,该死的特里武尔奇奥,您是不是要反对?"

此时我父亲打断神学家的朗读,转身看着我问道:"我的儿子阿方索,换成您是特里武尔奇奥,您会不会害怕?"

我回答他说:"我亲爱的父亲,我觉得我会非常害怕。"

听到此话,我父亲愤然而起,他冲到自己的剑旁,想拔出剑一剑刺透我的身体。旁人赶紧将他拦住,纠缠了一会儿,他终于稍许平静下来。

我父亲重新落座时,还是狠狠看了我一眼,并对我说道:"你真是不配做我的儿子,我本来还想培养你进瓦隆卫队,可你这么懦弱,会给瓦隆卫队丢脸的。"

这严厉的训斥并没有让我羞愧难当,但训斥过后,屋内陷入一片可怕的沉寂。最后是加西亚斯第一个开了腔,他对我父亲说道:"大人,请允许我斗胆向阁下说说我的看法,我觉得可以借这个故事向令公子证明,世上既没有幽灵、魂魄,也没有念经的死人,这类事绝不可能有。从这个角度来阐释,他肯定就不会害怕了。"

"耶罗先生,"我父亲带着点讥讽的口气回答道,"您大概忘了,昨天,我有幸向诸位讲述了一个由我曾祖父亲自写的幽灵故事。"

"大人,"加西亚斯接着说道,"我并非想否定阁下的曾祖父。"

"'并非想否定'?"我父亲问道,"您这是什么意思?您知不知道,您这么说,就意味着您有可能否定我的曾祖父。"

"大人",加西亚斯继续说道,"我很清楚,我是个微不足道的人,不值得阁下的曾祖父大人向我问罪。"

听到这话,我父亲的神情变得比先前更可怕,他说道:"耶罗,但愿上天不需要您做出道歉,因为一旦您道歉,就说明您有冒犯之意。"

"看来,"加西亚斯说道,"我现在只有顺着阁下的意思,接受阁下以曾祖父之名给予我的惩罚。但我的职业有自身的荣誉,因此我希望这惩罚能由我们的神父执行,这样我可以将其视为宗教层面的赎罪。"

"这不失为一个好办法。"听到这话,我父亲语气平静下来,他说道,"我记得我写过一篇小文章,研讨的是在无法进行决斗时可以接受的赔礼方式。让我回想一下里面的内容。"

说罢,我父亲就开始陷入思考。他起初看起来还全神贯注,但随着思考的深入,他最后在椅子上睡着了。此时,我母亲和神学家已各自就寝,加西亚斯便跟着回了房。看到这一幕,我觉得自己也该休息了。这就是我回到自己亲生父亲家后第一天的经历。

第二天,我与加西亚斯一起练剑,然后出门打猎。夜色降临,晚饭吃罢,我父亲再次请神学家将他那本大部头书拿出来。神父取完书回来,随手翻开一页,念起以下这个故事:

费拉拉[1]的朗杜尔夫的故事

在意大利一座叫费拉拉的城市里,生活着一个名为朗杜尔夫的年轻人。他是个宗教思想自由的人,没有信仰,当地所有正统人士都对他深恶痛绝。这个恶人特别爱和交际花打交道,城里的这类女子他全都交往过,但最令他倾心的只有比安卡·德·罗西,因为她比别的女子都更狂放不羁。

比安卡这个女人不但不信教,还唯利是图、道德败坏,她甚至希望自己的一个个情人都能不顾名誉地为她做事。她对朗杜尔夫说,要每天晚上带她回家,和他的母亲及妹妹一同吃晚饭。朗杜尔夫听罢立即回家转告母亲,仿佛这是件天经地义、再正当不过的事情。善良的母亲泪流满面,求儿子考虑考虑妹妹的名声。朗杜尔夫对母亲的哀求充耳不闻,只是保证会尽可能小心行事,不让旁人知晓,他随后就去找比安卡,并把她带回家。

朗杜尔夫的母亲和妹妹极尽礼数招待了比安卡。尽管配不上这样的厚待,比安卡却得寸进尺,利用她们的善良,更加放肆起来。她在饭桌上说了些非常不敬神明的言论,还大言不惭地教育了情人的妹妹一番。最后,比安卡向小姑娘和她的母亲表示,她们最好出门避避,因为她想和朗杜尔夫单独待在一起。

第二天,这个交际花把自己上情人家的事在城里四处宣扬。在接下来的几天里,全城人见面都只谈论这个话题。朗杜尔夫的舅舅

---

[1] 译注:费拉拉(Ferrara),意大利现艾米利亚-罗马涅大区波河畔的一座城市。

奥多阿尔多·赞皮很快也听到传闻。奥多阿尔多是个没人敢随便招惹的人。他觉得这件事伤害了他姐姐的人格，于是当天就刺杀了道德败坏的比安卡。朗杜尔夫去看情妇时，发现她身上扎着把匕首，倒在血泊中。他很快弄清楚凶手是自己的舅舅，便跑到舅舅家，准备好好教训对方一下。没想到，舅舅身边围了一大群人，他们都是城里最正直敢为之士，这些人看着他怒气冲冲的样子，连声嘲笑。

朗杜尔夫满腔怒火，却不知该向谁发泄，便打算回家辱骂母亲一顿。这位可怜的妇人此时正准备和女儿一起上桌吃饭。她见儿子进门，便问他比安卡是不是也要来吃晚饭。

"但愿她能来吧，"朗杜尔夫说，"来把你带进地狱，还有你的弟弟，以及你们整个赞皮家族的人。"

可怜的妇人双膝跪地说道："哦，我的上帝啊，请原谅他这渎神的话吧！"

就在此时，门吱呀一声打开了，走进来一个面色苍白、身形枯瘦的鬼魂。她全身上下被人用匕首刺得皮开肉绽，但即便如此，还是能令人惊恐地看到很多与比安卡相似的特征。

朗杜尔夫的母亲和妹妹开始连声祈祷。多亏上帝的恩典，她们勉力撑过了这一关，没有因这可怕的一幕惊吓而亡。

幽灵慢步前行到桌边坐下，看起来是想吃晚饭。朗杜尔夫毫不畏惧——他这份胆魄也只能是魔鬼给的——竟然拿了盘菜递给她。幽灵张开她那张足有半个头大小的嘴，一股淡红色的火焰从这血盆大口中喷出来。她接着伸出一只被火烧焦的手，抓了把菜塞进嘴里，但菜漏到餐桌下的声音清晰可辨。就这样，幽灵把整盘菜都狼吞虎咽似的塞进嘴，但实际上菜全都漏到了桌子下面。盘子空了后，幽灵瞪起她那双令人不寒而栗的眼睛，死死盯着朗杜尔夫说道："朗杜尔夫，我在这里吃了饭，我就要在这里睡觉。去吧，你先到床上躺下。"

听到这里，我父亲打断教士的话，转头看着我问道："我的儿子阿方索，换成您是朗杜尔夫，您会不会害怕？"

我回答他说："我亲爱的父亲，我向您保证，我一点也不会感到害怕。"

我父亲看起来对这个回答非常满意，在当晚之后的所有时间里，他都心情舒畅，非常愉快。

我们的日子就这样一天一天地过着，每天的节奏都完全相同。只是在天气转暖后，大家围坐的地方从壁炉旁改到了门外的长椅上。整整六年时光就在这种甜蜜安宁的气氛中过去了，但如今回想起来，我只觉得，六年恍如六周般倏忽而逝。

等我过完十七岁，我父亲认为可以把我送进瓦隆卫队了，于是他给他最信赖的各路旧战友写信。这些高尚可敬的军人们群策群力，为我提供担保，让我获得了卫队上尉的委任书。我父亲收到消息时激动过度，身体出现了状况。幸好他很快就恢复了，从此，他满脑子想的都是替我安排行程的事。他想让我从海上绕行，由加的斯进入西班牙。在那里，我要先去拜见一下省部队的指挥官堂恩里克·德·萨，在帮我赢取功名的人当中，他出的力最多。

驿站的马车已停在城堡的院子里，我父亲在这最后关头将我带进他的房间，把门关上，然后对我说道："我亲爱的阿方索，我要向你透露一个我父亲告诉我的秘密,等你有了儿子,到他配得上听的时候,你再告诉他。"

我本以为这无非说的是藏在某处的家传秘宝,便当即答道,金钱在我眼里,从来只是一种可以扶贫济困的工具。

但我父亲回答说:"不,我亲爱的阿方索,我要说的既不是金子,也不是银子。我想教你一招剑法秘诀,学会这一招,你就可以一边避开攻击,一边从侧面刺出致命一剑,这样你就有把握每战必胜。"

说完他拿起两把花剑,向我展示了他所说的剑法。他随后为我祈福,将我送上马车。我再一次亲吻母亲的手,离家出发了。

我一路沿驿站路线来到弗利辛恩[1],在那里找了条船奔赴加的斯。堂恩里克·德·萨热情接待了我,视我如同己出。他为我配置了一些随身装备,并派两个仆人陪我上路。一个叫洛佩斯,另一个叫莫斯基托。我从加的斯出发,一路经塞维利亚、科尔多瓦来到安杜哈尔。在那里,我踏上了通向莫雷纳山区的这条路。路过"栓皮栎"饮水槽的时候,我很不幸与我的两位仆人走散了。不过,我当天赶到克马达店家。最后,在昨天晚上,我来到了您隐修的住所。

"我亲爱的孩子,"隐修士对我说道,"您的故事让我很感兴趣,您愿意把您的人生经历说给我听,我非常感谢。我现在已经非常清楚,您所受的教育深深影响了您,恐惧对您来说是一种完全陌生的情感。但既然您在克马达店家过了夜,那么我很有理由担心,您是

---

1 译注:现荷兰西南部城市,重要商港和渔港。

否也被那两个吊死鬼纠缠过,将来的命运是否也会和那个魔鬼附身的人一样凄惨。"

"我的神父,"我向隐修士说道,"帕切科大人的故事让我昨夜沉思良久。尽管他被魔鬼附了身,但他仍然是位绅士。既然如此,恪守真理、追求真相这样的事,他自然有能力去做。我们城堡里的神父伊尼戈·贝莱斯曾对我说,在教会成立伊始的那几个世纪里,有一些被魔鬼附身的人的案例,但如今早已不复存在,他的这个说法对我来说更值得尊重。更何况我父亲曾给我立下规矩,所有与我们宗教相关的事,都应该信任伊尼戈的说法。"

"但是,"隐修士说道,"难道您没有看到那个魔鬼附身的人的可怕模样吗?您没有看到魔鬼是怎么把他弄瞎的吗?"

我回答他说:"我的神父,帕切科大人完全可能是在另一种情况下失去了他的一只眼睛。再说,不论什么事情,我都会信任知识比我更多的人。对于我来说,我要做的事,就是不畏惧幽灵,也不畏惧吸血鬼。不过,假如您愿意给我某件圣物,保护我免受幽灵或吸血鬼的侵犯,我向您保证,我会怀着虔诚和崇敬之心将它戴在身上。"

我这种略显天真的说话方式似乎让隐修士露出了一丝笑意,他对我说道:"我亲爱的孩子,我能看出,您的信仰还是很虔诚的,但我担心您的虔诚能不能持久。您通过您的母亲获得了戈梅莱斯家族的血统,但您母亲的这些亲戚都是新皈依基督教的信徒。我还听说,他们当中有些人甚至内心信仰的是伊斯兰教。假如有人给您一大笔财富,并以此为条件让您改宗,您会不会接受?"

"不,绝对不会,"我回答说,"我认为,放弃自己的宗教跟放弃自己的祖国一样，都是让人荣誉扫地、身败名裂的事。"

听到我这句话，隐修士似乎又露出了笑意，他对我说道："我很难过地看到，您的美德是以一种过度夸张的荣誉感为根基的。我提醒您，您将要看到的马德里，已不再像您父亲那个时代那样，光凭刀剑说话。此外，美德还有其他更可靠的原则可以依赖。不过，我不想再留您久谈了，趁着天色还早，您赶紧上路，这样您还来得及赶到德佩农店家，或者又叫悬岩客栈。那一带有盗贼出没，但客栈主人还是守着自己的店，因为有一群在附近安营的吉普赛人可以帮他。后天，您会到达卡德尼亚斯店家，到了那儿，您就算出了莫雷纳山区了。我会在您坐骑驮的袋子里放些路上吃的干粮。"

说完这些话，隐修士深情地拥抱了我，但他并没有给我任何防魔驱鬼的圣物。我也不想再和他提这件事，便上马告辞。

半路上，我开始思索隐修士刚刚对我说的那些箴言。但我想象不出，除了荣誉，还有什么原则能为美德提供更为牢靠的基础。在我看来，荣誉本身就涵盖了所有的美德。

就在我全心思考的时候，从前方的一座石山后面，突然冒出来一个骑马的人。他拦住我的去路，问道："您是叫阿方索·范·沃登吗？"

我回答说是的。

"既然如此，"这位骑士说道，"我以国王和神圣的宗教裁判所的名义拘捕您。请把您的剑交给我。"

我照他说的做了，没有反抗。骑士吹了声口哨，四下里钻出一群拿着武器的人，他们全朝我扑了过来。这些人将我的手绑在身后，押着我走上山里的一条近道。经过一小时路程，我们来到一座高大雄伟的城堡前。吊桥降下来，我们进入城堡。还没等走出主塔，就有人打开侧面的一扇小门，把我扔进一间牢房，连绑着我胳膊的绳子都没解开。

牢房里漆黑一片，我两只手被绑在身后，没法放到前面探路，这让我一步步走起来非常艰难，总会一鼻子撞到墙上。我只得无奈地原地坐下。诸位不难猜出，在这种情况下，我肯定要思考一番，自己究竟犯了什么事才会被关押在这里。我的第一个想法（其实也是唯一一个想法）就是宗教裁判所抓了我那两位美丽的表妹，她们的黑人女仆把克马达店家里发生的事全招了出来。我想肯定会有人审问我，让我交代这些美丽的非洲女郎的情况。我如果回答，就只有两条路可走：要么是背叛她们，违反我以荣誉之名立下的誓言；要么是不承认认识她们，但这样我就不免要继续编造一个又一个可耻的谎言。到底采用哪种方案呢？稍做思量后，我决定一言不发，永远保持沉默。我下定决心，不管遇到怎样的审问，我都坚决不开口。

这个困扰在脑中解决后，我便开始回想前两天发生的各种事情。我那两位表妹都是有血有肉的女人，这一点我并不怀疑。尽管一路上我听到各种关于魔鬼法力的描述，但支配我思想的，是另一种更为强烈的感觉，可这究竟是什么感觉，我又说不上来。至于有人捉弄我、将我抬到绞刑架下这件事，我只是感到非常气愤。

好几个小时就这样不知不觉地过去了，我开始有了饥饿感。我曾听人说过，在这样的牢房里，有时地上会放着块面包外加一罐水，我便开始用腿和脚四处探寻，想看看能不能触到相似的东西。果不其然，我很快感到身边有个异物，这应该是半块面包。但想把它放进嘴里可不那么容易。我躺在面包旁边，试图用牙齿咬住它，由于无法固定，面包从我嘴边掉了下来，滑落一旁。我于是换了个办法——我不断地向前推面包，直到将它抵在墙头。这样我总算可以进食了，而且我还得感谢这是被人从当中切开的半块面包，假如换成一整块面包，我反倒没法用牙齿咬开。那罐水我也找到了，但喝水对我来说是完全做不到的事。我刚把喉咙润湿，剩下的水就全洒光了。我只好走到更远的地方继续探寻。在一个角落里，我发现地上铺着堆干草，我于是躺在上面。给我系绑绳的人手艺真不错，绑得非常牢，却并没有让我感到疼痛。因此，我没过多久就进入了梦乡。

第四天

恍惚间有人将我叫醒，我觉得，此前我应该睡了好几个小时。我看到一位圣多明我会僧侣走了进来，后面还跟着些面色非常不善的人。其中几个举着火把，另几个则拿着各种我从来没见过的工具，我想，这些东西都应当是刑具。我想起入睡前所做的决定，并进一步坚定了自己的态度。我想到了我的父亲。他倒是从来没受过刑，不过，忍受剧痛，让外科大夫开刀治伤，这样的事他不是经历过千百回吗？我知道，在接受治疗时他是从没喊过一声疼的。我决定以他为榜样，咬紧牙关，不发一言，假如可能的话，连哼都不哼一声。

宗教裁判所的法官叫人端来把椅子，然后在我身边坐下。他面色温和却又笑里藏刀地对我说了这样一番话："我亲爱的孩子啊，我的乖孩子啊，上天将你带进这间牢房，你要对上天感恩才是。不过你要告诉我，你是为什么事进来的？你犯过哪些错？你要忏悔，你要让你的泪水洒满胸襟……你不理我？唉，我的孩子啊，你错了……我们不是在审讯你，这只不过是我们采用的一种方法。我们要让犯罪的人指认自己的罪行。虽说这样的忏悔有受胁迫之嫌，但一样能积德补过，要是犯人能揭发出同党，那功德就更明显了。你不肯回话？那就该你倒霉了……好吧，看来不向你亮亮底牌是不行的了。你认识突尼斯的那两个公主吗?或者应该说,那两个下贱的巫婆,可恶的吸血鬼,魔鬼的化身……你什么话也不说?来人啊,把那两个路西法[1]王国的小公主给带过来!"

话音刚落,便有人带来了我的两位表妹,她们和我一样,双手被绑在身后。

宗教裁判所的法官接着说道:"好了,我亲爱的孩子,你认识她们吗?你竟然还是一言不发!我亲爱的孩子,你可不要被我接下来的话吓倒哦:我们要给你点苦头吃。你看到这两块板了吧——我们要把你的两条腿放上去,然后再用绳子绑紧。接着,我们会用锤子,把你看到的这几块楔子钉到你两脚的脚踝当中[2]。一开始,你的两只脚会肿起来。接下来,你的大脚趾会渗出血,其他脚趾上的趾甲会一片片脱落。再接下来,你的脚掌会开裂,脂肪会混着烂肉从裂缝里一团团冒出来。到那个时候,你会非常非常疼的。你还是不出声啊,嗯,毕竟我还只说到常规套路。不过,常规套路用完,你已经会疼得不省人事了。看到这些小瓶子了吧,瓶里是各种各样的酊剂,到时候,会有人用它们让你苏醒过来的……等你恢复知觉后,我的手下会取掉楔子,换上这些远远要大得多的玩意儿。放上去弄第一下,你的膝盖和踝骨就会碎掉。再弄第二下,你的两条腿就会朝垂直方向一分为二。到时候,骨髓会从腿里溢出来,流在这堆草料上面,和你的血混在一起……你还是不肯说话?好吧,把他的腿给我拴起来!"

---

[1] 译注:路西法(Lucifer)原先是基督教与犹太教的名词,见于《以赛亚书》第14章第12节,后指基督教传说里的堕落天使,甚至指代被逐出天堂前的魔鬼或撒旦。
[2] 译注:这是一种被称为"锁舌"的欧洲古代酷刑,方式是用金属楔子挤压犯人的脚踝。

刽子手抓起我的双腿，绑在两块板上。

"你不肯说话？……放楔子！……你就是不肯说话吗？……把锤子举起来！……"

就在这时，门外传来了一串枪声。艾米娜高叫道："哦！穆罕默德！我们得救了。佐托来救我们了。"

佐托带着他的人马冲进牢房，刽子手被赶出门外，宗教裁判所的法官也被绑在钉在墙头的一个铁环上。随后佐托将我和两位摩尔女子一一松绑。她们刚能活动胳膊，做出的第一个动作便是张开双臂，投进我的怀抱。我们很快被人拉开。佐托让我上马先出发，并向我保证，他和两位女士随后就来。

我所在的这支先头小分队里还有其他四位骑士。经过一路前行，我们在晨曦初照的时候来到一个非常荒僻的地方，但这里有一个歇脚点。稍事休整后，我们继续赶路，一路上翻越多座高山，有的山顶还积着雪。

下午四点钟左右，我们面前出现一片岩洞，看来今晚要在洞里过夜了。我很庆幸此时天色尚明，因为这一带的景色实在是太壮丽了，对我这个之前只见识过阿登山脉和西兰省[1]风光的人来说，更显得美不胜收。我脚下的这片地方是美丽的格拉纳达属维加地区[2]，格拉纳达当地人戏谑地将其称作"我们的小草场"。由山间远眺，这个地区的六座城镇和四十个村庄尽收眼底。既有蜿蜒的赫尼尔河河水，

---

[1] 译注：西兰省是荷兰的一个省份，是荷兰黄金时期两个航海大省之一。新西兰的国名即由其而来。

[2] 译注：格拉纳达属维加（Vega de Grenada），是现格拉纳达省一个非行政区域的自然地区。

也有从阿尔普哈拉斯山脉高处奔腾而下的急流，还有一处处小树林，一片片暗影交织的苍翠林木，各种建筑、花园，以及数不胜数的农田、民宅。同时看到这么多美景，我喜出望外，整个身心都安静下来，仿佛进入空灵之境。我觉得，从这一刻起，我变成了一个热爱自然的人。我那两位表妹也已被我忘得一干二净了。然而，没过一会儿，她们就坐着驮轿来到了我的身边。

她们在岩洞里的方石上坐下。等她们稍事休息后，我对她们说道："女士们，我对我在克马达店家经历的那一夜本身是毫无怨言的，但我必须向你们承认，那一夜最后的结束方式令人极为不快。"

艾米娜回答我说："我的阿方索，您要是想指责我们，就指责我们给您梦中带去的美好片段吧。其实您有什么可抱怨的呢？那不正是让您证明自己具有超凡胆量的好机会吗？"

"什么？"我回答道，"还会有人怀疑我的胆量？假如让我遇上这个人，我一定要与他较量一番，扔手帕也好，拿着手帕也好，都随便他[1]！"

艾米娜回答说："我不知道您说的手帕是什么意思。有些事情我没办法告诉您，还有些事情我自己也不知道。我只是依照我们家族族长之命行事，我们这位族长是马苏德族长的后人，他知道戈梅莱斯宫的所有秘密。我可以告诉您的，就是您是和我们血缘关系很近的亲戚。您外公是格拉纳达的大法官，他有一个已过世的儿子，一个生前有资格了解我们秘密的人。您这位舅舅皈依了伊斯兰教，并娶了突尼斯时任台伊的四个女儿为妻。但只有最小的那个女儿，也

---

[1] 原注：用剑或用他喜欢的任何方式决斗。

就是我们的母亲育有后人。齐伯黛出世后不久,整个巴巴利海岸发生了一场大瘟疫,我父亲和他另外三位妻子都不幸去世……不过话就先说到这里,所有这些事情,未来某一天您或许会全部了解到的。现在还是让我们来谈谈您吧,谈谈我们对您的感激,或者更准确地说,应该是谈谈我们对您美德的钦佩。酷刑当前,您还是那么泰然自若!您又是那么一丝不苟地恪守着您的诺言!是的,阿方索,您胜过了我们家族里所有的英雄人物,我们现在属于您了。"

在谈严肃的话题时,齐伯黛完全把发言权交给她姐姐,自己并不出声。此刻话题转到了情感层面,她便加入进来。总之,两姐妹对我极尽溢美之词,并向我一再表示亲近,我满心欢喜,无比陶醉。接着,她们手下的那些黑人女仆也进了岩洞。晚饭准备完毕,佐托带着极度敬仰的神情,亲自为我们端菜添水。用完餐,在一处独立的洞穴里,女仆们为我的两位表妹布置了一张相当不错的床。我来到自己的洞穴,躺上自己的床。我们都已非常疲惫,便各自享受美好的休憩时光了。

第五天

第二天，我们这支远行队早早就出发了。我们下了山，走进一片片低洼的小山谷，或者更准确地说，是一处处仿佛直探地心的悬崖峭壁。它们拦腰切断了连贯的山脉，形成无数新的通道，让人既弄不清该去往何方，也弄不清正走向何方。我们就这样行进了六个小时，最终来到一座荒无人烟的被废弃的小城。

佐托让大家下马，并将我带到一口井边，对我说道："阿方索大人，劳驾您朝这井里看一看，然后再告诉我您有什么想法。"

我照他所说的做了，然后告诉他，我看到了水，而我并没有别的想法，只觉得这是一口井。

"如果是这样的话，"佐托接着说道，"那您就错了，这是我宫殿的入口。"

说完此话，他将头探进井里，像喊暗号似的叫了一声。接着，只见从井内的一侧翻出一层厚厚的踏板，并平稳地停在水面上方几尺处。一个拿着武器的人从这个出口走出来，随后又走出来另一个。等他们爬出井、踏上地面后，佐托对我说道："阿方索大人，我很荣幸向您介绍我的两个弟弟，这是西西奥，这是莫莫。或许您在某个绞刑架上看到过他们的尸体，但实际上他们活得好好的，而且会一直为您效力。同样，我本人也会一直为您效力，因为我们效忠于戈梅莱斯的大族长，拿他的薪俸。"

我回答他说，能见到一个将我从危难中解救出来的人的兄弟，是件很让人高兴的乐事。

现在要准备下井。有人放了个绳梯下去，我本以为我的两个表妹会遇到些麻烦，但她们的动作比我料想的要敏捷自如得多。我跟在她们后面也下了井。登上踏板，我们看到一扇小侧门，这是一扇必须弯腰弓背才能进入的门。但很快，我们面前就出现一道在岩石上雕出来的精美的楼梯，借着烛灯的灯光，我们往下走了两百多级台阶。最后，我们进入一个地下居所，里面有很多间厅堂和卧室。留给我们的那几间房都铺满了软木，以消除地下的潮湿。我后来在里斯本附近的辛特拉小城见过一所在岩石上雕出来的修道院，里面的房间同样铺满软木，那里也由此得名"软木修道院"[1]。

在佐托的地下居所里，还精巧地放置了一些火炉，它们使整个空间保持着舒适的温度。骑兵们用的马拴在四周各处。一旦有需要，这些马同样可以被带上地面。马的通道是通向邻近的一个小山谷的，马升上去要靠一种专门的机械装置，但这装置只在极少数情况下使用。

"所有这些奇迹，"艾米娜对我说道，"全都是戈梅莱斯家族的杰作。他们在成为这片土地的主人后，便挖掘了这座石山。准确地说，是他们结束了挖掘的工程，因为在他们刚来时，阿尔普哈拉斯山脉里的原住民已经将这项工作推进得很深入了，这些原住民是热衷于偶像

---

[1] 原注：即圣十字修道院，建于 1560 年。

崇拜的人。学者们都说，这一带过去是贝提卡[1]的天然金矿，而很久以前就有一些古老的预言，称这一带有朝一日会归戈梅莱斯家族的人所有。您对此有什么看法，阿方索？这可是一块了不得的自然遗产啊！"

艾米娜的这番话此时此刻在我听起来觉得非常不得体。我把自己的感受向她明说了。接着，我就换了话题，问她将来有什么打算。

艾米娜回答我说，在经历了之前的遭遇后，她们姐妹二人已不想久留西班牙，但她们还是愿意继续休整一段时间，直到她们的船准备就绪。

此时，午餐已经做好，非常丰盛，以野味为主，此外还有很多干果。三兄弟极为殷勤地为我们端菜添水。

我对我的两位表妹说，像他们这么善良正直的吊死鬼，别的地方恐怕是绝不会再有了。

艾米娜表示认同，她随后转头看着佐托说道："您和您的两位兄弟一定有很多不同寻常的经历，要是您愿意告诉我们的话，我们会非常高兴。"

佐托谦让了一小会儿后，便坐到我们身边，如此这般地说了起来：

佐托的故事

我生于贝内文托，也就是贝内文托公国的首府[2]。我父亲和我一

---

1 译注：贝提卡是罗马帝国的行省，大致位于现今的安达卢西亚邻近地区。首府是科尔多瓦。
2 译注：属当时的那不勒斯王国，而那不勒斯王国1504—1707年间归属西班牙王室。

样叫佐托,是个造兵器的手艺人,技艺娴熟。但城里有两个同行比他名气更大,所以他的收入只能勉强养活妻子和三个孩子,这三个孩子正是我两个弟弟和我本人。

我父亲成婚三年后,我母亲的一个妹妹出嫁了,新郎是做油料生意的商人,名叫卢纳尔多,他给的彩礼是一副金耳环和一条金项链。从婚宴上回来后,我母亲寡言少语,终日郁闷。她丈夫想知道缘由,但她一直避而不谈。不过,她最后还是道出了真相:原来,她非常渴望拥有和她妹妹一样的耳环和项链。我父亲听后一言不发。他藏有一杆做工上乘的猎枪,以及配套的手枪和猎刀。这杆猎枪可以在发射四颗子弹后再重新装弹上膛,它耗费了我父亲四年的苦功。他觉得这杆枪能值三百那不勒斯金盎司[1]。他找到一位买家,但最终整套设备只卖了八十金盎司。他用这笔钱买了妻子心仪的珠宝,带回家给她。当天,我母亲就戴上首饰展示给卢纳尔多的妻子看,而且她的耳环比她妹妹的那一副略显名贵,这让她喜不自胜。

可是,一个星期后,卢纳尔多的妻子来我家看我母亲。她的头发高高盘起,当中插着根金发簪,簪首是一朵用金银丝编成的玫瑰,并镶有一颗小小的红宝石。这根发簪犹如一根毒针,在我母亲心里狠狠扎了一下。她的心情再度阴郁起来,直到我父亲许诺,会给她买一根和她妹妹一样的发簪,她才转忧为喜。但我父亲并没有这笔钱,也没了弄钱的渠道,毕竟这样的一根发簪要值四十五金盎司。他于是很快也和我母亲前几天时一样,心情阴郁起来。

就在此时,当地一位叫格里诺·莫纳尔迪的勇士来拜访我父亲,

---

[1] 原注:那不勒斯金盎司,一种重 26.5 克的黄金货币。

他想请我父亲为他的手枪做清洗保养。莫纳尔迪看出我父亲的愁虑，便问他是怎么回事，我父亲也没有隐瞒，将原委一一道明。莫纳尔迪思索片刻，便对他这样说道："佐托先生，您有所不知，我实际上欠了您很大的一份情。有一天，有人在通往那不勒斯的路上偶然发现一具尸体，尸体上插着我的匕首。警察拿着匕首去所有造兵器的工匠那里询问，您很仗义地说，您从来没见过这把匕首。但实际上它明明是您亲手造出来的，也是您亲自卖给我的。要是您讲了真话，我肯定会遇到些麻烦。所以，请拿好您需要的四十五金盎司。此外，只要您有需要，我永远会解囊相助。"

我父亲感激地接过钱，随后便买了根镶有红宝石的金发簪，交给我母亲。我母亲当天就插在头上，向她高傲的妹妹展示了一番。

我母亲回家后，深信自己再见到卢纳尔多夫人时，她会再佩戴某件新的珠宝。但她妹妹另有盘算。她想雇个穿制服的男仆跟着她去教堂，并把这个想法告诉了丈夫。卢纳尔多是个非常吝啬的人，买金首饰这样的事他是心甘情愿的，毕竟说到底，金子是戴在他妻子头上，还是藏在他本人的钱箱里，在他看来都同样安全稳妥。可是，让他支付一个金盎司给扮男仆的小丑，那他可不会这么爽快，何况这个人要做的，无非是在他妻子的长椅后守半个小时。卢纳尔多夫人以死缠烂打的方式，反复向他提出这个要求，他最后被迫决定，亲自穿上仆人的衣服跟在她身后。卢纳尔多夫人觉得，做这份工作，她丈夫的确不亚于其他任何人。于是，到了接下来的那个星期天，她就带着这么一个新式男仆赶赴教堂了。邻居们看到这出化装舞会式的闹剧，不禁捧腹大笑，但我姨妈觉得，这些人的笑声只是代表了他们内心的嫉妒。

等她快走到教堂时,一帮乞丐围在旁边用他们那套黑话高声起哄,意思是:"看卢纳尔多!他在扮演自己老婆的男仆!"

不过,这帮乞丐的胆量也只能达到这样的程度了。卢纳尔多夫人还是毫无阻碍地走进教堂,教堂里的人看到她,都以各自的方式向她致意行礼。有人为她呈上一坛圣水,还有人给她在一条长椅上安排了座位,而我母亲始终站在教堂里,身边全是社会底层的妇女。

我母亲回家后,当即找出一件我父亲的蓝色外衣,在衣袖上缝上一条黄色的饰带,这条饰带原本是挂燧发枪弹盒的斜背带。我父亲非常惊讶,问她要干什么。我母亲把她妹妹的举动全说了出来,特别是她丈夫穿着家仆的衣服跟在她身后讨好她的场景。

我父亲肯定地说,他是绝不会这样讨好自己妻子的。不过,到了接下来的那个星期天,他用一个金盎司请了个人充当家仆,让他跟着我母亲走进教堂。在教堂里,我母亲受到的礼遇胜过一个星期前的卢纳尔多夫人。

就在当天弥撒刚结束的时候,莫纳尔迪来看我父亲,并对他这样说道:"我亲爱的佐托,您妻子和她妹妹之间你争我斗的荒唐事,我都听说了。如果您不阻止事态发展,您可能一辈子都不会幸福。因此您只有两条路可以选:要么纠正您妻子的行为,要么过一种可以满足她消费欲望的生活。要是您选择前一条路,我可以给您一根用榛树枝做的棍子,我妻子在世时,我就用这根棍子对付过她。榛树枝还可以做成其他式样的棍子,两头都可以握,这样的棍子在手里转几圈后,可以探出水源、探出宝藏。我这一根当然没有这样的功能。不过,假如您握住棍子一头,让您妻子的肩膀尝尝另一头的滋味,那么我向您保证,您可以轻而易举地纠正她的行为,让她不再任性妄为。相反，要是您选择后一条路，执意要满足您妻子所有的荒唐念头，我也可以让您结识全意大利最杰出的一群义士。他们目前正自发地聚集在贝内文托，因为这是座边境线上的城市。我想您已经理解我的话了，那么请您思考一下吧。"

说完这番话，莫纳尔迪把他那根用榛树枝做成的棍子放在我父亲的工作台上，告辞而去。

两人交谈之际，我母亲已做完弥撒。她带着雇来的男仆在大街上炫耀，去朋友家张扬。最后，她凯旋般地回到家里，而我父亲对她的迎候方式完全出乎她的预料。他用左手抓住她的左胳膊，再用右手拿起榛树枝做成的棍子，将莫纳尔迪的建议付诸行动。我母亲昏了过去。我父亲开始咒骂手上的棍子，并请求妻子原谅，在得到谅解后，两人又相好如初。

几天后，我父亲去找莫纳尔迪，并对他说，榛树枝做成的棍子没有起到好的效果，他还是愿意加入莫纳尔迪之前提到的那支义士队伍。

莫纳尔迪回答他说："佐托先生，您真让我感到惊讶，您不敢给您妻子一点点小惩罚，却敢躲在树丛中伏击别人。不过，万事皆有可能，人心里面总是藏着各种矛盾的东西。我很愿意把您介绍给我的朋友们，但在此之前您至少得杀个人才行。从现在开始，每晚您工作结束后，就握一柄长剑，腰间佩一把匕首，带着点高傲的样子去圣母院门前散步，或许某一天会有人给您派个差事。再见，愿上天保佑您马到成功！"

我父亲照着莫纳尔迪的话去做了。很快，他就发现，不论是和他气质相近的骑士，还是路上的警察，在见到他时都会和气地向他打招呼。

他每天如是地散了两个星期步。终于,一天晚上,一个衣着讲究的人走到他面前与他攀谈,此人对他说道:"佐托先生,这里有一百金盎司,我把它给您。过半个小时,您会看到两个帽子上有白羽饰的年轻人经过这里。您做出有机密话要谈的样子走到他们身边,接着您就低声问他们:'你们当中哪位是费尔特里侯爵?'其中会有一个人说:'是我。'那么您就一刀插入他的心脏。另一个年轻人是个懦夫,他肯定忙着逃命去了。此时您要确保彻底结果费尔特里的性命。事情结束后,您不必躲到教堂里面。您就平静地回到自己家中,我会在您身后不远处跟着您的。"

我父亲分毫不差地完成了指令。等他到家时,他发现那个陌生人也紧跟着来了。此人向他表达感谢,并对他说道:"佐托先生,您为我所做的事让我非常感动。这里有给您的另一份一百金盎司,请您收下。此外,这第三份一百金盎司,是供您打点上您家里来的执法官员的。"

说完这番话后,此人就告辞了。

没过多久,警察队长就出现在我父亲面前。我父亲赶紧把那预备好的一百金盎司递过去,警察队长接过钱,邀请我父亲上他家里,与其他友人共进晚餐。警察队长的住所背靠监狱,其他的宾客有狱卒,也有监狱里的告解神父。我父亲有点紧张,这也是难免的,毕竟这是他第一次杀人。

神父注意到他的不安,便对他说道:"佐托先生,用不着发愁。教堂里做一次小弥撒只要十二个塔罗[1]。听说费尔特里侯爵遇害了。

---

[1] 原注:1 塔罗 = 1/70 金盎司。

您去请人做二十来场小弥撒，让他的灵魂得到安息，这样您就可以用非常划算的方式，得到彻底的赦罪。"

这个小插曲过后，其他的事就不必细说了。总之，晚饭的气氛非常融洽。

第二天，莫纳尔迪来看我父亲，他夸奖我父亲，认为整件事都处理得非常出色。我父亲想把先前收的四十五金盎司还给他，但莫纳尔迪对他说道："佐托，这本是我的好意，您这样就是冒犯我了。您要是再和我提这笔钱，那我会觉得，您这是在责怪我没给够。您需要钱的时候，就从我这里拿，您需要找人帮忙的时候，就信赖我的友情。我也不再向您隐瞒，我本人就是我对您说过的那支义军的首领。这支军队里面，全都是看重荣誉、刚正不阿的人。如果您想成为我们当中的一员，那您就先到布雷西亚买些枪管，然后来卡普亚[1]与我们会合。路上您可以住在金十字架客栈，其余的事您就不必操心了。"

三天后我父亲就动身了，他的这次出征任务完成得非常出色，酬劳也非常可观。

尽管贝内文托气候非常温和，但我父亲对这一行还不熟，因此他不愿在天气恶劣的季节工作。一入冬，他就开始深居简出，而他的妻子除了星期天会有一名男仆相伴外，黑色的紧身褡上用的全是金褡扣，串钥匙的也是副金钥匙圈。

冬去春来。有一天，我父亲被一个从未谋面的家仆打扮的人叫到街上。此人让我父亲跟着他走，两人就这样一路走到了城门。一

---

[1] 译注：布雷西亚是意大利北部紧邻米兰的城市。卡普亚是那不勒斯附近的城市。

位上了年纪的贵族和四个骑着马的人正在城门边等他。

这位贵族对我父亲说道:"佐托先生,这里有一笔五十西昆[1]的酬金。请您跟我到这附近的一座城堡去,我们需要将您的眼睛蒙上,请您不要介意。"

我父亲全都答应了。在经过一段相当长的直道以及几次拐弯后,他们来到老贵族所说的城堡。我父亲被带进城堡,随后又被除去眼罩。此时他看到一个蒙面女人被绑在一把椅子上,嘴里面还紧紧塞着一块布。

老贵族对他说道:"佐托先生,这里还有一百西昆。劳驾您用匕首杀了我妻子吧。"

但我父亲回答道:"先生,您这是误会我了。我守在街角等人,埋伏在树林里袭击人,这些事对于一个重视荣誉的人来说是妥当的,但让我做刽子手,我办不到。"

说完这几句话,我父亲将两袋钱扔到这个想弑妻的男人脚下。老贵族也没有坚持,他命手下将我父亲的眼睛重新蒙上,再把他带回城门。这次英勇高尚的举动让我父亲名声大噪。而他此后的另一件义举更是使他得到世人的广泛赞许。

贝内文托城里有两位显贵,一位叫蒙塔尔托伯爵,另一位叫塞拉侯爵。蒙塔尔托伯爵派人找到我父亲,以五百西昆的酬金,请他刺杀塞拉。我父亲接受了这项任务,但他要求有充裕的时间做保障,因为我父亲知道,塞拉侯爵身边的守卫非常森严。

两天后,塞拉侯爵派人将我父亲带到一个荒僻的场所见面,然

---

[1] 原注:1 西昆约为 2/3 金盎司(译注:意大利威尼斯铸造的金币,1284—1840 年通行)。

后对他说道："佐托，这里有五百西昆。只要您向我保证，您会杀了蒙塔尔托，它就是属于您的。"

我父亲接过钱，回答他说："侯爵先生，我向您保证，我会杀了蒙塔尔托。但我也必须对您坦白，我之前已向他保证过，要取您的性命。"

侯爵笑道："我非常希望您不要这么做。"

我父亲非常严肃地回答道："对不起，侯爵先生，我既然有过承诺，就必须付诸行动。"

侯爵往后跳了一步，同时拔出自己的剑。但我父亲早已从腰间取出手枪，一枪击碎侯爵的脑袋。接着，我父亲去见蒙塔尔托，对他说他的敌人已经死了。伯爵拥抱了他，并给他五百西昆。此时我父亲带着点尴尬的神情坦白说，侯爵临死前给了他五百西昆，让他取伯爵的性命。

伯爵说他很高兴自己抢在敌人前面先下手了。

"伯爵先生，"我父亲回答他说，"先下手也没有用，因为我已经向他保证过了。"

话音未落，他就将匕首刺进伯爵的身体。伯爵在倒地时发出一声高喊，他的仆人们应声赶来。我父亲挥舞匕首，左冲右挡，杀出重围，然后来到山上，与莫纳尔迪的义军会合。我父亲一丝不苟地恪守承诺，这令队伍里的所有义士都仰慕不已，他们将此作为一段佳话传播了出去。我向您保证，可以这么说，这件事现在还是所有人谈论的话题，在未来的很长一段时间里，贝内文托人也不会忘记这件事。

佐托父亲的故事讲到这里时，佐托的一个弟弟过来对他说，备船的事有了进展，需要他去定个主意。他于是向我们告辞，请我们第二天再接着听后文。不过，这前半段故事已经引发了我的种种思考：明明是一帮该处以绞刑的人，他却不断夸耀这些人珍视荣誉、为人体贴、刚正不阿。他极度自信地反复使用这些词汇，彻底打乱了我原本的理念。

我思绪万千的模样被艾米娜看在眼里，她便问我究竟在想些什么。

我回答她说，佐托父亲的故事让我想到两天前从一位隐修士那里听到的话。他说，在荣誉之外，美德还有其他更可靠的原则可以依赖。

艾米娜回答我说："我亲爱的阿方索，您要尊重这位隐修士，要相信他对您说的话。在您的生命中，您注定还会和他重逢，而且不止一次。"

说完此话，两姐妹起身和黑人女仆一起走进自己的闺房，也就是这地下居所中为她们预留的那个房间。直到晚饭时，她们才重新露面，饭后便回房就寝了。

当地穴里的人都已休息、四周悄无声息时，我看到艾米娜走进我的房间。她形若塞姬[1]，一只手举着灯笼，另一只手牵着胜似维纳斯的妹妹。我的床恰好能容她们两人并排坐下。

艾米娜对我说道："我亲爱的阿方索，我对您说过，我们是属于您的。尽管我们没有事先得到大族长的允许，但我想他是会原谅我

---

[1] 译注：塞姬是希腊神话中丘比特深爱的美女。

们的。"

我回答她说:"美丽的艾米娜,请您原谅我。如果这是你们对我德行的又一次考验,那我担心,我很难轻易守住自己的德行。"

"放心,已经有准备了。"这位美丽的非洲女子回答道。她将我的手拉到她腰间,我摸到了一根腰带,尽管这不是维纳斯的腰带,但它精巧的做工还是让人联想到女神的丈夫[1]。腰带上系有一把挂锁,而钥匙并不在我两位表妹手上,至少她们是这么对我说的。

发乎于情、止乎于礼的核心保障便在于此了,而且有了这种保障后,没人再能抢走属于我的领地。齐伯黛回想起和姐姐一起研究过的角色表演游戏,她当时扮演的是陷入爱河的美少女。看着在我怀中的她游戏里的情人,齐伯黛不禁将甜蜜的遐想融入感官的体验中。她千娇百媚,要将自己炽烈的情感彻底释放,她仿佛要在肌肤相触间吞噬一切,要在亲昵的爱抚中探知一切。此外,在我们共度的这段时光中,她们还一直在谈各种我不明所以的设想和计划,但我们还是像所有的年轻恋人那样,以甜蜜的絮语,回想不久前的相遇,憧憬未来的幸福。

最后,我两位表妹终于难敌倦意,回去自己的房间。剩下我一个人时,我很担心自己第二天又会在绞刑架下醒来,要真是那样就实在太扫兴了。尽管我能笑对这样的想法,但入睡前我还是难解心结。

---

[1] 译注:在罗马神话中,维纳斯的丈夫是伏尔甘,他是长相最丑陋的天神,但有卓越的才智。

第六天

佐托叫醒了我,他对我说,我睡了很久,现在已经到了吃中饭的时间了。我赶紧穿戴整齐,去找我的两位表妹,而她们已经在餐厅等我了。两人的双眸依旧向我流露着柔情,看起来,她们的思绪还停留在前一夜,对眼前的饭菜视若无睹。等吃完饭挪开餐桌后,佐托坐到我们身边,如此这般地接着讲起他的故事:

佐托的故事(续)

我父亲加入莫纳尔迪的义军时,我应该是七岁,我记得,我母亲、我的两个弟弟还有我随后都被投入监狱。不过这仅限于形式,因为我父亲并没有忘记打点司法人员,他们很快得出结论,我们与我父亲的事情并无牵连。

在我们被关押的那段时间里,警察队长对我们关怀备至,甚至还减了我们的刑期。我母亲出狱时,左邻右舍乃至整个街区的乡亲都赶来热情迎接,因为在意大利南部地区,侠盗被视作人民的英雄,就像西班牙人对待他们的走私商人一样。我们三兄弟从此处处受人敬重，特别是我本人，我很快成了街区里的孩子王。

大约就是在这个时候，莫纳尔迪在一次行动中意外遇害，我父亲开始指挥起军队，他想干一件轰轰烈烈的大事，开个好头。他埋伏在通往萨莱诺[1]的路上，准备伏击西西里总督手下的一支运钞队。伏击大获成功，但我父亲被火枪击伤了腰，这使他无法再和战友们继续并肩战斗。他向义军友人们辞行的那一刻极为感人，甚至有人言之凿凿地说，义军里的几位侠盗当场流下眼泪。这听起来确实有点不可思议，我也是在有了生命中第一次流泪的经历后才不再怀疑：我的第一次流泪是因为我刺死了自己的爱人，这件事我会在后面说到的。

义军很快就解散了。在我们这些义士当中，有几位被吊死在托斯卡纳，另一些则投奔了一个叫泰斯塔伦加的人[2]，此人在西西里已小有名声。我父亲则越过海峡，来到西西里的墨西拿城，向修行于山间的奥古斯丁教派的教士们寻求庇护。他把自己所剩无几的积蓄交给这些神父，做了一次公开的忏悔，然后便在教堂大门下的一间小屋里安顿下来。在这里，他过着非常闲适的生活，常会在修道院的花园和院子里散步。他可以吃僧侣们为他准备的菜汤，也可以去附近的一个小饭馆弄几个菜。杂务修士还会义务帮他包扎伤口。

我觉得，我父亲当时一直想办法让家里保持有不菲的收入，因为我们母子四人过着非常富足的生活。嘉年华会上[3]，我母亲纵情欢

---

1 译注：萨莱诺是意大利现代坎帕尼亚大区萨莱诺省省会。
2 原注：侠盗泰斯塔伦加的故事在狄德罗的《布尔博内的两友人》(*Les Deux Amis de Boubonne*) 一书中有所提及。
3 译注：为了纪念耶稣，欧洲的信徒们把每年复活节前的 40 天作为斋戒及忏悔的日子，在这 40 天中，人们不能食肉、娱乐，所以斋期开始前的一周或半周内，人们会举办嘉年华会纵情欢乐。如今，这一习俗已少有人坚守。

乐。进入封斋期后,她做了个儿童小屋的模型,配上一些可爱的玩具娃娃,接着又用糖搭出各式各样的城堡,后来又做了其他各种类似的儿童玩具,这些玩具当时在那不勒斯王国极为盛行,成为有产者的一种奢侈品。我姨妈卢纳尔多也有个儿童小屋的模型,但远不及我们的精致。关于我母亲,我所能记得的,就是她是个非常善良的女人。我们常常看到她因为丈夫的危险处境而暗自落泪,不过,在妹妹和女邻居面前屡战屡胜,这让她能很快拭去泪水,转忧为喜。她那精美的儿童小屋就给她带来了这样的喜悦和满足感,但也是最后一次。她不知何故染上胸膜炎,得病后没几天便去世了。

我母亲去世后,要不是警察队长收留我们,我们也不知道往后该怎么过。我们在警察队长的家里住了几天,他随后把我们托付给一个骡夫,此人带我们越过整个卡拉布里亚[1],在第十四天的时候到达墨西拿。我父亲已经听说他妻子过世的消息。他带着无尽的慈爱迎接我们。他替我们要来一条席子,挨着自己的席子铺好,然后带我们去见修道院的僧侣。我们被接纳进少年唱诗班。每逢弥撒,我们都会帮忙,比如说剪烛花、点灯之类的事,但除此之外,我们依然和在贝内文托时一样,是调皮捣蛋的顽童。吃完僧侣送来的菜汤后,我父亲常会给我们每人一个塔罗,我们拿这点钱去买栗子或是脆饼干。享用完点心,我们还会到港口嬉闹,一直玩到夜里才回来。总之,我们是三个快乐幸福的淘气鬼……直到后来我经历了一件事,这样的生活才算结束。时至今日,我回想起这件事时心里依然免不了掀起狂澜,因为它决定了我一生的命运。

---

1 译注:现意大利那不勒斯以南的一个大区。

那是个星期天，由于我们要在晚祷上唱经，我便早早回到教堂的大门下面，身上装满为两个弟弟和我自己买的栗子。就当我忙着分栗子的时候，驶来了一辆华美的马车。这是辆由六匹白马牵拉的大车，车前还有两匹同样颜色的骏马开道，这种排场在西西里之外我还从未见过。马车门打开，走出一位绅士，这是位"私用骑士"[1]。他伸出胳膊，挽出来一位美丽的女士。接着看到的是一位神父。最后还有个和我年龄相仿的男孩，他面容清秀，穿着身华贵的匈牙利式服装，这是当时有钱人家孩子的流行服饰风格。他那齐膝的紧身小大衣是蓝色丝绒质地，绣着金边，镶着貂皮。这件衣服很长，盖住了他的半条腿，甚至一直垂到了他高帮皮鞋的顶端，而这双皮鞋用的是黄色的摩洛哥革[2]。他的帽子同样是蓝色丝绒质地，同样镶着貂皮，帽子上嵌着一簇珍珠，珍珠数量很多，一直搭到了一侧的肩膀上。他的腰带以及腰带上的扣环都是金制的，腰带上插的小佩刀刀柄上也镶满了宝石。最后，连他手上拿的祈祷书都套着金边。

看到一个和我年龄相仿的少年穿着如此精致华丽的衣服，我心中万般惊叹。不知出于什么动机，我向他走去，从手里取出两个栗子递给他。对我这小小的友好表示，这个可耻的小无赖不仅没有以礼还礼，反倒用他那本祈祷书冲我鼻子打了一下，而且是甩起胳膊全力打上去的。我的左眼几乎被当场打肿，书上的一个搭扣还擦进我的鼻孔，钩破了我的鼻子，血顿时不断地往外涌。恍惚中，我仿

---

[1] 译注："私用骑士"，指在已婚女士身边为她献殷勤、向她提供服务的男人，两人可能是也可能不是情人关系。

[2] 译注：摩洛哥革是打光后在潮湿状态下以手工在粒面上搓成独特的细碎石花纹或大头针花纹的皮革。从严格意义上说，摩洛哥革专指只用漆叶鞣剂鞣制成的山羊革。

佛还听到那位小老爷腔调可怕地连声高喊，但实际上，我可以说已失去了知觉。等我清醒时，我发现自己躺在花园的泉水边，我父亲和两个弟弟围在我身边，他们帮我擦拭脸庞，同时极力止血。

然而，就在我还满身血迹的时候，小老爷又走了过来，身后跟着他的神父，还有那位"私用骑士"，以及两个穿着制服的仆人，其中一个手上拿着根笞鞭。"私用骑士"简略地解释道，罗卡·菲奥里塔公主执意要对我施加鞭刑，并要打到流血为止，以此作为补偿，平复我给她和她的小王子造成的惊吓。他话音刚落，两个仆人就开始行刑了。

由于担心失去自己的庇护所，我父亲起先一句话也不敢说，但看到我被无情地打得皮开肉绽时，他再也忍受不下去了。他强压怒火，走到绅士身旁对他说道："请到此为止吧，你们要知道，像你们这种身份的人，我少说杀过十个。"

绅士听出此话背后的强烈暗示，便令仆人停止用刑。但我此时仍然趴在地上，小王子便走到我跟前，朝我脸上踢了一脚，同时对我说道："呸！瞧你这张强盗的脸！"

他的这句羞辱终于让我愤怒到了极点。可以说，从这一刻开始，我就不再是个孩子了，或者至少可以说，同龄人可以感受到的美好、品尝到的快乐，都不会再属于我了。直到很久以后，每当看到某个衣着雍容华贵的人在我面前出现，我都无法保持冷静。复仇肯定是我们国家固有的一项原罪，因为尽管我当时只有八岁，但不论白天还是黑夜，我心里想的都是如何能将小王子惩戒一番。夜里，我会在梦中揪住他的头发，将他痛打一顿，然后在惊颤中醒来；到了白天，我想的就是怎么样才能远远地给他点教训，因为我觉得，想靠近他恐怕没那么容易。此外，我还设想了在教训他之后逃跑脱身的办法。最后，我决定扔块石头砸他的脸，投掷石头这种事我原本就很拿手，但为了确保准度，我还是找了个地方当靶子，将每天白天的精力几乎全用在投掷训练上。

我父亲看到后，曾问过一次我在干什么。我回答说，我想打烂小王子的脸，然后躲到某个地方当侠盗。我父亲看起来并不相信我说的话，但他对我微笑了一下，仿佛是在鼓励我，也让我坚定了完成自己计划的信念。

终于，复仇的那一天到了。那是个星期天，马车驶来，车里的人先后下车。我非常紧张，但我还是控制住了自己的情绪。我的那个小仇家看到了人群中的我，便冲我吐舌头嘲笑我。我掏出石头向他扔去，他当即仰面倒下。我撒腿就跑，一直到跑到城里的另一头才停住脚步。在那里，我碰上一个和我相识的通烟囱的少年。他问我要去哪儿，我把自己的事情全告诉了他，他听完后便带我去见他师父。师父正缺男孩帮他干活，能干这种重活的孩子他自己也很难找到，他于是很乐意地收留了我。他对我说，我脸上很快就会积满烟灰，到时候没人会认得出我来。此外，爬烟囱本身是一门在很多情况下都非常有用的手艺。在这一点上，他倒是完全没有骗我。我当时学到的这门技能很管用，后来不止一次地救过我的命。

起初，烟囱里的灰尘、烟灰的气味让我非常难受，但我渐渐就适应了。毕竟我当时年纪还小，什么样的环境都能忍受。在从事这一职业大约半年后，我遇到了一件奇事。下面，我就来讲一讲这段故事。

我当时正站在一个屋顶上竖起耳朵听师父的声音，想弄清他到底是在哪根烟囱的管道里。听上去，他的喊声是从离我最近的那根烟囱里传出来的。我便顺着管道走下去，但管道在屋顶下方又分成了两条通道。我其实可以高喊几声找我的师父，但我并没有这么做，我想当然地做出了自己的选择。我顺着那条通道滑了下去，钻出来时，我发现自己进入了一间华丽的客厅，而最先映入我眼帘的恰巧是我的那位小王子，他正穿着衬衣，用木拍玩羽毛球。

这个小蠢货以前肯定见过通烟囱的人，但这一刻他还是把我当成了魔鬼。他双膝伏地，求我不要把他抓走，并承诺说，自己会变老实变乖的。我差点被他的哀求打动了，但我手上正拿着把通烟囱的扫帚，于是心中不由自主产生了一种强烈的意愿，要让这把扫帚派上用场；更何况，尽管小王子用祈祷书打我的仇我已经报了，他派人用鞭子抽我的仇也算报了一部分，但他冲我脸上踢的那一脚和同时说的那句"瞧你这张强盗的脸"，依然让我耿耿于怀。最后，我是一个那不勒斯王国出身的人，这里的人在报仇时总喜欢让对方多尝一点苦头，而不会善罢甘休。

我于是拿起扫帚，扯下一把当作答鞭。我抽烂了小王子的衬衣，他的背部裸露出来，我便接着将他的后背抽得皮开肉绽，或者至少可以说，我让他的背部狠狠吃了些苦头。但最奇怪的是，他因为害怕，一声都没敢吭。

等我觉得教训够了以后，我把脸弄干净，对他说道："蠢驴，我可不是鬼，我是奥古斯丁教派修道院里的小强盗。"

小王子顿时恢复了说话的功能，他开始高声求援，但我不等别人赶来，就从原路返回了。

登上屋顶后，我又听到了师父的叫喊声，但我觉得，现在要是再回应他可能并不妥当。我于是一个屋顶接着一个屋顶地跑起来,最后跑到了一个马厩的顶上,一辆载有草料的货车正停在马厩前。我便从屋顶跳到货车上,再从货车上跳下地。我随后继续往前跑,一直跑到修道院的大门下。在那里,我把刚刚发生的一切全讲给我父亲听了。

我父亲津津有味地听我讲述,听完后对我说道:"佐托,佐托!看来你真的要成强盗了。"

接着,他转身对旁边的一个人说道:"帕德隆·莱特雷奥,您最好带他和您一起走吧。"

莱特雷奥是墨西拿特有的教名。这个名字源自一封信[1],一封传说中圣母给这座城市居民写的信,信末所署的时间是"吾子诞生后的第1452年"。墨西拿人对这封信的虔诚尊崇,与那不勒斯人对圣雅纳略[2]的膜拜不相上下。我之所以对诸位说起这段细节,是因为一年半之后,我将向墨西拿的圣母做一次此生应该不会再有的祈祷。

话说回到帕德隆·莱特雷奥。他是一位船长,有一艘全副武装的船。他自称船是用来捕捞珊瑚的,但他真正干的行当是走私。一旦有机会,他甚至还会转行做海盗。不过,海盗这门营生他很少做,因为他没有炮。只有在人烟稀少的海滨遇上适合打劫的商船,他才会下手。

莱特雷奥的这些底细墨西拿人全知道。不过,他的走私生意让

---

1 译注:在意大利语中,莱特雷奥(Lettereo)的词根与"信"(Lettera)相近。
2 译注:圣雅纳略(272—305),又译亚努阿里乌斯,那不勒斯主教,天主教殉道者,被罗马天主教会和东方正教会同尊为圣人。据传他死后保存下来的凝固的血会每年三次化为液态。

城里的各大商人纷纷得益，海关官员也捞足了油水，此外，这位黑帮大哥动不动就耍枪弄棒，这让那些想找他麻烦的人无可奈何。最后，他的样貌也令人望而生畏：他身材魁梧，膀阔腰圆，让人见过一眼就难以忘怀，而且他外观的其他特征与这气质也非常契合，稍有些胆小的人撞见他，受点惊吓总是免不了的。他的脸本已呈深褐色，一块枪伤留下的疤痕更是让整张面孔变得黝黑阴沉，而且，除了这一大块疤痕，他这张深褐色的脸上还刺着些独特的图案。地中海的水手几乎个个都喜欢在胳膊上、在胸间弄点刺青，刺的内容有自己姓名的起首字母，也有战船、十字架，或是其他类似的图案。莱特雷奥将这一传统发扬光大，他让人在自己脸颊的一侧刺上带耶稣像的十字架，另一侧刺上圣母玛利亚。不过，这两个图案都只能看到上半部分，因为下半部分藏在了浓密的胡须中，这是一团从来没接触过剃须刀的胡须，只有边角处偶尔被剪刀修整过。除此之外，他还戴着对金耳环，顶着顶红帽子，扎着根红腰带，穿着件无袖外套，套着双水手靴，胳膊和腿都赤裸在外，口袋里装满金子：这就是我们这位黑帮大哥的气派。

有人说，他年轻时得到过上流贵妇的垂青。而且，他当时同样受本阶层女性宠爱，成了她们丈夫眼中的危险人物。

关于莱特雷奥，我要向诸位介绍的最后一点，就是他与一位真正了不起的人物曾经是挚友，这个人后来被人称作"佩波船长"。两人起初一起在马耳他一带做海盗，后来，佩波船长转而效忠国王。而莱特雷奥是个视金钱高于荣誉的人，他不惜借助各种手段敛财，于是，他变成了自己过往挚友的死敌。

我父亲在他的避难所里除了养伤并无其他事可做，而且他也不再指望伤能痊愈，于是，他便结交同道中的英雄，并时不时地和他们畅谈一番。他就是这样与莱特雷奥成了朋友，他将我托付给此人时，自然有理由相信，对方不会弃我不顾。我父亲没有看错人，莱特雷奥甚至对他这样的信任深表感动。他向我父亲承诺，我去他的船，见习期绝对不会像其他小水手那样辛苦。他还对我父亲担保说，既然我会掏烟囱，那么花不了两天的工夫，我就可以正式开始学船的控制和操作。

对我来说，这是件让我喜出望外的事，因为我觉得，我的新生活要比掏烟囱上档次得多。我拥抱了我父亲和我两个弟弟，然后就开心地跟着莱特雷奥上了路。登船后，我们这位黑帮大哥将他的手下全部召集起来，共计有二十来号人，个个都长得和他很合衬。

他将我介绍给这些先生，并对他们说了这样的话："你们这帮蠢货，这是佐托的儿子，你们谁敢欺负他，我就把谁给吃了。"

这样的一番介绍效果还是很明显的。吃饭的时候，大家甚至想带着我同坐同吃，但我注意到，船上有两个和我年纪相仿的小水手，在大人们吃饭时他们是在一旁伺候的，自己只吃剩饭剩菜，我于是也照着他们的样子去做了。大人们并没有阻拦我，对我也更添了几分喜爱。随后，我当着众人的面爬上桅杆的斜桁，这让他们个个惊叹，敬佩的言辞不绝于耳。在三角帆船上，是用斜桁替代横桁的，相比之下，爬横桁的危险要小得多，毕竟横桁始终保持着水平。

我们扬帆启程，船行到第三天时，来到撒丁岛与科西嘉岛之间的博尼法乔海峡。这里有六十多艘船，全都是来捕捞珊瑚的。我们也开始捕捞起来，或者更准确地说，我们开始装模作样地捕捞起来。但对我本人来说，停航的这段日子我是大有收获的，因为只用了四天，我在游泳和潜水两方面都成了船上最勇敢的那个人。

一个星期后，一股"格勒加拉德风"将我们这六十来艘船吹得七零八落。所谓"格勒加拉德风"，是地中海居民对一股从东北方向吹来的强风的称呼。大家各自逃命。我们的船驶到了一个叫作圣彼得罗的锚地。这是撒丁岛上的一片荒凉海滩。靠岸前，我们发现了一艘威尼斯的三桅商船，看起来，这艘船在风暴中损失不小。我们的黑帮大哥当即对这艘船打起了算盘，于是就紧靠在该船旁边抛了锚。他让一部分人埋伏在船底，想制造出船上人很少的假象，但这条计谋基本上是多余的，因为三角帆船上的人向来要比别的船多。

莱特雷奥不停地观察威尼斯商船上的人数，他看出来，整条船上只有一位船长、一个大副、六个水手和一个见习小水手。此外他还注意到，桅楼上的帆已经开裂，有人正在把帆降下来缝补，因为商船都没有备用的帆。观察完毕后，他在救生艇上放了八支手枪和八把砍刀，然后用一块防水帆布盖上，静候良机。

天气开始转好，商船上的水手们爬上桅楼，准备展开帆面，但他们手忙脚乱地干得很费劲，于是大副跟着爬了上去，接着船长也赶来帮忙。莱特雷奥趁机将救生艇放进海里，带着七名水手悄悄地上了艇，驶到商船后侧。船长在横桁上看在眼里，便高声向他们呵斥道："上来啊，强盗，上来啊！"莱特雷奥用枪瞄准他，并威胁道，谁敢第一个下来就杀了谁。船长看起来像是条硬汉子，他拉住桅索，想从上面下来。可他刚迈出脚，莱特雷奥就一枪射了过去。他跌落海中，再也不见踪影。

水手们纷纷求饶。莱特雷奥派四个人押住他们，然后带着另外三个人巡视船内的情况。他在船长房间里发现了一只桶，这本是装橄榄用的桶，但分量明显重了不少，而且还被套了层箍，他认为，桶里面装的恐怕并不是橄榄。他打开桶，惊喜地发现里面装着好几袋黄金。他于是见好就收，率队撤离。等他们这支小分队回到船上，我们便扬帆而去。我们故意绕到那艘威尼斯商船的后侧，在驶过时还朝船上的人高声嘲笑道："圣马可[1]万岁！"

五天后，我们抵达利沃诺[2]。一上岸，我们的大哥便带着两个手下去见那不勒斯领事，在领事馆里，他郑重声明，他的船员是如何如何与一艘威尼斯商船上的船员发生争执，威尼斯商船的船长又是如何如何不幸地被他的一位水手推搡了一把随后跌落大海。那只装橄榄的桶此时发挥了效力，其中的一部分物件使这段描述变成了可信的事实。

莱特雷奥对海盗这门行当情有独钟，他原本或许会接着干下去，但利沃诺有人向他推荐了一种新买卖，让他非常感兴趣。这是个名叫纳坦·列维的犹太人，他注意到，教皇和那不勒斯国王在铜币上营利甚丰，他于是也想分一杯羹。他请人在英国一个叫伯明翰的城市仿造同样的货币。数量达到一定规模后，他安排了一个代理人守在边境线上一个叫拉弗拉里奥拉的小渔村，莱特雷奥要做的工作就是去取货、运货和卸货。

这种买卖的利润非常高，在一年多的时间里，我们往返不休，每一次船上都满载神圣罗马帝国和那不勒斯王国的钱币。或许我们可以这样长久地做下去，但莱特雷奥是个有投机天赋的人，他向犹

---

[1] 译注：圣马可被视作威尼斯的护城神。
[2] 译注：意大利西部城市，利古里亚海港口。

太人建议说,干脆再造金币和银币。犹太人听从了他的建议,甚至还在利沃诺开了家制造西昆和斯库多[1]的作坊。我们的财富越积越多,引起了当权者的嫉妒。有一天,莱特雷奥在利沃诺正准备扬帆启程时,有人告诉他,佩波船长奉那不勒斯国王钦命要捉拿他,不过,出海的时间大概要等到月末。其实,这只是佩波船长故意放出来的假消息,他已经在海上巡逻四天了。莱特雷奥就这样中了圈套。这一天是个风和日丽的好日子,莱特雷奥觉得再出一次海也无妨,便下令起航。

第二天天刚亮,我们便被佩波船长的海军纵队包围了。这支纵队由两艘荷兰圆帆船、两艘斯冈帕维亚船[2]组成,我们被团团围住,根本无法脱身。莱特雷奥的眼中仿佛已看到了死神。他让人拉起满帆,亲自掌舵,试图最后一搏。佩波船长站在自己的甲板上,下令靠近敌船进攻。

莱特雷奥拿起一把手枪,瞄准佩波船长射了过去,子弹打中他的一条胳膊。这一切都只是几秒钟之内的事。

四条船立即冲着我们一齐撞了过来,四面八方都有人在喊:"投降吧,强盗们,投降吧,无法无天的家伙们!"

莱特雷奥掉转船头,让船迎风逆行,水顿时漫到我们的脚下。他看着自己的所有船员说道:"你们这帮蠢货,我才不会去坐大牢。快点向给我们写信的圣母祈祷。"

我们所有人都跪了下来。莱特雷奥抓了把子弹放进自己的口

---

[1] 译注:斯库多是意大利16—19世纪的通行货币。
[2] 译注:斯冈帕维亚船(Scampavia)是近代那不勒斯王国和西西里王国的一种轻便、低舱身的长战船。

袋。我们以为他会跳入海里，但这个狡猾的海盗头子并没有这么做。海风正呼啸地吹向一只被缆绳系着的装满了铜币的大桶。莱特雷奥抓起把斧头，砍断了缆绳。桶立刻向后面几条船上的追兵飞滚过去，但我们这条船由于原本已非常倾斜，被他这么一弄，船就彻底翻了。我们这群原先跪着的人刹那间全跌落在帆上，眼看着船要被海水吞没，我们却由于帆的弹力，被反方向抛进了约十米远的水中。

佩波船长的人将我们基本上全搭救起来，没能出水的只有我们的船长、一名水手和一个见习小水手。我们被拉上来一个，就被绑起来一个，随后全被扔进了货舱。四天后，船在墨西拿靠岸。佩波船长派人通知当地警方，说他要转交一些对方感兴趣的人。我们上岸时的场面可谓壮观。当时正赶上花车在这个叫马里纳的港口上巡游，城里的贵族都来看热闹了。我们步履沉重地向前走着，前后都有警察押送。

小王子也在看热闹的人群中。我出现在他眼前时，他一眼就认出了我，他高声叫道："是你啊！奥古斯丁教派修道院里的小强盗！"

话音未落，他就冲到我面前，揪住我的头发，一把抓破了我的脸。我双手都被绑在身后，实在难于招架。

突然间，我回想起在利沃诺见过的几个英国水手玩的一种招数，我于是晃起脑袋，冲着小王子的胃部狠狠撞去。他被撞翻在地。在愤怒地起身后，他从口袋里掏出一把小刀，朝我刺来。我避开刀，顺势伸脚绊了他一下，他狠狠地摔倒在地，倒地的时候，手里的刀还不小心戳伤了他本人。此时公主赶到，她想指挥手下再痛打我一顿。警察将这些人拦住，然后赶紧把我们押进监狱。

我们整船人很快受审完毕，成年水手都被判处吊刑[1]，此后他们还要服终身苦役。至于那个死里逃生的实习小水手，他和我一起被释放了，因为我们还没有到受刑的年龄。重获自由后，我回到奥古斯丁教派的修道院，但没有看到我父亲。守门的教士对我说，我父亲已经过世了，我的两个弟弟现在正在一艘西班牙船上当见习水手。我说我想和院长谈谈。我于是被带到院长那里，我把我的经历向他述说了一遍，连头撞脚绊小王子的细节也没有遗漏。

院长神情和蔼地听我说完，然后对我说道："我的孩子，您的父亲在去世前捐给我们修道院一笔可观的钱款。这都是不义之财，因此您没有任何继承权。它是属于上帝的，要用在侍奉上帝的人身上。不过，我们还是斗胆挪用了几个小钱，付给那艘西班牙船的船长，因为他要负责照顾您的两个弟弟。至于您，我们不能继续在这所修道院里为您提供庇护，毕竟罗卡·菲奥里塔公主是我们的一位大善主。不过，我的孩子，我们在埃特纳火山下有片农场，您可以去那里安宁地过完您的童年时光。"

说完这些，院长叫来一个杂务修士，就我未来的安排向他做了番叮嘱。

第二天，我和这位杂务修士一同上路。到达农场后，我的一切都很快被安置妥当。我经常会被派到城里，为一些与钱有关的事跑腿。每次出行，我都想尽办法，避免再撞上小王子。不过，我有一天在大街上买栗子时他恰巧路过，他认出了我，便叫随从痛打了我一顿。过了段时间，我乔装打扮溜进他的家，或许这对我来说是个

---

[1] 译注：古时刑罚，将罪犯双手背剪吊起到一定高度，然后骤然松绳，使其下落。

要他命的好机会,但我没有这么做,这成了我后来终日悔恨的一件事。可是,在那个时候,杀人这样的事我还根本干不出来,折磨他一下、给他点教训,我就心满意足了。在我刚步入少年时代的最初几年里,每隔半年甚至每隔四个月,我就会撞见这个该死的小王子一次,而且我通常都是处在寡不敌众的局面下。终于有一天,我满十五岁了,尽管从年纪和心智上来说,我的的确确还是个少年,但我的力气和勇气与成人已没有多大分别。其实这也算不上奇怪,海风和山里的空气锻炼了我的体魄和胆识。

我在十五岁的时候第一次见到了英勇无畏、气度不凡的泰斯塔伦加,他是西西里最正直也最有美德的侠盗。如果诸位允许的话,明天我再详细地谈一谈这个人,因为他的事迹将一直铭刻在我心中,直到永远。我现在不得不暂时向诸位告辞。我的这个洞穴管理起来,有很多细致的工作要做,我不能袖手旁观。

佐托走后,围绕他的故事,我们每个人都谈了自己的感受,这些感受当然是与我们各自的性格相符的。我坦承道,他向我描述的那些勇士令我无法不产生由衷的敬佩之情。艾米娜认为,人们之所以敬佩他人的勇气,只因为有了勇气,就可以督促世人恪守美德。齐伯黛则说,一个十五六岁的小侠盗真是太让人怜爱了。

我们吃完晚饭,各自回房就寝。到了夜里,两姐妹又突然出现在我面前。

艾米娜对我说道:"我的阿方索,您可以为我们做出一次牺牲吗?其实这对您本人更有好处,与我们关系倒不大。"

"我美丽的表妹,"我回答她说,"不必拐弯抹角了。您就大大方方地告诉我您想要我做什么吧。"

"亲爱的阿方索,"艾米娜接着说道,"您脖子上戴的这个宝物让我们不安,也让我们胆战心惊,就是您所说的真十字架上的一小块木片。"

"哦!假如您说的宝物是这个,"我当即说道,"那您可别动它的心思。我向我母亲承诺过,永不会与它分离,我的每一句诺言我都会信守到底,对此你们不必怀疑。"

我的两位表妹没有答话,看起来有些不悦,不过,她们很快又变得柔情似水。这一夜过得与前一夜大致相同,也就是说,她们的腰带依旧完好如初。

第七天

这天早上，我起得比前一天要早。我去看望我的两位表妹，艾米娜在读《古兰经》，齐伯黛在擦拭珍珠和披巾。我以深情的问候打断了她们严肃的工作，但我表达出来的情意看起来既像是爱情，又像是友情。我们接着就共进午餐。吃完饭后，佐托如此这般地接着讲起他的故事：

佐托的故事（续）

我昨天答应过诸位，要详细地谈一谈泰斯塔伦加。那么我现在就开始说他吧。我的这位朋友原本在卡斯特拉谷过着平静的生活，这地方是埃特纳火山脚下的一个小镇。他有个非常美丽迷人的妻子。卡斯特拉谷的领主是位年轻的王子，有一天，他来巡视自己的领地，当地要人的家眷都来迎候他，泰斯塔伦加的妻子也在其中，结果被他一眼看上。所有妇人都代表自己的丈夫献上礼品，但这位傲慢的王子全不在意，他所痴迷的，只是泰斯塔伦加妻子的美貌。他毫不掩饰地向她说明，她引起了他感官上的冲动，说罢，他一只手就伸进了她的紧身褡。泰斯塔伦加此时就站在妻子身后,他从口袋里掏出一把刀,刺进这位年轻王子的心脏。我想,但凡重视荣誉的人,在此情此景下都会采取和他同样的举动。

泰斯塔伦加行刺后立即躲进一座教堂,在那里一直待到深夜。不过,他知道这并非久留之地,未来必须另做打算。他听说,前不久刚有些人流落到埃特纳火山顶落草为寇,于是决定与他们结为同党。他找到这些侠盗,并被拥为首领。

埃特纳火山当时正在大量喷发熔浆,而正是在这壮观的火流中,泰斯塔伦加带着自己的人马,踏上一条条只有他自己知道的山路,建起一处处巢穴,让队伍有了防御的工事。安全措施设置妥当后,这位勇敢的首领写了封信给总督,要求赦免他本人和他的同伴。总督拒绝了他的要求,我想,他恐怕是担心自身以及当地政府受到牵连吧。

于是,泰斯塔伦加把附近一带的各大佃农召集起来开会。他对这些人说道:"让我们互相配合,一起干点盗财的事吧。我会一家家去你们那儿,向你们要东西,你们愿意给我什么就给我什么。有我们担着,不必害怕无法向你们主人交代。"

尽管干的终究是盗财之事,但泰斯塔伦加把所有东西都分给了同伙,自己只留下点生活必需品。相反,他要是路过某个村庄买东西,总会付双倍的价钱。于是,他很快就成了两西西里王国[1]民众的偶像。

---

[1] 译注:历史上那不勒斯王国和西西里王国常会联合在一起,组成两西西里王国。1738年,波旁-两西西里王国统治两地,但形式上还是分为那不勒斯和西西里两个王国。

我之前曾对诸位说过，我父亲的义军里有几个人后来投靠了泰斯塔伦加。他们的队伍头几年主要是在埃特纳火山以南活动，范围在迪诺托谷和迪马扎拉谷之间。但到了下面这段故事发生的时候，也就是我十五岁的时候，他们已转移到德莫尼谷一带。有一天，我看见他们来到修道院的农场。

诸位可以尽情地想象，泰斯塔伦加这群人是如何身手敏捷、武艺高强，但他们的真实气度光凭想象还是远远无法了解的。一身类似雇佣军军装的侠盗服，头发箍在丝质的网巾里，腰间插着手枪和匕首，手里拿着长剑和步枪，这基本上就是他们的战时装束了。在我们农场的前三天，他们一直是吃我们的鸡，喝我们的酒。到了第四天，有探子来报，锡拉库扎[1]的一队龙骑兵正向此处进发，打算包围他们。听到这条消息，他们个个捧腹大笑。他们在林间的一条低洼路上设下埋伏，龙骑兵遭到伏击，被打得四处逃窜。泰斯塔伦加的部队虽然人数不多，需要以一敌十，但他们个个仿佛手里都有威力一流的十来门火炮似的。

胜利后，侠盗们回到农场，我远远目睹了他们英勇作战的整个过程，心潮澎湃。我扑倒在首领的脚下，请他允许我加入他的部队。泰斯塔伦加问我是什么人，我回答说我是侠盗佐托的儿子。

这个名字对于那些曾经在我父亲手下效力的人来说实在太过亲切，他们发出一阵喜悦的欢呼。接着，其中一位将我抱起来，放我在一张桌子上坐下，对我说道："我的战友们，泰斯塔伦加的副官刚刚在战斗中捐躯了，我们正在找他的接班人，现在，就让小佐托当

---

1 译注：锡拉库扎是西西里岛东部的一座古城。

我们的副官吧！大家都知道，很多正规军是由公爵或亲王的儿子来做统帅的。那我们就学他们的样子，请勇士佐托的儿子来指挥我们吧。我敢说，这份荣誉他肯定能配得上。"

众人以热烈的掌声回应他的这番话，我的身份得到一致认同。

起先，拥我当首领这件事无非属于玩笑，每个侠盗都是一边称我"小长官"，一边大笑不止。但随着时间的推移，他们的语气变得越来越认真。每逢战斗，我总是第一个冲上去的，也是最后一个撤退的；而且，在窥探敌军行动、保障队伍休息这方面，他们没有人能胜过我。时而我会爬上石山山顶，在更开阔的视野下掌握更多敌情，随后以约定的信号通知战友；时而我会深入敌营，在那里过上几天。在这几天里，我一直待在树上，从一棵树上下来，就赶紧爬上另一棵。我甚至还常在埃特纳火山最高的一片栗树上过夜。当我实在抵抗不住睡意时，我就用一根皮带将自己拴在树枝上打个小盹儿。这一切对我来说都不算多难的事，因为我掏过烟囱，也出过海。

这些工作我干久了，部队的安全保障就完全交给了我。泰斯塔伦加非常喜欢我，待我视如己出。假如我能斗胆自夸的话，我的名声几乎都要超越他本人了，在西西里，小佐托的英勇事迹成了各类人群茶余饭后的话题。虽然赢得了无数荣誉，但处在我这个年纪，我不可能无视青春之火在内心的燃烧。我向诸位说过，在我们那一带，侠盗对于民众来说就是英雄，因此诸位不难想象，生活在埃特纳火山脚下的牧羊女是肯定会对我动心的。但我自己的心只肯折服于更脱俗、更高雅的美，按照我心里的想法，要是没经过一番轰轰烈烈的征服，就谈不上是真正的爱。

当了两年的小长官后，我已经十七岁了。此时，我们的部队正被迫折返南方，因为最近的一次火山喷发毁掉了我们之前的常驻点。四天后，我们来到一座叫作罗卡·菲奥里塔的城堡，这里是我那个宿敌小王子的领地，也是他们家的主城堡。

实际上，当年受过的羞辱已不再是我的心事，可这座城堡的名称还是让我怨愤重生。诸位对此应该也不会感到惊讶，在我们那种气候下，每个人都养成了有仇必报的习惯。假如小王子当时在城堡，我肯定一把火烧了这里，然后还会让这里血流成河。既然他不在，尽可能地把这里毁了我也就满意了，我的战友都看出了我的心思，便尽力配合我。城堡里的家丁起先还想顽抗，但我们把他们主人的美酒佳酿全拿出来，带他们一同分享，他们也就顺其自然了。最后，我们让罗卡·菲奥里塔城堡成了一片人间乐园。

这样的日子持续了五天。到了第六天，有探子来报，锡拉库扎出动了全部军力，即将对我们发起攻击，而小王子也很快会和他母亲以及墨西拿的几位贵妇一起来城堡。我让其他所有人先行撤退，我本人则带着深深的好奇心留了下来。花园角落里有一棵枝繁叶茂的橡树，我便待在树顶守着。不过，我还是小心地在花园围墙上开了个洞，以便逃脱。

终于，我看到了军队，他们停在城堡前，绕着城堡设置了几个岗哨，然后就安营扎寨了。接着来了一队驮轿，轿子里坐着几位夫人，而最后一个轿子里坐的是小王子本人，他正躺在一堆靠垫里休息。从轿子上下来时他步履艰难，两个侍从搀着他，前面还有一个连的士兵开道。听说我们全都离开的消息后，他便和随行的各位女士以及几位绅士一起进了城堡。

在我待的那棵橡树下面，有一眼清泉，泉水旁还有张大理石桌子和几条长椅。这个角落是整座花园布置得最精巧的地方。我觉得,这帮上流社会的家伙肯定过不了多久就会上这儿来的,我于是决定原地等他们,这里看他们也更加真切。果不其然,半小时后,我看到一个和我年纪相仿的年轻女子走了过来。她有着胜似天使的美丽容颜,让我深深为之震撼,这种震撼感来得太过猛烈,使得我差点就从树上摔了下来。幸亏我用腰带将自己绑在了树上,前面我已经说过,我偶尔会采取这样的措施,来保证自己休息时安全无虞。

这位年轻女子双眸低垂,神情极为忧郁。她在一条长椅上坐下来,接着头趴在大理石桌上,泪如雨下。说不清是为了什么,我竟然解开腰带轻轻地滑下树,站到一个能看见她又不会被别人发现的地方。此时,我看到小王子捧着束花走了过来。我差不多有三年没见过他了,他已经长成了一个大人。他相貌俊美,但脸色苍白。

年轻女子看到他时,身体明显表现出一种蔑视的反应,她这些肢体动作实在是太合我的心意了。

但小王子依然自以为是地来到她身边,对她说道:"我亲爱的未婚妻,这里有束花,假如您答应我,从此不再提那个小乞丐佐托的名字,我就把它献给您。"

年轻女子回答道:"王子先生,我觉得,您既然要向别人示好,就不应该附加条件。此外,就算我不向您提那个让人仰慕的佐托,可家里的人还是个个会在您面前说起他。您的乳娘不就说过,她从未见过这样的美男子吗?她说这句话时您可是在场的。"

小王子受到极大的刺激,他回答道:"西尔维娅小姐,您别忘了,您是我的未婚妻。"

西尔维娅不再回答,只是暗自落泪。

小王子愤怒地对她说道："可耻的女人，既然你爱上了一个强盗，那这就是你应得的。"话音未落，他就一个耳光抽了上去。

姑娘高叫道："佐托，你要是能出现在这里教训教训这个懦夫该有多好！"

我没等她把话说完便现了身，我对小王子说道："你应该能认出我来。我是个强盗，我本来可以直接杀了你的。但我尊重这位如此高抬我、在危急时刻向我求援的小姐，我愿意以你们贵族的方式与你较量一回。"

我身上带着两把匕首和四支手枪。我将这些武器一分为二，前后相隔十步分别放在了地上，让小王子挑选。但这个可怜的家伙已经吓晕了，他瘫倒在一条长椅上。

西尔维娅于是开口对我说道："佐托义士，我们家虽然是贵族出身，但家道中落，是个穷人家。明天我就要嫁给王子了，否则就会被送到修道院。可这两条路我一条也不想走。我想终身归属于你。"说罢她便投入我的怀抱。

你们自然想象得出，这对我来说是一件求之不得的事。不过，离开前必须先防止小王子给我们制造麻烦。于是我拿起一把匕首，再抓了块石头当锤子，将他的手钉在他坐的长椅上。他发出一声惨叫，接着又晕了过去。

借着事先我在花园围墙上挖的那个洞，我们走出城堡，我随后带着她回到我们的山顶。

我的战友们个个都有伴侣，看到我也有了自己的爱人，他们都很高兴。此外，他们那帮美丽的姑娘纷纷表示，凡事都听我这位姑娘的指挥。

在与西尔维娅共同生活了四个月后,我被迫和她暂时分离,因为我要去北方调查一下上次火山喷发后的影响。一路上,过往让我熟视无睹的大自然风光,在我眼中呈现出无穷的魅力。草地、岩洞、绿荫,以前对我来说只是用来设埋伏、做岗哨的地方,但此刻我深深感受到它们的美丽。总之,是西尔维娅让我这副侠盗的铁石心肠变得柔情如水的。不过,这颗心很快又重新变得野蛮愚昧。

我们又回到大山的北侧。西西里人在称呼埃特纳火山时,就将其叫作"大山",视之为真正的山。我想先去看看"哲学家塔楼"[1],但无法走到近前。山坡前的深渊里喷出一条熔岩流,这条激流在塔楼上方形成几道分支,又在下方一法里[2]外的地方重新汇聚在一起,使塔楼一带成为完全无法通达的孤岛。

我立即意识到,这里是个战略要地。此外,我们在塔楼里还储藏着很多栗子,我不想就这么浪费了。我四处寻找,终于找到了我熟悉的那条地下通道,过去我曾借助这通道走到塔楼脚下,或者更准确地说,是直接进入塔楼内部。当即我就决定,要让这里成为我们所有女眷的长住之所。我让人在塔楼附近用树的枝叶搭起一座座小屋,并对其中一座尽可能地做了点装饰。我接着便回到南方,接来我们的移民大军,他们对自己的新居所都非常满意。

如今,每当我的思绪重回这段美好时光,我总会觉得它是孤立存在的,是与那些困扰我一生的可怕经历无关的。火山的岩浆使我们与世隔绝,爱的岩浆也在我们内心奔腾不休。万事都遵循我的指

---

[1] 原注:据传说,这座塔楼当年住着古希腊哲学家恩培多克勒,他最终跳入埃特纳火山口自杀(但塔楼实际造于哈德良时代)。

[2] 译注:古法里 1 里约合现在的 4 公里。

挥，万事也都符合我亲爱的西尔维娅的心意。最后，我的两个弟弟也找了过来，能与他们重逢，我感到幸福至极。他们两人也同样经历了很多有趣的事，我敢向诸位保证，假如哪一天他们也说说自己的故事，诸位肯定会像听我的故事一样兴致盎然。

世间的众生，大部分总会过上几天好日子，但能连续过上几年好日子的人，我不知道存在不存在。我本人的幸福就没能持续一年。我们队伍里的义士在互相交往时，都很坦诚正派。没人敢对自己战友的伴侣多瞧一眼，对我的爱人就更不必提了。在我们这座孤岛上，争风吃醋的事是彻底绝迹的，或者更准确地说，这种行为被暂时驱逐出去了，但在通往真爱的路途上，它有无数机会重现。

一个叫安东尼奥的年轻人爱上了西尔维娅，而且他深深陷入情网，无法掩饰。我本人也看在眼里，但他那暗自神伤的模样让我很清楚，我的爱人并没有回应他，我于是就安心了。我希望安东尼奥能走出阴影，因为他身上有让我喜欢的品质。相反，我们队伍里有个叫莫罗的人就很令我厌恶，因为我觉得他是个小人，假如泰斯塔伦加肯相信我的判断，那这个人早就被赶走了。

莫罗耍花招赢得了年轻的安东尼奥的信任，并向他保证，会为他出谋划策，帮他争取自己的爱。他又通过花言巧语，让西尔维娅听信了他的话，以为我在附近某个村子里有个情妇。但这件事西尔维娅不敢和我明说，她在我面前总是惶恐紧张，让我觉得，她对我的感情真的发生了变化。与此同时，安东尼奥在莫罗的指点下，对西尔维娅大献殷勤，这让他开始流露出得意的神情，我误以为，西尔维娅真的给了他想要的幸福。

我当时还看不穿这样的阴谋。我一怒之下把西尔维娅和安东尼奥都杀了。安东尼奥并没有马上断气，在弥留之际他向我揭穿了莫罗的叛变行为。我拿着还在滴血的匕首，找到了这个恶棍。他惊恐万分，赶忙跪在地上向我坦白，原来，是罗卡·菲奥里塔城堡的王子收买了他，让他想办法断送我和西尔维娅的性命。实际上，他混入我们的队伍，就是为了完成这项使命。我将他一刀刺死。随后我就去了墨西拿，我乔装打扮进入小王子的住所，送他去了另一个世界，让他和他的奸细以及那两个我屈杀的冤魂会面。我的幸福就这样终结了，甚至我的荣誉也随之灰飞烟灭。我丧失了勇气，并以彻底冷漠的态度对待生活。我完全无心像以前那样保障战友的安全，因此我很快就失去了他们的信任。总之，我能肯定地告诉你们，从那以后，我就成了一个最平庸无奇的盗匪。

没过多久，泰斯塔伦加患胸膜炎离世，他的队伍随之分崩离析。我的两个弟弟对西班牙很熟悉，他们想让我移居过去，我被他们说服了。我手下还剩十二个人。我们来到陶尔米纳海湾[1]，在那里偷偷过了三天。第四天，我们弄到一艘双桅帆船，靠这艘船，抵达安达卢西亚海滨。

西班牙有多条山脉地势优越，可作为我们的庇身之所，不过，我选择了莫雷纳山脉，我对此从没有感到后悔。在我的指挥下，我们抢了两次运钞队，还干了其他一些大事。

终于，我的这些成功事迹让朝廷感到了威胁。加的斯地方长官下令，务必擒拿住我们，不论生死，并出动了好几个军团扫荡我们。与此同时，戈梅莱斯家族的族长邀我加盟，请我为他效力，并让我

---

[1] 译注：陶尔米纳，现属西西里岛墨西拿省，位于墨西拿和卡塔尼亚之间。

们在这个洞穴里安身。我毫不犹豫就答应了。

兴师动众后却徒劳无功,这是格拉纳达警方不愿看到的事。眼看军队无法捕获我们,警方就派人在山谷里抓了两个牧人,称他们是佐托的弟弟,然后将他们吊死。我认识这两个人,我知道,他们也确实干过几次杀人放火的事。但有人说,他们因为是代我们而死,所以死后依然怒火难平,每到夜里,他们的僵尸都会离开绞刑架,惹出种种是非。这些事我都没有亲眼见过,因此也不知道该如何向诸位解释。但我在走夜路时有好几次经过绞刑场附近,只要月光足够明亮,我总会清楚地看到,那两具吊着的尸体不见了。可是,到了第二天早上,它们又会重新出现。

我亲爱的主人们,你们让我讲我自己的故事,故事到此已经讲完。我觉得,我两个弟弟的人生不像我这么野蛮,他们或许会有些更有趣的故事讲给你们听。但时间恐怕不够了,我们等的船已经备好,我得到明确的指令,明天一早船就下水。

佐托起身离去,美丽的艾米娜带着哀婉的口气说道:"这个男人说得很有道理,人的一生中,幸福的时光总是非常短暂的。虽然我们在这里只共度了三天,但或许未来再不会有这样的日子了。"

晚饭的气氛并不愉快,我匆忙吃完,便向两位表妹道了晚安。我希望能在自己的卧室里与她们重逢,这样或许能有更好的方法排解她们的忧伤。

她们来得比前两天早一些,但最让我高兴的是,她们的腰带这一次是提在手上的。这样的象征性动作,含义自然不难参透,但艾米娜还是特意向我解释了一番。

她对我说道:"亲爱的阿方索,您是以无比诚挚的态度待我们的,我们不想以简单的道谢来回报。或许今后我们将天各一方,永不相见。对其他的女人来说,分离或许是她们绝情的好理由,但我们想永存在您的记忆中。未来您在马德里会看到各式各样的女人,她们在才智上或容颜上可能会胜过我们,但至少可以说,在您面前,她们既不会像我们这样柔情似水,也做不到像我们这样激情似火。不过,我的阿方索,您必须再立一次誓,像上次那样再说一遍,保证不会背叛我们;此外,您还要发誓,今后要是有人向您说些诽谤我们的话,您绝不会相信。"

这最后一个要求让我不禁哑然失笑,但我还是如她们所愿立下承诺。作为回报,她们向我展现出万种柔情,对我诉说起最甜蜜的情话。

但艾米娜又突然对我说道:"我亲爱的阿方索,您脖子上的这个圣物对我们来说是个很大的妨碍。您就不能稍微取下来一会儿吗?"

我拒绝了,但齐伯黛拿着把剪刀绕到我脖子后面,一刀剪断了系绳。艾米娜接过圣物,顺着墙面岩石的一道缝隙扔了进去。

"明天它就会回到您手上,"她对我说道,"在此之前,请将这条发辫系在您的脖子上。它是用我的头发和我妹妹的头发编的,假如真有什么东西能防止情人用情不专,那这发辫上套的护身符就可以起到这样的效果。"

说罢,艾米娜取下她头发上的一根金簪,用它将我床上的帘子收紧别牢。

至于后面的一幕,请容我像艾米娜那样,拉下帘子不再细表。总之,我这两位魅力无穷的女友就此成了我的妻子。无疑,在很多情况下，通过暴力使纯真的血无尽流淌，总会伴有残忍的罪行。但其他的情形同样存在，暴风骤雨也可以为纯真之花创造绽放的空间，而这正是我们的经历。最后我还要说的一句是，我在克马达店家那一夜梦境中见过的她们，与真实的她们并无一处相符。

激情终于平复下来，我们静静地待在一起。此时，要命的钟声敲响了十二下，又到了午夜的整点时分。我难以控制地心慌起来，对我的两位表妹说，我很担心，说不定会有某种可怕的事降临到我们头上。

"我也像您一样担心，"艾米娜说道，"我觉得危险已经到了眼前，但您千万要记住我说的话：不论别人如何在您面前诽谤我们，您都不要相信。甚至您亲眼所见的事也不要相信。"

就在此刻，随着一阵撕扯声，我们床上的帘子被人拉开了，我看到一个身材魁梧的男子穿着摩尔人的服装站在床前。他一手拿着本《古兰经》，一手举着把长刀。我的两位表妹扑倒在他脚下，向他说道："强大的戈梅莱斯族长，请您原谅我们！"

族长用一种可怕的声音回答道："你们的腰带呢？"他随后侧转身，看着我说道："可怜的拿撒勒人，你玷污了戈梅莱斯家族的血统。你现在要么做穆斯林，要么就得去死。"

我听到一声可怕的长啸，接着，我看见那个魔鬼附身的帕切科正在房间的尽头冲我打手势。我两位表妹也看到了他，她们愤怒地站起身，抓住帕切科，将他拖出房间。

"可怜的拿撒勒人，"那个戈梅莱斯的族长继续说道，"一口把这杯子里的液体喝光吧，否则你就会以耻辱的方式死去，你的尸体将会与佐托的两个弟弟吊在一起，并成为秃鹫的美食、幽灵的玩物，幽灵们会化身为各种阴森恐怖的形态,来折磨玩弄你的尸体。"

看起来,此情此景下,为了捍卫荣誉,我必须选择自杀。我痛苦地高喊道:"哦!我的父亲啊,换作是您,您的做法肯定会和我一样!"

说罢我便拿起杯子一饮而尽。我感到浑身难受至极,接着就跌倒在地,不省人事了。

第八天

既然我有幸继续讲述自己的故事,那么诸位很容易推断出,我喝下的所谓的毒药,根本没有置我于死地。我当时只是昏厥过去,究竟不省人事了多久,我也不清楚。我只知道我是在兄弟谷的绞刑架下醒来的,但这一次,我醒来时带着几分欣喜,因为至少我还活在人世,凭这一点我就心满意足了。而且这一次我也不是躺在两具尸体当中,而是躺在他们的左侧,右侧还躺着另一个男子。我起先以为他也是具被吊死的僵尸,因为他显得毫无生气,脖子上还套着根绳子。不过,我随后看出来,他只是深陷梦乡,我于是就把他叫醒了。

这个陌生人看到自己所处的环境,不禁大笑起来,他随后说道:"必须承认,研究卡巴拉[1]这样的秘法,免不了偶尔会犯下令人讨厌的大错。恶精灵会化作各种形态,遇上的究竟是人是鬼,我有时也弄不清楚啊。"

"不过,"他接着说道,"我脖子上怎么有根绳子呢?我还以为是条发辫呢。"

---

[1] 译注:卡巴拉,又称"希伯来神秘哲学"。卡巴拉将犹太神秘主义的注意力引向神性本质、创造、灵魂起源和命运,以及人类在世界中的位置。它被看作是犹太教的密宗分支,因为它向少数精英教授冥想、忠诚和如何神秘提升等。

话说到此时,他才发现了我,于是对我说道:"啊!您这么年轻,您应该不是卡巴拉秘法师。您脖子上也有根绳子啊。"

的确,我脖子上套着根绳子。我回想起来,艾米娜把一条用她和她妹妹头发编成的发辫系在了我脖子上,一时间我不知道该做何感想。

这位卡巴拉秘法师端详了我一会儿,然后对我说道:"不,您不是我们的同行,您叫阿方索,您母亲是戈梅莱斯家族的人,您本人是瓦隆卫队的上尉,您很勇敢,但还略显单纯。好了,先不管这些了,我们得离开这里,然后再看要做什么事。"

绞刑场的门是开着的。我们走出绞刑场,我随后又看到了那该死的兄弟谷。秘法师问我准备到哪里去,我回答说我要走通往马德里的那条路。

"好的,"他对我说道,"我也要朝这个方向走。不过,我们还是先吃点东西吧。"

他从口袋里掏出一只镀金的银杯,一个装满某种鸦片酊的小罐子,以及一个小水晶瓶,瓶里盛放着一种淡黄色的液体。他舀了一勺鸦片酊倒进杯中,再滴了几滴淡黄色的液体,然后叫我喝下。我也没等他多说便一饮而尽,因为我已经又饥又渴,体力不支。这杯混合药剂确实有神奇的效果。喝完后,我顿时感觉神清气爽,活力重现,毫不迟疑地迈开大步走了起来,要知道,在此之前我本已步履蹒跚,难于支撑。

再看到那充满不祥气氛的克马达店家时,太阳已经升得很高了。

秘法师停下脚步,对我说道:"昨天夜里,有人在这个客栈狠狠耍了我一回。但我们还是得进去。我在客栈里留了点食物,我们可以好好享用一下。"

我们于是走进这家灾祸不断的客栈,在厨房里,我们看到了一张铺好餐布、放好餐具的桌子,桌子上有一大块山鹑肉做的肉馅儿饼,还有两瓶葡萄酒。秘法师看起来胃口非常好,他狼吞虎咽的样子引发了我的食欲,要不然,我都不知道能不能强迫自己咽下一点东西。毕竟,这几天来我目睹的一切扰乱了我的心智,我已经搞不清自己在做些什么,也搞不清是不是有人在幕后操纵,甚至连我自己的存在我也开始怀疑了。

吃完午饭,我们开始一间间房间查看。我们来到我离开安杜哈尔当晚睡过的那个房间。那张倒霉的床我还记得,我于是坐在上面,思考起这几天经历的一切,尤其是在洞穴里发生的事。回想起来,艾米娜曾叮嘱我,不论谁在我面前诽谤她,我都不要相信。

就在我全神贯注思考的时候,秘法师提醒我说,在没有拼牢的木地板缝隙当中,夹着个闪闪发光的东西。我走上前仔细一看,原来是两姐妹从我脖子上取走的圣物。我当时明明看到她们将这圣物扔进洞穴墙面岩石的一道缝隙中,结果,我在这客栈地板上的一道缝隙里找回了它。我开始觉得,我大概从来就没有真正走出过这个倒霉的客栈。隐修士也好,宗教裁判所的法官也好,佐托的两个弟弟也好,他们都是幽灵,是我被魔法迷惑后看到的幽灵。不管怎么说,我还是用我的剑挑起圣物,将它重新挂在了脖子上。

秘法师笑出了声,对我说道:"看来这东西是您的啊,骑士大人。既然您在这里睡过,那么,您在绞刑架下醒来,我就一点不感到奇怪了。先不管这些,我们必须接着赶路,今晚我们应该能走到隐修士住的地方。"

我们又出发了。不过,还没走到一半,我们就遇见了隐修士,他行走时显得非常吃力。他老远就看到了我们,便高声叫道:"啊!我这位亲爱的年轻朋友啊,我正在找您呢,赶紧回到我的屋子里去吧。您要把您的灵魂从撒旦的魔爪中抢回来。请搀扶我一下,我为您可是受了不少罪。"

我们休息一会儿后便继续赶路。老人一会儿靠这个搀着,一会儿靠那个扶着,勉强跟上了我们的脚步。最后,我们终于来到了他的小屋。

一进屋,首先映入我眼帘的便是帕切科,他正躺在屋子当中。看起来,他似乎马上就要断气了,或者至少可以说,人临终前的征兆已在他身上显现出来。他声音嘶哑地喘着气,喘气声仿佛随时会把胸口炸裂。我想和他说话,但他没有认出我来。

隐修士拿起圣水,一边朝这个魔鬼附身的人喷洒,一边对他说道:"帕切科,帕切科,我以赎救你的救世主的名义,命你把昨夜的遭遇说出来。"

帕切科浑身颤抖,发出一声长啸,便如此这般地讲起来:

帕切科的奇遇

我的神父啊,当时您正在小教堂里诵读连祷文。突然,我听到这小屋外传来敲门声,同时还有羊叫,那叫声与我们的白山羊几乎一模一样。我确信是它,我之前忘记给它挤奶,现在这可怜的畜生应该是来提醒我了。我有这样的想法也非常自然，因为几天前就发生过同样的情况。我走出您的小屋，而您那头白山羊果然站在门外，看到我出来，它转身背对着我，将它那肿胀的乳房露给我看。我想抓住它，按它的要求给它挤奶，但它挣开我的手跑了出去，接着又停下来等我，我再去抓它的时候，它又挣开接着跑，就这样跑跑停停，我被它带到离您小屋不远的那座悬崖边。

站在悬崖边，这只白色的母山羊突然变成了黑色的公山羊。这偷天换日般的一幕让我大惊失色，我想跑回我们的小屋，但这只黑色的公山羊挡住了我的去路，接着，它后蹄撑地，两只前蹄竖起，身体立了起来，一双喷火的眼睛朝我死死盯着。我惊恐万分，所有的感觉都在一瞬间失去了作用。

此时，这只该死的羊开始用角顶我，把我推向悬崖。等我被推到悬崖边，它又停下来，幸灾乐祸地看着我惊慌失措的模样。最后，它猛地将我顶了下去。

我以为我必将粉身碎骨，不过，这只羊也跳了下来，并且在我之前落到崖底。我正好摔在它的背上，没有受一点伤。

但是，很快新的恐慌感又一波波向我袭来，这只该死的羊感觉到我骑在它背上，便用一种奇怪的方式跑了起来。从一座山翻到另一座山，对它来说就是一跃而过的事；它轻松地跨越一条条深谷，仿佛只是踏过浅沟。最后它摇晃起身体，将我摔出去，我也不知道怎么回事，就落进了一个洞穴。在那里，我看到了前几天那位借宿在我们小屋的年轻骑士。他躺在床上，身边有两个穿着摩尔人服装的绝色美女。这两个年轻女子对他柔情絮语一番后，便取下他脖子上的圣物，从这一刻起，她们再不能让我感觉到一丝一毫的美，我认出她们就是兄弟谷里的那两个吊死鬼。不过，年轻的骑士还一直当她们是风情万种的美女，不断地用各种最温柔的话语回应她们。此时，一个吊死鬼取下搭在自己脖子上的绳子，套在了骑士的脖子上，骑士又换了一套甜言蜜语，向她表达感谢之情。最后，他们拉起床上的帘子，我不知道他们后来都做了些什么，但我想应该是某种可怕的罪行。

我本想高声喊叫，但一点声音也发不出来。这种状况持续了一段时间。最后，某处钟声在午夜十二点敲响，紧接着我看见走进来一个魔鬼，它头上长着双喷火的角，身后拖着条火光闪闪的尾巴，几个小鬼跟在后面，小心翼翼地捧起他的尾巴。

这魔鬼一手拿着本书，一手举着把叉。他威胁骑士说，如果骑士不皈依穆罕默德的宗教，他就要杀了骑士。看到一个基督徒的灵魂处于如此险恶的境地，我拼命叫喊，这一回我觉得我的声音终于传了出来。但还没等我往下喊，那两个吊死鬼就扑向我，将我带出洞穴。我又看到那只黑山羊。两个吊死鬼一个骑到羊身上，另一个骑在我的脖子上，然后强迫我们翻山越岭，不断前行。

骑在我脖子上的这个吊死鬼不断地踢我的肋骨，催我快跑。但我的速度始终不能令他满意，他于是抓了两只蝎子，绑在脚上当作马刺，开始用古怪而野蛮的方式刺我的肋骨。最后我们到了隐修士的小屋前，他们终于放下我离去。我的神父，今天早上，您在小屋门外发现了不省人事的我。我醒来时看到自己在您的怀中，我觉得我得救了，可是，蝎子的毒液已经渗入了我的血液。毒液正在侵蚀我的内脏，我大概是活不成了。

讲到这里，这个魔鬼附身的男子发出一声令人惊恐的长啸，然后便沉默无语。

此时隐修教士接过话对我说道:"我的孩子,他的遭遇您都听到了。您真的会和两个魔鬼发生肉体上的关系?来吧,忏悔吧,承认您的罪过吧。神是无比宽容的。您不理我?您难道成了铁石心肠的人?"

经过片刻思索,我回答道:"我的神父,这位魔鬼附身的绅士见到的情形,和我所目睹的并不相同。或许我们当中有一个人的眼睛被施了魔障,又或许我们两个人都没看到事实。但这里有一位同样在克马达店家过了夜的秘法师绅士。假如他能向我们讲讲他的奇遇,或许我们能得到一些新的启示,能更好地理解这几天我们究竟遇到的是什么样的怪事。"

"阿方索大人,"秘法师回答道,"像我这样研究秘法的人,不能把所有的话都说透。我还是会尽自己所能来满足您的好奇心的,不过不在今晚。劳驾您,我们还是赶紧吃饭睡觉吧,这样的话,我们到明天会更清醒冷静。"

隐修士为我们做了一顿简餐,吃完晚饭,大家也就一心准备睡觉了。秘法师坚持要睡在那个魔鬼附身的男子身边,并称其中有他的道理,我则像之前那样被隐修士带进了小教堂。上次用的那张帆布床还放在原处,我上床躺下。隐修士向我道了晚安,并提醒我说,为了安全起见,他会在出去的时候把门关牢。

我一个人静静地躺在床上,想起了帕切科的遭遇。我在洞穴里肯定是看到他了。此外还可以肯定的是,我确实也看到我那两位表妹扑到他身上,将他拖出了房间;但艾米娜曾叮嘱我,不要往坏的方向想她和她的妹妹。话说回来，控制帕切科的魔鬼必然也会迷惑他的感官，扰乱他的心智，让他产生各种各样的幻觉。总之，我千方百计地找理由，想证明我那两位表妹是清白的，是值得我爱的。不知不觉中，我又听到了午夜的钟声……

没过一会儿，我听到敲门声，同时还有类似羊叫的声音。我抓起剑走到门口，声音洪亮地说道："如果你是魔鬼，那你就想办法自己开门吧，隐修士已经把门给锁牢了。"

羊叫声停住……我回到床上，一觉睡到天亮。

第九天

我是被隐修士叫醒的,只见他坐在我的床上,对我说道:"我的孩子,昨天夜里,我这个可怜的小屋又闹了鬼。不过,底巴伊德的隐修者们没有再受撒旦的戏弄[1]。此外,和您一起来的那个自称秘法师的人,我也不知道该把他看成什么人。他说他要把帕切科治好,而且真的给帕切科带来了很多好的转变,可是,他用的办法,并不是我们神圣教会的礼文中记载的驱魔法。到我的小屋里去吧,我们一起吃早饭,他昨天晚上既然答应要说他的故事,那我们吃完饭就请他说一说。"

我起身跟着隐修士来到小屋。我看到,帕切科的样子确实让人觉得舒服多了,他的脸不再像以前那样扭曲可怕。尽管一只眼睛仍然瞎着,但他的舌头已经能收回到嘴巴里了。他口中的白沫不见了,那只好的眼睛在看人时也不再像以前那样惊慌不定。我向秘法师表达了赞许,但他回答我说,这只算他最普通的一点小神通。接着,隐修士端来早饭,是滚烫的鲜奶和栗子。

我们正吃着饭,一个脸色苍白的枯瘦男子走了进来,他的面相

---

[1] 译注:这里指的是圣安东尼(约251—356)在埃及隐修的事。圣安东尼是集体隐修制度的创立者,底巴伊德是他隐修地所在的荒漠地区,因底比斯古城得名。据传圣安东尼在此曾战胜恶魔。

让人有种望而生畏之感，但又说不清他的可怕之处具体在哪里。这个陌生人在我面前跪下来，并脱掉帽子。此时我看到他额头上缠着一条布带。他带着副乞讨的神情，将帽子举到我的面前。我朝里面扔了一块金币。

这个古怪的乞丐向我表示感谢，然后又补充道："阿方索大人，您的善行必将会有善报。有件事我要告诉您，有一封写给您的信现在在普埃托拉皮塞[1]。在看到这封信之前，切莫进入卡斯蒂利亚。"

告知我这件事后，陌生人又跪倒在隐修士面前。隐修士抓起把栗子，将他的帽子塞得严严实实。

他随后又在秘法师面前跪下来。不过他很快就站起身，并对秘法师说道："我没什么求你的。假如你在这里胡言乱语，告诉他们我是什么人，那我会叫你好看的。"

说罢他就走出小屋。

乞丐出门后，秘法师便开始笑起来，并对我们说道："这家伙对我的威胁我才不怕，为了向你们证明这一点，我先来说说他是什么人：大家都叫他犹太浪人，或许之前你们就听说过这个名字。大约从一千七百年前开始，这个人从没有坐过也从没有躺过，既不睡觉也不休息。他等一下会一边走一边吃您的栗子，从现在开始到明天早上，他能走六十法里路。他平常干的事，就是从各个方向穿越非洲广袤的大沙漠。在沙漠里，他以野果为食，由于前额上印着个"陶"字圣符[2]，凶猛的野兽无法近他的身。你们刚才也看到了，他用

---

1 译注：普埃托拉皮塞是现卡斯蒂利亚-拉曼恰自治区雷阿尔省的城镇。
2 原注："陶"（Taw），希伯来语字母。据《以西结书》9：1—6记载，在耶路撒冷毁灭时，只有前额上印着这一符号的人才能有幸逃脱。

121

一块布盖住了这个印记。他基本不在我们这里出没，除非有某位秘法师用了些手段强迫他来。对了，我要向你们保证，让他来的那个人并不是我，因为我讨厌他。不过我必须承认，他消息很灵通，知道很多事，所以，阿方索大人，他告知您的事，您切莫忽略。"

"秘法师大人，"我回答他说，"这位犹太人说，有一封写给我的信现在在普埃托拉皮塞。我希望后天能赶到那里，到了之后我肯定会打听这封信的。"

"没必要等这么久，"秘法师接着说道，"我可以让您早一点读到信，我要是做不到，那只能说我在灵界的声望太低了。"说罢，他的头向右肩转去，以命令的口吻说了几句话。五分钟过后，只见一封宽大的注明我是收件人的信落到桌子上。我拆开信，信是这样写的：

阿方索大人：

奉斐迪南四世陛下[1]圣谕，谨此告知，您暂时不必进入卡斯蒂利亚。在西班牙，维护信仰纯洁的重任由神圣的宗教裁判所承担，该机构对您的行为颇有不满，但切莫将此与您延迟入境一事联系起来，也切莫因此影响您效忠陛下的热情。随信附上一份时长三个月的准假单。在此期间，请您在卡斯蒂利亚和安达卢西亚的边界处行走，但不要让这两个行省的人注意到您的

---

[1] 原注：此处斐迪南四世（1285—1312）无疑有误，应为斐迪南六世（1712—1759），1746年即位为西班牙国王（但根据后记所述，第九天的故事发生在1739年，此时在位的是腓力五世）。

行踪。有人会安抚令尊,以免他因此事产生不必要的担心。

　　致礼

战争部部长
堂桑乔·德·托尔·德·佩尼亚斯

　　随信还附有一张非常正式的三个月准假单,签名公章一应俱全。

　　秘法师找的信使动作如此之快,我们不禁连声向他称赞。接着,我们请他兑现承诺,说说他在克马达店家的那一夜究竟发生了什么。他依旧像前一天那样回答道,他的故事里或许有不少内容我们难于理解。不过,经过片刻思考,他还是如此这般地讲起来:

秘法师的故事

　　在西班牙,大家都叫我堂佩德罗·德·乌泽达,我也是因这个名字而拥有一法里外一座美丽的城堡的。但我真正的名字是萨多克·本·马蒙,我是个犹太人,也是个拉比[1]。我在西班牙这样明说自己的身份是有点危险的,我相信诸位都是正人君子,但我还是想告诉诸位,想伤害到我可不是件易事。我一出生,星辰对我运程的

---

[1] 译注:拉比是犹太人中的一个特别阶层,主要指有学问的学者,是犹太教负责执行教规、律法并主持宗教仪式的人。

影响就显现出来，我父亲排出我的宫位后喜出望外，因为我正好出生在太阳进入处女座的时候。实际上他是用尽自己的本领来求这个结果的，只不过效果如此理想、时间如此精准，也出乎他本人的预期。关于我父亲马蒙，我觉得就没必要向诸位多说了，总之，他是他那个时代排名第一的星相学家。不过，星相学在他掌握的学问中根本不值一提，因为他把卡巴拉秘法发展到此前所有拉比都无法企及的新高度。

在我出生四年后，我父亲又有了个女儿，她是双子座。尽管星座不同，但我们受的教育是一样的。在我不满十二岁、我妹妹刚刚八岁的时候，我们就学习了希伯来语、标准迦勒底语、叙利亚的迦勒底语、撒马利亚语、科普特语、阿比西尼亚语，以及其他几门已经消亡或者濒临消亡的语言。此外，不需要借助笔，我们就能够遵循卡巴拉秘法的规则，将一个词的所有字母用各种形式组合演化。

在我快到十二岁足岁时，我和我妹妹的头发都被仔仔细细地盘了起来。此外，为了让我们的宫位不受任何后天因素干扰，我们只被允许吃未成年动物的肉，而且我只能吃雄的，我妹妹只能吃雌的。

等我到了十六岁，我父亲开始传授我们卡巴拉秘法中"源体"[1]或是"生命之树"的知识。他先是让我们看《光辉之书》。这本书之所以叫这个名字，是因为里面的内容一般人完全看不懂，书中的灿烂光辉让试图理解的人目眩神迷。我们接着又研习了《秘法书》。在这本书里，意思最清楚的段落也和谜语差不多。我们最后学的是

---

[1] 原注：源体（sephiroth）是神力的十种表现形式，它们以"树"的形式或是几何图形的形式呈现出来。这是比《光辉之书》更早的犹太创世理论。

《大评注》和《小评注》[1]。这两本书都是对话集,一位名叫西蒙的拉比——他是约海之子,著有两部作品——特意用对话的方式使自己的语句变得浅显。表面上,他在向朋友传授一些最简单的事理,但实际上,他是在向他们披露各种令人惊叹的奥秘;或者更准确地说,我们能看懂这些奥秘,是直接得益于以利亚先知——在书中,他偷偷离开天庭,自称是位名叫阿巴的拉比,参与了这场评注。

对于这些圣书,你们或许觉得自己也了解其中的一些概念。因为曾经有人印刷出版过拉丁文的译文,书中还附有迦勒底文的原文,那是在 1684 年,出版地是德国的一个小城,似乎是叫法兰克福[2]?不过,有些自负之徒认为,看书只要靠视觉器官就够了,对此我们只能付诸一笑。对于某些现代语言而言,此话倒也不假,但在希伯来语里,每个字母都是数字,每个词都是种深奥的组合,每个句子都是套可怕的程序,要是能运足全身气力,再配以适当的语调,语句完全可以有排山倒海之效。你们都很清楚,我主是以言创世的,他随后又让自己化身为言语。

---

1 原注:《光辉之书》(Sepher ha-Sohar)是卡巴拉秘法的最基本文献,它是在 13 世纪左右由摩斯·本·谢姆托·德·莱昂(Mose ben Chemtob de Leon, 1250—1305)用阿拉米语写成的,但作者将其托为犹太教法典编纂者西蒙·巴·约海(Simon bar Jochaï, 90—160)之作。该书还配有一些附文,其中包括《秘法书》(Siphra di-tzeniutha)、《大评注》(iddra rbba)、《小评注》(iddra zouta)。此处的"评注"用的是"评议会"(Sanhedrin)一词,该词起初特指耶路撒冷的一个大议事会,后来又泛指某些与法律问题相关的圣书评注。

2 原注:克洛尔·冯·罗森洛特(Knorr von Rosenroth)作品《希伯来教义之超验性及卡巴拉释秘,或形而上学及神学》(Kabbala Denudata seu Doctrina Hebraeorum Transcendentalis et Metaphysica Atque Theologica...),1677 或 1678 年在苏尔茨巴赫出版,1684 年于法兰克福重印。

言语会强烈改变人的气度和心智，会对感官和灵魂产生深刻影响。尽管你们是门外汉，但你们同样能轻而易举地得出结论：在所有层级，物质与精神之间的真正媒介必然都应该是言语。对于我们的这段研学时光，我可以向诸位描述的，就是每一天我们不仅能获得新的知识，也能产生新的能力，即便我们不敢妄用这些知识和能力，但能感受到自己的力量，内心能由此产生自信，我们至少也可以享受到欣喜与快乐。

然而，很快发生了一件最不幸的事，我们学习卡巴拉秘法的快乐也随之化为乌有。

我和我妹妹都发现，随着日子一天天过去，我们的父亲马蒙体力渐衰。他好比是一个重新披上肉身的唯灵之人，要体验一下属于市井凡夫的粗浅的感官世界。

最后，有一天，他让人把我们叫进他的房间。此刻，我们看到的他带着神一般的气度，让人顿生景仰之情。不由自主地，我们两人同时跪倒在地。他也没有让我们起身，只是拿起一个沙漏对我们说道："等这些沙全流完，我就不在此世了。你们要注意听我的话，一句也不要漏掉。

"我的儿子，我先对您说吧：我为您定下了与天庭女子的亲事，您的妻子将是所罗门王和萨巴女王的两个女儿。这两个孩子原本出世后只能做普通的凡人。但所罗门王把上帝的伟大名号透露给萨巴女王，女王在分娩的时候高呼上帝。还没等这对双胞胎姐妹接触到我们称为'大地'的不纯之域，'大东方'[1]的精灵们就赶来带走了她

---

[1] 原注："大东方"是所罗门神殿的一部分，在那里的都是圣人中的圣人。这个词在共济会具有至高无上的象征意义。

们。两个孩子被带到了埃洛希姆[1]的世界，在那里她们成为不死之躯，并可以将这能力传给未来她们所选择的共同丈夫。她们的父亲曾读过被称作'歌中之歌'的《雅歌》，书中提到的那些难于形容的好妻子，说的正是她们。您可以每九句为一段，研读这首祝婚诗。

"至于您，我的女儿，我给您定下了一门更好的亲事。一对'托米姆'[2]，希腊人的说法是一对'迪奥斯科罗斯'，腓尼基人的说法是一对'卡比尔'；总之，他们是天庭的双胞胎兄弟。他们将成为您的丈夫……但我要怎么说呢……您有一颗多愁善感的心，我担心会有个凡人……沙漏完了……我要去了。"

说完这些话，我父亲便消失无踪，他原本坐着的地方只留下一小团淡淡的、闪着光芒的灰。我将这珍贵的遗物收入一只瓮内，然后把瓮放置在我们家的圣物龛里，几座塑像上的小天使仿佛张开了翅膀，在上方守护着它。

你们自然可以推断得出，有了长生不死的希望，有了娶两位仙女的可能，我在钻研卡巴拉秘法时浑身充满了新的热情。不过，能有幸达到今天的高度，我也是花了好几年的苦功。虽然还只能指挥几个十八级的精灵，但我也心满意足了。在这个过程中，我的胆子慢慢大了起来。去年，我对《雅歌》的前几行诗句进行了解读和改写。投入这项工作的第一晚，我刚写了一行，就听见外面传来一阵可怕的响声，震得我的城堡仿佛马上就要坍塌。但这一切并没有吓倒我，相反，我觉得这是我工作走向正轨的证明。我接着写起第二

---

[1] 译注：埃洛希姆（Elohim），又译为"以利""耶洛因"等，在希伯来语中表达"神"的概念。
[2] 原注：托米姆（Thamim），双胞胎。

行，等这一行写完，我桌上的一盏烛灯跳到了地板上，蹦了几下后，灯停在我房间最里侧的一面大镜子前。我朝镜子里望去，看到一双女人的脚，虽然只露出来前半部分，但依然十分美丽，接着又出现了另两只玉足。我敢绝对自信地说，这两双迷人的脚是属于所罗门王那两个在天庭里的女儿的，我觉得，当晚或许不必再继续推进工作了。

到了第二天夜里，我才重新提笔，我随后又看到四只玉足，这一次脚踝也露了出来。第三天夜里，我看到整个小腿，直至膝盖。但太阳在此刻离开了处女座[1]，我只能暂时将工作搁在一边。

太阳进入双子座[2]后，我妹妹尝试了和我类似的工作，也同样看到了异象。但具体的情况我就不向诸位描述了，因为这与我的故事并无关联。

今年，我本已准备好接着前面的诗句往下写，但就在此时，我听说有位著名的炼金术士要从科尔多瓦经过。我和我妹妹围绕此人进行了一番讨论，讨论后我下定决心，要去会一会他。我出发的时辰有些晚，当天只走到克马达店家。我看到，这是一座因为店主害怕幽灵而被废弃的客栈，不过我并不畏惧幽灵。我于是在餐厅里安顿下来，然后命内姆拉埃尔给我找点吃的。这个内姆拉埃尔是个本性非常卑劣的小精灵，类似的任务我经常派他去做，您在普埃托拉皮塞的那封信也是他取过来的。那天晚上，他去了安杜哈尔一个本笃会修道院院长的住所，毫不客气地把人家准备好的晚饭抢走，然

---

1 原注：太阳 8 月 22 日至 9 月 22 日位于处女座。
2 原注：太阳 5 月 21 日至 6 月 22 日位于双子座。

后带给了我。那就是您第二天中午吃的山鹑肉做的馅儿饼。当晚，我由于非常疲劳，基本上什么也没吃。我把内姆拉埃尔派回城堡陪我妹妹，然后就睡觉了。

到了午夜，一阵钟声将我惊醒，钟敲了十二下。有了这样一个序曲，我想幽灵确实会出现了，我等着它的到来，并已经准备好将它驱逐出去，毕竟通常而言，幽灵都是很烦人、很让人讨厌的。正当我摆好架势时，一道强光照到房间当中的那张桌子上，接着，出现了一个满身天蓝色、拉比打扮的小人儿，他就像所有拉比在祈祷时那样，在一个托书架后面晃来晃去。他身高不超过一尺，身上不仅衣服是蓝色的，甚至脸、胡子、托书架还有祈祷书，也都是蓝色的。不过，我很快看明白，他并不是幽灵，而是个二十七级的精灵。我不知道他的名字，也从来没见过他，但我掌握了一套咒语，能对所有精灵都产生一定的效用。

我念完咒语，这个天蓝色的小拉比转身看着我，对我说道："你改写诗句一开始就弄反了顺序，所以所罗门的女儿先让你看见的是她们的脚。你应该先从原诗末尾开始动手，首先把两位仙女的名字找出来。"

说完这些话，小拉比就消失不见了。

他向我建议的方法违背了卡巴拉秘法的所有规则。不过，我还是禁不住诱惑，试了试他的路数。我开始研究《雅歌》文末的诗句，探寻那两位不死神女的名字，结果，我找出了"艾米娜"和"齐伯黛"。我深为惊讶，不过我还是呼唤起这两个神名。此时，大地在我脚下令人惊恐地晃动起来，接着，我仿佛看到天也塌下来，压在我的头顶，我倒在地上，不省人事。

129

等我醒来，我发现自己身处一个充满灿烂光芒的地方，几个比天使还要俊美的年轻男子正将我拥在怀中。

他们当中的一位对我说道："亚当的孩子啊，恢复你的神志吧，你现在是在永生者的世界。我们这里是由以诺[1]长老统治的，他与神同行，从大地上升华。以利亚先知是我们的大祭司，要是你想去某个星球上逛一逛，他的马车你随时可以拿去用。至于我们，我们是精灵天使，是神的儿子与凡人的女儿交合所生。你今后会看到，我们当中有一部分长着巨人的体形，但为数极少。来吧，我们带你去觐见我们的主上。"

我跟在他们后面，来到以诺长老端坐的宝座下。以诺长老眼中喷射出熊熊火光，让我难于直视，我只敢将自己的眼睛抬到平视他胡须的高度，而他的胡须犹如阴雨夜月亮周围的苍白光圈。

我原本担心他声如洪钟，让我的耳朵承受不起，可实际上他讲起话来比管风琴奏出的漫曲还要轻柔。而且他在和我说话时又再度压低了声音："亚当的孩子，你的两位妻子会被带来见你。"

我接着看见以利亚先知走了进来，他一手牵着一个女子，两人的美丽绝非凡夫俗子所能想象。真可谓是千娇百媚，仙姿佚貌，剔透的肌肤下，灵魂仿佛也展现在外，我清晰地看到激情的火焰在她们体内蔓延，流进她们的血管，与她们的血液混为一体。在她们身后，两名巨人举着个三脚支架，支架的质地是一种珍稀的金属，金子比铅贵重多少，它就比金子贵重多少。我的双手被拉过去，一左一右放在所罗门王两个女儿的手中，我的脖子还被套上了一条用她

---

[1] 原注：以诺长老在《创世记》5、23、24中被提及，他被认为是著名的伪经《以诺书》的作者。

们头发编成的发辫。此时，一团纯净的熊熊火焰从三脚支架喷出，刹那间，我身上所有的凡人之物都被吞噬殆尽。

我们被带到一张闪动着荣耀之光、燃烧着爱情之火的床上。有人打开床前一扇巨大的窗户，这窗户连通着第三重天[1]，天使的合唱声将我的快乐推向顶峰……

不过，我必须对你们说，第二天我是在兄弟谷醒来的，我躺在两兄弟那肮脏的尸体旁边，骑士当时也在场。我可以得出结论，我前一夜遇上了一些非常狡猾的魔鬼，但它们究竟有何属性，我目前尚不得而知。我甚至非常担心，这样一场遭遇会不会损害我的声誉，让真正的所罗门王的两个女儿对我产生误会，而我还只是看到了她们的脚和小腿。

"你真是个可怜的瞎子，"隐修士说道，"你有什么可遗憾、可担心的？所有这一切，无非是你在练自己那套致命的法术时形成的幻觉。那两个耍弄了你的该死的女恶魔，也让不幸的帕切科遭遇到最可怕的折磨，或许，类似的命运还要降临在这位年轻的骑士身上，但他的性格真是强硬得要命，坚决不肯向我们承认他的过错。阿方索，我的孩子阿方索，悔悟吧，现在还来得及！"

隐修士反复让我坦白一些我不愿对他说的事，他这种执拗的态度让我相当不快。我颇为冷淡地回答道，我尊重他神圣的劝诫，但我行事只遵循荣誉的法则。随后，大家就转移话题，谈起别的事情。

秘法师对我说道："阿方索大人，既然您正遭到宗教裁判所通

---

[1] 原注：《以诺书》中描述了七重天或曰七重天界。

缉，而国王又命令您在这片荒僻之地过上三个月，那您不如就住进我的城堡里吧。在那里，您会看到我妹妹利百加，她是个美丽的姑娘，学识也很渊博。就这么说定了，来吧，您是戈梅莱斯家族的后人，您的这个血统让我们有理由对您表达关注。"

我看着隐修士，想从他的眼神中读出他对这项提议的看法。

秘法师看起来猜透了我的心思，面朝隐修士说道："我的神父，我对您的了解其实超出您的预期。您通过信仰拥有了很多能力。我走的路虽不及您这样神圣，但也绝不能和魔鬼的路相提并论。您也和帕切科一起来我家吧，帕切科的身体我会继续帮他调理。"

在答复前，隐修士先做了番祈祷。随后，他稍做思考，便带着喜悦的神情走到我们身边，说他已准备就绪，可以与我们同行。

秘法师将头向右肩转去，命精灵给他拉几匹马来。没过一会儿，隐修士的小屋前就出现了两匹马和两头骡子，隐修士和魔鬼附身的男子骑上骡子。本·马蒙告诉我们，可能要花一整天赶路，但我们实际上只用了不足一小时，便到达他的城堡。

一路上，本·马蒙多次对我谈起他那学识渊博的妹妹，我本以为会见到一位美狄亚式的黑发女子[1]，手里拿根魔棍，口中念念有词地讲些天书般的话，但我完全错了。在城堡门外迎候我们的利百加非常可爱，她是那种能想象到的最让人心动、最惹人爱怜的金发女子，一头美丽的金子般的头发毫无修饰地垂至双肩，一条简单的白裙盖住身体，只是裙子上的搭扣用料昂贵，价值不菲。从她的外表

---

[1] 译注：美狄亚是希腊神话中的人物。岛国科尔喀斯的公主，伊阿宋的妻子，也是神通广大的女巫。按照古罗马学者塞内加的描述，美狄亚披着一头黑色长发，赤裸胸膛。

看，她是个从不刻意打扮自己的人，不过，假如她真的花工夫打扮，效果也未见得比现在更好。

利百加扑到她哥哥的脖子上，对他说道："您知道我多为您担心吗？除了第一夜之外，您的情况我都听说了。那一夜您经历了什么？"

"我会全部告诉您的，"本·马蒙回答道，"您现在先好好招待我带来的客人吧：这位是山谷里的隐修士，这个年轻人是戈梅莱斯家族的一员。"

利百加颇为冷漠地看了看隐修士。在把目光投到我身上的时候，她却突然红了脸，接着她带着相当忧郁的表情说道："我真希望您不是我们的人，这会让您更幸福。"

我们走进城堡，吊桥随之重新拉起。城堡里非常开阔，全都是顶级的布置。但我们只看到两个仆人，一个是黑白混血的少年，另一个是和他年龄相仿、同样黑白混血的少女。本·马蒙先把我们带到他的书房，这是个圆顶的房间，里面有吃饭的地方。混血少年铺好桌布，端来一大盘什锦菜以及四套餐具，因为美丽的利百加并没有和我们一起上桌。隐修士吃得比平常要多，神态举止看起来也更像常人了。帕切科尽管一只眼还是瞎的，但似乎不再困扰于自己魔鬼附身的状态了。他只是变得神情严肃，缄默不语。本·马蒙胃口不错，但看上去心事重重，他向我们坦言，那一夜的遭遇有很多值得他思前想后之处。

我们一离桌，他就对我们说道："我亲爱的客人们，这里的书可供你们消遣，需要什么，我的黑奴会殷勤地为你们服务。但请允许我和我妹妹先行告退，因为我们有一项重要的工作要做。明天中饭的时候你们才会再见到我们。"

说罢，本·马蒙就出了门，我们可以说暂时成了屋子的主人。

隐修士在书架上拿了本讲述荒漠神父传奇事迹的书，命帕切科为他读其中的几个章节。我来到露台，面前耸立着一座悬崖，悬崖深处有一条激流在奔腾，虽然并不能见其形，但水流声清晰入耳。这明明是一道容易让人感怀心伤的风景，我却带着浓厚的兴致开始细细观赏，或者更准确地说，眼前之景触发了我的心中之情，我带着浓厚的兴致沉浸在自己的情绪中。这情绪并非忧郁，而近似于一种幻灭感，这几天来的种种残酷经历让我无可奈何，我的所学所能仿佛已全数幻灭。我左思右想，每一件事情都让我完全无法理解，我担心，要是再想下去恐怕会失去理智，便适时打住。在乌泽达城堡里过几天安静的日子，成了我当下最迫切的心愿。我于是从露台回到书房。

混血少年给我们送来些点心，有干果和冷肉，不过，其中并没有不洁净的肉食。用完点心后，我们便分开了。隐修士和帕切科被带到一间房，我被带到另一间。

我躺在床上睡着了。

但没过多久，我被美丽的利百加叫醒了，她对我说道："阿方索大人，请原谅我冒昧打断您的休息。我是从我哥哥的房间过来的。为了弄清楚他在克马达店家遇到的那两个魔鬼的真面目，我们念了些最可怕的咒语，但没有奏效。我们觉得，他应该是被几个巴力[1]捉弄了，对于这些神我们完全没有能力掌控。不过，以诺长老的住处确实和他当时所见相同。这对我们来说也算是个不小的成果，此外，

---

[1] 原注："巴力"（Baal，复数形式 Baalim）指异教的神。

我想请您告诉我们您所了解的情况。"

说完这些话,利百加就坐到我的床上。不过,她一直正身端坐,看起来只是为了得到她想要的回答。但她并没有得偿所愿,我只是对她说,我曾以荣誉为名做过承诺,要对这些事闭口不言。

"可是,阿方索大人,"利百加接着说道,"您是以荣誉为名向两个魔鬼起誓的,您怎么会觉得这样的话能约束您呢?我们已经弄清楚,她们是女魔鬼,名字叫艾米娜和齐伯黛。但我们还不完全掌握这两个魔鬼的属性,因为我们的秘法也是一门科学,和其他科学一样,做不到全知全能。"

但我不为所动,并请求她不要再提此事。

她带着种宽容善意的眼光看着我,对我说道:"您有一些道德上的原则指引自己的行为,让您无论经历什么内心都能保持安宁,您真幸福!我们的命运真是太不一样了!我们想看穿常人双眼无法参透的事物,想知晓常人心智无法理解的道理。但我并不适合这门崇高的学问。徒劳无益地尝试着去掌控魔鬼,这对我本人又有什么益处!我只愿意掌控一个作为我丈夫的男人的心。而这一切都是我父亲的意愿。我必须接受我命运的安排。"

说完这些话,利百加掏出手帕,仿佛擦拭了几下泪水,接着又补充道:"阿方索大人,希望您不要见怪,明天同一时刻我会再来,我要继续努力,尝试征服您那执拗的心灵,或者像您所说的那样,征服您那颗坚守承诺的忠诚之心。太阳很快就要进入处女座了,到那个时候就来不及了,只能听天由命。"

利百加一边向我道别,一边友好地握了握我的手。然后,她心有不甘地离去,准备继续她那些与卡巴拉秘法相关的研究工作。

第十天

我醒得比平时要早。在晨曦下,我去了露台,想在四周还没有被强烈的阳光暴晒前,享受更自在的呼吸。空气中透着深深的静寂,激流声仿佛不再像昨天那样澎湃,鸟的合唱声也历历在耳。

万物的安宁让我的内心也平和下来,我可以静心思考从加的斯出发后的种种经历了。加的斯部队的指挥官堂恩里克·德·萨曾经不小心说过几句话,尽管我已不记得原文,但他的话能让我推断出,他与这个神秘的戈梅莱斯家族是有关联的,他是知道这个家族一部分秘密的。他当时给我安排了两个随从,洛佩斯和莫斯基托,我觉得,他们在可怕的兄弟谷入口离我而去,或许也是他的授意。我的两个表妹常对我说,有人想考验我。我认为,我在克马达店家大概是喝了催眠类的迷药,在我沉睡不醒之际,有人把我抬到了绞刑架下。帕切科一只眼睛失明,很可能另有意外,他与两个吊死鬼之间的情事恐怕并不存在,他那令人毛骨悚然的故事应该纯属虚构。隐修士一直想借着忏悔的名义套出我的秘密,在我看来,他可能是戈梅莱斯家族派的一个代表,考验我是否谨慎才是他的任务。

想到最后,我开始觉得自己的故事有了头绪,可以不必用超自然现象去解释了。正在此时,我听到远处传来一阵非常欢快的乐曲,相伴的歌声仿佛正绕山盘旋。不过,声音很快就变得清晰。接着,我看到一群欢笑的吉普赛人打着节拍走来,他们一边走,一边在摇铃和鼓声的伴奏下唱歌。他们在离露台不远的地方搭设起临时营地,我很容易看出,不论是衣着打扮还是行为举止,都显露出一种良好的气质。我猜想,这些吉普赛人应该就是隐修士所说的保护悬岩客栈的那帮人。但我觉得,作为能抵抗盗贼的人,他们实在显得太过文雅了。就在我观察他们的同时,他们已搭好帐篷,煮起一锅大杂烩,还在附近的树枝上给自己的孩子吊起了婴儿床。这些准备工作全部完成后,他们又重新开始享受流浪生活的乐趣,对他们来说,其中最大的乐趣,应该就是无所事事、虚度时光。

他们首领的帐篷明显与其他人的不同,除了在入口处竖着根银柄权杖之外,帐篷的做工也考究得多,帐篷外还挂着一大串精美的流苏,这在吉普赛人的帐篷中可并不常见。此时,帐篷的门帘被拉开了,我的两位表妹从里面走出来,这一幕真是让我目瞪口呆。她们都打扮得非常优雅,穿着被西班牙人称作"a la gitana maja"(吉普赛女便装)的俏丽服装。她们朝我的方向走来,一直走到露台下方,但看起来并没有注意到我。随后,她们叫来同伴,欢快地跳起舞蹈。这是一首极为著名的弗拉明戈舞曲,其中的歌词是这样的:

  我那叫帕科的情郎
  拉起我的手想要携我共舞
  我这娇小的身体
  顿时像杏仁饼一样又软又酥……

温柔的艾米娜，可爱的齐伯黛，当她们披着摩尔人的华美长袍时，总会吸引我定睛观赏，而她们此刻的新打扮同样让我看得兴致盎然。不过，我觉得她们的脸上透着种狡黠嘲弄的神情，配上这样的神情，她们真是像极了那些占卜算命的吉普赛女郎，她们仿佛想通过这种出乎我意料的新造型向我预告，她们想换个新招数再玩弄我一次。

秘法师的城堡锁得严严实实，钥匙也只有他一个人有，因此我无法直接来到这群吉普赛人面前。不过，有一条地道能直达激流，虽然地道出口被一道铁栅栏挡了起来，但我在栅栏里面可以近距离观察这群人，甚至可以同他们说话，而不会被城堡内的人发觉。我于是就来到这条秘道的门前，在这里，我与跳舞的人群只隔着激流。但此时我看出，那两个女子并不是我的表妹。我甚至发现，她们的神情也很寻常，与她们的行为举止完全匹配。

我的自作多情让我羞愧难当，我只得慢慢地走回露台。在露台上，我再次仔细观察，结果又看到我的两位表妹。她们仿佛也看到了我，一阵大笑后，她们转身进了帐篷。

一股怒火从我心中生起。"哦，老天啊！"我暗想道，"这两个如此可爱如此多情的女人，有没有可能真的是惯于化作各种形态并以此来玩弄凡人的精灵、魔鬼呢？又或许她们是女巫？最糟糕的情况是，她们还有可能是吸血鬼，她们得到上天的许可，让山谷里那两具恶心的吊死鬼的尸体复活。原本我觉得这一切都能从自然现象中得到解释，但我现在已经不知道该相信什么了。"

我一边千头万绪地想着，一边回到书房。我看到桌子上放着本厚书，文字都是哥特字体，书名叫"哈佩尔奇谭集"[1]。书是被人打开的，书页仿佛被特意折在某一章的开篇，我于是就读到了以下这个故事：

蒂博·德·拉雅基埃尔的故事

在法国罗讷河畔的里昂城，生活着一位非常富有的商人，他的名字叫雅克·德·拉雅基埃尔。实际上，他使用拉雅基埃尔这个姓氏只是在离开商界之后的事。在那之后，他成了这座城市的市长。在里昂，必须是非常有钱同时名誉毫无污点的人，才会被市民委以此任。好市长拉雅基埃尔就是这样的人：他对穷人宅心仁厚，对僧侣和其他宗教人士也极为友好——按照这位大人的看法，修行之人都是真正的穷人。

不过，市长的独生子蒂博·德·拉雅基埃尔遵照的完全是另一种处世之道。他是卫戍部队的一位旗手。蒂博是个可爱的大兵，喜欢耍刀弄剑，是个骗小姑娘的高手。他没事就玩骰子赌一把，常干些打碎玻璃、弄坏灯笼的事，动不动就满口粗话，甚至讲渎神的话，曾经多次在大街上拦下市民，拿自己的旧外套换别人的新外套，用

---

[1] 原注：艾伯哈德·韦尔纳·哈佩尔（Eberhard Werner Happel，1647—1690）：《世间最美的回忆或奇谭集》(*Grösseste Denkwürdigkeiten der Welt oder so Genandte Relationes Curiosae*)，八卷。在第3卷（汉堡1687年版）第357页，讲述了以下的拉雅基埃尔的故事，题为"刻骨铭心的欢愉"。

自己的破毛毡换别人的好毛毡。这弄得不论是在巴黎、布卢瓦[1]、枫丹白露还是国王的其他行宫，都有人说蒂博阁下的不是。我们那位名垂青史的仁君弗朗索瓦一世偶然间获悉此事，圣上对这位年轻士兵的放荡举止深表惋惜，便将其遣回里昂，想让蒂博在父亲家里静心悔过。善良的拉雅基埃尔市长先生当时住在白莱果广场的一角，具体位置是在圣拉蒙街的街口。

年轻的蒂博回父亲家时受到热情的欢迎，就仿佛他从罗马教廷那里得到所有宽恕一样。人们不仅特地为他宰杀了一头肥牛，善良的市长还摆下宴席，邀请朋友参加。这宴席可比平日里家宴的花费要多得多。但还不光是这些。在座的所有人都高举酒杯，祝福这位年轻人身体健康，愿他从此明晓事理、悔过自新。

不过，这些善意的话在他听来并不悦耳。他拿起桌上的一只金酒杯，往杯中倒满酒后说道："该死的大魔王啊，万一我将来真的变得比现在好，我就把我的血和灵魂化入这杯酒中交给你。"

这几句可怕的话让宾客们听得汗毛直竖。他们纷纷在胸前划起十字，有几位甚至直接离席而去。

蒂博大人也站起身，走出家门，去白莱果广场透透气。在这里，他遇上两个过去的老朋友，这两人和他一样，也是放浪形骸之徒。他热情地拥抱他们，接着又将他们带到家中，让人一杯杯给他们斟酒，不再管自己的父亲和其他宾客。

蒂博回家当天的这一系列行为，在第二天、在之后的每一天一

---

[1] 译注：布卢瓦（Blois），法国中部城市，城中的布卢瓦城堡始建于9世纪，翻修于13世纪，14世纪末归属奥尔良公爵，路易十二即出生于此。后成为国王行宫。

再重演。善良的市长内心万分痛苦。他想向自己的主保圣人圣雅各[1]求助,于是带了个十斤重的大蜡烛来到圣像前,这蜡烛上套着两层金圈,每层重五马克[2];然而,市长要把蜡烛放上祭台时,不小心碰倒了蜡烛,还连带打翻了一盏银灯,火就在圣像前烧起来。市长先生让人熔金做这个蜡烛,原本是另有他用的,可他如今满心想的都是让儿子改邪归正的事,所以,他是怀着希望、带着愉快的心情来献这份祭礼的。但蜡烛倒了,还打落了灯,让他觉得非常不吉利,他是满面愁容地返回家中的。

在发生这件事的同一天,蒂博大人依旧和他的两个朋友花天酒地。他们喝了几瓶酒后,夜色已深,四处漆黑一片,他们便从屋里出来,打算上白莱果广场透透气。到了广场,他们三人勾肩搭背走成一排,神气活现、流氓气十足地四处乱逛,他们以为这样可以吸引姑娘们的注意。不过,这一次他们的愿望落空了,广场上既没有姑娘也没有妇人,甚至朝街边人家的窗户看,也看不到一个女子的身影,因为前文已经说过,此时夜色已深。年轻的蒂博心有不甘,他抬高嗓门儿,按他常说的那套话咒骂起来:"该死的大魔王啊,要是你的女儿女魔王能从这里经过,我就把我的血和灵魂交给你,我还要向她求爱,因为酒让我浑身燥热。"

这番话让蒂博的两个朋友听得很不舒服,毕竟他们还不像他那样罪孽深重。其中的一个对蒂博说道:"我们的朋友大人,您得想清

---

[1] 译注:圣雅各是耶稣十二宗徒之一,公元 44 年成为第一位为主捐躯殉道的宗徒。他后来成为西班牙、士兵、朝圣者、骑士的主保圣人。拉雅基埃尔市长的名字"雅克"即来自"圣雅各"之名,因此圣雅各也是他个人的主保圣人。

[2] 译注:旧时金银的重量单位,1 马克约等于 8 盎司。

楚,魔鬼是人的永恒之敌。哪怕人不去招他惹他,甚至连他的名字都没提,魔鬼都会对人作恶。"

听罢此言,蒂博回答道:"我的话已出口,不可收回。"

这三个下流之徒正说着话,只见旁边一条街里走出来一位蒙着面纱的少妇,她身材曼妙,浑身散发着青春的活力。一个小黑奴一路小跑紧跟在她身后。他一个趔趄,摔了个嘴啃地,手上提的灯笼也撞坏了。少妇看上去惊慌失措,不知该如何是好。蒂博大人于是竭尽自己所能,以最礼貌的方式走到她身前,伸出胳膊,表示要护送她返回家中。可怜的"达丽奥莱特"[1]谦让了一会儿后,答应了他的建议。蒂博大人转头轻声对他两位朋友说道:"你们看,我刚才求了大魔王,大魔王没有让我久等。既然如此,我就向你们道声晚安了。"

两位朋友都很清楚他的意思,便笑着向他告辞,祝他快乐开心。

蒂博于是让美女挽住他的胳膊,小黑奴提着熄了的灯笼走在他们前面。少妇起先显得非常紧张,走起路来摇摇晃晃。不过,她慢慢放下心来。最后,她干脆直接把头靠在骑士的胳膊上。甚至有几次,她在步子没迈好后紧紧拉住了他的胳膊,以免摔倒。而我们的这位骑士一边扶住她,一边把胳膊贴紧她的胸口。当然,他的动作做得还是非常小心,以妨自己的猎物受惊。

他们就这样走啊走啊,走了很长时间,走到最后,蒂博觉得他们已经在这里昂的大街小巷里完全迷失了方向。但他还是满心欢喜,

---

[1] 原注:达丽奥莱特(Dariolette),名词:1. 某骑士小说的女主人公;2. 一种奶油布丁或蛋糕。

毕竟，他是和这位美女一起迷路的，这对他来说倒是件求之不得的事。不过，他还是想先弄清楚自己是在和谁打交道。于是，在看到街边一扇门外有条长石椅后，他请她一起坐下小歇。她同意了，他便顺势紧挨着她坐下。随后，他带着千般风流万种柔情，握住她的一只手，并极富才华地对她说道："彷徨迷途的美丽星辰啊，庇护我的星辰让我今夜与您邂逅，您是否可以告诉我，您是何人，您家在何方？"

少妇起先非常羞涩不安，但终于慢慢镇定下来。她如此这般地回答道：

松布尔城堡丽人"达丽奥莱特"的故事

我的名字叫奥尔兰迪娜，至少，和我一起住在比利牛斯山区松布尔城堡里的那几个人是这样称呼我的。在那里，我能见到的只有三个人，一个是我那失聪的女管家，另一个是说话结结巴巴、口齿不清、和哑巴没什么分别的女仆，还有一个是失明的看门老汉。

这位看门人平日里并没有什么事可做，因为他一年只需要开一次门。开这次门，是为了迎一位先生进来。他进来以后，也不做别的事，只是托托我的下巴，向我表示一下亲昵，然后就用我完全听不懂的比斯开方言与我的女管家说话。幸好，我在被关进松布尔城堡之前已经会说话了，因为进了这所监狱，再想和我那两位女伴学说话，是肯定学不会的。至于那位看门老汉，每天他会在我们仅有

143

的一扇窗户前,把我们的中饭从护栏当中递进来,也只有在这个时候,我才能见到他。我的那个女管家经常在我的耳边吼,给我上一些我不明所以的道德课。不过,每到这个时候,我基本上和她一样成了聋子,所以也很少听到她究竟说了些什么。我只知道,她会对我说婚姻的责任,却从不告诉我婚姻本身是什么。此外,她还对我说了不少她并不想跟我解释清楚的事。而我那个结巴的女仆,她常想说个故事给我听。每次她都向我保证说,故事有趣极了,可是,她尽管用尽气力,却没有一次能把故事讲到第二句。于是,她只得放弃努力,并结结巴巴地向我道歉,而这道歉的话也和她的故事一样,让她费尽周折。

我对您说了,我们只有一扇窗户,其实我的意思是,只有一扇对着城堡正院的窗户。别的窗户都是朝另一个院子开的,那个院子里种了几棵树,相当于是个花园,除了一条与我卧室相通的路之外,这花园并没别的通道。我在花园里种花养草,而这也是我唯一的消遣。

其实我这样讲不对,因为我还有另一个消遣,一个很简单、很单纯的消遣。我每天早上起床后,都会在一面大镜子前注视自己的模样,甚至一睁开眼就开始照镜子。每到这个时候,我的女管家也会跑来,和我一样衣冠不整地朝镜子里看自己,我常会把自己的脸和她的脸对照着比一比,并以此为乐。后来,我又把这个消遣放到睡觉前,此时我的女管家已进入梦乡。有时,我会把镜中的我想象成一个我的同龄人,她仿佛是我的女伴,回应我的动作,分享我的情感。这种幻景游戏我越是玩得投入,就越觉得其乐无穷。

我对您说了,有一位先生一年来一次,来了之后就托托我的下巴,向我表示一下亲昵,然后用巴斯克语[1]与我的女管家说话。但是有一次,这位先生并没有像过往那样托我的下巴,而是抓起我的手,把我带到了一辆旅行马车[2]前,然后将我和我的女管家关进车厢。说关进去真的并不夸张,因为车厢只有顶部能见到光。我们从里面出来时已经是第三天了,或者更准确地说应该是第三夜,至少也算得上第三天晚上很晚的时候了。

当时,一位男子打开车厢的门,对我们说道:"你们现在到白莱果广场了,这里是圣拉蒙街街口,靠着拉雅基埃尔市长的家。你们想让我带你们去哪儿?"

"过了市长家,看到第一个有马车入口的大门,您就带我们进去吧。"女管家回答道。

故事说到这里,年轻的蒂博不禁竖起了耳朵,因为他家旁边的确住着位叫松布尔的绅士,此人被大家公认为特别不喜欢女人出轨的人。这位松布尔大人曾好几次当着蒂博的面吹嘘,他有一天可以当众证明,想有个忠贞不渝的妻子,是完全可以办到的事,因为他托人在自己的城堡里养了位"达丽奥莱特",这个女孩将来会成为他的妻子,并证明他所言非虚。年轻的蒂博没想到,他所说之人原来已经到了里昂,而且现在正处于他的掌握之中,他暗中一阵欢喜。

奥尔兰迪娜又如此这般地接着说了下去:

---

1 译注:前文说的比斯开方言是巴斯克语的一种。
2 译注:指用皮带将车厢悬吊在车架上的马车。

我们进了第一个有马车入口的大门后,有人带我们上楼。我们穿过一间间宽敞美丽的房间,来到一个旋梯前,我们又爬上旋梯,进入一座小塔。我觉得,要是换成白天,从这小塔上能够览遍整个里昂城的风光。但我们当天什么也没有看见,因为窗户上封了一层非常厚的绿色帷帘。此外,小塔里照明的是一盏精美的搪瓷底座的连枝水晶烛灯。我的女管家让我在一把椅子上坐下,又拿出她的念珠供我消遣,随后就关上门出去了,在上锁的时候她足足转了两三圈。

我看到身旁再无他人,便把念珠扔开,取出腰上系着的剪刀,在封住窗户的绿色帷帘上剪了个口子。于是,我看到了另一扇离我非常近的窗户,窗户里的房间灯火通明,三位年轻的骑士和三个姑娘正在用餐,凭您如何想象,恐怕也想象不出他们是如何青春俊美,是如何欢乐开怀。他们唱歌,喝酒,欢笑,互相拥抱。甚至有几次,他们当中也有人托起别人的下巴,但做这个动作时,他们的神情与松布尔城堡的那位先生完全不同,尽管那位先生一年去一趟只为了干这件事。此外,这些骑士和小姐还不断地解衣除裳,就像每天晚上我对着那面大镜子时一样,但说实话,他们这样做看起来非常舒服,和我那个老管家衣冠不整的样子完全不可同日而语。

听到这里,蒂博大人心中有数了,这说的正是前一天晚上他和他两个朋友一起吃晚饭时的情景。他伸开一只胳膊,环抱住奥尔兰迪娜柔软而圆润的腰,接着将她的身体紧紧贴到自己胸前。

她对他说道,对,那些年轻的骑士们当时也是这么做的。说实话，我觉得他们男女之间情深意浓，个个都投入了真爱。不过，有个男孩说他的爱胜过其他人。"不，应该是我才对，是我。"另两个男孩也争相说道。"是他。""是另一个。"姑娘们七嘴八舌地跟着说道。此时，那个称自己的爱最真最浓的男孩为了证明他所言不虚，竟然用了个闻所未闻的新招数。

听到这里，蒂博想起了昨天晚餐时的情形，差点笑出声来。
"那么，"他说道，"美丽的奥尔兰迪娜，这个年轻人用的闻所未闻的新招数究竟是什么呢？"

奥尔兰迪娜接着说道，啊，先生，您别笑，我向您保证，这个新招数真的非常精妙。可是，就在我全神贯注地看着他们的时候，我听到有人把门打开了。我赶紧重新拿起念珠，接着我的女管家就进来了。

女管家也抓起我的手，一句话都没对我说，便带着我进了一辆马车。这辆马车的车厢和前一辆不同，并不是封闭的，因此我坐在车厢里原本是可以看到城市风貌的。只可惜当时已是深夜，我只能辨识出，我们走了很远很远，最后，我们来到城市尽头的乡野。马车停下的地方，是乡野里的最后一间房子。表面上看，这只是个普通的小屋，连屋顶都是用茅草搭的。但屋子里非常美，只要小黑奴认得路，您等会儿就能亲眼领略，因为我看他已经找到了火，把灯笼重新点亮了。

奥尔兰迪娜的故事到这里就讲完了。蒂博大人吻了吻她的手，然后对她说道:"迷途的丽人啊,请您告诉我,您是不是独自一人住在那美丽的屋子里。"

"是我一个人住,"丽人回答道,"此外还有这个小黑奴和我的女管家。但我想她今晚是不会再回来了。托我下巴的那位先生派人传话,让我和我的女管家到他姐姐家里去找他,但他的马车去接一位神父了,所以我们没有马车可用。我们只好步行上路。半路上有个人拦住我们,对我说他觉得我长得很漂亮。我的女管家因为耳朵听不见,以为他在咒骂我,便厉声呵斥回去。这时候不知从哪儿又冒出来一帮人,他们也夹在当中胡乱争吵。我非常害怕,便跑了起来。小黑奴跟在我后面跑,他不小心摔倒了,灯笼灭了。就在那个时候,英俊的大人,我有幸遇见了您。"

这单纯朴实的一段回答让蒂博大人听得满心欢喜,他便赶紧回了几句讨好的话。就在此时,小黑奴举起他那重燃的灯笼,烛光照在了蒂博的脸上。奥尔兰迪娜惊呼道:"真不敢相信我的眼睛!您就是那位施展了精妙新招数的骑士啊!"

"正是在下,"蒂博说道,"但我向您保证,我当时的所作所为完全不值一提。要是换作温柔正派的小姐,我肯定是另一种态度。因为当时和我在一起的那些女子也只配得上这些。"

"可从您当时的神情看,您似乎是真心爱那三位姑娘。"奥尔兰迪娜说道。

"实际上我一个也不爱。"蒂博说道。

两人就这样你一言我一语地边走边聊,不知不觉,他们就走到那个镇子的尽头。在一间孤零零的茅屋前,小黑奴掏出腰间的一把钥匙,开了房门。

的确，屋子内部完全不是普通茅屋的摆设。屋里挂着佛兰德斯出产的精美帏帘，帏帘上绣满各种活灵活现的人物和栩栩如生的肖像。除此之外，还有几盏纯银把手的连枝烛台，几面象牙或乌木质地的贵重橱柜，几把盖着热那亚丝绒垫、配了金流苏的椅子，以及一张铺着威尼斯云纹绸[1]的床。但这一切并不是蒂博大人所关心的。他的眼中只有奥尔兰迪娜，他想快点迎来这场奇遇的结局。

就在他迫不及待的时候，小黑奴给桌子铺上餐布，并摆好餐具。此时，蒂博才发现这个小黑奴根本不是自己原先以为的小孩子，而是个上了年纪的侏儒。他肤色全黑，面容可怖。不过，这个小矮人上的菜可一点儿也不差。他端来一个镀金的银盆，四只烧得很香、让人胃口大开的山鹑在里面冒着热气。此外，他胳膊下还夹着瓶肉桂滋补酒。美食佳酿刚享用完，蒂博就觉得有股液态的火在血管里上下翻腾。奥尔兰迪娜吃得不多，大部分时间都是在看自己的客人，时而是温柔纯真的眼神，时而是狡黠顽皮的目光，弄得这位大男孩颇显尴尬。

吃完饭，小黑奴开始收拾桌子。此时奥尔兰迪娜抓过蒂博的手，对他说道："英俊的骑士，您觉得我们今夜该怎么过才好？"

蒂博一时间不知如何作答。

"我想了个主意，"奥尔兰迪娜接着说道，"这里有面大镜子。我们就像我在松布尔城堡时那样，朝镜子里扮鬼脸吧。我的女管家身体构造和我大不相同，这让我觉得非常有趣。我现在想知道，您的身体构造是不是也和我不同。"

---

[1] 译注：云纹绸是一种有波纹的丝绸。

奥尔兰迪娜把他们的椅子摆在镜子前,然后解开蒂博衣服上的领圈,对他说道:"您的脖子和我差不多,肩膀也基本一样,但胸的差别实在太大了!其实去年我的胸还像您这样,但现在长了好多肉,我都快认不出自己了。把您的腰带解开吧!把您的紧身短上衣也脱了吧!您身上怎么有这么多饰带?"

蒂博再也把持不住自己,他一把抱起奥尔兰迪娜,和她一起躺在那张铺着威尼斯云纹绸的床上,他觉得自己即将成为世上最幸福的男人……

但很快他就转变了想法,因为他觉得有爪子式的东西在狠狠地抓他的背。

"奥尔兰迪娜,奥尔兰迪娜,"他大叫起来,"这算是怎么回事?"

奥尔兰迪娜不见了。在她原先所处的位置,出现了一个可怕的怪物,这怪物是由一堆奇形怪状、阴森恐怖的怪玩意儿拼合成一体的。

"我不是什么奥尔兰迪娜,"魔鬼用一种令人毛骨悚然的声音说道,"我叫巴力西卜,明天你会看到,我到底是激活了什么样的僵尸来诱惑你的。"

蒂博想呼唤耶稣的名字求援,但魔鬼早已猜出他的想法,他的喉咙被魔鬼的牙齿紧紧咬住,那个神圣的名字他再也说不出口。

第二天早上,一群农民准备去里昂的市场贩卖蔬菜。经过路边一个被当作垃圾站的废屋时,他们听到屋里传出人的呻吟声。进屋后,他们看见蒂博躺在一具腐烂了一半的尸体上。农民一边为他祈祷,一边将篮子连成一排,将他横放上去,然后便把他抬到里昂市政府……可怜的拉雅基埃尔市长认出了自己的儿子。

年轻的蒂博被人安放在一张床上。没过多久,他的神志似乎略有恢复。他用极其微弱、让人几乎无法听清的声音说道:"给这位圣隐修士开门!给这位圣隐修士开门!"

一开始大家没听懂他在说什么。最后终于有人去把门打开,一位可敬的神父走了进来,他要求众人暂时回避,留他单独与蒂博在一起。众人听命离去,并把门给关牢了。在门外,大家只听到隐修士长时间劝勉蒂博,而蒂博以坚定有力的声音回答道:"是的,我的神父,我要悔过,我希望得到神的慈悲。"

最后,什么声音都没有了,大家觉得应该进去看一看。隐修士不见了,蒂博已经死去,手中还攥着支耶稣受难的十字架。

我刚看完这则故事,秘法师就进来了,他盯着我的眼睛,仿佛想从中读出这则故事给我带来的感想。我确实感想颇多,但我并不愿说给他听,于是就回自己的房间去了。在房间里,我思索着自己最近的所有遭遇。我基本上已经相信,我遇到了一些魔鬼,魔鬼为了蒙骗我,让吊死的僵尸化作人形复活,而我就是又一个蒂博·德·拉雅基埃尔。就在此时,我听到午饭的信号铃,但秘法师并没有出来和我们一同用餐。我心神不宁地吃饭,然后觉得餐桌上每个人都和我一样心事重重。

吃完饭,我又来到露台。吉普赛人的帐篷已经退到了离城堡有一定距离的地方。那两个谜一般的吉普赛女郎没有再出现。不知不觉中,夜幕开始降临,我回到自己的房间。我等了利百加很久,但她并没有来,我渐渐进入梦乡。

第十一天

我被利百加叫醒了。等我睁开眼,这位温柔的犹太女子已经坐在我的床上,并抓着我的一只手。

"勇敢的阿方索,"她对我说道,"您昨天想去见那两个吉普赛女子,但是激流旁的铁栅栏挡住了您。我现在把钥匙带过来了。要是今天她们再靠近城堡,我请您直接跟她们走,一直走到她们的营地。如果您能打听出她们的一些事,然后再告诉我哥哥,我敢肯定他会非常高兴。"

"至于我么,"她又带着种忧郁的口气补充道,"我必须置身事外,离得远远的。这是我的命运所决定的,我的命运真是古怪啊!唉,我的父亲啊,您为什么不肯给我平平淡淡的常人命运呢?我更想学会现实中的爱,而不想把爱寄托在一面镜子里。"

"您说的这面镜子是指什么?"

"没什么,没什么,"她回答道,"您总有一天会知道的。再见,再见。"

利百加表情很激动地走了。我不由自主地想,按她哥哥的说法,她应该会成为天上一对双胞胎的妻子,但恐怕她很难为他们坚守自己的贞洁。

我来到露台上。吉普赛人的帐篷比昨晚又远了一些。我从书架上取了本书,但并没能真正看进去。我无法集中精神,心里面乱糟糟一团。终于又到了聚餐的时间。谈话和往常一样,还是以鬼魂、幽灵和吸血鬼为主题。我们的主人今天出现了,他说,早在古代,人们在这方面就已经形成了一些模糊的概念,当时的说法有"恩普莎"[1],有古罗马人所说的恶鬼,还有古代神话中吃小孩的人面蛇身女怪等等。尽管大都以哲学家之名著称[2],但古代的秘法师完全不输现代的同行,只是他们有了哲学家这样的名号,就极易被后人误解,后人在提到他们时,会以为他们也是那些完全不通玄秘术的人。

隐修士提到术士西门,但乌泽达认为,那一时期最伟大的卡巴拉秘法师应该是提亚纳的阿波罗尼乌斯[3],因为他对整个魔界里的所有生物都有非凡的控制力。为此,他找出一本1608年由莫莱尔[4]出版的《提亚纳的阿波罗尼乌斯传》,作者是菲洛斯特拉托斯[5]。书中使用的是希腊文,但他阅读起来似乎毫无障碍。他照着书,用西班牙语说起了以下这个故事:

---

1 译注:"恩普莎",希腊神话中的一种生物,是专门吸食人血的女恶魔,女神赫卡忒的手下。

2 译注:"哲学家"(philosophe)一词在古代还有"术士"的含义。

3 原注:术士西门,被认为是诺斯底教派某一宗的创始人(《使徒行传》8:9—24)。提亚纳的阿波罗尼乌斯,新毕达哥拉斯学派哲学家、术士,公元97年去世。

4 译注:应指费德里克·莫莱尔(Fédéric Morel,1552—1630),为法国国王提供希腊语书籍的巴黎印刷商。

5 原注:弗莱维厄斯·菲洛斯特拉托斯(Flavius Philostrate,175—249?),出生于希腊利姆诺斯的诡辩家,《提亚纳的阿波罗尼乌斯传》的作者。吕基亚的墨尼波斯的故事在书中第3卷第25章。

吕基亚的墨尼波斯的故事

在科林斯有个吕基亚人,名叫墨尼波斯。他二十五岁,才华横溢,相貌堂堂。城里人都在谈他的故事,因为一位非常富有的异邦美女爱上了他。不过,他与这位美女的相识纯属偶然。他第一次遇见她是在去往坚革哩[1]的路上。刚一见面,她便娇媚地走到他身边,对他说道:"哦,墨尼波斯,我已经爱慕您很久了。我是腓尼基人,住在科林斯,我的家就在下一个镇子的尽头。如果您愿意光临寒舍,我会为您唱歌助兴。您还能喝到您从未喝过的美酒。您放心,您是不会有情敌的,我完全相信您是个正直的人,因此我要对您永远一心一意,这一点您会看到的。"

墨尼波斯尽管是个理智的年轻人,但听到如此美丽的双唇说出如此悦耳动听之语,实在无法抵抗,就此迷恋上自己新交的这位情人。

阿波罗尼乌斯第一次见墨尼波斯时,就仿佛雕塑家仔细打量自己的模特。看了很久后,他开口说道:"哦,英俊的年轻人啊,您在对一条蛇用情,同时也在受一条蛇的爱慕。"

墨尼波斯听到这话大为吃惊,但阿波罗尼乌斯又补充道:"您正和一个并不能成为您妻子的女人相爱。不过,您觉得她是真的爱您吗?"

"当然,"年轻人说道,"她非常爱我。"

---

1 译注:坚革哩位于科林斯东部约13公里,两千年前是热闹的港口。

"您会娶她吗?"阿波罗尼乌斯问道。

年轻人回答道:"能娶到一个我爱的女人,对我来说是件甜蜜的事。"

"那你们什么时候办婚礼?"阿波罗尼乌斯接着问。

"说不定明天就办。"年轻人说完便离开了。

阿波罗尼乌斯一直留意他们婚宴的消息。到了这一天,等宾客们齐聚一堂,他走进宴席大厅问道:"办这场盛宴的美女在哪里?"

墨尼波斯回答道:"她就在附近。"

说罢,他站起身,略显羞愧。

阿波罗尼乌斯接着问道:"这些金器银器,还有大厅里的这种种装饰,它们是属于您的,还是属于那个女人的?"

墨尼波斯回答道:"是属于那个女人的。至于我,只有这哲学家的袍子是属于我的。"

于是阿波罗尼乌斯说道:"诸位,你们有没有见过坦塔罗斯的花园[1],一座既存在又不存在的花园?"

众宾客回答道:"我们只在荷马的作品里见过,因为我们自己没下过地狱。"

于是阿波罗尼乌斯对他们说道:"你们在这里看到的一切,和坦塔罗斯的花园是一样的。所有东西都只停留在表象上,不存在任何现实。为了让你们相信我说的是真的,我要告诉你们,那个女人是个'恩普莎',也就是我们通常所说的恶魔,或人面蛇身的女怪。她

---

[1] 译注:坦塔罗斯是希腊神话中的宙斯之子,因行恶被诸神打入地狱。他在地狱的花园中,水就在身边流淌,但他永远喝不到,果实就在身边的果树上,但他永远吃不到,他的头顶上还吊着块大石头,随时会掉下来将他压得粉碎。

们可不是什么为爱痴狂的女人，她们贪恋的，是人的血肉。她们以情欲为诱饵，来迷惑那些她们想吞食入腹的人。"

此时，那个所谓的腓尼基女子过来说道："您这套话还可以编得更漂亮点。"

她看起来显然是有点动怒了，开始痛骂所有的哲学家，称他们都是脑子不正常的家伙。不过，随着阿波罗尼乌斯刚才那番话说完，金制、银制的餐具便一件件消失了。厨师，还有负责斟酒的人，也突然间不见了踪影。此时，女魔头无可奈何，只得摆出副可怜的模样，边哭边求阿波罗尼乌斯别再折磨她了。但阿波罗尼乌斯并不罢休，一定要逼她露出原形，最终，她只得承认自己的真实身份：她之所以让墨尼波斯享尽情欲上的欢愉，只是为了今后能顺利地吃他，她喜欢吃最英俊的年轻男子，因为他们的血对她来说是最好的营养品。

"我觉得，"隐修士说道，"她要吃的是墨尼波斯的灵魂，而不是他的肉体，这个'恩普莎'恐怕只能算个迷色狂魔。但我想不明白，阿波罗尼乌斯说的那些话怎么能产生如此巨大的能量。毕竟他不是基督徒，他不可能使用教会传授给我们的那些绝招儿；此外，就算在基督诞生前，哲学家可以有办法驯服恶魔，但随着十字架的降世，一切神谕均告终结，那么，偶像崇拜者拥有的其他超凡能力更没有理由保留。因此我认为，哪怕是道行最浅的魔鬼，阿波罗尼乌斯也远远没有办法驱赶。他甚至在最低等的幽灵面前也讨不到便宜，因为这种种妖魔鬼怪都是带着神的许可重回大地的。它们每次出现，都是为了督促世人参与弥撒。以此为据，世上只存在异教的时候，应该并没有什么妖魔。"

乌泽达的看法与隐修士截然不同。他认为,尽管个中缘由可能有所差异,但当时的异教徒和现在的基督徒一样,都会受到幽灵的侵扰。为证明自己所言不虚,他拿出本小普林尼[1]的《书信集》,读起以下这篇故事[2]:

哲学家阿特那哥拉斯的故事

过去,在雅典有座非常大的、能住下很多人的房子,但这房子名声不好,因此很少有人住。据说,到了夜深人静的时候,房子里的人会听到铁与铁的摩擦碰撞声。假如竖起耳朵仔细分辨,应该听得出是铁链拖地的声音。声音从远处传来,然后越来越近。紧接着,会出现一个长者外形的幽灵。他身材瘦削,一副弱不禁风的样子,长长的胡须,头发乱蓬蓬地竖立着。他在走动时,会用一种令人心惊胆战的方式晃动铐在双手和双脚上的铁链。这幽灵现身的可怕场景不论被谁见到,都必然会使他从此难以成眠,而失眠又会引发其他一系列病症,最终酿成各种极其悲惨的结局。因为即便到了白天,幽灵不再出现,但那一幕留给人的印象实在太深,见过幽灵的人眼前会一直浮现他的影子。造成恐惧的源头固然暂时消失了,可恐惧

---

[1] 译注:小普林尼(Pline, 61—113 或 115),罗马帝国元老、作家。养父为老普林尼。
[2] 原注:第 7 卷,第 27 封信。

感本身始终保持着当时的威力。最后,这房子成了废弃之所,彻底沦为幽灵占据的地盘。于是有人在房前放了块告示牌,征求租客或买家,指望某位不了解此处险恶状况的人能接手这间凶宅。

哲学家阿特那哥拉斯正巧在此时来到雅典。他看见这块告示牌后便询问起价格。价格低得离奇,令他不禁心生防备。他四处打听,知道了凶宅里的故事,但并没有因此取消交易,反倒二话不说地交了租金,住进房子。天色将黑时,他来到靠正门的一间屋内,命人摆放好床,再点上灯火,将他的笔记本找出来给他。随后,他就让随从退入房子的里院,他独自待在屋内。为避免胡思乱想而臆想出一些本不存在的幽灵,他集中精神,眼睛盯着自己的笔记本,开始提笔写文。

夜幕初降时,这房子和附近各处并没有什么不同,也是静悄悄的。但没过多久,阿特那哥拉斯就听到了铁的撞击声和锁链的摩擦声。他并没有抬头张望,手中的笔也没有停,一副气定神闲的模样,可以说,他这是在竭尽全力将所有声音挡出耳外。

声音越来越响,仿佛就是从他房间的门口传进来的,最后甚至直接进了屋。他抬起头,一眼便看到幽灵,那模样跟别人向他描述的完全一致。幽灵站着看他,并冲他勾起了手指,仿佛在叫他过去。阿特那哥拉斯摆手向他示意,让他稍等片刻,接着又若无其事地继续写他的文章。幽灵便重新用他的铁链制造各种噪声,声音在阿特那哥拉斯的耳边回响不绝。

阿特那哥拉斯再次抬起头,只见幽灵又在用手指召唤他。他站起身,拿了灯,跟在幽灵身后走了。幽灵走起路来步履缓慢,仿佛铁链的重量使他举步维艰。等到了房子的前院,幽灵突然不见了踪影，把我们这位哲学家一人留在那里，哲学家于是在地上拾了些草和叶子，堆在幽灵不辞而别的地方，以作标记。第二天，他去找当地的官员，请他们下许可令挖掘那个地方。官员照他的要求做了。结果，在那个地方，人们挖出了一堆套在锁链里的枯骨。看起来，因为时间久远，加上土质潮湿，尸首上的肉已经完全腐化分解，所以只剩下和锁链连成一体的骨头。人们把遗骨整理妥当，由市政府出面负责安葬。世人对这位死者的最后义务既然已尽，那房子便重回安宁，再无异事烦扰。

读完这段故事后，秘法师又补充道："可敬的神父啊，幽灵是什么时代都会出现的，隐多珥的巴托伊弗[1]的故事就是明证。而且，不论什么时候，秘法师总是有能力让幽灵出现。不过我也得承认，妖魔鬼怪的世界里也发生了巨大的变化。假如我敢贸然定论，那么，吸血鬼便是其中的一项新发明。我认为吸血鬼可分为两类：一类是匈牙利的和波兰的吸血鬼，他们本是僵尸，到了夜里会钻出坟墓，吸活人身上的血；另一类是西班牙的吸血鬼，他们本是卑劣的恶鬼，只要需要，便随意找具尸体，为其造出各种形态，使其暂时复活，随后……"

我已经听出秘法师的话要往哪里引了，于是站起身，离桌而去，动作甚至做得有些过于突兀。接着，我便来到露台。我在露台上待了不到半个小时，就看见之前的那两位吉普赛女郎，她们似乎正朝

---

[1] 原注：隐多珥的巴托伊弗，这是普林尼给《撒母耳记》（上 28：7—19）中无名女巫设定的名字。

城堡走来。从这个距离望去,她们真是像极了艾米娜和齐伯黛。我当即决定,要让我那把钥匙派上用场。我回房间取出斗篷和剑,然后三步并作两步,转瞬间便来到栅栏旁。但打开栅栏后,最难的一关才真正出现,因为我还必须跨越激流。为此,我只能抓住露台底墙外被人特意放置的一排铁棍,身体贴在底墙上面,一点点往前挪。最后,我这样挪到一片布满石头的河床前。我于是放开铁棍,从一块石头跳到另一块石头,一直跳到激流的对岸。此时,我差不多是和那两个吉普赛女郎面对面了,原来她们并非我的表妹。不过,她们的举手投足不但有异于我的两位表妹,也和她们本民族女子的通常气质有别。看起来,她们似乎是在故意扮演某种角色,并尽力模仿这一角色的特征。她们一见到我,便说要给我看看命势。其中一个拉开我的手掌,另一个一边装作从我的手上看透了我的未来,一边用她的土话对我说道:"啊!骑士,que vejo en vuestra bast?Dirvanos kamela,ma por quien?Por demonios!"

这几句话的意思是:"啊!骑士,我在您手上看到了什么?很多很多爱啊,不过爱的是谁呢?爱的是魔鬼。"

诸位可以想见,吉普赛女郎用她们的土话说"Dirvanos kamela",我刚听到时绝不会明白意思指的是"很多很多爱"。她们费了很大气力,才算向我解释清楚。接着,她们一人抓起我的一条胳膊,把我拖到她们的营地,将我介绍给一位气色很好、看起来仍然保持着青春活力的长者。她们对我说,这位长者是她们的父亲。

长者以一副略带狡黠的神情向我问道:"骑士大人,您清不清楚,您周围的这群人,属于一个被整个国家非议的族群,您难道对我们一点都不害怕吗?"

听他说出"害怕"这个词,我不由得将手放在腰间的剑柄上。

但老首领和蔼地向我伸出手,对我说道:"对不起,骑士大人,我并不想冒犯您。我不但远不想冒犯您,还想邀请您和我们一起住上几天。假如您有兴趣观赏这一带的山景,那么,无论是最美的还是最恐怖的山谷,我们都可以带您领略一番,您可以欣赏到最秀丽宜人的景致,也可以感受一下这附近被人称作'惊悚妙境'的地方;您假如喜欢打猎,也可以从容地享受您的爱好。"

我欣然接受他的邀请。毕竟,秘法师的长篇大论已经开始让我有点厌烦,在他城堡里的寂寥生活也使我心生倦意。

于是,吉普赛长者将我带进他的帐篷,并对我说道:"骑士大人,在您和我们共度的这段日子里,这个帐篷就是您的起居之所。我会在紧邻的地方再搭个帐篷,自己睡在里面,这样可以最好地保障您的安全。"

我回答长者说,我已有幸成为瓦隆卫队的上尉,因此,靠我自己的剑,我就足以保护自己了。

我这个回答让他哑然失笑,他对我说道:"骑士大人,和我们打交道的那帮强盗,他们拿火枪射击的时候,可不管打死的是瓦隆卫队的上尉还是别人。不过,只要我们跟他们打好招呼,您哪怕脱离我们的大部队独自行动,也是没有问题的。目前还是小心谨慎,别去招惹他们为妙。"

长者说的确实有道理,我那硬充好汉的言辞让我产生了几分羞愧。

整个傍晚,我们在营地里四处闲逛,与一个个年轻的吉普赛女郎攀谈。在我看来,她们算得上是这世上最疯狂也最幸福的女人。

一圈逛下来后，有人为我们送上晚饭。用餐的地点在首领帐篷边的一棵角豆树下。我们伸直双腿坐在几张鹿皮上，餐布是一块借用了摩洛哥革制作工艺的水牛皮，菜全都放在上面。这些菜道道堪称佳肴，以野味为主。首领的两个女儿亲自斟酒，但我还是选择以水代酒。离我们几步远的地方有座山头，我喝的水就来自这山里的山泉。首领兴致很高，一直谈个不停。我经历的奇遇他看起来已有耳闻，他提醒我说，将来恐怕还有新的奇遇等着我。

最后到了就寝的时间。我的床已在首领的帐篷里布置妥当，帐篷入口处还有个侍卫为我守夜。不过，快到午夜十二点的时候，伴随着一阵惊颤，我从梦中醒过来。接着，我感到我的被子两边都被人掀了起来，有人紧贴在我身边睡下了。"老天啊，"我暗想道，"难道明天我醒来的时候又是和两个吊死鬼在一起吗？"

不过，我很快就打消了这个想法。我猜测，这或许是吉普赛人的一种待客方式。对于像我这般年纪的军人来说，这点小事都忍受不了是不应该的。于是，我开始确信自己没有和两个吊死鬼睡在一起，在这种信念中，我渐渐进入梦乡。

第十二天

确实，我醒来的时候并没有躺在兄弟谷的绞刑架下，而是在自己的床上。我是被吉普赛人撤营时的动静吵醒的。

"起床吧，骑士大人，"首领对我说道，"我们今天有很长一段路要走。不过，我们为您配了一头西班牙绝无仅有的好骡子，骑上它，您根本就感觉不到在行路。"

我赶紧穿戴整齐，接着便骑上我的骡子。我们和四位全副武装的吉普赛人走在队伍最前面。其他人落在我们身后很远，为首的那两位年轻女子，我觉得应该就是昨夜伴我入眠的那两个人。山路曲折蜿蜒，我时而会处在她们头顶，时而又会深陷在她们脚下，落差往往有几百尺。我于是找了个机会停下来仔细打量她们，我觉得，她们应该就是我那两位表妹。而我的困惑似乎都被老首领幸灾乐祸地看在眼里。

在急匆匆赶了四小时的路之后，我们来到一片山顶上的高地，地上堆了很多货包。老首领很快将货包清点一遍，然后对我说道："骑士先生，这些是来自英国和巴西的货物，将供应到安达卢西亚、格拉纳达、巴伦西亚和加泰罗尼亚四地。对我们的小买卖，国王有点不高兴。但他其实是能从别的方面得到回报的，毕竟，走私货能让人民感到快乐，感到欣慰。更何况，在整个西班牙，所有人都与走私有关联。这些包裹当中，会有一些进入部队的军营，还会有一些去往僧侣的小屋，甚至有的还要在墓穴里陪伴死人。标了红色记号的包裹是要被警方查收的，他们能以此为海关做贡献，自然更希望我们生意兴隆了。"

说完这番话后，吉普赛人首领命手下将货包藏入不同的山洞。接着，他又挑了个山洞当作吃饭的地点。从这山洞向外望去，是无比辽阔的一片世界，人的肉眼已远远不能达其边际。换句话说，地平线远得让人感觉长空与大地仿佛融为了一体。我对自然之美的感悟正日复一日加深，看到眼前如此景象，不免深深陶醉其中，但首领的两个女儿将我的思绪拉了回来——她们端来我们的中饭。正如我之前所说，从近处看，她们与我那两位表妹毫无相似之处。两人偷瞥我的眼神似乎在对我说，我让她们感到很满意，可我内心又有个声音在提醒我，前一夜进我帐篷的人并不是她们。

这两位美丽的女子又从外面端进来一盆热气腾腾的杂烩，在大部队出发的同时，有一支先头部队已经赶到这里，他们花了一早上时间炖出这道菜。我和长者都吃得津津有味，唯一的区别在于，长者在吃菜的时候会不停地喝盛在一个羊皮囊里的美酒，而我还是拿附近山泉里的水佐餐。

等我们吃饱喝足，我向长者表示，我对他过往的经历颇有兴趣。他试图避而不谈，我便一再恳求，最后，他终于答应向我讲述他的故事。他是如此这般开场的：

吉普赛人首领潘德索夫纳的故事

在西班牙，所有吉普赛人都称我为"潘德索夫纳"。在他们的土话里，这对应着我的姓氏"阿瓦多罗"，因为我并不是天生的吉普赛人。

我父亲叫堂费利佩·德·阿瓦多罗，有人说，他是他那个时代最严谨、做事最有条不紊的人。他的性格确实非常符合这样的评价，甚至可以说，假如我随意告诉您他某一天的生活，那他一生的生活您马上就全有了概念，或者至少可以说，他在两段婚姻之间的生活，您就全有了概念。他的第一段婚姻造就了我的生命，而他的第二段婚姻断送了他的性命，因为这段婚姻彻底扰乱了他的生活方式。

我父亲还和家人住在一起的时候，对一位女性远亲暗生情愫。两人私订终身后，我父亲便立即将她迎娶过门。她在生我的时候告别了人世。痛失爱妻让我父亲久久不能自拔，他把自己关在屋子里几个月，连亲朋好友也不愿意见。最后，时间冲淡了他的哀思，也抚平了他的伤痛，他终于打开房门，走到朝向托莱多大街的阳台上。他在阳台上呼吸了一刻钟新鲜空气，然后又打开朝向垂直方向的街道的窗户。他看见对面人家的几个熟人，便带着相当愉快的神情同他们打招呼。在随后的几天里，他又重复这一天的举动，这一切都被附近的人看在眼里。于是，我母亲的舅父、德亚底安修会修士弗莱·赫罗尼莫·桑特斯最后也知道了我父亲生活方式的变化。

这位修士来到我父亲家，恭喜我父亲恢复健康。不过，宗教可以提供给我们的慰藉，他基本上没有谈，他只是一再关照我父亲，需要找点消遣。他甚至极度宽容地建议我父亲，可以去剧院里看看戏。弗莱·赫罗尼莫是我父亲最信任的人，他于是当天晚上就去了拉克鲁斯剧院。剧院里在演一部新戏，波拉科斯这一派的人一心想让演出成功，但索里塞斯这一派的人一心想让戏演砸，两派人的明争暗斗让我父亲觉得非常有意思。从此，只要有演出，他都不愿错过。他甚至深深喜欢上波拉科斯这一派的人。拉克鲁斯剧场偶尔关门歇业时，他就会换到王子剧院。

每次演出结束后，男观众们都会排起两道人墙，逼着女观众走秀式地一个接一个步出剧场。我父亲也会站在人墙的尽头。但他和其他人不同，其他人这么做只是想明目张胆地看女人，可我父亲对这种事并没有什么兴趣。等最后一个女人走出剧场，他便赶往马耳他十字街，在那里吃顿简单的晚饭，然后就回自己的家。

每天早上，我父亲做的第一件事就是打开房门，走到朝向托莱多大街的阳台上。他会在阳台上呼吸一刻钟新鲜空气。接着，他便打开朝向垂直方向的街道的窗户。假如对面屋子有人在窗户边，他就会带着优雅的神情和自己的邻居打招呼，说一声"Agour"[1]，然后再把窗户重新关起来。这声"Agour"有时会成为他一整天说的唯一一句话，因为尽管拉克鲁斯剧场所有的戏他都非常关注，演出成功后他都非常激动，但他只会以鼓掌的方式表达自己的情绪，从不会发出言语。要是哪天早上没看到对面窗户里的邻居，他就会耐心等下去，直到有人出现，这样他就可以把他那声招呼说出来。

打完招呼后，我父亲就会去德亚底安修会的教堂做弥撒。等他

---

[1] 原注：巴斯克语打招呼的方式，见第二天的相关内容。

回来，屋子已被女仆收拾妥当，女仆会细心地将每件家具摆放回前一天的原位。我父亲非常在意屋子的条理和整洁，他眼睛一扫，就能发现从女仆扫帚上掉下来的一小段穗条，或是一小块灰尘。

等屋子的条理和整洁完全符合我父亲的心意后，他会取出一个量规和一把剪刀，剪出尺寸完全相同的二十四块小纸片，然后在每块纸片里装进满满一长条巴西烟丝，做出二十四支香烟。他的烟折得如此之好、如此之平整，堪称全西班牙形态最完美的雪茄烟了。他先取出六根自己的杰作，边抽边数阿尔巴公爵府屋顶上的瓦片。接着再取六根，边抽边点进入托莱多门[1]的人数。抽完这十二根烟，他就看自己的房门，一直看到自己的中饭被人送过来。

吃完中饭，他会再抽其余的十二根烟。接着，他就眼睛盯着钟看，一直看到剧院节目上演前最后一次整点钟声敲响。万一那天没有演出，他就去书商莫雷诺的书店，听那里的文人聊天。在那段时期，莫雷诺书店是这群文人习惯的聚会场所，但我父亲只做听众，从不插话。假如他生病不方便进剧院，他也会去莫雷诺书店，在那里找拉克鲁斯剧院上演剧目的书籍。等演出时间一到，他就开始阅读剧本。每当读到体现波拉科斯派风格套路的片段时，他总不会忘记鼓掌。

这样的生活是非常单纯的。但我父亲还想履行自己在宗教方面的职责，便请德亚底安修会给自己找一位告解神父。来的这位神父正是我母亲的舅父弗莱·赫罗尼莫·桑特斯。我舅公借这个机会提醒我父亲，在我亡母的姐姐堂娜费丽萨·达拉诺萨家里，还住着我

---

[1] 译注：托莱多门是马德里的古城门。

这个已经出世的孩子。我父亲要么是担心见到我时会想起那个他珍爱的、因我而死的女人，要么是害怕我的哭闹会打扰他习惯的平静生活，总之，可以确定的是，他一再请求弗莱·赫罗尼莫·桑特斯，永远不要将我带回他的身边。但与此同时，他把自己在马德里城郊一块农场的收入转移到我的名下，以此作为我的抚养费，并请德亚底安修会管理财务的修士当我的监护人。

唉，我父亲对我如此疏远，仿佛他已预感到，上天为他和我缔造了天差地别的两种性格。因为您已经看到，他的生活方式是如何有条不紊，又是如何始终如一。至于我，我一直是个漂泊不定、喜欢变化的人，我敢向您保证，从这方面来看，基本上不会有人能比得上我。

我实在是个变化不定的人，以至于我的变化不定本身都是变化不定的。因为在我浪迹天涯的征程中，过隐居的生活，享受安宁的幸福，这样的想法也一直伴随着我。可我实在是太喜欢变化了，所以永远无法真正清静下来。终于，在认清自己后，我决定结束自己摇摆不定的不安状态，加入这群吉普赛游民，从此固定下来。这算得上一种实实在在的隐居生活，也是一种节奏始终如一的生活，但至少可以说，每天只能看见同样的几棵树、同样的几座山，这样的不幸我是不会再有了。此外，要是每天只能看见同样的街道、同样的围墙、同样的屋顶，那对我来说或许会更难接受。

听到这里我接过话，对眼前这位讲述自己故事的长者说道："阿瓦多罗大人，或者应该称您为潘德索夫纳大人，我想，既然您的生活如此漂泊不定，那您理应经历过一些不同寻常的奇遇。"

吉普赛人首领回答我道："骑士大人，自从我在这片荒山生活以来，我的确见识了一些非常不平凡的事。至于我人生的其他阶段，见到的只是各种寻常之事，等您了解之后，您就会发现，其中最不同寻常的一点，就是我对自己的每一种生活状态都非常投入，不过，没有哪一种生活状态我会维持一两年以上。"

给了我这样的回答后，吉普赛人首领又如此这般地接着说了下去：

我已经对您说过，我是在我姨妈达拉诺萨家里长大的。她本人并无子女，因此可以说，她对我的爱融合了母爱和姨妈的爱这两种爱；总之一句话，我成了个被溺爱的孩子。甚至可以说，我得到的溺爱一天比一天多，因为随着我在身体和心智两方面的成长，我越来越喜欢利用别人对我的和善肆意妄为。不过，由于几乎从不会遇上违背自己心愿的事，我也很少做违背他人心愿的事，这让我表面上看起来基本是个乖孩子，而我姨妈就算偶尔要向我发号施令，也总是带着种温柔、怜爱的微笑，我于是从不会表示反抗。最后，我就成了个表面上非常乖巧的孩子，而善良的达拉诺萨相信，是上天的恩赐，再加上她本人的悉心教育，才造就了我这么一个杰出的少年。但她觉得自己的幸福还缺一个重要的环节：我这些所谓的成长与进步，她无法让我父亲亲眼见证，她也无法使他相信我是个完美的孩子，因为他一直固执地不肯见我。

可是，有什么固执是女人战胜不了的呢？达拉诺萨夫人坚持不懈，步步紧逼，对她的舅父赫罗尼莫展开攻势。最后，舅父终于决定，要在我父亲第一次忏悔时让他意识到，对于一个不可能对他产生任何妨害的孩子，他表现出来的冷漠有多么残酷。

赫罗尼莫神父履行了他向我姨妈的承诺。我父亲尽管没有惊惶无措,但还是不能接受在自己屋子里见我。赫罗尼莫神父建议把见面的地点放在丽池公园,但出门散步并不属于我父亲有条不紊、始终如一的日常生活内容,他不能让某一天的生活脱离轨道。最后,他还是答应在自己家里见我,这对他来说总比改变生活节奏要好。赫罗尼莫神父向我姨妈宣布了这条好消息,她听了欣喜若狂。

说到这里,我必须要告诉您,在我父亲压抑自我的这十年里,他那深居简出的生活中又增添了一些常人没有的特色。他养成了各种怪癖,其中一种是制造墨水。他的这个爱好是这么来的:

有一天,他去了莫雷诺书店。在他身边的,是几位西班牙最富才智的名士,还有几位法律界人士。这些人谈着谈着,话题就落到好墨难求这个问题上。每个人都说,根本就不存在什么好墨水,或者说,找好墨水完全是白费力气的事。此时店主莫雷诺说,在他店里有一本各种用具制作法大全的书,书里肯定有一些与制墨相关的知识值得学习。说罢,他就去找这本书,但他并没有马上找到。等他拿着书回来的时候,话题已经换了,大家开始情绪高涨地讨论一部成功的新戏,没人再想谈墨水,也没人再想听店主读那本书里的内容了。但我父亲和他们不同。他接过书,马上就找到墨水制作法的章节,也完全理解了里面的内容。自己可以掌握一门被西班牙最富才智的人士视作难题的学问,让他感到非常惊讶。确实,制墨水这件事,无非就是把没食子[1]酸的溶液和硫酸盐的溶液混在一起,再

---

[1] 译注:没食子是没食子蜂寄生于壳斗科植物没食子树幼枝上所产生的虫瘿。没食子酸是制墨的原料。

配入一些橡胶。不过，书的作者还是提醒道，想要做出上品的墨水，一次配的量必须很大，而且要始终保持混合剂的热度，并时常搅动。因为橡胶与金属物质完全没有亲合性，随时有分离的可能。此外，橡胶本身在溶解时很容易被腐蚀，只有加入少量酒精才可避免这种情况。

我父亲买下了这本书。第二天，他就开始购置各种必备的配料，其中包括称剂量的天平，以及一个他能在马德里买到的最大的瓶子。因为书的作者说，做上品的墨水，一次配的量必须很大。他的第一次操作非常成功、非常完美。我父亲带了一小瓶他的墨水去莫雷诺书店，给那些聚在店里的智者名士看。所有人都觉得水准一流，个个都想要一份。

我父亲过着深居简出的平静生活，从没有机会施恩于任何人，更没有机会接受别人的赞美。现在，他总算能向别人施恩了，单是这一点就使他觉得非常美妙，更何况别人还对他赞不绝口，那自然是愈发妙不可言。于是，他怀着极大的热情，全心投入到能给他带来如此美好享受的制墨工作。第一批墨尽管用的是他能在马德里买到的最大的瓶子，但那帮才子转眼就让他瓶空墨尽，我父亲便请人从巴塞罗那弄来一个大肚瓶，这种瓶子是地中海的水手装酒用的。靠这个大肚瓶，他能一次制出二十小瓶墨水，但才子们还是和第一次一样一抢而光，同时，依然对我父亲连声道谢，赞不绝口。

但是，玻璃瓶越大就越不方便。太大的瓶子不容易加热，搅拌好溶剂就更难，把瓶子放低倒出墨则难上加难。我父亲于是决定，请人从埃尔托沃索[1]弄来一只炼硝石的大土坛。等坛子运到后，他又

---

[1] 译注：埃尔托沃索是西班牙卡斯蒂利亚-拉曼恰自治区托莱多省的一个市镇。

请人砌了块炉台，将坛子放在一个小炉子上，用文火一直烧。坛子的底部装了个开关阀，成为液体的墨水可以从这里倒出来。此外，人站到炉台上，拿一根木杵，就可以轻松搅拌坛子里的溶剂。这种坛子足有一人高，因此您可以想象出，我父亲每次制的墨能达到多大的量。而且，他始终守着一个原则，取出来多少，就补进去多少。

有某位知名文人派女仆或家佣向我父亲求墨，对他来说，这必是件大乐事。假如这位文人此后发表的作品在文坛引起反响，并成为莫雷诺书店来客的谈资，那我父亲一定会暗自露出得意的笑容，因为他觉得自己也为之做出了某种贡献。最后，为了把该交代的都向您交代全，我还要告诉您，我父亲从此在城里有了个响当当的名号：大墨坛费利佩，或是制墨大师堂费利佩。知道他姓氏阿瓦多罗的人却非常之少。

所有这些事情我都知道，我父亲那古怪的性格，他那整洁有序的屋子，还有他那只大墨坛，我全都听说过，我急于用自己的眼睛见证这一切。至于我姨妈，她毫不怀疑，只要等我父亲幸福地与我团聚，他自然就会放弃他的所有怪癖，从此全心全意地欣赏我，从早到晚，别无他求。最后，见面的日子总算确定下来。每个月的最后一个星期天，我父亲会去赫罗尼莫神父那里忏悔。神父认为，先要逐步坚定他与我见面的信念，最终再选个星期天向他宣布，我已经在他家里等他了，而神父本人会陪他回家。赫罗尼莫神父把他的安排告诉我姨妈和我，并叮嘱我说，进了我父亲的房间后，什么东西都不要碰。所有要求我一口答应下来，而我姨妈也承诺会好好看着我。

那个期待已久的星期天终于到了。我姨妈给我穿了一件玫瑰色的华贵服装，上面镶着银流苏，纽扣是用巴西黄玉加工而成的。她向我保证说，我的样子绝对人见人爱，等我父亲看到我，他一定会欢喜得要命。我们怀着无限希望，脑中闪现着无数美好的想法，欢快地穿过圣于尔絮勒会大街，来到普拉多大道。此时，先后有几位妇人停下脚步，对我做出了亲昵的表示。最后，我们来到托莱多大街，进入我父亲的房子。有人为我们打开他房间的房门，我姨妈怕我惹事，便让我在一把椅子上坐下，她坐到我对面，紧抓住我围巾上的流苏，防止我起身或是乱碰什么东西。

受到这样的束缚，我心里有所不甘，想找个办法来弥补。我先是把目光投向房间的各个角落，确实井井有条、一尘不染，令我叹服。用来制造墨水的那个角落和其他地方一样干净，收拾得一样清爽，埃尔托沃索的大土坛仿佛成了一件装饰品，在坛子旁边，有一面带着镜子的大橱柜，那些必要的配料和用具都整整齐齐地放在橱柜里。

看到这个紧靠着炉子和坛子、又高又窄的橱柜，我突然产生了一种爬上去的强烈欲望。我觉得，等我父亲进屋，满房间都找不到我，最后终于发现我原来在他头顶藏着，这样的场景一定会有趣到极点。想到这里，我以迅雷不及掩耳之势，挣开我姨妈手里抓着的围巾，冲向炉子，然后又从炉台跳到橱柜上。

看到我如此敏捷的身手，我姨妈不禁为我鼓起掌来。但回过神后，她马上命令我下来。

正在此时，有人告诉我们，我父亲已经上楼了。我姨妈双膝跪地，求我赶紧从橱柜上下来。她的哀求如此恳切，让我实在无法违抗。可是，我把腿伸出去够炉台的时候，觉得自己的脚踏到了坛子边沿。我猛地向前一拉,想撑稳自己的身体,但又感到可能会把橱柜拉翻,我于是放开手,接着就摔进了墨坛。眼看我要被淹死,我姨妈一把抓过搅拌墨水的木杵,对着坛子猛力一敲,整个坛子随之碎成千百片。

恰恰就在这个时候,我父亲走了进来,他看到一条墨河在他房间泛滥,紧接着又冒出一张连声狂叫的小黑脸。他赶紧冲回楼道,却不小心崴了脚,摔倒在地,不省人事。

至于我,我的叫声也没有持续多久,吞进肚子里的墨水让我极度难受,我很快也失去了知觉。我接着就生了场大病,病情稳定下来用了很长一段时间,恢复期又花了很多天,最后才完全恢复意识。我能痊愈,起到最大效用的一件事,是我姨妈告诉我,我们将离开马德里,搬到布尔戈斯[1]住。听说要出远门,我情绪一下子高涨起来,弄得大家以为我生病久了脑袋也不正常了。但我高度兴奋的状态并没有持续多久,因为我姨妈问我,路上我是想坐她的马车,还是想坐驮轿。

"这两种当然都不行,"我极为恼火地回答她,"我又不是个女的。我只愿骑马赶路,至少也要骑头骡子,鞍上要挂一支做工精良的塞哥维亚[2]长枪,腰间还要系两把手枪,配一柄长剑。您把所有这些东西都给我备好后,我才会上路,其实,您给我备这些东西也关乎您自身的利益,因为一路上是由我来保护您。"

这番话我反复说了无数遍。因为在我看来,这实在是再自然不

---

1 译注:布尔戈斯是西班牙北部城市,是圣地亚哥朝圣之路上的重要文化中心,曾为卡斯蒂利亚王国的首都。
2 译注:塞哥维亚是现卡斯蒂利亚-莱昂自治区塞哥维亚省的省会。

过的道理了，能从一个十一岁的孩子嘴里听到这样的话，大人们也深感欣慰。

开始准备搬家了，这让我有机会尽情投入到一项奇妙的工作中去。我一会儿进，一会儿出，一会儿上楼，一会儿搬东西，一会儿发命令，总之我忙得不可开交，有太多的事要做，因为我姨妈想从此长住在布尔戈斯，要把她所有的家具都搬过去。出发的黄道吉日终于到了。大件行李我们托人从杜罗河畔阿兰达运过去，我们自己则取道巴拉多利德。

我姨妈原本想坐马车，但看到我执意要骑骡子，她也做出了和我同样的选择。大家没有让她使用骑坐的骡鞍，而是放了驮鞍，并在驮鞍上安了个非常舒适的、类似小轿子的坐具，坐具上还绑了支遮风避雨的大阳伞。最后，大家再安排一个侍童走在她前面为她牵骡子，这样，所有的危险哪怕是表面上的危险都被排除了。我们的队伍共有十二头骡子，每一头都精神抖擞。我把自己当成这支高贵的远征队的队长，我一会儿在队伍最前面开道，一会儿又来到最后面压阵，我的手里总会拿件兵器，特别是在走到转弯处或是其他需要提防的地方时。

您自然可以想象得出，一路上我并没有任何机会展现自己的价值。就这样，我们平安地来到一个叫阿尔巴霍斯的简易客栈。在这里，我们看到两支和我们规模差不多的远行队。牲口都拴在牲口棚的草料架旁，人则全围在紧靠着牲口棚的厨房里，厨房与牲口棚之间只有两排石梯隔开。当时，西班牙所有的客栈基本上都是这样的布局。整个屋子就是一间非常长的通间，最好的位置留给骡子，而人只用很小的一部分。但这完全没有影响我们的好心情。侍童一边

175

刷洗牲口，一边对老板娘说着各种粗言恶语，老板娘自然不饶他，她的性别优势和职业经验使她能反应敏捷地回敬过去。最后，老板只得将自己厚重的身体拦在两人当中，这才中断这场脑力角斗。但说中断其实也只是暂时的，因为稍做休整后角斗又会重新开始。女仆们则一边随着牧羊人嘶哑的歌喉翩翩起舞，一边让自己的响板声传遍整个屋子。不同队伍里的远行者互相介绍自己，争相邀请对方与自己共餐。接着，大家就一起围坐在炭火边。每个人都会讲述自己是什么人，从哪里来，有时还会把他的整个人生经历当故事说出来。那真是美好的时光啊。如今，客栈的条件都好多了，但当年的远行客互相如何交往，气氛又是如何热闹，现在的人已经无法想象出来了，我也很难向您道明其中的魅力所在。我能告诉您的，就是这一天对我来说实在是太难忘了，我那小脑袋瓜在这一天做了个决定：我要一生出行，浪迹天涯，而后来的我也的确将其付诸实践。

不过，让我真正坚定这个信念的，是当晚一段特别的插曲。吃完晚饭后，所有远行者依旧围在炭火边，分别讲述自己所经之处的奇闻逸事。此时，一个之前还没有开过口的人这样说道："你们在途中经历的事听起来都非常有意思，听过之后也让人很难忘怀。至于我，我倒希望从没有遇到过什么奇事。可是，有一次我去卡拉布里亚，半道上发生了一件极为奇特、极为惊人、极为令人恐惧的事，直到现在我还为之心有忌惮。这件事一直纠缠着我，追着我不放，毁掉了我生活中本应有的种种快乐，我因为这件事陷入深深的忧郁，也丧失了原有的理智。若非如此，我的生活本该是丰富多彩、充满快乐的。"

这样的一段开场白自然吊起了大家的兴致。大家一再催他，期

待他能讲出个精彩的故事来,并劝他说,故事讲出来,心结自然就解了。在经过很长时间的催促后,他终于如此这般地讲起来:

朱利奥·罗马蒂和萨莱诺山公主的故事

我叫朱利奥·罗马蒂。我父亲叫彼得罗·罗马蒂,他是巴勒莫甚至也是整个西西里最著名的法律界人士。诸位自然想象得出,他非常热爱这份给他带来体面生活的职业。不过,他更愿意投入钻研的学问是哲学。只要得闲,他会把所有时间都花在哲学上。

我可以毫不吹嘘地说,我追随着他的足迹,在这两条路上都取得了成绩。因为我在二十二岁的时候就成了法学博士,接着又钻研数学和天文学并小有所成,能对哥白尼和伽利略的作品进行评注。我对诸位说这些,并不是出于什么虚荣心,只是因为我要向诸位讲述的故事是一次非常惊人的奇遇,而我不想自己被诸位误认为迷信之徒,或易轻信他人之辈。对我来说,这类毛病恐怕是最不可能犯的,毕竟,神学或许是我一直以来不闻不问的唯一一门学问了。若是别的学问,我都会怀着最大的热情,不知疲倦地深入钻研。在真的需要休息时,我也只是从一门学问转到另一门学问,换换脑子。

如此投入学习使我的健康受到了影响,我父亲实在找不出什么适合我的调节方式,便建议我出门旅行,甚至要求我环游欧洲,四年后才能重返西西里。

离开我的书,离开我的书房、实验室,起初对我来说是件非常痛苦的事。不过，既然我父亲一定要求我这么做，我也只能从命。起程后不久，我的身体就发生了非常可喜的变化。我食欲大开，体力回升，总之，我完全恢复了健康。我原本是坐在驮轿上赶路的，但从第三天开始，我就骑起骡子，而且感觉非常不错。

很多人走遍全世界，却不了解自己的家乡。我不想犯下和他们一样的错，不想辜负自己的乡情，于是把旅行的起点放在我们的岛上。大自然在这座岛屿全境造就出丰富多样的神奇景观。我并没有沿着海岸线从巴勒莫走到墨西拿，而是一路经过卡斯特罗诺沃、卡尔塔尼塞塔等地，最后来到埃特纳火山脚下一个我忘记了名字的村庄。我在这个村庄准备起我接下来的高山之旅，并打算在山上过一个月。后来我真的在山上过了一个月，主要精力用于验证不久前别人做的几个关于气压计的实验[1]。夜里的时间我用来观测星辰，我很高兴地发现了两颗在巴勒莫实验室里看不到的星星，因为它们的位置太低，我的实验室视野有限。

离开的时候我真的有些依依不舍，在这里，我仰望自己曾精心研讨过其运行法则的各种天体，觉得自己仿佛融入了天上的星光，并随之汇入由万千星辰组成的至高的和谐世界。此外，高山上稀薄的空气确实能对人的身体产生一种非常特殊的影响，它使我们的脉搏跳得更高频，让我们的肺部运动比在平地上更快。但我终究还是下山了，来到山下的卡塔尼亚城。

卡塔尼亚和巴勒莫一样，是一座具有高贵气质的城市，这里的居民和巴勒莫人一样优秀，但比巴勒莫人更有知识。这倒不是说卡

1　原注：气压计的发明要追溯到1643年，发明者是托里切利。

塔尼亚有很多精密科学的爱好者,在我们岛上其他所有地方,也同样不存在这样的现象;但这里的居民很喜欢艺术和古代文化,熟悉古代史、现代史,对曾在西西里生活过的族群都有研究。考古挖掘,特别是挖掘出来的各种精美文物,会成为所有人交谈的话题。

就在我进城前不久,当地人从地下挖出一块非常美的大理石,上面写满无人辨识的字符。我经过仔细的观察分析,认定这属于布匿人[1]的文字。由于我的希伯来语水平尚可,我于是能触类旁通地解释这些文字的大意,围观的人听了纷纷称赞。有了这么一段成功的经历,我在城里受到非常热烈的欢迎,达官贵人都想赠给我一些相当诱人的珍宝,试图以此留我长住。但我离乡背井意不在此,因此婉言谢绝,踏上去墨西拿的路。在这座以商业著称的城市里,我住了整整一个星期,之后我便跨过海峡,来到雷焦卡拉布里亚[2]。

在此之前,我的旅行无非像盘快乐的棋局。但到雷焦卡拉布里亚后,我就如同参与了一场严肃的行动。一个叫佐托的强盗在卡拉布里亚地区兴风作浪,海上又全是的黎波里塔尼亚[3]的海盗。我完全不知道该怎么去那不勒斯。要不是某种不知从何而来的倒霉的羞耻心将我留在当地,我可能就返回巴勒莫了。

在雷焦卡拉布里亚被困一周后,我已是心绪不定。这一天,我在码头上独自散步了很久。随后,我来到一片几无人踪的海滨,坐在一堆石头上。

---

1 译注:古代罗马人称腓尼基人特别是迦太基人为布匿人。

2 译注:雷焦卡拉布里亚(Reggio di Calabria),现意大利南部港口城市,隔墨西拿海峡与西西里岛相望。

3 译注:现利比亚西北部地区。

一个长相出众、穿着件鲜红色外套的男子走到我身边。他一句客套话也没说，便紧挨着我坐下，然后对我这样说道："罗马蒂大人现在是在想代数问题还是天文学问题？"

　　"都没有，"我回答他道，"罗马蒂大人只是在想如何从雷焦卡拉布里亚去那不勒斯，此刻正困扰他的问题，是如何避开佐托大人那帮人。"

　　听到这里，这位陌生人带着极为严肃的神情对我说道："罗马蒂大人，您的才能已经为您的故乡增添了荣耀，假如您现在的旅行能继续拓展您的知识面，那您还可以为您的故乡进一步增光添彩。佐托这人是位雅士，他不会妨碍您从事如此高贵的行动。请把这些红色的羽饰拿去，取其中一簇插在您的帽子上，再把剩下的分发给您的随从，然后就放心大胆地出发吧。至于我，我就是那个让您如此忐忑不安的佐托，为了让您相信我的话，我把我的职业工具向您展示一下。"

　　他边说边掀起外套，我看到一条系满手枪和匕首的腰带。然后，他友好地和我握握手，便离我而去。

　　听到这里，我打断吉普赛人首领的叙述。我对他说，我也听说过这个佐托，连他的两个弟弟我也都见过。

　　"我也见过他们啊，"潘德索夫纳回答道，"他们和我一样效力于戈梅莱斯的大族长。"

　　"什么！您也效力于他？"我惊讶到了极点，情不自禁地高叫起来。

　　正在此时，进来了一个吉普赛人，他伏在首领耳边说了几句话，首领听罢立即起身离开。这也让我有了空闲，可以思考一下他刚才对我说的那句话意味着什么。

"这到底是怎么回事，"我暗想道，"这个强大的组织到底是怎么回事？看起来，这个组织里的人不论干什么事，目的都是为了掩盖一个我搞不清是什么的秘密。此外，他们还会通过一些奇景怪象来给我施障眼法，这些奇景怪象，我偶尔能猜出其中一部分套路。但在大部分情况下，我都困惑不解。很明显，这里面有一根隐形的链条，而我本人也是其中一环。很明显，他们想进一步把我拴在这链条内，让我不得脱身。"

我的思绪被首领的两个女儿打断了。她们走了进来，邀请我去散步。我接受了，就跟着她们出了山洞。她们在与我交谈时，用的是非常纯正的西班牙语，并没有任何词不达意的地方，也没有掺杂吉普赛土话。她们既有一副受过良好教育的头脑，又有开朗外向的性格。散完步后，大家就吃晚饭、睡觉了。

不过，这天夜里，我的两位表妹并没有来。

第十三天

吉普赛人首领带人给我送来了一份非常丰盛的早餐，并对我说道："骑士大人，敌人也就是海关的卫队正在向我们靠近。把阵地交给他们是明智之举。他们会发现为他们预留的包裹，而我们自己的包裹已安置妥当。您慢慢吃，吃完我们就出发。"

海关的卫队已经在山谷的另一侧露出踪影，我赶紧大口大口地吃起来。与此同时，我们的主力军开始撤退。我们从一座山转到另一座山，在这莫雷纳山区的荒谷中越走越深。最后，我们在一处极为深僻的山谷里停下脚步，而先出发的大部队已在此等候我们多时，他们把我们的饭也做好了。用餐结束，我请吉普赛人首领继续讲他的故事，他便如此这般地说起来：

吉普赛人首领的故事（续）

托您的福，我现在仿佛又回到了那个时候，仿佛正在屏息聆听朱利奥·罗马蒂惟妙惟肖地讲他的故事。他当时所说的话大致是这样的：

朱利奥·罗马蒂的故事（续）

佐托的性格众所周知，因此，他对我做的承诺我是完全信任的。我非常满意地回到我的客栈，托人帮我找骡夫。来应征的人有好几个，因为佐托那帮强盗从没对骡夫做过恶，也从没伤害过他们的牲畜。我挑了当中名声最好的一位。我自己骑一头骡子，随从骑一头，另外再用两头来驮我的行李。骡夫本人也骑了一头骡子，他的两个帮手步行跟在我们后面。

我是在次日天刚亮时出发的。刚上路，我就看到佐托手下的几支小分队，他们似乎远远跟着我们前行，每隔一段距离，还会与其他小分队交班。诸位自然可以推断得出，照这样的方式，我不可能遇到任何一点麻烦。

我一路走得非常顺心，健康状况也一天比一天好。离那不勒斯只剩两天路程时，我突然生出从萨莱诺绕行的念头。我这心血来潮式的举动其实也非常自然。我很喜欢文艺复兴史，而萨莱诺医学院[1]正是意大利文艺复兴的摇篮。说到底，我是在一种至今让我不明就里的命运安排下，踏上了这段灾难般的旅程。

从布鲁吉奥山起，我就走出了大路。当地村子的一位向导带着我，进入一片能想象得到的最荒僻地区。将近正午的时候，我们走到一座破败不堪的房子前。向导一再对我保证说，这里是间客栈，

---

[1] 译注：欧洲第一所医学院于9世纪在萨莱诺成立，它是一所独立于教会之外的世俗学校，为文艺复兴时期医学的复兴奠定了学科及人才基础。

但房子主人接待我的方式让我完全看不出他的说法有什么道理。因为这个所谓的客栈老板不但没有为我提供食物，反倒恳求我说，要是我随身带了吃的，请好心分给他一点。我确实还有些冷肉，便和房子主人、向导、随从一起享用，骡夫则一直守在布鲁吉奥山，没有跟过来。

下午两点钟左右，我离开这个糟糕的歇脚地继续前行。没过多久，眼前出现一座矗立在山上的非常开阔的大城堡。我问向导这城堡叫什么名字，有没有人居住。他回答我说，在当地，人们只是简单地称其为"山堡"，或者直接叫它"城堡"；城堡早已成了废墟，不过，后来有人在废墟上建了个小教堂，还盖了几间小屋，通常会有五六位萨莱诺方济各会的修士住在那里。说完这些，他又以非常天真的口气补充道："关于这座城堡，流传着各种故事，但我一个也不能告诉您。要是吃饭的时候有人讲这些故事，我会马上逃出来，躲到我大姨子拉佩帕家里去。有个方济各会神父总在她家，看到我后，神父会把他颈子上挂的圣牌取下来给我亲吻。"

我问这个小伙子，我们等会儿是不是要从这座城堡附近经过。

他回答我说，我们等会儿要经过半山腰，而城堡正是建在半山腰上。

在我们聊的过程中，天上已布满乌云。到了将近晚上的时候，一场可怕的暴雨终于如注般浇向我们头顶。我们当时正走到一处山脊，想就地躲雨根本不可能。向导说，他知道这附近有个洞穴，我们可以上那儿避一避，但是路非常不好走。我还是壮着胆子跟他走了。可我们刚走进群山间的峡谷，一道雷就劈下来，打在离我们不远的地方。我骑的骡子应声倒地，我从离地近十米高的地方摔下来。

在半空中,我伸手抓住一棵树。我觉得自己已平安得救后,便呼唤起同伴,但一句回应也没有。

闪电一道接着一道,几乎毫无间隙,我借着电光分辨出四周的物体,并把身体调整到更安全的位置。我抓着树不断地向前挪动,就这样,我来到一个小山洞里,但这山洞并不通别的地方,应该不是向导要带我去的洞穴。

暴雨、狂风、响雷一阵阵袭来,无休无止。衣服湿透了,我打着寒战,在这难堪的处境中待了足有几个小时。突然,我依稀看到有火把在山谷里闪烁。我还听到了说话声。我觉得这应该是我的同伴来找我了。我高声喊起来,他们也回应了我。

很快,我看到一个相貌堂堂的年轻男子走过来,身后还跟着几个仆人,有的举着火把,有的捧着衣服。

年轻男子毕恭毕敬地向我行礼,接着对我说道:"罗马蒂大人,我们是萨莱诺山公主女士的手下。您在布鲁吉奥山雇的向导告诉我们,您在这山里迷了路,我们就奉公主的命令来找您。请换上这些衣服,跟我们去城堡吧。"

"什么?"我回答道,"你们想带我去半山腰上那个荒废的城堡吗?"

"情况完全不是这样,"年轻男子接着说道,"您将看到的是一座华美的宫殿,离我们现在的位置只有两百步远。"

我猜想,这恐怕是当地某位公主造在这一带的别墅。我便换好衣服,跟着年轻男子走了。没过一会儿,我们来到一扇黑色大理石门前,由于火把没有照到建筑的其他部分,我对这房子的性质无法做出任何推断。进门后,年轻男子把我带到楼梯口便与我分开了。我刚爬上第一层楼梯,眼前便出现一位美得脱尘超俗的女士,她对我说道："罗马蒂先生，奉萨莱诺山公主女士之命，我带您参观这所房子里的各处美景。"

我回答她说，要是能从傧相的气质推断公主本人的风度，那么，我现在已经可以对公主做出极高的评价了。

的确，正如我话中所说，这位要带我参观的女士美得无可挑剔，她那高贵的气质让我第一眼错把她当成公主本人。我还注意到，她穿的衣服，与我们家族上世纪先祖在画像上的打扮有点类似。不过，我转念一想，那不勒斯的贵妇或许就是这样的穿着吧，复古风在这里或许正是新潮。

我们首先进入的是一间全由实银打造而成的大厅。地板是用银方砖砌的，有的是亚光的表面，有的则抛过光。仿锦缎的挂毯同样由实银制成，主体图案经过抛光，边幅用的是亚光。天花板上的各种银质雕花完全能以假乱真，让人误以为是古代城堡里的木工手艺。至于其他地方，一言以蔽之，无论是吊顶，还是挂毯之外的墙面，或是灯具、画框、桌子，也全由最杰出的银饰工艺打造。

"罗马蒂先生，"这位自称傧相的女士对我说道，"这些厨房里的用具怎么让您驻足看了这么久？这里无非是间候见厅，是公主女士的仆人等候传令的地方。"

我无言以对。我们接着又走进一间相当近似的房间，只是这房间里的所有用具都是用镀金的银制成的，饰物也全是这种五十年前非常时尚的镀金质地。

"这间房间么，"带我参观的女士说道，"是公主的男傧相、管家和屋子里其他侍卫官使用的候见厅。在公主的房间里，您既见不到金也见不到银，只有简朴才称她的心意。从下面这间餐厅的布置您就能看出来。"

说罢,她打开一扇侧门。我们走进一间彩色大理石墙面的大厅,另有一块精美的白色大理石浮雕傲立在中楣。大厅里放着几只华丽的餐具橱,橱中有天然水晶质地的水罐,以及用印度[1]出产的最美的陶瓷制成的瓷碗。

我们随后又回到侍卫官的候见厅,并继续向前,走进聚会用的客厅。

"比方说,"女士说道,"这个房间就值得您欣赏。"

我照她所说的开始四处欣赏起来。让我最先惊叹的是这里的地板。地板本身为天青石,上面展现的全是佛罗伦萨的硬石镶嵌工艺,单是其中一块板,就需要几年时间做工。每个局部的图案显然都考虑到总体的布局,整个造型显得极为匀称、协调。但要是仔细观察每一组图案,又会发现万千形态,尽管这完全不会影响整体的和谐效果。的确,画风虽然完全一致,但这一组是用最细腻方式刻画微妙差异的百花争艳图,那一组是绚烂多姿的五彩贝壳图,稍远处是蝴蝶,此外还有蜂鸟。总之,在这些世间最美的石头上,栩栩如生地再现出了自然界最美的种种生物。在这妙不可言的地板正中,是一个雕刻出来的首饰盒,里面有各种宝石般的彩石,彩石上绕着一圈圈巨大的珍珠串。首饰盒立体效果非常好,完全能以假乱真,简直就是嵌在石板内的真盒子。

"罗马蒂先生,"女士对我说道,"您要是见到什么都停下来看,

---

[1] 译注:本书中的印度有时指印度本土,有时指的是西班牙当时殖民的西印度群岛或东印度群岛。

那我们就没法看完了。"

于是我抬起头,首先映入我眼帘的是拉斐尔的一幅画作,它看起来像是《雅典学院》的初稿,但色调比最终的成稿更美。由于这是一幅油画[1],这种胜过成稿的感觉就愈发突出。

我接着又发现一幅《在翁法勒脚边的海格力斯》,海格力斯的面部应当是米开朗琪罗的手笔,而在翁法勒的脸上我看出了圭多·雷尼[2]的技法。总之一句话,我此前见过的所有画作,都无法与这客厅里的任何一幅画相提并论。房间的挂毯用的是一整块绿色丝绒,这样的色彩将画映衬得更美。

在两扇门的左右两侧,各立着一尊比真人身体略小的人物雕像,也就是说,共计有四尊。第一尊是菲狄亚斯著名的《爱神》,芙里尼[3]后来坚持要求把这件作品当作献给神的祭品。第二尊《农牧神》仍然为菲狄亚斯所作。第三尊是普拉克西特列斯《尼多斯的阿芙洛狄忒》的原作,而美第奇家族收藏的那一件只不过是复制品[4]。第四尊是顶级水准的《安提诺乌斯[5]》。在各扇窗户边,还有一组组其他的雕塑作品。

客厅的四面墙前,是一面面带有抽屉的柜子,柜子用的材质并不是青铜,而是以最杰出的珠宝加工工艺,镶嵌进一块块玉石浮雕,

---

[1] 译注:《雅典学院》成稿是壁画。

[2] 原注:圭多·雷尼(Guido Reni,1575—1642),巴洛克时期的意大利画家。

[3] 译注:芙里尼(Phryné),公元前4世纪希腊著名的交际花,曾作为模特,供艺术家临摹,以创造爱神阿芙洛狄忒的形象。

[4] 原注:普拉克西特列斯的《尼多斯的阿芙洛狄忒》目前可能只在梵蒂冈博物馆藏有一件复制品;美第奇家族收藏的已不再被认为是这位艺术家的作品。

[5] 译注:安提诺乌斯,是古罗马皇帝哈德良的男宠或同性情人。安提诺乌斯死后曾被人神化。

这样的玉石柜本应只在君王的寝宫里才能看见。柜子里放的是一块块用最大模具铸造出来的金牌。

"这间客厅是公主中午进餐后消遣的地方,"女士对我说道,"研究这些藏品,能引发各种既有见地又有趣味的谈话。但您要看的东西还有很多呢。请跟我来吧。"

我们于是走进卧室。这是个八角形的房间。它包括四处放床的凹室,以及四张巨大无比的床。但卧室里没有吊顶,也没有壁毯,连天花板都没有。整个房间盖满印度的平纹细布,搭配极为讲究、极有品位,绣纹技艺精湛,令人叹服,仿佛阿拉克涅[1]用轻薄的织物将这房间笼罩在一张迷雾般的网中。

"为什么放了四张床?"我向女士问道。

"这是因为,"她回答我说,"万一天气热或者睡不着,可以换床睡啊。"

"可是,"我接着问道,"为什么要用这么大的床呢?"

"这是因为,"女士回答道,"公主有时候想在入睡前找人聊聊天,她的女官要进屋躺下啊。不过,我们还是先到浴室里看看吧。"

浴室是个圆形的房间,挂着一条条珍珠壁毯,壁毯的边缘全是经过装饰的天然贝壳。这里的墙顶没有覆盖任何织物,而是换成一张网孔很大的大网,一长串珍珠从网上垂下来,珍珠全是同样大小,看起来都出自同一条河。天花板是由一整块大玻璃构成的,透过玻璃能看到一条条中国金鱼游来游去。浴室里用的并不是浴缸,而是

---

[1] 原注:阿拉克涅是染布工匠的女儿,她在一次织布比赛中战胜雅典娜,被雅典娜变作蜘蛛。

一个环形浴盆,浴盆四周盖了一圈人工苔草,苔草上挂着一排排来自印度海岸的无比精美的贝壳。

看到这里,我实在难于压抑心中的赞美之情,于是说道:"啊!女士,天堂恐怕也不过如此吧!"

"天堂,"女士带着慌乱甚至绝望的神情叫了起来,"天堂!他说的是天堂?罗马蒂先生,求您了,请不要再用这种方式说话。这是我对您的严肃请求。快跟我走吧!"

我们来到一只大鸟笼前,里面既有来自热带的奇禽异鸟,也有在我们的气候区常见的各种可爱的自然界鸣唱者。鸟笼旁放着张餐桌,是专门为我一人设置的。

"啊!女士,"我对我的女向导说道,"在这样仙境般的地方用餐,实在是让人想都不敢想的事情!我看您好像无意上桌,但我也不想独自用餐,除非您可以赏光告诉我,拥有如此多稀世珍宝的公主,她究竟是怎么样的一个人。"

女士面露微笑,客气地给我端菜。然后,她坐下来,说了这样一句话:"我是萨莱诺山最后一位亲王的女儿。"

"您说的是谁?是说您本人吗,女士?"

"我是说萨莱诺山公主。请您不要再打断我了。"

萨莱诺山公主的故事(续)

萨莱诺山亲王的祖上是一代代的萨莱诺公爵,他本人受封西班牙最高贵族称号[1]，是王室事务总管，还是御马大总管、王宫总管、王室犬猎队队长。总之，他一人承担了那不勒斯王国几乎所有的重要职责。他虽然算是国王的侍从，但他自己的府上也有多位绅士为他效力，其中好几位还享有爵位。在这些人当中，有一位叫斯皮纳韦德的侯爵，他是亲王的首席绅士，也是亲王最信任的人，而他的妻子斯皮纳韦德侯爵夫人也同样深受信任，她是亲王夫人身边的首席女官。

在亲王夫人去世的时候，我才十岁……我是想说，她的独生女才十岁。在那段时间里，斯皮纳韦德夫妇离开了亲王的家。丈夫去经营管理亲王各处的领地，妻子负责我的教育。他们把自己的大女儿劳拉留在那不勒斯，她在亲王身边，过着略有些暧昧的生活。她母亲和小公主搬到萨莱诺山居住。

实际上，艾尔弗丽达本人的教育并没有谁太关心，她身边人的教育才是人们关心的重点。这些人所受到的教育归结于一点，那就是只要我稍微有点想法，就要赶紧去满足……

"只要您稍微有点想法……"我对女士说道。

"我先前已经请您不要打断我。"她有点生气地回答道。接着，她又如此这般地说了下去：

我喜欢制造难题，让我身边的侍女经受种种考验。我常同时给她们下两条相互矛盾的命令，她们在执行时只能完成其中之一。我

---

[1] 译注：西班牙最高贵族（Grandesse d'Espagne）是西班牙贵族中最高的等级，仅次于国王子女。此称号设立于卡洛斯一世1520年加冕神圣罗马帝国皇帝之时，独立于公爵、侯爵等爵位，无爵位者也可获此称号。

于是就惩罚她们，有时用手掐她们，有时用簪子扎她们的胳膊和大腿。她们选择离我而去。斯皮纳韦德夫人帮我重新找了一拨人，可这些人也很快离开了我。

就在此时，我父亲身患重病，我们便起程回那不勒斯。我和我父亲见面次数并不多，但斯皮纳韦德家始终有人陪伴在他身边。他最后去世了，去世前立下遗嘱，指定斯皮纳韦德为他女儿的唯一监护人，并负责管理家中的所有领地及其他财产。

我们花了几个星期时间处理后事，随后便回到萨莱诺山。在这里，我又开始掐起我的侍女。四年的时光就在这些单纯的消遣中度过了，这四年对我来说是非常美好的，尤其是斯皮纳韦德夫人日复一日向我保证，我的一举一动都非常正确，所有人生来就该听命于我，那些没有及时完成我命令或是没有完成好我命令的人，就该遭受各式各样的惩罚。

但是有一天，我的侍女一个个全跑光了。这天晚上，我眼看就要沦落到自己除衫睡觉的地步了。我号啕大哭着跑到斯皮纳韦德夫人身边，她对我说道："亲爱的、和善的公主啊，请把您那美丽的双眼擦拭干净。今天晚上由我来为您除衫，明天我就给您找六个女仆来，您肯定会对她们满意的。"

第二天，我一醒来，斯皮纳韦德夫人就带了六个非常漂亮的小姑娘来见我，她们给我的第一印象非常好，我甚至莫名地有点紧张、激动。她们看起来也有些激动。最后，这尴尬的场面还是由我本人打破了。我穿着睡衣就下了床。我一个接一个地拥抱她们，并向她们保证，我绝不会训斥她们，更不会掐她们、扎她们。我说到做到，尽管后来她们在给我穿衣时常常笨手笨脚，甚至还敢惹我不高兴，但我从没有发过一点脾气。

"但是,女士,"我向公主说道,"这些姑娘或许实际上是男扮女装的男孩子。"

公主满脸庄重地对我说道:"罗马蒂先生,我先前已经请您不要打断我。"

接着,她又如此这般地说了下去:

在我十六岁的最后一天,有人告诉我,有贵客来访。来的共有三人,分别是国务秘书、西班牙大使和瓜达拉马公爵。公爵是来向我提亲的,另两位只是当他的保荐人。这位年轻的公爵算得上是顶级的美男子,我不能否认,他确实给我留下了相当不错的印象。

到了晚上,公爵向我提议去园林里散步。我们还没走出几步,就看见树丛中冲出一头发狂的野牛,朝我们扑来。公爵一手拿着自己脱下的外套,一手举剑,迎着它跑过去。野牛愣了一会儿,接着便向公爵冲来,但公爵的剑迎个正着,野牛倒在他的脚下。这一刻我觉得,要是没有公爵的英勇气概和矫捷身手,自己的性命恐怕就不保了。但第二天我听说,野牛是由公爵的侍从事先布置好的,而公爵就是想创造这样一个机会,用自己家乡的方式来赢取我的心。既然如此,我不但无法心生感激之情,反倒不能原谅他给我造成的惊吓,我于是拒绝了他的求婚。

斯皮纳韦德夫人认为我拒绝得没错,还向我表达谢意。她借这个机会把我所有的优点都讲给我听,她说,假如我改变眼下的生活状态,给自己找个主人,便会带来无穷的损失。过了一段时间,那位国务秘书又来看我,这一次陪他的是另一位大使,以及努代尔-汉斯伯格公国的在位君主。这位公国国君是个大个子，又肥又壮，金色头发，皮肤白皙，面色有些苍白，他说他想用自己继承的世袭领地[1]的收入来养我。他虽然说的是意大利语，但一口蒂罗尔[2]口音。我开始模仿他的口音说话，由于一心要和他唱反调，我向他指出，他很有必要回他那些世袭领地好好待着。他告辞的时候明显有点动怒。斯皮纳韦德夫人对我无比宠爱，为了让我安守在萨莱诺山，她让人弄来各种稀世珍宝，这些珍宝您之前都看到了。

"啊！"我不禁叫了起来，"她做得实在是太成功、太完美了，这个美丽的地方堪称人间天堂。"

听到我的话，公主愤怒地起身对我说道："罗马蒂，我先前已经请您别用这种方式说话。"

接着她笑起来，捧腹大笑，笑声让人毛骨悚然，她一边笑还一边重复地说："是啊，天堂、天堂，他好心好意地跟我说天堂。"

这样的场景让气氛变得极为尴尬。最后，公主终于恢复严肃的表情，正颜厉色地看了我一会儿，然后命令我跟她走。

接下来，她又打开一扇门，我们从这里走入地下空间，一道道拱洞立在眼前。放眼望去，在拱洞的尽头，依稀有片银湖，走上前一看，湖面上的确全是液态的银。公主击了击掌，一条船应声而出，驾船的是个黄脸侏儒。我上船后才发现，这个侏儒的脸是用金子做成的，眼睛是两颗钻石，嘴是一块珊瑚。总之，这个船夫是个人偶，

---

1 原注：指神圣罗马帝国皇室家族世袭的领地。
2 译注：蒂罗尔是现奥地利西南的一个州。

但它能用两只小桨，非常敏捷地拨开银湖上的湖水，保证船顺利前行。这个闻所未闻的新式船夫将我们带到一块岩石的下方，岩石随之打开，我们又进入另一个带着拱洞的地下建筑。在这里，成百上千的木偶为我们献上一出极为独特的表演。孔雀打开五彩缤纷、布满各种珍石的尾羽。祖母绿毛色的鹦鹉在我们头上盘旋。一些肤若乌木的黑奴为我们递上几盏金盘，盘子里装满红宝石做的樱桃，以及蓝宝石做的葡萄。在这一道道神奇的拱洞下，还有其他各种令人叹为观止的旷世奇物，无法一一尽览。

此时，不知是为了什么，我又有了说"天堂"这个词的想法。我很想看一看，公主这一回的反应会是如何。这个致命的念头一再诱惑我，我最终放弃抵抗，开口对她说道："千真万确，女士，真的可以说您拥有一座人间天堂……"

公主向我露出这世上最迷人的微笑，然后对我说道："为了让您进一步体会到此地的妙处，我要把我的六位侍女介绍给您。"

她从腰间取下一把拴着的金钥匙，打开一个罩着黑色丝绒的实银质地大箱子。

箱子一打开，里面就跳出个骷髅，它气势汹汹地朝我扑过来。我拔出身上的剑。骷髅一把扯下自己的左臂当作武器，怒气冲冲地向我发起攻击。我挥剑招架，应付自如，但箱子里接着又跳出第二个骷髅，它从第一个骷髅身上抽出一条肋骨，狠狠地打了我的头一下。我反身掐住它的咽喉，它用它那两只毫无血肉的胳膊紧紧环抱住我，想将我摔倒在地。我成功地挣脱第二个骷髅，但第三个骷髅又从箱子里跳出来，与前两个并肩作战。没过多久，又出现另外三个同样的骷髅。眼看自己寡不敌众，无法全身而退，我跪倒在地，乞求公主开恩。

公主命所有骸髅回到箱子里，然后对我说道："罗马蒂，您今天在这里看到的一切，我要让您终生无法忘怀。"

她一边说一边抓起我的一条胳膊，我顿时感到一阵火辣辣的剧痛直入骨髓。随后，我便不省人事了。

我不知道自己究竟昏迷了多久。最后，我终于醒了过来。蒙眬中，我听到有人在不远处诵读经文。我这时发现自己正处在一片广阔的废墟地里。我起身想走出去，但绕进了一个内院，里面有座小教堂，一些僧侣正在诵读晨经。等他们的功课结束，修道院院长请我去他的住处。我跟着他进了屋子，然后竭尽全力打起精神，把我的遭遇全告诉了他。等我说完，院长向我问道："我的孩子，您胳膊上现在还有没有公主抓您的痕迹？"

我掀起衣袖，胳膊真的像火烧过一样红，上面还留有公主五个手指的指印。

院长于是打开了床边的一个箱子，从里面取出一张卷着的旧羊皮纸。"这张纸是我们这座教堂建立时尊奉的谕旨，"他对我说道，"它可以给您启示，让您明白您究竟看到了什么。"

我拉开羊皮纸，读到了以下的内容：

> 基督纪元第 1503 年，那不勒斯和西西里国王腓特烈治下第九年[1]：艾尔弗丽达·德·蒙特·萨莱诺大逆不道，做出极度渎神的行为，她公然自诩拥有真正的天堂，执意放弃我们期待在

---

[1] 原注：腓特烈一世（1452—1504）于 1496—1501 年间为那不勒斯王国国王。

永恒生活中享有的天堂。但在圣周四[1]至圣周五的夜里，一场地震毁掉了她的宫殿，其废墟如今成为撒旦的一个据点。在这里，人类的敌人制造出一个又一个魔鬼，无论是过去还是现在，只要是敢于靠近萨莱诺山的人，这些魔鬼就不会放过他们，必要通过千百种迷惑人的方式去侵扰他们，连住在附近的善良基督徒也难于幸免。

故而，作为上帝侍奉者的侍奉者，本人庇护三世[2]允许在此废墟内修建一座小教堂，云云。

谕旨后半部分的内容我已经想不起来了。我能记得的，就是院长向我保证，魔鬼侵扰的事件现在已变得非常罕见，但偶尔还是会出现，特别是在圣周四到圣周五的夜里。此外，他还建议我请人做一场弥撒，为公主安魂，我本人需要亲自参加。我听从了他的建议，随后便出发继续我的旅程。但我在这宿命的一夜里见到的一切，还是给我留下了深刻的印象，那种凄凉伤感的感觉，任凭什么也无法抹去。另外，我胳膊上的伤也一直没有好。

说到这里，罗马蒂掀起衣袖，给我们看他的胳膊，公主手指的形状清晰可辨，仿佛是烫伤后留下的伤疤。

听到此处，我打断首领的话，告诉他，我在秘法师那里翻阅过

---

[1] 译注：从复活节前那个周日开始，直到复活节之间的七天时间被称为圣周。圣周四是圣周里的忏悔日。
[2] 原注：庇护三世于1503年9月22日至当年的10月18日任教皇。

一本哈佩尔的书，书中有个故事与罗马蒂的经历有很多相似之处[1]。

"这完全有可能，"首领接着说道，"罗马蒂说不定就是照着这本书编自己的故事的，又或许书中的故事是从他这里而来。不过，可以肯定的一点是，他的故事坚定了我浪迹天涯的信念，我甚至还因此产生隐隐的期待，期待能经历各种从未见识过的神奇遭遇。人在少年时一旦受到震动，力量确实会无比强大。我那荒唐的期待久久萦绕在我脑中，即便到了今天，我也没有真正遗忘。"

"潘德索夫纳先生，"我接着吉普赛人首领的话向他问道，"您不是对我说过，自从您在这片山区生活以来，您见识过一些非常不平凡的事吗？"

"确实如此，"他回答我说，"我见识过一些能让我联想起罗马蒂遭遇的事……"

正在此刻，一个吉普赛人走过来打断我们的交谈。我们随后吃起中饭，由于首领饭后有自己的公务，我就拿着枪出去打猎了。我先后爬上几座山顶，放眼俯视在我脚下延伸的山谷，我觉得，我应该是看到了那个阴森可怖的吊着佐托两个弟弟尸首的绞刑架。这个发现让我好奇心大起。我加快脚步朝那个方向走去。果然，我来到绞刑架下，但那两具尸体依然吊在原处。

我转过身，心情苦闷地回到营地。首领问我刚才上哪儿去了。我回答他说，我一直走到吊着佐托两个弟弟尸首的绞刑架那里。

"尸首还吊在那儿吗？"吉普赛人问我。

---

[1] 原注：艾伯哈德·韦尔纳·哈佩尔：《世间最美的回忆或奇谭集》，第3卷，第510至515页。

"什么?"我反问道,"难道这两具尸首还有偶尔离开的习惯?"

"经常会见不到,"首领说道,"尤其是在夜里。"

这短短的一句话让我浮想联翩,我突然间又回到那些该死的幽灵附近。不论我是真的遇到了吸血鬼,还是有人用它们来故意折磨我,我始终觉得,这件事我必须多加提防。在这一天剩下的时间里,我一直沉浸在苦闷的情绪中。我没吃晚饭就睡了,我梦到了吸血鬼,梦到了幽灵,梦到了冤魂,梦到了吊死鬼,梦到了各种可怕的景象。

第十四天

两位吉普赛女郎给我带来了巧克力，并强烈要求和我共进早餐。早餐用毕，我拿起枪，在不知道什么该死的力量的牵引下，又来到吊着佐托两个弟弟尸首的绞刑架前。

尸首已经不在原先悬吊的位置了。我走进绞刑场内，看到那两具尸首正平躺在地上，一个姑娘睡在当中，我认出来她是利百加。

我尽可能轻手轻脚地把她摇醒，但她醒来后的惊慌我是无法彻底避开的。受到惊吓的她陷入一种极为痛苦的状态，随着一阵抽搐，她哭出了声，接着便昏厥过去。我抱起她，将她带到附近的一处泉水边，我一次次捧起水浇她的头，让她慢慢地平稳醒来。我始终没敢问她为何会来这个绞刑架，倒是她自己先开了口。

"我之前就告诉过您，"她对我说道，"您的谨慎会给我们惹出很多麻烦。您不肯把您的奇遇说出来，所以我才会像您一样，成了那些该死的吸血鬼的牺牲品。昨夜的恐怖遭遇，我到现在还不敢相信是真的。不过，我会尽力把整个过程回想一遍，然后说给您听。但我需要先讲讲我此前的一些人生经历，否则，您会听得不明所以。"

利百加花了段时间整理思绪，然后就如此这般地说起来：

利百加的故事

我哥哥在向您讲述他自己故事的时候，也讲了一部分我的故事。我父亲安排我哥哥娶萨巴女王的两个女儿，还想让我成为统领双子星座的两个神灵的妻子。我哥哥对他的这门亲事非常满意，他对卡巴拉秘法的研究也因此更具热情。但我的感受和他截然不同：同时成为两个神灵的妻子，这是一件让我惊恐的事。光是想到这件事，我就极度烦恼。用卡巴拉秘法去改写诗句，对我来说从此成为痛苦的煎熬。每天，我都把这项工作往后拖一天。最后，我终于遗忘了这门既艰难又危险的技艺。

我哥哥很快注意到我漫不经心的敷衍行为，用最严厉的方式批评了我。我向他承诺会痛改前非，但实际上什么事也没有做。他最后威胁我说，要把我的情况告诉死去的父亲。我求他宽恕我，他答应再观察一段时间，等到星期六再做决定；可是，我到了星期六还是毫无改变。他便在午夜来到我的房间，将我唤醒，说他马上要召唤我父亲——那个可怕的马蒙——的魂灵。我跪倒在他膝下，求他开恩，但他不为所动，毫不留情。我听到他念出当年由隐多珥的巴托伊弗发明的可怕咒语。很快，我就看到我父亲的身影出现了，他端坐在一把象牙椅上。他那恶狠狠的目光仿佛宣判了我的死刑。我真担心，或许他开口说出第一个词，我就会性命不保。但他还是开了口。他说起亚伯拉罕和雅各的上帝。他要祈求神灵降祸于我。如此可怕的话，他竟然会真的说出口。

说到这里，这位年轻的犹太女子双手掩面。看上去，光是想到这幕残忍的场景，她就会浑身战栗，心绪难平。最后，她终于恢复过来，并接着说下去：

我父亲的话是怎么结束的，我并没有听到。他还没有说完，我就已经不省人事。我苏醒后，我哥哥递给我一本有关"源体"知识的书。我本想装着再昏过去一回，但终究还是要按他的指令行事了。我哥哥觉得，必须要带着我重温那些最基本的概念，于是，他极富耐心地一点点唤醒我的记忆。我从组合音节开始起步，接着又重学遣词造句。最后，我终于喜欢上这门崇高的学问。我的工作室是我父亲当年的实验室，每天我都会在那里整天整夜地工作，直到晨曦初露、我的实验工作将受到影响时，才回房就寝。我都是一上床就进入梦乡。我那个黑白混血的侍女总是在我不知不觉中为我宽衣解带。睡上几个小时后，我就重新投入到那些我天生就不适合的工作中去。我之所以这么说，您再往下听会明白的。

您见过祖莉卡，她的魅力想必您也注意到了。她确实是个魅力无限的女子：她有一双脉脉含情的眼睛，每当泛起笑容时，她的双唇就会更添几分美丽，她身体的线条也堪称完美无缺。有天凌晨，我从实验室回房。我叫起她的名字，想让她来为我除衫。但她没有回答。她的房间紧靠着我的房间，我于是就去找她。我看到她正立在窗前，向外探着半裸的身子，朝对面山谷的方向打着手势，然后对自己的手掌吹了一下，做出飞吻的姿势，而她的整个灵魂仿佛也伴着这个吻飞向了远方。爱为何物，之前我是毫无体会的：情感能用这样的方式表达出来，我真是前所未见，深感震撼。我又紧张又惊讶，像座雕塑一样迈不开步子，一动不动地站在原处。祖莉卡转过身，她浅褐色的胸前猛地泛出一片红晕，然后浸透整个身体。我的脸也腾一下红了，然后又转为苍白，差点就晕过去。祖莉卡赶紧上前将我拥入怀中，她的胸紧贴着我的胸，我能感受到她怦怦的心跳声，透过这心跳声，她那波澜未平的心绪尽显无遗。

祖莉卡匆忙帮我宽衣解带，我刚一躺下，她便欢喜地离开，关门时更是难掩满心的喜悦。很快，我听到其他人走入她房间的脚步声。我不由自主地翻身下床，三步并作两步来到房门前，把眼睛贴在锁眼上。我看到混血少年坦扎伊。他提着个篮子向前走去，篮子里装满他刚从山野里采摘的花。祖莉卡跑到他面前，三两下便把花全抓起来，紧紧捧在自己胸前。坦扎伊凑上前，尽情地闻着花香，那花香伴着他情人的气息四处飘逸。此时，我清晰地看到祖莉卡浑身颤抖，这颤抖的感觉仿佛还传到了我的身上。她扑倒在坦扎伊怀中，我见状赶紧躺回床上，将我的羞耻和脆弱都深深埋在被子里。

很快，我的泪水就把整张床都打湿了。反复的啜泣使我透不过气来，我感觉自己的痛苦达到了极点，我不禁高声叫了起来："哦，我的第一百一十二世祖母啊，我的名字由您而来，您是以撒温柔可爱的妻子，要是您能在您公公亚伯拉罕的怀抱[1]中看到我现在的处境，那就请您让马蒙的灵魂安息吧——请您告诉他，他女儿不配他安排的荣耀。"

我的叫喊声惊醒了我哥哥。他走进我的房间，看到我的样子，以为我是生病了，便给我吃了片镇定药物。到正午的时候，他又来

---

[1] 译注："亚伯拉罕的怀抱"在犹太法典中是"天堂"的同义词。

看我，在发现我脉搏跳动过快后，他提出代我接着做我的卡巴拉秘法实验。我接受了他的建议，因为我此时已无法继续工作了。天快黑的时候，我终于睡着了，还做了些以往从来没做过的梦。第二天醒来后，我仿佛还一直处在梦中，或者至少可以说，我那恍惚的神情让人看起来很容易以为我在半梦半醒之中。我哥哥时常向我投来严厉的目光，让我一次次毫无缘由地面红耳赤。我就这样度过了一个星期。

一天夜里，我哥哥走进我的房间。他胳膊下面夹着本谈"源体"的书，手里拿着条布满星辰图案的肩带，肩带上还写着琐罗亚斯德[1]为双子星取的七十个名字。

"利百加，"他对我说道，"利百加，您现在这种状况真给您丢脸，快点振作起来吧。到了您试试自己功力的时候了，您要试着把您的能量用到初级凡人和地狱幽魂的身上。有了这条配着星辰图案的肩带，您就肯定能控制他们。到这周围的群山上挑一个您觉得合适的地方，在那里开始您的行动吧。要知道，您的命运就在此一举了。"

说完这些话，我哥哥拉起我，一直把我拖出城堡，然后冲着我把门狠狠关上。

我一人孤身在外后，反倒重拾起勇气。此时夜已很深，我只穿着衬衣，赤着双脚，头发披散在肩上，手里拿着本书。我朝我觉得最近的那座山走去。一个牧羊人想对我动手动脚，我用拿书的那只

---

[1] 译注：琐罗亚斯德（前628—前551），琐罗亚斯德教（即拜火教或祆教）创始人，波斯语译名为"查拉图斯特拉"。

手将他推开，他竟当即倒在我脚下死了。我这本书的封面是用挪亚方舟上的木材做成的，任何人碰到都难逃一死，知道了这一点，您对那个牧羊人的下场就不会感到惊讶了。

我选定了用来行动的那座山。等我爬到山顶，太阳也开始露出来了。但我的行动要等午夜才能开始。于是，我找了个山洞钻进去。在山洞里，我看到一只母熊和它的几只小熊。母熊向我扑过来，但我那本书的封面又发挥了作用，母熊倒在了我的脚下。它那肿胀的乳房提醒了我，我已经很长时间没有进食了，这时我还指挥不了任何精灵，连等级最低的顽皮小精灵也不例外。我决定趴在死去的母熊身边，吸吮它的乳汁。母熊还残留着一定的体温，因此我的这顿饭味道不算太差，只是那几只小熊也跑过来和我争食。阿方索，请您想象一下，一个出生后就从未离过家、从未看过高墙外世界的十六岁姑娘，此刻突然面临如此恐怖的处境，她该如何是好。我手里虽然有一击致命的强大武器，但我从不会主动使用，因为稍不留意，这武器就有可能反过来伤害到我自己。

不过，我发现四周的草渐渐变得干枯，空气中布满了火光闪烁的雾气，正飞着的鸟突然间就摔下来死掉了。我觉得，这周围的魔鬼似乎已听到风声，它们正在往一个方向聚集。一棵树莫明其妙地自燃起来，一团团浓烟从树里窜出来，但烟并没有向上升，而是堵在我的山洞边，将我笼罩在黑暗之中。倒在我脚下的那只母熊仿佛又活了过来，它的眼中有火光在闪烁，一闪一灭间，我面前的黑暗世界偶尔会被照亮。此时，一个狡猾的小精灵从熊嘴里蹦出来，它那一刻的形态是一条生有双翼的蛇。它就是内姆拉埃尔，一个被派来替我效力的最低等级的精灵。没过一会儿，我听到精灵天使的说话声。精灵天使是堕落天使中最杰出的一类，听到他们的声音，我顿时明白，在我进入灵界这个人神之间的中间世界时，他们大驾光临，是要助我一臂之力，为我引路。精灵天使使用的语言和《以诺书》第一部相同，而这本书我曾做过特别的研究。

最后，精灵天使之王色米亚拉斯向我宣布，一切就绪，可以开始了。我走出山洞，把那条配着星辰图案的肩带铺开，再绕成一个圆，然后打开我的书，高声念起那些此前我只敢用眼睛看的可怕咒语。阿方索大人，相信您一定会理解，我没有办法告诉您当时发生了什么，甚至可以说，即便我讲给您听，您也是听不懂的。我只能对您说，我拥有了相当强大的支配灵界生物的力量。此外，我还被传授了一些如何让天上的双子星知道我的方法。差不多就是在这段时间，我哥哥看到了所罗门王两个女儿的脚。我等太阳进入双子星座后，也做起了和他一样的工作。有一天，或者更准确地说是有一夜，我的工作取得了非常可喜的进展，但最后，我抵挡不住浓浓的倦意，被迫中断工作。

第二天早上，祖莉卡把我的镜子放到我面前，我朝镜中望去，发现似乎有两个人站在我身后。我扭过头，但什么也没看到。我再照镜子，那两个人又出现了。不过，他们尽管忽隐忽现，却没有任何阴森可怖的感觉。我看到的是两个年轻男子，身材与常人相比略显高大，肩膀也比常人略宽一些，但肩部线条像女人一样圆润。他们的胸部也像女人一样挺拔高耸，但上面全是男性的肌肉。他们圆鼓鼓的双臂形状完美，像埃及雕塑里常见的那样斜放在腰间。他们长长的卷发垂至肩头，一半是青铜色，另一半是金色。他们的相貌我就不向您描述了，神与人混血的后代有多么俊美，您是能想象得出的,而他们正是天上的双子星。我能确认出他们的身份,是因为有几簇小火焰在他们头顶上方不停闪动。

"这对半神半人的兄弟穿着什么衣服?"我问利百加。

他们根本就没有穿衣服,利百加回答我说。他们各有四只翅膀,两只奃在肩头,另两只顺着身体垂下,在腰间环绕收拢。他们的翅膀和飞虫一样,是透明的,但青铜色、金色的羽毛与透明的翼体混在一起,就可以将所有让人羞涩不安的地方遮挡无余。

我心中暗想,他们就是那两个我注定要嫁的天界夫君了。我不禁暗自将他们与珍爱祖莉卡的混血少年比较起来,但这个想法刚冒了个头,我就感到羞愧难当。我朝镜子里望去,我觉得,那对半神半人的兄弟向我投来极为严厉的目光,他们似乎能把我的内心看透,我在无意识间做出这样的比较,让他们感觉自己被冒犯了。

接下来的几天,我一直不敢抬头看镜子。不过,我终究还是壮着胆子看了一眼。双子兄弟将手交叉放在胸前,他们那柔情似水的神态让我的羞怯紧张全都烟消云散。但我也不清楚该和他们说些什么。为了摆脱尴尬,我找来了一本易德立斯[1]的书,他的作品是我们在诗歌领域的最美代表了。易德立斯诗句中的协调感与天体相互间的和谐感有异曲同工之处。但他使用的语言对我来说略显生僻,我担心读的过程中犯错,于是一边读一边偷偷地向镜子里瞄,想看看听众会有什么反应。我看到的结果让我深感满意。两兄

---

[1] 原注:易德立斯是《古兰经》里提到的一位先知。

弟你瞧我我瞧你，神情都是在表达对我的肯定和赞许。偶尔，他们也会向镜中看过来，我在与他们目光相交时，总免不了有些紧张、慌乱。

就在此刻，我哥哥进来了，幻象随之消失。他和我谈到所罗门王的女儿，他已经看到了她们的脚和腿。他非常开心，我也为他高兴。至于我本人，我觉得自己沉浸在一种此前从未体会过的情感之中。通常，在做卡巴拉秘法实验时，相伴而生的是内心的激动。但从此之后，激动在不知不觉中消退，取而代之的是一种我自己也说不清、道不明的甜蜜的忘我投入，这是一种我之前从未体会过个中魅力的感受。

我哥哥把城堡的大门打开。我从山上回来后，这扇门还是第一次打开。我们共同享受起悠闲散步的乐趣。山野风光此刻在我眼里色彩斑斓、绚丽无比。而在我哥哥的眼中，我也看到了一种让我难以形容的火一般的炽热目光，这种炽热感和他研究学问时的热情大不相同。我们顺着一片橘树林一直往下走。一路上，我遐想联翩，他也做着自己的美梦，直到返回家中，我们依然沉浸在各自的思绪中。

在给我宽衣解带的时候，祖莉卡又把镜子放到我面前。我看到镜中并非是我独自一人，便让她把镜子拿走，我就像鸵鸟一样守住一个信念：只要我自己不看，也就不会被别人看到。我上了床，进入梦乡。但很快，我的脑子就信马由缰，在各种奇怪的梦境中穿梭。我仿佛看到，在万千星辰中，有两颗异常明亮的星威风凛凛地进入黄道十二宫。突然间，它们偏离出轨道，但过了一会儿又重新出现。

这一回，它们佩上了安德洛墨达[1]的腰带，也就是仙女座的星云。

这三个星体像合体一般，继续着它们的太空之行。但过了一段时间，它们停下来，变身为火流星的模样。接着，它们再次变形，化作三道光环，转了几圈后，又绕着同一个中心点静止下来。细看过去，它们成了环绕在一个天蓝色宝座旁的三道光轮或光圈。此时，我看到双子兄弟向我伸出手来，同时向我指着他们当中的某个位置，仿佛在说，我应该到那里去。我本想朝他们奔去，但就在此刻，我觉得我被混血少年坦扎伊拦腰抱住了。我有一种热血沸腾的感觉。突然，随着一阵惊颤，我醒了过来。

我的房间一片漆黑，但祖莉卡房间的灯光从门缝里透过来。我听到她发出呻吟的声音，我以为她生病了。照理说我应该喊她一声，但我没有这么做。不知道是在什么罪恶念头的驱使下，我又一次冒失地通过锁眼看她的房间。我看到混血少年坦扎伊正放肆地对祖莉卡做着一些事情，我不禁惊恐万分，赶紧闭上眼睛，然后便晕了过去。

等我醒来，我看到我哥哥和祖莉卡站在我的床头。我狠狠地瞪了祖莉卡一眼，命令她从此不要在我面前出现。我哥哥问我为什么突然这么凶，我红着脸把昨晚的事情全告诉了他。他回答我说，昨晚他已决定让他们俩正式成亲，不过这件事还是让他很生气，因为他没有预计到此后的影响。说到底，除了我的眼睛被亵渎之外，这件事也并没有什么其他影响。让我哥哥不安的，反倒是双子兄弟对

---

1 译注：古希腊神话中，安德洛墨达是埃塞俄比亚国王刻甫斯（仙王座）与王后卡西俄佩亚（仙后座）之女，为仙女座。

我温存不尽的态度。至于我本人，除了羞愧，其他的情感已荡然无存，我宁死也不肯再看一眼镜子了。

我哥哥并不清楚我与双子兄弟之间的关系已经发展到何种程度，但他知道，我和他们已经不再陌生。他眼看我在忧郁的情绪中无法自拔，很担心我那已经开始的行动会半途而废。到了太阳即将离开双子座的时候，他觉得有必要提醒我一下了。我顿时有种大梦初醒的感觉。我的这两个男神马上就要与我分别，一别就是十一个月。一想到将有很久不能再见到他们，我就浑身战栗，我甚至还不知道他们究竟是怎么看我的，也不知道我是不是把自己弄得不堪入目，配不上他们的关心了。

我决定到城堡顶部的一个大厅里去，那里挂着面十尺高的威尼斯产的镜子。为了让自己显得气定神闲，我随身带了本易德立斯的书，书中是他谈论创世的诗。我坐在离镜子非常远的地方，然后就高声读起了诗。

读了一会儿，我停下来，然后进一步抬高声音，壮着胆子，问双子兄弟有没有亲眼见证创世的神迹。此时，威尼斯镜子从挂它的那面墙上走下来，径直来到我面前。我看到双子兄弟在镜中带着种满意的神情对我微笑，两人还频频向我点头，示意他们确实见证了创世，一切都与易德立斯所言相符。

于是，我做起了更大胆的举动。我合上书，与这两位天上的情郎目光交融在一起。但这一刻的放任差点让我付出极大的代价。我毕竟与普通的凡人差别不大，如此亲密的交流让我实在难于承受。他们眼中闪动的天神的火焰几乎要将我完全吞噬，我低下头，稍加平复后，便重新开始朗读。但我读的恰恰是第二首诗，在这首诗中,作为诗界翘楚,作者描述了各种天神之子与凡人之女恋爱的情景。到了我们今天这个时代,再去设想创世之初的恋爱方式,自然已无可能。因此,诗中那些夸张的说法,我是无法充分理解的,而且常常会让我犹疑困惑。每到困惑不解时,我的眼睛总会不由自主地朝镜中望去,我依稀看到,双子兄弟对我读诗的样子越瞧越有兴趣。他们向我伸出手臂,接着,他们又走到我椅子旁边。我看到他们打开了肩头光芒四射的翅膀,我甚至还看到,被他们当作腰带的另两只翅膀出现一阵轻微的颤动。我以为他们接下来也要打开这对翅膀,便赶紧用一只手蒙住眼睛。但就在这一刹那,我感到我的这只手被吻了一下,同时,我捧着书的那只手也被吻了一下。还是在这一刻,镜子轰然倒地、碎成千百片的声音也传进我的耳朵。我明白,太阳已经从双子星座出来了,他们是在用这样的方式向我告别。

第二天,我在另一面镜子里看到两个影子,或者更准确地说,看到我那两位天上情郎身影的淡淡轮廓。再到第三天,我就什么也看不到了。为了从失落的烦恼中解脱出来,每天夜里我都待在实验室,眼睛贴在望远镜上眺望我的情郎,直到他们沉落。不过,即便他们从我的视野中消失,我依然觉得能看到他们。最后,等到巨蟹座的末梢也消失不见,我才上床睡觉。在梦中,我常常会不由自主地流下泪水,而这泪水往往来得毫无缘由。

与我相比,我哥哥心里充满爱和希望。他以前所未有的劲头,刻苦钻研秘术。有一天,他来我这里,对我说,他观察天象发现,有一位两百年来一直住在苏菲金字塔内的著名秘术大师要去美洲,

211

并很快将经过科尔多瓦,具体时间是在图巴月[1]二十三日上午七点四十二分。

我当晚在实验室里观测,发现他说的没错,但我计算出来的具体时刻与他有一点偏差。我哥哥坚持认为他的计算没有失误,由于非常自信,他还想亲自去科尔多瓦一趟,以此向我证明,他才是掌握正解的一方。我哥哥本可以用极短的时间抵达他的目的地,这样我就根本不必向您讲述他的旅程了,但他想享受悠闲漫步的乐趣,于是宁肯费力爬一个个山坡,挑那些有无限风光的长路。就这样,他来到克马达店家。一路上,他一直让内姆拉埃尔陪着他,就是那个在山洞里出现在我面前的小精灵。他命这个小精灵给他弄顿晚饭。内姆拉埃尔便在一个本笃会修道院院长那里抢了别人准备好的饭,带到克马达店家。随后,我哥哥就没什么事调遣他了,便将他派回到我身边。此时我正在实验室里,我眺望天空,看出一些对我哥哥非常不利的事情,惊得浑身战栗。我命内姆拉埃尔赶紧回到克马达店家,别再离开他的主人。他去后不久便回来对我说,有一股比他强大得多的力量阻止他进入客栈。听到这话,我简直担心到了极点。不过,最后我看到您和我哥哥一起回来了。

初见您时,我从您的相貌中看出一种镇定,以及一种平和,因此我能得出结论,您肯定不是卡巴拉秘法师。我父亲曾告诉过我,我会因为一位凡人而受尽痛苦折磨,所以我当时很怀疑,这位凡人是不是指的就是您。但我还没来得及想这些,就要去忙很多其他的

---

[1] 原注:图巴月是埃及基督教民族科普特人的2月(但太阳离开双子星座是在6月22日)。

事。我哥哥向我讲述了帕切科的灵异故事，还有他本人的遭遇。但令我非常惊讶的是，他还补充说，他完全不清楚和他打交道的是哪一类魔鬼。我们极度焦躁地等着夜幕降临。天终于黑下来，我们念起最可怕的咒语。但我们的努力毫无效用，我们既无法知道那两个生物的属性，也不清楚我哥哥在与他们打交道后是不是真的丧失了进入天界的权利。我本以为从您这里我们可以得到一些线索，但您也不知道在守着什么承诺，而且是以荣誉为名许下的承诺，一个字也不肯说出来。

为了助我哥哥一臂之力，同时也为了让他安心，我决定自己去克马达店家过一夜，于是昨天动了身。等我到山谷的入口时，夜已经很深了。我挥挥手，聚起一团雾气，再将其变作一簇磷火，命它指引我前行。这是我们家族的一个祖传秘诀，我第七十三世祖父的亲弟弟摩西，就靠着类似的方法制造出火柱，引导以色列人在沙漠中前行。

我的磷火烧得非常旺，它依着我的命令，开始带我进发，但它并没有选最近的路。我知道它在对我耍心眼儿，但并没有太在意。

我到克马达店家的时候已是午夜。我走进院子，看到正中的一间房间亮着灯，里面还传出悦耳的歌声。我坐在一条石椅上，开始用卡巴拉秘法施法，但没有产生任何效果。不过，当时那歌声确实让我听得非常入迷，也让我分了心，所以我现在都没法确切告诉您，我施法时是不是完全做对了步骤。但回想起来，我恐怕真的是漏掉了几个关键点。总之，我当时觉得自己准确地施了法，而客栈里既没有出现魔鬼也没有出现幽灵，我于是得出结论，里面应该只有凡人，我随后就全心聆听他们的歌谣。唱歌的有两个声音，在某种弦乐器的伴奏下,这两个声音配合得非常协调,简直天衣无缝,可以说,俗世间的任何歌曲都无法与之相提并论。

这两个声音唱出的歌谣让人听了意乱情迷,具体情形我已经完全无法用言语来形容。我坐在长椅上听了很久,但终究还是要进屋的,因为这才是我来这里的唯一目的。于是,我就走进去。我发现,在这正中房间里的是两个年轻男子,他们身材高大,相貌英俊,正坐在桌旁,一边吃喝,一边动情歌唱。他们穿着东方样式的服装,都戴着头巾,胸膛和胳膊敞露在外,腰间系着各种武器。

乍一看,我觉得这两个陌生男子应该是土耳其人。他们见到我后,马上站起身,拿了把椅子放到我身边,再给我递了一大盘菜和一大杯酒,接着又唱起来。他们用来伴奏的是一把短双颈鲁特琴,两人轮流弹。

他们洒脱不羁的气度有股强烈的感染力。既然他们毫不拘束,我也就不再客气。我已经饥肠辘辘,于是就大口吃起来。房间里没有水,我就以酒代水喝了下去。吃饱喝足后,我产生了与这两位年轻的土耳其人一起唱歌的愿望,他们看起来也很乐意听我一展歌喉。我唱了首西班牙谢吉第亚舞曲。他们跟着我的旋律和歌词,与我应和起来。

我问他们是在哪里学的西班牙语。

他们其中一位回答我道:"我们出生于伯罗奔尼撒,是职业水手。有些港口我们常去,那里的语言我们自然很容易就学会了。不过,您还是先别唱谢吉第亚舞曲了,来听听我们国家的歌吧。"

我应该怎么跟您说呢,阿方索?听到他们歌曲中的旋律,心头会涌现出万千情感。前一刻还陶醉在泛滥过度的柔情中,后一刻又会随着不期而至的强音，进入疯狂至极的欢腾喜悦。

不过，我是不会被这些花招蒙骗的。我仔细地打量着这两个自称水手的人，我觉得两人实在是太相像了，而且像极了我那两个天上的双子兄弟。

"你们是土耳其人，"我问他们，"但怎么会出生在伯罗奔尼撒呢？"

"根本不是这么回事，"刚才没有开口的那一位回答我道，"我们根本不是土耳其人，我们是希腊人，生在斯巴达，同卵而生。"

"同卵而生？"

"啊！女神利百加，"另一个接口说道，"您难道不认识我们？我是波吕杜克斯[1]，他是我的兄弟！"

听到此话，我从椅子上跳起来，接着赶紧躲进房间的一个角落。这两个冒名顶替的家伙现出我在镜中见过的双子兄弟的模样，还打开了翅膀。我觉得自己的身体突然腾空了。但所幸我突生灵感，喊出一个神圣的名字。在所有卡巴拉秘法师当中，只有我哥哥和我掌握这个名字的力量。名字喊出口的同时，我重重地摔到地上。这一摔让我失去了知觉，后来，在您的悉心照料下，我才醒过来。不过，有一种非常确定的感觉告诉我，所有我必须守住的要隘，都没有失守。可是，经历了这一桩桩玄妙的事，我对这一切已心生厌倦。双子男神啊，我深深感到，我是配不上你们的。我生来就该一直做一个普通的凡人。

---

[1] 译注：在希腊神话中，双子星座分别名为卡斯托尔和波吕杜克斯。

利百加的故事到这里就说完了。我听下来的第一感觉,就是她从头到尾都在取笑我,她讲这样的故事没有其他目的,只是想让我轻信她的话,随后再加以利用。我态度相当粗暴地离开她,然后独自思考起她对我讲述的一切。我暗想道:"要么这个女人就是与戈梅莱斯家族有牵连,她想考验我,然后让我改宗成穆斯林,要么她就是出于其他某种利益,想从我这里套出我两位表妹的秘密。至于我那两个表妹,一方面,她们有可能真的是魔鬼,另一方面,她们既然受命于戈梅莱斯家族,那么……"

我正打算继续顺着这个思路往下推想,利百加却出现在我身边。她徒手在空中划了几个圈,然后又做了些别的施魔法的动作。过了一会儿,她走到我跟前,对我说道:"我刚才是在把我的位置告诉我哥哥,他今天晚上肯定会来这儿找我的。在他来之前,我们先去吉普赛人的营地吧。"

她毫不忸怩地拉过我的一只胳膊靠在上面,我们就这样到了老首领那里。他以极为敬重的态度接待了这个犹太女人。

在接下来的一整天里,利百加都表现得非常自然。看起来,她仿佛已将秘术完全抛在脑后。入夜前,她哥哥来了。他们一起走了,我也去睡了。我躺在床上,脑子里仍然想着利百加说的故事。不论是卡巴拉秘术,还是精灵、星相,我都是平生第一次听说。我完全找不到牢靠的论据来反驳我听到的这些言论,于是,我就在这种疑惑不定的状态下入睡了。

第十五天

我早早醒了，起了床，一边散步一边等着吃早饭。我远远看到卡巴拉秘法师和他妹妹，两人似乎正进行着相当热烈的讨论。因为担心打扰他们，我转身换了个方向走。但没过一会儿，我看到秘法师朝营地的方向走过去，而利百加匆匆忙忙地向我走来。我赶紧上前几步，迎到她面前，我们接着便彼此无言地结伴散起步来。

最后，还是美丽的犹太女子打破沉寂。她对我说道："阿方索大人！我想向您透露一个秘密，假如您对我大大小小的事情有点兴趣，那这秘密就可能与您相关。这个秘密是，我刚刚决定放弃卡巴拉秘术。昨天夜里，我把一切都想通了。我父亲想让我进入不死的天界，可这虚幻的荣耀有什么意义呢？我们所有人不是都该进入义人所在的天国吗？我想在这短暂的俗世中享受人生的快乐。我想有一个肉体凡胎的丈夫，而不愿和两颗星辰做伴。我想成为人母，我还想膝下子孙满堂，等我觅遍人生百态甚至对人生感到厌倦时，我想在子孙的怀里沉沉睡去，然后飞入亚伯拉罕的怀抱。您对我的这个计划怎么看？"

"我强烈支持，"我向利百加回答道，"但您哥哥怎么说呢？"

"他一开始很恼火，"她对我说道，"但他最后向我承诺，假如他必须与所罗门王两个女儿断绝关系，他也会做出和我一样的选择。

他要等到太阳进入处女星座后再做决定。在此之前,他要弄清楚克马达店家那两个戏耍他的吸血鬼的真面目,按他的说法,那两个吸血鬼分别叫艾米娜和齐伯黛。他已经不再考虑从您这里打探她们的情况,因为他认定,您知道的并不比他多。不过,今天晚上,他想把犹太浪人叫过来问话,就是您在隐修士小屋里见过的那个人。他希望能从此人口中得到一些信息。"

利百加的话正说到这里,有人过来向我们通报,说早饭已经准备好了。早饭被安排在一个非常宽敞的山洞里,帐篷也全被收到这个地方,因为此时天空乌云密布,一场暴风雨随时就要来临。眼看吃完饭后我们或许要在这山洞里守一整天,我便请老首领继续讲他的故事,他如此这般地讲起来:

吉普赛人首领的故事(续)

阿方索大人,请您先回想一下罗马蒂讲述的萨莱诺山公主的故事。我对您说过,这个故事对我的震动非同凡响。我们上床睡觉时,整个大房间只点了一盏灯,而且火光微弱。我根本不敢朝最黑的几块地方看去,特别是其中某处还放了个箱子,那是客栈老板用来放麦子的箱子,但我觉得,随时随刻,公主的六具骷髅都有可能从里面跳出来。我一头缩进被子里,这样就什么也看不见了。没过一会儿,我进入了梦乡。

骡子脖子上挂的铃铛一大早就响个不停,我就这样被吵醒了,成了最早起床的人之一。我已忘了罗马蒂和他的公主，脑中所想的，只是继续我们的旅行，享受其中的快乐。旅行的快乐，算得上最令人心悦神怡的一种快乐。被云层稍许遮掩的阳光温和地洒在我们身上，让人感觉非常舒服，骡夫决定一鼓作气，用这一整天好好赶一段长路，到一个叫多斯莱昂内斯的饮水槽再稍事休息。那里是两条路的交会处，一条来自塞哥维亚，另一条来自马德里。这一带绿树成荫，风景优美，大理石水池里两只喷水的狮子更是增添了无限的异彩。

我们是正午到那儿的。还没坐稳，就看见一帮远行者从来自塞哥维亚的那条路走了过来。在开道的那只骡子上，坐着一个看起来和我年纪相仿——不过实际上要比我年长几岁——的小姑娘，牵骡子的男仆也是个只有十七岁的年轻小伙子，尽管只是普通的骡夫打扮，但他长相英俊，衣着整洁。跟在后面的是一位上了点年纪的夫人，乍一看我差点以为她是我的姨妈达拉诺萨，倒不是说两人长得相像，但两人神情仪态如出一辙，特别是举头投足间都透着同样的善良和蔼。在他们身后还有几个家佣。

由于先到一步，我们便在树下摊开食物，邀请女士和小姑娘与我们分享。她们接受了，但脸上罩着一片愁容，特别是那个小姑娘。吃饭时，她隔一会儿便用相当温柔的目光看那个年轻男仆，而男仆也非常殷勤地为她端菜添水。老夫人一脸同情的模样看着他们俩，泪水在眼眶里打转。三人的悲伤我都看在眼里，我很想说些话安慰他们，却又不知如何开口，只得尽力像没事一样吃饭。

我们重新起程。我那好心的姨妈让人把自己的骡子牵到老夫人的骡子旁，而我则紧靠着小姑娘骑行。我看得很真切，那个年轻男仆借着给骡子套鞍的机会，碰了几下她的脚和手，甚至在半路上还吻过一次她的脚。

两小时后，我们到了奥尔梅多镇，看来当天晚上就要在这里过夜了。我姨妈让人拿了几把椅子放到屋子门口，也就是客栈门口，与那位和她一路同行的女士一起坐下来。过了一会儿，她叫我去找人烧巧克力。我走进屋子，想找我的随从，但跑错了房间，正好撞见那个小伙子和小姑娘紧紧抱在一起，泪水滂沱。看到这一幕，我的心也碎了，我一把抱住小伙子的脖子，跟着他们哭了起来，一直哭到哽咽，哭到抽搐。就在此时，两位夫人进来了。我姨妈非常吃惊，赶紧将我拉出房间，问我为什么哭。其实我根本说不上来我为什么要哭，因此也就没办法回答她。等终于弄清楚我哭得毫无缘由后，她不禁笑出了声。另一位夫人的情况就不一样了，她和小姑娘一起闭门不出，但我们在门外还是能听到她们的呜咽声，直到吃晚饭时她们才重新露面。

晚饭的气氛不是很愉快，不多时大家便草草吃完。

等餐具收拾完毕，我姨妈来到老夫人跟前，对她说道："夫人，上天不允许我用不好的方式猜想他人，尤其是像您这样的人，您看上去那么善良，必然是一位虔诚的基督徒。总之，我非常荣幸能与您共进晚餐，将来要是再有这样的机会，我肯定每次都会很高兴地与您同桌做伴。不过，我外甥看到这位年轻的小姐与一位骡夫紧紧相拥在一起，当然，小伙子确实长得很英俊，从这方面讲他是无可指摘的。至于夫人您，您看起来也并不觉得这件事有任何不妥之处。我呢，毫无疑问，我是肯定没有任何权利过问的……不过，既然我有幸和您共用这顿晚餐……而且去布尔戈斯的这段路还很长……"

说到这里，我那善良的姨妈陷入极端尴尬的境地，她已经完全没办法把话说圆了。幸而她身边的那位夫人非常适时地打断了她，对她说道："是的，夫人，您说得对，您既然亲眼见到了一些事，那么您就有权询问为什么我会如此宽容。我固然有很多理由避而不谈，但最后还是认为，我有必要把来龙去脉说给您听。"

这位善良的夫人掏出手帕，擦拭一下眼睛，接着便如此这般地讲起来：

玛丽·德·托雷斯的故事

我是塞哥维亚法官堂埃马纽埃尔·德·诺努尼亚的长女。我十八岁时被许配给退伍上校堂恩里克·德·托雷斯。此时，我母亲已身故多年。成婚两个月后，我又失去了父亲。我于是和丈夫把我妹妹接到我们家住，埃尔维拉·德·诺努尼亚当时还不满十四岁，但她的美貌已成为很多人议论的话题。我父亲几乎没留下什么遗产。至于我丈夫，他原本家产倒很殷实，但根据家族的安排，我们需要为五位马耳他骑士支付年金。此外，家族里有六位女亲戚在修道院里做修女，她们的开销也是由我们提供的。因此，到了最后，我们要是光凭收入，就只能紧巴巴地过日子。幸亏朝廷在我丈夫退伍后给他定了年金，有了这笔钱，我们的日子才算好过一些。

当时在塞哥维亚，不少原本显赫的贵族家庭日子过得同样拮据，甚至还不如我们。出于共同的需求，这些家庭掀起一股提倡少消费的节俭潮流。请客串门之类的事于是变得非常稀少。女士们的消遣变成靠在窗前看街上的风景，骑士们的活动地点也相应地换到街头。弹吉他的人不少，吟咏诗文的人则更多，反正这些事情都是什么钱也不花的。过奢侈日子的人也有，比如说做羊驼毛织物生意的商人。我们是没办法效仿他们的。为了报复，我们就鄙视他们，嘲笑他们，给他们安上各种荒唐的故事。

随着我妹妹一天天长大，我们家门前这条街上的吉他声也一天比一天多。有的人会在别人弹琴的时候吟咏诗文，还有的人干脆一边弹琴一边自己吟咏诗文。城里的丽人们都对这条街的景象嫉妒到了极点，但作为众人争相致意的对象，我妹妹却对这一切无动于衷。她基本上都是深居闺中，从不在窗前露面；为了防止别人说我们失礼，我便守在窗前，每一段表演结束后，我都向表演者说上几句感谢的话。这样的社交礼仪我认为是不能疏忽的。不过，最后一位弹奏者一离开，我就会带着外人难于想象的轻松喜悦，赶紧把窗户关起来。每到此时，我丈夫和我妹妹都已经在餐厅里等我吃饭了。我们的晚饭很简单很清淡，我们就轮番取笑这些求爱者，以此作为调料。这些人一个也没有逃过我们的嘲讽，我想，要是我们的话被他们在门口偷听到，那第二天绝不会再有任何一个人出现了。我们的话确实不够厚道，但我们乐在其中，有时吃完饭还会接着讲，一直讲到夜里。

有一天，我们在吃晚饭时又谈起这个偏爱的话题，但埃尔维拉略显严肃地对我说道："姐姐，不知道您有没有注意到，每天晚上，等那些乱弹琴的家伙全离开大街，客厅里的灯也关上后，总会传来一两首谢吉第亚舞曲的声音，这位边弹边唱的人更像是个专业的艺术家，而不是普通的爱好者。"

我丈夫表示确有此事，他也听到过舞曲。我本人对此也有印象，便随声附和。接着，我和我丈夫就拿一位新求爱者的表现来取笑我妹妹。不过，我们都感到，她在接受这些玩笑的时候，神情并不像平日里那样自然。

第二天，在和各位弹琴吟诗的人一一道别并关上窗户后，我像往常一样关了灯，但留在房间里没有出来。没过一会儿，我就听到我妹妹所说的音乐声。一开始的序曲曲调工整，技法无比娴熟。接着，我听到两首歌，第一首唱的是神秘世界里的种种乐趣，第二首唱的则是欲说还休、暗生情愫的爱情，等这两首歌唱完，我就什么也听不到了。走出客厅时，我看到我妹妹也在门口倾听。尽管在她面前我完全不动声色，但我注意到，在吃晚饭时，她满脸心事，一副浮想联翩的模样。

在之后的日子里，这位神秘的演唱者依旧天天唱他的小夜曲，我们早就习以为常，总是把歌听完才开始吃饭。

如此执着的态度，如此神秘的气氛，埃尔维拉为之深感好奇，但并没有因此萌动情意。就在这段时间内，塞哥维亚来了位能带动大家一起头脑发热、挥霍财产的大人物。他是罗韦拉斯伯爵，曾在宫中效力，现被逐至此，单是他在宫中的经历，就足以让外省人把他当作大人物了。

罗韦拉斯生于韦拉克鲁斯[1]。他母亲是墨西哥人，出嫁后给男方

---

[1] 译注：韦拉克鲁斯是墨西哥境内第一个由西班牙人建立的居民点，现为墨西哥湾畔重要的港口城市。

223

家里带来一笔巨大的财产，由于当时在美洲出生的西班牙人深受朝廷器重，他便远渡重洋，想求一个最高贵族的称号。您可以想象得出，他是个生于新世界的人，对旧世界里的规矩知之甚少。但他出手气派，行事铺张，让人惊叹不已，而国王本人也很喜欢他的纯朴天真。不过，之所以说他纯朴天真，是因为他总是用各种溢美之词，给予自己高度评价，但听多了之后，大家的态度就变成嘲笑和讥讽。

当时，在年轻的贵族当中流行着一种风俗，他们每个人都会挑一位女士做自己的梦中情人。因为贵族的女士往往有代表自己的色彩，他们就会穿上这种颜色的衣服，要是有合适的场合，比方说各类骑术比赛时，还会配上由这位女士姓名首字母组成的图案。

罗韦拉斯是个心气极高的人，他亮出来的字母图案代表的是阿斯图里亚斯公主。国王觉得他的举动挺有意思，但公主本人感到深受冒犯。事后，一位王室警卫把伯爵从家里带走，随后将他押进塞哥维亚城堡内的牢房。他在牢房里度过了一周，接着，整座塞哥维亚城便成了他的大监狱。虽说流放的缘由并不太光彩，但伯爵的天性就是能把什么事都转化为吹嘘的资本。因此他乐于和别人谈他失宠的事，而且他在话中故弄玄虚，有意让别人以为，公主和他有暧昧之实。

罗韦拉斯的自高自大体现在各个方面。他觉得自己无所不能，做任何事都必定会成功。他最自负的几件事分别是斗牛、唱歌和跳舞。唱歌和跳舞这两项才能，并没有人会不礼貌地主动与他较量，但牛就不会这么客气了。可是伯爵有武侍协助，因此依然觉得自己是不可战胜的。

我之前对您说过，我们家并不敞开大门迎客。但首次登门的客人，我们一直是接待的。我丈夫出身显赫，又有军营里的经历，罗韦拉斯觉得，有必要从我家开始，在塞哥维亚城里结交朋友。我是在客厅的一块迎宾台上接待他的，他坐在外面与我交谈，按照我们这个省的习俗，作为女流，我们要与来做客的男性保持相当远的一段距离。

罗韦拉斯非常善谈，滔滔不绝地说了很多话。他正说着的时候，我妹妹进了屋，并在我身边坐下。埃尔维拉的美让伯爵深感震撼，他愣了半晌才反应过来。他结结巴巴地说了几句词不达意的话，然后问我妹妹最喜欢的颜色是什么。埃尔维拉回答说，她并不偏爱某一种颜色。

"女士，"伯爵接着说道，"既然您想表达的是您漠不关心的态度，那我只能坦承我极度忧伤的心情，从今往后，象征忧愁的褐色就是我的颜色了。"

这样的恭维方式让我妹妹很不习惯，她一时间不知道如何作答。罗韦拉斯便起身向我们告辞。当天晚上我们听说，他这一天拜访了多户人家，谈的话题全与埃尔维拉的美有关；第二天我们又听说，他定制了四十条镶着金边或黑边的褐色缎带，以示仰慕。

也就是从这一天起，之前每天晚上都会传来的动人歌声消失了。

罗韦拉斯已经了解到，在塞哥维亚，贵族家庭不会接待旧客，他于是决定每天傍晚来我们家窗下，加入其他那些同样如此厚待我们家的绅士的队伍。由于他并没有成为西班牙最高贵族，而那些年轻绅士们也大都享有卡斯蒂利亚的爵位，因此他们觉得彼此属于同一个级别，就用平等的礼数对待他。但财富的差异渐渐形成一道不可逾越的鸿沟。后来，每当他弹起吉他时，其他人都会安静下来。

从此，不论是我们窗下的音乐会，还是他们之间的交谈，罗韦拉斯都成了绝对的主导者。

但这种优越感并不足以让罗韦拉斯满足。他极度渴望在我们面前办一场斗牛表演，此外还想和我妹妹共舞一曲。他于是相当夸张地向我们宣布，他会派人从瓜达拉马运来一百头牛，还会让人在斗兽场附近铺设出一块小广场，大家在斗兽场看完斗牛的表演后，可以在小广场上整夜舞蹈。这寥寥几句话在塞哥维亚引起巨大的反响。所谓巨大的反响，就是我在刚提到罗韦拉斯时所说的，因为他，所有人都开始头脑发热、挥霍财产。或许说所有人都挥霍财产有些不妥，但至少也可以说，因为他的出现，所有人都开始大笔花钱了。

斗牛的事情传开的那一天，我们看到，全城的年轻人都像没头苍蝇一样奔忙起来。为了这场表演，他们做起各种精心的准备。男人们纷纷定制带有金饰的礼服或鲜红的外套，女人们怎么做的，您可以自己先猜猜看。她们先试遍自己的所有衣服，换了各种发型，这自不待言；接着，她们又请裁缝和帽店老板到家里来，有现钱就付现钱，现钱不够就暂时赊账。

等这万众欢腾的一天过完，罗韦拉斯第二天又按往常的时间来到我们家窗下。他对我们说，他从马德里请来了二十五位糖果商和饮料商，他拜托我们为这些商贩做些宣传。与此同时，在我们家窗前的那条街上，挤满披着镶金边褐色缎带的人，他们用鲜红的托盘托着各种冷饮。

第三天的情况和第二天基本相同，我丈夫很自然地感到非常不快。我们家门前成了公民大会的会场，他觉得这非常不妥。在表达完自己的愤懑后，他还客气地询问了我的看法。我和往常一样对他表达支持。最后，我们决定，暂时到比利亚加小镇上避一避，我们在那里有幢房子，还有一块地。此外，我们觉得，搬过去还有个很大的好处，那就是省钱。按照这样的安排，罗韦拉斯的那几场表演和几场舞会我们是没法参加了，但我们的行头全省了下来。不过，由于我们在比利亚加的房子需要整修，我们的行程只得推迟到三个星期之后。我们把这个消息告诉了罗韦拉斯，罗韦拉斯听罢毫不掩饰失望和伤感，还把他对我妹妹的种种仰慕之情全说了出来。至于埃尔维拉，我觉得她已经忘记了那些晚上的动人歌声。不过，她还是以完全不动声色、漠不关心的态度，应对罗韦拉斯的种种情意。

我必须要再告诉您一件事。在那个时候，我的儿子已经两岁了。这孩子不是别人，正是您看到的那个和我们在一起的骡夫。这个叫隆泽托的孩子给我们带来了无数欢乐。埃尔维拉很喜欢他，待他视如己出。我可以这么对您说，窗下那帮人丑态百出的样子已经让我们极度厌烦，这孩子此时成了我们唯一的安慰。可是，就在我们刚决定搬到比利亚加的时候，隆泽托患上了天花。您可以想象，这件事让我们多么绝望。我们每日每夜都忙着照顾他，而那动人的歌声也在这段时间重新响起。序曲刚一唱响，埃尔维拉的脸上就泛起红晕，但她还是全心全意地照顾隆泽托。最后，这个宝贝孩子的病总算好了，我们重新打开窗户，接受求爱者的表演，而那位神秘的夜曲演唱者再度消失。

窗户刚重新打开，罗韦拉斯就立刻出现了。他对我们说，斗牛的事延期了，但延期完全是因为考虑到我们的情况。现在，他想请我们把日期确定下来。面对如此高的礼遇，我们只能按应有的礼数回应。最终，这个众望所归的日子定在了星期天。对于可怜的罗韦拉斯来说，这一天或许来得太早，远不够做好各项准备。

我直接说斗牛表演的细节吧。这样的表演看过一回，规则就完全清楚了，再看成百上千回都是一个套路。不过您知道，贵族斗牛和平民斗牛可不一样。贵族斗牛，先会手持长矛或标枪在马上攻击牛，每攻一次，就必须要对应地守一回；不过，他们的坐骑一般都精于躲闪，牛攻上来，最多只能擦到马屁股，绝不会有任何实质性伤害。现在，我们这位贵族斗牛士已经手持兵器进入斗牛场。为保证一切顺利，选出来的必须是"正派的斗牛"，也就是说，这头牛必须安守本分，没有心机。但是，伯爵的武侍在这一天不小心放了头"顽劣的斗牛"出来，这种牛本应用于其他场合，而并不适合这类表演。懂行的人一开始就看出了这个错，但罗韦拉斯人已经入场，想退缩也不可能了。看起来，他并没有意识到自己面临的危险。他驾马绕着牛前蹄后跳，然后一枪扎进牛的右肩。他在做这个动作的时候，扎枪的胳膊越过牛的头顶，整个身体前倾，躲在牛的两只角之间，完全符合斗牛技艺的要领。

牛被扎伤后起先似乎想向门外逃命，但突然转过身，高速撞向罗韦拉斯。随着一阵极为猛烈的冲击，罗韦拉斯的坐骑摔倒在围栏外，而他本人被牛角高高挑起，接着又被抛在围栏内。牛再一次跑到他身边，角插进他衣服的翻顶里，顶着他在空中打转，最后将他抛到斗兽场远远的另一侧。牛一时间找不到视野外的可怜鬼，便用凶蛮的双眼四处搜寻。最终，它发现了罗韦拉斯，怒火中烧、火气越来越旺地瞪着他，同时，它的蹄子不断地刨着地面，尾巴也不停地拍打着身体……就在这千钧一发之际，一个年轻人翻过围栏冲进来，拾起罗韦拉斯落在地上的剑和红斗篷，站到牛的面前。这只顽劣的牛虚张声势地佯攻几下,但年轻人毫不慌乱。最后,牛低下头,角几乎垂到地上,一鼓作气地猛冲过去,但年轻人的剑迎个正着,牛倒在他脚下,一命呜呼。这位胜利者将剑和斗篷扔到牛身上,接着便朝我们所坐的看台望过来。在向我们致意后,他重新跳出围栏,消失在人群中。埃尔维拉抓住我的手,对我说道:"我敢肯定,他就是每晚唱歌的那个人。"

正当吉普赛人首领说到这里时,他的一位心腹前来向他禀告事务。他请我们稍做宽限,容他把后面的情节留到第二天再说,然后就离开我们,去管理他的小王国了。

"说实话,"利百加说道,"听到一半被人打断,这真让我恼火。罗韦拉斯伯爵当下的处境非常险恶,要是别人对他也像首领对我们这样,让他在斗兽场里过一晚,等第二天再说,那么,再有什么灵丹妙药都救不了他了。"

"别为他担心,"我回答她说,"请相信,一个有钱人是绝不会被这样抛弃的,他不是还有武侍在身边嘛,您放心好了。"

"您说得对,"犹太女子说道,"那么,这个问题就不该成为我最放心不下的事。现在,我想知道,那个取了牛性命的人究竟是谁,他又到底是不是每天晚上唱歌的那个人。"

"不过,"我对她说道,"我觉得,不会有什么事能瞒得过女士您的啊。"

"阿方索,"她对我说道,"别再和我提卡巴拉秘术了:从今往后,我只想知道别人亲口告诉我的事,我也只想研究如何为我爱的人制造幸福的学问。"

"这么说您已经选择了一个心上人?"

"那倒完全没有,毕竟做这个选择并非一件易事。我有一种自己也说不清的感觉,我恐怕不会喜欢上一个和我信仰相同的男子。此外,我也绝不会嫁给一个与您信仰相同的男子。因此,我只能做穆斯林的妻子。据说,突尼斯城和菲斯城[1]里的男子个个帅气可爱。但愿我能从中觅得一个多情郎,我对未来伴侣的要求也就是这些。"

"但是,"我问利百加,"为什么您对基督徒如此厌恶呢?"

"别再问我这方面的问题了,"她回答我说,"您只要知道,除了我自己的宗教,我唯一能够接受的宗教就是伊斯兰教。"

我们就以这样的口吻交谈了一会儿,但对话的内容渐渐开始变得无趣,我便向犹太姑娘告辞,把当天所剩的时间基本全用在打猎上。我是在吃晚饭的时候回来的。我发现大家的情绪都相当不错。秘法师谈起那个犹太浪人,他说此人已走出非洲腹地,朝我们这里进发,用不了多久应该就会赶到。利百加对我说道:"阿方索大人,您将见到的这个人与您最敬爱的人是有私交的。"

我觉得,要是顺着利百加的这句话问下去,恐怕会弄出一段让我不高兴的对话。我便岔开话题。我们本想当晚就听吉普赛人首领接着讲他的故事,但他还是请我们少安勿躁,容许他把故事留到第二天再讲。我们于是各自上床睡觉。我睡得很安稳,一夜无梦。

---

[1] 译注:菲斯是摩洛哥历史文化名城,现为该国第三大城市。

第十六天

安达卢西亚的蝉鸣声清亮欢快,一大早我就在这奏鸣曲中醒来。我已经变成一个对大自然的美心有感触的人了。我走出帐篷,极目远眺,定睛观赏这广袤天际上的最初几抹朝阳。我想到利百加。我想,她选择凡夫俗子的生活、物质世界的生活,放弃对理想世界的思辨探索,这么做是没错的,对理想世界的思辨探索本来就徒劳无益,因为我们或早或晚总会进入这个世界。此世为我们提供了种种感官的体验,能让我们产生无数珍贵的感触,我们用自己短暂的一生去体会这些,不就已经足够了吗?我久久沉浸在类似的思考中,当然,与其说是思考,不如说只是遐想。接着,看到有人赶往山洞吃早饭,我便迈开步子跟着他走过去。和我们同时吃饭的,是一些前一夜在大山上露宿的人。吃饱喝足后,我们请吉普赛人首领接着说他的故事,他便如此这般地讲起来:

吉普赛人首领的故事(续)

之前,我向诸位说到我们从马德里到布尔戈斯途中第二晚的故事。当时，我们遇上一个小姑娘，她爱上个乔装成骡夫的小伙子，这个小伙子是玛丽·德·托雷斯的儿子。而这位玛丽老夫人告诉我们，正当罗韦拉斯伯爵在斗兽场的一角准备等死的时候，一位年轻的陌生男子在斗兽场另一角刺死那头将取伯爵性命的牛。因此，下面是玛丽·德·托雷斯接着讲她的故事：

玛丽·德·托雷斯的故事（续）

那头可怕的牛刚被剑刺倒、在血泊中翻滚，伯爵的几位武侍便急忙冲进场内救伯爵。他已经完全人事不省。大家把他抬上担架，将他送回家中。您肯定想象得到，原定的演出、舞会全都取消，所有人都各自回家去了。不过，当天晚上我们就听说，罗韦拉斯脱离了生命危险。第二天，我丈夫派人去打探他的消息。我们这位侍从去了很久才回来，他转交给我们一封信，信是这样写的：

上校先生、堂恩里克·德·托雷斯大人：

仁慈的大人，收到此信，您自然明白，慈悲的造物主为我赐福，使我保存下几分气力。不过，我胸部的剧痛让我担心，我恐怕已不能完全康复。堂恩里克大人，您知道，上天待我不薄，让我享尽此世的荣华富贵。我决定将我财产中的一部分赠给那位英勇的陌生人，他冒着生命危险，救下我的性命。所余的那些，我想，除了献给您那天人般的小姨妹埃尔维拉·德·诺努尼亚，大概也没有更好的用处。她让我心生种种无比崇敬但光明正大的情感，请您将我的这份情意转达给她。或许，再过不久，我就将化作烟尘，但此刻蒙上天之恩，我还能署下自己的名字：

罗韦拉斯伯爵
贝拉·隆萨及克鲁斯·贝拉达侯爵
塔利亚韦尔德及里约·佛洛罗世袭封地骑士
托拉斯克斯、里加·富埃拉、门德斯、隆佐斯等地的领主

您必然会感到惊奇，我怎么能记得住如此多的头衔？实际上，收信后我们曾开玩笑式地把这些头衔一个个移植到我妹妹头上，玩笑开完后我们自己也熟记于心了。

话说回来，我丈夫一收到这封信，便把内容告诉我和我妹妹，并问我妹妹准备如何回复。埃尔维拉回答说，所有事务她都只遵从我丈夫的建议，但另一方面，她也坦承，她固然感受到伯爵的一些优点，但他过度的自高自大令她印象更深。他讲的所有话，做的所有事，无一不体现出他的这种作风。

我丈夫自然当即就明白了她的意思。他便向伯爵回复道，埃尔维拉年纪还小，不能完全体会阁下的提议有多珍贵，但她还是和其他所有人一样，为阁下早日康复献上自己的祝福。可是，伯爵并不认为这些话意味着婉拒，他甚至开始和人谈起自己与埃尔维拉的婚事，仿佛这是件已经谈妥的事情。不过，我们此时已经起程去了比

利亚加。

我们的家坐落在小镇尽头,四周一派田园风光,环境非常怡人。此外,经过一番整修,屋子里也收拾得非常漂亮。正对着我们家的,是一户普通农家,房子装饰的风格极为独特。门前的台阶上放着几盆花,每扇窗户都弄得非常精美,此外还有个大鸟笼。总之,这房子有一种我说不出来的雅致感,看上去赏心悦目。有人告诉我们,这房子刚被一个穆尔西亚的自耕农买下。在我们省,自耕农是介于贵族与普通的依附农之间的一个中间阶层。

我们到比利亚加的时候天色已晚。我们一到家,就开始从地窖到阁楼一处处看房间。接着,我们让人在门外放了几把椅子,坐下来喝起巧克力。我丈夫拿我妹妹开玩笑,他说自己家实在太穷,不适合接待未来的罗韦拉斯伯爵夫人。我妹妹挺开心地接受了这些玩笑。过了一会儿,我们看到四头强健的牛拉着犁耕作归来。赶牛的是个家佣,他身后跟着位年轻人,一个青年女子挽着年轻人的胳膊,与他并肩而行。年轻人的身材很高大,等他走到我们近前,埃尔维拉和我认出来,他就是罗韦拉斯的救命恩人。我丈夫并没注意到这些,但我妹妹朝我看了一眼,我完全领会了她的意思。年轻人向我们打了个招呼,但表情显得似乎并不想与我们结识。随后,他便径直走进对面的屋子。那个青年女子倒是很仔细地打量了我们一番。

"真是一对佳偶。"一直为我们守房子的堂娜曼努埃拉说道。

"什么?一对佳偶?"埃尔维拉高声问道,"他们结婚了?"

"他们应该是结婚了吧,"曼努埃拉接着说道,"实话对你们说吧,这是桩违抗父母之命的婚事,这女孩肯定是私奔出来的。这里没人会上当,我们都看得很清楚,他们根本不像农民的样子。"

我丈夫问埃尔维拉，为什么她刚才说话声音那么响，接着又补充道："说不准，那个年轻人就是唱小夜曲的神秘歌手。"

正在此时，对面屋子里传出吉他的序曲声，而接下来的歌唱声证明我丈夫的推测完全正确。"这倒是件怪事，"我丈夫说道，"既然他已经结婚了，那么，他的小夜曲就应该是献给我们某位女邻居的。"

"说实话，"埃尔维拉说道，"我相信这小夜曲是献给我的。"

她这纯朴直率的话语让我们哑然失笑，但此后我们便不再讨论这个话题。我们在比利亚加住了六个星期，除第一天之外，对面屋子里的百叶帘一直是拉下来的，我们根本没有再见到邻居。我甚至觉得，他们应该在我们之前离开了比利亚加。

小住比利亚加的日子结束时，我们听说，罗韦拉斯伯爵身体恢复得相当不错，斗牛表演会重办，但他本人不会再亲自上阵。我们回到塞哥维亚。城里办起各种欢庆活动，伯爵用来表白的新花样层出不穷。他的良苦用心终于打动埃尔维拉的芳心，两人的婚礼极为盛大、极为气派。

结婚三个星期后，伯爵听说自己的流放期已满，可以再次进宫面圣。他非常开心，想把我妹妹也一起带去。不过，在离开塞哥维亚前，他想先弄清楚他的救命恩人是谁。他派人沿街公告，谁要是能提供关于于他救命恩人的线索，就能得到一百枚八字金币，每块八字金币值八个皮斯托尔[1]。于是，他第二天收到这样一封信：

---

[1] 原注：西班牙钱币，印有胡安娜一世和卡洛斯一世的头像，重约6.74克。

伯爵先生：

阁下正在做的是一件徒劳无益之事。究竟是谁救了您的性命，请您不要再去打探了，您只需要知道，您其实已经让他生无可恋了。

罗韦拉斯将这封信拿给我丈夫看，他带着非常傲慢的表情说，这封信肯定是埃尔维拉的一位爱慕者写的，他事先不知道埃尔维拉还有过这样一段感情经历，他如果知道，肯定不会娶她。我丈夫请伯爵说话稳重一些，不要信口开河，然后就转身而去，没有再进过伯爵的家。

进宫面圣的事情现在当然也不必再提了。罗韦拉斯变得情绪低落，甚至恼羞成怒。他的万般虚荣化作嫉妒，嫉妒又转为满腔怒火。我丈夫把这封匿名信的内容讲给我听，我们分析后得出结论，比利亚加那位乔装打扮的农民应该就是这个爱慕者。我们派人去打探消息，但那个陌生人早已消失不见，房子也已经被转卖给别人。

埃尔维拉怀孕了，她丈夫在感情上的变化，凡是我们知情的，我们全都小心翼翼地向她隐瞒。不过，她本人早已有所察觉，只是不知事出何因。伯爵宣布，为了不在妻子面前碍手碍脚，两人从此分床就寝。于是，两人只在吃饭的时候见面。夫妻间的对话变得极为尴尬，差不多每一句都带着嘲讽的口气。

我妹妹怀孕到第九个月的时候，罗韦拉斯借口要去加的斯办事，离开了她。一周之后，来了位律师，他给埃尔维拉带来一封信，并请她找见证人以便当众宣读。我们一家人于是聚到一起，而这封信

是这样写的:

夫人:

我发现您与堂桑乔·德·佩尼亚·松布雷之间的勾当。此事我已怀疑多时。他在比利亚加的房子足以证明您不守妇道,堂桑乔安排他妹妹来假扮自己的妻子,但这种掩盖非常蹩脚。或许,您真正看重的是我的财富。不过,您不要妄想分家产的事,我们今后也不会再共同生活。尽管如此,我会保证您的饮食起居,但您马上要生下来的那个孩子,我是绝对不会认的。

埃尔维拉并没有听到信的结尾,刚读没几行,她就已经晕过去。我丈夫当晚就出发了,他要为我妹妹受到的羞辱雪耻。罗韦拉斯刚登上一条去美洲的船,我丈夫就坐上另一条船追他。他们遇到一场大风暴,两人都丧生海中。埃尔维拉产下一个女儿,但两天后自己就去世了,她的女儿就是现在在我身边的这个小姑娘。我是怎么活下来的呢?说实话,我自己也不知道。我觉得,或许悲伤到极致,便有了承受悲伤的力量。

我给小姑娘取了和她妈妈一样的名字:埃尔维拉。我尽自己所能,想让她得到父亲遗产的继承权。有人告诉我,要写信给墨西哥城的法院。我就寄了封信到美洲。我得到的回复是,遗产已被分成二十份,由其旁系亲属继承,而且那里的人都知道,罗韦拉斯并没有认我妹妹的孩子。凭我的经济状况,想掏钱请人写二十页的诉讼状都办不到。我只得守在塞哥维亚,看着小埃尔维拉出生成长。我卖掉城里的房子，隐居在比利亚加，陪伴我的是我的小隆泽托，他马上就三岁了，此外还有我的小埃尔维拉，她才三个月。最让我感到悲伤的是，对面那幢农屋时时刻刻出现在我眼前，那个该死的陌生人，还有他那神秘的爱情，都曾寄居于此。不过，我最后慢慢习惯了，我的两个孩子给予我莫大的安慰，让我淡忘了一切。

我隐居在比利亚加不满一年的时候，收到一封来自美洲的信，信是这样写的：

夫人：

您收到的这封信是由一个不幸的人所写的，他满怀敬意的爱意外地给您的家庭造成了诸多不幸。假如可以比较，那么，我可以说，我固然对超凡脱俗的埃尔维拉一见钟情，但我对她的敬爱其实胜过这一见钟情时的爱慕。因此，当时只有在街头空无一人、没有旁人见证我的胆大妄为时，我才敢弹起我的琴放声歌唱。

埃尔维拉的魅力彻底占据了我的心，然而有一天，罗韦拉斯伯爵宣布，他也臣服于这份魅力。于是，我觉得我需要把自己胸中的火焰熄灭，不留一点火星，因为这火焰即将变成罪恶之火。不过，当我听说你们要在比利亚加小住后，我又斗胆在那里买了幢房子。我躲在我的百叶帘后面，鼓起勇气窥视。运气好的时候，我可以长久注视那个我从来不敢和她当面交谈、更不敢向她表白心迹的女子。我和我妹妹住在一起，并故意让人把她当作我的妻子，这样就可以避免暴露我作为暗恋者的身份。

我们亲爱的妈妈生了一场重病，我们只得赶回她身边。等我重回塞哥维亚时，我听说埃尔维拉已经添了个罗韦拉斯伯爵夫人的名号。我深感哀伤，仿佛失去了一份我从不敢争取的财富，我于是到了另一个半球的丛林中，在那里深深掩埋我的痛苦。虽在万里之外，但我还是听说了那些因我而起但毫无道理的可耻行径，对我敬爱的女子，居然会有人如此可怕地无端指控。

因此我需要郑重声明，我对超凡脱俗的埃尔维拉只有敬爱，去世的罗韦拉斯伯爵以此为据，推测我是埃尔维拉腹中孩子的父亲，这纯属无稽之谈。

我郑重声明，此言论纯属谣言，我谨以我的信仰和我的救赎立誓，超凡脱俗的埃尔维拉的女儿将成为我一生唯一的妻子，我将履行此誓言，以证明她并非我的女儿。圣母玛利亚，以及您那赐给我们宝贵圣血的圣子，你们将在我临终时扶助我，现在也请你们为此事实作证。

堂桑乔·德·佩尼亚·松布雷

另：我已邀阿卡普尔科[1]市长及其他几位见证人共同在本信后签名；请到塞哥维亚法院验核本信复件与原件一致，使其得到法律认可。

---

1 译注：阿卡普尔科位于太平洋沿岸，距离墨西哥城约300公里，是现墨西哥格雷罗州重要的港口城市。

我一读完这封信,就不住口地咒骂佩尼亚·松布雷,还有他那所谓的敬爱。

"啊,真是个可耻之徒!"我暗说道,"简直是个怪人、不正常的家伙!甚至可以说是撒旦、路西法!你当着我们的面杀死的那头牛,它怎么没有把你的肚子给顶穿!你那该死的敬爱把我丈夫和我妹妹都害死了!你让我一生都要在泪水和不幸中度过,现在你竟然还要向一个十个月大的小孩子提亲,愿上天……愿天雷……"总之,我在满腔愤恨下将所有想说的话全宣泄出来,接着就去了塞哥维亚,让堂桑乔的信得到法律认可。这一次进城,我发现家里的财政状况正处在危机之中。由于五位马耳他骑士的年金没有及时支付,我卖房子应得的钱被冻结了,而我丈夫原先的年金现在也被取消了。我与五位马耳他骑士及六位修女商议,然后为他们做了个了结性的安排。最后,我只剩下比利亚加的小房子。由于这房子对我来说已变得无比珍贵,因此我回家时也带着无比的欣慰和愉快。

我的两个孩子都健康快乐地待在家里。我留下照看他们的女佣,此外还有一个男佣以及一个耕地的仆人,从此,我家里的帮手就只剩下他们三人了。我就以这样的方式生活着,并没有更多的需求。

凭着我本人的出身以及我丈夫当年的地位,我在整个镇上都颇受人敬重。每个人都尽自己所能为我提供帮助。六年就这样过去了,我真希望,从此不会再遭受到更大的不幸。

有一天,我们镇的镇长来到我家。他知道堂桑乔那份奇特的声明。他带了份报纸对我说道:"夫人,请允许我向您道喜,因为您外甥女将来的婚事会非常荣光。请您读一读这篇文章吧。"

堂桑乔·德·佩尼亚·松布雷为国王陛下立下显赫功绩。一方面，他占有新墨西哥北部两个富含金矿的省份；另一方面，他以稳妥谨慎的方式，平定了库斯科的反叛。因此，他不久前获得了西班牙最高贵族的光荣称号，并享有佩尼亚·贝雷斯伯爵的身份。他刚刚被任命为菲律宾大都督，并已走马上任。

"感谢上帝，"我对镇长说道，"这样的话，小埃尔维拉就算不嫁给他，至少也有了个保护人。但愿他能平安从菲律宾回来，然后被任命为墨西哥总督，把我们的财产归还给我们。"

我无比期待的这个愿望四年后真的成了现实。佩尼亚·贝雷斯伯爵被任命为墨西哥总督，我为了外甥女给他写了封信。他回信对我说，假如我以为他会忘记超凡脱俗的埃尔维拉的女儿，那对他而言无异于无情的羞辱，他不但没有犯下这样的罪过，而且已经开始让人在墨西哥城的法院办理必要的程序。这场官司可能耗时良久，他也不敢催促，因为他既然只会娶我的外甥女为妻，那么，他向法院施压，就相当于要求自己有特殊待遇，他觉得这样是不妥当的。通过这样的回答，这个男人让我看到了他信守诺言的态度。过了没多久，加的斯的一位银行代理人转交给我一千枚八字金币，但不肯告诉我这笔钱来自何方。我当然有充足的理由认为这是总督送过来的，不过，谨慎起见，我并没有接受这笔钱，甚至连碰都没有碰。我请代理人把钱存进了协定银行[1]。

---

[1] 译注：协定银行指 1701 年法国银行家安托万·克罗扎开设的"协定公司"（Compagnie de l'Asiento），当时他与西班牙人签署协定，获得将非洲黑奴贩卖至美洲西班牙殖民地的垄断权。

我尽自己最大可能，守住所有这些秘密，但最后消息还是传开了。在比利亚加，大家都知道，墨西哥总督看上了我的外甥女。从此，别人一提到她，总会把她称作"小总督夫人"。

我的小埃尔维拉当时十一岁，我想，要是换一个人，此刻肯定早已头脑发热、自我膨胀了。但这个小姑娘心智与常人不同，她有另一种追求，这追求使虚荣心在她身上毫无滋生的空间。不过，我很晚才意识到她的独特个性。还非常小的时候，她就口齿不清地说些情话般的甜言蜜语了，她这些过于早熟的情感，全是向她的小表哥隆泽托表达的。每当看到他们在一起，我就总想将两人拆散，但我不知道该拿我儿子怎么办。有时我会训斥外甥女，但这样反倒使她事事都避着我。

您知道，在外省的小地方，人们能读到的书，无非就是长篇小说或短篇小说，以及一些可以边弹吉他边吟唱的抒情诗歌。在比利亚加，全镇共有二十来本这类纯文学的书，镇上的文学爱好者你借给我，我借给你，互相传阅。我禁止小埃尔维拉看这些书，一页也不可以看。不过，在我想到对她宣布这条禁令时，她早已将这些书熟记于心了。

奇怪的是，我的小隆泽托，他也产生了同样的爱读书、爱浪漫的兴趣。两个人默契到了极点，特别是在需要隐瞒我的时候，他们配合得天衣无缝。其实这也不算什么难事，因为您知道，母亲或姨妈遇到孩子有这种事，跟丈夫遇到妻子有这种事是一样的，总会一叶障目，不明真相。不过，他们这套把戏终究还是让我产生了一点点疑心，我想把小埃尔维拉送进修女院，但我的钱不够支付各项费用。最后，我该干涉的事，当面我全都没管，而小姑娘对总督夫人的名号毫不在意，她想让自己做个拥有真爱的人，即便要面对悲情，即便要成为命运的巨大牺牲品，也在所不惜。她把自己的美好想法告诉表哥，两人决心一起捍卫爱的神圣权利，与命运的残暴安排不懈抗争。他们的行动持续了三年，这件事我完全蒙在鼓里，毫不知情。

有一天，我在鸡舍里撞见他们，那是一副凄凄惨惨、悲悲切切的景象。小埃尔维拉背靠鸡笼半躺在地上，一块手帕拿在手中，泪如雨下。隆泽托跪在离她十步远的地方，同样是痛哭流涕。我问他们这是在干什么，他们回答我说，他们正在表演一段小说里的场景，小说的名字叫"福恩·德·罗萨斯和琳达·莫拉"。

这一次我没有再被他们糊弄过去，我看得很清楚，表演归表演，但真正的情、真正的爱是存在的。当着他们的面我不动声色，接着，我去找了我们的本堂神父，问他我该如何应对。神父思考了一会儿对我说道，他会给他教会里的一位朋友写信，此人可以暂时在自己家中代管隆泽托，而在此期间，我需要向圣母做九日敬礼，并把小埃尔维拉锁在她睡觉的闺房里。

我向神父表示谢意，然后开始九日敬礼。我确实关好了小埃尔维拉的房门，但不幸的是，我忘了把窗户从外面封上。有天夜里，我听到小埃尔维拉的房间里传出响动声。我赶紧去把房门打开，只见她和隆泽托睡在一起。他们穿着衬衣从床上跳下来，双双跪倒在我脚下，并对我说，他们已经成亲了。

"谁准许你们成亲的？"我高声叫道，"哪个神父敢做出这种可耻的事情？"

"不，夫人，"隆泽托极为严肃地回答我道，"我们的事和任何一

243

位神父都无关。我们是在大栗树下私订终身的。自然之神在晨曦中接受了我们的结婚誓词，树上的鸟儿都是我们圣礼的见证者。夫人，就是这样，迷人的琳达·莫拉成了幸福的福恩·德·罗萨斯的妻子，书中的情节印证的正是我们的故事。"

"啊！可怜的两个孩子啊，"我对他们说道，"你们并没有结婚，你们也不能结婚，你们是近亲啊。"

在极度悲伤的情绪中，我已经无力训斥他们了。我让隆泽托离开。接着，我倒在小埃尔维拉的床上，大哭起来。

故事说到这里，吉普赛人首领想起来，他需要亲自到场处理一件事务，便向我们告辞离开。

首领离开后，利百加对我说道："这两个孩子让我很感兴趣，在见识过坦扎伊和祖莉卡这对混血情侣的交往后，爱情在我眼里变得魅力无穷。听了英俊的隆泽托和可爱的小埃尔维拉的爱恋故事后，我更觉得，爱应该是种迷惑万生的情感。这两个孩子让我联想到爱神和普赛克的传说[1]。"

"您的这个比较非常精妙，"我回答她说，"这说明，您不仅越来越精通《以诺书》和阿特拉斯[2]的书，而且，您对奥维德传授的艺术[3]也有了更深入的研究。"

---

1 译注：在希腊神话中，普赛克是一位国王的女儿，她有着世上无双的美丽外表和心灵，这让爱神阿芙洛狄忒非常嫉妒。她让自己的儿子爱神厄洛斯设法把普赛克嫁给世上最凶残丑恶的野兽，但厄洛斯在看到普赛克后爱上了她，并娶她为妻。
2 译注：阿特拉斯是古希腊神话中的擎天巨神，这里应指星相学方面的书籍。
3 译注：奥维德，古罗马诗人。公元1年发表《爱的艺术》，这是一本为世间恋人所写的情爱教科书。

"我觉得,"利百加说道,"您刚才所说的那门学问,它和我一直以来研究的学问一样危险——爱具有与卡巴拉秘法相似的魔力。"

"说到卡巴拉秘法,"本·马蒙说道,"我要告诉你们,那个犹太浪人昨天夜里已经越过亚美尼亚的山脉。他正全力以赴,赶到这里来找我们。"

我对魔法之类的话题非常厌烦,因此,话题一转到这里,我就不想再听下去。我离开众人,独自打猎去了。等我晚上回来的时候,吉普赛人首领不知去了何处。与我共进晚餐的只有他的两个女儿,因为秘法师和他妹妹也不在。与这两位年轻女子独处时,我略有几分尴尬。不过,看起来,那天夜里进我帐篷的两个人并不是她们。我觉得那应该是我的两位表妹。而这两位表妹或这两个女魔头,究竟是什么身份呢?真是件我无法参透的事啊。

第十七天

看到大家都朝山洞走,我也跟过去。匆匆吃完早饭,利百加率先开口,问起玛丽·德·托雷斯的故事的后续。吉普赛人首领不再客套,如此这般地说起来:

玛丽·德·托雷斯的故事(续)

在小埃尔维拉的床上哭了很久后,我又换到自己床上继续哭。假如能有人给我出点主意,恐怕我也不会如此悲伤。可我不敢向任何人透露我这两个孩子的羞耻之事,我自己也羞惭到极点,我觉得,唯一的罪人就是我本人。我就这样泪流不止地过了两天。到了第三天,我家房前来了一支长长的队伍,有的人骑着马,有的人骑着骡子。我接到通报,塞哥维亚市长来了。这位长官先客套地寒暄了几句,然后告诉我说,西班牙最高贵族、墨西哥总督佩尼亚·贝雷斯伯爵给他写了封信,并命他将这封信转交给我。出于对这位大人的敬重,他决定亲自将信呈到我的手上。我按照应有的礼节向他表示感谢,然后接过信。信是这样写的:

夫人：

　　从今天倒推，那是在十三年差两个月前，我有幸向您声明，除了埃尔维拉·德·诺努尼亚，我将不会娶他人为妻。我在美洲写那封信的时候，她才只有七个半月大。从此以后，她渐渐长大，魅力与日俱增，我对可爱的她也日复一日更为敬爱。我决定从万里之外来到比利亚加，跪倒在她的脚下。但陛下有令，马德里方圆五十法里内的地方我都不得进入。因此，我期待在塞哥维亚到比斯开省的这条路上与夫人相逢。

以敬爱之心忠诚为您效力的
堂桑乔·佩尼亚·贝雷斯伯爵

　　这就是这位始终对人表示敬爱的总督的信。我当时正痛苦不堪，看了这样一封信，不禁破涕为笑。市长又交给我一个钱袋，里面的钱和我存在协定银行的钱数额完全相等。然后，他向我告辞，在镇长家吃了顿饭后，便赶回塞哥维亚。

　　而我就如塑像一样，一只手拿着那封信，另一只手握着钱袋，立在原地，动弹不得。这突如其来的一切让我惊得久久无法回神，直到镇长过来对我说，他已经把市长大人送到比利亚加辖区的边界，现在，他完全听我指挥，他会给我安排好骡子、仆人、向导、鞍具和食物，总之，我上路所需要的一切，他都会给我送来。

　　我就听凭好心的镇长忙前忙后。有了他的热心代劳，第二天我们便准备齐全，正式出发了。我们先是在比利亚贝尔德过了一晚，现在又来到这里。明天我们要去比利亚雷亚尔，在那里，我们应该就会见到敬爱他人的总督大人了。可我要对他怎么说呢？他要是看到我们这个小姑娘流泪的样子，又会说些什么呢？我不敢把儿子独自留在家中，因为那样反而会让别人产生疑心。而且，实话跟您说，他向我苦苦哀求，要跟我们一起来，我实在无法回绝他。我于是就把他打扮成骡夫。唉！只有上天会知道将发生什么！我担心事情穿帮，但又希望一切真相大白。不管怎么说，我还是要见总督一面的。我必须弄清楚，为了让小埃尔维拉应有的财产失而复得，他究竟做了哪些事情。尽管她已经不配当他的妻子，但我还是希望她能够被他看上，做他的义女。可是，毕竟这把年纪了，疏于管教的事情，我怎么能不顾颜面地向他坦白呢？说实话，面对眼下这样的状况，我假如不是基督徒，宁愿选择去死。

善良的玛丽就此说完她的故事，悲从中来，泪眼婆娑。我善良的姨妈也掏出手帕，跟着哭起来。我也流下了眼泪。小埃尔维拉更是哭得几度哽咽，大家只好解开她胸衣的带子，将她带到床上躺下。出现这意外的一幕后，大家也都各自休息去了。

吉普赛人首领的故事（续）

我也上床睡了。天还没亮的时候，我感到有人拽我的胳膊。我一下子惊醒，差点叫出声来。

"请小声说话，"拽我胳膊的那个人对我说道，"我是隆泽托。埃尔维拉和我想了个脱身的办法，这办法就算不长久，至少也能管用几天。这是我表妹的衣服，请您换上，然后埃尔维拉穿您的衣服。我母亲是个非常善良的人，会原谅我们的；至于骡夫还有其他从比利亚加一路陪我们到这里的人，他们是没法揭穿我们的，因为总督刚刚派了一批人把他们全替换了。贴身的女佣是向着我们的。所以，请您赶紧把衣服换了，然后睡到埃尔维拉的床上去，她也会到您的床上来。"

我当然找不到任何理由拒绝隆泽托，我于是尽自己可能，以最快的速度换好衣服。我当时十二岁，但与同龄孩子相比我个子偏大，所以，一个卡斯蒂利亚十四岁女孩的衣服对我来说非常合身。因为你们知道，与安达卢西亚的女性相比，卡斯蒂利亚的女性身材普遍娇小。

我一穿好衣服，就跑到埃尔维拉的床上躺下。过了没多久，我就听见有人对她的姨妈说，总督的管家在客栈的餐厅等她，而这餐厅原本就是兼做公用会客厅的。

又过了一会儿，有人喊埃尔维拉的名字，我便代替她进了餐厅。她的姨妈一见到我，马上摊开双手举向天空，然后摔倒在身后的一把椅子上。不过，管家并没有注意到她的反应，他单膝跪地，向我转达他主人的敬意，并呈给我一个首饰盒。我举止极为优雅地收过礼物，命他起身。接着，总督的多位部下拥进餐厅向我行礼，并齐声高呼三遍："我们的总督夫人万岁！"

我真正的姨妈也进来了，她身后跟着一身男孩打扮的小埃尔维拉。我姨妈同情地看着玛丽·德·托雷斯，并向她使了几个眼色，意思是说，现在已没有别的办法可想，只能让孩子们实施他们的方案。

管家问这位夫人是谁。我对他说，这位夫人来自马德里，她要去布尔戈斯，把她的外甥送进德亚底安修会的学校。管家请她改坐总督的驮轿上路。我姨妈表示，希望能为她的外甥提供一辆马车，她说，外甥身体娇弱，旅途奔波更让他非常劳累。管家于是照我姨妈的吩咐安排手下去准备。接着，他向我伸出他戴着手套的手，将我牵上我的驮轿。我开道先行，整个队伍也跟着上了路。

就这样，我成了未来的总督夫人，手捧着装满珍宝的盒子，身子坐在两只白色骡子拉的镀金驮轿上，两侧轿门外各有一名骑马的武侍护卫。对于我这个年纪的男孩来说，这真可谓特殊到了极点的处境，我生平第一次思考起婚姻这件事。人与人的这种关系，其本质究竟是什么，我还没有完全弄明白。当然，就算我再不明白，我也知道，总督是绝不会娶我的，因此我最多就是拖住他，尽量让他晚发现自己的错误，使我的朋友隆泽托有充足的时间想出良策，周全脱身。我觉得，能为朋友出力，实在是美事一桩。总之，我决定扮好小姑娘的角色。为了更像模像样，我躲在驮轿里，装腔作势，故弄玄虚，时不时发出撒娇的声音。我还想到一点，走路的时候要避免步子迈得过猛，而且不论做什么动作，幅度都不能太大。

就在我左思右想的时候，前方扬起一阵烟尘，看来总督到了。管家将我扶下驮轿，并请我倚靠在他的胳膊上。总督跳下马，单膝跪地，对我说道："女士！我对您的爱自您出生时便已开始，在我告别人世后才会结束，请您允许我向您表达我的爱意。"说罢，他吻了吻我的手，然后不等我回答，便让我回到驮轿上。他自己也重新上马，和我们一起赶路。

他一直骑着马在我驮轿前后护卫，加上他也很少看我，这样我就有充裕的时间放心大胆地打量他。当年，不论是他刺死斗牛的时候，还是从比利亚加田间耕作归来的时候，德·托雷斯夫人见到他都觉得他非常英俊。可是，他现在已不再年轻。成为总督的他依旧算得上是个美男子，但长期受阳光炙晒后，从脸上的皮肤看，他更像是个黑人，而不是白人。他眉毛浓重，紧压着双眼，这让他的面相变得非常可怕。他千方百计想让自己显得和颜悦色，但这反倒使他的模样变得更加古怪，丝毫达不到他所期待的亲切效果。他和男人说话时声如洪钟，和女人说话却改用假声，那声音仿佛是从笛子里吹出来的，让人听了实在没法不笑。他转回身指挥手下时，像极了军队的统帅；可是，他一和我说话，又变成一个等待命令准备出征的先锋。

我越端详总督，就越感到不自在。我开始想象，他发现我男儿身的那一刻，必将咆哮如雷，严惩我一番，一想到这里，我开始浑身颤抖。此时我已没有必要扮羞涩装胆小了，因为我真的是全身抖个不停，连抬眼望人都不敢了。

我们到了巴拉多利德。管家向我伸出手，把我带进一间专门为我准备的房间。两个姨妈跟着我进来。埃尔维拉也想进来，但她被当作淘气鬼轰了出去。至于隆泽托，他老老实实地和马夫、骡夫们在一起。

等只剩下我和两位姨妈后，我立即跪倒在她们脚下，求她们千万别暴露我的身份。我提醒她们，稍有点疏忽，我就要面对极为严厉的惩罚。一想到我会被人用鞭子痛打一顿，我的亲姨妈慌乱绝望到极点，她跟着我一起哀求起来。这样的哀求当然是多此一举，玛丽·德·托雷斯其实和我们一样惊恐万分，她能想到的对策，就是尽可能拖延时间，让真相越晚暴露越好。

最后，有人来禀报午饭已经备好。总督在餐厅门前迎候我。他带我落座后，自己坐在我的右手边，并对我说道："女士，我现在守着不公开自己身份的规矩，但这只是暂时放下总督的尊严，而不是完全舍弃。因此我斗胆坐在您的右手边，就像一位庄重高贵的主人请女王赴宴时会坐在她右手边一样。"

接着，管家根据其他入席者的身份给他们依次安排了座位，并把主位留给德·托雷斯夫人。

大家一言不发地吃了很长时间。最后，总督看着德·托雷斯夫人，对她说道："夫人，您曾经给我写了封信寄到美洲。我痛苦地看到，在这封信中，您似乎怀疑我是不是会真的来履行我十三年加几个月前对您许下的诺言。"

"大人，"玛丽说道，"请允许我如实相告：假如我当时知道您是如此言出必行，那么，不论是外表上还是实际上，我的外甥女都会以更好的方式来与您的伟大相配。"

"我们都很理解，毕竟你们是欧洲人嘛，"总督接着说道，"可是在新大陆，所有人都知道我是个从不开玩笑的人。"

谈话就此中断，也没有人再谈新的话题。大家离席后，总督把我送到我的房间门口。两位姨妈去找真的那位埃尔维拉，她已经在管家那一桌吃了饭，而我就和埃尔维拉的女仆待在一起，她现在变成了我的女仆。她很清楚我是个男孩，但并没有因此在服侍我时随便应付。她对总督也同样非常惧怕。我们相互打气,希望共渡难关,说到最后,我们一起开怀大笑起来。

我的两位姨妈回来了。由于总督事先交代过,他当天不会和我再见面了,于是,她们便偷偷地把埃尔维拉和隆泽托带进来。整个房间一片欢腾。我们几个孩子像疯子般笑个不停,两位姨妈也很高兴能有一天时间休整放松,她们的心情基本上和我们一样愉快。

不知不觉中,天黑下来。这时,传来一阵吉他声,我们循声望去,只见陷入爱河的总督披着件深色外套,半隐半露地出现在对面一间屋子里。他的歌喉不再似年轻时那般清亮,但歌声还是非常动听。他的音唱得非常准,一听就能听出,他是个经常玩音乐的人。

小埃尔维拉很清楚怎么传情表意,她取下我戴的一只手套,将它抛到两间屋子当中的街上。总督出门拾起手套,吻了一下后收进怀中。他的这份厚爱让我接受起来极为惶恐,我觉得,等他知道我究竟是什么样的埃尔维拉后,光凭这件事,我就要多添一百下鞭刑。一想到这一点,我顿时黯然神伤,再也顾不上别的事了,一门心思只想睡觉。埃尔维拉和隆泽托眼中含着泪花与我道别。

"明天见!"我对他们说。

"或许吧。"隆泽托回答我说。

我随后就和新姨妈在同一个房间里睡下。我用最简单的方式三下两下除掉外衣就赶紧上了床,她也照着我的样子匆匆入睡。

第二天早上,我真正的姨妈达拉诺萨赶来叫醒我们。她对我们说,埃尔维拉和隆泽托两人半夜里私奔了,没人知道他们去往何处。这个消息对于玛丽·德·托雷斯来说犹如晴天霹雳。至于我,我的第一反应是,我现在已别无他法,只能安心替代埃尔维拉做好总督夫人了。

吉普赛人首领正说到此处,他的一位手下走进来,向他禀告一些事情。他起身向我们告辞,请我们允许他把后面的故事留到次日再讲。

等吉普赛人首领离去,利百加略有些不耐烦地表示,我们总是在听到最精彩的情节时被人打断。接着,大家就开始聊天,话题都是些没什么意思的事情。秘法师说,他得到那个犹太浪人的新消息,此人已越过巴尔干山脉,很快就会进入西班牙国境。这一天剩余的时间大家都做了些什么,我已记不清了。因此,我还是赶紧转到后一天的故事吧,那一天的故事内容更为丰富。

第十八天

　　天还没亮我就醒了,我突发奇想,想去兄弟谷那可怕的绞刑场看一看,我想看看,会不会又有谁成了新的受害者。我真的不虚此行。确实有个男人躺在那两个吊死鬼当中。他看上去已经人事不知。我摸了摸他的手,很僵硬,但还保存着一点热度。我从河里弄了点水,然后将水洒在他的脸上。我看到他有点轻微的反应,便一把将他抱起,带他走出绞刑场。他终于恢复神志,在用慌乱的眼神看了我一会儿后,猛地挣开我,向山野里跑去。我远远地盯着他看。最后,眼看他就要消失在树丛中,并或许要在荒山里迷失方向,我觉得自己有必要追上去,把他拉回来。他转身看到我在追他,跑得更猛了。突然,他狠狠地摔倒在地,太阳穴上方受了伤。我掏出手帕为他包扎伤口,接着又从衬衣上扯下一块布,将他整个头都包起来。这个男人就任我处置,不发一言。我看他是个性格温顺的人,便想把他带到吉普赛人的营地去,我觉得这也很有必要。我向他伸出胳膊,他拉住了,然后在我身旁跟着我走,但这一路上我根本没法让他说出一个字来。

　　等我们到了山洞,大家已经全聚在那里等着吃早饭了。他们为我留了个位置,看到我身边的陌生人,便也给他加了个座,但没人问他是谁。这就是好客之道的体现,在西班牙,大家都熟悉其中的规则。陌生人喝起一碗拌巧克力的浓汤,喝的样子简直像个急需滋补身体的病人。吉普赛人首领问我,跟我来的这位同伴是不是被盗贼弄伤的。

"完全不是这么回事,"我回答道,"我是在兄弟谷的绞刑架下看到这位先生的。他当时不省人事,等恢复神志后,他就马上向山野里跑去。我担心他在荒山里迷路,便在他后面追他。但我追得越紧,他就跑得越快,所以才会弄了一身伤。"

听到这里,陌生人放下勺子,带着极为严肃的表情扭头看我,并对我说道:"先生,您的表述真是一塌糊涂,我怀疑别人都教了您一些错的道理。"

诸位不难想象,这样的一句话会引起我内心何种反应。但我还是表现得很镇定,我回答道:"这位我素不相识的先生,我敢向您担保,从我幼年开始,就有人向我传授最好的道理,这些道理对我来说是必不可少的,不然的话,我现在也不会有幸成为瓦隆卫队的上尉。"

"先生,"陌生人接着说道,"我说的别人教您的道理,是重力加速度方面的道理,比如说一个斜面上的重力加速度。您既然想谈我摔的那一跤,还总结了我摔跤的原因,那您就应该注意到,绞刑架是处在一个较高的点上,我是沿着一个斜面往下跑的,这样的话,您就应该把我跑的线路看作一个直角三角形的斜边,这个三角形的底边与水平面平行,它的直角应该是在从三角形顶端到底边的垂线与底边的相交处,也就是说,直角是在绞刑架的正下方。这样的话,您可以说,我在斜面上跑的加速度与假设我从垂线顶端沿着垂线往下掉的加速度之比,等同于这条垂线与斜边之比。通过这样计算得出的加速度，它才是我摔得这么猛的原因，您说我为了避开您加速跑才导致我受伤，这样的表述是错的。不过，所有这一切并不妨碍您成为瓦隆卫队的上尉。"

说完这段话后，陌生人又拿起他的勺子，重新开始喝那碗拌巧克力的浓汤。我一时间拿不定主意，完全不知道该如何回应他的这番推论，我甚至不清楚他这到底是严肃的阐述，还是拿我取笑的嘲讽。

吉普赛人首领看出我面带愠怒，随时可能发作，便想转移话题。他指着我说道："这位绅士看起来是不太精通几何学的，他应该需要休息了。今天让他再说话恐怕不太合适。因此，如果诸位没有异议，我就接着讲我昨天起了个头的那段故事吧。"

利百加表示，对她来说，这实在是再愉快不过的事了。首领于是如此这般地讲起来：

吉普赛人首领的故事（续）

昨天被打断的时候，我正向诸位讲到，我姨妈达拉诺萨来告诉我们，隆泽托带着女扮男装的小埃尔维拉一起私奔了，这条消息让我们错愕不已。德·托雷斯姨妈一下子失去外甥女和儿子两位亲人，深深陷入外人难以想象的悲痛之中。而我觉得自己被埃尔维拉抛弃了，现在只能代她把总督夫人做到底，否则的话，就必须接受一顿我担心会让人生不如死的惩罚。我满脑子都在想我要面对的残酷结局,就在此时,管家来告诉我,到了赶路的时间了,他向我伸出胳膊,准备挽着我下楼梯出门。我突然产生了一种强烈的信念,我觉得,必须要让自己做个以假乱真的总督夫人,于是,不由自主地,我抬起头,挺起胸,带着庄重而谦和的神态,握住管家的胳膊走起来。我的两位姨妈尽管心情依然悲痛,但看到这一幕都不禁露出笑容。

这一天,总督并没有在我的驮轿前后护卫。我们到了托尔克马达才遇见他,他在一家客栈门前等候我们。我前一天传情表意的举动让他胆子大了许多。他指给我看他藏在怀里的那只手套,然后伸手示意要牵我下轿,他紧紧攥了一会儿我的手,接着还亲吻了一下。看到自己被一位总督大人如此厚待,我不禁产生一种奇怪的享受感。但敬爱的表示过后,迎接我的极可能是一顿无情的鞭笞,一想到这一点,我就惊慌不定,始终难以安心。

我们在为女士准备的厢房里稍事休息后,便有人禀告午饭已经备好。我们基本按照昨天的坐法各自落座。上第一轮菜时房间里鸦雀无声。直到开始上第二轮菜,总督才看着达拉诺萨夫人,对她说道:"夫人,您外甥和那个拉骡子的小无赖,他们跟您胡闹的事,我已经听说了。要是换成在墨西哥,用不了一会儿我就能抓住他们,不过,我还是下令让人找他们去了。等把他们找回来,您外甥要当众在德亚底安修会的院子里接受鞭刑,那个小骡夫,他要去服一段时间苦役。"

听到苦役这个词,再加上对儿子的思念,德·托雷斯夫人顿时晕了过去;而我听说自己可能要在德亚底安修会的院子里接受鞭刑惩罚,也惊得从椅子上摔下来。

总督连忙用最贴心的方式向我提供帮助,我稍稍定下了神。在这顿饭剩下的时间里,我的举止一直相当得体。等吃完饭大家纷纷离席后,总督并没有送我回房间,而是带着我和我的两位姨妈来到客栈对面的树丛前,他让人给我们搬来椅子,让我们坐下,接着对我们说道:"女士们!大家都看到,今天我的言行明显有些粗暴生硬,也让你们产生了一些不安的反应,这我都心知肚明。我这样的言行方式是我在以往各种工作中逐渐积累形成的。我也就此进行了一番思考,我觉得,你们对我的认识只是浮光掠影式的,你们只知道我一生中的几个小片段,但并不清楚在这几个片段背后有怎样的前因后果。因此我认为,你们肯定想听一听我的故事,而我也应该把自己的故事说给你们听。我希望,你们在对我有更多的了解后,至少不会再像今天我见到的那样,对我如此畏惧。"

这番话说完,总督就静静地等着我们的回答。我们纷纷表示,非常希望对他有更为深入的了解。他对我们的这份愿望表达了感谢,然后便如此这般地说起来:

佩尼亚·贝雷斯伯爵的故事

我出生在格拉纳达附近的一片美丽土地上,在浪漫的赫尼尔河河畔,我父亲有一户乡间农舍,那就是我的家。你们知道,西班牙诗人在写田园诗的时候,总喜欢把故事背景设在我们这个省。诗人们让我们相信,我们这里有一种独特的、适于爱情滋生的气候,每一个格拉纳达人的青春——对某些人来说甚至是毕生——都只用来谱写爱的颂歌。

在我们这里，一个年轻人进入社会后，要做的第一件事就是选一位女士作为自己的梦中情人。假如这位女士能接受他的敬意，那他就可以称自己是她的"臣服爱人"，也就是说，是狂热爱慕她、被她女性魅力征服的人。这位女士在认可他这个身份后，就相当于心照不宣地立下承诺，自己的手套和扇子，只会交给他一个人。在众人面前，她假如想让人递给她一杯水，那也会优先选择此人效劳，而这位"臣服爱人"要跪着将水呈给她。此外，他还享有其他一些重要的特权，比如说骑马伴在她车旁守护，在教堂里为她献上圣水等等。这样的关系并不会使女士的丈夫产生嫉妒，甚至可以说，他们要是嫉妒，倒是他们的错。首先，这些女士是不会在自己家中接待外人的，更何况在家中她们身边始终都有陪媪[1]、侍女相伴。其次，我实话对你们说，在我们那里，假设某位女士真想对自己丈夫不忠，她反倒不会首选那位"臣服爱人"。这样的女士看中的往往是某个年轻的男亲戚，因为亲戚可以自由进出她的家门。而最堕落的那些女人呢，她们甚至会找社会底层的人当情人。

我刚踏入社会时，格拉纳达男女交往的风气就是如此。不过，风气归风气，我并没有追随大流。这倒不是说我在感情这方面还没有开窍，根本不是这样，我们的气候对我们感情的熏陶，我比任何一个人都体会得更深，对爱的渴求是我青春时代成长的首要动力。

但我很快确信，真正的爱情，并非女士与"臣服爱人"之间的

---

[1] 译注：陪媪是西班牙等国旧时雇来陪伴少女少妇的年长妇人，是她们的行为监督人。

荒唐关系。这种关系的确谈不上任何罪恶，但它产生的效果是，女人可以心属于一个绝不会拥有她的男人，同时，那个应该同时拥有她身心的男人和她之间的感情必然会受到损害。这种表里分离的关系让我反感。对我来说，爱与婚姻必须要合而为一，必须是同一回事；婚姻因为爱情的万千面貌而变得无比美好，它成了我内心最隐秘的向往、最珍视的追求，是我想象中的圣物。总之，我必须向你们坦承，怀有这种理念后，我的头脑、我的内心完全被理想的爱情占据，以至于我的理性都受到了一定程度的伤害。有时，我甚至会被人误认为是个不折不扣的"臣服爱人"。

每当我走进一个人的家，我根本不会去关注别人的谈话，我所想的，只是如果这房子属于我，我会怎么布置，会怎么迎娶我的新娘。我会用最美的印度布料、中国席子、波斯地毯来铺满整个客厅，我仿佛已经看到她脚走在上面的留痕。我仿佛还看到她休息时最喜欢用的精美坐垫。假如她想透透气，她可以去阳台，阳台上有最艳丽的花，还有布满珍禽异鸟的大鸟笼。至于她的卧室，我能想象到的是一座圣殿，一座我担心描述起来会亵渎神明的圣殿。在我浮想联翩的同时，别人的谈话也进入高潮。我只好有一句没一句地胡乱搭腔，每当别人要求我发表意见时，我言语间总会透着些不快，因为我实在不喜欢思绪被人如此打断。

我在拜访别人家的时候，举止就是如此怪异。不过，即便换成独自散步，我这疯狂的习惯也不会改变。蹚水过河时，我会半条腿都浸在河中还不知不觉，因为我想的是我妻子靠在我胳膊上，踩着石头往对岸走，她那天使般的微笑是对我悉心照顾的最好回报。我非常喜欢孩子。只要遇到小孩，我都会抱抱他们、逗逗他们，在我看来，母亲哺育孩子的画面是大自然最伟大的杰作。

接着，总督扭过头，带着种温柔而尊敬的神态看着我，说道："在这一点上，我从没有改变看法，我相信，敬爱的埃尔维拉绝不会允许她的孩子血液中混有杂质，毕竟奶妈的奶常常是不纯的。"

他的这个建议实在令我手足无措，我的尴尬肯定超出诸位可以想象的程度。我双手合十回答道："大人，看在上天的分儿上，请您不要再谈这样的话题了，因为我什么也不懂。"

总督回答我道："小姐，我冒犯了您的贞洁，实在感到惭愧。我还是继续说我的故事吧，这样的错误我不会再犯了。"

说罢此话，他果真如此这般地接着讲下去：

我经常有这类心不在焉的举动，格拉纳达人都以为我脑子有问题。我的脑子的确与其他人有点不同，或者更准确地说，我看起来像个疯子，是因为我的疯与城里其他人的疯不一样。要是我决心疯狂地追求某位格拉纳达女人，那大家反倒会把我当成聪明人。不过，聪明人的名声并没有任何吸引我的地方，我于是决定离开家乡。我做出这一决定还有另一个动机。我想和妻子一起过幸福的生活，想因为她而变得幸福。假如我娶了个格拉纳达女人，那么，在通行的风俗下，她可能会觉得自己接受一位"臣服爱人"的敬意是理所应当的。正如诸位所知，这并不是我所希望的生活。

我于是背井离乡，来到宫里。但在这里，我看到的依然是各种荒唐的事，只是换了不同的名称。"臣服爱人"这个称谓今天已经从格拉纳达传到马德里,不过当时在马德里还不存在。我去的时候,宫里的贵妇把她们最中意的情人称作"幸运情人",尽管这些人其实是不幸的;而那些待遇更差的情人则被简单地称为"有情人",这些人得到的回报至多是个微笑,就连这个微笑,也只是一个月出现一到两次。但不论是何种待遇,贵妇出行时,所有这些男人都会把衣服的颜色换成她的代表色,并在她的马车前后护拥,弄得普拉多大道这条用来观光散步的美丽街道每天都尘土飞扬,附近几条街也不再适合人居住。

我既没有过人的财富,也没有显赫的地位,无法在宫里出人头地。不过,我斗牛时的机智英勇还是让我赢得了大家的注意。国王和我谈过好几次话,最高贵族们也想屈尊与我结交,罗韦拉斯伯爵那个时候就跟我很熟。可在我杀死斗牛时,他已经失去知觉,自然无法知道救他的人是谁。在他的武侍当中,有两位原本也和我很熟,但在当时的情形下,我觉得他们的注意力可能完全不在这里,否则,伯爵发告示悬赏一百枚八字金币找救命恩人,他们没有理由不请功。

有一天,我去财政部部长家里吃饭,坐到堂恩里克·德·托雷斯,就是夫人您尊贵的丈夫身边。他因为公务来马德里出差。这是我第一次有幸与他交谈,他的气度让人很快产生了信任,我于是马上把话题引向我最喜欢的主题,也就是婚姻和男女的情事上。我问堂恩里克,在塞哥维亚,女士们是否也有自己的"臣服爱人""幸运情人"或是"有情人"。

"没有,"他回答我说,"这几种人,我们那里的风俗都还不能接纳。女人漫步在我们那里的索科多韦尔广场时,都是半遮着面的。不论她们步行还是乘车,男人都不能上前与她们攀谈。我们在家里只接待初识的朋友，不论是男是女，都仅此一回；但每到傍晚，我们都习惯在阳台上度过，我们那里的阳台一般只比外面的街道略高一点。成家的男人会在街头驻足，与他们认识的男男女女聊天。没成家的年轻人则会一家家逛过来，最后停在某个有女待嫁的人家阳台前，在那里一直待到夜幕降临。"

"不过，"德·托雷斯先生又补充道，"在塞哥维亚，收到情意最多的阳台就在我们家。这全是因为我妻子的妹妹埃尔维拉·德·诺努尼亚，她除了拥有和我妻子一样的各种优秀品质，还拥有在整个西班牙都无人能比的美丽容颜。"

德·托雷斯先生的这番话我铭记于心，无法忘怀。一个如此美丽的女子，拥有如此杰出的品质，又生活在一个没有"臣服爱人"的地方，我觉得，这是上天注定要赐给我的真福。我在遇到其他几位塞哥维亚人时，也谈起同样的话题，他们全都认同，埃尔维拉的美丽确实是超凡脱俗的。我于是决定亲眼见证一下。

还没离开马德里，我对埃尔维拉的迷恋就已经相当深了，但我的羞涩感也同样与日俱增。等到了塞哥维亚，我实在无法强迫自己拜会德·托雷斯先生，也不敢去见任何一位我在马德里结识的当地人。我真希望有人帮我美言几句，这样，在我对埃尔维拉暗生情愫的同时，她或许也能对我产生一点好感。我羡慕那些名声显赫或是才华出众的人，他们可以做到人未到消息已先传播开来；我觉得，假如第一次接触我不能给埃尔维拉留下出色印象，那接下来我几乎就不可能再从她那里得到青睐。

我在客栈里住了好几天，没去见任何人；随后，我请人带路，去了德·托雷斯先生住的那条街。我看到对面的房子外摆着块告示牌，便上前询问有没有某个房间可以出租。主人带我看的是一间阁楼，我当即就租了下来，租金是每月十二个里亚尔。我化名阿隆索，称自己是个来这里办事的生意人。

可是，我也干不了别的事，只能透过一道百叶帘朝对面看。当天晚上，我看到您和超凡脱俗的埃尔维拉一起出现在阳台上。我该怎么形容呢？第一眼望过去，我以为只是并不惊人的常见之美。但稍加观察，我就明显注意到，她的五官有种完美的谐调感，与容颜上的美丽相比，这种谐调感对我的震撼更大。而且，要是拿她与其他任何一个女人相比，她的优点都能充分地体现出来。比方说您吧，德·托雷斯夫人，您是位出众的丽人，但我敢对您直言，您是经不起这样的比较的。

我从阁楼居高临下地看街上发生的一切，满心欢喜地注意到，那些人献的殷勤，埃尔维拉完全不放在心上，甚至可以说，她已经显露出一定的厌倦感。有了这个观察结果，我就完全放弃加入爱慕者队列的念头，因为那是让她感到厌倦的一群人。我决定暂时只从窗户远眺，静候某个让她认识我的良机。说得明白点，我指望能参加一场斗牛比赛，由此一露峥嵘。

夫人，您应该记得，我当时歌唱得挺不错。我也压制不了一展歌喉的欲望。等所有仰慕者各自回家，我就从阁楼上下来，一边弹吉他，一边尽自己所能，唱出一首美妙的谢吉第亚舞曲。我就这样连续唱了几个晚上。最后我发现，你们每晚都要听完我的歌才会回内屋。这一观察结果让我心中充满一种难以形容的甜蜜感。不过，这种甜蜜感离梦想成真的那一刻还很遥远。

此时我听说，罗韦拉斯被流放到塞哥维亚。我顿时失望至极，我坚信不疑，他必将爱上埃尔维拉。我果然没有猜错：他一直保持着在马德里的做派，当众宣称自己是您妹妹的"幸运情人"，他用您妹妹的代表色，或者说，用他想象中的您妹妹的代表色，定制了很多褐色缎带。他这种自命不凡的无礼行为，全被我在阁楼上收入眼底，不过，我很愉快地注意到，埃尔维拉在看他时主要侧重于人品，而不在意他营造的种种噱头。但是，他是个有钱人，马上就要得到最高贵族的称号，他的这些优势让我拿什么来比呢？根本没法比，应该可以这么说吧。我确信自己处于绝对下风，加上我对埃尔维拉的爱是一种全心希望她幸福的无私的爱，因此，弄到最后，我居然真诚地希望她能嫁给罗韦拉斯。于是，我放弃了让埃尔维拉认识我的念头，也不再唱我那饱含深情的情歌。

不过，罗韦拉斯只是通过反复地献殷勤来表达自己的爱慕，并没有采取实际行动赢取埃尔维拉的芳心。我甚至还听说，德·托雷斯先生想到比利亚加隐居。我住在你们家对面这么久，和你们做邻居已成为我难以摆脱的美好习惯。我想把这种习惯也搬到乡间。我于是扮作穆尔西亚的自耕农，化名来到比利亚加。我买了你们家对面的一户农舍。我按照自己的奇思怪想，把房子布置一番。凡是乔装打扮的暗恋者，总会担心自己有什么地方被人识破，我于是到格拉纳达把我妹妹找来，让她扮成我的妻子，我觉得，这么做就可以万无一失，排除自己的一切嫌疑。我将所有事安排妥当，回了一趟塞哥维亚，我听说，罗韦拉斯在筹备一场精彩的斗牛比赛……不过，德·托雷斯夫人，您当时不是有个两岁的儿子吗？您能告诉我您儿子现在怎么样了吗？

经这么一问,德·托雷斯姨妈才想起来,一小时前总督说要送去做苦役的那个骡夫,不就是自己的儿子吗?她不知该如何回答,只能掏出手帕,泪水涟涟。

"对不起,"总督说道,"我看得出,我勾起了您的一段伤心事,可是,我故事接下来的这一部分,是必须要提到这个不幸的孩子的。"

您当然记得他当时得了天花。您当时肯定一直无微不至地照顾他,我知道,埃尔维拉也同样日夜守护在这个患儿身边。我心中有种抑制不住的喜悦,因为我想告诉你们,这世上还有一个与你们同伤悲、共命运的人。于是,我每天夜里来到你们窗下,唱几首伤情的歌曲。德·托雷斯夫人,不知道您是否还记得?

"我记得很清楚,"她回答道,"我昨天还向这位夫人提起过。"
总督便接着讲他的故事:

隆泽托的这场病成了满城皆知之事,因为斗牛节就是为了这件事被推迟的。这孩子康复后,全城一片欢腾。节庆活动终于举办,但大家并没能开心多久。第一场斗牛表演,罗韦拉斯就遭到牛的痛击。我把剑插进那头牛的肋部时,扫了一眼你们坐的位置,我看到埃尔维拉正弯腰和您说话,她明显是在谈论我,她的神情让我感到无比欣慰。不过,我还是混入人群,从你们的视线里消失了。

第二天,罗韦拉斯稍有恢复,便向埃尔维拉表白爱意。别人都说他的求爱并没有被接受,但他自己的说法完全相反。由于听说你们马上就要去比利亚加,我便顺理成章地得出结论,他是被拒绝了。我先行一步赶到比利亚加,在那里,无论是打扮还是举止,我都把自己弄成个自耕农的模样,犁地的活儿也亲力亲为,或者至少可以说,犁地的样子我是装出来了,因为真正干活儿的是我的侍从。

这样过了几天后,有一天,我赶着牛,挽着被人当作我妻子的妹妹回家。我看到了您、埃尔维拉,还有您的丈夫,你们正坐在屋子门前喝巧克力。您和您妹妹都看到了我,但我没有表露身份。相反,为了进一步加深你们的好奇心,我故意耍了花招,回到家后唱起隆泽托生病时我唱过的歌曲。歌唱完后,我不必再找其他的证据便可确信,埃尔维拉此前已经拒绝了罗韦拉斯。

"啊,大人啊!"德·托雷斯夫人说道,"您当时确实成功地引起埃尔维拉的注意,她之前也确实拒绝了罗韦拉斯。虽说她后来还是嫁给了他,但那可能是因为她误以为您是个有妇之夫。"

"夫人,"总督接着说道,"我是个配不上她的人,天意或许对我早已另有安排。假如我与埃尔维拉走到一起,那么,阿西尼博因人,还有阿帕切族的奇里卡瓦部落的人[1],他们或许就不会皈依基督教,不会朝拜象征救恩的神圣十字架,也不会到科尔特斯海[2]以北三个纬度的地方定居。"

"您说的或许不假,"德·托雷斯夫人说道,"但要是您与我妹妹

---

1 译注:均属美洲平原印第安民族。
2 译注:即加利福尼亚湾,位于墨西哥西北部大陆和下加利福尼亚半岛之间。

走到一起，她和我的丈夫就不会死了。不过，大人，还是请您接着说您的故事吧。"

总督便接着讲他的故事：

你们在比利亚加住了几天后，有人专程从格拉纳达来告诉我，我母亲身患重病，情况非常危险。爱情挡不过亲情的呼唤，我和我妹妹返乡了。我母亲坚持了两个月，最后还是在我们的怀抱中离开了人间。我为她痛哭了一段时间，但这段守丧尽孝的日子或许算起来也并没有多长，总之，我很快回到塞哥维亚。回来后，我听说埃尔维拉已成为罗韦拉斯伯爵夫人。我同时还获悉，伯爵正悬赏一百枚八字金币，寻找他的救命恩人。我给他写了封匿名信，然后就去马德里，申请了一份远赴美洲的工作。我如愿得到这份工作，接着就以最快的速度上船起程。我在比利亚加的那段日子从此成为一个只有我和我妹妹知道的秘密。至少我当时是这样认为的，但不承想，我们用的侍从是一帮什么也瞒不过的有间谍天分的家伙。他们其中的一位不肯追随我去新世界，居然跑去为罗韦拉斯效力，并把我在比利亚加购置农舍、乔装打扮的事全都说了出来。伯爵夫人的陪媪有个女仆，他是把这些事情讲给这个女仆听的，接着这个女仆又转述给伯爵夫人的陪媪，而这个陪媪为了请功，便向伯爵禀告了一切。伯爵把化名乔装的事与我的匿名信联系到一起，再拿我英勇机智击杀斗牛的事和我去美洲的选择一对照，最终得出结论，他妻子原本钟情的人是我。所有这些变故我后来都听说了。不过，刚到美洲时，我还完全不知情，因此，读到这封远方来信，我自然极为惊诧：

堂桑乔·德·佩尼亚·松布雷大人：

　　我已听说，您曾经暗中勾搭过那个我不再认可是罗韦拉斯伯爵夫人的下流女人。如果您觉得没有什么不妥，可以等她生下孩子后托人把孩子带走。

　　至于我，我会来美洲追寻您的踪迹，我希望能在那里和您见上最后一面。

这封信让我陷入深深的绝望。后来，听说埃尔维拉、您丈夫以及罗韦拉斯相继去世的消息时，我更是悲痛至极。我本想当面让罗韦拉斯认识到他的不公，但已经没有了这样的机会。不过，我还是竭尽全力，试图堵住种种流言和诽谤，还她女儿清白的身份。在这样的情形下，我做出那个庄重的承诺，表示要在她长大成人后娶她为妻。履行完这项职责，我曾认为，我应该告别人世，但我信仰的宗教禁止我自寻短见。

在当地的野蛮部落中，有一支是与西班牙人结盟的，他们挑起事端，与邻近的部落开战。我已经逐渐融入我所在的这个新国家，但为了让这支部落的人彻底接受我，我还要经历一番痛苦的考验，让人用针在我全身上下刺出一条蛇和一只乌龟，蛇头必须刺在我的右肩上，蛇身要在我身上绕十六圈，蛇的尾巴则要刺在我左脚大脚趾上。

刺青仪式上，无论是刺到小腿腿骨还是其他的敏感部位，操作的野蛮人在绘制图案时，我这个新入道者是绝不能发出一声抱怨的。

就在他把我弄得死去活来之际，我们的敌对部落已经在外面的平原上放声怒吼起来，而我们的部落也唱起赴死之歌。我挣开想拦住我的几位祭司，拿起一根短棍，飞一般地冲到战场。我们取下了两百三十个敌人的首级，还没撤出战场，我就被大家拥戴为酋长。两年后，新墨西哥的蛮夷各邦均归附基督教，并成为西班牙王国的附属地。我故事的其余部分，诸位想必也已有了大致的了解。我成功地赢得了西班牙国王的一位子民可以赢得的最高荣誉。但是，迷人的埃尔维拉小姐，我必须告诉您，您永远成不了总督夫人。根据马德里议会的政策，已婚人士在新世界不可以掌握如此高的权力。一旦您屈尊与我结为夫妻，我就不再是总督了。我能够呈献给您的，只有我的西班牙最高贵族的头衔，以及一笔我认为应该向您披露详情的财产，因为这财产理应属我们共同享有。

在我征服新墨西哥北部的两个省份后，西班牙国王允许我随意挑一座银矿开发经营。我找了个韦拉克鲁斯的人合伙。第一年，我们的收益就达到了三百万皮阿斯特[1]。但由于这银矿的处置权是国王特批给我的，因此，我第一年的分红要比我的合伙人多出六十万皮阿斯特。

"先生，"我带回来的那位陌生人说道，"总督得到的分红是一百八十万皮阿斯特，他的合伙人得到了一百二十万。"

"应该如此。"吉普赛人首领说道。

---

1 译注：皮阿斯特是西班牙及北美各国殖民地的货币，大致相当于 1 个八字金币（或称 8 里亚尔）。

271

"这个数值，"陌生人接着说道，"只要把总数的一半加上差额的一半，就可以求出。这方法大家都知道。"

"您说的没错！"首领说道。接着他又如此这般地讲下去：

总督一直想把他的财产状况向我说清，便接着对我说道："第二年，我们进一步往地下深挖，扩大矿井规模，我们需要挖出一条条矿井巷道、泄水井和通风井。第一年的开销只占四分之一，但第二年增长了八分之一；矿石产量则减少了六分之一。"

听到此处，我们的几何学家从口袋里掏出一本笔记本和一支铅笔，但他误以为这是支水笔，便将笔放进巧克力里蘸了蘸。很快他就发现，用蘸巧克力的铅笔写字什么也写不出来，他想用自己的黑衣服把笔擦干净，没承想拽起来的是利百加的裙子。不管怎么说，他擦干净了笔之后，便开始在笔记本上计算起来。他这种心不在焉、恍恍惚惚的样子惹得我们纷纷发笑，等我们笑完，吉普赛人首领又接着说下去：

"到了第三年，我们遇到的困难进一步增多。我们只得从秘鲁招来一些矿工，他们的报酬是总利润的十五分之一，这笔钱我们不算在开销里，而这一年的开销增长了十五分之二。但第三年的矿石产量比第二年增加了十又四分之一倍。"

吉普赛人首领说到这里，我已经看得很清楚，他想故意给我们这位几何学家的计算添麻烦。确实，他已经把故事讲成一道数学题，后面的这一段是这样说的：

"在那之后，女士，我们每年的红利一直以十七分之二的比例递减。由于我把银矿的收入全都存进银行，生出来的利息也继续添入本金当中，最后，我共有五千万皮阿斯特的财产可以呈献给您，同时献上的，还有我的各种头衔、我的心和我的手。"

听到这里，陌生人站起来。他一边不停地在笔记本上进行计算，一边沿着我们来的那条路往回走。但没走一会儿，他转到了一条吉普赛女郎打水的小道。又过了一会儿，我们听到他跌入激流的声音。

我赶紧跑过去救他。我跳进水里，在与湍急的水流搏击一番后，幸运地把我们这位心不在焉、恍恍惚惚的朋友带上岸。在大家的帮助下，他吐出了腹中的积水，接着有人生了堆旺火为他驱寒。这时，他眼神呆滞无力将我们所有人看了一遍，然后对我们说道："先生们，请你们相信我，假如总督与他的合伙人始终是按一百八十万比一百二十万即三比二的比例分红，那么，他的财产应该是六千零二万五千一百六十一个皮阿斯特。"

说完这句话，几何学家再度陷入一种恍恍惚惚、昏昏沉沉的状态，但这次没人再想让他清醒，因为我们都觉得他需要好好睡一觉。他一直睡到晚上六点，醒过来后，尽管不再昏昏沉沉，可依然心不在焉、恍恍惚惚，闹出的笑话无休无止。

他一醒过来就问，到底是谁溺水了？

有人告诉他，溺水的正是他本人，是我将他从水里救了上来。

于是，他带着极为礼貌、极为和善的神情扭头看我，并对我说道："说实话，我也没想到自己能游得这么出色。我很高兴能为国王陛下保住他一名大将的性命，您算得上是国王陛下最优秀的军官之一，因为您是瓦隆卫队的上尉。您对我说过这个，我可是什么事都牢记不忘的。"

众人听了都大笑起来，但我们的几何学家丝毫不为所动，继续说着些神游千里的言语，让我们笑个不停。

但卡巴拉秘法师对这些事并不是太关心，一张口就只谈那位犹太浪人。他说，此人会为他提供一些消息，让他对那两个叫艾米娜和齐伯黛的女魔头有更多的了解。

利百加抓住我的胳膊，把我带到一个别人听不见我们说话的僻静地方，然后向我问道："阿方索大人，对于您来到这片山区后的所见所闻，还有那两个要弄出种种卑鄙伎俩的吊死鬼，您都有哪些想法？我实在想求您对我说说看。"

我回答她道："女士，您向我问的，是个让我无比困惑的问题。您兄长所关注的焦点，对我而言是完全参不透的秘密。我只能谈谈与我本人相关的事，我确信，有人给我喝了下过药的东西，然后趁我昏睡之际，将我抬到绞刑架下面。此外，您本人告诉过我，戈梅莱斯家族暗中控制着这片地区，而且势力很大。"

"啊！没错，"利百加说道，"我觉得，他们想让您成为穆斯林。其实，您真的遂了他们的愿，或许也没什么大不了的。"

"什么？"我向她问道，"您跟他们是一个想法？"

"不能这么讲，"她回答我说，"或许我有我自己的理由。我已经对您说过，我绝不会爱上一个信仰和我相同的男人，也不会爱上一个基督徒;不过,我们现在还是先和大家会合吧,这个话题改天再谈。"

利百加去找她的哥哥。我独自一人回想着这些天的所见所闻,越想越不明所以。

第十九天

众人早早就聚在山洞里,可首领并没有出现。几何学家精神焕发,恢复得非常好,但仍然坚信,是他将我从水里救了出来。他带着种关切的目光,像施恩者看受恩者那样看着我。

利百加注意到他的表情,暗自偷笑了好久。等大家吃完饭后,她建议道:"先生们,今天首领不在,这对我们来说真是重大的损失,因为我急不可耐地想知道,总督向他求爱,还要献给他一笔巨额财产,他到底有没有接受。不过,要是这位绅士来说说他的故事,或许我们的损失能得到补偿,他的故事肯定同样非常有趣。看起来,他研究过一些对我来说并不陌生的学问,既然他是这样的人,那么,他的所有经历应该都会让我听得兴味盎然。"

陌生人回答道:"女士,我无法想象,您会和我研究一样的学问,因为大部分女性连这些学问的最基础知识都搞不懂。不过,话虽这么说,既然我在这里受到诸位如此热情的招待,那么我就有责任把我的经历都说给你们听。首先让我来告诉你们我的名字吧……我的名字是……"

"什么?"利百加说道,"您心神恍惚到连自己的名字都记不得了?"

"根本不是这么回事,"几何学家回答道,"我并不是天生心神恍惚的人……但我父亲因为心神恍惚毁了自己的一生。他在本该签自己名字的地方签了他弟弟的名字，他在心神恍惚下犯的这次错误使他失去了自己的妻子、财产，还有他应得的奖赏。因此，为避免重蹈覆辙，我把自己的名字写在了笔记本上，一旦需要签名，我就照着笔记本抄。"

"不过，"利百加说道，"现在您只需要把名字说出来，并不需要签名啊。"

"啊！您说得没错！"陌生人说道。接着，他把笔记本放回口袋，如此这般地说了起来：

几何学家的故事

我的名字是堂佩德罗·贝拉斯克斯，出生于贝拉斯克斯侯爵这个名门世家。自火药发明后，我们家族的人一代代全都效力于炮兵部队，为西班牙贡献了该兵种最优秀的军官。堂拉米罗·贝拉斯克斯是腓力四世[1]时期最伟大的炮兵总指挥，并被腓力四世的后任君王授予西班牙最高贵族的称号。他有两个儿子，都结了婚。长子这一脉继承了他的财产和最高贵族称号。不过，我们家族的各代传人都没有贪恋宫廷里的安逸职位，始终没忘自己家族的荣誉之源，一直致力于与此荣誉相关的光荣事业；此外，他们还给自己定下一个职

1　原注：腓力四世于 1621 年至 1665 年在位。

责,那就是扶持、保护幼子这一脉的成员。

这样的状况一直延续到第五代贝拉斯克斯公爵[1]堂桑乔的身上,他是堂拉米罗长子的曾孙。这位可敬的大人就像他几代先祖那样,承担了炮兵总指挥这一神圣职务的责任。此外,他还被任命为加利西亚[2]的地方长官,家也安在当地。他娶了阿尔巴公爵的女儿,这门亲事给他带来无限幸福。毕竟,与阿尔巴家族联姻,对我们家族来说是件增光添彩之事。但公爵夫人生儿育女的能力并不能让丈夫满意。两人膝下只有一个叫布兰切的女儿。公爵决定将她许配给幼门的一位男性,而这门婚事一结,长门的最高贵族称号连带财产就要转移到幼门这里了。

我父亲堂恩里克和他的弟弟堂卡洛斯此时刚刚丧父,他们的父亲自然也是堂拉米罗的后人,与公爵大人同辈。这位大人于是让两兄弟住到自己家来。我父亲当时十二岁,他弟弟十一岁。两人的性格大相径庭。我父亲为人严肃,潜心学习,是个细腻敏感的人。他弟弟卡洛斯则放浪不羁,做事冒失,完全不适合学习。公爵看出两人的差异,便将我父亲定作他未来女婿的人选,为保证布兰切本人的心意与自己一致,他把堂卡洛斯送到巴黎,托他的亲戚、时任驻法大使的拉埃雷拉伯爵照顾和教育这个孩子。

凭借优秀的人品和出色的学业,我父亲不负公爵父女的美意,与他们的期待越来越匹配;年轻的布兰切知道,她的终身已定给了这个少年,而她对自己父亲做出的选择也越来越感到满意。这个让

---

[1] 译注:堂拉米罗·贝拉斯克斯应该是在获得最高贵族称号的同时得到了公爵头衔。
[2] 译注:加利西亚是西班牙历史地区,位于伊比利亚半岛西北角,包括今拉科鲁尼亚、蓬特韦德拉、卢哥和奥伦塞省。

她心动的少年的各种兴趣爱好,她一样样学着去了解;他在各种学问上的进步,她始终默默保持关注。请诸位想象一下,这是一位早慧的天才少年,他在同龄人对各种基础知识刚一知半解的时候,就已经涉足人类所有学科的学问。诸位再设想一下,这位少年喜欢上了一个与自己年纪相仿的女孩,一个聪慧至极并迫切想了解他一切的女孩,一个为他的成功感到高兴并想与他分享成功的女孩。现在,想必诸位应该多少能体会到,我父亲一生中这短暂的幸福时光有多么可贵。布兰切怎么可能不爱他呢?他是老公爵的骄傲,整个加利西亚的人都热爱他,他还不满二十岁的时候,名声就已经传播到西班牙国境之外。

布兰切爱未婚夫,但这份爱一方面是对他的欣赏和爱慕,另一方面也是对自我需求的满足。而恩里克爱他的未婚妻,是全身心的热爱,是纯粹情感上的爱。此外,他对公爵的敬爱与他对公爵女儿的爱几乎一样深。他还时常挂念自己的弟弟堂卡洛斯。

"我亲爱的布兰切,"他对爱人说道,"您不觉得,我们忘了让卡洛斯分享我们现在的幸福吗?我们这里不乏可爱的少女,相信能有人吸引他。他是个性格放浪不羁的人,很少给我写信,但假如有个温柔体贴的女子在他身边,他的心或许会从此安定下来。亲爱的布兰切,我爱您,也敬爱您的父亲,但既然上天赐给了我一个弟弟,那为什么我要和他一直分离呢?"

有一天,公爵让人把我父亲叫过去,然后对他说道:"堂恩里克,我刚刚收到国王陛下的一封来信,我想让您也看看这封信。"信是这样写的:

爱卿：

经议会商议，朕决定采取一些新的措施，加强境内各邦国防要地的部署。

朕注意到，欧洲的国防工程分为沃邦[1]和库霍尔恩[2]两大体系。请您就此课题，组织最得力人选撰写论著。论著完成后请呈朕过目。若能有某位作者令朕感到满意，那他将亲自负责实施由他本人草拟的计划。王恩浩荡，功臣必有赏赐。

愿上帝保佑您顺利完成使命。

国王亲谕

"怎么样？"公爵说道，"我亲爱的恩里克，您有没有做好比试一下的准备？我告诉您，我给您找的对手，可都是一流的军事工程师，范围不限于西班牙，而是整个欧洲。"

公爵的话让我父亲思索了片刻，但他随后就坚定地回答道："是的，大人，我会参加这场比赛的，我不会给您丢脸。"

"那太好了！"公爵说道，"您可要竭尽全力啊，等您大功告成后，您的幸福也会随之而来的，布兰切到时候会成为您的妻子。"

诸位可以想象得出，我父亲会带着怎样的热情投入研究。他夜以继日地埋头工作，每当思路枯竭、必须休息的时候，他总会利用

---

[1] 译注：沃邦（Vauban，1633—1707），法国统帅、军事工程师。
[2] 原注：门诺·范·库霍尔恩（Menno Van Coehoorn，1641—1704），"荷兰的沃邦"，他设计出尼姆韦根、布雷达和贝亨-沃普-索姆的防御工事。

这短暂的时光与布兰切交流。他和她畅谈两人幸福的未来，时常还会设想有朝一日与卡洛斯重逢的快乐。一年就这样过去了。

最后，各种稿件纷至沓来，作者散布于西班牙各地，甚至欧洲各国。这些论文都被盖上封印，集中放置在公爵的公署里。我父亲明白，到收稿定稿的时候了。经过最后的雕琢，他使自己的工作臻于完美，但我无法向诸位道明其中的奥妙，只能尽我所能还原一二。开篇，他先阐述了攻与守的主要原理。接着，他开始分析库霍尔恩的设计，说明其中哪些地方与他的原理相符，哪些地方又背道而驰。他随后再谈沃邦，在他心目中，沃邦的价值远在库霍尔恩之上，但他预言，沃邦会对其体系进行调整。事实证明，他果然料事如神。他得出这些结论，靠的不仅是某种深奥的理论，也同样参考了各地工事在建筑特征、地形地貌等方面的具体信息，工程预算表也是他的依据之一。最重要的是，他的论证是以惊人的计算量为前提的，即便是专业建造军事工程的人士，看了这些计算后也会惊诧、叹服。

不过，我父亲在收笔之际，却突然觉得，自己的文章存在着成百上千处原先没有看出的谬误，他是浑身颤抖地把论文呈交给公爵的。第二天，公爵拿着论文对他说道："我亲爱的侄儿，这个奖是您的了。您这篇大作的传播工作，就由我来负责吧。您现在可以全心考虑您的婚事了，婚礼不日就可举行。"

我父亲跪拜在公爵脚下，对他说道："大人，请您开恩，让我的弟弟回来吧。和他分别这么久，我如果不能享受到兄弟相拥的幸福，那我的幸福怎么说也是不完整的。"

公爵皱了皱眉头，然后对我父亲说道："我敢说，卡洛斯来了以后，必然会反复在我们耳边赞美路易十四是如何伟大，他的王宫又是如何富丽堂皇；但既然您有此意，那我还是派人叫他回来吧。"

我父亲吻了吻公爵的手，然后就去了他未婚妻那里。几何学的问题现在可以放到一边了，他每时每刻都感受着爱的美好，他的每一个感官都充斥着爱的音符。

不过，加强国防是国王极为看重的一件事，他下了道谕旨，所有论文都必须经过仔细审读、评判。但我父亲的文章还是被众口一词地评为最佳论文。随后，他收到内阁大臣的一封信，信上说，他的论文让国王龙颜大悦，为此，陛下可以满足他的一个要求，以此作为赏赐。内阁大臣还给公爵另外写了封信，他在信中明说，假如这位青年才俊有意申请炮兵总指挥的职务，他应该能够如愿。

我父亲带着他收到的信去找公爵，公爵也把自己收到的那封信的内容告诉了他。我父亲表示，他觉得这个职位他不能胜任，他绝不会不自量力地去申请。他请公爵照此代他向内阁大臣回复。公爵拒绝了，并对他说道："内阁大臣给您写了信，那就该由您本人来回信。内阁大臣肯定有他的道理，他在给我的信中称您为'青年才俊'，那么可以想见，陛下对您的年纪有特别的关注，总之，内阁大臣想呈给国王的是一封年轻人写的信。话说回来，信里面确实要注意别把年轻气盛的弱点暴露得过于明显，这一点，我们都清楚该怎么做。"说完这番话，公爵伏案疾书，写下这样一封信：

大人：

阁下向我宣告了陛下龙颜大悦的喜讯，对于任何一位西班牙贵族而言，这本身就是一份让他自豪满足的奖赏。

但我也不敢辜负大人的盛情,因此我斗胆请陛下恩准,我能与我们家族财产和头衔的继承人布兰切·德·贝拉斯克斯小姐成亲。

我辅佐社稷的热情绝不会因儿女情长之事消磨。倘若有朝一日我能通过自己的业绩无愧于炮兵总指挥的美誉和职责,我将不胜荣幸,在我的家族中,曾有几位祖先有幸担任这一要职。

敬祝阁下……

公爵代写完这封信后,我父亲一再表示感谢。他将信拿回自己的房间,一个字一个字照抄起来。但就在签名的那一刻,他听到院子里有人高喊:"堂卡洛斯到了!堂卡洛斯到了!"

"谁?我的弟弟!他在哪里?我要好好地拥抱他一下!"

"先签名吧,恩里克大人。"等着把信交给内阁大臣的信使说道。我父亲正满心欢喜地想着弟弟来的事,信使这么一催促,他一急之下签下了"堂卡洛斯·德·贝拉斯克斯",而不是他自己的名字"堂恩里克"。他将信封好后,便急忙跑出门拥抱他弟弟去了。

两兄弟一见面就紧紧相拥。但堂卡洛斯很快挣开哥哥的怀抱,前仰后合地笑起来,他对哥哥说道:"我亲爱的恩里克,你真是像极了意大利喜剧里的小丑啊。你下巴上的大领圈就像是刮胡子用的盆。但我喜欢你这样子。我们一起去见老人家吧。"

他们一起进了老公爵的房间,堂卡洛斯在拥抱叔父时用尽全身气力,简直叫他透不过气来,但这种拥抱方式是法国宫内的时尚。接着,堂卡洛斯对公爵说道:"我亲爱的叔父,那位大使老人家让我带封信给您，但我故意将信忘在了服侍我洗浴的仆人那里。不过话说回来，信拿不过来，其实也没什么差别。总之，格拉蒙、罗克洛尔，还有其他所有那些老家伙们，都向您表达了问候。"

"我亲爱的卡洛斯，"公爵说道，"这几位先生我一个也不认识。"

"那您真是亏了，"卡洛斯接着说道，"他们都挺有意思的，值得认识一下。对了，我未来的嫂子在哪里？她应该比以前漂亮多了吧。"

布兰切正巧在此时进了屋。堂卡洛斯气度洒脱地迎上前，对她说道："我神一样的表妹啊，按照我们在巴黎的习俗，见到女士也是要拥抱一下的。"说完他真的拥抱了她，这让恩里克看得瞠目结舌。恩里克平日里见布兰切时，她的身边总是簇拥着几位陪媪，他甚至从不敢向她行吻手礼。随后，堂卡洛斯又谈了无数不合时宜的话题，他的举动深深伤害了恩里克，也让公爵眉头紧锁。

最后，公爵大人以最严厉的口气对他说道："快去把您这赶路时穿的衣服换掉吧。今晚有个舞会。您要记住一点，有些举止，比利牛斯山那边的人以为是优雅的，但换到山这边来，就会被当作失礼的行为。"

卡洛斯并没有慌乱，他回答道："我亲爱的叔父，我会穿上路易十四给朝臣们设计的新式制服，然后您就会明白，无论做什么事，这位君王都能彰显出他的伟大。今天晚上，我想请我美丽的表妹跳一曲萨拉班德舞。这虽说是西班牙的舞蹈，但您可以看到法国人是怎么跳的。"说完这番话，他一边哼着首吕利[1]的曲子，一边退出房

---

[1] 译注：吕利（Lully，1632—1687），法籍意大利作曲家，路易十四曾亲自出演他的芭蕾舞剧。

门。堂卡洛斯这种乖张的行径让他哥哥深感痛心，他向公爵和布兰切连声道歉，想赢得两人的原谅。不过，这纯属多此一举，因为公爵早就看不惯堂卡洛斯，而布兰切对他毫无成见。

舞会终于开场。布兰切亮相时穿的是法式服装，而不是西班牙本土打扮，这让所有人都大为吃惊。她说这套衣服由她表哥远道带来，是她在法国当大使的舅公送给她的。不过，这样的解释并不能让众人满意，他们惊诧依旧。

堂卡洛斯姗姗来迟。他出场的造型果真是一副路易十四朝臣的模样。他穿着件绣了银边的蓝色齐膝紧身外衣，披着白色缎子质地、同样绣着银边的肩带和饰带，翻顶为著名的阿朗松针织花边手艺，头上还套了顶体积庞大的金色假发。这套行头本身就很精致，再跟周边的服饰对比一下，就更有鹤立鸡群之感，因为西班牙近几代国王都出自奥地利家族[1]，他们把平庸落伍的服饰带入了西班牙。拉夫领本可以提升着装的档次，但西班牙连拉夫领也抛弃了，取而代之的是大领圈，和诸位现在看到的警察、律师戴的领圈差不多。这种打扮确实和小丑的装束相当接近，堂卡洛斯的评价非常到位。

我们这位行为冒失的先生，他的服饰本已与在场的各位西班牙骑士大相径庭，可他在进入舞池时还要玩点独树一帜的花样。他非但没有与任何人打招呼，没有向任何人尽一点礼数，反倒高声吼了起来，声音连最远处的人都能听见，他冲乐师们叫道："你们这帮无赖，给我安静点！我要跳的是萨拉班德舞，假如你们敢弹别的东西，我就拿起你们的小提琴砸你们的耳朵。"他把自己带来的乐谱扔给乐

---

[1] 译注：奥地利家族即指哈布斯堡家族。

师，然后便去找布兰切，将她带到舞厅中央，要和她共舞一曲。

我父亲承认，卡洛斯是个一流的舞者，而布兰切天生具备优雅无比的气质，遇到这样的场合，她必有超出平时的出色发挥。这曲萨拉班德舞跳罢，女士们全都站起身来，为布兰切的舞姿鼓掌喝彩。不过，她们在极力夸赞布兰切的同时，也将眼神投向卡洛斯，仿佛想让他明白，她们真正仰慕的对象是他。这一切布兰切自然都看在眼里，女士们对卡洛斯的暗中青睐也让她更为欣赏这位年轻男子的本领。

在晚会接下来的时间里，卡洛斯始终紧跟在布兰切身边。他看到哥哥朝自己这里走来时，对哥哥说道："恩里克，我的朋友，快去解几道代数题吧，等布兰切做了你的妻子，你让她无聊的时候还有的是呢。"布兰切也放肆地笑起来，这简直是火上浇油地羞辱了恩里克一番，可怜的他只得万般窘迫地离开了。

晚饭准备就绪，堂卡洛斯向布兰切伸出手，挽着她来到餐桌边，并和她一起坐到了主位。公爵紧皱眉头，但恩里克请他不要为难自己的弟弟。在用餐的时候，堂卡洛斯和大家谈起路易十四举办的各种欢宴和盛会，尤其是在芭蕾舞剧《爱河中的奥林匹斯》里，这位君王亲自扮演了太阳神的角色。堂卡洛斯表示，他对剧中太阳神的舞步牢记于心，而月亮女神的角色简直是为布兰切度身定造的。接着，他又给在座的其他人分配起角色，没等饭吃完，路易十四这部芭蕾舞剧里的所有人物都找到了对应的表演者。恩里克默默离去，而布兰切根本没有察觉到他不在身边。

第二天早上，我父亲照着往常的时间，去布兰切那里例行问候，没想到，她正和卡洛斯一起练习舞步。三个星期就这样过去了。公爵变得闷闷不乐。恩里克也痛苦不堪。卡洛斯讲了无数奇谈怪论，但城里的女人全当作金科玉律牢记在心。布兰切满脑子都是巴黎的事、路易十四芭蕾舞剧的事，可自己身边的事她一点也没留意到。

有一天，正当大家围坐一桌用餐的时候，有人给公爵送来一份朝廷的公函，写信的人是内阁大臣先生，信的内容如下：

德·贝拉斯克斯公爵大人：

吾王陛下恩准堂卡洛斯·德·贝拉斯克斯与令爱的婚事，授予他最高贵族的称号，并任命他为炮兵总指挥。

敬祝您……

"这是怎么回事？"公爵愤怒地说道，"这封信里怎么会出现卡洛斯的名字？布兰切该嫁的人是恩里克！"

我父亲请公爵少安勿躁，听他说说真心话，然后便这样说道："大人，我不知道为什么信里面写的是卡洛斯，而不是我；但我可以肯定，这绝不是我弟弟的错，甚至可以说，这怪不了任何人，圣谕把我们的名字搞错了，这只能说是天意的安排。而且，您应该也已经察觉到，布兰切小姐的芳心并不曾真正为我所动，相反，她和堂卡洛斯倒是情投意合。因此，她的人、她的心、她的头衔都应该归他所有，我不该再夺人所好。"

公爵望着他的女儿，向她问道："布兰切，布兰切！你真是个内心轻浮、背信弃义的人吗？"

听公爵问出这话，布兰切昏过去半响，她最后泪流满面地承认，她爱的确实是卡洛斯。

公爵大失所望，他对我父亲说道："亲爱的恩里克，就算他能抢走您的爱人，但您的炮兵总指挥职务，他有何德何能强占？这份工作只有您才干得了，此外，我会把我的财产分一部分给您。"

"不，大人，"恩里克接着说道，"您所有的财产都归您女儿所有，至于总指挥的职务，国王已经赐给了我弟弟，而且他的选择也非常正确，因为我现在的心境已经不允许我出任公职，不论是这个职务，还是其他任何职务。请允许我独自过一段安静的日子。我想找一个神圣的避风港湾，在祭台下倾诉我的痛苦，既然耶稣曾代世人受苦，那么我想把我的痛苦当作祭品，呈奉给他。"

我父亲就此离开公爵的家，进了卡玛尔迪斯修会的一家修道院，穿上初学修士的衣袍。堂卡洛斯迎娶了布兰切。婚礼当天一切顺利，并没有人谈论是非。但公爵拒绝出席婚礼。在使父亲心灰意冷的同时，布兰切也因为自己造的这些孽痛苦不堪。卡洛斯尽管是个放浪不羁的人，但看到家人个个愁眉不展，也有些不知所措。

没过多久，公爵患了痛风，预感自己来日无多，有心派人去卡玛尔迪斯修会，把恩里克弟兄请来见最后一面。公爵的管家阿尔瓦雷斯于是奔赴修道院，向修士们道明来意。由于有禁言的会规在身，修士们无法直接用言语回答，只是带他去了恩里克住的房间。阿尔瓦雷斯看到，恩里克衣不蔽体地躺在草垫上，腰间套着锁链。

我父亲认出阿尔瓦雷斯，便对他说道："阿尔瓦雷斯，我的朋友，昨天我跳的那曲萨拉班德舞，你觉得怎么样？我的舞步，路易十四都夸奖过哦。那些乐师是一帮无赖，他们弹得真差。对了，布兰切，她怎么说？布兰切！布兰切！……可怜的家伙，你倒是回答我一声啊！"说到这里，我父亲拼命摇晃起锁链，然后张口咬自己的胳膊，疯癫之状令人心惊。阿尔瓦雷斯满脸泪水地离去，然后将他目睹到的这一幕告诉了公爵。

第二天，公爵的痛风引起腹部疼痛，大家明白他已经病入膏肓，因此都很伤心绝望。在弥留之际，公爵看着女儿说道："布兰切！布兰切！恩里克恐怕不久也会随我而去。我们原谅你了。"这是公爵的最后遗言。这几句话像毒药一样流入布兰切的内心深处，使她从此终日悔恨。她郁郁寡欢，毫无生气，旁人看了又怜又怕。新公爵竭尽全力，想让自己的新娘心情舒畅，但最终也没能如愿，于是便听之任之，顺其自然。他从巴黎找来一位艺名叫"美苑"的著名交际花，布兰切随后便进了一家修女院隐修。公爵自然做不了炮兵总指挥，但还是走马上任了。眼看自己无法将这一职务履行到底，他向国王写了封辞职信，并申请一个宫里的差事作为替代。国王任命他为王家服饰总管，他便与"美苑"一起到马德里安了新家。

我父亲在卡玛尔迪斯修会住了三年。修道院里这些善良的神父有天使般的耐心，在他们悉心的照料下，我父亲最终恢复理智。他来到马德里求见内阁大臣。这位大人在自己的办公室里接见了他，并对他说道："堂恩里克大人，您的事情国王后来也知道了，为了这场误会，他将我和我整个部门的人全责怪了一通。可是我把您的信呈给他亲自过目，签名处写的分明是堂卡洛斯，这封信我现在依然保留着，而且就放在这里。请您告诉我，为什么您不签自己的名字呢？"

我父亲接过信，看清自己写的内容后，对内阁大臣说道："唉，大人，我回想起来，就在我签名的那一刻，有人通报我弟弟到了。我当时喜出望外，不慎将自己的名字写成了我弟弟的名字，不过，我的种种不幸并非是这场误会造成的。即便总指挥的任命函上写的是我的名字，我想，按照我当时的状况，我也无法履行职责。如今，我的神志已经完全清醒，我认为自己有能力把陛下当年的设想付诸实践。"

"我亲爱的恩里克，"内阁大臣接着说道，"巩固国防的那些计划都已经付诸东流，朝廷里的习惯就是这样，已经过去的事，就没有人愿意重提了。眼下我只能向您提供休达[1]指挥部司令官的职务，我手头的空缺只有这一个。您履职前可千万不要拜见国王。我承认，您做这份工作有些屈才。而且，像您这个年纪，守着非洲海边的这么一座山城，实在是件残忍的事。"

"正因为如此，"我父亲回答道，"我才肯接受这个职位。我觉得，离开欧洲，我就算是逃避了命运的残酷安排。选择了世界的另一片天地，我才有机会重获新生。总之，我相信那里有更适合我的星空，我会在那里找到安宁和幸福。"

我父亲当即就领取了任职的预备金，然后在阿尔赫西拉斯[2]登船，一路平安地来到休达。上岸后，一种美妙的感觉扑面而来。他仿佛经历了一场漫长的暴风雨，现在终于找到停靠的港湾。

新司令官上任后，干的第一件事是把他所有的职责都深入了解

---

1 译注：1668年，葡萄牙将休达割让给西班牙，从此休达成为西班牙在北非的属地，与摩洛哥接壤。
2 译注：阿尔赫西拉斯是西班牙南部港口城市，靠近直布罗陀，为直布罗陀湾最大的城市。

一遍，他的着眼点并不限于如何完成这些工作，他更看重的是长远的规划。尽管对修筑工事很感兴趣也很在行，但他并没有考虑这方面的问题。这一带周边确实都是敌邦的蛮族，可优越的地理条件足以保证牢固的防御。他把自己的所有才华都用来改善部队和当地居民的生活。他根据现有的条件，尽可能为他们创造福利，为此，他放弃了此前各任司令官的种种丰厚待遇。他的这一举动使他很快成为这座殖民小城的偶像。我父亲还对由他负责看守的政治犯给予无微不至的关照，有时甚至会置严苛的规章于不顾，为这些犯人提供方便，或是想办法让他们与家人通信，或是给他们提供一些别的温暖。

将休达的一切尽可能引向正轨后，我父亲便重新投入到对精密科学的研究中。伯努利兄弟[1]当时的争辩轰动了整个学术界。我父亲开玩笑地把兄弟俩比作厄忒俄克勒斯和波吕尼刻斯[2]。不过，他内心里对这场兄弟之争非常感兴趣，常会写匿名文章加入争辩，为这一方或那一方提供意料之外的声援。四位欧洲最伟大的几何学家共同裁断等周定理这个重大问题时，我父亲想办法给他们寄了些文章，阐述相关的分析方法，这些文章堪称杰出的创新之作。四位几何学家不相信作者是个不显山露水的圈外人，他们认为，这必然是伯努利兄弟当中某一位的研究成果。他们看走眼了。我父亲喜欢的是学问本身，而不是学问带来的声望。他的不幸遭遇使他变得行事极为

---

1 原注：即雅各布·伯努利（Jacques Bernouilli, 1654—1705）和约翰·伯努利（John Bernouilli, 1667—1748）。

2 译注：两人均为底比斯国王俄狄浦斯之子，因王位继承问题发生矛盾，最终长子厄忒俄克勒斯死于其弟波吕尼刻斯之手。

低调，不肯与人公开交流。

雅各布·伯努利原本要在这场兄弟之争中大获全胜，可就在此时，他不幸去世了。他的弟弟从此主宰了整个战局。我父亲看得很清楚，约翰·伯努利只考虑了两个曲线要素，因此得出的并非正解；但我父亲并不想挑起事端，再争斗下去必会使学术界变得一片混乱。不过，约翰·伯努利自身并不是个安分之人。他向洛必达侯爵[1]开战，称洛必达的所有发现都剽窃了他的成果。几年后，他甚至又对牛顿发起攻击。新纠纷的主题是莱布尼茨和牛顿同时提出的微积分分析方法，当时，这一问题被英国人看成国家大事。

我父亲就这样度过了他一生中最美好的一段岁月。世界上那些最伟大的天才人物，凭借人类思想领域前所未有的最锐利武器，展开了波澜壮阔的交锋。我父亲远远观望，自得其乐。

不过，我父亲在热爱精密科学的同时，也没有忽视对其他方面的热情。休达的悬崖峭壁下，生活着众多与植物特性非常接近的海洋动物，它们可以被视作动物与植物间的过渡生物。我父亲总会拿瓶子养一些这样的生物，津津有味地观察它们的神奇构造。此外，我父亲有一间书房，里面收藏的全是具备历史文献价值的拉丁文书籍，或是被译成拉丁文的经典作品。他做这样的收藏，是想找一些源自史实的依据，声援雅各布·伯努利《猜度论》一书中阐述的那些概率原理。

我父亲是个靠思想生存的人，他的日常生活就是在观察与冥思

---

[1] 原注：纪尧姆-弗朗索瓦-安托万·洛必达（Guillaume-François-Antoine l'Hôpital, 1661—1704），著有《无穷小分析》（1696年）、《圆锥曲线分析论》（1707年遗作）。

这两件事中来回转换。他基本上成天闭门不出,由于思维始终保持活跃,在大部分时间里,他已经遗忘了生命中那段残酷的时期,那段因为不幸而理性崩溃的时期。但他心中的情感世界也常常会苏醒,这主要发生在夜晚,发生在白天的工作让他的头脑变得疲惫不堪之后。由于并没有去户外消遣放松的习惯,他便爬上露台,眺望大海,眺望地平线,而在那地平线的尽头,正是西班牙的海岸。他每每触景生情,回想起过去充满荣耀、无比幸福的时光。当时,他有家人的呵护,有女友的爱慕,有名士的欣赏。青春时代的那团火焰重新燃起,再加上如今壮年时代智慧之光的照耀,他的内心终于完全敞开,他准备去迎候造就人生喜乐的种种情感,准备去接纳奠定人类荣耀的种种理念。

但他随后又会想起,自己的爱人、自己的财产还有自己的身份全被弟弟夺去,而他本人却失去理智,终日里躺在草垫上。偶尔,他会拿出小提琴,弹起那首致命的萨拉班德舞曲,那首让布兰切从此心属卡洛斯的舞曲。他的泪水伴随着乐声夺眶而出,痛痛快快地哭一场后,他的身心都轻松了很多。十五年就这样过去了。

有一天,驻休达的钦命大臣[1]因公务来访,由于登门时天色已晚,我父亲黯然神伤的状态正好被他撞见。经过片刻思索,钦命大臣说道:"我们亲爱的司令官,请允许我对您表达一些个人的关心。您有不幸的遭遇,您现在正承受痛苦,这都不是秘密。我本人知道,我的女儿也知道。您刚来休达的时候,她才五岁,在那之后的每一

---

[1] 译注:钦命大臣(lieutenant de roi)是法国路易十四时期开始设置的作为王权代表驻各省的官员,他们的实际权力有限,听命于当地的最高行政或军事官员。西班牙同一时期或有类似的职务。

天，她都能听到别人怀着崇敬之情谈论您的事迹，因为您是我们这座殖民小城的守护神。她常常对我说：'我们亲爱的司令官之所以终日里如此伤感，是因为没有任何人能分担他的痛苦。'来我们家做客吧，堂恩里克大人，与独自一人数海浪相比，这肯定会给您带来更多的益处。"

我父亲便在钦命大臣的带领下去了他的家，见到了那位伊内丝·德·卡丹萨。半年之后，两人结为夫妻。婚后第十个月，我出生了。在我来到人世的那一刻，我父亲把我弱小的身躯抱入怀中，仰天高呼道："哦，无所不能的主啊，你是个指数无穷大的量！你是一切递增数列的总和！哦，我的上帝！宇宙空间中，现在又多了一个脆弱敏感的生灵。要是他的命运终将和他父亲当年一样悲惨，那么，请你大发慈悲，像做减法一样把他给灭了吧！"

经过这一番祷告后，我父亲激动地吻了我一下，接着说道："不，我可怜的孩子，你绝不会像我当年那样不幸。我以上帝的圣名起誓，我绝不会向你传授数学知识，你要学的是萨拉班德舞，是路易十四的芭蕾舞剧，还有未来我会逐一了解的各种放浪不羁的行为。"话音刚落，我父亲的泪水便浸透我的全身，他流着泪把我交给助产妇。

不过，我要请各位注意，我的命运经历了一条奇特的轨迹。我父亲发誓绝不教我数学知识，只让我学舞蹈，可实际情况恰恰相反。最终，我掌握了丰富的精密科学的知识，但怎么也没学成舞蹈。我说的舞蹈不是萨拉班德舞，因为这种舞已经不时兴了。不过，任凭是其他哪一种舞蹈，我都没有学会；说实话，把行列舞的舞步牢记在心，对我来说是件难以想象的事。没有任何一种舞蹈能用函数表达出来，也没有任何一种舞蹈遵循的是恒定的规则。既然不能转化为公式，那么，有人能熟记舞步时刻不忘，我真的感到不可思议。

堂佩德罗·贝拉斯克斯说到此处，吉普赛人首领走进山洞。他告诉众人，为保障整个部落的安全，需要立即动身，奔赴阿尔普哈拉斯山脉深处。

"太好了，"卡巴拉秘法师说道，"这样我们就能更早一点遇到犹太浪人，他是个不能停下来休息的人，因此会跟着我们走，我们一路上可以好好听听他的言论。他是个见多识广的人，没人比他的经历更丰富了。"

接着，吉普赛人首领走到贝拉斯克斯身边，向他问道："骑士大人，您有什么打算？您是想跟我们一起走呢，还是想让我派人送您去附近某座城市？"

贝拉斯克斯思索片刻后，说道："前天夜里，我睡在一张破床上，并在床边留下几份材料，但第二天，我是被这位担任瓦隆卫队上尉的先生在绞刑架下弄醒的。所以，我想请您派人去一趟克马达店家。那几份材料没找回来，我去哪儿都是没有意义的。我最后要去的地方是休达。在您的手下去客栈的同时，我可以加入你们的队伍与你们同行。"

"我手下所有人都可以听您的调遣，"吉普赛人首领说道，"我会派几个人去一趟客栈，他们会在第一个歇脚点与我们会合。"

众人纷纷收拾行李。经过六法里的路程，我们来到一个完全看不出方位的荒山山顶，并在那里过了夜。

第二十天

整个早上，我们都在等吉普赛人首领的那几位手下，他们去克马达店家找贝拉斯克斯落下的几份材料，一直没有回来。众人都摆出一副类似于在马路上看热闹的架势——我觉得这也非常自然，眼睛盯着来这里的必经之路。但贝拉斯克斯与众不同，他发现山坡上有块被水冲刷得非常平滑的板岩，便将其取来当作黑板，在上面写了一堆 x、y、z 之类的东西。运算告一段落后，他扭头看我们，问我们为什么个个如此焦急。我们回答他说，因为他那几份材料还没到。他对我们说，我们为他的事着急，真是群好人，等他的运算全部结束，他会加入我们，和我们一起着急。可是，等他把方程全解完，他又问我们都在等什么，为什么不出发。

"我的天啊，"卡巴拉秘法师说道，"几何学家堂佩德罗·贝拉斯克斯先生，就算您不懂得为自己的事着急，可是，我们为您的事着急，您偶尔总该能看明白吧，我们毕竟已经和您打过交道了。"

"的确，"贝拉斯克斯回答道，"别人焦急的时候，我常常会观察他们。我觉得，所谓焦急，是一种不断增长但无法确定递增法则的不适感。不过，假如泛泛而言，那么，焦急的增长应该与惰性力的平方呈反比关系。换句话说，假如我是个比你们难激动的人，我情感上的惰性力是你们的两倍。那么，经过一个小时，当我只有一级焦急度的时候，你们已经达到四级焦急度。所有冲动的情绪都是这个道理，完全可以将其当作动力进行分析。"

"我觉得，"利百加说道，"您对人内心的各种动力都非常了解。看来，想追求幸福，几何学是最稳妥的一条路啊。"

"女士，"贝拉斯克斯接着说道，"在我看来，追求幸福相当于解一个高次方程。您现在已经知道最后的解，您也知道，这个解是所有根求出后的结果。但是，在分解因式完成之前，您先得出的是很多虚根。在您求解的过程中，一天就这样流逝了，您在运算中自得其乐。其实，人生也是如此。您同样会看到很多虚妄的东西，但您以为它们有真实的价值。在这虚实之间，您过着您的日子。此外，您也在做着您的行动，一直处在动态之中，而动是自然的普遍法则。在大自然里，没有任何事物是休止不动的。您或许会觉得这座山是静止的，但那只是因为山下的大地在支撑着它，大地对它的引力使它释放不出更强大的反作用力；但要是您把脚放在山石下，您自然会感受到它的动态。"

"不过，"利百加问道，"被称作爱的这种人类行动，是不是也可以通过运算体现出来？比方说，大家都肯定地认为，关系越亲密，男人的爱就越少，而女人的爱就越多。您能对我说说看其中的道理吗？"

"女士，"贝拉斯克斯说道，"您向我提出的这个问题，是假设男人的爱和女人的爱一个是递增的，另一个是递减的；这样的话，必然会有某个时刻，两人的爱处在相等的水平，具体说来，就是甲方对乙方的爱，程度等同于乙方对甲方的爱。那么，这就进入到函数的最大值、最小值领域了，而问题本身可以简化为一个曲线方程。

对于所有这类问题，我已经设想出一种非常简明的论证方式，那就是x……"

贝拉斯克斯正分析到这里，路上出现了去克马达店家的那几个人的身影。他们带回来几份材料，贝拉斯克斯仔细检查一番后说道："我落下的材料基本上都在这里了，但还是少了一份。说实话，这份材料对我来说也不是特别重要。不过，那天夜里，在被人带到绞刑场之前，我正是在全力研究这份材料上的内容。没关系的，我不会再耽搁你们了。"

众人就此重新上路。在赶了大半天路之后，到了休整的时间。大家聚到首领的帐篷里，吃罢晚饭便请他接着讲他的故事，他如此这般地说起来：

吉普赛人首领的故事（续）

上次我说到那个可怕的总督正放下架子，详细地向我透露他的财产。

"我记得很清楚，"贝拉斯克斯说道，"这笔财产总计为六千零二万五千一百六十一个皮阿斯特。"

"没错。"吉普赛人首领说道。他随后又接着讲下去：

我刚看到总督的模样时就已经胆战心惊了。当我听说，他身上刺了条蛇,而且这条蛇绕了他全身十六圈,最后在左脚大脚趾上收尾,我就更加惊慌了。因此,在他向我介绍他的财产状况时,我基本上就没听进去。不过,托雷斯姨妈可不像我这样。她鼓足自己最大的勇气,对总督说道:"大人,您的财产毫无疑问是一笔巨款,但这个小姑娘应有的财富同样非常可观。"

"夫人,"总督接着说道,"由于挥霍浪费,罗韦拉斯伯爵的财产早已缩水很多。尽管我承担了所有的手续费,让每道程序得以顺利进行,但我争取到的他的遗产,只有圣多明各的十六个种植园,圣卢格银矿的二十二股股权,菲律宾公司的十二股股权,协定银行的五十六股股权,以及其他一些零零碎碎的财产,总数目只有大约两千七百万皮阿斯特。"

总督说罢将自己的秘书叫来,秘书呈给他一个用印度精致木材制成的小盒子。接着,他单膝跪地,对我说道:"迷人的小姐,您的母亲是我内心永远敬爱的女子,现在请您接受这十三年来的工作成果吧;即便我不曾受托,我也会从您那些贪婪的远亲手上夺过这些财产,交付于您。"

我本想温柔优雅地接过盒子,但在那一刻,我或许是意识到,跪在自己膝下的,是一个曾经打烂过无数印第安人脑袋的人,又或许是因为男扮女装的尴尬把戏让我心生羞愧,总之,我莫名其妙地感到一阵难受,然后便晕了过去。但托雷斯姨妈在那两千七百万皮阿斯特财产的鼓舞下,胆气不同寻常。她一边搂住我,一边近乎贪婪地抓过盒子,并对总督说道:"大人!这个小姑娘从没见过男人跪倒在她的膝下。请您允许她暂时回房吧。"总督吻了吻我的手,然后伸出自己的手,把我牵回我的房间。

等房间里只剩下我和两位姨妈后,我们把门反锁起来。托雷斯姨妈再也抑制不住她的狂喜,把盒子放到嘴上吻了差不多一百遍,同时连声感谢上天,因为有了这个盒子,埃尔维拉的一生不仅有了保障,而且可以过得多姿多彩。

过了一会儿,有人敲门。进屋的是伯爵的秘书,身后还跟着位律师,这位律师把盒子里的所有文书清点了一遍,然后请托雷斯夫人写下收据。他补充说,考虑到我尚未成年,所以不需要由我来亲自签名。

我们随后又把门反锁起来。我看着我的两位姨妈,对她们说道:"夫人们,埃尔维拉的一生现在得到了保障,可是,罗韦拉斯的这个假女儿,我们能让他进德亚底安修会挨打吗?真的那个,我们又上哪儿去找她呢?"

我刚说出这几句话,两位夫人就异口同声地叹了口气。达拉诺萨夫人的脑海中已浮现出我被人鞭打的场景,而托雷斯夫人也为她的外甥女和儿子担心,这两个可怜的孩子没人带路,也没人依靠,四处流浪时必定会遭遇种种危险。三个人都忧心忡忡地上床休息去了。到底该怎么脱身,我沉思了很久。我也可以偷偷逃走,但总督肯定会派人四处找我。最后,我什么办法也没想出来就进入了梦乡。醒来后,我们离布尔戈斯只剩下最后一天的路程了。我接下来要演的戏码让我无比苦恼,但我终究还是要登上驮轿。总督又骑着马在我前后护卫我,他的脸上表情丰富,除了常有的严厉之外,还混杂着一种难以名状的温柔和关切,让我感到非常不舒服。就这样,我们来到一个四周树木繁盛的饮水槽,在这里,布尔戈斯的百姓们事先留下一些点心供我们充饥。

总督向我伸出手,将我扶下驮轿,但并没有带我去吃中饭,而是拉着我来到稍远处的一棵树前。他请我在树下坐好,然后自己坐到我身边,对我说道:"迷人的埃尔维拉,我的人生是动荡不定的,我把这一生用来为我们的国家谋福利、为我们的国王添荣耀,但我越有幸与您接近,就越相信,上天把您赐给我,您一定会还我一个美好的人生晚景。我巩固了西班牙对菲律宾群岛的统治,我开拓了新墨西哥一半的疆土,我让纷争不断的印加人走上正道,我还不断地拿生命去搏击海洋中的惊涛骇浪、航道上的不测风云,以及我开的那些矿场里的有毒气体。这些年华,我生命中最美好的这些年华,由谁来为我做出补偿?在这段岁月里,我本可以静心休养,过悠闲的生活,广交朋友,让最珍贵的情感有所寄托。或许可以说,不论是西班牙的国王还是印第安人的首领,他们再强大,都无法找到足以补偿我、奖赏我的方式。但是您,值得深爱的埃尔维拉,您是具备这个能力的。只要您与我两人从此命运相连,我就不会再有其他任何奢求。在今后的日子里,我将抛下其他一切事务,一心关注您美丽身心的所有举动,您的每一个微笑都会让我满心欢喜,您赐给我的每一次温情都会使我深深陶醉。经过这么多年的风风雨雨,未来平静生活的画面终于清晰地呈现在我面前,我简直是欣喜若狂。昨天夜里,我做了个决定,我要抓紧行动,让拥有您的那一刻提前到来。美丽的埃尔维拉,我现在要暂时与您分别。不过,我只是先行一步赶赴布尔戈斯,等您到的时候,我为您精心布置的一切,您就可以亲眼看到了。"

说完这番话后,总督单膝跪地,吻了吻我的手,然后便重新上马,疾驰而去。

我当时如何焦虑惊慌，自不必向诸位细述。我的脑海中浮现出种种最糟糕的结局，而每种结局到最后都是同一个令人绝望的画面，因为我怎样也免不了在德亚底安修会的院子里被鞭打一顿。我去找两位姨妈，她们正在用餐。我想把总督刚刚说出的心声告诉她们，但没有找到机会。无情的管家催我立即登上驮轿，我只得从命。

行到布尔戈斯城门前，我们看到我未来夫君张贴的一张告示，告示上说，主教宫内迎候我们的人群已经就位。要不是一股冷汗顺着前额流下来，我都不敢相信我还活着，因为我已经惊恐得神不守舍。直到面对主教大人时，我才恢复清醒。这位高级神职人员与总督相对而坐，他手下的那帮教士依次坐在他的下首。布尔戈斯的市民代表则聚坐在总督这一侧。大堂的另一边立着一座为婚典准备的神坛。主教站起身，向我说了段祝福的话，然后吻了吻我的前额。

此刻，万般感受在我心头同时涌现，我难以支撑，不禁摔倒在主教脚下。就在这一刹那，我仿佛受到不知何方神灵的启示，开口对主教说道："大人，请您可怜可怜我吧！我想成为修女！是的，我想成为修女！"

我这几句内心告白像惊雷般回响在大堂里，我觉得，说完这些，我最合适的举动就是晕倒在地。在被搀扶起来后，我又一头栽进两位姨妈的怀中，但她们早已吓得魂飞天外，连站稳自己的身体都很勉强。我眯着眼睛偷偷向外看，只见主教毕恭毕敬地站在总督身前，仿佛在等他定夺此事。

总督请主教重新落座，他觉得，眼下的情形他需要用点时间好好思考一番。主教于是坐下来，我那位令人生畏的爱慕者的模样便出现在我眼前，他的神情显得比平日里更加严厉，眉宇间的阴鸷之气连最大胆的人看到也会心惊肉跳。他似乎沉思了一段时间。接着,他傲慢地戴上帽子,开口说道:"我不再隐瞒自己的身份了。我是墨西哥总督。主教但坐无妨。"大堂里其他人一听此话,全都带着敬意站起来。

"先生们!"总督此时说道,"事情到今天已有十四年了,十四年前,某些可耻之徒无中生有,造谣说我是这个小姑娘的父亲。我想让他们闭嘴,但也没什么办法,只得立下承诺,等小姑娘成年后我就娶她为妻。在她的美貌和美德与日俱增的同时,国王给了我效忠他的机会,并不断为我加官晋爵,最后,我的职位离尊贵的王座也相去不远了。但是,我履行当年诺言的时间到了,我禀告国王,请他恩准我来西班牙成婚。马德里议会的答复是,我可以来,但我只有在单身的状态下才能继续享有总督的荣誉。而且,马德里方圆五十法里内的地方我都不得进入。我一听就明白了,我只有两种选择,要么放弃婚事,要么放弃陛下的恩泽,但既然当年我曾许下诺言,我就不可能言而无信。

"与迷人的埃尔维拉见面时,我以为我猜到了上天的用意,我以为上天要让我离开荣耀之路,在平静悠闲的生活中享受新的快乐。但是,上天妒心太重,看到有这么一位凡尘不配拥有的女子后,就要将她归为己有。好吧,上天,我现在就把她还给你。请找人把她带到圣母领报修女会,让她开始做见习修女。我会给国王写信,请他允许我进入马德里。"

说完这番话,令人生畏的总督向在场所有人脱帽行礼,接着又重新戴上帽子,把帽檐拉到眼前,而那双眼睛里透出无比严厉的目光。随后,他便率着车队重新上路了。主教、当地的官员、各级神职人员以及他们的所有随从都跟在后面送他。大堂里除了我和我两位姨妈之外，只剩下几个忙着撤除神坛的教堂司事。我们三人赶紧躲入旁边的一间房间。一进屋，我就向窗户跑去，想看看有没有逃跑的可能，否则，我就要进修女会了。

窗户外是个内院，院子里有一眼泉水。泉水边，两个衣衫褴褛、满脸疲乏的小男孩似乎正急不可耐地在解渴。我发现，其中一个小孩穿的是我交换给埃尔维拉的衣服。我再仔细一看，果真是她。另一个乞丐模样的小男孩自然就是隆泽托。我惊喜地大叫一声。我们躲入的那间房间有四扇门，其中一扇门外设了道楼梯，可以通往这两个流浪儿所在的内院。我打开门，奔出去将他们领进来，善良的托雷斯夫人在拥抱她的两个孩子时，开心到了极点。

就在此时，我们听到主教的说话声。他一送走总督就回来找我，想把我带到圣母领报修女会去。我已来不及做别的反应，只能猛地冲到门前把门关牢。我姨妈朝门外高喊，说小姑娘又晕过去了，没办法见人。我和埃尔维拉匆忙把衣服换回来，然后两位姨妈拿块布在她头上包了一圈，弄出一副她晕倒时受伤的模样，此外还特意把她的脸遮起来一部分，这样别人就很难识破我们偷梁换柱的真相。

一切准备就绪后，我与隆泽托溜了出去。她们开门走进大堂。主教已经离开，但他留下了副手，这位神父把埃尔维拉和托雷斯夫人都带进了修女院。我姨妈达拉诺萨独自去了拉斯罗萨斯客栈，她事先已和我们约好在那里见面。我们要了间套房暂时住下。在头一个星期里，我们一直回味这段奇遇的幸运结局，以及它给我们造成的种种磨难。隆泽托不再假扮骡夫，他起居都和我们在一起，并公开了自己托雷斯夫人儿子的身份。

我姨妈去圣母领报修女会探视了几次。大家商量好，埃尔维拉刚开始时要对献身教会表现出极大的兴趣，接着她的热忱就与日递减，最后再想办法从修女会出来，同时向罗马教廷申请必要的宽免，以便她与表哥成婚。

没过多久，我们听说，总督终于进了马德里，他在那里风光无限。他甚至还得到陛下的恩准，把自己的财产和头衔转给外甥，就是那个他当年带到比利亚加的妹妹所生的儿子。此后不久，他又去了美洲。

至于我，我原本已经初具放浪不羁、喜欢流浪的性格，在经历一场如此奇特的旅行后，我的内心进一步受到冲击，性情也进一步定型。每当想到未来要困在德亚底安修会里，我就满心厌恶。可是，我的舅公已经定下这件事，尽管我想尽各种办法拖延，但最后终究要下定决心面对现实。

故事说到这里，有人来找吉普赛人首领商议事情。对这段离奇怪诞的故事，我们每个人都发表了自己的意见。只有卡巴拉秘法师言之凿凿地说，那个犹太浪人要对我们讲的故事，比这个还要奇妙得多；他同时向我们保证，第二天，我们就会见到这位奇人，绝不会有任何差错。

第二十一天

众人重新上路。卡巴拉秘法师昨天已向我们保证，犹太浪人必将在这一天出现，因此，迟迟不见此人的身影，他颇有些焦急难耐。最后，我们终于发现，远处的一座山头上，有个脚下生风的人在大步流星地走着。他并不看路，只顾向前疾奔。"啊！你们看到他了吧？"乌泽达说道，"这个懒家伙，这个浑蛋！从非洲腹地上这儿来居然花了一个星期的时间！"

片刻间，犹太浪人就来到我们附近。等他到了话音可及的地方，卡巴拉秘法师向他高声问道："喂！所罗门王的两个女儿，我还有盼头吗？"

"没有了，没有了，"犹太人说道，"您已经完全丧失这方面的权利。此外，您甚至无权再指挥二十二级以上的精灵了。您用在我身上的那点招儿，我希望您也保留不了多久。"

听了这话，卡巴拉秘法师仿佛沉思了一会儿，随后说道："好吧，我会做出和我妹妹一样的选择。此事我们改天再谈。现在，云游四方的先生，我命令您到这儿来，这里有一位年轻的骑士，还有一位堪称几何界骄傲的年轻人，您在他们的骡子当中走。您快把自己这一生的故事讲给他们两位听，不过，我要警告您，必须如实地讲，清楚地讲！"

犹太浪人看起来有些不情愿，但卡巴拉秘法师向他说了几句我们听不懂的话。随后，这个永世流浪的不幸的人便如此这般地说起来：

犹太浪人的故事[1]

当年，有不少家族追随大祭司奥尼阿斯来到埃及，并经托勒密六世[2]许可，在下埃及建起犹太圣殿，我的家族就是其中之一。我祖父名叫希西家。著名的克莱奥帕特拉七世与她弟弟托勒密十三世成婚后，希西家进入女王[3]内宫，做了她的珠宝采购总管。他同时还负责购买各种布匹、织物和饰品。后来，宫里的节庆活动也由他来筹划安排。总之，我可以向诸位担保，当时在亚历山大，我祖父可是宫里一位非常重要的人物。我说这个毫无炫耀之意，我炫耀自己又

---

[1] 原注：传说中称，有一个犹太人因在通往骷髅地的路上拒绝善待或嘲笑受刑前的基督，而被罚永世流浪。这一传说最早可追溯到公元7世纪。1602年，莱顿出版了一本《关于一个叫阿哈斯韦卢斯的犹太人的概述》(*Brève Description d'un Juif Nommé Ahasverus*)；此后不久，又有了一本（1618年出版于奥格斯堡）《关于一个叫阿哈斯韦卢斯的犹太人的真实深入的记述》(*Gründliche und Wahrhafftige Relation... von Einem Juden Namens Ahasverus*)，作者为克里索斯托姆·杜杜勒斯·威斯特法鲁斯 (Chrysostome Duduleus Westphalus)。

[2] 原注：托勒密六世（"笃爱母亲的人"），古埃及国王（前181—前145在位）。大祭司奥尼阿斯四世率一群信徒移民埃及，在赫里奥波里斯附近的莱翁托波利斯，以耶路撒冷圣殿为原型，修建了一座犹太圣殿（公元前147年）。

[3] 译注：此时克莱奥帕特拉七世与托勒密十三世共同执政。

能得到什么呢？他都死了一千七百年了，因为他是在屋大维统治的第四十一个年头去世的；如果这条理由不够，我还有别的理由。不过，他去世时我还太小，长大后我基本上不记得他的模样，但有一个叫德利乌斯的人，常常向我提起我祖父那个时代的种种往事。

听到这里，贝拉斯克斯打断犹太浪人的话，向他问道，这个德利乌斯是不是克莱奥帕特拉的乐师，在弗拉维奥·约瑟夫斯[1]和普鲁塔克的史书中，这个人被多次提及。

"正是此人。"犹太人说道。接着，他又继续说下去：

托勒密十三世没有与他姐姐生下孩子，于是怀疑她不能生育，便在结婚三年后离弃了她。克莱奥帕特拉七世躲到红海海滨的一座港口生活，我祖父陪她踏上流亡之路。正是在这段时间内，他为女主人购置了两颗美丽的珍珠，其中的一颗后来被磨成粉制成佳肴，给安东尼吃进肚中。

此时，内战的烽火遍布罗马各地。庞培来托勒密十三世这里求一个藏身之所，却被对方结果了性命。托勒密十三世这不守道义的行为照理说应得到恺撒的欢迎，但实际效果恰恰相反。恺撒想扶持克莱奥帕特拉重回王座。亚历山大的市民怀着史上罕见的忠君信念，全力支持时任国王。但国王意外溺水而亡，从此，克莱奥帕特拉的野心再也没有任何力量可以阻挡，而她也毫无保留地向恺撒表达了自己的感激之情。

---

[1] 原注：弗拉维奥·约瑟夫斯（Flavius Josèphe，37—100），《犹太古史》作者。

恺撒在离开埃及前，安排克莱奥帕特拉嫁给小托勒密，这是她的另一位弟弟，也可以说是她的小叔子，因为他同样是她前夫托勒密十三世的弟弟。这位小国王当时只有十一岁。克莱奥帕特拉怀孕产子，孩子被取名为恺撒里昂，有这样一个名字，孩子的身世昭然若揭。

我祖父当时二十五岁，也有了成家的念头。其实，在他这个年纪结婚，对于犹太人来说已经算相当晚的了，只是他对迎娶亚历山大的女人始终怀有抵触情绪。这倒不是因为我们被耶路撒冷的犹太人视作分裂势力让他心存顾忌，而是因为在我们的宗教理念中，世上只应有一座圣殿。当时有种普遍的观点，即很多人认为，奥尼阿斯在下埃及修建的圣殿是造成犹太教分裂的起因，它和当年撒玛利亚的圣殿如出一辙[1]，而那座圣殿被犹太人视作破坏团结的可鄙之物。

这种憎恶分裂、虔诚信奉唯一圣殿的观念一直盛行。我祖父正是出于这样的观念，才一心期待回归圣城，在那里寻找自己的终身伴侣。不过，就在此时，一位名叫希勒尔的犹太人为处理自己的生意，带着家眷从耶路撒冷来到亚历山大。他的长女梅雷娅对我祖父情有独钟。两人举办了极为盛大的婚礼。克莱奥帕特拉与她年幼夫君的联袂出席，使这场婚礼的规格进一步提升。

几天后，女王让人叫来我祖父，对他说道："我亲爱的希西家，我刚听说，恺撒被任命为终身独裁官。他是世上的王中之王，他的成就使他达到了任何凡人都不曾拥有过的高度，他远胜过马杜克、

---

[1] 原注：撒玛利亚人是没有被掳到巴比伦的犹太人与迁来的异族人通婚融合而成的，因此被放逐归来的犹太人视作非纯正的半犹太人，撒玛利亚人于是在基利波山修建了一座圣殿，与耶路撒冷的圣殿分庭抗礼。

辛努塞尔特[1]，也超越了居鲁士和亚历山大。此时此刻，小恺撒里昂的父亲对我的爱，让我前所未有地感到光荣。这孩子马上就要四岁了，我想让恺撒见他一面，好好拥抱他一次。两个月后，我要去一趟罗马。您很清楚，在那里我不能失掉女王的体面。我想让我最下等的随行奴隶都穿上镶金的衣料，最低档的随身用具都用实金制成，并镶满宝石。至于我本人，我只用珍珠做饰物，衣料必须轻柔，拿最细的足丝[2]来做。把我宫里的珠宝盒和所有金子都拿去用吧。此外，我的司库还会再给您十万塔兰同[3]的黄金，那是阿拉伯国王从我这里买下两个行省的钱。我从罗马归来后，自然会把那两个行省再夺回来。去吧，两个月内一切全要办妥。"

克莱奥帕特拉当时二十五岁。她那年幼的弟弟与她成亲四年，只有十五岁，但他对她情真意切。当得知她要去罗马，他简直痛不欲生；女王与他离别、登船远去的那一刻，他难掩哀伤失落之情，旁人看在眼里，都担心他恐怕来日无多。

克莱奥帕特拉扬帆启航，不到三个星期便抵达奥斯提亚港[4]。一艘艘华美的贡多拉船在港口迎候她，载着她沿台伯河进入罗马城。她进城时无比荣光，仿佛率领的是一支凯旋之师；换作其他的国王，他们充其量只是坐在罗马将领的战车里进城。

作为罗马最受爱戴也最伟大的人，恺撒以无比隆重的方式，亲

1　译注：马杜克是巴比伦城的守护神。辛努塞尔特指古埃及法老辛努塞尔特三世，他是埃及中古时期最成功的法老之一，他在位19年间，埃及空前繁荣。
2　译注：足丝，从瓣鳃类动物足部略近中央的足丝孔伸出的，以壳基质为主要成分的硬蛋白的强韧纤维束。
3　译注：塔兰同是古代中东和希腊-罗马世界使用的质量单位。
4　译注：奥斯提亚在罗马西南25公里处，是古罗马时代的海港。

自迎接克莱奥帕特拉。但他流露出来的感情,并不似她原先期待的那般浓烈。女王是个野心勃勃之人,在情感方面倒不太细腻,因此她对这微小的变化并没有多在意,只打算好好了解一下罗马。她对政事洞若观火,很快就发现,独裁官正处在险境之中。她把自己的感觉告诉恺撒,可这位英雄的字典里是没有畏惧二字的。克莱奥帕特拉眼见恺撒不拿她的话当回事,便想为自己早做打算。在她看来,恺撒必将成为一场阴谋的牺牲品,而罗马世界届时将分化为两个阵营。一派崇尚自由,为首者明显将是年迈的西塞罗,这是个自命不凡之人。他发表过一些伟大的演说,便认为自己已经创下了伟大的事业;他本有隐居在图斯库卢姆潜心学术之意,但终究喜欢上政界俗务所带来的万众敬仰。这一派的人推崇善,却不知如何实现善,因为他们对世间众生一无所知。另一派是恺撒的支持者,这些人骁勇善战、饮酒豪放,是热情四溢的一群人,也知道怎么借助别人的热情成就自己。克莱奥帕特拉很快明确了自己的倾向。她对安东尼表达出极高的敬意,却不怎么把西塞罗放在眼里。西塞罗自然不会原谅她的轻视,从他当时写给阿提库斯[1]的几封信中,诸位便可见端倪。

发现潜在的阴谋后,克莱奥帕特拉便不想继续久留,亲眼见到悲剧成真,于是踏上返程之路,回到亚历山大。她年幼的夫君在迎接她时,完全抑制不住内心的狂喜。亚历山大的民众也都沉醉在欢庆的气氛中。克莱奥帕特拉摆出一副与民同庆的模样,并由此彻底赢得民心;但了解她的人不难看出,她的那些表面文章里夹杂太多

---

1 译注:阿提库斯(前110—前32),古罗马作家、哲学家,与西塞罗多有信件来往。

的政治手腕，她流露的情感中伪饰远远多于真情。等觉得自己在亚历山大地位稳固后，她便去了孟菲斯。在那里，她戴上牛角，打扮成伊西斯[1]女神的模样。凭借这样的形象，她赢得全埃及人的认同。此后，她又使用各种方法，赢得了埃塞俄比亚人、纳巴泰人[2]、利比亚人以及埃及周边所有国家人民的好感。

最后，女王回到亚历山大。恺撒遇刺身亡，内战在罗马境内各省爆发。从此，克莱奥帕特拉变得沉默寡言，心事重重，而她的想法并没有瞒过自己的贴身心腹，他们知道，她想嫁给安东尼，并借机统治罗马。

一天早上，我祖父去拜见女王，向她呈献刚从印度运过来的一批宝石。她看起来非常满意，不仅夸奖我祖父的品位，还对他办事得力赞不绝口。她接着又说道："我亲爱的希西家，这里有几根味道特别好的糖渍香蕉，我想，这应该是锡兰岛的那些商人连同这些奇珍异石一起从印度运过来的。请您帮我个忙，把这些水果带给我那年幼的丈夫，您告诉他，既然他爱我，那他就为了这份爱把香蕉都吃了吧。"

我祖父按照吩咐送去香蕉，幼君对他说道："既然女王认为，为了表达对她的爱，就应该吃这些水果，那我想请您做个见证，我会一口气把它们全吃光。"

但还没等第三根香蕉吃完，他的脸就变了形，两颗眼珠仿佛要

---

[1] 译注：伊西斯是古埃及神话中的生命、魔法、婚姻和生育女神，被视为完美女性的典范，是古埃及最重要的女神，其影响也波及古希腊、古罗马等地区。
[2] 译注：古纳巴泰文明从公元前 6 世纪开始占领约旦南部地区、迦南和阿拉伯半岛北部地区。

极力迸出眼眶。他发出一声痛苦的惨叫，然后便倒在地板上，没了气息。我祖父当即意识到，别人拿他当工具，借他的手完成了滔天罪行。他赶紧回家躲起来，把自己的衣裳扯烂，只用一只袋子罩住身体，头上撒满了灰。

六个星期过后，女王派人把他找来，对他说道："我亲爱的希西家，您应该知道，现在罗马是由屋大维、安东尼和雷必达三巨头分治的。我亲爱的安东尼分到了东方，因此我决定与他在奇里乞亚[1]会合。我亲爱的希西家，我想请您给我建造一艘外形类似蛋壳的大船，整个船体，不论内外，都要透着珍珠的珠光。这艘船的每一层甲板，都要铺上用纤细织物织成的网，网上面全要镶金，当我走在网上时，要让人感受到维纳斯的气质，使我得到千般尊敬、万般爱戴。去吧，用您往日的智慧，完成我的命令吧。"

我祖父扑倒在女王脚下，对她说道："啊，夫人开恩，请您考虑一下我是希伯来人的事实；但凡涉及希腊诸神的事，对我而言都有亵渎神明之嫌，这种事我无论如何不敢过问。"

"我明白了，"女王回答道，"您是为我那年幼的夫君感伤呢。您的痛苦是合情合理的，我自己也很难过，比我原先预想的还要难过。希西家，您不适合在宫里做事，可以不必再进宫了。"

我祖父自然不想等女王对他再说一遍类似的话。他赶紧回家收拾东西，躲到自己在马里欧提斯湖畔的一个小屋里，过起半退隐的生活。在那里，他心无旁骛，只顾着打理好自己的生意，以便尽快

---

[1] 译注：奇里乞亚位于现土耳其东南部的小亚细亚半岛，曾经是古罗马一个贸易繁盛的地区。

实现在耶路撒冷购置房产的计划，这一计划他已构思良久。另一方面，他尽自己最大限度深居简出，不与任何一位宫里的旧交见面，唯一的例外是乐师德利乌斯，因为他们始终保持着深厚的友情。

克莱奥帕特拉还是让人造出了一艘基本如她所愿的船只，她于是扬帆起航，奔赴奇里乞亚，当地的民众果真把她当作维纳斯再世。马可·安东尼认为，奇里乞亚民众的眼光大致无误，便跟着克莱奥帕特拉来到埃及，两人在埃及成婚，婚礼之奢华非言词所能道尽。

犹太浪人讲到此处，卡巴拉秘法师对他说道："我的朋友，今天暂时就说到这里吧，因为我们到歇脚的地方了。你就在这山上来回转悠地过夜吧，明天再和我们一起上路。我想和你谈的那些事，改天找个机会再说吧。"

犹太浪人向卡巴拉秘法师狠狠地瞪了一眼，便走进山谷深处，不见踪影。

第二十二天

我们很早就动身了。走了两法里路后,那个犹太浪人追上我们。他也不等别人多讲,直接走到我的马和贝拉斯克斯的骡子当中,然后如此这般地说起来:

犹太浪人的故事(续)

克莱奥帕特拉成了安东尼的妻子。她看得很清楚,要想留住安东尼的心,那她扮演的角色就只能是芙里尼[1],而不是阿尔特米西亚二世[2];或者更准确地说,这个心机极深的女人有一种高超的才能,可以灵活自如地切换角色——刚刚还像个交际花,马上又有了女王的威仪,就连贤淑忠诚的妻子这种形象,她也能完美演绎。她很清楚,安东尼是个极度迷恋女色的人,因此,她主要靠各种令人神魂颠倒的迷情技巧来捕获他的心。主上所好,朝臣自然会全力仿效。

---

1 译注:芙里尼,公元前4世纪古希腊著名的交际花。见第十三天相关注释。
2 原注:阿尔特米西亚二世(公元前4世纪中叶),卡里亚王国国王摩索拉斯的妹妹、妻子,在国王去世后,她继任王位,修建了摩索拉斯陵墓,是忠于婚姻的典范。

接着，都城里的人学朝臣，其他地方的国民又学都城里的人。很快，整个埃及就变成了一个荒淫之邦。甚至犹太人在埃及的聚居地也同样盛行这种可怕的风气。

我祖父原本早就可以去耶路撒冷过隐居的生活，但这座城市已被帕提亚人[1]占领。安提帕斯之子希律也逃到城外，而这个希律，就是后来被马可·安东尼任命为犹地亚王的大希律王[2]。我祖父只得继续在埃及待下去。他也不清楚上哪儿才能过清静的生活，因为马里欧提斯湖上出现了很多贡多拉船。不管是白天还是夜里，船上都有各种不堪入目的表演。最后，我祖父决定，砌上一面墙，把正对着湖的那排窗户都封起来。就这样，他与妻子梅雷娅，以及他取名为末底改的儿子，完全不问世事地过起隐居的生活。他紧锁屋门，除了老朋友德利乌斯，不接受任何人拜访。好几年就这样过去了。直到希律被封王之后，我祖父才重新开始实施他在耶路撒冷置业的计划。

有一天，德利乌斯来到我祖父家里，对他说道："我亲爱的希西家，安东尼和克莱奥帕特拉派我去耶路撒冷，我先上您这里来，就是想听您的吩咐。给您的丈人希勒尔写封信吧，我打算去他府上做客，把您的信带给他。不过，我可以确信，我到了以后，肯定会有人将我强留在宫里，不允许我去外面过夜。"

我祖父看着这个马上要去耶路撒冷的人，不禁泪水涟涟。他给

---

1 译注：帕提亚人发源于伊朗高原东北部，在希腊化时代建立了帕提亚帝国（也称安息帝国）。
2 原注：大希律王（前73—前4），于公元前37年封王。

希勒尔写了封信,然后将信连同一笔三万大流克[1]的现钱一同交给德利乌斯,想委托这位老朋友帮他买下耶路撒冷最美的房子。

三个星期后,德利乌斯回来了。他立即派人将这一消息转告给我祖父,但同时表示,他在宫内有要务处理,只能四天后再来见他。

四天后,他如约来到我祖父家,对我祖父说道:"我亲爱的希西家,首先,我把这份合同交给您,这是耶路撒冷最美的房子的出售合同,而这幢房子就是您岳父本人的住所。法官们全都按上了指印,所有手续均已完成。这里还有一封希勒尔的信,他说,他要在他的房子里继续住下去,直到您抵达耶路撒冷的那一天,到时候,他会把房租付给您。至于我的这次旅行,算得上是我平生极开心的一回。我到的时候,希律王并不在耶路撒冷。他的岳母亚历山德拉请我和她的两个孩子共进晚餐:女儿米利安,她刚刚嫁给希律王;儿子阿里斯托布鲁斯,一个未来要做祭司但明显更喜欢在草民中浪迹一生的年轻男子。他们真是一对俊男靓女,他们的美深深震撼了我,我实在难于用语言向您描述。尤其是阿里斯托布鲁斯,他简直像是个堕入凡尘的天神。想象一下,一个有着世上最俊美身体的少男,配上堪比世上最美丽女子的容颜,那该是怎样的一个天人。我一回来就专门禀告了这件事,安东尼听罢表示,要让这两个人到他的宫里来。

"'我也有此建议,'克莱奥帕特拉回应道,'把犹地亚王的妻子弄过来,然后您还能很快让帕提亚人的疆土成为罗马内部的行省。'

"'好啊!'安东尼说道,'至少我们要让这个美男子过来。我们

---

[1] 原注:波斯阿契美尼德王朝金币名称,自大流士一世时期开始铸造,重约8.4克。

让他做我们的首席司酒官吧。其实，一个奴隶长得有多美，我完全不在乎，但我想让我的年轻侍从都出自罗马一流的家庭，或者至少是蛮邦的王子。'

"'没错，'克莱奥帕特拉回应道，'我们把阿里斯托布鲁斯弄过来吧。'"

"以色列和雅各的上帝啊！"我祖父高叫道，"我没听错吧？一个哈斯蒙尼人[1]，马加比家族[2]血统最纯正的传人，亚伦[3]的晚辈，居然要做安东尼的年轻侍从。安东尼只是个醉心于各种污秽事物、没有行过割礼的家伙！我真是活得太久了，德利乌斯，我想彻底地与外界隔绝，我要把自己的衣裳扯烂，用一只袋子罩住身体，头上撒满灰。"

随后，我祖父就照着自己所说的去做了。他闭门不出，为锡安山的不幸悲鸣。除了泪水，他几乎没有咽下过别的东西。如果一直这样下去，他恐怕迟早会悲恸而亡。幸而几个星期后的一天，德利乌斯来到他门前大叫："阿里斯托布鲁斯是不会做安东尼的侍从的，希律王任命他当大祭司了！"

我祖父终于把房门打开，内心宽慰了些许。此后，他又和家人一起，过上与以往相同的生活。

又过了一段时间，安东尼远征亚美尼亚，克莱奥帕特拉一路同

---

1 原注：哈斯蒙尼王朝是公元前134年—前37年统治巴勒斯坦的集祭司与王权于一体的王朝。
2 译注：犹太教世袭祭司长家族，是哈斯蒙尼家族的始祖。
3 译注：亚伦是《圣经》人物，摩西的兄长。他是古以色列人的第一位大祭司，也是祭司职位的始创者。

行。她暗中打着算盘，想借此分得阿拉比亚[1]和犹地亚。德利乌斯也是队伍中的一员，他回来后，把此次远征的所有奇闻逸事全说给我祖父听了：

"亚历山德拉被希律王囚入深宫。她想与自己的儿子一起出逃，投奔克莱奥帕特拉，而克莱奥帕特拉也是真心想见识一下这个英俊迷人的大祭司。他们的计划被一个叫库比翁的人知晓，希律王于是派人在阿里斯托布鲁斯洗澡时将他溺死[2]。克莱奥帕特拉本想报复，但安东尼对她说，国王是一国之主，有权裁决其境内任何事情。不过，为了安抚克莱奥帕特拉，他把几座本属于希律王的城市当作礼物献给了她。

"这还不算完，"德利乌斯补充道，"后来还有很多好戏。希律王毕竟是个货真价实的犹太人，克莱奥帕特拉从他那里抢去的城市，他又全租了回来。双方在耶路撒冷商议此事。我们的女王想用她曼妙的身材主导会谈，但这位女贤君毕竟三十五岁了，希律王又疯狂地爱着二十岁的米利安。所以，任凭女王在会谈中媚态百出，希律王不仅不为所动，反倒在会后召集自己的议事会开会，想暗中除掉克莱奥帕特拉。他甚至肯定地说，安东尼已经对女王极为厌烦，除掉她，安东尼只会向他表示感谢。所幸的是，议事会提醒他，尽管摆脱克莱奥帕特拉对安东尼来说是喜闻乐见之事，但她真要是死了，他还是会复仇的。他们的分析当然很有道理。

---

1 译注：古地名，范围约为现约旦全境、叙利亚南部、西奈半岛和沙特阿拉伯西北部，公元 2 世纪成为罗马帝国的一个行省，首府佩特拉。
2 原注：阿里斯托布鲁斯三世（前 52—前 35），在马可·安东尼和克莱奥帕特拉的要求下，于十七岁时被任命为大祭司，任职后不久，便被其姐夫希律王残害至死。

"但等我们回来后,又有很多消息传出来。罗马有人指控克莱奥帕特拉用妖术迷惑安东尼。官司虽然还没有真正开打,但已是迟早的事。您对这一切有什么看法?我亲爱的希西家,您还是一心想去耶路撒冷隐居吗?"

"现在暂时不会去,"我祖父说道,"我毫不隐瞒,马加比家族的血统我是全心拥戴的,但接下来希律王会让哈斯蒙尼家族的人一个接一个全死光,这一点我深信不疑。"

"既然您想留下来,"德利乌斯接着说道,"那请您给我一小块地方作为庇身之所吧。昨天我已辞去宫中的职位。让我们一起闭门不出,等这个国家变成罗马的一个省,再重新抛头露面,想来不久以后这就会变为现实。至于我的财产,共计有三万大流克。我这次到耶路撒冷的时候,将这笔钱全借给了您岳父,他随后委托我把钱交付给您,当作他租您房子的租金。"

我祖父欣然接受他朋友德利乌斯的建议,以前所未有的严苛方式要求自己,过起不折不扣的隐世生活。不过,德利乌斯偶尔还是会出门,听到城里的新闻后,就回来转述。除此之外,他的时间都用来教少年末底改学希腊语,这个孩子便是我父亲。他们常常使用《圣经》的七十士译本[1]作为教材,而希西家产生了劝德利乌斯改信犹太教的想法。

诸位都很清楚安东尼和克莱奥帕特拉的结局;而埃及也成了罗马的行省,正如德利乌斯所料。但我们家的人过惯隐世的生活,于

---

[1] 译注:七十士译本是新约时代通行的旧约希腊文《圣经》译本。这个译本普遍为犹太教和基督教信徒所认同,全书除了包括今日通行的《圣经·旧约》,还包括次经和关于犹太人生活的文献。

是还和以往一样深居简出。

巴勒斯坦也一直有新闻传来：希律王原本自然应该和他的保护者安东尼一起垮台，但他得到屋大维的恩宠。他不仅收复了那些被抢走的城市，还得到一些新的地盘，并拥有自己的军队、金库，以及多处公共粮仓；他最后被人们称作"大希律王"，只可惜他对家人过于残暴，这使他如此辉煌的人生略显失色，否则，人们还可以称他为"幸福的希律王"。

总之，巴勒斯坦已重归安宁，我祖父又打算实施他移居的计划，他想带着自己心爱的末底改搬到巴勒斯坦。那一年，我父亲十三岁。德利乌斯很喜欢自己的这位学生，准备和他们一起走。但就在这当口，一个从耶路撒冷来的犹太人带给他们一封信，信是这样写的：

> 拉比西底家，希勒尔之子，卑微的罪人，法利赛人神圣犹太公会[1]最新加盟的成员，向他姐姐梅雷娅的丈夫希西家致礼！
> 以色列的罪人们在耶路撒冷招惹上一场流行病，我父亲和我的几位兄长皆因此病亡故。他们现在正在亚伯拉罕的怀抱中，分享永恒的荣耀。愿上天惩治撒都该人[2]和所有不相信肉身复活的人！
> 假如我占据他人的财产并因此玷污自己的双手，那我就不配自称法利赛人。出于这一原因，我谨慎地核查，我父亲生前

---

1 译注：古代以色列由71位犹太长老组成的立法议会和最高法院，有的说法称成员全由法利赛人组成，也有的说法称还有撒都该人。

2 译注：撒都该人是公元前2世纪形成的犹太教的一个派别。他们与法利赛人不同，不信灵魂不灭、肉身复活，也不信天使和弥赛亚，宗教感淡漠。

是否亏欠过别人什么东西。有人告诉我，我们在耶路撒冷住的房子是属于您的，而且您成为这房子的主人已经有一段时间了。于是，我去了法院的档案室，但没有发现任何一份材料能支持这一观点。房子是属于我的。愿上天惩治恶人！我可不是撒都该人！

同时我还听说，一个叫德利乌斯的未受过割礼的人，曾经给过我父亲三万大流克。但我找到的，只是一份字迹略有些模糊不清的文书，经我分析，这应该是这个德利乌斯偿清债务的证明。此外，这个德利乌斯居然喜欢米利安和她的兄弟阿里斯托布鲁斯。这样的话，他就是我们伟大国王的敌人。愿上天将他连同所有的恶人和撒都该人一起惩治！

再见了，我亲爱的兄长，请代我拥抱我姐姐梅雷娅。在您娶她的时候我还年幼，但我的心中一直挂念着她。我认为，她给您带去的嫁妆，远远超过她应得的；不过，这件事我们还是下次再谈吧。再见了，我亲爱的兄长，愿上天使您成为一个真正的法利赛人！

我祖父和德利乌斯惊讶不已。两人面面相觑，长久说不出话来，最后还是德利乌斯打破沉寂："我的朋友，这就是所谓的隐居生活。我们自以为能享受安宁，但远远不是这么回事。别人会把您看成一棵枯死的树，可以随意砍伐、随意削去树皮，还会把您看成一条任人碾踏的虫子，或是大地上一个毫无用处的累赘品。我总算看明白了，在这个世界上，如果不做铁锤，就只能做铁砧，不想敲打别人，就只能被人击打。我过去也和不少罗马行省的长官有交情，他们现在都归附了屋大维,假如我还和他们保持来往,那今天就没人敢辱骂我。但我对俗世早已厌倦,我远离尘嚣,为的是和一个拥有美德的朋友生活一起,可现在有这么一个耶路撒冷的法利赛人吞了我的财产,还说他有张字迹模糊不清的文书,是我偿清债务的证明。我亲爱的希西家,对您来说,他们所强占的您的房子,不及您全部财产的四分之一;但对我来说,我可是一无所有了。我要不惜一切代价,去巴勒斯坦理论一番。"

这时梅雷娅突然出现了。两人便把她父亲和两位兄长去世的消息告诉她,当然,她弟弟西底家干的那些可耻行径,他们也难于隐瞒。人处在退隐的生活状态时,一旦遇到什么事情,内心产生的触动会更深。善良的梅雷娅悲伤过度,此外又得了种我说不清名称的病症,不到六个月,她就撒手人寰了。

德利乌斯本准备去犹地亚,但一天晚上,在他徒步从拉科蒂斯镇回家的时候,他的胸口被人刺了一刀。他转身望去,认出凶手是那个转交西底家来信的犹太人。德利乌斯花了很长时间养伤,痊愈后,也就不再有去犹地亚的愿望了。或者至少可以说,在没有得到充分保障前,他暂时不会再起程。为此,他想了各种办法,试图和自己从前的保护者重新建立联系。但屋大维的治国原则同样是让各地国王全权治理各自的领地。因此,需要了解希律王对西底家究竟是什么态度。于是,他托了个值得信任又足够机智的人去了趟耶路撒冷,想打探一下当地的具体局势。

两个月后,这个人回来了。他报告说,希律王的声望和地位正与日俱增,这位精明的君主能同时取悦罗马人和犹太人。他一方面像供奉神灵一样对待屋大维,另一方面又宣布,要在耶路撒冷重建

323

一座比以前宏大得多的圣殿,民众听到这一消息一片欢腾,有些逢迎拍马者抓住这一良机,宣布他就是先知们预言过的弥赛亚。我们的信使告诉我们,这种说法在朝廷上下极受认同,信奉者甚至建立起一个教派。这个新教派的成员被称为希律派信徒,而西底家便是这一教派的首领。

诸位自然可以想象得出,听到这一条条消息,我祖父和德利乌斯会发出多少感慨。不过,在继续说他们的故事前,我想和诸位谈一下,我们的先知是怎么解释"弥赛亚"这个词的含义的。

犹太浪人说到这里突然停下来,用一种傲气十足的眼神盯着卡巴拉秘法师,然后说道:"马蒙的邪恶的儿子啊,有个比你更厉害的术士叫我去阿特拉斯山。再见了!"

"你在说谎,"卡巴拉秘法师说道,"我比塔鲁丹特[1]那个酋长的功力要高出一百倍。"

"你的功力在克马达店家的时候就完全丧失了。"犹太浪人一边说一边离我们远去,很快便从我们的视线中消失。

卡巴拉秘法师显得有点张皇失措,但经过片刻思索,他这样对我们说道:"我向你们保证,我的法术,这个滑稽的家伙连一半都没了解,他将来总会弄清楚的,当然,那是要付出代价的。不过,我们还是谈点别的吧。贝拉斯克斯大人,他说的故事,您都听进去了吗?"

"当然,这肯定不用说,"几何学家回答道,"我一直注意听着

---

[1] 译注:塔鲁丹特是现北非摩洛哥城市。

呢。我觉得他说的故事与历史非常吻合。德尔图良[1]提到过信奉希律王的那个教派[2]。"

"难道说,"卡巴拉秘法师问道,"您对历史的研究和数学一样深?"

"不,不完全是这样,"贝拉斯克斯接着说道,"我之前已经对诸位说过,我的父亲,他把运算应用到各个领域。在历史学这一块,他也想拿运算作为研究工具,来确定已发生的事与可能发生的事之间的比例关系,并从已发生的事推导可能发生的事的或然率。此后,他甚至又在更深的领域继续探究,因为他觉得,可以用几何图形来呈现人的行为和情感。具体情况让我来解释一下吧。比方说,我父亲曾经说过:'安东尼入埃及后,受到两种激情的控制:一种是野心,这会引导他独揽大权;另一种是爱,这会导致他权力削弱。我用 AB 和 AC 两条直线来代表这两种情感的走向,并在两条直线上各取一点 B 和 C,画出一个三角形。AB 这条线代表安东尼对克莱奥帕特拉的爱,它要短于 AC 这条线,因为说到底,安东尼的爱是少于野心的。我假设 AC 是 AB 长度的三倍。我从 B 点出发,顺 AC 的方向,画出一条三倍于 AB 的线段,这样我就得到了一个平行四边形。新出现的那条对角线,它的方向就非常准确地呈现出 AB、AC 这两种情感综合后的动力新走势。假设爱的力量不断增强,那么 AB 的长度就需要拉长,在这样的情况下,这条对角线将离 AB 的方向越来越近。相反,假设野心的力量不断增强,那么这条对角线就会离

---

[1] 译注:德尔图良(150—230),北非柏柏尔人,迦太基教会主教,早期基督教著名的神学家和哲学家。
[2] 原注:见托名德尔图良,《反所有异端分子》(*Adversus Omnes Haereses*),I/1。

AC的方向越来越近（比方说，作为一个不懂爱的人，屋大维的平行四边形的新顶点会离C点越来越近，因为没什么动力能让他脱离AC这个方向）。但由于激情是个既会逐渐增长也会逐渐递减的量，平行四边形的形状便会随之不断变化，因此，变化过程中形成的一个个对角线端点，它们会组成一条曲线，我们可以对其进行流数运算，也就是今天所说的微分运算。'

"说实话，造就我生命的这位智者，他研究这些与历史相关的问题，无非是调节自己孤独生活的一种穷开心的方式。不过，想得到精准的解答，就需要有精准的数据和材料。我之前已向诸位说过，我父亲以无限的热情，精心收集了各种历史文献。这座宝库对我关闭了很久，放有各种几何学书籍的书柜我同样不能接触，因为我父亲只希望我学萨拉邦德舞、快步舞，以及其他千百种荒唐之事。但我最终还是想办法进入宝库，我的历史学知识便是由此而来。"

"贝拉斯克斯大人，"卡巴拉秘法师说道，"请允许我再重复一遍，您在历史学和几何学这两个领域都有很深的造诣，我对此感到非常惊讶。这两门学问一个靠的是判断力，一个靠的是记忆力，而人们通常认为，这两种能力是相互对立、相互抵触的。"

"对不起，"几何学家接着说道，"我不同意这种看法。当记忆力对收集的材料进行分类整理时，判断力是可以起到辅助作用的，因此，如果某个人的记忆力能配上清晰的条理，那么，他所记得的每个观念，总会连带着前因后果一起出现。不过，记忆力和判断力一样，确实都只能成功地应用到一定数量的观念上。比方说，只要有必要，我就可以回想起所有我曾经学过的有关精密科学的知识，或是人类史、自然史的知识；但是另一方面，我和周围事物的暂时性关联，我却常常会忘记。也就是说，近在眼前的东西我会看不见，别人在我耳边大声喊出来的话我也会听不见，所以有时候我会让人觉得心不在焉、神情恍惚。"

"是的，有时候，"卡巴拉秘法师说道，"比方说您掉进水里的时候。"

"的确，"贝拉斯克斯说道，"我确实不知道为什么我会在水里，我当时完全没有打算下水。但是，发生了恍恍惚惚下水这件事，我现在还是感到很欣慰的，因为这样我才能救起这位可敬的骑士，这位瓦隆卫队的上尉。话说回来，我并不想经常提供这样的服务，因为我咽下去的水当时让我觉得非常不舒服。"

类似的对话又说了几个来回后，我们到了一个必须停下来将其当作过夜之所的地方。等晚饭张罗好，众人津津有味地吃了起来。不过，大家都没怎么说话，因为卡巴拉秘法师看起来心境不佳。吃完饭后，兄妹两人进行了一次长谈。我不想打扰他们，便躲进自己的小岩洞里，床已经有人为我准备好了。

第二十三天

天色甚好，太阳刚升起来，我们就全起了床。简单吃了顿早饭后，众人便重新上路。上午的这段行程不算长，我们恰好在午饭时间赶到一个歇脚点。大家上桌时，或者更准确地说，大家围坐在地上铺的一块替代餐桌的皮料旁时，卡巴拉秘法师开始嘟囔，想表达的是他对灵界的不满。等我们吃完饭，他又一次谈起这个话题。他妹妹似乎觉得这有失妥当，便尽其所能，把话题朝别的方向引。最后，她干脆请贝拉斯克斯继续讲他的故事，他便如此这般地讲起来：

贝拉斯克斯的故事（续）

之前，我有幸向诸位讲述我是如何出生的，我父亲又是如何抱着我，用几何学的方式为我向上天进行了一番祈祷，接着又发誓，绝不会教我任何几何学知识。

大概在我出生六周的时候，我父亲看到一艘三桅帆船驶进港口，船抛下锚，将登陆的小艇放下水，小艇靠在岸边。小艇里走出一位因为上了年纪而背有点驼的老人，一身行头很像是去世的老贝拉斯克斯公爵手下官员的制服，也就是说，绿色的齐膝紧身外衣，金色加鲜红色的绦带，灯笼袖，宽大的腰带，肩带上佩着把剑。我父亲取出望远镜仔细观望，觉得此人应该是老阿尔瓦雷斯。他没有看错，走过来的果真是步履蹒跚的老阿尔瓦雷斯。我父亲赶紧出门，一直跑到港口，在重逢的那一刻，两人无比激动，百感交集。阿尔瓦雷斯告诉我父亲，公爵夫人布兰切·德·贝拉斯克斯现在栖身于圣于尔絮勒会的修女院，他这次来便是受夫人之托，转交给我父亲一封信，信是这样写的：

堂恩里克大人：

　　写这封信的是个不幸的女人，她的父亲因她亡故，上天为她定好的那个男人也因她蒙受苦难，她现在斗胆提笔，希望能唤起您对她的记忆。
　　由于内心极度愧疚不安，我曾用苦修的方式专心赎罪，但我因此身体衰竭，差点就要撒手人寰。阿尔瓦雷斯对我说，我要是死了，公爵就完全获得了自由，他可以自行指定继承人；相反，只要我继续活下去，我就可以一直为您保留继承他财产的权利。出于这样的考虑，我决定要好好活下去。我不再禁食，也不再穿苦修的粗毛衣服，此后，我的赎罪只限于隐居和祷告。
　　公爵挥金如土，把钱都花在最世俗的开销上，他差不多每年都要得一场重病，好几次我都以为，我们家的头衔和财产马上就可以转入您的手上了。不过，上天看起来是有意要埋没您，要让您处在一个与您才华远不相配的境地。

　　我听说您有了个儿子。那么，我现在向上天乞求延长我的生命，就只能算是为他考虑。您因为我的过错失去的那些利益，我要全部保留给他。其实，只要是对他或是对您有益的事，我都一直在关注。我们家族的那些私有地[1]，原本一直是属于幼房的，但你们从来没找我们要过，于是，这些地就成了名义上由我打理的财产之一。不过，这些地的所有权是你们的。地里面这十五年来产生的收入，现在都由阿尔瓦雷斯转交给您。您先保管起来，等未来您觉得合适的时候再用。我其实早就想将这笔钱物归原主，但出于一些与贝拉斯克斯公爵性格有关的原因，一直未能成功。

　　再见了，堂恩里克大人。每一天，我都会发出悔罪的呼唤，乞求上天为您和您那幸福的妻子赐福。请您也为我祈祷，不必复信。

我已经对诸位说过，往事会让堂恩里克的内心受到多大的冲击，因此诸位可以想象得到，这样一封信必然会勾起他无数回忆，使他心境难平。在此后一年多的时间里，他都无法专心从事自己喜欢的工作。不过，他妻子一直在悉心照顾他，我给他带来的父子之情也让他得到很大宽慰。更重要的是，当时有多位几何学家开始研究各类方程的标准解法，这一消息也传到他这里。最后，所有这些因素

---

1 译注：指无关封建领地权利义务关系的自由土地。

集中到一起，终于产生了效果，他的心灵由此重新获得了安宁，也重新产生了动力。经济宽裕后，他的藏书增多了，物理实验室条件也改善了。他甚至还搭建了一间装备极为齐全的天文观测室。我父亲天性乐善好施，积极地做各种善事，这一点我想我就不必和诸位细说了。我可以向诸位保证，在休达，没有任何一个人需要靠别人怜悯度日，因为我父亲充分施展他的天才，创造条件，让每一个人都能正直体面地生活。这方面的故事，我要是详细说出来，诸位一定会很感兴趣，但我没有忘记，我的任务是向诸位叙述我自己的故事，因为我解题时不会脱离题目的已知条件。

就我本人的记忆来看，我人生的第一个爱好是猎奇。在休达，既没有马也没有马车，孩子们上街不存在交通方面的危险，于是，我想在大街上溜达多久，就可以溜达多久。一天之内，我会百来次往返于港口和城市之间，以此来满足自己的好奇心。我甚至会挨家挨户地串门，在兵工厂里转悠，逛商店，进工厂的车间，看工人工作，跟在脚夫后面赶路，问路人各式各样的问题，总之，什么事情都要掺和。不论我去哪儿，我这种猎奇的模样都让大家感到有趣，每到一处，对方都会兴致勃勃地满足我的好奇心。但回到家里跟我父亲在一起的时候，情况就大不相同了。

我父亲请人在自家的一个院子里造起一幢独立的小楼，他的书房、工作室、实验室和天文观测室都放在这楼里。这幢楼我是不可以进入的。起初，这对我来说并不算多大的妨碍，但后来我的好奇心被激发起来。回过头来看，我觉得，这条禁令就像是赶马的马刺一样，逼着我加快脚步，走上与科学相伴一生的道路。我钻研的第一门学问是自然史的一部分：贝类学。我父亲常去海边的一块悬岩旁，因为在海面平静的时候，那一带的海水清如明镜。他就这样观察各种海洋动物的习性，一旦发现品相上乘的贝类，还会将其带回家。孩子都善于模仿，我于是就成了贝类学专家。但偶尔我会被蟹类夹到，被水母蜇到，或是被海胆扎到。这些不愉快的经历使我对自然史心生厌恶，我于是把兴趣转到物理学上。

我父亲的实验观测工具是从英国运来的，他需要个帮手为他更换、修补或是仿造这些工具，他于是找来手下的一个主炮手，将相关的技能全部传授给他，而此人在这方面也有相当的天赋。有一段时间，我几乎成天待在这个见习机械师身边。他工作的时候，我常凑在旁边帮忙。就这样，我学会了不少实际操作的知识，但还缺一门极为重要的基本知识：我既不会读也不会写。

其实我当时已经八岁了，但我父亲说，我只要知道签自己的名字，再把萨拉班德舞学好，就完全足够了。在休达住着位老教士，他是一起我不明就里的修道院阴谋事件的受害者，因此才会被放逐到这里来。所有人都非常敬重他，他也常上我们家做客。这位善良的教士见我处在如此放任自流的状态，便对我父亲说，我在宗教方面没有受到任何教育，他可以为我弥补相关的知识。我父亲同意他的建议，安塞尔莫神父便以此为借口，教我读写和算术。我学得非常快，算术方面我更是很快就超过了老师。

我就这样长到十二岁。此时，我掌握的知识在同龄人当中已经算非常多的了，但我小心翼翼，不敢当着我父亲的面炫耀。一旦我不小心露了馅儿，他必定会向我投来一道严厉的目光，然后对我说道："你要学萨拉班德舞，我的儿子，要好好地学萨拉班德舞。其他那些只会给你带来不幸的事情，就放到一边，别再管了。"我母亲见状便会示意我闭嘴,然后把话题岔到别的事情上去。

有一天在餐桌上,我父亲又劝我要专心学习高雅之道。此时,一位穿着法国式服装、年纪三十岁上下的男子进了我家。他接连向我们行了十二遍礼,然后做了个我也搞不清属于什么礼数的旋转动作,但身子还没转回来,就撞上一位端着汤朝我们走来的仆人,整碗汤全被撞翻在地。换成一个西班牙人,在遇到这种场合时一定会狼狈地连声道歉,但这个异乡客并没有如此。他像进来的时候一遍遍行礼那样,一而再再而三地发出笑声。笑够了之后,他操着非常蹩脚的西班牙语对我们说,他叫佛朗库尔侯爵,因为在决斗中杀死对方而不得不逃离法国,他请我们为他提供一个避难之所,等他那件事风平浪静后他自会告辞。

佛朗库尔刚说完客套话,我父亲就非常激动地站起身,对他说道:"侯爵先生,您是我期待已久的人。请把我的家当作您本人的家,我所有的东西您都可以随便用,我只求您做一件事,那就是关心一下我儿子的教育。要是哪一天他能拥有和您相似的风范,那我肯定会认为,我是世上最幸福的父亲之一。"

假如佛朗库尔明白我父亲这段话背后蕴含的种种悲情,那他或许就不会过分得意,但他的理解纯粹是字面上的,因此听完这番恭维之辞后他心花怒放。他甚至变本加厉地做出各种不得体的举动,不断地暗示我母亲美艳动人,而我父亲年老体衰。可是,我父亲还是不知疲倦地为他鼓掌叫好,并告诉我要学习他、仰慕他。

中饭吃罢,我父亲问侯爵,他是否可以教我跳萨拉班德舞。我的这位家庭教师并没有直接回答,而是笑得比刚才任何时候都猛。等最放肆的一阵狂笑过后,他恢复常态,他向我们保证说,萨拉班德舞已经二十个世纪没人跳了,现在跳的都是快步舞和布列舞[1]。他一边说,一边从口袋里掏出一个被舞蹈老师称作"口袋提琴"[2]的乐器,然后分别演奏了这两种舞蹈的舞曲。

等他演奏完毕,我父亲带着非常严肃的神情对他说道:"侯爵先生,您使用的是只有少数高贵人士才会操作的乐器,您让我相信,您确实曾经做过舞蹈教师。再说,您有没有这方面的经验并不重要,您更适合干的事肯定还有很多,相信都会让我大开眼界。我请您从明天开始就给我儿子上课,以法国王宫里的贵族为标准来要求他,培养他成为类似的人。"

佛朗库尔承认,由于各种不幸的遭遇,有一段时间,他被迫当舞蹈教师谋生,不过,他依然是个有相当身份的人,更适合干的事,正是全方位培养一位年轻贵族。事情就这样决定了,从第二天起,我就要上我的第一堂舞蹈课和礼仪课。不过,在向诸位描述这倒霉的一天前,我需要先交代我父亲当晚与他岳父卡丹萨的一段对话。其实,这段对话我并没有一直记在心里,但此时此刻,他们的语句突然又浮现在我的脑海中,我想,诸位或许也会有兴趣听一听。

认了那位良师后,我一直感到非常新奇,我留在家里陪他,压根儿没有想过上街闲逛。偶然间,我从我父亲的实验室前路过,我听到他抬起嗓门儿,带着些许怒气对卡丹萨说道:"我亲爱的岳父,我最后一次警告您:您要是再继续您那套神秘的举动,派人去非洲

---

1 译注:布列舞,又译"布雷舞",一种轻快的二拍子法国舞曲,从16世纪末期开始在欧洲流行,18世纪时,常作为组曲的组成部分。

2 译注:"口袋提琴"是巴洛克时期流行于宫廷的一种乐器。因为体积很小,演奏师们可以把它放在口袋里,需要的时候拿出来一边跳舞一边演奏。

内陆，我会向内阁大臣揭发您的。"

"我亲爱的女婿，"卡丹萨答道，"假如您想知道我们的秘密，那实在是再简单不过的事了。我母亲是戈梅莱斯家族的后人，您儿子的血液中也流淌着这个家族的血。"

"卡丹萨先生，"我父亲接着说道，"我在这里任职是为国王效力，戈梅莱斯家族的人，还有他们的秘密，完全与我无关。您放心，明天我就会把我们这次交谈的内容向内阁大臣禀告。"

"也请您放心，"卡丹萨说道，"我们在这方面的事情，内阁大臣会禁止您未来再向他汇报的。"

他们的谈话到此为止。在当天白天剩下的时间里，戈梅莱斯家族的秘密一直困扰着我，当天夜里，这个问题也让我思索了一段时间。不过，到了第二天，可恶的佛朗库尔开始给我上第一堂舞蹈课，这件事就被我抛到九霄云外了，而这堂舞蹈课的效果完全与我父亲所期待的背道而驰，它让我的头脑从此彻底沉浸在数学的世界中。

贝拉斯克斯正说到此处，卡巴拉秘法师插话道，他有重要的事要和他妹妹交流一下。众人于是四散而去，各自回到休息的地方。

第二十四天

我们继续在阿尔普哈拉斯山脉中游荡。等找到歇脚点并吃完晚饭后，众人请贝拉斯克斯继续说他的故事，他便如此这般地说起来：

贝拉斯克斯的故事（续）

我父亲想亲自见证我的第一堂舞蹈课，并想让我母亲陪他一起观看。得到这样的关注，佛朗库尔深受鼓舞，完全忘记了自封的高贵人士身份，做了一篇相当长的演讲，大谈特谈被他称为艺术的舞蹈。接着，他发现我走路有明显的"内八字"倾向，便提醒我注意，想让我把这当作一种可耻的习惯，一种与骑士气质完全不相称的习惯。我于是尽量抬起脚尖向外侧扭，虽说这个办法与平衡的原理相悖，但我也只好试着这样走路。即便如此，我还是始终无法让佛朗库尔感到满意，他一再要求我把脚尖放低。最后，他对我的笨拙彻底失去耐心。他一把抓起我的手，想拉着我，带我一步一步地迎面朝他走过去，可他拽我的这一下实在是太猛了，我又正扭着脚尖，身子根本站不稳，我顿时摔了个嘴啃地，疼痛难忍。我觉得佛朗库尔怎么也该对我说声抱歉，但他非但没有这么做，反倒冲我发起火，对我说了些极为难听的话，要是他西班牙语水平更好点，他就会知道，有些话是多么不堪入耳。整个休达城里的人都非常和善，我早已习惯这种气氛，佛朗库尔的言辞在我听来是完全不能容忍的冒犯。我带着一身傲气走到他面前，抽出他的口袋提琴，扔到地上，然后当众发誓，绝不会跟一个如此粗鲁的人学舞蹈。

我父亲并没有对我发火。他神情庄重地站起身，抓住我的手，将我一直带到院子尽头的一间禁闭室。他把我关进房间，并对我说，想出来就必须学舞蹈。

我一直是个自由成性的人，蹲牢房一开始对我来说自然是件不堪忍受的事。我号啕大哭，哭了很久。正哭着，我突然看到一面方形的大窗户，这也是这间禁闭室里唯一的窗户，我于是就数起窗户上的玻璃。纵列上有二十六块，横边上也是这么多。我想起了安塞尔莫神父给我上的算术课，不过他只教到乘法运算。我把纵列上的玻璃块数与横边上的块数相乘，我惊讶地发现，正好得出来所有玻璃的总数。于是，我的啜泣不再像之前那样频繁，痛苦的感觉也减退了许多。我用其他方式重新运算，时而截除掉一组玻璃，时而截除两组，有时截除的是横边，有时截除的是纵列。我于是开始明白，所谓的乘法，其实就是重复的加法，而所谓的面积，完全可以通过长度求出数值。我又拿地板上铺的石方砖来验证我的心得，同样获得了成功。泪水就此止住，我由悲转喜，兴奋得心头怦怦直跳。时至今日，我在描述这一幕的时候，内心仍难免会有几分激动。

将近正午，我母亲来看我，还给我带了一大块黑面包和一罐水。她泪光闪闪地哀求我，希望我遵照父亲的心意，好好听佛朗库尔讲课。等她苦口婆心地劝说完，我拉起她的手，深情地吻了一下。随后，我请她给我带点纸、带支铅笔，并请她不要再为我的境遇担忧，因为我在这间禁闭室里过得很开心。我母亲一脸惊讶地离开，然后托人把我要的东西带给我。于是，我怀着种难以名状的热情，投入到各式各样的运算中。我坚信，我随时都有可能完成最伟大的发现。实际上，我对数的种种属性原本是一无所知的，因此，每个发现对我来说确实都能算得上是大发现。

但突然间，我意识到自己正腹中空空。我撕开黑面包，发现我母亲在面包里塞了只烤鸡，还有一大块咸肉。她的体贴，再加上我吃饱饭后的满足感，使我有了新动力继续投入运算。天黑后，有人给我送来了一盏灯，我借着灯光一直工作到深夜。

第二天，我把窗户的玻璃方格每条边都一分为二，我随后看出，一半的一半是四分之一。接着，我又把方格的每条边分成三等份，这样我得到的单位值是九分之一。于是，我一下子领悟了分数的意义。当我用两个半乘以两个半的时候，我对分数的理解就更深入了，这相当于是在边长为二的正方形之外，再加上一个数值为二又四分之一的直角多边形。我再接再厉，继续尝试探索数的属性。我看出，如果我将一个数与其自身相乘，然后再将乘积也与自身相乘，最后得出来的结果，与原数三次与其自身相乘得到的值是一样的。由于当时还不懂代数，所以我无法用代数语言表达我这些精妙的发现，但我自创了一套独有的符号标记法，这套标记法是根据窗户上的玻璃方格造出来的，同样简洁明了。

最后，等到我坐禁闭的第十六天，我母亲在给我带中饭的时候对我说道："我亲爱的孩子，我有好消息告诉你。佛朗库尔的身份被确认了，他是个逃兵，你父亲对逃兵这种人是深恶痛绝的，于是就命他乘船离开休达。所以我觉得，你很快就可以从牢里出来了。"

听到自己将被释放的消息，我并没有什么表情，这让我母亲深为惊讶。她走后没多久，我父亲也来了，他向我保证，我母亲所言句句为实，但他又补充道，他已经写信给自己的朋友卡西尼和惠更斯[1]，请他们分别把巴黎和伦敦最流行的舞曲曲谱和舞步图解寄过来。此外，他弟弟卡洛斯每次进屋时的那些动作举止，同样清晰地印在他的脑海中，他也非常想让我学会这套本领。

正当他说着的时候，一本本子从我口袋里掉出来，我父亲看到后便拾起来。本子上写满数字，还有一些他看不懂的符号，让他感到极为惊奇。我一一向他解释，并把我这些天的各种运算都说给他听。他听了后越发感到惊奇，但神情中还夹杂着某种满足感，这全被我看在眼里。我父亲把我的所有发现从头到尾看了一遍后，向我问道："我亲爱的孩子，既然这是一面每边各有二十六块玻璃的方窗户，那么，我先在底边上加两块玻璃，而且我还想让整面窗户保持正方形的形状，最后一共要加多少块玻璃？"

我毫不犹豫地回答道："这相当于横边和纵列各多了一组有五十二块玻璃的长方形，此外，在它们相交处，还有一组由四块玻璃组成的小正方形。"

听到这个回答，我父亲喜不自禁，但他还是极力想掩饰自己的

---

[1] 原注：让·多米尼克·卡西尼（Jean Dominique Cassini, 1677—1712），巴黎天文台台长，或雅克·卡西尼（Jacques Cassini, 1677—1756），天文学家、物理学家。克里斯蒂安·惠更斯（Christiaan Huygens, 1629—1695），《光论》(1690年) 的作者（但书中这段故事应发生在 1720 年左右）。

心情。接着，他又问我："假设我在底边上加一条无限短的线段，并保持窗户为正方形，那么，最后会是什么情况？"

我思考了一会儿，然后说道："这样的话，会多出一横一竖两组长方形，它们的长度都和原先窗户的边长相等，但宽度与那条无限小的线段相等；至于在这两组长方形相交处的那组正方形，由于它的边长是无限小的，我就无法将它说清了。"

听到这里，坐在椅子上的我父亲身体朝椅背上一靠，双手合十，抬眼望天，然后说道："哦，我的上帝啊，您看到了，他猜出了二项式的运算法则，而且，要是我让他继续研究下去，他说不定连微分的运算法则都能无师自通！"

我父亲此时的模样让我甚感惊恐。我把他的领带解开，然后向外呼叫求援。他慢慢恢复神志，接着，他一把将我抱在怀里，对我说道："我的孩子，我亲爱的孩子啊！快把你这些运算抛在脑后吧，去学萨拉班德舞，我的朋友，你快去学萨拉班德舞吧！"

我自然不可能再被关禁闭了。当天晚上，我绕着休达的城墙散步，一边走，心里一边重复着我父亲的话："他猜出了二项式的运算法则，他猜出了二项式的运算法则！"

可以说，从此开始，我生命中的每一天，都或多或少留下了在数学领域取得进步的痕迹。尽管我父亲当初曾发誓绝不允许我学习数学，可是有一天，我发现一本艾萨克·牛顿爵士写的《普遍算术》突然出现在我脚下，我当然能猜得出，这本书是我父亲故意落在地上的。有几次我还发现，他的工作室敞开着，里面并无一人，这样的机会我自然不能放过。

但我父亲偶尔也会故态复萌，仍想把我培养成一个适应上流社会生活的人。他亲自向我示范,在进房间时要原地转圈,还要嘴里哼小曲,摆出一副肤浅的样子。但接着,他又噙着泪水对我说道:"我的孩子,你天生就做不了放浪不羁的事,你将来的日子不会比我以前幸福。"

在我坐禁闭的日子过去五年后,我母亲又怀孕了。她生下来一个女儿,大家把她叫作布兰切,这是为了纪念那位美丽但又一度过于轻浮的贝拉斯克斯公爵夫人。尽管这位夫人不想让我父亲给她写信,但他认为,这个孩子出世的消息还是有必要告知她。可是,在收到对方的回信后,他往日的痛楚再度涌上心头。我父亲年事已高,情感上出现这样的波动令他深受煎熬。

此后又过去了十年。在这十年里,我们的生活没有出现任何波澜。尽管日子过得大同小异,但对我父亲和我来说,生活的内容始终丰富多彩,因为我们每天都会学到一些新知识,内心始终非常充实。我父亲对我的生活方式甚至也不再像以往那样持保留态度。毕竟,教会我数学的不是他本人,而他当年已尽力让我只学萨拉班德舞。因此,到了这个时候,他没有任何需要自责的地方,他开始坦然地和我讨论一切与精密科学相关的话题,并深得其乐。每次和他谈话后,我都会满怀热情,加倍努力地投入到我的研究当中。但就在我全神贯注研究学问的同时,我出现了对其他事心神恍惚的倾向,这一点我已经向诸位提到过。而我的心神恍惚有几次让我付出了巨大的代价,具体情形我会在故事说到那一刻的时候再交代。特别是有一次,我不知不觉走出休达城,然后发现自己被一群阿拉伯人团团围住。

再回过头来说我妹妹吧。随着年龄的增长,她变得越来越美丽,气质也越来越优雅。要是我们的母亲能继续和我们在一起，那我们真是无比快乐的一家。但是，一年前，一场急病使她再也感受不到我们的亲情。我父亲于是把亡妻的妹妹接到家中同住，她叫堂娜安东尼娅·德·波内拉斯，二十岁，之前已守寡半年。她与我母亲是同父异母的姐妹。卡丹萨先生把他的独生女嫁给我父亲后，一人在家中寂寞难耐，便决定续弦。他这第二任妻子和他生活了五年便去世了，但为他留下一个女儿。按照我的推算，这个女孩比我要小五岁。她后来嫁给一位波内拉斯先生，两人结婚的头一年，这位先生就过世了。

我这位年轻貌美的姨妈于是住进我母亲的房间，并从此操持起我们家的大小事务。可以说，她上上下下打理得非常不错。她对我的关心可以说是无微不至。每天，她都要进我的房间二十次，问我要不要喝巧克力、柠檬水，或是其他类似的东西。她这样频繁的进进出出常让我感到很不舒服，因为这会打断我的运算。可是，就算堂娜安东尼娅偶尔能做到连续半个小时不烦我，她的女仆也会代她现身。这个小姑娘和她主人年纪一样大，脾气也差不多，她的名字叫玛丽卡。我很快就发现，我妹妹对她们主仆二人都没什么好印象。没过多久，她这种反感情绪也传染到我身上。当然，我只是在被一再打断、怒火难遏的情况下，才会出现这种情绪。不过，我也不会总被她们捉弄。我逐渐养成一个习惯：只要她们当中某个人进入我的房间，我就换件事情做；等她们离开，我再重新开始原先的运算。

有一天，我正在求一个数的对数，安东尼娅走进我的房间，坐在我桌旁的一把扶椅上。接着，她一边抱怨天气炎热，一边取下胸前的手巾，折好后搭在椅子的靠背上。我看得很明白，她这样弄来弄去，必然要花很长的时间，我便停止之前的运算，合上对数表，开始思考起对数的性质，同时感受著名的纳皮尔男爵[1]在制作对数表时经历的种种艰辛。但一心想给我找麻烦的安东尼娅走到我椅子背后，伸出双手蒙住我的眼睛，对我说道："几何学家先生，现在请您开始运算吧！"

我姨妈的这句话在我看来是一种实实在在的挑衅，而且她的确是在挑衅我。她进来之前，我正在频繁地使用对数表，很多对数的数值还留在我的脑海中，可以说，此刻我脑中就有一张简略的对数表。突然间我闪出一个念头，那个我正在求对数的数，我可以将其分解成三个因数，而这三个因数的对数数值我都知道。我用心算的方式将这三个数值加在一起，然后猛地挣开安东尼娅的手，将我求的对数数值完整地写了出来，连小数点后面的数字也没落下。安东尼娅被我这一连串动作激怒了。她一边走出房间，一边很不礼貌地对我说道："好一个几何学家，真是个蠢男人！"说实话，我的方法对素数是不适用的，因为素数除了1和其自身之外，就没有其他的因数了，但这仍不失为一种非常精妙的方法，在相当多的情况下是管用的。显然，在此时说我是个蠢男人，那肯定是不合时宜的。没过一会儿，女仆玛丽卡又进来了，她也想对我动手动脚，但她女主人的那句话还压在我心头没有散去，我于是略有些粗暴地将她打发走了。

此时我的人生进入了一个新的时期，我开始把我所有的思路都向同一个目标引导。诸位可以注意观察一下：在每位学者的一生中，

---

[1] 原注：约翰·纳皮尔爵士（Sir John Napier，1550—1617），苏格兰数学家。

都会出现一个阶段，在这个阶段里，他深深折服于某个定理，他随后会对这个定理进行拓展应用，从中衍生出各种推论，也就是人们所说的体系构建。此时，他的胆略和能量都会成倍增长。他会重温他已经习得的知识，并完成对未知知识的查漏补缺。对每一个概念，他都会从各个角度出发，全方位考虑，并将所有的角度归总到一起，分类鉴别。假如他最终未能成功构建出自己的体系，甚至自己也不能确信这一体系的真实性，那么，至少他在放弃的时候，拥有的智慧会比之前没有构思体系时更多；而且，他在构思的过程中，能提炼出一些之前他从未觉察到的真理。总之，我构建体系的这个阶段也到来了，而我第一次萌生这样的念头，是因为以下的这场因缘际会。

一天晚上，我吃完晚饭后开始工作。刚解好一道非常精妙的微分题，我就看到我姨妈安东尼娅走了进来，身上几乎只穿着睡衣。她对我说道："我亲爱的外甥，只要我看到您的房间里亮着灯，我就无法入睡。既然您的几何学如此美妙，那我想请您教教我。"

我也找不到更好的办法应对，便答应姨妈的要求。我拿起一块写字用的石板，把欧几里得的前两个公设写给她看。当我正准备开始写第三个公设时，安东尼娅一把夺过石板，向我问道："我的傻外甥，几何学有没有教您孩子是怎么出世的？"

姨妈的话一开始让我觉得很荒唐，但经过一番思考，我觉得我理解了其中的含义。她或许是在问我，从雪松到地衣，从鲸到用显微镜才看得到的微生物，大自然各种繁衍生产的方式有没有一种普遍的表达法。与此同时，我回想起，我曾经对每种动物或多或少的思维能力进行过探讨。当时，我是通过教育、妊娠、繁衍这些现象找到初始原因的；而既然有多有少，那就证明，当中存在着加和减的情况，我于是就可以回到几何学领域探讨这个问题。最后，我产生了一个想法，我想用一个特殊的单位符号，来指代整个动物界中类型相同但量值迥异的活动。此时，仿佛有一团火焰猛然间将我的想象力点燃。我依稀看到一种可能性：对于我们的每一种思想，以及从思想中衍生出来的行动，都可以为它们确定出几何学的轨迹及边界，一句话，可以将运算应用到大自然的整个体系中。各种思绪如潮水般扑面而来，令我气息不畅，我觉得有必要呼吸一下新鲜的空气，于是跑到城墙上，来回走了三圈，却并不太清楚我到底在做些什么。

最后，我的头脑终于平静下来。看着天际渐露的曙光，我意识到，我需要用笔将刚才想出来的一些要点记录下来。我于是取出笔记本，一边写一边走上回家的路，或者更准确地说，走上自认为是回家的路。我本应该从我所处的这个环形工事右边走，但我走到了左边，然后穿过一个暗道进入壕沟。此时，我脑中的那些想法还不算很清晰，将这些想法转化为文字、记在笔记本上，自然相当困难。能写下来的，都是些含混不清的语句，加上光线还很微弱，我究竟记录下了什么，我自己辨识起来都非常吃力。我迫不及待地想回家，于是加快脚步，朝着自以为是家的方向疾奔。我走到一条部队出击时运炮的坡道上，然后翻过斜坡，朝工事的外面走去。

就这样，我一边不停地在笔记本上乱写乱画，一边保持着尽可能快的速度，朝自以为是家的方向走着。不过，我走得再快也没有用，因为我是到不了家的。我根本没有意识到，我走的这条路，是与回城的方向完全相反的。我找了个地方坐下来，一边休息一边继续写。不知不觉地过了段时间后,我下意识地抬起头,发现我身边围满了阿拉伯人。在休达,阿拉伯语是通用语言,听多了以后我也会说一些。我便用他们的语言告诉他们我是谁,并保证说,他们要是能将我带回到我父亲身边,就可以领到一笔可观的赏金。

对于阿拉伯人来说,"赏金"永远是个非常悦耳的词。围着我的这帮游牧民个个都带着种讨好的神情看他们的首领,显然期待他能说出个让他们有利可图的回复。酋长一脸严肃地捋着自己的胡须,沉思良久,然后对我说道:"听我说,年轻的拿撒勒人,你的父亲我们都认识,他是个敬畏上帝的人。我们同样听说过你。据说你和你父亲一样善良,但上帝取走了你的一部分理智。希望这样的话不会让你不舒服。上帝是伟大的,他将理智赋予人们,又会按他的意愿取走人们的理智。丧失理智的那些人,他们是鲜活的例子,证明上帝是无所不能的,而人类的智慧渺小得不值一提。丧失理智的那些人,他们分不清善与恶,就像是纯真的远古人一样。他们近似于达到圣洁第一重境界的人。对于丧失理智的人,我们像称呼圣人一样,称他们为'马拉布'[1]。我说的这一切都存在于我们宗教的教义中,因此,从你那里领了哪怕一个金币的赏金,我们都会觉得自己犯了罪。我们会把你送到西班牙人管辖的第一个驿站,随后就撤回来。"

我必须向诸位承认,阿拉伯酋长的这番话让我极度错愕。"什么!"我暗想道,"我是沿着洛克和牛顿的足迹前行的,只要顺着这条路走下去,我就有可能走向人类智慧的最终极限,而且,我是用

---

[1] 译注:马拉布(Marabout),原本主要指的是北部非洲的一些极受尊崇的伊斯兰教宗教人士。

牛顿的运算来支撑洛克的原理，这样，在形而上学的深渊里，我仍然可以保证自己步履坚实。可我得到了什么回报呢？我被人当作疯子，被人看成是个不再属于人类的卑微生物。我把我的荣耀都寄托在微分和积分的运算上，看来，还是让它们见鬼的好！"

在心里说完这番话后，我抓起笔记本，将它撕成碎片。但我怨气未消，又接着暗中自言自语道："哦，我的父亲，您想教我萨拉班德舞，后来又想教我各种放浪不羁的举动，确实非常有道理啊。"

想到这里，我完全无意识地跳了几下萨拉班德舞的舞步，而我父亲在回想自己的不幸遭遇时也常有这样的身体反应。

但那些阿拉伯人所看到的，是我一开始全神贯注地在笔记本上写东西，然后又将本子撕得粉碎，最后还跳起舞来，他们于是带着既虔诚又怜悯的神情齐声说道："真主至大！一切赞颂全归真主！感谢真主！真主宽大！"祷告之后，他们动作轻柔地抓住我的两条胳膊，将我抬起，然后把我送到最近的西班牙人管辖的驿站。

讲到这里，贝拉斯克斯似乎有点动情，又或者是犯了心神恍惚的老毛病，总之，我们看出，他好像难于理清思绪继续往下讲了。于是，我们请他把后面的故事留到第二天再说。

第二十五天

我们一路经过的地方风景优美,但也非常荒凉。在转过一个山头后,我独自一人走到与大部队略有些距离之处。此时,在我们走的那条路下方,从一片葱葱郁郁的深山谷里,依稀传来近似人呻吟的声音。这呻吟声越来越响。我将马拴好,手里提着剑,朝矮林深处走去。但我越往前走,呻吟声反倒离我越远。最后,我来到一块树木略显稀松的空地。我发现,我闯进了八到十个人的埋伏当中,他们都举着火枪向我瞄准。

他们当中有个人冲我高喊起来,想让我放下剑投降。作为对他的回答,我朝他迎面走去,想一剑刺穿他的身体。但他自己像放弃抵抗似的,先把手中的枪放到地上,然后再度劝我投降,并要我做出某种我没听明白的承诺。我回答道,我既不愿投降,也不愿做出任何承诺。

就在此时,传来我的同伴们召唤我的喊声。这帮人当中一个貌似首领的人对我说道:"骑士大人,有人在找您,我们也耽误不起时间。五天后,劳驾您离开您的营地,朝落日的方向一直走下去。然后,您会见到一些人,他们有重要的秘密向您透露。刚才您听到的呻吟声不过是我们玩的一点小花样,因为这样才能引起您的注意,让您走到我们当中来。五天后请您务必赴约。"

说完这番话，此人向我简单地行了个礼，接着吹了声口哨，他的同伙们便跟着他一起在我眼前消失了。我回到我那支远行的队伍中，但觉得没必要把我的这段奇遇说给众人听。我们早早找了个地方歇脚。吃完晚饭，大家请贝拉斯克斯继续讲他的故事，他便如此这般地说起来：

贝拉斯克斯的故事（续）

先生们，我之前已经向诸位说过，我在思考主导这个世界的秩序时，觉得可以用一些前人从未发现过的运算应用法，来表达其中的规律。此外，我还向诸位提到，我的姨妈安东尼娅，她向我说了句既不得体又不庄重的话，反倒使我散乱的想法找到了一个会聚点，并由此形成体系。最后，我还向诸位进行过描述，当我明白自己被人当作疯子后，我的情绪是如何一下子跌入深渊，由精神极度亢奋转变为意志极度消沉。我必须向各位承认，我从此进入一段漫长而痛苦的颓唐状态。我不敢抬头正视任何人；我觉得其他人固然和我是同一类生物，但他们仿佛结成了同盟，要共同排斥我、鄙视我；以往我能在书中找到无限乐趣，但现在书也让我产生一种难以忍受的厌恶感，重新翻开书页时，我只能看到一堆意义不明也毫无益处的废话。我不再碰写字的石板，也不再进行任何运算。我大脑里的神经纤维全都松弛下来，失去了原先的动力。我不再思考了。

我父亲看出我意志消沉，便逼着我将实情说给他听。我抗拒了很久，但最终还是把阿拉伯酋长的那番话复述给他听，并向他坦承，在被当成一个丧失理智的人以后，我一直痛苦不堪。

我父亲头埋在胸前，眼中满含泪水。经过很长的一段沉默后，他用极度同情的眼光看着我，然后对我说道："哦，我的儿子，看来你是被人当作疯子了，而我，我曾实实在在地疯了三年。你总是心神恍惚，而我对布兰切一往情深，但这些并不是我们饱受磨难的首要原因，我们的苦有更深的源头。

"大自然有无穷无尽、变幻多端的能量，而且，它似乎很喜欢践踏自身的一些最稳定、最恒久的规则。它将个体的利益定为人所有行动的动机；可是，在万千大众中，它又弄出一些构造古怪的个体，在这些人身上，基本看不到自私自利的品性，因为这些人的喜乐哀愁完全超越了自我。在这些人当中，有的痴迷于科学，有的醉心于公共事业。看到别人有什么研究发现的成果，他们会欢欣鼓舞，仿佛那是他们自己的成就；看到某种有利于国家的制度出台，他们也喜不自胜，就好像他们个人能从中得利一样。这种不为自己着想的习惯影响着他们一生命运的走势。他们不知道该如何借他人之力为自己谋利。有时候，钱财、好运已近在眼前；但他们压根儿就没想过伸手捞那一下。

"在绝大多数人身上，以自我为出发点的行动是时刻不断的。无论是给您出谋划策，还是为您提供帮助，这些人的行动都能让您看出他们的自我；他们找的种种关系，结的种种友情，也全是为了他们的自我着想。哪怕是最遥远的利益，他们也会未雨绸缪，但无利可图之事，他们肯定不闻不问。他们就这样走着自己的人生路，但是，他们半路上发现了一个不在乎个体利益的人，这个人自然不会得到他们的理解；他们会认为，这个人要么是暗藏某种动机，要么是虚情假意、装模作样，要么就是疯了。于是，他们将此人赶出他们的地盘，唾弃他，直到将他贬至非洲海边的山上才肯罢休。

"哦，我的儿子啊，你和我都属于这类被放逐、被唾弃的稀有人种，但我们同样有我们的快乐。这些快乐，我必须要让你都知道。我曾经千方百计，想把你变成一个白痴、一个妄自尊大之徒。但上天没有让我的努力取得成效，现在，你有了一颗脆弱敏感的心，以及一个知识渊博的头脑。因此，我必须让你知道，我们也可以享受我们自己的快乐。这些快乐是不为人知的，是只能独自一人享受的，但也是甜美的、纯净的。艾萨克·牛顿爵士曾认同过我一封匿名信中的内容，还想打探究竟是谁写的这封信，当时，我内心里的欢喜和满足简直无以复加。我没有把自己的名字说出来，但这件事给了我莫大的鼓舞，我再接再厉，为我的知识库增添了很多新的思想。我的头脑被这些新的思想填满，实在是到了不吐不快的地步。我于是走出家门，将这些思想说给休达海边的悬岩听，我要向整个大自然倾诉，我要将它们当作贡品呈献给我的造物主。在宣泄这些激昂情绪的同时，往日痛苦回忆所带来的悲鸣与泪水也迸发出来，于是，悲与泪之中也有了极乐。这些快乐提醒我，缠绕我的某些痛苦，我是可以自己去舒缓的。就这样，我在意识中，让自己与神意、与造物主的作品、与人类思想的进步融合到一起。我的思想，我的身体，我的命运，都不再局限于个体的形式，而成了一个大集合里的一部分。

"我的激情岁月就是这样过去的。后来，我重新找到自我。每天，你母亲悉心的关怀和如水的柔情成百次地提醒我，我是她心之所系、情之所依的唯一对象。我慢慢打开原本紧闭的心扉，去感恩，去倾诉内心的世界。接下来，你，还有你的妹妹，你们儿时各种点点滴滴的小事，也让我一直沉浸在最美好的亲情中。

"如今，你母亲的生命只能常驻在我的心间，而我本人的头脑也随着年岁衰退，不能再为人类的思想增添任何财富了。但我欣喜地看到，人类思想的宝库正一天天扩大，能追随它不断发展的脚步，对我来说也是乐事一桩。因为心有所系，我忘记我这体弱多病之躯，它是我到了这把年纪摆脱不了的可悲累赘；因为心有所系，无趣的生活依然离我很远。

"因此，你看，我的儿子，我们也有我们的快乐，要是你像我当年所期待的那样，成了一个傲慢自大的人，那你同样也免不了有你的烦恼苦闷。

"阿尔瓦雷斯上次来的时候，向我谈起我弟弟，听了他的话，我心中非但没有产生什么嫉妒，反倒有了几分同情。'公爵对朝廷里的事务非常了解，'阿尔瓦雷斯对我说道，'里面暗藏的机关，他都能轻而易举地看穿。但是，他想顺着自己的野心往上爬，走上这一步后，他很快就懊悔了，因为他飞得太高了。他当上了大使，据说，他代表自己的主上出现在各种场合时，都能做到不失体面和尊严；可是，遇上的第一件棘手事务，他就处理不好，结果不得不被中途召回。您也听说了，后来他被调到部里任职，每个缺人手的岗位，他都试了一遍。可是，不论那些书记长[1]如何减少他的工作量，他还是无法专心做事，而且情况越来越严重，最后，他不得不离开实职

---

[1] 译注：当时仅次于部长和国务秘书的高级官吏，部里的事务一般由他们负责总管。

岗位。现在，他已经毫无信誉可言，但有自己的一套本领，总能制造出一些无关痛痒的机会，使自己与国王接近，并在陛下面前摆出一副忠臣的模样。此外，空虚无聊对他来说是个致命的问题，他竭尽全力想摆脱这种状态，但仿佛存在着一个想击垮他的魔鬼，他无论如何挣扎，终究还是逃不出这魔鬼的铁腕。经过对自己身心的持续调理，他现在算是得到稍许的解脱；但他改不掉极度自私自利的毛病，因此，稍有点不顺就会无比烦恼，生活对他来说变得像是种让他饱受折磨的酷刑。另一方面，他经常患病，这让他明白，这个他一生唯一苦苦经营的自我，总有一天也会离他而去，有了这样的想法后，他所有的乐趣都土崩瓦解了。'

"老阿尔瓦雷斯对我说的话大致就是这样。我由此得出结论，尽管我一直在默默无闻地生活，尽管他从我这里夺走了财产、荣耀并享用一生，但或许我比他更加幸福。至于你，我亲爱的儿子，休达的居民觉得你像是个疯子，那只是因为他们的世界太过简单。但如果你有一天进入上流社会，你必然能体会到世间的不公，你要提防的就是这一点。最好的应对方式，或许是遇到羞辱还以羞辱，遇到诽谤还以诽谤，用不公正的手段为武器，来与不公正的现象做斗争；但是，这种不顾体面明争暗斗的艺术，是我们这类人难于掌握的。因此，一旦感觉自己承受不起，你就赶紧隐退，对外界的事不闻不问；同时，你要用心灵自身的养分来灌溉心灵，这样的话，你依然会赢得幸福。"

我父亲的这番话在我心里打下深深的烙印。我重新鼓起勇气，接着之前的思路，继续研究我的体系。但与此同时，我开始真正有了心神恍惚的习惯。别人对我说的话我很少能听进去，通常只有最后几个音节刻在我的脑海中。根据这几个音节的意思，我能给出非常准确的回答，不过，基本上都要等别人说完一个小时或两个小时后，我才会做出反应。偶尔，我会走着走着就不知道要走向何方，简直成了个需要向导的盲人。话说回来，我之所以会心神恍惚，是因为我当时需要时间对我的体系进行一定程度的整理。后来，我在这个体系上投入的精力越来越少，我心神恍惚的现象也随之逐渐好转。可以说，我今天差不多已经纠正了这个毛病。

"哦，是的，差不多，"卡巴拉秘法师说道，"请允许我荣幸地向您表达我的祝贺。"

"我很高兴接受您的祝贺，"贝拉斯克斯说道，"在我刚构建好自己的体系后，发生了一件意外的事，这件事可以说在某种程度上改变了我的命运，弄得我现在难于，倒不是说难于再构建某种体系，而是，唉，我可能无法再连续投入十到十二个小时的时间，专心做某项运算。是这么回事，先生们，上天想让我成为贝拉斯克斯公爵，享有西班牙最高贵族的头衔，并拥有一笔极为可观的财富。"

"什么？公爵先生，"利百加说道，"您这简直像是说完正传又说起了外传！我想，换作其他人，恐怕大部分都会先把这外传交代清楚吧！"

"我承认，"贝拉斯克斯说道，"加了这样一个系数后，个人的价值会随之增长。但我认为，讲故事时，每段情节自有它的顺序安排，没到那个时候，当然不该急着提。还是让我接着向诸位讲下去吧。"

大约四周前，老阿尔瓦雷斯的儿子迭戈·阿尔瓦雷斯来到休达，

他转交给我父亲一封布兰切公爵夫人的信。信是这样写的:

堂恩里克大人:

谨以此信向您告知,您的弟弟贝拉斯克斯公爵或许很快将被上帝召回到身边。

按照西班牙封建法的规定,作为兄长,您不可以继承您弟弟的财产,最高贵族的头衔只能传给您的儿子。

当年我不慎剥夺了您应有的财产,如今能通过您的儿子让它物归原主,同时结束自己四十年的赎罪生活,我感到非常欣慰。但您本可以凭借自身才华赢得的荣耀,我无法补偿给您;幸而,您和我离永恒的荣耀已经不远,俗世的荣耀不再能打动我们的心。因此,请您最后一次原谅罪人布兰切,并让您那天赐的儿子来看我们一回。两个月来,我一直在照料公爵,他想见一眼他的继承人。

布兰切·德·贝拉斯克斯

可以说,这是一封让整个休达城欢天喜地的信,因为大家都希望我父亲好,也希望我好。但这满城的欢喜并不能感染到我本人。对于我来说,休达就是整个世界,只有在潜心于抽象研究时,我的头脑才会暂时脱离这个世界。除此之外,我有时会站在城墙上,眺望远处摩尔人生活的广阔天地,但那对我来说只是一道风景,我是不可能去实地走一走的,那片田野仿佛只是让我饱饱眼福的摆设。

而且我觉得，休达恐怕是适合我生活的唯一所在。在这座小城里，没有哪面墙不曾被我用炭笔涂写过方程式，也没有哪块空地不会让我回想起某次结果圆满的冥思。的确，我姨妈安东尼娅，还有她的女仆玛丽卡，她们有时会让我非常恼火，但与我未来必然要面对的无数分心事相比，她们打断我工作只不过是小事一桩！无法长时间冥思，就不可能进行任何运算；无法进行运算，对我来说就不存在幸福。这就是我的推理结果，但我终归还是要起程。

我父亲一直将我送到海边。他双手合十放在我头顶，为我祈福，同时对我说道："哦，我的儿子，你就要看到布兰切了。当年她有倾城之貌，是个可以为你父亲带来荣耀和幸福的丽人，但那都是旧话了。你会看到的，必将是随岁月老去、被赎罪生活摧残的容颜。可是，既然她的错已经得到她父亲的原谅，那为何长久以来她一直念念不忘呢？至于我，我对她从不曾有过半点怨恨。虽然说我没有在更光荣的岗位上为国王效忠，但这四十年来，我一直在这海边的山城里，为一些善良的人造福。他们认为，布兰切是自己的恩人。关于她的美德，他们全都听说过，因此个个为她祈福。"

此时，我父亲已哽咽难言，无法继续说下去。休达全城的百姓都来为我送别。每个人的眼中都透着不舍的伤感，但同时也夹杂着喜悦，因为他们都为我命运的转变感到高兴。

我上了船，第二天抵达阿尔赫西拉斯。然后，我从这座港口出发，来到科尔多瓦，接着在安杜哈尔过夜。安杜哈尔那个客栈的老板对我说了一堆不知所云的幽灵故事，我一个字也没听进去。我在他那里过夜后，第二天一大早又上路了。我有两个随从，一个走在我前面，一个跟在我后面。一想到去了马德里就可能无暇再投入工作，我便感到恐慌，于是掏出笔记本，做起一些我体系里独有的运算。我骑着头骡子，它那匀速、缓慢的步伐使我能从容地涂涂写写。我也不清楚自己以这种方式前行了多久。但突然间，我的骡子停了下来。我发现，我来到一座吊着两具尸体的绞刑架下，而那两个死人仿佛正向我扮着鬼脸，吓得我毛骨悚然。我抬头向四周观看，那两个随从已不见踪影。我高喊他们的名字，但他们并没有现身。我决定顺着眼前这条路继续走下去。夜幕降临时，我来到一个客栈。这是个造得很讲究、占地宽广的大客栈，但已经废弃，一片荒凉败落的景象。

我把骡子拴在马厩里，然后走进一个房间，房间里留着别人吃剩下的晚饭，有一块山鹑肉做的馅儿饼，一点面包，还有一瓶阿利坎特葡萄酒。离开安杜哈尔后我就一直没吃过东西，我觉得，我既然有进食的需求，那我就有权吃这块肉饼，何况它现在已成了无主之物。此外我还口干舌燥，我于是赶紧灌了点阿利坎特酒止渴。但或许是我喝得太猛了，酒很快就上了头，等我意识到这一点已经为时过晚。

房间里有张挺干净的床。我脱掉衣服，躺下去就睡着了。但过了一会儿，不知道怎么回事，我突然在惊颤中醒来。我听到钟声，是午夜十二点的报时声。我想，附近恐怕是有座修道院，于是计划第二天去看一看。

过了一会儿，我听到院子里传来一阵响动。我以为是我的随从来了。但实际情况让我惊讶不已，因为进来的是我姨妈安东尼娅和她的女仆玛丽卡。玛丽卡提着盏带有两支蜡烛的灯笼，而我姨妈手里拿着个本子。

357

"我亲爱的外甥,"她对我说道,"您父亲派我们把这份材料交给您,他说里面的东西非常重要。"

我接过本子,看到封面上写着个标题——"对化圆为方问题的论证"。我知道,我父亲从未关心过这个无聊的问题。打开本子后,我更是由惊转怒,因为我看到,这个所谓的化圆为方的解法,只不过是迪诺斯特拉图[1]的割圆曲线;整个论证步骤确实出自我父亲的手迹,但他的天才一丝一毫也没有体现出来,因为那些所谓的论证无非是一堆可怜的谬证。

此时我姨妈提醒我说,这客栈里仅有的一张床被我占了,我必须允许她在我身边休息。我正为父亲犯下如此鄙陋的错误而痛苦不堪,所以根本没听清她说了些什么,只是机械地给她让出了位置。然后玛丽卡也在我脚边躺下来,并把头靠在我的膝盖上。

我重新看起那篇论文。或许是阿利坎特酒的酒劲还没过,又或许是我的眼睛中了魔法,总之,不知为何,这些论证在我看来不再像原先那么糟糕。读第三遍时,我已经被完全说服了。我一页页地翻看着,我觉得,我看到的是一系列精妙无比的推论,可以将任何圆弧转换为直线,转换为正方形,总之,化圆为方的难题,就这样通过基础几何学的法则被解决了。眼前的一切让我狂喜,让我惊讶,让我头晕目眩,我不禁叫道:"是的,我父亲完成了最伟大的发现!"

"好吧,"我姨妈说道,"那么,为了我付出的辛劳,请您拥抱我一下,我可是从海的那一头将这份材料带给您的。"

---

[1] 原注:迪诺斯特拉图(Dinostratus),公元前4世纪的希腊数学家,柏拉图学院的成员。他根据帕普斯定理,借用希庇亚斯的割圆曲线,来证明化圆为方的问题。

我抱住她。

"那么我呢?"玛丽卡对我说道,"我难道没有渡海吗?"

我只好也将她抱在怀里。

与我同床的这两位女伴紧紧抱着我不放,简直让我无法挣脱。但我其实根本不想这样,因为突然间,我感到内心里萌发出一些前所未有的陌生感应,尽管这些感应极为细微,几乎难以觉察。在我身体表面的所有部位,尤其是接触到那两个女人的部位,也出现一种全新的感觉,让我联想到光滑曲线的某些属性。我想为我感知到的一切找个合理的解释,但我的头脑再也理不出任何一条思路。最后,我的种种感觉不断放大,仿佛成了个趋向于无穷大的递增序列。后来,我就睡着了;再后来,我在之前经过的那个绞刑架下醒过来,就是那个有两个吊死鬼冲我做鬼脸的绞刑架。

以上就是我的人生故事,我漏讲的只有我的体系,也就是说,对这个世界的普遍秩序,我是用什么方式应用我的运算进行解释的。不过,我希望能花一天时间给诸位大致讲一讲,特别是这位美丽的女士,我觉得,在她这个性别的人当中,她对几何学的兴趣是不同寻常的。

对于这样的夸奖,利百加再三表达谢意,她随后问贝拉斯克斯,他姨妈带给他的那本本子现在怎么样了。

"女士,"他回答她说,"在吉普赛人给我带回来的那些材料里,我并没有找到那本本子,这让我很不高兴。因为我毫不怀疑,再看到这篇所谓的论文时,我必然会找出其中的谬误之处。就像我之前所说的那样,我当时不够冷静,阿利坎特酒,那两个躺在我床上的女人,还有我难于抵抗的睡意,可能这种种原因综合在一起,才让我出现了犯错的情况。但最让我惊讶的一点是,这篇论文的确出自我父亲之手,特别是写数字的那种方式,绝对是他独有的。"

听到贝拉斯克斯说他难抵睡意,我暗中吃了一惊。我认为,他在克马达店家喝的阿利坎特酒,应该和我第一次见到两位表妹时她们给我喝的液体一样,被人动过手脚,而那次在地下洞穴里,我被逼喝下的所谓毒药,很可能也是类似的催眠药水。

众人各自散去。我躺在床上,思绪不断,用各种合乎自然情理的方式,尽可能为我所遭遇的一切找出解释。在反复的推理过程中,睡意突然袭来,我进入了梦乡。

第二十六天

这一天全天休息。我们这群吉普赛朋友居无定所,总是辛苦地四处漂泊,这是他们的生活习惯,也是他们从事走私生意的职业需要。因此,能在前一天过夜的地方再住上一整天,我感到非常高兴。每个人都利用这闲暇时光关心了一下自己的外在形象。利百加甚至还给自己添了点饰物,看起来,她仿佛努力想成为小公爵心神恍惚时关注的对象。从前一天晚上开始,贝拉斯克斯就多了个"小公爵"的称谓。

大家挑了块风景秀丽的绿荫地坐下,打算在这里吃一顿比往常更考究的中饭。用完餐后,利百加说,吉普赛人首领今天没平时那么忙,请他接着讲自己的故事,应该算不上是冒失之举。吉普赛人首领听到这话也不推辞,如此这般地讲起来:

吉普赛人首领的故事(续)

我想我已经对诸位说过,我穷尽自己能想到的各种借口,极尽拖延之能事,最终才勉强进了教会学校。其实,和这么多同龄的孩子在一起，一开始我也并没有多么不快，但是，神父老师们让我们的行动时刻不得自由，让我很快就觉得无法忍受。我早就习惯被我姨妈悉心关怀、爱怜宽容的那种甜蜜感觉，她每天会一百次发现我有颗极为善良的好心肠，也让我十分满足。可是，在学校里，好心肠根本不管用，要么就必须精神时刻集中，要么就得尝尝戒尺的滋味。对我来说，这两条路基本上没什么差别，都一样令人憎恶。弄到后来，只要看到黑袍，我就极为反感。我想尽一切可以想到的办法，来捉弄这些黑袍，以此表达自己的厌恶之情。

学生里面有些人人品不怎么样，记性却非常好，同学不论干了什么事，他们都会向老师打报告。针对这些人，我找了一帮志同道合的同伴，设计各种陷阱让他们钻，结果，这些爱告密的人总是作茧自缚，自己反而成了老师怀疑的对象。弄到最后，黑袍人士对我们两派学生都没什么好感，只要出事，不论是告密者还是受指控的人，通通都要遭受惩罚。

学校里的把戏都过于幼稚，我不会和诸位细谈；我只想对诸位说，在这四年的时光里，通过设计种种圈套，我充分锻炼了自己的想象力。于是，我做的这些事性质变得越来越严重，弄到最后发生了一件事，尽管仍然只是很单纯的捉弄，但因为我大胆使用了一些罪不容赦的手段，我差点把我的青春甚至整个人生都搭进牢房。以下就是这件事的过程。

在这些身为德亚底安修士的老师当中，待我们极为严苛的大有人在，而在这些严苛的老师当中，负责管理准毕业班的萨努多神父更是无人能及，他总是以毫无回旋余地的严厉方式来考验我们。但实际上，他并不像表面上那样铁石心肠。恰恰相反，这位神职人员是个天生敏感多情的人，内心里有一些隐秘的、与其职责相冲突的价值取向，因此，萨努多是一直在斗争与克制中活到三十岁的。

由于对自己毫不留情，萨努多逐渐变得对别人也从不心软。为了修炼个人的德行，他付出的持久牺牲实在是值得世人称道的，更何况，自然的恩赐与宗教操守在他身上形成巨大反差，这种反差感我从未在别人身上见过。之所以这样说，是因为他是人们能想象到的最帅的那种美男子。在布尔戈斯，凡是见过他的女子，都对他印象深刻，难得会有人不向他表达好感。可是，萨努多的反应总是垂下眼睛，深锁眉头，表现出一副对她们毫不在意的模样。这就是萨努多神父的形象，或者说，这就是以往萨努多神父保持了很久的形象。在女人面前连战连捷，他的内心开始产生厌战感，心中的那股恒定力已不似过去那般强大。他必须始终摆出一副敬畏女人的架势，可弄到最后，他的脑海中却不停地浮现出她们的身影；他斗了那么久也赢了那么多次的敌人，其实从未在他的想象中消失过。终于，他被一场重病击垮。虽然经过艰难的治疗，身体得以康复，但他变得极度敏感，几乎随时随刻都会失去耐心、情绪失控。我们只要犯下一点点小错，他就会暴跳如雷；等我们向他道歉时，他又会热泪盈眶。他成了个心事重重、眼光迷离的人，时常会柔情似水地盯着个毫不相干的东西看；要是有人打断他，将他从这种自我陶醉的恍惚状态中拉回来，他眼神中流露出来的情绪是痛苦，而不是严厉。我们一直有暗中窥探我们这位良师的习惯，因此，这么巨大的变化自然逃不过我们的眼睛。但我们没有分析出其中的原因，于是，我们就有了加强观察以便探清端倪的理由。不过，为了使诸位能更好地理解，我必须回过头来做一些交代。布尔戈斯最漂亮的两幢房子，分别属于利里亚斯伯爵和丰·卡斯蒂利亚侯爵。利里亚斯伯爵这个家族，甚至还是西班牙那些"蒙冤世家"之一，也就是说，他们没有享受到最高贵族的称号，但这纯属意外蒙冤。因此，其他最高贵族遇到他们时，会像对待自己人一样，不加敬语地称呼他们，这样的做法，就相当于接纳他们成为自己群体里的一员。

利里亚斯伯爵家的当家人是位七十岁的长者，他是个极为和蔼可亲、举止也极高贵的人。他有两个儿子，但已先后过世，他的财产未来只能落在他长子的独生女身上。

由于自家姓氏的继承人已不存在，老伯爵便承诺将孙女许配给丰·卡斯蒂利亚侯爵家的继承人，到时候，这位继承人的头衔将变成丰·德·利里亚斯及卡斯蒂利亚伯爵。这门亲事不仅门当户对，而且两位年轻人在年龄、相貌、品性上也很合得来，因此，他们很快共沐爱河。看着两人卿卿我我、情真意切的样子，老利里亚斯伯爵的思绪也被拉回到自己生命中最甜蜜的那段幸福时光。

未来的丰·德·利里亚斯伯爵夫人平时住在圣母领报修女会的修道院。不过，她每天都会上祖父那里吃中饭，然后一直待到晚上，当中免不了会和自己未来的夫婿有各种交流。她身边有一位陪媪兼女傅，名叫堂娜克拉拉·门多萨。这个女人三十岁上下，很正派，但一点也不古板，因为老伯爵向来不喜欢性格古板的人。

每天，这位未来的伯爵夫人和她的陪媪都从我们学校门前经过，因为这是去老伯爵家的必经之路。她们每次经过都赶在我们的课间休息时间，那正是我们靠着窗户往外看的时候，或者更准确地说，我们其实是一听到她们马车的声响便跑到窗边守候。

跑得最快的那几个人常能在窗边听到门多萨对她的年轻学生说：

"让我们看一下那个帅气的德亚底安修士。"

"帅气的德亚底安修士",这是城里的女性为萨努多神父取的代号。而那位陪媪也真的目光四处搜寻,只为了看他一眼。但小姑娘看的是学校里所有的人,这大概是因为她爱人的年纪和我们这帮学生差不多,又或者是因为学校里有她两个表亲吧。

至于萨努多,每到这时候,他也会和我们一样跑到窗前,但只要发现有女人在看他,他就会马上沉下脸,然后带着不屑的眼光往后退。他这种前后矛盾的举动让我们困惑不解。"这事说到底很奇怪啊,"我们暗中议论道,"他要是害怕女人,那为什么会跑到窗户边?他要是对这两个女人很好奇,想看看她们的样子,那把眼神转回去就没有道理。"

借着这个话题,一个叫贝拉斯的学生对我说,萨努多和过去不一样了,他已不再和女人为敌,他这种表现或许只是让自己安心的一种方式。这个贝拉斯是我在学校里最好的朋友,具体说来,我设的所有圈套,他都提供过帮助,甚至他本人往往就是圈套的发明者。

在那段时期,市面上新出了一本叫"恋爱中的莱翁斯"的小说。作者在描述爱情时文风大胆,作品于是成了一部危险读物,学校的老师也严禁我们接触此书。贝拉斯想办法弄来一本,把书放在口袋里,而且故意露出一半在外面,让人一眼就能看到。书被萨努多发现,他当即没收,并威胁贝拉斯说,要是再敢犯同样的错误,他将会受到最严厉的惩罚。随后,他胡乱给自己找了个病当借口,当天晚上的课就没有再出现。我们以探望老师为借口,出其不意地闯进他的房间,发现他正在看那本危险的《恋爱中的莱翁斯》,而且眼里含着泪花,这本禁书对他的吸引力可见一斑。萨努多非常尴尬,但我们装作什么也没有看见,而且,我们很快又掌握了新的证据,并据此确信,在这位不幸的教士内心深处,正涌动着惊涛骇浪。

在西班牙,女人们常会上教堂履行她们的宗教义务,而且喜欢每次都找同一位告解神父。有些好事者拿"找神父"这件事开起非常过分的玩笑,每当看到有女人带孩子进教堂时,他们总会借着双关语[1],问孩子是不是来找爸爸了。

布尔戈斯的女人原本都很乐意找萨努多神父忏悔,可是,大病一场后,性情变得敏感多疑的他公开表示,不再承担为女信徒解除心结、指导思想的任务。然而,在读了那本致命的书之后的第二天,有一位女子来找萨努多神父,这位女子算得上城里最美的女人之一,他不假思索,当即就进了告解亭。看到他的转变,有人向他道贺,但言辞中包含着前面所说的双关意味。对此,萨努多神父的回应是非常严肃的,他说,对于一个他屡战屡胜的敌人,再战一次他没有任何必要害怕。这种回答神父们或许会相信,但我们这帮年轻人个个心中有数。

随着时间的推移,萨努多似乎越来越喜欢进告解亭,在这个悔罪法庭上,听女性陈述她们的隐秘案情。他总是准时出现在那里,对老妇人匆匆打发了事,对年轻女子则一再拖延时间;他还是会每天跑到窗户边,看美丽的利里亚斯和可爱的门多萨从眼前经过。每当马车驶远后,他依然会带着轻蔑的眼神转过头来。

有一天,我们上课时思想非常不集中,遭到萨努多严厉的训斥。课后,贝拉斯带着一副神秘的样子将我拉到一边,对我说道:"是时

---

1 译注:在西班牙语、法语等西方语言中,"神父"与"父亲"是同一个词。

候报复一下这个该死的教书匠了,我们的大好时光全用来听他讲赎罪,他似乎还拿惩罚我们当作乐事。我想到一个绝好的圈套,不过,我们要找一个身材看上去像利里亚斯的小姑娘。过去我们耍别人时,园丁的女儿胡安妮塔都配合得很好,可这一次她恐怕有点费劲,她还不够机灵。"

"我亲爱的贝拉斯,"我回答他道,"就算我们能找到一个身材与利里亚斯一样的人,但我不明白,怎么能保证她的相貌也和利里亚斯一样迷人。"

"这一点我完全不担心,"贝拉斯接着说道,"现在是封斋期,我们这里的女人刚刚都戴上一种被她们称作'灵柩台'的面纱。这是因为,她们面纱上的荷叶边布料,就像灵柩台上的台阶那样,一层盖着一层,可以说,即便是化装舞会上的面具,遮挡效果也比不了这种面纱。所以,胡安妮塔尽管相貌上差得很多,但要是穿上利里亚斯和她陪媪的衣服,乍一看也看不出什么。"

当天,贝拉斯的话就到此为止。不过,后来的一个星期天,当萨努多神父在他的告解亭里守候时,他看到两个披着斗篷、戴着荷叶边面纱的女人走了进来。其中一位按照西班牙教堂当时的习惯,坐在地上的一张席子上,另一位则来到萨努多神父身边,在告罪人的座位上坐好。这后一位似乎是个非常年轻的小姑娘,她明明是来忏悔的,却一直泪流不停,泣不成声。萨努多竭尽全力想让她恢复平静,但她只是来回地说:"我的神父,请可怜可怜我,我犯下了滔天大罪!"

萨努多最后只得对她说,按她目前的状况,她完全不可能做到敞开心扉,向他倾诉自己的内心世界,因此她不如第二天再来一趟。

这个有罪的少女走出告解亭，在神坛前跪下来，经过长时间的虔诚祈祷，才和同伴一起走出了教堂。

"不过，说实话，"吉普赛人首领自己中断叙述，然后说道，"我们这次开的玩笑实在是罪孽深重，我现在和诸位说这段故事，心里多少还是有些不好受。除了太过年轻，我们找不到其他任何理由为自己开脱。假如诸位也觉得此事不可宽宥，那我就不敢接着往下讲了。"

众人纷纷用自己觉得最恰当的方式来安慰首领，他于是又如此这般地讲下去：

那两位告罪的女子第二天又在同一时间来到教堂，而萨努多已经等候多时。少女又坐进告解亭里。她看起来比前一天要镇定一些，但还是哭个不停，哽咽难言。最后，她终于控制住情绪，用一副银铃般的嗓音，说出这样一番话："我的神父，不久前，我还是个安守本分的人，我的心看起来会一直坚守在美德的小径上。我被定下一门亲事，对方是个可爱的年轻人，我觉得我也是爱他的……"

说到这里，她又呜咽起来。不过，萨努多非常了解该如何劝慰别人。经他开导，少女像是被涂了圣油一样定下心来，于是继续说道："我的陪媪实在是个冒失的人，让我注意到一个我绝不能高攀的男子的优点，对这个男子，我甚至连动一下心也不应该，但是，我实在抵抗不了这份情感，这份亵渎神明的情感。"

"亵渎神明"这个词一出口，仿佛是在提醒萨努多，她说的那个男子指的是位神父，而且或许就是他本人。"小姐，"他声音颤抖着说道,"您父母既然给您定了亲事,那您就该把所有的感情都用在您的未婚夫身上。"

"啊!我的神父,"少女接着说道,"他实在是太符合我心目中白马王子的形象了!他的眼神是那么温柔、那么庄严,他的相貌是那么高贵、那么俊美,还有他的身材、他的气质!"

"小姐,"萨努多说道,"忏悔可不该是您这个样子。"

"这不是忏悔,"少女说道,"这是告白。"说完这话,她似乎有些羞愧,便起身走出告解亭,和同伴一起离开了教堂。萨努多注视着她们远去的身影。在当天剩余的时间里,他一直显得心事重重。第二天,他几乎一整天都守在告解亭里,但谁也没有来找他。第三天同样如此。

第四天,那位少女和她的陪媪又来了。少女走进告解亭,对萨努多说道:"我的神父,我想昨天夜里我得到了神启。当时,我正沉浸在羞愧和绝望的情绪中,我的恶天使突然暗示我,让我用一根袜带不断地勒自己的脖子,我眼看就要透不过气来了。就在此时,我感到有人抓住我的手,制止了我的动作,随着一道灼目的亮光向我射来,我发现我的主保圣人圣女大德兰[1]站在我的床前。她对我说道:'我的女儿,明天去萨努多神父那里忏悔吧,请他剪下一绺头发给您,然后您把这缕头发卷成环,挂在胸前,挂在心头,挂上的那一刻,圣恩会随之进入您的内心。'"

"请您先出去吧,小姐,"萨努多说道,"到神坛下面,为您这迷

---

[1] 译注:圣女大德兰(1515—1582),生前推动了加尔默罗修会的改革,创立了赤足加尔默罗会。1622年封圣。1970年,教宗保禄六世宣布圣女大德兰为教会的第一位女圣师。

途难返的行为哭泣吧。我也会替您祷告，乞求神明开恩。"说罢，萨努多起身走出告解亭，躲进一个小祈祷室。此后，他一直在那里极端虔诚地祈祷，直到天黑。

第二天，少女没有出现，陪媪一个人进了教堂。她来到告解亭里说道："哦，我的神父，我是代一个有罪的姑娘而来，想求得您对她的宽恕，她的灵魂正有沉沦的危险。她说，因为昨天您那严酷无情的态度，她觉得自己恐怕快活不下去了。按她的说法，您有一样圣物不肯给她。现在，她的神志已经偏离正轨，她想尽一切办法要自我毁灭。我的神父，请您赶紧回您的房间，把她要的那个圣物拿过来吧。我在这儿等您。快去吧，这一次，请您不要再拒绝施恩了。"

萨努多掏出手帕捂住脸，然后起身走出教堂。没过一会儿，他又回来了。他捧着个小圣物盒走到陪媪身边，对她说道："女士，我现在交给您的，是一小块颅骨。它是创立我们修会的那位圣人留下来的。因为有教皇的一道谕旨在，这件圣物平添了不少赦罪的能量。在我们这里，实在没什么比这更珍贵的圣物了。希望您的学生能将这件圣物系在胸前，系在心头，愿上天能因此助她一臂之力。"

等圣物交到我们手里，我们把盒子翻来覆去地找了个遍，希望能看到几束夹在里面的头发，但未能如愿。萨努多是个敏感多情、轻信别人的人，或许还有点自负，但不失德行，恪守自己的原则。

晚上的课结束后，贝拉斯问萨努多："我的神父，为什么不允许教士结婚？"

"为了让他们在此世蒙受不幸，又或许是为了让他们在彼世被罚入地狱。"萨努多说道。然后，他摆出最严厉的神情高声喝道："贝拉斯,今后不许再向我问这样的问题!"

第二天,萨努多没有出现在告解亭。陪媪点名找他,但最终还是由另一位教士代劳。我们觉得,这场拙劣的把戏我们恐怕是演砸了。正在绝望之际,事情又在偶然间峰回路转,并超出了我们原先的预期。

在即将与丰·卡斯蒂利亚侯爵成亲的时候,年轻的利里亚斯生了场重病。她发了高烧,据说脑子都烧糊涂了。当然,更准确地说,这应该是一种发热性谵妄的症状。布尔戈斯全城人都关心这两户望族的家事,因此,这场病让所有人都心情沮丧。学校里的那些德亚底安修士也很快听到消息。当天晚上,萨努多收到了这样一封信:

我的神父:

圣女大德兰发怒了,说您欺骗了我,她也严厉斥责了门多萨。当初她为什么要让我每天到德亚底安修士那里去呢?圣女大德兰,她是爱我的,不像您……我的头很疼……我快要死了。

这封信显然是由一只颤抖的手写成的,字迹模糊不清,几乎无法辨认。在信纸下方,另有一段其他人补充的文字:

我的神父,她一天之内写了二十回才写成这封信。她现在已经完全无力再写下去了。请为我们祈祷吧,我的神父,眼下我也没有别的话对您说了。

看完这封信，可怜的萨努多脑袋仿佛都炸了，他陷入极度的不安和烦恼之中。他来来回回地踱步，有时还走出房间，遇到人便盘问不休。让我们感到最痛快的是，他不再给我们上课了，或者更准确地说，他现在上课总是匆匆结束，这样的短课上起来我们完全可以接受，一点儿也不觉得烦。终于，因为吃了种我说不清是什么的发汗药，经过一场俗称的良性发作，可爱的利里亚斯保住了命。她康复的消息很快传开。萨努多随后又收到这样一封信：

我的神父：

身体的危险总算过去了，但理智还没能回归。小姑娘随时都有可能从我身边溜走，干出离经叛道的事来。我的神父，请您看看，有没有可能在您的房间里接待我们一回。我知道，你们那里要到夜里十一点左右才关门休息，那我们就在夜幕降临时先进去。或许，您当面劝解一次，会比您给的圣物更有效用。要是听凭现在这种状况继续下去，我可能也要变疯了。我的神父，以上天的名义，我向您请求，请求您挽救两个名门的声誉。

读罢这封信，萨努多深受触动，差点连回房间的路都不认识了。等他回到屋里关上房门，我们便凑在门前听里面的动静。起初我们听到的是呜咽声，接着呜咽声变成大声的哭泣，随后是一段极为虔诚的祈祷。最后，他把学校的看门人请过来，对他说道："我的神父，要是有两个女人来找我，不论她们用什么借口，您都别放她们进来。"

萨努多没去吃晚饭,整个晚上都在祈祷。到了十一点左右,他听到有人敲门。他打开门。一个年轻女子冲进他的房间,一把打翻他的灯,房间里顿时漆黑一片。正在此时,传来学校校长呼唤萨努多的声音。

吉普赛人首领说到这里,来了一位他的手下,向他禀告部落的事务,但利百加对首领说道:"请您千万不要就此中断故事。我今天一定要知道,面对如此严峻的局面,萨努多究竟是如何脱身的!"

"女士,"吉普赛人首领说道,"我必须要花点时间和这个人谈几句,谈完后就回来继续说我的故事。"

利百加如此坚定地表达立场,我们不禁纷纷向她表示赞许。而吉普赛人首领在应付好那个找他的人之后,又如此这般地接着讲下去:

校长呼唤萨努多的声音传过来,萨努多无暇顾及其他,只能匆忙将房门反锁起来,然后赶去见他的上级。至于那两位扮演者,我想我不会低估诸位的理解力,你们一定已经猜出他们是谁了——没错,假扮门多萨的是贝拉斯,而美丽的利里亚斯,真身是墨西哥总督想娶的那个人,也就是我本人。因此,我当时被关在萨努多漆黑一片的房间里,我不太清楚,这出戏将被我弄出个什么样的结局,毕竟,整出戏的发展与我们原先设想的并不完全一致。我们已经发现,萨努多是个轻信他人但并不虚伪也并不脆弱的人。或许,我们应对的最佳方式,就是让这出戏不了了之,没有结局。利里亚斯小姐的婚事几天后就要举办了,对于萨努多来说,两位新人幸福结合,可能会成为一个困扰他一生的不解之谜,而戏演到这里戛然而止是恰到好处的。但我们不肯罢休,想拿我们的这位良师取乐,当面看他大惑不解的窘态。我唯一为难的地方,就是戏的最后一幕究竟该以放声大笑结尾,还是以尖刻的嘲讽收场。正当我一心回想当初各种阴险的计划时,我听到开门的声音。

萨努多出现了。看到他的样子,我心里一阵胆寒,这种反应完全超出我原先的预期。他身穿宽袖白色法衣,两条圣带搭在胸前,一手提着只烛台,一手举着根乌木十字架。他将烛台放在桌上,两手捧起十字架,对我说道:"小姐,您已经看到了,我现在穿的是神圣的祭服,我想,这身打扮能提醒您,我周身上下无处不刻着宗教的印迹。我是为救世主传道的人,我只有让您悬崖勒马,才算得上恪尽职守,不辱我神圣的职责。恶魔扰乱了您的心智,将您向恶路上引。小姐,请赶紧调整您的步伐,转过身,回到美德的小径上来吧。对您来说,这是一条布满鲜花的路。在这条路上,您那年轻的丈夫正伸手迎候您。让他和您结缘的,是那位与您血脉相连、品行高尚的长者。您父亲是长者的儿子,他抛下你们祖孙二人,先行一步,进入纯灵之境,但他也向您指明了天国的通途。请您抬起头,看看天上灿烂的星光吧;制造谎言和假象的精灵,您是一定要提防的,它与上帝的仆人永世为敌,因此它会迷惑您的视线,让您难以自拔,无法把目光从这些人身上移开……"

萨努多又接着讲了些精心设想过的语句,希望我能就此幡然醒悟。他把我当成了真的利里亚斯小姐,当成了爱慕自己告解神父的女人,可我只是个穿着女裙、戴着面纱的淘气小男生。我困惑至极,不知道该如何让这一切收场。萨努多总算把话说完了。他喘了口气,又接着对我说道:"来吧,小姐,一切都已安排妥当,我想了个办法,可以让您走出修道院。等会儿我带您去见我们园丁的妻子,您先待在她那里,然后会有人去通知门多萨,让她过来接您回去。"

一边说,萨努多一边为我开门。趁着门刚打开的这个工夫,我奋力一跃冲出门外,然后飞奔而去。我当然也只能这么做。不过,在这一刹那,不知道是不是有什么恶精灵在暗中撺掇我,我转回头,扯下面纱,冲回去一把抱住他的脖子,对他说道:"狠心的家伙!您想让爱您的利里亚斯就这么死掉吗?"

萨努多认出了我。一开始,他只是极度惊愕。接着,他开始泪如雨下。随后,他带着一种明显是失望到极点的神情,不断重复道:"我的上帝,我的上帝啊!请可怜可怜我!请给我一点启示,给我一点开导,让我不再如此困惑!我的上帝啊,我现在该怎么做?"

这个可怜的老师让我动了恻隐之心。我抱住他的膝盖,一边乞求他原谅,一边向他连声发誓,表示我和贝拉斯肯定会为他严守秘密。

萨努多将我搀起来,仍然泪流不止,泪水甚至打湿了我的衣襟。他对我说道:"可怜的孩子啊,你以为,我是担心别人耻笑我才这么难受吗?不幸的人啊!我是为了你才哭的。你无所畏惧地亵渎了我们宗教中最神圣的东西——神圣的告解亭是我们的悔罪法庭,你居然敢拿这个来开玩笑。我必须到宗教裁判所的法庭上告你一状。未来与你相伴的将是牢狱和刑罚。"接着,他又极度痛苦地将我拥入怀中,对我说道:"不,我的孩子,你的内心千万不要陷入绝望。我或许能说服他们,把惩罚你的事交给我们自己来完成。惩罚应该是残酷无情的,但不会对你今后的生活造成影响。"

说完这些话后,萨努多便走出房门,同时将我反锁在屋内。我当时有多么懊恼沮丧,诸位可以尽情想象,我在此就不细言了。我们的脑海中从不曾闪现过犯罪这个概念,我们发明的那些渎神的把戏,在我们自己看来,不过是极为单纯的恶作剧。面对受罚的威胁,我彻底泄了气,连哭都哭不出来了。我一直沉浸在这样的状态中,完全不知时间过了多久。最后,门终于开了。我看到校长走进来,我们那位告解神父跟在他身后。此外还有两个人,这两个人一把抓住我的胳膊,带着我不知穿过多少条走廊,最后来到一个极为偏僻的房间。他们将我扔进房间,关上房门,好几道锁的上锁声连续传到我的耳边。

我定下神,开始仔细观察我的牢房。这一天正值满月,如水的月光透过窗户护栏照进屋内,我可以清楚地看到,四面墙上都有人用炭笔写下的各种语句,房间的一处角落里铺着一堆稻草。我的这扇窗户正对着一片公墓。公墓前有一道柱廊,柱廊上放着三副担架,每副担架上各躺着一具套了裹尸布的尸体。我被这一幕吓得心惊肉跳,赶紧收回视线,再不敢看任何地方,不论是房间里面,还是窗户外边。

没过一会儿,公墓附近传来一阵声响。我循声望去,只见一个嘉布遣会修士带着四个掘墓人走过来。他们走到柱廊前,嘉布遣会修士说道:"这个是巴洛内斯侯爵的尸体,你们把它放到防腐室里去。他旁边的这两个基督徒,你们就扔到昨天刚挖的沟里去吧。"嘉布遣会修士话音刚落,我就听到一声悠长的悲号,公墓的外墙上映出来三个可怕的幽灵的身影。

吉普赛人首领说到这里，之前打断我们的那个人又来找他谈事情。利百加有了前一次成功抗议的经历，胆子更大了。她带着蛮横无理的口气说道："首领先生，我一定要知道这些幽灵到底是怎么回事，不弄清楚我就不去睡觉了！"

吉普赛人首领承诺一定会满足她的要求，他的确也没有让我们久等。回来后，他便如此这般地接着讲起他的故事：

我刚刚向诸位说到，公墓的外墙上映出来三个可怕的幽灵的身影。幽灵现身再加上那声悲号，四个掘墓人和指挥他们的那个嘉布遣会修士顿时觉得毛骨悚然。他们一边放声高喊，一边四散而逃。至于我，我当然也非常害怕，只是我的反应和那几个人完全不同，我就像被定住一样，身体一动不动地守在窗边，整个人简直进入了一种呆若木鸡的状态。

此时，我看到其中两个幽灵翻墙进入公墓，接着还伸手去帮第三个幽灵。看起来，这第三个幽灵的身材让他在落地时遇到了麻烦。随后又冒出来其他一些幽灵，他们也翻墙跳进公墓，粗粗看过去，总数应有十到十二个。那个身材肥胖的幽灵，也就是别人伸手帮他落地的那个幽灵，他从自己套的白色裹尸布下面掏出一盏带有遮光装置的提灯，来到柱廊下检查三具尸体。检查完毕后，他转身面对其他幽灵，开口说道："我的朋友们，这里是巴洛内斯侯爵的尸体。你们都知道，我那帮蠢驴般的同行是怎么对待我的。可是，他们把侯爵的病诊断为胸腔积液，明明是他们搞错了。只有我，桑格雷·莫雷诺医生，才知道如何一针见血地看清问题，看出这是气管息肉造成的心绞痛，因为医学大师们对此有过详尽的描述。

"可是,我刚确诊出病因,那帮蠢驴——也就是我那些可敬的同行——就露出那样的嘴脸,当时的情形你们都亲眼看到了。他们个个耸起肩,转身背对着我,仿佛我是配不上与他们为伍的一个人。啊!或许吧,这位桑格雷·莫雷诺医生确实不该与他们同流合污。加利西亚的驴夫,埃斯特雷马杜拉的骡夫,只有他们才能让这帮人听话,让他们听进去道理。不过,上天是公正的。去年我们这里死了不少牲畜,要是今年瘟疫继续爆发,那你们要确信,我的同行没一个会幸免,到那时,桑格雷·莫雷诺医生就没有了敌手,而你们,我亲爱的弟子们,你们就可以把化学医学的大旗插在阵地上了。你们都亲眼看到了,我只将磷和锑混合在一起,就救了年轻的利里亚斯的性命。各种准金属,再加上巧妙的组合,就可以制成传奇般的灵丹妙药,可以抵挡并战胜所有疑难病症。什么根啊草啊的东西是没有用的,这些东西让蠢驴——就是我那些可敬的同行们——去嚼还差不多。

"我亲爱的弟子们,你们都亲眼看到了,我一再恳求巴洛内斯侯爵夫人,只是想得到她的允许,能让我把手术刀刀尖探进这位著名侯爵的气管里。但侯爵夫人受到我那些敌人的蛊惑,一直不肯答应我。现在,我终于有证明自己的机会了。啊!这位著名的侯爵,他不能亲眼看到我为他开刀的场景,我实在感到无比悲痛!要是他还活着,我会极为快乐地向他展示包虫囊肿、息肉这些东西,它们的根源在支气管里,然后又生出分支向外蔓延,直至咽喉。

"但我能怎么说呢?这个贪财的卡斯蒂利亚人,他对科学的进步不闻不问,拒绝向我们提供他本人再也无法使用的器官。要是侯爵对医学有一点点兴趣,他应该就会把他的肺、肝以及所有不能再为他提供服务的内脏交给我们。但他没有这样做,因此,我们只能冒着生命危险,来逝者长眠的地方干劫盗的事,打扰墓地的清静。

"不过,这些都不重要,我亲爱的弟子们。我们遇到的阻碍越多,跨越阻碍的行动就越显光荣。因此我们要鼓足勇气,给这场伟大的行动画个完美的句号!你们吹三声口哨后,墙对面的同伴就会把梯子放过来,我们随后就赶紧把这位著名的侯爵抬走。他能以这样一种罕见的病症去世,真值得庆幸啊;但更值得庆幸的是,他最终落到一些能人的手上,这些人不但诊断出他的病,还用他的姓名为这种病命名。

"稍过几天,我们还要来这里找另一位大人物,他的死因是……现在还是别说了,不能什么话都随便说。"

医生结束了他的演讲。他的一位弟子吹了三声口哨,我便看到几架梯子从墙头落下来。然后,侯爵的尸体被人用绳子绑好,传到墙的另一面,幽灵们也跟着尸体翻过墙头。最后,梯子也被抽回去了。

等所有人都从我眼前消失后,我放声大笑起来,因为我觉得我之前的恐惧真是件可笑之事。

不过,我现在要回过头来向诸位解释一下,在西班牙和西西里的某些修道院里,存在着一种独有的埋葬方式。人们在修道院里建些阴暗的地下小墓室,凭借精心设计的引流装置,让墓室内的通风充分流畅。想保存的尸体会被放入这些地下墓室,阴暗的光线可以使尸体免遭虫类腐蚀,畅通的空气又可以逐渐风干尸体。半年后,墓室将被重新打开。要是风干效果很成功,僧侣们会举办弥撒,向死者的亲属道贺;随后,他们还会给死者穿上嘉布遣会修士的服装,再把尸体送入一个特别的墓室。尽管这并不是只迎奉圣人遗骸的墓室，但能进去的必定都有圣人之风。如果某户人家有人亡故并想找这些修道院处置遗体，那么，遗体只能运送到公墓门外，随后自会有杂务修士负责接收，他们将根据自己上级的指令做相应的处置。一般来说，遗体都是在晚上运来。杂务修士的上级定夺后，当天夜里遗体就会有各自的归处。大多数遗体是没资格保存的。

嘉布遣会的这些人想将巴洛内斯侯爵的遗体风干。但就在他们准备搬尸体的时候，幽灵现身，他们四散而逃。太阳刚一露脸，这几个掘墓人就回来了，他们你靠着我，我靠着你，踮起脚尖往前走。当发现侯爵的尸体不知所终后，他们惊恐至极。他们认为，尸体一定是被魔鬼带走了。没过多久，柱廊上就聚满了僧侣。他们捧着盛了圣水的容器，四处浇洒，同时还声嘶力竭地叫喊，试图达到驱魔辟邪的效果。这时，我已看得睡眼惺忪，一头倒在草堆上，很快进入了梦乡。

醒来后，我想到的第一件事，是我可能遭受的惩罚，第二件事，当然就是该用什么办法脱身。贝拉斯和我多次溜进学校的食品贮藏室，翻墙入室之类的事对我们来说完全是家常便饭。我们很清楚该怎样把窗户上的栏杆弄开，然后还能不露痕迹地将其还原。我衣服口袋里藏有一把小刀，我便用这把刀从窗户的木框里撬出一根钉子。我随后再用这根钉子，慢慢磨一根栏杆的底部。我一刻不停，一直干到正午时分。

此时，牢房的门打开一个小窗口，窗口里探进来一个人的脸，我认出，那是给我们打扫宿舍的一位杂务修士。他递给我一块面包和一壶水，并问我有什么其他需要。我请他代我去找萨努多神父，要一床床单和被子来，我受惩罚固然是无话可说的事，但一定要把我弄得不干不净，那就说不过去了。我讲的这番道理很管用，我要的东西很快就被送了过来。除了被子，他们还给我添了几块肉，以保证我有足够的营养。我还绕着圈子打听出贝拉斯的情况。我听说，他并没有遇到什么麻烦，这让我很高兴。看起来，他们没有追查我的同犯。我还问杂务修士，我的惩罚什么时候正式开始，他回答说他也不清楚，但一般来说，先会有三天的反省期。三天对我来说完全足够了，我于是彻底安下心来。

我用杂务修士给我的那壶水，蘸湿我要磨断的栏杆底部，这让我的活儿干起来更快更省力了；到了第三天早上，那根栏杆完全被磨开了。我于是剪开我的床单和被子，结起一条长绳，一条与真正的绳梯非常接近的长布绳，我随后就等着夜幕降临，以便实施逃跑计划。再不考虑这件事恐怕就来不及了，因为牢房看守告诉我，第二天，会有一个由德亚底安修士组成的仲裁委员会对我进行审判，委员会的主席是宗教裁判所的成员。

天刚黑的时候，有人送过来一具尸体，尸体上盖着黑布，布上镶着纯银的流苏。我猜想，这应该就是桑格雷·莫雷诺医生所说的那位大人物了。

等天完全黑下来、四周一片寂静后，我挪开栏杆，系好绳梯，准备往下跳。此时，公墓的外墙上再次出现幽灵的身影。诸位自然不会弄错，这些幽灵都是医生的弟子。他们径直朝那位死去的大人物走去，将遗体抬走，但没有动那块镶着银流苏的黑布。

等他们走了，我打开窗户跳下来，全程毫无阻碍，可以说顺利到了极点。接着，我打算把担架拖到墙边，在翻墙时当梯子用。

我刚准备动手，突然听见有人将公墓的门给打开了。我赶紧跑到柱廊上，想找个地方躲起来，情急之下，我躺上担架，用镶着银流苏的黑布盖住身体，然后稍稍掀起一角，想看看接下来究竟会发生什么。

最先进来的，是一个穿着黑衣的武侍，他一手举着火把，一手拿着剑；在他身后，是一群穿着丧服的家丁；最后则是一位堪称花容月貌的女士，从头到脚，一袭黑装。

这位哀伤的丽人步履不停，一直走到离我的担架仅有几步远的地方。随后，她双膝跪地，悲凄地说道："哦，天下最值得敬爱的夫君啊，您如今只剩下这令人敬仰的遗体，我做不了阿尔特米西亚二世，不能将您的骨灰混入水中饮下，尽管那样可以让您随我的血液流动，让我这颗只为您跳动的心重生动力，但我的宗教不允许我拿自己的身体当您的坟墓。既然如此，我只求能让您远离这拥挤的往生园。我希望每天用泪水浇灌您坟头上长出的花朵，我想，我也将很快随您而去，到那一天，我会在您的坟中与您重逢。"

说完这番话，女士起身对她的武侍说道："堂迭戈，让他们把您主人的遗体抬走吧，我们还是在自家花园的小教堂里安葬他。"

随即，四个强壮的家仆便抬起我的担架。他们当然认为自己抬的是一具尸体，实际上也大差不差，因为我已经吓了个半死。

吉普赛人首领说到这里，有人来找他商议部落的公事。他离开我们，我们当天就没有再见到他的身影。

第二十七天

这一天,我们依然驻守在原处。吉普赛人首领闲暇无事,利百加赶紧抓住机会,请他接着讲自己的故事。他也没有过多推辞,便如此这般地讲起来:

吉普赛人首领的故事(续)

家仆们连我带担架一起抬走了。半路上,我在盖着我的黑布上面戳了个小口子。我看到,那位女士坐在一辆罩着黑帘的驮轿里,她的武侍骑着马跟在后面。家仆们为了保证前进的速度,分班轮流抬我。我们不知走到哪座城门,然后从这里出了布尔戈斯城。大约行进一个小时后,队伍在一个花园前停下来。但抬我的人继续前行,他们穿过花园,带着我走进一个独立的小屋。最终,担架被安放在一间收拾成灵堂的客厅当中,整个客厅只有几盏烛灯放出微弱的光芒。"堂迭戈,"女士对她的武侍说道,"您暂且退下吧,我还想对着这令人景仰的遗体痛哭一场。我想,过不了多久,我会在悲痛中与他重逢的。"

等夫人独身一人后,她坐到我面前说道:"你这个野蛮的家伙啊,你脾气暴躁的毛病就是改不了,现在看看你的结果吧。你不听我们解释,硬是要给我们定罪。现在你到了永恒世界,那里的法庭可是无比恐怖的,看你能用什么办法应对?"

此时走进来另一个女人。她手里拿着把匕首,满脸怒气。"在哪儿?"她问道,"那个人面兽心的家伙,他污秽的尸体在哪儿?我要看一看他到底有没有内脏。如果有的话,我要把他的内脏全扎烂;我还要掏出他那颗残酷无情的心,然后亲手捏碎,我的怒火必须要在他身上发泄出来。"

看起来,到了介绍一下我自己的时候了。我一把掀开黑色布单,扑倒在刚刚说话的那位女士脚下,对她说道:"夫人,请对一个可怜的学生发发善心吧,他是为了躲避鞭打,才藏在这块裹尸布下的。"

"可怜的小家伙,"这位女士说道,"那么,西多尼亚公爵的尸体在哪儿呢?"

"在桑格雷·莫雷诺医生手上,"我对她说道,"他的弟子昨天夜里把尸体给抬走了。"

"上天真不会轻饶人啊!"女士说道,"只有这位医生看出了公爵是中毒而死的。我完了!"

"完全不必担心。"我对她说道,"派人到嘉布遣会的公墓里偷尸体,这种事情医生是绝不敢承认的;至于嘉布遣会的那些修士,他们都认为消失的尸体是被魔鬼带走的。这样的话,他们自然不敢走漏风声,否则就相当于承认撒旦控制了他们的修道院,在里面为所欲为。"

听了我的话,拿匕首的女士神情严肃地看着我,并对我说道:

"那你呢,可怜的小家伙,谁能保证你是个谨慎的人呢?"

"夫人,"我回答她说,"今天原本有个由德亚底安修士组成的仲裁委员会来审判我,委员会的主席是宗教裁判所的成员,我接受的惩罚很可能会是一千次鞭打。所以请您放心,我必然会小心行事,而且我要请您帮我避开所有耳目。"

拿匕首的女士没有回答我,她走到客厅的一角,打开地板上的一个暗门,示意我爬下去。我照她的吩咐做了,刚爬进去,暗门就关了起来。我顺着一道黑漆漆的楼梯往下爬,然后进入一个光线同样昏暗的地下室。我撞上一根柱子。摸索中,我的手触到几条铁链,脚碰到一块墓石,墓石上还立着根金属质地的十字架。这些阴森的东西固然不会为我增添睡意,但我毕竟处在困起来什么也挡不住的青春期。我平躺在这块用来当墓石的大理石上,没过一会儿,就香香沉沉地睡着了。

第二天醒来时,我发现我的牢房有了光亮,一排铁栏杆将这地下室一分为二,我对面的那半边墓室里正点着盏灯。没过一会儿,那位拿匕首的女士出现了,她走到隔栏前,将一只盖着块布的篮子放在地上。她想和我说话,但泪水涟涟,无法开口。她于是决定离开,一边往外走,她还一边朝我打手势,我明白了她的意思:这是一个让她想起伤心事的地方。我查看她放下的篮子,发现里面有丰富的食品,还有几本书。我心里踏实了。我躲过了鞭打,也不会再看到任何一个德亚底安修士,明确了这两点后,这一天我过得非常愉快。

第二天,是那个刚刚失去丈夫的年轻女子给我带食物的。她也想说话,但同样开不了口。直到离开,她也没能对我吐出一个字。

385

随后的这一天,她又来了。她挎着篮子,手里握着根大十字架。她从栏杆的缝隙中把篮子递给我。接着,她把那根十字架靠在墙上,然后双膝跪地,以祷告的方式这样说道:"哦,我的上帝!在这块墓石下,安放着一个温柔体贴的男子的残缺遗体。此际,他或许已成为你身边天使中的一员,因为他活着的时候就是一位人间的天使。或许他向你请求过,请你宽恕那个杀害他的野蛮人,宽恕那个为他复仇的女人,也宽恕那个不幸的女子,命里注定,她要在无意识间充当帮凶的角色,并沦为这一桩桩惨剧的牺牲品。"

说完这些话,女士又继续做她的祷告,声音很低,但深情而虔诚。祷告完毕,她站起身,靠近栏杆,用更平静的口气对我说道:"我年轻的朋友,您要是缺什么东西,或是希望我们为您做些什么,都请告诉我。"

"夫人,"我回答她说,"我有一个姨妈叫达拉诺萨,她住在德亚底安修士大街上。我想让她知道我还活着,而且一切平安。"

"办这样一件事,"女士说道,"我们有受到牵连的风险。但我还是答应您,我会想办法让您的姨妈安心。"

"夫人,"我回答她说,"您真是个无比善良的人,您的丈夫给您制造了不幸,他或许只能算是个魔鬼。"

"唉!"女士说道,"您实在是大错特错了,梅迪纳·西多尼亚公爵算得上是最好的也是最有同情心的男人了。"

接下来这一天,是另一位女士给我带食物的。我觉得,她已经不再像之前那样激动,或者至少可以说,她的情绪控制得要比之前好得多。"我的孩子,"她对我说道,"我自己到达拉诺萨夫人家去了一趟。那位夫人看起来像慈母一样关心您,或许您的父母已经不在了吧。"

我回答她说,我确实一出生就失去了母亲,后来因为不幸摔进我父亲的墨坛,被他永远赶离身边。

女士想让我把墨坛的事说个明白,我便向她讲述了我的故事。听完故事,她脸上似乎浮现出一丝微笑。她对我说道:"我的孩子,我想我刚才应该是笑了,我真是很久都没笑过了。我曾经有一个儿子,他现在安眠在您坐的这块大理石下。我愿意把您当他一样看待。西多尼亚公爵夫人也是我抚养成人的。我只是个老百姓,但有一颗敢爱敢恨的心,这种品格的女人永远不该被人瞧不起。"

我对女士表达感谢,并向她保证,我会永远以儿子的态度对待她。

在大致相同的节奏中,几个星期过去了。两位女士与我的关系一天比一天亲近。公爵夫人的奶妈待我视同己出,而公爵夫人似乎也开始像姐姐一样关心我,她经常会在地下室里一连待上几个小时。

有一天,她看起来没有往日那样忧伤。我壮着胆子,请她对我说说她的不幸遭遇。她很久都不愿开口。最后,在我的一再恳求下,她终于做出让步,向我如此这般地讲述起来:

梅迪纳·西多尼亚公爵夫人的故事

我是堂埃马纽埃尔·德·巴尔·弗洛里达的独生女。他是前第一国务秘书,不久前刚刚离世。国王陛下对此深感痛惜,而且有人告诉我，作为我们这位强大君主的盟友，其他几个国家的国王也纷纷表达遗憾之情，这算得上是我父亲身后的莫大荣光。但我真正了解这位可敬的人，只是在他生命的最后几年。

我的童年是在阿斯图里亚斯度过的。我守在我母亲身边，她和我父亲结婚没几年就分居了。之后她带着我回到娘家，和她的父亲阿斯托尔加侯爵共同生活，而她是这位侯爵的唯一继承人。我不清楚，我母亲的罪过到底有多深重，才会使她丈夫对她完全失去亲情；但我清楚，哪怕是再深重的罪过，凭她这一生经历的漫长苦难，都足以抵消。她周身上下处处是忧郁的印迹。她的眼里仿佛总是含着泪水，微笑时也会带着悲伤。即便进入梦乡，她还是摆脱不了烦忧。叹息声、呜咽声与她常伴，使她难以安宁。实际上，两人的分居并不是彻底断绝往来，我母亲依然能定期收到丈夫的来信，而她也从不曾中断回信。她还去马德里见过他两次，但关键的问题在于，这个丈夫的心永远是紧锁着的。从内心深处来讲，我母亲是个温柔多情的女子。她只得将自己的所有感情都投入在她父亲身上，甚至将这些感情变成一种狂热的依赖，让自己长久的痛楚有几分甜蜜相伴。

说到我，我母亲对我的感情，让我很难用合适的词来定义。她或许是爱我的，但据说，凡涉及我前程的事，她都害怕过问。她从未教导过我，甚至连给我提建议都不敢。总之，假如一定要和您说明白，那就是她曾经德行有失，所以一直觉得自己不再有资格从品行上教育女儿。小时候，我就处在这样一种放任自流的状态中，幸好我身边还有拉希拉尔达。她最初是我的奶妈，后来就变成我的家庭教师。在她的关心下，我总算是没有被剥夺接受良好教育的权利。您和她也很熟，您知道，她既有非常强大的内心，也有学识丰富的头脑。只要是对我有益的事,她绝不会疏漏,她要让我成为这世上最幸福的女人。可是,任凭她如何精心筹划,终究还是敌不过命运的安排。拉希拉尔达的丈夫是个爱拈花惹草、搞暧昧关系的人。他最后不得不为此离开西班牙,乘船去美洲,从此杳无音信。拉希拉尔达和他只有一个儿子,他是和我喝同样的奶水长大的人,算得上是我的半个兄弟。这个男孩非常帅,帅得简直让人觉得不可思议,于是大家都把他叫作"埃莫西多"[1],在他短暂的一生中,这个名字取代了他的真名。在婴儿时期,我们不光吃同一个人的奶,还经常在同一个摇篮里睡。这种亲密无间的关系一直发展到我们俩都七岁的时候。那一年,拉希拉尔达认为,该好好教育一下自己的儿子,让他明白等级的差异,让他明白,在他和他那位小女朋友之间,命运早已设下一道巨大的鸿沟。

有一天,我和他吵了起来。这本属于孩子间常有的事,但拉希拉尔达将她儿子叫到身边,以非常严肃的口气对他说道:"我的孩子,永远不要忘记,德·巴尔·弗洛里达小姐是您的主人,也是我的主人。我们在这个家,只不过是一等仆人。"

埃莫西多从此将这句话牢记在心,不再有任何自己的想法,只遵照我的意愿行事。他甚至开始研究揣摩我的心思,而且总是能提前猜中。看起来,对他而言,这种忘我服从的生活方式有种难于言说的魅力;至于我,看到他对我百依百顺的样子,我自然也满心欢喜。

很快,拉希拉尔达就看出,我们之间的这种新关系是存在危险

---

[1] 原注:"埃莫西多"是"埃尔莫索"(hermoso,美男子)的昵称式表达。

的。她做好打算，等我们到十三岁后，就将我们彻底分开。她觉得，这样就可以划清界限，断绝我们俩的感情。于是，她安下心来，不再多想这个问题，注意力渐渐移到别处。

如您所知，拉希拉尔达是个很有学识、很有头脑的人。在我们很小的时候，她就给我们看西班牙一些优秀作家的作品，让我们大致了解书中的故事情节。她还想培养我们的判断力，于是要求我们带着问题读书，并借此向我们说明，如何才能在阅读中获取有益的思考。小孩子刚开始读书时，通常都会对故事里最出彩的那些人物着迷。但凡是我心目中的英雄，都会马上成为我那位小男朋友的尊崇对象。万一我喜欢的人物发生变化，他也同样会立即跟着我调换口味。

埃莫西多千依百顺的态度让我彻底习惯了。他要是偶尔有点小小的反抗，我反倒会极为惊讶。不过这也不是什么大不了的事情，因为我本人也给自己的权威设定了限度，或者至少可以说，我在行使自己的权威时，从来都是非常谨慎的。有一天，我们来到一片清澈见底的深水边，我想要水里一只闪闪发光的贝壳，还没等我把话说完，埃莫西多就跳入水中，差点淹死。还有一次，他上树去掏一个我看上的鸟巢，结果脚踩的那根树枝断了，他摔下来，遍体鳞伤。有了这些经历后，我在表达自己的愿望时倍加小心，但同时我又觉得，既然我拥有这么大的权力，倘若不用，也是浪费。假如我没有记错，我是在产生这样的想法后第一次做出了骄傲的举动。后来，类似的举动应该又发生过几回。

我们人生的第十三个年头就是在这样的状况下度过的。到了埃莫西多满十三岁的那一天，他母亲对他说道："我的儿子，今天我们已经为你庆祝了你的第十三个生日。你不再是孩子了。到现在为止，你一直和小姐非常亲近。但从今往后，你不能再陪她了。快去和她告辞吧，因为明天你就要去纳瓦拉，住在你祖父那里。"

拉希拉尔达的话刚说完，埃莫西多就露出一副极端绝望的模样。他号啕大哭，一直哭到失去知觉，醒来后又继续哭。至于我，我一直忙着安慰他，几乎没有和他分担悲伤的想法。在我的眼中，他是个完全依附我存在的生命，可以说，他连呼吸都要得到我的允许。因此我觉得，他如此绝望是一件再自然不过的事，而我根本没有想过给他哪怕是最小的一点回报。此外，我当时年纪实在是太小了，看他的样子也看得太习惯了，以至于从来没有意识到，他是个如此英俊的美少年。

拉希拉尔达并不是那种能被泪水打动的人。埃莫西多再怎么哭也不起作用。他还是不情愿地出发了。但两天后，我们请的那个骡夫神情极为悲痛地回来了。他告诉我们说，在经过一片树林时，他只离开骡子五分钟，回来后埃莫西多就不见了踪影。他千呼万唤，找遍整个树林，但毫无收获。看起来，那孩子显然是被狼给吃了。

拉希拉尔达似乎并没有太悲伤，只是大为惊讶。"你们等着瞧吧，"她说道，"这个顽固的小家伙肯定会回我们这儿来的。"

她说的没错。没过多长时间，我们就看到这个半路逃跑的小家伙回来了。他抱住母亲的双膝，对她说道："我生下来就是服侍德·巴尔·弗洛里达小姐的，要是有人想让我远离这个家，那我肯定会活不下去的。"

几天后，拉希拉尔达收到一封她丈夫写来的信，他已经很久没向家人告知自己的消息了。他说他在韦拉克鲁斯发了财，然后又补充说,假如他的儿子还活着,那就让他到他那里去和他一起生活,他会非常高兴。拉希拉尔达正不惜一切代价想弄走儿子,看到这样一个建议,自然乐意接受。

埃莫西多半路返回后,已不再和我们同住在城堡里。他被人安置到我们在海边的一个农庄。一天早上,他母亲去农庄找他,逼他坐一条渔船离开,船老板此前已经承诺,会把他送上一艘开往美洲的海轮。埃莫西多上了渔船,但当天夜里,他就跳下水回到岸上。拉希拉尔达再次逼他上船。为了尽自己的职责,她实在是付出了巨大的牺牲。这些牺牲给她的内心带来多少伤痕,所有人都很容易看出。

我前面说的这一连串的事,是一件件紧连在一起发生的。随后,我们家又突如其来地发生了一些令人极度伤感的事。我外祖父染上重病,我母亲由于长期忧郁损耗了健康,已经无力照顾好她的父亲。最后,她和阿斯托尔加侯爵一起告别了凡尘。

大家每天都盼着我父亲来阿斯图里亚斯。但国王犹豫不决,不太肯放他走。据说,他当时有要务在身,不宜远离国都。德·巴尔·弗洛里达侯爵于是用最令人感动的措辞,给拉希拉尔达写了封信,信中命她以最快的速度,将我送到马德里。由于我成了阿斯托尔加侯爵的唯一继承人,我父亲将原先的所有家仆都收归到他的门下。我在全体家仆的陪伴下出发了。这真是一支非常引人注目的大部队。此外,身为国务秘书的女儿,在西班牙全境各地,我必然会始终受到盛情的款待。我认为,这次远行我一路享受到的种种荣光,让我的头脑中萌生出一些颇具野心的谋划,而这些想法此后也决定了我的命运。快到马德里时,我暂时放下对远景的向往,取而代之的是另一种骄傲的情绪。以往我总是看到,德·巴尔·弗洛里达侯爵夫人对她父亲的爱几近尊崇,对她父亲的恭敬几近顶礼膜拜,她的呼吸、她的存在,仿佛只以他为目的。可是,在面对我时,她总是带有一种冷漠。现在,我就要见到一个属于我的父亲了。我暗自承诺,要全心爱他,甚至我还想为他的幸福做出贡献。这个心愿让我产生了一种自豪感,我忘记我的年纪,以为自己已经是个大人了,但我连十四岁都没满。

当马车驶进我父亲官邸的大门时,我满脑子还是这些奇思怪想。我父亲在楼梯的台阶下迎接我,向我表达了无限的慈爱。但没过一会儿,一道谕令将他召进了宫。接下来,我一直在我的套房里待着,但心潮澎湃,一夜未眠。

第二天早上,我父亲派人把我叫到他那里。他正在喝巧克力,看到我来,便让我和他一起吃早饭。他随后对我说道:"我亲爱的莱昂诺尔,我心里非常难过,我的情绪也因此变得有些低落;但既然您回到了我身边,我希望我们今后的日子能变得更加安宁祥和。我这间办公室您随时可以来,您要是喜欢女红,可以带点活儿到这里来做;我还有一间更隐秘的办公室,只用来开会和处理机密工作。我会在公务间隙找点时间和您聊天,与家人在一起的幸福感,对我来说睽违已久,我希望,未来在我们温馨的对话中,我能重温这种感觉。"

对我说完这番话后,侯爵摇了摇铃,他的秘书提着两只篮子进来。其中一只篮子装的是当天收到的信件,另一只装的是没有及时处理的旧信。

我在这间办公室里继续逗留了一个小时,吃中饭的时候又来了一趟。在这段时间里,我见到我父亲的几位密友,他们和他一样,干的是最重要的工作。他们并没有回避我,直接当着我的面谈公事。在他们严肃交谈的过程中,我时不时会天真可笑地插几句话,令他们忍俊不禁。我以为自己的这些话我父亲很乐意听,于是对插手管他的事产生了深厚的兴趣。

第二天,我一听说他进了办公室,便赶紧跑过去找他。他一边喝巧克力,一边很开心地对我说道:"今天是星期五,我们应该能收到里斯本来的信。"说罢,他就摇起了铃。秘书把那两只篮子带进来。我父亲颇有些急切地在那只装新信的篮子里搜寻。他取出一封两页纸的信件,其中一页写的是密文,他交给了秘书;另一页是普通的文字,他带着种欣喜、满足的神情,自己看起来。

趁他全神贯注看信的时候,我拿过信封,仔细端详上面的封印。封印用的是公爵印章中常有的图案,主体是一块镶有金丝边的白貂皮,下面配有金羊毛。唉,有朝一日,我的印章也要如此华美!第三天,来了封法国的信;接着,其他各国的信也纷至沓来。但没有任何一封能比葡萄牙的来信更吸引我父亲。

一个星期过去了,又到了星期五。我父亲在喝巧克力的时候,我满脸得意地对他说道:"今天是星期五,我们应该能收到里斯本来的信。"接着,我请他允许我代他摇铃。等秘书一进门,我就跑过去在篮子里翻找。我取出最受期待的那封信,将它呈给我父亲。作为对我的奖赏,他深情地拥抱了我一下。

接下来的几个星期五,我都照着这一天的做法去做。终于有一天,我壮着胆子问我父亲,为何他会如此看重里斯本的来信,为何他对这些信的态度远和对其他信不同。

"这信是我们在里斯本的大使写的,"他回答我说,"他叫梅迪纳·西多尼亚公爵。他是我的朋友,也是我的恩人,但我们的关系并不仅限于此。因为我真心希望,我的生命能与他的生命紧密相连。"

"这么说的话,"我对他说道,"这位可敬的公爵也该值得我的关注。我要尽力去了解他,他写给您的密文,我就不向您打听了。但他用普通文字写的那张纸,我求您读给我听听。"

我提出这样的建议后,我父亲似乎动了火气。他认为我是个被宠坏的孩子,任性妄为,而且满脑子都是荒唐的想法。他还以很重的口气对我说了些其他的话。但过了一会儿,他又恢复温和的常态。他不但给我读了西多尼亚公爵的信,还把信送给了我。这封信我现在还保留着,就放在楼上我的房间里,下次我来见您的时候,会把信带过来给您看。

吉普赛人首领说到这里,有人来找他谈部落的公务,我们当天就没有再见到他。

第二十八天

我们早早聚在一起共进早餐。饭一吃完,利百加看吉普赛人首领闲暇无事,便请他接着讲自己的故事,他便如此这般地讲起来:

吉普赛人首领的故事(续)

公爵夫人真的把她前一天和我说的那封信带了过来。

梅迪纳·西多尼亚公爵夫人的故事(续)

信是这样写的:

梅迪纳·西多尼亚公爵致德·巴尔·弗洛里达侯爵

亲爱的朋友,在那份密文中,您能看到我们会谈的进展情况。此处，我只想接着和您谈谈我被迫栖身的这个地方，谈谈这个表里不一、风流韵事不断的宫廷里的逸闻。这封信将由我的一位手下亲自送到两国边界，因此，与以往相比，我可以更放心大胆地畅所欲言。

国王堂佩德罗·德·布拉干萨依然把修女院当作他的风流场所。他已经不再去圣于尔絮勒会，现在找的是圣母往见会修女院的女院长。每当进行这些爱心朝圣时，陛下都邀我同行。为了不影响公事，我只能顺从。国王住进女院长的房间，两人当中竖着一排危险的隔栏。不过，据说这里面设了道秘密的机关，借助这道机关，国王可以让隔栏自行滑落，毕竟，陛下有双无所不能的神掌。

我们这些陪同人员被分散安置在其他的会客室里，由一些年轻的修女招待我们。葡萄牙人都觉得，与修女交谈能享受到一种莫大的乐趣。可是，与鸟在笼中互相叫唤相比，这样的交谈并不见得多添了几分意义，而修女们长期过着幽闭的生活，倒是与笼中之鸟有几分相似。不过，这些未经人事、一心从事神圣工作的少女，面色苍白得令人爱怜。在低语时，她们总会带着虔诚的神情，在说虔敬的语句时又会柔情似水。她们天真无邪，却又有一些模糊的欲望，这一切或许就是让宫廷的青年贵族们感觉魅力无穷的原因吧。在里斯本的贵妇那里，他们自然见不到这样的景致。

总之，在这远离尘嚣的地方，所有事物都能让人感到身心陶醉。圣像前堆放的一束束鲜花，让呼吸到的空气也变得芳香沁人。从会客室向外望去，隐约可见一幢幢独立的宿舍，同样有简单精美的装饰，同样散发出清香。年轻情侣们隔着栅栏紧紧相依，世俗的吉他声与神圣的管风琴声混合在一起，盖住了他们的甜蜜絮语。这些就是葡萄牙修女的日常生活。

对我来说，放纵自我，在这温柔乡里沉浸一段时间，并没有什么问题。可是，时间稍久一些，那些爱意绵绵、一往情深的话语就会使我联想到犯罪，联想到谋杀。不过，我只犯过一次谋杀的事，我只杀过一个朋友，就是那个救了您也救了我性命的人。这毁了我人生的不幸往事，是上流社会风流放荡的生活方式造成的。当时的我风华正茂，内心渴望幸福和美德，或许还有爱情，但经历了如此残酷的打击后，这份情感已无法重生。一听到别人谈情说爱，我就仿佛看到自己的双手沾满鲜血。

不过，我还是感到爱的需要；只是，在我心中，爱已经从男女之情转变成一种普济世人的情感。我先是用这样的情感对待我身边的人，然后再慢慢向外推广。我爱我的国家，我爱我的同胞，我尤其爱的是善良的西班牙人民，他们对自己的国王、对自己的信仰、对自己的承诺都无比忠诚。西班牙人感受到我的爱，便用爱来回报我。但宫里的人觉得我得到的爱太多了。此后，我被以一种体面的方式流放出境。但在流放中，我仍可以效忠我的国家，可以为国民的幸福做出贡献。有了对祖国的爱和对人类的爱，我的生命中时刻充满美妙的情感。

关于另一种爱，原本能让我的青春更绚丽多彩的那种爱，如今我还能对它有什么期待呢？我已经下了决心，我将成为西多尼亚家族的最后传人。我知道，有一些贵族小姐希望与我结缘。但她们不明白，我要是真向她们求婚，她们受的这份情其实会蕴含很大的风险。我的性情与当下的风气格格不入。我们的一代代男性先祖，他们的幸福和荣耀，是与妻子紧密相连的。在古代的卡斯蒂利亚，一旦发现不忠的情况，惩罚的方式是匕首和毒药。这样的做法，我远远谈不上反对，但我并不希望自己有朝一日也要效仿先人。正如我刚才所说的那样，倒不如让我的家族在我这里断了香火。

信读到这里，我父亲露出犹豫的表情，看起来他不想再继续读下去了。但在我的一再要求下，他还是重新拿起信，接着读起来：

您现在和可爱的莱昂诺尔生活在一起，并且深感幸福，我真为您高兴。到了现在这个年纪，理性的生活也应该配上丰富多彩的形态。您信中对我说的那些话足以证明，您现在非常开心，这让我也觉得非常开心……

后面的话我已经听不进去了，我一把抱住我父亲的双膝。我现在可以肯定地说，我给他带来了幸福，这让我感到无比喜悦。

等我兴奋的劲头缓下来，我问父亲，西多尼亚公爵有多大年纪了。

"他啊，"我父亲回答我说，"他比我小五岁，也就是说，今年三十五岁。"

"但是，"他又补充道，"他属于那种看起来一直很年轻的男人。"

我当时是个对男人的年纪还懵懂无知的小姑娘；我只熟悉一个和我同龄的十四岁男孩，但他在我眼里，只是个完全配不上我关注的少年。我看我父亲的时候，觉得他一点也不老。公爵既然比我父亲还年轻，那么，我觉得他应该是个青年男子。这就是我当时的想法。现在回过头来看，这个第一印象对我此后的命运产生了莫大的影响。

我接着又问我父亲，公爵所说的谋杀究竟是怎么一回事。

此时，我父亲的神情变得极为严肃。经过一段时间的思考，他对我说道："我亲爱的莱昂诺尔，如您亲眼所见，我与您母亲分居多年，您问的这些事情与我们的分居有着紧密的关联。我或许不该对您讲这些，但或迟或早，在好奇心的驱使下，您自己也会打听出来。这本是件很微妙也很令人难过的事，与其让您不断追究，不断地受刺激，我觉得，还不如由我本人向您直接说清楚更好。"

在这段开场白后，我父亲便如此这般对我说起他的生平：

德·巴尔·弗洛里达侯爵的故事

您知道，阿斯托尔加家族到您母亲这里就没有了后人。在阿斯图里亚斯，您母亲家和我们德·巴尔·弗洛里达家是最古老的两大家族，按照该省民众的一致愿望，我与阿斯托尔加小姐是必须要结为夫妻的。从很小的时候开始，我们俩就习惯了彼此间的这种关系。随着岁月的流逝，我们形成了足以保证婚姻幸福美满的深情厚谊。然而，在各种因素的干扰下，我们的婚事被一再推迟。直到我满二十五岁，我们才正式成亲。

婚礼举办六周后，我对我妻子说，我所有的祖先都入过伍，因此我认为，为了追求自身的荣誉，我需要以他们为榜样；而且，在西班牙，部队的驻地大部分条件都非常好，在那里过日子，要比留在阿斯图里亚斯惬意得多。德·巴尔·弗洛里达夫人回答我说，只要是我觉得与自己荣誉相关的事，她都会听从我的意见。我进军营的事情于是就定了下来。我给内阁大臣写了封信，随后被安排到梅迪纳·西多尼亚的营部，做了一个骑兵连的指挥官。部队驻扎在巴塞罗那，我带着我妻子一起去报到，您就是在那里出生的。

战火燃起，我们被调遣到葡萄牙，编入堂桑乔·德·萨维德拉的大军。这位将军通过著名的比拉马尔加战役开启了战事。当时，作为整支大军里最强的一支部队，我们营奉命摧毁构成敌军左翼的一支英国纵队。在两次冲击无果的情况下，我们准备发动第三次围攻。此时，一位不知名的英雄出现在我们面前。他非常年轻，佩挂的武器闪着耀眼的光芒。"交给我吧，"他说道，"我是您的长官，西多尼亚公爵。"

他确实有必要先报上自己的名字，要不然，或许我们会把他当作一位战斗天使，或是下凡的天兵，因为他真的有几分天神的气概。

英国纵队被击溃了。当天，所有的战功、所有的荣誉都属于我们营。我有理由相信，除了公爵之外，最骁勇善战的人就是我自己。我敢这样说，自然有我的凭据，而且是非常令我振奋的凭据。因为我们这位堪称人中豪杰的长官主动要成为我的朋友，这对我来说真是莫大的礼遇。他的真情自然换来我的真义，我们成了实实在在的朋友。交往时，公爵完全不带居高临下的保护者姿态，我也完全没有下属的感觉。外国人会指责西班牙人，说我们与人相处时颇有些

401

严肃古板，不过，正是因为能做到亲密有间，我们才能自尊而不自慢，尊敬他人而不失高贵。

比拉马尔加一役旗开得胜后，整个战事进展顺利。公爵晋升为副总指挥官，这相当于今天所说的陆军准将或是旅长，他同时还受命掌管一个军团。我也被晋升为中校，作为第一副官一直陪伴在公爵身旁。

我们接到一项危险的任务，要在杜罗河渡口与敌军交战。公爵抢占有利地形布兵，我们在阵地上坚守了很久。最后，我们遭到全体英军的攻击。我们寡不敌众，但丝毫没有撤退之意；我们的伤亡越来越惨重，败局已定。此时，一个叫范·伯格的瓦隆卫队上校带着三千援军，及时出现在我们面前。他的支援犹如神兵相助，不仅帮我们脱了困，还赶跑了英军，让我们守住了阵地。但后来，我们还是被迫撤离，与大部队会合到一起。

在瓦隆卫队的协助下，我们在第二天开始撤退。公爵走到我身边，对我说道："我亲爱的德·巴尔·弗洛里达，我知道，二这个数字是最适合代表友谊的。但我们可以在不触动其神圣法则的同时，超越数字本身的界限，因为我觉得，范·伯格的神勇相助值得我们为他破一次例。我认为，为了感谢他，我们有义务将您的友谊和我的友谊都献给他，让他成为您我友谊纽带上的第三个人。"

我同意公爵的看法，他于是去找范·伯格，郑重其事地向他提出做朋友的建议。毕竟，只有庄重的态度才符合朋友这个称谓在他心中的重要地位。范·伯格显得很吃惊。"公爵先生，"他说道，"阁下实在是太抬举我了，但我有喝酒的习惯，几乎每天都会喝醉。不醉的时候，我会尽自己所能干点大事情。可是，假如阁下您没有这个习惯,我觉得我们的友谊恐怕不会维持多久。"

这个回答让公爵感到有些窘迫,但他随后就笑起来。他还是以极度尊重的方式对待范·伯格,后来,他还忙前忙后,尽自己所能,要为范·伯格争取最风光的奖赏。但范·伯格想要的只是钱财方面的收益。国王赏给他一块叫德伦的男爵领地,属梅赫伦郡[1]管辖。当天,他就将这块地转手卖给部队的一位供货商,此人是安特卫普的自由民,名叫沃尔特·范·戴克。

在这之后,我们来到葡萄牙最大的城市之一科英布拉[2],将这里当作我们冬季宿营的地点。德·巴尔·弗洛里达夫人来这里与我会合。她喜欢社交,我于是敞开家门,经常接待部队里的主要军官。不过,他们的欢歌笑语,公爵和我是很少加入的。我们基本上把所有时间都用来干严肃的正事了。年轻的西多尼亚视美德为典范,视大众的福利为理想。我们对西班牙的政治体制进行了深入的研究,并为国家未来的兴盛构思了很多计划。为了使西班牙人生活幸福,我们觉得,首先要让他们珍爱美德,其次要引导他们抛弃小我的利益,因为这样的利益在我们看来过于肤浅。我们还想让古老的骑士精神复兴。每个西班牙男人都要对自己的配偶和国王忠心不二,同时还应该有一个军营里的兄弟。对我来说,我的这个兄弟就是公爵。我们几乎确信,有朝一日,我们俩的友谊会感天动地,正义之士会以我们为榜样,结成类似的联盟,他们会在未来继续我们的探索,并找到一条条更简单、更可靠的通向美德的大道。

---

1 译注:梅赫伦是现比利时安特卫普省城市。
2 译注:葡萄牙古都,位于葡萄牙中部,地位仅次于里斯本和波尔图。

我亲爱的莱昂诺尔,把我们当初轻狂的举动说给您听,我本应该感到羞愧;不过,很早之前就有人发现,那些有过狂热梦想的年轻人,往往后来可以成为有用之才,甚至伟大的人物。相反,年轻时像小加图[1]那样的人,他们的心会在岁月中变得越来越冷酷,除了对各种利益攸关的事精打细算,他们再也不会达到更高的境界了。他们的心灵限制了他们的头脑。国家栋梁所必须具备的才思,他们已经完全不可能拥有。哪怕是做一个有益于同胞的人,对他们来说也成了遥不可及之事。这是一条很少有例外的规律。

我们就这样尽情想象,该如何缩小人与人之间在美德上的差距。我们希望,有一天在西班牙,能重现萨图尔努斯和瑞亚时代的辉煌[2]。不过,正是在这段时间里,范·伯格让我们真正见识到什么叫作黄金时代。他卖了那块叫德伦的男爵领地后,得到八十万图尔城铸造的列弗币[3]。他当众以自己的荣誉担保,不仅要在冬季宿营的这两个月内花掉这笔钱,还要额外欠下十万法郎的债。话说出口之后,我们这位来自佛兰德斯的浪荡子发现,要想信守诺言,他必须每天花掉一千四百个皮斯托尔。在科英布拉这样的城市,这可不是件容易的事。他担心自己过于轻率地夸下了海口。有人建议他,可以用

---

1 译注:小加图(前95—前46),罗马共和国末期的政治家、演说家,因其传奇般的坚忍和固执而闻名。

2 译注:萨图尔努斯是罗马最古老的神祇之一,掌管农业,后被人与希腊神话中宙斯之父克诺洛斯混同,而克诺洛斯和他的姐姐瑞亚是夫妻。萨图尔努斯被朱庇特驱逐后来到拉丁姆,被雅努斯收留,据说是萨图尔努斯教会当地人民耕种土地,才有了罗马的农业,而雅努斯统治的时期被称为黄金时代。

3 译注:列弗是流通于1781—1794年间的金属铸币。当时在法国存在图尔列弗和巴黎列弗,1列弗合1法郎。

一部分钱来救济穷人、帮人致富,但范·伯格并不接受。他说,他承诺的是花钱,而不是送钱。他是言出必行、绝不马虎的人,因此,哪怕挪用这笔钱当中极小的一部分去做善事,都是行不通的;更何况,他打的这个赌并不算信口开河。首先,他还是有机会赢的;其次,即便是输了,把钱输掉也谈不上是糟蹋钱。

这真是个让人非常痛苦的难题,范·伯格看起来深受其扰。有几天他的神情非常焦虑。不过,他终于还是想出了保全自身荣誉的办法:他尽自己所能,把可以找到的厨师、乐师、喜剧演员,以及比喜剧演员还招人喜欢的某种职业的人,全找了过来。然后,他每天早上摆宴席,每天晚上开舞会、搞喜剧表演,还在住所门前办夺彩竿[1]的比赛。弄了这么多节目,要是一千四百个皮斯托尔还花不完,他就把不足的那一部分直接从窗户扔出去。他说,他本来就是在挥霍自己的钱,这么做并不违反原则。

范·伯格用这套办法让自己安了心,终于又像往日那样喜气洋洋了。他是个天生聪明的人,但他无休止地把自己的聪明用到各种邪门歪道上,别人对他这些乖张的举动多有指摘。于是,他常常使用精妙的言辞为自己辩护。久而久之,他一讲起话来就有种才华横溢的感觉,在我们这群个个都很矜持严肃的西班牙人当中,他显得卓尔不群。

和其他高等军官一样,范·伯格也经常来我家。不过,我不在家的时候他也会来。这个情况我是知道的,但我完全没有往坏处想。因为我觉得,我给了他超出常理的信任,他就会相信,他在我这里

---

[1] 译注:竿顶挂有奖品,能爬上竿取下奖品者得此奖。

是随时随刻受欢迎的朋友。凡事都是旁观者清,很快,传出了一些有损我名誉的流言。我本人还蒙在鼓里,但公爵有所耳闻。他非常清楚我对我妻子的感情有多深,作为朋友,他代我承受了很多本该由我承受的痛苦。

一天早上,公爵来见德·巴尔·弗洛里达夫人。他双膝跪地,求她不要忘记身为人妻的职责,不要再单独与范·伯格见面。我并不清楚他得到了怎样的回答,不过,范·伯格当天早上也赶了过来,或许他已经听说,公爵从道德层面对德·巴尔·弗洛里达夫人进行了一番劝勉。

公爵离开我家后又去了范·伯格的住所,想用同一种语气和他谈谈,把他带回到与美德更相符的正道上来。他没有找到范·伯格,于是吃完中饭又来了一趟。这一次,屋子里坐满了人。不过,范·伯格独自一人坐在一张赌桌边,正摇着骰盅里的骰子,显然是喝了点酒。我当时也在场,我正和年轻的丰塞卡聊天,他是公爵的妹夫,娶了公爵最疼爱的一个妹妹为妻。

公爵带着友善的神情走到范·伯格身边,笑着问他钱花得怎么样了。

范·伯格一脸恼怒地看着公爵,回答他道:"我花钱为的是招待朋友,那些爱管别人闲事的不老实的家伙,我是不欢迎的。"

范·伯格的这句话传进不止一个人的耳朵。

"您说的不老实的家伙,"公爵问道,"指的是我吗?范·伯格,请把这句话收回去。"

"我绝不收回!"范·伯格回答道。

公爵单膝跪地说道:"范·伯格,您曾经对我施以大恩,那为什么现在又要极力诋毁我的名誉？我求您改口承认我是个正人君子。"

但范·伯格还是回了句我说不清具体内容的咒骂。

公爵带着极为平静的神情站起身。他拔出系在腰间的一把匕首，插在桌子上，然后说道："这件事看来靠普通的决斗是没法了结的了。今天我们当中只能有一个人继续活下去，早了早好。我们分别掷一次骰子，谁掷的点数大，谁就拿起这把匕首，插入对方的心脏。"

"太妙了，"范·伯格说道，"这就是所谓的豪赌啊。我向上帝发誓，我如果赢了，是绝不会轻饶您的。"

周围的人看着这一幕，个个胆战心惊，动弹不得。

范·伯格先掷，他掷出的是两个二。"见鬼了！"他说道，"我这手气太差了。"

公爵拿起骰盅，掷出了一个六和一个五。他抓起匕首，刺进范·伯格的胸膛。接着，他像之前一样平静地转过身，对围观的众人说道："先生们，有劳诸位替我向这位年轻人尽上最后一份应尽之情吧，他的英雄气概本应让他拥有更好的命运。至于我，我要去见军事法庭的大法官，向他投案自首，接受王法的惩罚。"

您可以想象到，这件事会引起怎样的轩然大波。公爵不仅深受西班牙人爱戴，连我们的敌人葡萄牙人也敬重他。这件事传到里斯本后，城里的大主教——他同时兼任印度大主教——向大众澄清，公爵在科英布拉被捕的那间屋子属教会所有，他身在其中，就相当于进了庇护所，因此，公爵在那里一直保持着人身安全，世俗法庭暂时不能干预。教会的关心和优待让公爵深为感动，但他表示，并不愿享受这样的豁免。

407

总检察长开始调查公爵的案子,不过,卡斯蒂利亚议会[1]有意对此事进行干预。接着,一位当时在任、现在刚刚离职的阿拉贡大法官发表声明,他说公爵理应由他来审判裁决,因为公爵是阿拉贡人,又出生在古老的"天生贵族"[2]家庭。各界人士竞相发出声音,这只能说明,所有人都有心搭救公爵。

这场闹得沸沸扬扬的风波让我也身陷漩涡之中。我拼命地四处打听,想知道到底是什么原因引发了这场决斗。最后,有个好心人因为可怜我,将德·巴尔·弗洛里达夫人的举止说给我听了。

但不知什么缘故,我依然坚信,我妻子只可能爱我一个人。我用了几天时间才接受,事实或许与我想象的完全相反。

最后,又有几个细节为我提供了新的线索,让我对这一切恍然大悟。我于是来到德·巴尔·弗洛里达夫人的房间,对她说道:"夫人,我收到一封信,说您父亲身体有恙。我觉得,您回到他身边陪他,或许更为合适。此外,您的女儿也需要您照顾。我认为,从今往后,阿斯图里亚斯才是您应该生活的地方。"

德·巴尔·弗洛里达夫人垂下眼睛,接受了对她命运的判决。此后我们是怎么生活的,您都知道了。您母亲身上有千百种值得尊敬的优点,甚至也不乏美德,对此我一直给予公正的评价。

而公爵的审判走上了一条极为奇特的路径。瓦隆卫队的军官们把事情闹大了,他们觉得,这是关系到整个军队的大事,甚至是一件国事。他们说,要是西班牙的最高贵族可以随意谋杀佛兰德斯人,

---

[1] 译注:卡斯蒂利亚议会是1385年由卡斯蒂利亚国王胡安一世创立的政府第一机关。
[2] 译注:这里的"天生贵族"原文为"ricos hombres",意思是与国王封赏的贵族相对立。它是后来西班牙最高贵族的前身。

那他们就集体退役，不再效力。西班牙人的意见则截然相反，他们认为，这仅仅是一场决斗，并不是谋杀。双方争执不下，国王只好下令组建一个仲裁委员会，成员包括十二个西班牙人和十二个佛兰德斯人，委员会的职责并非审判公爵，而只是确定此事究竟属于决斗还是谋杀。

十二位西班牙军官率先投票，和大家预计的一样，他们一致认为是决斗。接下来是瓦隆卫队的军官登场，前十一位都表达了与西班牙军官相反的意见，而且拒绝陈述任何理由，现场顿时议论纷纷。

轮到第十二位瓦隆卫队的军官了，他最年轻，所以排在最后投票。不过，他凭借好几件事为自己赢得了声誉，已经是众所周知的人物了。他的名字叫堂胡安·范·沃登。

听到这里，我打断吉普赛人首领，对他说道："我很荣幸地说一句，我就是这位勇敢的范·沃登先生的儿子。我尊敬我的父亲，如果您接下来的故事里没有任何会冒犯我情感的地方，我将感到非常高兴。"

"先生，"吉普赛人首领说道，"我只会忠实地复述德·巴尔·弗洛里达侯爵对他女儿说的话。"

轮到堂胡安·范·沃登投票时，他陈述了自己的理由。他是这样说的："先生们，我认为，所谓决斗，它包含着两个因素：第一个因素是挑战，如果挑战不存在，狭路相逢也能说得过去；第二个因素是武器平等，假如武器不平等，机会平等也能说得过去。打比方说，一个持长枪的人要和一个拿手枪的人较量，一旦商议好谁先开枪这个问题,那么,只要前者在百步外开枪,后者在四步外开枪,机会就是平等的。在我们处理的这件事情上,同一件武器两个人都可以用。因此,它具有无以复加的平等性。此外,骰子也没有掺假,机会平等也同样存在。最后,在这件事情中,有清晰表达挑战、接受挑战的过程。

"我承认,确定这件事属于决斗会很令人痛心。决斗本是种最高贵的格斗方式,但在这件事情中掺杂了拼手气这种低级赌博的成分,这类消遣方式,一个荣誉在身的人,原本就必须以最谨慎的态度对待。不过,既然我已经阐述了我的原则,那我认为,我们处理的这件事毫无疑问是一场决斗,而不是谋杀。我是凭我的良心宣布这一结果的,但我的意见与我的十一位同胞形成对立,我不免深深感到痛心。我基本上可以确信,我将不幸地遭到他们的误解和仇视。我觉得,他们如果想对我表达自己的不满,我应该通情达理地接受。因此,我邀请他们给予我这份荣幸,十一位都与我较量一次吧。具体说来,可以早上六位,下午五位。"

他的结束语在会场里引起一片哗然。但既然沃登先生已经邀战,相关的人只得应战。午饭前的六位军官被他一一击败,他随后还与另五位共进午餐。午餐用罢,大家重新拿起武器:前三位先后被沃登先生刺伤,第十位伤到他的肩部,第十一位一剑刺穿他的身体,他倒在地上,人事不知。

后来,一位医术高明的外科大夫救了沃登先生的命,但仲裁委员会、审判这类事情已不必再提,国王赦免了西多尼亚公爵。

我们又打了一仗。我们还是荣誉当先、英勇作战,但心境再不似从前。我们第一次感受到什么叫作不幸。公爵始终非常敬重范·伯格的勇气和军事才能。为了让我家庭和睦，他一时冲动，酿成如此惨痛的后果，他深感自责。他认识到，光内心向善是不够的，还要学会如何行善。至于我，我就像这世上很多结了婚的男人一样，把痛苦深埋在心里，但这样反倒使痛苦更深、更强烈。我们也不再构思什么振兴西班牙的宏伟计划了。

各国国王订下和约，战事告终。公爵决定远游四方。我和他一起游历了意大利、法国和英国。回国后，我这位高贵的朋友进了卡斯蒂利亚议会，我也在这个机构里担任了报告员的职务。

经历这次远游，再加上几年光阴的磨炼，公爵的思想发生了巨大的变化。年轻时，他只信奉美德，并会为此做出不计后果的事情。到了此时，他已不再是这样的人了，谨慎成了他最看重的为人之道。大众的福利不再是他的空幻理想，但依然是他热衷的话题。他知道，这样的事不能一蹴而就，必须先从思想上进行培育，具体的手段和最终的目标暂时要做精心掩饰。他一直谨言慎行。在议会里，他看起来就像是个从没有自己想法的人，只会附和他人的意见。但实际上，是他暗中启发了其他所有人。公爵极力隐瞒自己的才华，不愿让任何人看出端倪，最终却产生了适得其反的效果。西班牙民众依然猜透了他的内心，对他倍加爱戴，但这不免引起朝中官员的嫉妒。公爵被调任为驻里斯本的大使。他很清楚，这是道无法拒绝的调令。他接受了这份差事，但提出条件，要让我升任国务秘书。我此后再也没见过他，但我们的心一直是紧紧相连的。

吉普赛人首领讲到此处，有人找他商议部落的公事。他出去后，贝拉斯克斯开口说道："我一直在专心听我们这位首领的故事，但专心也没有用，我已经完全听不懂了。我再也搞不清，究竟说的人是谁，听的人又是谁。目前应该是德·巴尔·弗洛里达侯爵向他女儿讲自己的故事，而他女儿又在向吉普赛人首领讲故事，最后，吉普赛人首领把故事转述给我们听。说实话，这实在是太乱了。我始终觉得，不论是小说还是其他体裁的作品，只要一层层地讲故事，就应该像研究年代学的论文那样，分成几栏来写。"

"的确，"利百加说道，"看第一栏，我们可以明白德·巴尔·弗洛里达夫人如何对丈夫不忠；再看第二栏，我们可以知道她丈夫此后发生了怎样的转变，这样就能让这个故事变得清清楚楚。"

"我想说的不是这个，"贝拉斯克斯接着说道，"比方说，故事里提到，西多尼亚公爵已经死了，那我就想研究一下他一生性格的变化。假如一开始就谈在葡萄牙爆发的那场战争，难道不是更恰当吗？另一栏里，我想看的是桑格雷·莫雷诺在医学研究上的发展轨迹。这样的话，后面再说解剖尸体的事，我就不会感到惊诧莫名。"

"您说得太对了，"利百加接着说道，"总是不断地制造惊奇，这把故事本身的趣味全弄没了，而且让人始终搞不清中心人物到底是谁。"

此时，我接话道："在葡萄牙那场战争爆发的时候，我父亲还非常年轻。因此，他在处理梅迪纳·西多尼亚公爵这件事中表现出来的谨慎持重，没有得到别人充分的欣赏。"

"您这么说让我想到一个问题，"利百加说道，"实际上，要是您父亲没有主动向那十一位军官邀战，他也免不了要和这帮人发生口舌之争，他有这样的先见之明很了不起。"

听到这话，我感到利百加仿佛是在嘲笑我们所有人。我发现，她的性格中有爱嘲讽别人的一面，而且，她的行为也有一些令人生疑的地方。我开始怀疑，她真实的故事或许和那个天上双子兄弟的故事迥然不同，我于是打算改天请她来讲讲看。不过，此时众人已经四散而去，各自回到休息的地方。

第二十九天

众人早早聚到一起。吉普赛人首领有了空闲，便如此这般地接着讲起他的故事：

吉普赛人首领的故事（续）

西多尼亚公爵夫人对我讲述了她父亲的故事后，连续几天没有出现，一直是拉希拉尔达带着篮子来看我。她还告诉我，多亏我舅公德亚底安修士弗莱·赫罗尼莫·桑特斯长期以来的信誉，我的事已得到妥善的处理。实际上，我偷偷逃走倒让大家更省心、更易操作。宗教裁判所的裁决中只提到我行为失当，给予我悔罪两年的惩罚，整个裁决书连我的全名都没有写，只用了姓名各部分的首字母指代。拉希拉尔达还转达了我姨妈达拉诺萨对我的交代，她让我在外面藏身两年，而她本人会回到马德里，处理农场的收入，也就是我父亲指定用来为我提供抚养费的那个农场。

我问拉希拉尔达，按她的看法，我是不是必须在目前这个地窖里熬上两年。她回答我说，这里或许是最安全的地方，此外，为了保障她本人的安全,她也希望我能接受谨慎的方案。

第二天来的是公爵夫人,这让我感到很高兴,因为与那位高傲的奶妈相比,我更喜欢的人是她。另外,我也很想知道她故事的后续发展。在我的询问下,她如此这般地说起来:

梅迪纳·西多尼亚公爵夫人的故事(续)

我很感激我父亲,他将自己一生中最重要的事都告诉了我,这是对我莫大的信任。接下来的那个星期五,我再次把西多尼亚公爵的信找出来交给他。他没有再为我读信,此后也不曾读过,但他还是常和我谈论他这位朋友,因为其他任何话题都不能激起他同样的兴趣。

过了段时间,有位女士来看我,她是一位军官的遗孀。同时,她还是公爵一位下属的女儿,她想申请使用西多尼亚公爵名下的一块封地。我还从未做过任何人的保护人,能有这样一个机会给别人担保,我感到非常开心。我写了份申请书,以非常清晰明确的方式,阐述这位遗孀应得的权益。我将文章交给我父亲看,他非常满意,然后便直接寄给公爵。我向您保证,他这么做完全在我预料之中。公爵很和善地满足了遗孀的要求,并给我写了一封信,对我在论述中体现出的理性大加夸奖,他认为,这远远超出了我这个年龄的平均水平。

我于是就有了一个直接和他通信的机会,而我的才智再一次得到夸奖。当然，我确实一直在花时间用心培养我的才智，拉希拉尔达也一直帮助我、启发我。在写这封信的时候，我已度过十五岁的生日，进入十六岁的花季。

有一天，我正待在我父亲的房间里，突然听到大街上传来一阵喧哗，仿佛是一群人围起来高声欢呼。我跑到窗边，只见人头攒动、热闹非凡。在人群的引导下，一辆镀金马车凯旋般地驶过来，我注意到，车上刻着和西多尼亚公爵封印一样的纹章。

一大群绅士、随从急忙簇拥上去，将车门打开，马车里走出来一位相貌堂堂、气宇不凡的男子。他穿着卡斯蒂利亚的传统服装，也就是被我们朝廷刚刚摒弃的旧样式：拉夫领、短外套、插着羽翎的帽子，而他胸前光芒四射的金羊毛图案镶钻胸饰，更是将这一身打扮烘托得异常华美。

我父亲也跑到窗前。"啊，是他，"他高声叫道，"我知道他一定会来的！"

我退回到自己的房间，直到第二天才与公爵见面。不过，此后我就每天都能遇见他，因为他几乎就没离开过我父亲的官邸。

但很快公爵又被紧急召走，去处理一桩非常重要的事务。阿拉贡地区新增多项赋税，引发了轩然大波，公爵要赶赴当地平定局面。在建章立制方面，阿拉贡王国有一些非常特殊的做法，其中就包括"天生贵族"。当年，这个称号对应的是卡斯蒂利亚王国的最高贵族。西多尼亚家族便是最古老的"天生贵族"之一，这样的身份足以保证公爵在家乡受到极高的礼遇。不过，他受人爱戴，主要靠的还是他自己的人格魅力。公爵到萨拉戈萨后不辱使命，成功地将朝廷的意愿与当地民众的利益调和一致。他有了自行挑选一份犒赏的权利，但他只要求休一段时间的假,想借此机会尽情领略祖国的大好河山。

公爵是个性格非常坦率的人,从不掩饰和我交谈时的愉快感受。当我父亲的其他朋友在定夺国事时,他几乎总是和我单独待在一起。西多尼亚向我坦承,他有嫉妒的毛病,偶尔还有暴力倾向。总的来说,他和我聊天时,几乎始终只有两个话题,要么是他自己,要么是我。当一个男人和一个女人总是这样对话时,两人的关系必然会很快变得越来越亲密。因此,有一天父亲把我叫到他的办公室,告诉我公爵向我求婚时,我并没有觉得这是件多么令人难以置信的奇事。

我回答他说,我不必再花时间思考了,因为公爵被他朋友的女儿深深吸引,这本是我早已预料到的事。至于涉及的一些问题,不论是他的性格,还是我们两人的年龄差距,我也早已经考虑清楚了。"但是,"我补充道,"西班牙的最高贵族都是内部通婚的,要是我和他成亲,别人会用怎样的眼光看待?说不定,其他的最高贵族今后在和公爵说话时,称呼语不会再用'你'。他们在表达不认同、不欢迎的态度时,往往以此作为第一步暗示。"

"这个意见,"我父亲对我说道,"我也向公爵提出了。他回答我说,只要您同意就没有问题,别的事由他来负责处理。"

西多尼亚此时就在离我们不远的地方。听完我们的对话,他带着羞涩的神情出现了,这与他平日里的英风豪气形成极大的反差。我被打动了,没有再让他多等,正式接受了他的求婚。我的表态让家里另两个人无比欢喜,我实在难以找到合适的言语,向您描述我父亲喜不自胜的样子,拉希拉尔达同样也笑逐颜开。

第二天,公爵将马德里所有的最高贵族邀请到一起共进午餐。

等所有人都进了他的官邸，他请众人落座，然后对他们这样说道："阿尔巴，我的话是说给你听的，我将你看作我们当中的第一号人物，这倒不是因为你的官邸比我的官邸豪华，而是向你姓氏代表的那位英雄表达敬重[1]。

"为了体现互尊互爱，我们有一种成见，只愿在最高贵族的家庭中选择妻室；当然，要是我们当中有谁因为贪恋钱财或者沉溺邪淫，才与社会地位较低的人结婚，那我肯定会蔑视他。

"我现在要向各位陈述的情况则完全不同。诸位都知道，按照阿斯图里亚斯人自己的说法，他们'和国王一样高贵，甚至还要胜过国王一点点'[2]。尽管这种说法有些夸张，但他们的贵族头衔大部分在摩尔人时代之前就已存在，因此，他们有权认为自己是欧洲最优秀的绅士，这一点毫无疑问。

"在莱昂诺尔·德·巴尔·弗洛里达的血脉里，流淌的是最纯正的阿斯图里亚斯人的血液！除此之外，她还有世间最稀有的种种美德。我认为，与她成亲，只会为一个西班牙最高贵族的家庭增添荣耀。我现在向大厅当中扔一只手套，如果哪位有不同的意见，请他将这只手套拾起来。"

"我会去拾的，"阿尔巴公爵说道，"不过拾完之后我是要还给你的，而且我要向你道贺，祝贺你拥有如此美妙的婚姻。"接着他拥抱了公爵，其他的最高贵族也纷纷效法。

这一幕场景是我父亲转述给我听的，但他说完后又略带忧伤地

---

[1] 原注：阿尔巴公爵（1507—1582），镇压尼德兰革命的低地国家总督。
[2] 原注：阿斯图里亚斯的贵族自称源自西哥特人，因此比哈布斯堡家族的历史要古老得多。

418

补充道:"我这位西多尼亚老兄就是这样说服他那帮贵族的,但我也有点担心,他的暴力倾向恐怕并没有改好,我亲爱的莱昂诺尔,将来你千万不要冒犯他。"

我之前坦白告诉过您,我是个在一定情况下会滋生骄傲情绪的人。不过,既然我已经见惯了我喜欢见的大场面、大人物,骄傲的情绪得到了满足,我也就很快摆脱了这个毛病。我成了西多尼亚公爵夫人,心中洋溢着种种最甜蜜的感受。私下里看,公爵是个比任何人都可爱的普通人,因为他也是最多情、最会爱别人的人。他善心常存,始终和气待人。他身上无时无刻不流露着一种亲切、温柔的感觉,他的容貌与神情深深映射出他那颗天使般的心灵。不过,他的五官偶尔也会因为某个严肃的举动扭曲变形,此时他的模样就非常可怕,会让我胆战心惊,不由自主地联想到他杀死范·伯格的那一幕场景。当然,能让西多尼亚生气的事是非常少的,而且,我的一颦一笑、一举手一抬足,都能让他感到极为快乐。他喜欢看我做事,听我说话,我只要稍有点想法,他就能清楚地猜到。我本以为,他这样爱我已做到极致,没想到,女儿出世后,他对我的爱进一步加深,这也让我们的生活变得无比幸福。

我产后下床的那一天,拉希拉尔达来找我。她对我说道:"我亲爱的莱昂诺尔,您现在已经为人妻、为人母了,您的生活也非常幸福。您已经不再需要我了,我现在要顺应天职的召唤,到美洲去。"

我想挽留她。

"不,"她对我说道,"我必须到那里去。"

几天后,她就出发了。随着她的离去,我此前拥有的幸福也戛然而止。我刚刚向您描述的这段似天堂般快乐的时光,它是不会长久的。因为很显然,人间的生活怎么能容得下这么多美好。今天我已经没有心力再向您描述我的不幸遭遇了。再见,年轻的朋友,明天我再来看您。

年轻的公爵夫人的故事让我非常感兴趣,我很想尽快听到后文,想弄清楚,为什么喜乐无边的生活最终会演变成不幸的惨剧。我在想这些事情的同时,脑海中又跳出拉希拉尔达的话,她说我未来两年都应该躲在地窖里,这完全不是我能接受的方案,我开始做起逃跑的打算。

公爵夫人给我带来了食物。她双眼通红,看起来应该哭了很久。但她对我说,她觉得自己已具备充足的心力,可以向我讲述她的不幸遭遇了,她于是如此这般地讲下去:

我对您说过,拉希拉尔达在我身边做的是陪媪的工作。为填补她的空缺,有人帮我请了一位名叫堂娜门西亚的女士。她三十岁了,但姿色不减,也受过一定的文化教育,因此,我们在举办社交活动时,偶尔也会带着她一起参加。在这些场合,她的行为举止有时会让外人猜想,她是否爱上了我的丈夫。听到这样的传言我只是一笑了之,并不放在心上。此外,门西亚也一直在努力讨我的欢心,特别是她还尽自己所能来了解我。她常常会和我谈一些略有些轻佻的话题,或是告诉我城里的一些奇闻怪事。好几次,我按捺不住地告诉她,不要再往下讲了。

我是自己给我女儿喂奶的。很幸运,在她断奶的时候,您接下来将要听到的这些可怕的事一件还没有发生。我遇到的第一桩不幸,是我父亲去世。他染上一种急性病,病情发作迅猛,他是在我的怀里断气的。临终前,他为我和我的丈夫献上祝福,完全没有料到后来发生在我们身上的种种悲剧。

不久之后,比斯开省发生叛乱。公爵受命平息事端,我一直陪他来到布尔戈斯。我们在西班牙各省都有土地,在几乎每座城市都有房产。不过,在布尔戈斯,西多尼亚家族只拥有一幢位于城区一法里外的别墅,也就是您现在所处的地方。公爵把我和我所有的随从都安置在这里,然后独自奔赴目的地。

有一天,我从外面回来,刚进家门,就听到院子里有异常的动静。有人向我报告,他们抓住一个小偷,而且用石头把他给砸昏了。不过,这小偷是个长得非常帅气、难得一见的美男子。话音未落,另几个家仆已经将被抓的人带到我的面前,我一眼认出,此人正是埃莫西多。

"哦,天啊!"我叫起来,"他不是小偷,他是在我外祖父家里长大的一个小伙子,是为阿斯托尔加家族效力过的仆人。"

随后,我交代我的管家,请他将这个小伙子带回自己的房间,提供最好的照料。我甚至觉得,我把他是拉希拉尔达儿子的身份都明说了出来。不过,究竟有没有说,我现在已经记不太清楚了。

第二天,堂娜门西亚告诉我,这个小伙子发了高烧,不断地说胡话。在胡言乱语中,他提了很多次我的名字,还带着浓情厚谊说了很多事情。

我警告门西亚,要是她再敢跟我说这种话,我就把她赶出家门。

"那我们走着瞧呗。"她回答我说。我命她从此在我眼前消失。

第二天,她先是请人带话,求我饶恕她,随后又自己跑到我面前下跪。我原谅了她。

过了一个星期，门西亚搀着埃莫西多来见我。我当时正独自在房间里，我看到，埃莫西多显得非常憔悴、非常虚弱。"我奉您的命过来了。"他用微弱的声音说道。

我惊讶地看了一眼门西亚，但我不想让拉希拉尔达的儿子伤心，便让他坐到离我几步远的一把椅子上。"我亲爱的埃莫西多，"我对他说道，"自我们分别后，您母亲从未在我面前提起过您的名字，我想知道，这些年来您都有过什么样的经历。"

埃莫西多气弱声嘶地开了口，他是如此这般地讲述自己的故事的：

埃莫西多·希拉尔多的故事

我们的船扬帆起航了，再想回到故土的海岸，已是绝无可能的幻梦。此时，我想到我母亲将我赶走时的模样，即便不能说是残忍，也至少可以说是太过严厉，我完全不能理解其中的缘由。过去我被明确告知，我是您的仆人，而我也竭尽所能地为您热忱效劳。我从未做过任何不顺从您的事。所以我一直在想，为什么我会像犯了弥天大错一样被逐出您的家门呢？想得越多，我就越糊涂。

在海上的第五天，我们误闯进堂费尔南多·阿鲁德斯的舰队当中。对方冲我们高喊，让我们绕到旗舰后面去。我顺着旗舰那挂满各色旗帜的镀金栏杆向上望去，只见堂费尔南多衣着华丽，身上挂满勋章，他手下的那帮军官正一脸崇敬地簇拥在他周围。他举着只扬声器，问我们在海上这段时间都遇到过什么。问了几个问题后，他命我们给他们开路。我们的船从旗舰边驶过时，船长对我说道："这就是侯爵的气派啊。不过，他刚出道时，也就和那个打扫船舱的见习水手一样。"

埃莫西多说到此处，颇为尴尬地看了好几眼门西亚。我想我理解了他的意思，他是担心有些话不方便当着她的面说，我于是让门西亚暂时离开。我这么做，只是考虑到我和拉希拉尔达之间的友情，我压根儿没有想过，这一举动竟会遭人猜疑。门西亚离开后，埃莫西多便如此这般地接着说起来：

夫人，我们出世后，吃的第一份食物来源是相同的。我觉得，或许是出于这个原因，我对您产生了一种同理心式的心理反应。所有事情，我都会为您着想，或是只通过您的角度考虑问题。总之，每当这种反应出现时，它都必定与您相关。船长告诉我，堂费尔南多是从见习水手变成侯爵的。我想起来，您就是侯爵的女儿。那么，要是有朝一日我自己也能变成侯爵，那必定会是件再好不过的事了，我便追问堂费尔南多是怎么做到这一点的。船长回答说，他是凭借一次次建功立业，一步步从底层爬上来的。听完此话，我当即决定，我要做个水手，然后努力在工作中锻炼自己，争取早日实现抱负。船长原本是受托照顾我的，对我的想法自然极力反对。我不顾他的阻挠，坚持己见，等我们抵达韦拉克鲁斯的时候，我已成了一个相当优秀的海员。

我父亲的房子在海边。我们划着小艇去找他。我父亲迎接我的时候,身边围着一群混血少女,他让我一个接一个地和她们拥抱。她们一边跳舞,一边用各种方式挑逗我。这一晚,我是在无休无止的疯狂嬉闹中度过的。

第二天,韦拉克鲁斯的市长派人告诉我父亲,他现在的这种房子是不能留儿子长住的,他必须把我送到德亚底安修会的学校读书。我父亲尽管深感遗憾,但还是照做了。

在学校里,给我们上课的那位神父为了激励我们学习,常和我们谈起时任第二国务秘书的坎波斯·萨莱斯侯爵。起初,他也只是个穷学生,但凭着专心学习,最终飞黄腾达。我发现了一条能成为侯爵的新途径,便怀着极大的热情学习了两年。

韦拉克鲁斯的市长换了人,新上任的这一位处事原则不再那么古板。我父亲觉得可以试试运气,便将我接回家中。

我重新被那群嬉闹的混血少女包围,我父亲还鼓励她们用无数种方式来纠缠我。这样的胡闹行为我是断不能欣赏的。不过,在勉力应付的同时,我也一下子开了窍。此前无数不能理解的事,我全都懂了。最终,我也明白了自己为何会被逐出阿斯托尔加[1],来到如此遥远的地方。

于是,我的内心也开始产生变化,而这称得上是一种极为不幸的变化。一些新的情感在我心中萌生、发展,它们唤醒我的记忆,让我回想起儿时的游戏,让我意识到我失去的幸福有多珍贵。我仿佛又看到阿斯托尔加那一片片我曾与您追逐奔跑的花园,而那些尽

---

1 译注:指阿斯托尔加侯爵的封地。

显您善良品质的往事也依稀在我眼前重现。我薄弱的理智同时遭遇太多敌人的攻击，已无力支撑下去，而我的身体也出现了问题。医生们说，我染上了慢性发热的病。我本人虽然并不觉得自己是个病人，但我的感觉器官开始严重失调，我常会看到一些并不在我眼前的东西，一些根本不存在的东西。夫人，在我神志迷乱的想象中，最常出现的是您的幻影，但那并不是您如今的模样，基本上还是保持着我和您分别时您的样子。夜里，我总会在惊颤中醒来，您仿佛穿透了夜幕，光芒四射、神采奕奕地出现在我面前。就连我出门的时候，田野里的声音也似乎是在一遍遍呼唤您的名字。

有时候，我甚至觉得您就在我的眼前穿越原野。我仰望天空，想问上苍，究竟我的痛苦到何时才是尽头，但突然间我又在云端看到您的脸庞。偶然间，我发现有一座教堂能缓解我的痛苦，特别是在那里祈祷时，我能感觉轻松不少。最后，我把白天所有的时间都花在这虔诚的庇护所里。

有一天，一位通过不断悔罪赎清往日过失的教士走到我身边，对我说道："我的孩子，你的灵魂沉浸在一种无边无际的深爱中，但这份爱并不适合此世。来我的房间吧，我会为你指引通往天国的路。"

我跟着他去了。我看到，他的房间里有各种苦修时穿的粗毛衣服，还有其他的一些苦修辅助工具，但这些物品并没有让我感到多么可怕。与他的修行之苦相比，我承受的痛苦固然形式有别，但同样深重。这位教士给我读了几段《圣徒传》。在他的许可下，我把书借回家，然后花了一夜时间读完。我的脑子里充满各种新的理念。在梦中，我看到天国之门为我敞开，我还看到一些天使，他们真的都和您有几分相似之处。

您和梅迪纳·西多尼亚公爵结婚后，消息也传到韦拉克鲁斯。当时，我已有一个酝酿很久的想法：我要全心投入到宗教生活中去。日夜为您祈祷，为您求得此世的幸福、彼世的救赎，将成为我的快乐之源。我那虔诚的老师对我说，美洲的修道院很不严谨，他建议我去马德里的一家修道院做初学修士。

我把我的决定告诉了父亲。我虔诚信教，原本就是让他一直很不开心的事，但他也不敢直截了当地反驳我，于是，他请我少安勿躁，至少等我母亲来之后再做决定，因为不久她就会与我们团聚。我对他说，我已不再有地上的父母，天上才是我的家。听了这话，他一言不发。我接着去找了市长，他对我的计划大加夸奖，然后给我安排了第一班船出发。在毕尔巴鄂上岸后，我听说我母亲就是从这里坐船去的美洲。我之前已对您说过，教会介绍我去的地方是马德里，于是，我就踏上通往那里的路。经过布尔戈斯时，我得知您住在这座城市附近。我产生了一个心愿，我希望能在放弃世俗生活前，再与您见上一面。我觉得，万一真能见到您，未来在为您求救赎时，我会更加虔诚、更加投入。

就这样，我走上通往您别墅的路。看到第一个院子，我就走进来。我本指望能见到某位相识的老仆人，也就是您在阿斯托尔加的时候就服侍您的人，因为我知道，他们后来还一直跟着您。我希望求这个熟人帮忙，让他给我找个地方，让我在您上马车的时候能远远看到您，因为我只想看到您，而不想在您面前出现。

但来来往往的都是我不认识的人，我开始感到，自己站在那里非常尴尬。我看到一扇敞开的门，随后就走进一个空无一人的房间。

接着,我误以为见到了一个我认识的人。我走出房间找他,结果被人用石头砸倒在地……夫人,我能看出来,我的故事让您内心产生了强烈的震动……

"我可以向您保证,"公爵夫人对我说道,"埃莫西多这番虔诚的胡言乱语只引发了我的怜悯之情。"随后,她又如此这般地说下去:

不过,在他提到阿斯托尔加的花园、提到我们儿时游戏的时候,往日的幸福回忆,眼下的幸福感受,还有突如其来的对未来的担心,交织成一种我说不清道不明的、混杂着甜蜜和忧愁的情感,涌上我的心头,压得我透不过气来。我感到,泪水浸湿了我的眼眶。

埃莫西多站起身,我以为他是要吻我裙子的下摆,但他弯起双膝,头垂下来抵住我的头,然后张开双臂,非常用力地将我抱在怀里。我扭开头,目光恰好停留在一面镜子上,镜子里出现了门西亚和公爵的身影,但公爵满脸愤怒的表情令人感到极度恐怖,他那扭曲的五官也让人几乎无法认出他来。

不寒而栗的感觉让我的感官失灵了。我抬起眼睛又看了一遍镜子,但这一次什么也没看到。我从埃莫西多的臂膀中挣脱出来。我喊人过来,门西亚应声而入。我命她照顾好这位再度陷入昏厥的小伙子,然后转身走进一间内室。此前我看到的那幅幻象让我极度不安,但旁人向我保证,公爵肯定没有回来。

第二天,我派人去打听埃莫西多的身体情况,收到的回话是他已经不在我家了。

三天后,我正准备上床睡觉,门西亚给我带来一封公爵的信。

427

信中只有这样一行字：

> 堂娜门西亚让您做什么您就做什么。这是我作为您的丈夫也是您的法官对您的命令。

门西亚用一块手帕蒙住我的双眼。接着，我感觉到有人抓住我的胳膊，我随后就被带到现在这间地下室里。

我听到铁链的声音。我取下蒙在脸上的布，看见埃莫西多，铁链套住他的脖子，将他拴在您现在靠着的这根柱子上。他两眼无神，面色极度苍白。

"是您吗？"他气息奄奄地问我，"我现在和您说话非常吃力，他们不给我水喝，我的舌头一直紧贴着上腭。看来，我不会再受多久的磨难了，要是去了天国，我会在那里说您的故事。"

就在这时，传来一声枪响，一颗子弹从您现在看到的这面墙的缝隙里射过来，击中埃莫西多的一只胳膊。他高喊一声："我的上帝啊，请原谅杀害我的这些刽子手吧！"

第二声枪响又从同一个地方传过来，但我不知道子弹射到了哪里，因为我已经完全失去知觉。

等我清醒后，我看到我被女仆簇拥在当中。看起来，她们什么情况也不知道，她们只是对我说，门西亚已经离开我的家。第二天早上，我丈夫身边的一位武侍带来口信，说我丈夫正赴法国履行一项机密任务，要到几个月后才能回来。我就这样过起形单影只的生活，但也重新拾起勇气。上帝是我们的最高审判者，我相信他会对我的事做出公允的判决。我把自己的所有精力都用来照顾女儿。

三个月后,拉希拉尔达回来了,她是从美洲回来的。一到西班牙,她先去了一趟马德里,到埃莫西多本应该做见习修士的修道院找他。她没有找到儿子,便去了毕尔巴鄂。她四处打听,顺着儿子当时走过的路,一路来到布尔戈斯。我担心,我要是告诉她真相,她会伤心过度,便只含含糊糊地向她透露了部分情况。但她还是想尽办法,最终迫使我将所有事实和盘托出。

您知道,这个女人性格刚强,脾气也很火暴。当时,她满腔怒火、愤恨不已,所有能让人撕心裂肺的可怕情绪,她全感受了一遍。我自己也难受到极点,实在无力帮她减轻痛苦。

有一天,拉希拉尔达把她的房间重新收拾了一遍,然后发现地毯下藏着个暗门。就这样,她一直走进地窖。在地窖里,她很快认出拴过她儿子的那根柱子,柱子上还残留着血迹。她近乎疯狂地跑来见我。在那以后,她常常将自己的房间反锁起来,一个人闷着不出门。不过,我认为,每到此时,她其实都是在这悲凉的地下室里,静心思索复仇的计划。

一个月后,有人向我禀告,公爵回来了,我带着种平静的姿态等候他的到来。他进屋时神态也很平和,或者说是故作镇定。他抱着我的女儿爱抚了一番,随后命我落座,自己则跟着坐到我的身边。

"夫人,"他对我说道,"今后我究竟该用什么方式与您相处,我考虑了很久。我想我是不会做出任何改变的。您照旧在我的房子里住,别人照旧毕恭毕敬地服侍您,表面上,我也会照旧从各方面向您表达尊重。但这一切只能维持到您女儿年满十六岁的时候……"

"等我女儿年满十六岁后,我会受到怎样的对待?"我问公爵。

就在此时,拉希拉尔达端来一杯巧克力,我顿时意识到,巧克力里面可能下了毒。但公爵很快就开口回答我说:"等您女儿年满十六岁,我会对她说:'我的女儿,您的模样让我想起一个女人,我现在要对您讲讲她的故事。她有着美丽的外貌,她的心灵看起来比她的外貌更美,但她的种种美德都是伪装出来的。因为非常会做表面文章,她成功地攀上高枝,办了一场全西班牙最了不起的婚事。有一次,她的丈夫被迫与她分别几个星期。没过多久,她就从她老家招来一个小可怜鬼。他们回忆从前相爱的场景,还紧紧拥抱在一起。我的女儿,这个虚伪可憎的女人,她就在这里,她就是您的母亲。'说完这些话,我就会将您赶出我的世界,到那个时候,您可以去您母亲的坟头哭泣,一个与您不相上下的母亲。"

　　世事的不公早已使我的内心变得坚硬如铁,因此,听到这种可怕的言辞,我的心里并没有产生太大波动。我将女儿抱进怀中,然后走进一间内室。

　　不幸的是,我把巧克力的事给忘了。根据我后来了解到的情况,公爵当时差不多已两天没有吃过东西。看到眼前这杯巧克力,他就端起来大口喝光,一滴不剩。他随后进了自己的房间。过了半小时,他命人去找桑格雷·莫雷诺医生,而且,除医生外,他不允许任何人进他的房间。

　　派的人到了医生家,但医生去一个乡间小屋做解剖了。等再追过去时,医生又离开了。派的人跑遍了他平日出没的场所,最后,前后花了三个小时,医生才终于来看病,但公爵此时已经断气。

　　桑格雷·莫雷诺非常细致地查验了遗体,重点看的是指甲、眼睛和舌头。随后,他派人从自己家中带来几个小瓶子,做了些我完全弄不清是怎么回事的实验。在这之后,他来到我的房间,对我说道:"夫人,我可以肯定地告诉您,断送公爵性命的,是一种很精巧、很可恶的混合物,某类麻醉性树脂与某类腐蚀性金属掺在一起的混合物。我没有调查命案的职责,揭露罪行这样的事,还是由彼世的最高审判者来做吧。我会在公开声明中宣布,公爵是死于中风。"

随后又进来一帮医生,他们都同意桑格雷·莫雷诺的看法。

等他们走后,我把拉希拉尔达叫进来,将桑格雷·莫雷诺的话复述给她听。她那窘迫不安的样子出卖了她的内心。"我的丈夫是您毒死的,"我对她说道,"您是基督徒,一个基督徒怎么可以让自己犯下这样的罪行?"

"我是基督徒,"她对我说道,"但我也曾经是个母亲,要是有人无情地杀害了您的孩子,您或许会变得比发怒的母狮更残忍。"

我无言以对。但我还是提醒她,她这样有可能连我一起毒死。

"不会的,"她回答我说,"我眼睛一直紧贴在锁眼上,您只要一碰那个杯子,我就会马上冲进来。"

接着,来了群嘉布遣会的修士,他们找我要公爵的遗体,想用防腐香料将遗体长久保存起来。他们还出示了大主教的一道谕令,让人无从拒绝。

拉希拉尔达在此之前一直勇气过人,听到这条消息后,她突然变得忐忑不安、提心吊胆。她害怕修士们在用防腐香料处理尸体的时候,会发现下毒的痕迹。这个想法一直困扰着她,我甚至开始担心,她是不是被这事弄得有点神志不清了。但在她的一再坚持下,我还是被迫实施了抢尸体的方案,于是,我们有幸迎来了您这位客人。公墓前我那番浮夸的言辞是故意用来蒙骗我的侍从的,当我们发现运回来的不是遗体而是您之后，为了继续蒙骗他们，我们只得弄了个假人来替代您。后来，安葬在花园小教堂里的，便是这个假人。

尽管整件事的处理一直非常谨慎，但拉希拉尔达始终无法安心。她对我说，她有回美洲的打算，她还想将您一直羁留在此，直到她最终确定对策。至于我，我是一点儿也不担心，万一有人审问我，我就把真相全说出来，当然，事先我会通知拉希拉尔达。公爵对我如此不公、如此残忍，我和他已经恩断情绝，即便他还活着，我也肯定无法再与他同居共寝。我已将所有的幸福寄托在我女儿身上，而且我也不必为她的命运担忧。她的名下聚集了二十个与最高贵族相关的头衔，将来到任何一个人家，都不会被亏待的。

我年轻的朋友，您想了解的情况，我到这里已经全说完了。拉希拉尔达并不知道我把我们的故事都说给您听了，她认为，让您知道一半都不应该。不过，这地窖让人有点透不过气来，我要上去呼吸一下更自由的空气。

公爵夫人说完她的辛酸故事，便像我刚才描述的那样，一边抱怨呼吸不畅，一边走出了地窖。她离开后，我仔细看了看身边的情况，我发现，这个地窖确实有种让人压抑得透不过气来的感觉。那位年轻受难者的坟墓，还有曾经将他拴起来的柱子，在我眼中，此刻都变得非常令人伤怀。我之前在这座监牢里心情愉快，只是因为我害怕那个德亚底安修士的仲裁委员会，但现在我的事情已经有了定论，我也不再把这里当作乐土。拉希拉尔达说还要再关我两年，她那笃定的语气让我想起来不禁哑然失笑。因为这两位女士干狱卒的活儿实在是太差劲了，在大部分时间里，她们都放任地窖的门敞开着。或许她们以为，我面前的这道栅栏是一种无法逾越的障碍。可是，我不但想好了逃跑的计划，连未来两年悔罪期里我要做的事都一并筹划好了。接下来，我就简要地讲一讲我在这方面的想法。

我在德亚底安修士的学校里上课的时候，常看到教堂门外的几个小乞丐，我觉得他们一直在享受生活的幸福，这不免多次引发我的思考。我觉得，与我本人相比，他们的人生似乎更令人羡慕。的确，我成日里埋头学习，却从不能令我的那些老师完全满意；相反，这些开心的穷小子们却可以随意地在大街上跑来跑去，或是拿栗子当筹码，在大理石台阶上尽情玩扑克。他们嬉戏打闹，没人会上前将他们分开；他们弄得满身污垢，也没人强迫他们把身子洗干净；他们可以在大街上随便脱衣服，也可以在小溪边洗自己的衬衫。如此逍遥、如此惬意的度日方式，除了他们，还能从别人身上找到吗？

过去我对这些小乞丐幸福人生的思索，在地窖里又重新浮上心头。我产生了一个并非毫无道理的想法：在整个悔罪期当中，我的最佳选择应该是过乞丐的生活。当然，我是实实在在受过教育的人，我说的话自然要比我未来的伙伴们更文雅，这会暴露我的实际身份；不过，我希望自己可以很快学会他们的语气，学会他们的言谈举止，等两年期满后再重新回归本色。这尽管是个非常古怪的决定，但在我当时的处境下，也确确实实是我能找到的最佳方案。

一想好这件事，我就折断身上藏的那把小刀的刀刃，选定栅栏上的一根栏杆，动手干起来。我估算，把它弄开要五天的时间。凿出来的石屑我都小心翼翼地拢到一起，然后重新堆在栏杆旁边，这

433

样别人就不会看出来。

完成这项工作的那一天,给我带篮子来的人是拉希拉尔达。我问她,在自己家地窖里养个小伙子,这样的事她怕不怕别人知道。

"没什么好怕的,"她回答我说,"您当初进地窖的那道机关是在一个独立的小屋里的。后来,我借口说那屋子会让公爵夫人想起一些悲伤的往事,让人把门给封死了。我们现在进来的这条通道与我睡觉的房间相连。入口盖着块地毯。"

"但愿入口那里安了扇牢固的铁门,应该是这样吧?"我接着问她。

"没有,"她回答我说,"门相当轻便,但非常隐蔽。再说,我睡觉的房间是一直紧闭房门的。在这幢房子里,有好几个这样的地窖。我觉得,这房子以前住的肯定也是些嫉妒心极重的人,而且当年这里肯定发生过很多罪行。"说完这些话,拉希拉尔达看起来想就此离去。

"为什么您现在就急着要走?"我问她。

"因为公爵夫人赶着出门。"她回答我说,"今天,她的第一个六周服丧期已满,她想出去散散步。"

我想了解的那些重点情况,我现在已经完全掌握了,我于是也不再挽留拉希拉尔达,而她出去的时候依然没有关地窖的门。我匆忙给公爵夫人写了一封同时表达道歉和感谢的信,然后将信放在栅栏上面。接着,我挪开栏杆,走进两位女士平常待的地窖另一侧。随后,我顺着一条昏暗的通道往上走,最终走到一扇门前,我发现门是关着的。此时,我听到一辆马车和几匹马的声音,我确定,公爵夫人已经出了门,而奶妈也肯定不在自己的房间里。

眼前的这扇门我必须撞开。不过，这是扇已经半朽了的门，我刚用力撞几下，门就开了。于是，我走进奶妈的房间。我知道，她肯定仔细地给房门上了锁，因此我觉得，我在房间里稍做停留，肯定不会有任何问题。

我对着面镜子照了照自己。我发现，我的形象与我想过的生活不太相符。我从壁炉里取了块炭，将我脸上那些红润的光泽全部涂上盖上。接着，我又把自己的衬衣、外衣各剪开几个口子。随后，我走到窗户边往外看，外面是个小花园，看得出，这里以前是房子主人非常喜欢的场所，但此时此刻似乎已完全成了废园。我打开窗户朝四处望了望，竟然再没看到第二扇朝花园开的窗户。窗户本身看起来也并不太高，我完全可以直接跳进花园，但我还是决定借拉希拉尔达的床单用一用。翻出窗后，我抓住一棵凋枯的千金榆的主枝，爬上墙头，再从墙头奋力一跃，跳入房子外的田地里。呼吸到田野的空气让我欣喜、畅快；更让我欣喜、畅快的是，我终于摆脱了德亚底安修士，摆脱了宗教裁判所的法官，也摆脱了这里那里的公爵夫人，还有她们的奶妈。

我远远地看到布尔戈斯城，但走上了反方向的一条路。我来到一家破破烂烂的小客栈。我身上有一块用纸精心包起来的价值六个苏的硬币，我掏出来给老板娘看，并对她说，我想把这些钱全花在她这里。她大笑起来，然后递给我一些面包和洋葱当食物，这些东西的价格，是我那点钱的两倍。其实我身上别的地方还藏着点钱，但我不敢拿出来。吃完饭，我睡在马厩里。像我这样的十六岁孩子，一躺下自然就睡得非常香甜。

就这样，我一路来到马德里，沿途并没有什么值得向各位描述的事。我是在太阳落山时进城的。我顺利地回到我姨妈的家，诸位自然可以想象得到，她见到我时有多么开心。但我只待了一小会儿，因为我害怕时间长了会暴露行迹。我走遍整个马德里城，最后来到普拉多大道。我席地而卧，很快就进入梦乡。

天一亮，我就开始在一条条大街、一处处广场上跑。我想挑几个地方作为我从事自己职业的主要场所。在经过托莱多大街时，我遇到一个女仆打扮的人，手里拿着瓶墨。我问她是不是刚从阿瓦多罗大人家里出来。

"不，"她回答我说，"我刚从大墨坛费利佩家里出来。"我于是明白，我父亲还在干以前的那些事，别人也还是用以前的外号称呼他。

不过，我还是要考虑找个地方当固定据点。我看到，在圣洛克教堂的大门下，有几个和我年纪差不多的乞丐，从他们的面相看，我应该能受到他们的欢迎。我于是来到他们面前，对他们说，我是从外省来马德里的，希望能在这里找到好心人投靠；此外，我现在身上还有一点里亚尔，要是他们讨来的钱都存在某个公共钱箱里，我愿意把我的这些钱也放进去。

这个开场白确实给他们留下了好印象。他们对我说，确实有这样一个公共钱箱，保管人是街尾一个卖栗子的女人。他们把我带过去，我们随后就回到教堂大门下，玩起塔罗牌。

玩牌是需要相当的投入度的。就在我们玩得热火朝天的时候，一个衣着讲究的男子突然出现。他似乎在观察我们，一会儿打量这个，一会儿又端详那个。我们被他看得很难受，刚想骂他的时候，他抢先一步把我叫出来，并命我跟他走。他将我带到一条偏僻的街道，然后对我说道："我的孩子，我挑你出来，是因为你的样子一看就比你那些同伴聪明，而我委托你办的这件事，确实要有点脑子才能做得了。下面我就来跟你说说是怎么回事。教堂边等会儿会有很多女人经过，她们全都身穿丝绒黑裙，头戴镶有花边的黑纱，脸被盖得严严实实，根本认不出谁是谁。不过，幸好丝绒和花边的图案是各不相同的，假如想从这群陌生美女中选一两位跟踪，探明她们的去向，还是有办法的。我是这当中一位年轻女子深爱的情侣，但我觉得她对我的感情似乎不够坚定，我打算把这件事查清楚。这里是两种丝绒和两种花边的样式。要是有两个女人的打扮与此相符，那你就注意观察，她们是进了教堂，还是去了教堂对面那幢属于托莱多骑士的房子，接着你就到街尾卖饮料的小贩那里，向我说明情况。这里是一个金币，假如顺利完成任务，你还会再得到一个金币。等会儿见。"

这个男人和我说话的时候，我非常细致地对他进行了一番观察，我觉得，他完全不像他人情侣的样子，倒更像是他所说的那个女人的丈夫。我不禁联想到西多尼亚公爵盛怒下的行为，我担心，我要是完全照他的话去做，可能会犯下罪过，为了夫妻间那点见不得光的猜忌，毁掉一段美好的爱情。因此，我决定只照他的话做一半，也就是说，要是两个女人进的是教堂，我就如实向那个多疑的男人禀告；但要是她们去的是别的地方，我就会反过来提醒她们，让她们知道自己正面临的危险。我回到同伴那里，让他们继续玩牌，不必管我。接着，我在他们身后躺下，并把那两小片丝绒和两小块花边铺在面前。

很快，一大群女人两两结队地走了过来。最后，那两个身上丝

437

绒、花边和我面前样品一致的女人也终于到了。这两个女人做出一副要进教堂的模样，但刚到大门边就停住了。她们四下张望，确定没有人尾随后，便以最快的速度穿过大街，朝对面的房子走去。

故事说到这里，有人来找吉普赛人首领。等他走开后，贝拉斯克斯开口说道："说实话，我真有点害怕听接下来的这个故事。吉普赛人首领讲的所有故事，一开始总是显得非常简单，大家都觉得，很快就能听到结尾，但实际情况根本不是这样。第一个故事会套着第二个故事，第二个故事又会再套第三个。仿佛最初的故事可以一分再分，直至成为一个序列，某些情况下甚至会成为一个无穷序列。其实，要是像给序列求和那样，将所有故事综合在一起说，还是有办法的；否则，像现在这样，让我来概括吉普赛人首领所说的一切，我只能理出一团乱麻。"

"我觉得，"利百加说道，"您听的时候还是很有兴致的啊，因为我感觉，您心里面还是想去马德里的，您并没有和我们分别的打算，这让我很高兴。"

"女士，"贝拉斯克斯回答道，"我有两个理由继续留在这里。第一，我已经开始在做一项重要的运算，我想把这个工作做完；第二，和诸位在一起的时候我享受到少有的乐趣，因为以往我还从来没有遇到过您这样的女子，换句话说，您是唯一让我觉得言谈有趣的女子。"

"公爵先生，"犹太女子接着说道，"我希望这第二条理由有朝一日会变成首要的理由。"

"女士，"贝拉斯克斯接着说道，"我觉得，我是把您放在几何学之前还是之后考虑，并没那么重要。真正让我感到困扰的是，我还不知道您的名字，因此，在我想到您的时候，我只能用 x、y、z 来指代您。在代数中，我们会用这样的符号来指代未知数。"

"我的名字是个秘密，"犹太女子说道，"不过，只要您那心神恍惚的习惯不让我担心，我会很乐意向您透露这个秘密，我相信您是个诚实正直的人。"

"哦，完全不必担心！"贝拉斯克斯接着说道，"在运算中，我常会用一些符号来进行指代，这让我形成了一种习惯，对同一种对象，我肯定会一成不变地用同一种方式称呼。一旦我自己给您取了个固定的称谓，那此后您再想让我换种方式称呼您，就没有可能了。"

"好吧，"利百加说道，"请叫我劳拉·德·乌泽达。"

"太好了，"贝拉斯克斯说道，"美丽的劳拉，智慧的劳拉，可爱的劳拉，这些都可以用来称呼您，因为如果把您看成一个数值，那所有这些说法都属于您这个数值的因数。"

他们的话说到这儿，我突然想起我之前对那帮强盗许下的承诺，我要离开营地，一路向西，到四百步外的地方去找他们。我拿起剑，走了差不多这段距离后，一声枪响传入我的耳朵。我顺着枪声进入树林，去找枪响的源头，接着便看到上次遇见的那帮人。他们的首领对我说道："骑士大人，您好！看得出来，您是个守信用的人，不必怀疑，您一定也是个有勇气的人。您从这儿往那边看，那座石山里有个秘道入口，它会带着您走进地下，有人正焦急地在下面等您。那些关注您的人对您的信任，希望您千万不要辜负！"

我进入地下通道，那个指引我的人并没有跟我一起来。我刚在地下走了几步，就听见身后一声巨响，几块巨大的岩石不知道通过什么机械装置落下来，牢牢地堵住了我刚才进来的那扇门。透过石山的缝隙，一缕阳光照进来，我看到身前有一条长长的小径，但路的尽头一片漆黑。我沿着小径往前走，虽然光线越来越昏暗，但并没有什么阻碍，因为地面非常平坦。虽然有坡度，但只是极缓的缓坡，因此我走得毫不费力。不过，要是换成其他人，我觉得，心生恐惧的恐怕不止一两位吧，毕竟这是在地底下没有退路地不断深入。我走了有足足两个小时。一路上，我一只手拿着剑，另一只手伸向前方，以防止意外的碰撞。

突然，我感到身边有响动，周围的空气不再像之前那样安静。接着，我听到一个非常柔美的声音问道："这块地盘只属于守护地下财宝的地精，这个凡人怎么敢闯进来？"

另一个同样非常柔美的声音回答道："或许他要来抢我们的财宝。"

第一个声音接着说道："要是他放下剑，我们就靠近他。"

我于是接过话说道："可爱的地精们，我想我听到了你们的说话声，我是不会放下剑的，但我会把剑尖插在地上。你们尽管靠近我好了，不会有危险的。"

两位地下的神灵于是将我拥入怀中，但在身体接触的这一刹那，我产生一种可靠的感觉，我意识到，我是和我的两位表妹在一起。突然，一道强光照在我们身上，我定睛再看，我果然没有猜错。两位表妹将我带入一个洞穴，洞里有沙发床，地上铺满闪亮的矿物，反射出的光芒带着蛋白石的各种色彩。

"怎么样，"艾米娜说道，"重新见到我们，有没有一种甜蜜的感觉？对了，您现在总是和一个犹太小姑娘在一起，她可是个智慧与美貌并存的女子啊。"

"我可以向您保证,"我对她说道,"我对利百加并没有任何感觉。不过,每次见到你们,我都会有种隐隐的不安,总担心会是最后一次。有人想说服我,让我相信你们是魔鬼,但我从没有信过。我内心里有个声音告诉我,你们是与我同类的生命,是两个生来就该受人深爱的女子。人们普遍认为,一个男人不可能同时爱一个以上的女人。这肯定是个错误的看法,因为你们两位对我来说同样珍贵。我的心不会与你们任何一个人分离,同样,我的喜怒哀乐也完全由你们共同掌控,不分上下。"

"啊,"艾米娜说道,"您可以同时爱一个以上的女人,这说明,阿本瑟拉赫家族的血液终于在您身上苏醒了。这样的话,您就皈依我们的宗教,信奉能允许您同时娶几个妻子的神圣律法吧!"

"或许您将来还会在突尼斯称王,"齐伯黛说道,"真希望您能去看看这个美丽的国家,看看巴尔多宫、马努巴宫,看看这两座宫里的花园、喷泉、华美的浴池,以及成百位比我们更美的年轻女奴!"

"我们先不谈这些长年阳光充足的国度吧,"我对她们说道,"现在,我们可是处在一道我弄不清方向的深渊里。不过,就算这里已经靠近地狱,我们还是可以找到极乐。据说,你们的先知曾向他的圣徒许诺过这样的极乐。"

齐伯黛对我的想法表示赞同,她姐姐也没有拒绝。

第三十天

醒来的时候，我没有再见到我的两位表妹。我不安地看了看四周，发现身前有一条长长的、光线充足的通道。我明白了，这就是我接下来要走的路，我于是赶紧穿好衣服。走了半小时后，我面前出现一条旋梯，这旋梯有两种走法：我既可以往上回到地面，也可以继续往下走，探明最深处的奥秘。我选择了后一条路，于是进入一个地下墓室。四盏灯的灯光映出一座白色大理石坟墓，一位年事已高的伊斯兰苦行僧正在旁边祷告。

老人带着和善的神情转身对我说道："欢迎您，阿方索大人，我们等您很久了。"

我问他我是不是来到了戈梅莱斯宫的地下室。

"您没有弄错，高贵的拿撒勒人，"老僧接着说道，"戈梅莱斯家族那个闻名遐迩的秘密，就藏在这个坟墓里。不过，在我们谈这个重要的话题前，请允许我先给您献上一点小点心。今天您是要耗尽脑力和体力的，或许，"他带着点狡黠的神情补充道，"您现在已经到了要补充能量、恢复力气的时候了！"

说完这些话，老人带我走进旁边的一间地下室，房间里摆着一份按照洁食要求做成的早餐。等我吃完，地下室的主人请我注意听他接下来的话，然后便这样对我说道："骑士大人，我不知道您那两位美丽的表妹有没有把您祖先的故事讲给您听，又有没有强调他们是如何重视戈梅莱斯宫的这个秘密的。说实话，天底下恐怕也没什么能比这更重要的了。谁要是知道了我们的秘密，他就可以毫不费力让一个个国家臣服在他脚下，或许他还会成为整个世界的统治者。但是，如此庞大而危险的资源一旦掌握在行事莽撞的人手中，反倒有可能摧毁社会的现有秩序，而且长期无法恢复。因此，我们有一套流传了好几百年的法则，法则规定，只有戈梅莱斯家族的后人才能了解这个秘密，而且他事先要接受各式各样的奇特考验，让人对他的性格和为人放心。此外，他还需要遵循完整的宗教流程庄重起誓。我们对您的思维方式已有所了解，您是个看重荣誉、信守诺言的人，我们感到很满意。因此，骑士先生，我现在才敢要求您立下承诺，对您接下来将要看到的一切保守秘密，绝不透露给存活在世的任何一个人。"

听完这番话，我的第一反应是，作为一个为西班牙国王效力的臣子，在尚不清楚这个地下空间内有没有对国王不利的东西前，是不该做任何承诺的。我于是向老僧表示拒绝。

他回答我说："骑士大人，您的谨慎可以理解，国王是您的主人，您需要向他效忠；但是，您目前身处的这片地下世界，它是从未受过王权干预的。何况，您同样需要为您的血缘尽责。话说回来，您已经向您的两位表妹立过承诺，我现在向您要求的承诺，只不过是那个承诺的延续。"

他的这番道理我听起来觉得似是而非，但我还是被说服了。我按他的要求立下承诺，于是老僧推开墓上藏着的一块隔板，让我往下面看，原来，这里有道楼梯通往更深的地下空间。

"请往下走，骑士大人，"老僧对我说道，"我就不陪您了，但今天晚上我会来找您的。"

我按他的吩咐下了楼梯。要不是我事先以荣誉为名立下承诺，给自己设了一道不能跨越的障碍，我肯定会非常乐意向诸位描述我所见到的事物。

老僧晚上如约而至。我们一起回到上面，来到一间新的地下室，有人已为我们准备好了晚餐。餐桌摆在一棵金树下，这棵树代表的是戈梅莱斯家族的族谱。树有两条主干，其中一条指的应该是信奉伊斯兰教的戈梅莱斯家族成员，看上去枝繁叶茂，活力旺盛；另一条的景观则恰恰相反，它代表的应该是信奉基督教的戈梅莱斯家族成员，枝叶凋枯，只有若干带着刺的、令人生畏的长枝条。

吃完晚饭，老僧对我说道："这两条主干差异巨大，但您用不着惊讶。因为忠于先知律法的那些戈梅莱斯家族成员，他们当中有人坐上了王位；另一派的那些成员情况就不一样了，他们从事各种职业，地位相对比较卑微。实际上，后一派的成员还从未有人了解我们的秘密，您受到了特殊的待遇，那主要是因为您有幸不负两位突尼斯公主的深情厚谊。目前来说，您还远不了解我们的整个政治蓝图。假如您愿意转到另一条主干上来，也就是说，那条枝繁叶茂而且仍将日复一日更为兴旺的主干，那么，您有什么个人的雄心抱负，都一定会得到充分的保障，假如您还有更伟大的宏愿，您同样有机会去赢取荣耀。"

我正想回应他的话，但老僧没等我开口就继续对我说道："家族的财产，您有权享有您的那一份，您辛苦地来到地下，也有权得到一些补偿，这都是合理的。这里有张汇票，可以去埃斯特万·莫罗那里兑现，他是马德里最富有的银行家。汇票上看起来只写了一千个八字金币，但因为加了种特殊的写法，这其实是张无限额的汇票，您只要签上名，想提多少钱，对方就会给您多少钱。您现在从旋梯上往回走吧，爬完三千五百级台阶后，您会走到一个非常低矮的拱洞下面，在那里您无法直立，要匍匐前行五十步的距离。然后，您会进入戈梅莱斯宫城堡的废墟中，您最好在那里过夜。明天天亮后，您会很容易发现山脚下吉普赛人的营地。再见了，我们亲爱的阿方索，愿我们神圣的先知给您启示，让您看到通往真理的路！"

在和我拥抱后，老僧向我道别。他走出地下室，将门关上。我只能按他的吩咐一步步做下去。爬台阶的过程中，我被迫休息了好几回。最后，我终于又看到布满星辰的天空。我蜷缩在一块残缺不全的拱洞下，就这样进入梦乡。

第三十一天

醒来后,我看到山谷里吉普赛人的营地。营地里的种种动静说明,他们正准备离开现在这个地方,重新开始他们的流浪之旅。我匆忙赶去与他们会合。两天不见踪影,我本以为大家会向我提出各种问题。可是,并没有谁向我发问。看起来,大家都在各忙各的,准备出发。

我们都上马后,卡巴拉秘法师对众人说道:"这一次,我可以肯定地告诉诸位,今天犹太浪人会来给我们讲他的故事。这个滑稽的家伙以为我已经丧失功力,但实际情况并非如此。我逼他回到我们这里的时候,他都已经快走到塔鲁丹特了。他非常不情愿,一直在尽力拖慢脚步,但我有办法让他来得快一些。"说罢他从口袋里掏出本书,读了段我不清楚是何种语言的蛮族咒语。没过一会儿,我们看到,附近一座山的山顶上出现了一个身影。

"你们看看这家伙,"乌泽达说道,"这个懒虫,这个浑蛋!你们会看到我怎么来对付他!"

亏得利百加替罪人求情,她哥哥的神情才渐渐柔和下来。因此,犹太浪人走到我们身边时,卡巴拉秘法师只对他进行了一番强烈的指责,但用的是一种我听不懂的语言。接着,卡巴拉秘法师命他站到我的坐骑边,接着上次的内容说下去。这个可怜的浪人一句也没

回击,便如此这般地讲起来:

犹太浪人的故事(续)

我之前说到,在耶路撒冷形成了一个希律教派,教派的信徒声称希律就是弥赛亚,而我最后承诺,要向诸位说明,犹太人究竟赋予"弥赛亚"这个词什么样的含义。现在就让我来告诉诸位吧,"弥赛亚"在希伯来语中指的是"受膏者",它翻译成希腊语是"赫里斯托斯"[1]。经过众所周知的那场梦境后,雅各醒来了,把头枕的那块石头立作柱子,浇油在上面,给那地方取名"伯特利",就是"神的家"的意思。诸位在桑楚尼亚松[2]的著作里可以读到,含[3]也造过圣石。于是,人们相信,所有浇过圣油的东西,都会很快覆满神的灵性。此后人们开始给国王擦拭圣油,于是"弥赛亚"就成了"国王"的同义词。当大卫说弥赛亚的时候,他想的是他本人,这在《圣经》的第二首大卫诗篇中可以得到明证。

犹太人的国家后来一分为二,再后来遭到外敌入侵,变成强邻的玩物。在这个时候,特别是在整个犹太民族受人奴役的时候,先

---

[1] 译注:希腊语的"赫里斯托斯"(Christos)引出"基督"(Christ)一词。
[2] 原注:桑楚尼亚松,公元前12世纪的腓尼基历史学家,比布罗斯的斐罗曾声称他从原文译出了桑楚尼亚松的《腓尼基》一书。
[3] 原注:指诺亚的第二个儿子,在某些口传教义中,他被说成是一位有大神通的人物。这里的圣石据传说是献给萨图尔努斯/克诺洛斯的石头,后被朱庇特/宙斯吞噬。

447

知们安慰人民，对他们说，未来终有一天，大卫的一位后人将称王，他会打落巴比伦人的嚣张气焰，会让犹太人赢得胜利。

根据先知们得到的神启，世间现有的那些美轮美奂的建筑根本不值一文，因此他们都会描述未来的耶路撒冷城，那是一座与伟大的王相匹配的城市。城中有座圣殿，在这殿里，能让人民尊崇自身信仰的元素应有尽有。犹太人愉快地听先知诉说，但并不会真的太当回事。确实，这些事情或许他们孙子辈的孙子辈那代人才能看到，那此时此刻又有谁会感兴趣呢？

看起来，到了马其顿王国统治时期，先知们的预言基本上已被遗忘殆尽。因此，尽管马加比家族一代代反抗异族压迫，试图拯救自己的国家，家族中的成员却没有任何一位被人视作弥赛亚。他们的后人虽然建立起王朝，但同样没人联想起先知们所说的那位王。

可是，到了年迈的希律王这里，情况发生了转变。四十年来，这位君主身边的那些弄臣极尽奉承之能事，想讨其欢心，最后，他们要向他证明，他就是先知们所称的弥赛亚。希律王已经厌倦了世间的一切，唯一的例外是他的至高权力。他一天比一天更贪恋极权，他觉得，这帮弄臣制造的舆论为他提供了一个辨别臣子是否忠心的好机会。在这样的情形下，支持他的那些人成立了一个希律教派，首领是狡猾的西底家，我祖母的弟弟。因此，诸位自然可以料想到，我祖父和他的朋友德利乌斯已无意再迁居耶路撒冷。他们请人用青铜造了个小盒子，然后将希勒尔的售房合同放进去，此外还有他三万大流克的欠条，以及德利乌斯写给我父亲末底改的债权转让证明。他们封好盒子，盖上封印，共同承诺，在局面没有好转前，不会再为此事烦心。

希律王死了，犹地亚陷入最可悲的分裂乱局。三十个不同派别的首领纷纷让人为自己涂油，于是就有了三十个弥赛亚。几年后，末底改娶了一位邻居的女儿，我是他们婚姻的唯一结晶。我出世的那一年，正赶上屋大维执政的最后一年。我祖父想体验亲自为我行割礼的那种满足感，便请人准备了一场相当豪华的喜宴。但他早已习惯退隐的生活，在这件事上的过度操劳，再加上年事已高，两个因素综合在一起，使他抱病不起。没过几个星期，他就离开了人世。他是在德利乌斯的怀中断气的。临终时，他请德利乌斯为我们保管青铜盒子，防止那个居心叵测的恶人诡计得逞。而我母亲在分娩时也不幸染病，她公公去世后只过了几个月，她便追随而去。

在那个时代，犹太人都喜欢取希腊语或波斯语的名字。我被取名为亚哈随鲁[1]。1603年，我就是自报这个名字，在吕贝克[2]与安东·科尔特鲁斯结识的，杜杜勒斯曾对此有过记载。此外，1710年，我仍然用这个名字出现在剑桥，这段故事可见于睿智的坦泽留斯的作品[3]。

"亚哈随鲁先生，"贝拉斯克斯说道，"《欧洲剧场》[4]里也提到

1　译注：亚哈随鲁也是波斯帝国阿契美尼德王朝一位国王的名字。

2　译注：吕贝克是现德国北部石荷州城市，距离汉堡60公里。

3　原注：克里索斯托姆·杜杜勒斯、威斯特法鲁斯，《关于一个叫阿哈斯韦卢斯的犹太人的真实深入的记述》。1618年在奥格斯堡出版的版本中并未提及安东·科尔特鲁斯这个人名。尽管与文中提到的1710年年份不符，但坦泽留斯最有可能指的是威廉·恩斯特·坦泽尔（Wihelm Ernst Tentzel，1659—1707）。

4　原注：《欧洲剧场》(*Theatrum Europaeum*)，1627年由约翰·菲利普·阿贝林（Johann Philipp Abelin）在法兰克福/米兰创办的刊物，一直发行到1738年。

过您。"

"有可能，"犹太人说道，"自从各地的卡巴拉秘法师可以随意把我从非洲腹地叫出来后，我的名气就变得越来越响，响得过火。"

我接过话茬儿问犹太人，在那些荒漠地带，他究竟能寻到什么乐趣。

"乐趣在于，"他回答我说，"在那些地方是见不到人的。最多我会碰上几个迷路的远行者，或是一家子黑人土著，但我看得更多的，是狮子的巢穴，母狮子会在那里哺育自己的孩子。我常把母狮引到猎物旁，亲眼看着它吞噬猎物，这是我的一大乐事。"

"亚哈随鲁先生，我觉得您的品格实在令人不敢恭维。"贝拉斯克斯说道。

"我早就告诉过你们，"卡巴拉秘法师说道，"他是天下最大的无赖。"

"要是您也活了十八个世纪，"浪人说道，"您肯定不会比我好到哪里去。"

"但愿我能活得比你更久，人生价值也比你更高，"卡巴拉秘法师说道，"不过，这些让人烦的事情就先别想了，还是快接着说你的故事吧！"犹太人不再回击，如此这般地接着讲下去：

接二连三的打击让我父亲心力交瘁，幸得老德利乌斯还一直在他身边。他们继续过自己的隐居生活。但西底家的心静不下来，希律王的死使他失去了靠山，他担心我们去耶路撒冷找他，这个想法把他折磨得日夜不得安宁。他决定设计除掉我们，这样他就可以彻底安心。一切似乎都朝着有利于他实施计划的方向发展，因为德利乌斯失明了,而深爱德利乌斯的我父亲以前所未有的方式深居简出,不问世事。六年的时光就这样过去了。

有一天,我们听说,与我们相邻的那幢房子刚刚被一些从耶路撒冷来的犹太人买下来,里面住的人个个凶神恶煞,俨然是杀人犯的嘴脸。我父亲本性是爱过隐居生活的人,在这种情况下,自然更不愿出门招惹是非。

此时,队伍里传出一阵让我不明所以的骚动声,犹太浪人的故事被打断了。他借着这个机会溜之大吉。没过一会儿,我们也到了歇脚点。先行部队已经把我们的饭菜做好、分好。我们吃得津津有味,毕竟,赶路的人总是有胃口的。餐布撤掉后,利百加走到吉普赛人首领身边,对他说道:"上回您被打断的时候,我想,您正说到,那两位女士确定无人跟踪后,穿过大街朝托莱多骑士的家走去。"吉普赛人首领一看大家都想听他接着讲故事,便如此这般地说起来:

吉普赛人首领的故事(续)

趁两位女士还在房外的楼梯上,我追到她们身边,给她们看了那几块布料的样品,再把那个多疑的男人交给我的任务述说了一遍。然后,我对她们说道:"现在,女士们,你们还是真的去教堂吧,我会把那个所谓的情侣找过来,我想他应该是二位当中某一位的丈夫。我会让他亲眼看到你们,他自然以为你们不知道他在尾随,所以,到那个时候,他很可能满意而去。等他一走,你们想去哪里就去哪里。"

两位女士对我这个建议大加赞赏。我便到街尾卖饮料的小贩那里,对等我的那个男人说,两位女士真的去了教堂。我陪他一起进教堂查验,指给他看与样品吻合的那两条丝绒黑裙,以及那两块带有花边的黑纱。他看起来还是心存疑虑,但此时两位女士中有一位侧转身体,带着不经意的神情撩起面纱——顿时,那个多疑的男人脸上现出一种丈夫才有的满足感。没过一会儿,他就挤出人群,离开了教堂。我跟着他来到大街上,他向我表达谢意,然后又给了我一块金币。我接受的时候心中有几分惭愧,但尽力不露声色,以免被他看穿。目送他远去后,我再去找那两位女士,并把她们送回到骑士的家门口。面容更秀美的那位女士想给我一块金币。"不,女士,"我对她说道,"我背叛了您那位所谓的情侣,因为我看出他其实是您的丈夫。我帮您的忙完全是出于良心的选择,而且我是个很有原则的人,实在无法接受两份报酬。"

我回到圣洛克教堂的大门下,亮出两个金币给同伴们看,他们全都看傻了。其实,他们也常受人委托做类似的差事,但从未得到过如此丰厚的报酬。我准备把这两块金币放进公共钱箱,我的同伴都跟在我身后,他们想看看那个卖栗子的女人吃惊的模样,而她也确实惊叹了半天。

她当即宣布,我们想吃多少栗子,她就给我们多少栗子。不仅如此,她还说,改天要去弄点小红肠来,然后找工具给我们烤着吃。有如此难得的美食可以享用,这让我那群同伴个个大喜过望。但我和他们看法不同,我觉得红肠不该这么吃,我想自己找个更会做菜的人帮忙。不过,我们还是先各自取好栗子。然后我们回到圣洛克教堂,吃完晚饭,每个人都用外套裹紧身体和衣而睡,很快进入了梦乡。

第二天,那两位女士中的一位来找我,把一张纸条放在我手中,请我转交给骑士。我去了骑士的家,将纸条交给他的贴身男仆。没过一会儿,我被带进内室。托莱多骑士的外表给我留下非常好的第一印象,我马上就理解了,像他这样的男人,女士们见到后肯定是不会无动于衷的。他是个面相让人感到极为舒服的年轻男子。他不需要真正发出笑声,五官上就映满喜悦之情,可以说,他脸上天生就带着喜气。此外,他举手投足间透着种我说不清道不明的优雅感。唯一可指摘的是他身上流露着一种浪荡不羁甚至轻浮的气质,假如所有女人都不愿招惹见异思迁的登徒子,那他这种气质无疑会损害他在女人们心目中的形象。

"我的朋友,"骑士对我说道,"我已经了解到,你是个聪明而且有原则的人。你想为我效力吗?"

"这对我来说是不可能的,"我回答他说,"我是绅士家庭出身,不能做服侍人的事。我把自己弄成乞丐,是因为这是种能够不失身份、不失体面的生活方式。"

"太好了,"骑士回答道,"能这么想问题,真不愧是个卡斯蒂利亚人。但话说回来,我的朋友,我能为你做点什么呢?"

"骑士先生,"我对他说道,"我喜欢我现在的职业,因为它不仅值得尊重,还可以维持我的生活,只是饮食方面会非常糟糕。要是您能允许我和您的手下一起吃饭,享用您的剩菜,那我就非常感谢您了。"

"这件事我非常乐意做。"骑士说道,"另外,每到我迎候女士的日子,我通常都会将手下打发开。要是这不影响你高贵的身份,我非常希望你能在这些时候过来服侍我。"

"先生,"我回答他道,"我很高兴能专门在您和情人独处的时候为您效劳。能做个对您有用的人,我感到很愉快,这件事在我眼中也因此变得高贵起来。"

我随后便与骑士道别,来到托莱多大街。

我四处打听阿瓦多罗大人的家在哪儿,但没人能回答我;我接着又问大墨坛费利佩的家在哪儿,这回有人给我指了个阳台。我看到阳台上有个外表非常庄重严肃的人,他一边抽雪茄,一边似乎在数阿尔巴公爵府屋顶上的瓦片。上天安排我成为他的儿子,这让我一见到他就产生一种强烈的亲近感,但我还是不由自主地暗自庆幸,上天开恩,在把父亲塑造得如此严肃的同时,却让儿子的性格与严肃几乎完全不沾边。我觉得,上天还是应该平均一下,让父子二人都带点适当的严肃,这样可能更好。但我马上又想到,大家都说,不论上帝怎么安排,都要向他表示赞美。看完我父亲,我就回去找我的同伴,和他们一起上卖栗子的女人那里,品尝她给我们做的烤红肠。我吃得津津有味,骑士的剩菜已暂时被我抛到脑后。

临近天黑,我看到上次那两位女士进了骑士的家。她们在里面待了很久。我到骑士家门口,想看看有没有用得着我的地方,但两位女士走了出来。我向面容更秀美的那位女士说了几句略带暧昧的恭维话,她拿扇子朝我脸上拍打一下,以此作为对我的奖赏。

过了没多久,一位威风凛凛的年轻男子来到我身边,绣在外套上的马耳他十字更使他显得气度不凡。从他的其他装束来看,他应该是个远道而来的人。他问我托莱多骑士住在哪里,我便将他带过去。候见厅里空无一人,我直接推开门,和他一起进了内室。

托莱多骑士惊讶到了极点。"我这是看到谁了?"他说道,"你……我亲爱的阿吉拉尔!能在马德里见到你,我真是太高兴了……马耳他的情况怎么样?分区领主,大区领主[1],管理新团员的督导,他们现在都怎么样了?我要好好拥抱你一下!"

这番深情表达换来阿吉拉尔骑士同样真切的回应,只是他的一举一动显得格外严肃。

我判断这两位朋友肯定会共进晚餐,于是到候见厅里弄了块临时桌布,然后再去找吃的。饭菜端上来后,托莱多骑士命我去他的膳食总管那里取两瓶法国汽酒。我把酒带过来,然后打开瓶塞。

在我忙来忙去的这段时间里,两位朋友已经说了很多话,回忆了很多往事。我开完酒后,正轮到托莱多说话,他是这样说的:"我们是性格截然不同的两个人,我真不知道,我们的友情为何会如此深厚。你身上明明具备这世上的所有美德,但我还是喜欢你,当你是天底下最坏的家伙。我这话可是千真万确的,因为我在马德里还没有结交任何一个知己。一直以来,你都是我唯一的朋友,说实话,换成爱情,我可不见得会这样始终如一地待人。"

"对待女人,"阿吉拉尔问道,"你的原则还是跟以前一样吗?"

"跟以前一样?不,不完全一样。"托莱多回答道,"过去,我是

---

[1] 译注:马耳他骑士团的等级按所辖领地划分大致可以分成五级:大团长(grand maître)、大区领主(bailli 或 pilier,参见第五十三天相关内容)、分区领主(grand prieur)、封地骑士(commandeur)、封产骑士(tenancier)。

一个接一个、尽可能快地更换情人,但我觉得这样会浪费太多时间。所以,我现在是第一个还没结束,便开始和第二个交往,而第三个人选也已确定。"

"这么说,"阿吉拉尔接着问道,"你从来就没打算放弃你这种浪荡不羁的生活方式?"

"坦诚地说,我确实没打算放弃,"托莱多说道,"我倒是担心我过不了这样的生活。马德里的女士都很黏人,喜欢缠着人不放,弄得我只能守规矩,没法遂自己的心愿。"

"我们的骑士团是个军事机构,"阿吉拉尔说道,"但也是个宗教机构。我们曾像僧侣和教士那样对上帝许过愿。"

"或许你说的有道理,"托莱多说道,"但这跟女人发愿对丈夫忠贞不贰没什么区别。"

"可是,"阿吉拉尔说道,"谁知道她们会不会在彼世遭受惩罚呢?"

"我的朋友,"托莱多说道,"一个基督徒在宗教方面应有的操守我都具备。我认为,这方面的种种说法一定存在误解和偏差。想想看,法官乌斯卡里斯的妻子就来我这里待了一个小时,如果为这点事她就要在彼世永受火刑,那算什么鬼道理?"

"宗教教义告诉我们,"阿吉拉尔说道,"还有其他赎罪的地方。"

"你是想说炼狱吧,"托莱多说道,"说起炼狱,我想我已经有过体验了。那是在我爱上那个该死的伊内丝·纳瓦拉的时候,她是我遇到过的脾气最古怪、最挑剔、最喜欢吃醋的女人,因为她,我后来再也不碰装腔作势的女人。但是,我的朋友,你怎么不吃又不喝呢?我已经喝光了我这瓶酒,而你的杯子还一直是满的。你在想什么啊？你到底在想什么啊？"

"我刚才在想，"阿吉拉尔说道，"我今天看到过太阳。"

"啊！你这话我是相信的，"托莱多说道；"因为作为你的对话者，我今天其实也看到过太阳。"

"我刚才还想，"阿吉拉尔说道，"我希望明天还能再看到太阳。"

"你当然会看到，"托莱多说道，"除非明天有雾。"

"这可不一定，"阿吉拉尔说道，"因为今天夜里我可能会死去。"

"必须承认，"托莱多说道，"你在马耳他学了些非常有意思的饭桌上的说话方式。"

"唉！"阿吉拉尔说道，"人肯定都是要死的，无非是时间不确定罢了。"

"听我说，"托莱多说道，"你这些挺好玩的说话新套路，是跟谁学的？应该是个非常有趣的生意人吧。你是不是常请他一起吃晚饭？"

"根本不是这么回事，"阿吉拉尔说道，"这话是我的告解神父今天早上对我说的！"

"你今天才到的马德里，"托莱多问道，"但你早上一到就去忏悔了，那你是不是要来找谁决斗？"

"正是如此。"阿吉拉尔说道。

"太好了，"托莱多说道，"我好久没动过刀剑了。我来做你的帮手吧。"

"这恰恰是最不可能的，"阿吉拉尔说道，"你是这世上我唯一不能请来帮忙的人。"

"老天啊！"托莱多说道，"你和我哥哥又开始了该死的争斗！"

"正是如此，"阿吉拉尔说道，"我要求莱尔纳公爵道歉，但他坚决

457

不肯答应。我们约好今晚挑灯夜战,地点是曼萨纳雷斯河的大桥下面。"

"老天啊!"托莱多带着痛苦的口气叹道,"难道我注定要在今夜失去一位兄长或是一个朋友?"

"有可能兄长、朋友一起失去,"阿吉拉尔说道,"我们今夜的格斗是要血战到底的。我们用的不是长剑也不是短剑,而是每方左手各持一把匕首。你知道,匕首这种兵器会带来非常残酷的结果。"

托莱多是个一受刺激就很容易动感情的人。在这短短的几句话间,他满脸的喜色就全然消失不见,只剩下极度绝望的神情。

"我已经预料到你会很痛苦,"阿吉拉尔说道,"起先我是不打算来看你的,但我内心里听到一个从上天传来的声音,它命我把彼世的刑罚与苦难说给你听。"

"啊!"托莱多说道,"别再对我讲教理劝我改邪归正了!"

"我只是个战士,"阿吉拉尔说道,"我可不懂传教,但我既然听到了来自上天的声音,我就必须服从它的命令。"

此时,我们听到夜里十一点的报时声。阿吉拉尔拥抱了朋友,然后对他说道:"听我说,托莱多,我有种神秘的预感,我今夜将会死去,但我希望我的死能帮助你获得救赎。我想把格斗一直拖到夜里十二点,到那个时候请你多加留意。假如死人真可以通过某种方式让活人听到他想说的话,那么请你相信,你的朋友会把彼世的情况说给你听。切记,到夜里十二点整的时候,你一定要多加留意。"阿吉拉尔再次拥抱朋友,接着便起身离开。

托莱多扑倒在床上,泪如雨下,我退回到候见厅守候。这一切究竟会以怎样的方式收场,我深感好奇。

托莱多从床上爬起来,看了看表,然后又回到床上继续哭。夜色深沉,透过百叶窗木条间的缝隙,几道远处闪电的余光映照进房间。雷雨将至,悲伤的气氛中平添几分恐怖。午夜的钟声响了。随后,我们听到百叶窗外传来三下敲打声。

托莱多打开百叶窗问道:"你死了吗?"

"我死了。"一个阴森可怖的声音回答道。

"炼狱真的存在吗?"托莱多接着问。

"确实有一个,我就在那儿。"刚才那个声音接着答道。紧跟着我们又听到一声痛苦的呻吟。

托莱多摔倒在地,前额沾满灰尘。他很快起身,拿起外套出了家门。我一路跟着他朝曼萨纳雷斯河走去。可是,还没等赶到大桥,我们就被一群人拦住了。他们当中有几个人高举着火把,托莱多认出兄长。

"别再往前走了,"莱尔纳公爵对他说道,"你会看到你朋友的尸体的。"

托莱多昏倒在地,不省人事。眼看他身边全是他自己的人,我便掉转头朝教堂的大门走去。到了以后,我开始思考我们刚才听到的那些话。萨努多神父过去也一直告诉我,炼狱是真实存在的,因此,再听到这样的说法,我不至于太过惊讶,整件事也就没有在我心中掀起太大的波澜。我和往常一样安然入睡。

第二天,第一个走进圣洛克教堂的人是托莱多,但他脸色苍白,神情沮丧,几乎让人认不出来。他做了祈祷,然后找了位告解神父。

故事说到这里,有人打断吉普赛人首领。他被迫向我们告辞,我们也就各自散去。

459

第三十二天

我们一早就重新上路,走的是一条通往整个山区最深山谷的路。一小时后,犹太人亚哈随鲁出现。他站到贝拉斯克斯和我当中,如此这般地接着讲起自己的故事:

犹太浪人的故事(续)

有一天,我们接到通报,称从罗马来了位法院的书记官,他随后就被人领进我们家。他告诉我们,我父亲被指控犯有重大叛国罪,企图把埃及出卖给阿拉伯人。等这个罗马人走后,德利乌斯对我父亲说道:"我亲爱的末底改,您没必要去为自己辩护,因为每个人都确信您是清白的,但这件事要耗费您的一半家产,必须毫无怨言地把这些钱花出去。"

德利乌斯没说错,这件事确实耗费了我们一半家产才算了结。

第二年的某一天,我父亲早上出门时发现门外有人倒在血泊中,此人显然是遭人暗算了,但看起来他气息尚存。我父亲让人把他抬进家中,想将他救活;但没过一会儿,我们邻屋里的人全体出动,带着几个执法官员闯了进来。这八个邻居异口同声地发誓说,他们都看到是我父亲杀了这个人。我父亲过了半年的牢狱生活,在耗费了另一半家产——也就是他此时剩余的全部家产——后才恢复自由。

他的房子依旧归他所有,但他刚回家,那帮恶邻的屋子就着了火。当时是深夜,这帮邻居冲进我父亲的房子,抢走所有能抢的东西,然后四处放火,不放过任何一个角落。

太阳升起后,我们的房子只剩下一堆灰烬,双目失明的德利乌斯和我父亲一起,在废墟上步履艰难地走着。我父亲一边将我抱在怀里,一边泣诉自己的不幸。

等商店开了门,我父亲牵着我的手,带我去之前我们一直光顾的面包店。店老板看起来非常同情我们,送了我们三块面包。我们回到德利乌斯身边,他对我们说,我们走开后,有个人来到他身边。他自然看不到这个人的模样,但对方向他说道:"哦,德利乌斯!但愿您遭受的不幸有朝一日也会落到西底家头上。不过,希望您能原谅他雇的帮凶。我们原本是收钱取你们性命的,但我们放了你们一条生路。这里有些钱可以让你们支撑一段时间,请收好。"

说罢,那个人给了他一个钱袋,钱袋里装着五十个金币。

这笔意外的救命钱让我父亲很高兴。他找出一条烧掉一半的地毯,铺在废墟上,把那三块面包放在上面,然后又找出一只碎了一半的土罐,准备打水。我当时七岁,清晰地记得,我父亲喜笑颜开时,我是陪着他一起乐的,他去水池取水,我也是跟在他身边的。这顿早饭也有我的一份功劳。

我们刚开始用餐,就看到一个和我差不多大的男孩走过来,他一边哭一边找我们要面包吃。"我是个罗马战士的儿子,"他对我们说道,"我妈妈是叙利亚人,她生下我后就死了。我父亲步兵大队里战友的妻子,还有随军卖酒食的女商贩,她们轮流给我喂奶。显然,除了奶,她们还给我配了某种别的食物,因为我现在身体长得这么好。我父亲奉命去镇压一群叛乱的牧民,此后就再也没有回来,他的所有战友也都留在那里。别人给我留的面包,我昨天全吃完了。我想在城里讨点吃的,但每家每户都对我紧闭大门。既然你们没有家也没有门,那我希望我不会再遭到拒绝。"

老德利乌斯不会放过任何一个机会讲他的大道理,于是这样说道:"所以说,世上没有人会穷到不能施善于人。同样的道理,世上也没有人会强大到不需要他人的帮助。没问题,我的孩子,欢迎你,请来和我们一起分享这些穷苦人吃的面包吧。你叫什么名字?"

"我叫杰马努斯。"孩子说道。

"愿你成为一个非常长寿的人!"德利乌斯接着说道。他的这句祝福后来成了准确的预言,因为这个孩子确实非常长寿。他现在依然在世,住在威尼斯,人称圣日耳曼骑士[1]。

"我听说过他,"乌泽达说道,"他对卡巴拉秘法有些研究。"

接着犹太浪人又如此这般地说下去:

吃完饭,德利乌斯问我父亲,地窖的门有没有被那帮人撞开。

我父亲回答说,门是关着的,跟失火前一样,火并没有把地窖

---

[1] 原注:圣日耳曼伯爵(1707—1784),冒险家,自称在本丢·彼拉多(译注:公元26—36年担任罗马帝国派驻犹太行省的总督)时代就已出生。

的拱顶给烧塌。"那好,"德利乌斯说道,"您从那个人给我的钱袋里取两块金币,然后找几个工人,在拱顶边搭个小棚屋,旧房子的废墟里,肯定能找到他们需要的材料。"

确实,大家发现,有几根梁还有几块板是完好无损的。大家尽力将这些材料拼合起来,上面盖满棕榈枝,再往地上铺几条席子,一个简易的栖身之所就弄好了。我们这里的气候条件非常好,大自然对房屋的结构并没有复杂的要求。在如此纯净的蓝天下,最简陋的屋顶足以供我们安身,最简单的食物也足以保障我们的健康。因此,有人说,与你们这片被称作温带的地方相比,在我们那里,贫穷并不是非常可怕,这句话我觉得是很有道理的。

就在大家忙着搭建我们的棚屋时,德利乌斯在大街上铺了条席子。他坐在席子上,用腓尼基的齐特拉琴弹了首曲子,接着又唱了首自己当年为克莱奥帕特拉创作的抒情曲。他已经是六十多岁的人了,但他的嗓音还是吸引来一大群听众,他们聚集在我们周围,听得津津有味。德利乌斯唱完抒情曲后说道:"哦,亚历山大的市民们啊!请你们好心施舍可怜的德利乌斯吧,他是克莱奥帕特拉的第一乐师,也曾受到过安东尼的喜爱,你们的父亲肯定都见过他!"

随后,小杰马努斯捧着个小土碗,在听众面前绕了一圈,每个人都表达了自己的一份心意。

德利乌斯给自己定了条规矩,一个星期只唱歌乞讨一次。每到这一天,整个街区的人都会聚在他身边听歌,歌唱完,听众总会留下一笔丰厚的赏钱才各自回家。我们觉得,能有这么好的收益,不光是因为德利乌斯的歌声美,他那时而生动有趣、时而发人深省、穿插了种种小故事的独白功劳更大。我们的生活也因此变得还过得

463

去。但我父亲在遭遇这一连串不幸后心力交瘁，抑郁成疾，没过一年，就撒手人寰。从此，照顾我们的人只剩下德利乌斯，而他的嗓音逐渐苍老沙哑，再靠他卖唱所得维生已是非常艰难。经过一段时间的严重咳嗽，他的嗓子彻底哑掉，于是，在我失去父亲后的那个冬天，我们的这条生路也断了。不过，我此时继承了一笔小小的遗产。我有一位在培琉喜阿姆[1]的亲戚刚刚去世，我拿到手的是五百个金币，但这不足我应得财产的三分之一。德利乌斯对我说，公正不是穷人能享受到的权利，作为穷人，别人以慈悲为名给了自己多少，就该心满意足地接受多少。他于是就代我心满意足地收好这笔钱，而且，他让这笔钱的效用发挥到了极致。单靠这笔钱，他就为我提供了一个衣食无忧的少年时代。

此外，德利乌斯也没有忽略对我和小杰马努斯的教育。我们俩需要轮流陪在他身边，但在各自空闲的日子里，我会去附近的一所犹太人学校学习，杰马努斯则到一个奉拜伊西斯女神的祭司那里上课，此人名叫卡埃莱蒙。后来，每逢女神的秘仪，杰马努斯都会受命在一旁高举火把。他向我描述这些仪式的场景时，我总是听得非常入迷。

犹太浪人的故事讲到这里，我们来到歇脚点，他便转身离去，消失在重重山峦之中。天快黑的时候，众人聚在一起，吉普赛人首领看起来有了空闲时间。利百加于是请他继续讲自己的故事，他便如此这般地接着说下去：

---

[1] 译注：古埃及地名，位于尼罗河最东边的入海口。

吉普赛人首领的故事（续）

托莱多骑士显然心头积压了沉重的负罪感，因为他与告解神父交谈了很久。在含着泪水与神父道别后，他带着各种痛心疾首、极度悔恨的表情走出教堂。在穿过大门时，他看到了我，便示意我跟他一起走。

此时早已天色大亮，但街上还是冷冷清清。一看到有骡夫出现，骑士便找他租了骡子，带着我一起出了城。我提醒他，要是太长时间不回家，他的手下会担心的。"不会的，"他对我说道，"我已经和他们打过招呼，他们不会等我的。"

"骑士先生，"我于是接着对他说道，"请允许我向您说些我的想法。昨天夜里我们听到的那个声音，它对您说了一件在教理书里也绝对能找得到的事情。您去忏悔了，或许也得到了赦罪。所以说，您要是愿意，就修正一下自己的行为举止，大可不必像现在这样折磨自己。"

"啊，我的朋友！"骑士说道，"人一旦听到亡灵的声音，就不会在这活人的世界里待很久了。"

此时我才明白，我年轻的主人觉得自己将不久于人世，而且深受这个想法的困扰。一股怜悯之情在我心头生起，我决定不再离开他。

我们走的是条人迹罕至的路。在经过一片相当荒僻的地方后，我们来到一所卡玛尔迪斯修道院的门前。骑士向骡夫付了钱后就开始摇门铃。一位僧侣应声而出。骑士通报了姓名，并请求在这里隐修几个星期。僧侣把我们带到花园尽头隐修士的起居室，然后打手势告诉我们,食堂开饭前会有人鸣钟提醒。我们用的这个单间里放了不少祈祷书,读这些书成了骑士在这里唯一可做的事。至于我,我在附近发现了一个钓鱼的修士,我就待在他身边陪他一起钓,这也成了我唯一的消遣。

静默不语是卡玛尔迪斯修士们必守的规则之一。第一天,我还没觉得有什么不适,但从第三天开始,我已经完全无法忍受。至于骑士,他变得一天比一天忧郁。很快,他也一句话都不说了。

我们在这个修道院待了一周后,我在圣洛克教堂大门下的一个同伴来找我。他对我说,我们骑着租的骡子走的时候,他是看在眼里的,后来他遇到那个骡夫,于是就知道了我们隐修的地点。他同时又告诉我,他们那支小队伍现在散了架,失去我给大伙儿带来的悲伤是队伍散架的部分原因,他本人正在为一个来自加的斯的商人效力。此人独自一人在马德里,生了病,又因为一场意外摔伤了腿和胳膊,非常可怜,需要有人照料他的生活。

我对他说,卡玛尔迪斯修道院我实在待不下去了,我请他代我陪伴骑士,几天工夫就可以了。

他回答我说,他很乐意上这儿来,但这样他就是失信于那个雇他的加的斯商人了,毕竟他是在圣洛克教堂的大门下受雇的。他担心,中途不辞而别的行为,会对那里的同伴造成不良的影响。

我对他说,我可以替他去照顾那个商人。此前我已学会如何在同伴面前树立威信,因此,听到我这样说,他觉得就不该再表示异议了。我把他带到骑士的房间,然后对骑士说,我有些紧要的事情要回马德里处理几天,在我离开的这段时间里,我有个同伴可以代替我,他是绝对可以放心的人,我敢像担保自己一样为他做出担保。骑士因为已经不再开口说话,便通过手势告诉我,他同意我们的交班。

于是,我返回马德里。一进城,我马上就赶到同伴告诉我的那家客栈,但我听说,病人已转到一位住在圣洛克大街的名医那里治疗。我没花多大工夫就找到这位名医。我对他说,我叫阿瓦利托,我是来接替我的同伴奇基托的,我会以同样的尽责态度,做好原先那些工作。

对方回答我说,我替同伴工作没有问题,但我必须赶紧去睡觉,因为接下来我要连续几晚成夜看护病人。我于是就去睡了。一到晚上,我便重新出现在医生身边,准备正式投入工作。我被带进病人的房间。我看到,他以非常不舒服的姿势躺在床上,除了左手,四肢其他部位都暂时失去了功能。其实这是个相貌挺不错的年轻男子,他也并不是真的生病了,主要还是因为手脚受伤而疼痛难忍。我想帮他忘掉痛苦,便一直逗他开心,尽自己所能分散他的注意力。最后,我的努力取得了显著成效,他甚至答应把自己的故事讲给我听。他是如此这般向我叙述的:

洛佩·苏亚雷斯的故事

我父亲叫加斯帕尔·苏亚雷斯,他是加的斯最富有的生意人,我是他的独生子。我父亲的性格天生严苛古板,他要求我一心做好账房里的事务,加的斯名门子弟的那些娱乐,他希望我一概不参加。我凡事都想顺他的心遂他的愿,因此极少看戏,也从不参加大型娱乐活动。在加的斯这类商贸城市,人们星期天通常都会在娱乐活动中度过。

不过，我的头脑终归是要休息的。我休息的办法就是去找些有趣而危险的书来读，也就是人们所说的小说。我的这项爱好让我对情感世界产生了深深的迷恋。不过，我很少出门，我们家也从不接待女宾，因此，我纵有颗多情的心，却没有用情的对象。

我父亲接了些宫里的生意，他觉得，这是个让我见识马德里的好机会。他把派我去的打算告诉了我，这自然是我求之不得的事。能从账房的栅栏里走出来，远离店铺的灰尘，呼吸更自由的空气，我感到非常开心。

等远行的所有准备工作都就绪后，我父亲把我叫进他的房间，对我说了这番话："我的儿子，在加的斯，商人是城里面最重要的人物，但您要去的地方情况大不相同。在那里，商人必须严守极为庄重得体的行为习惯，才能维持住光荣体面的社会地位，毕竟，商人为国家的繁荣昌盛做出了巨大贡献，也为王权的巩固提供了坚实的保障。这里有三条准则您必须严格遵守，否则您就会惹我生气，让我动怒。

"首先，我要命令您避免与任何贵族交谈。这些人总以为，和我们谈话，开口对我们说几个字，是看得起我们，是给我们增添光彩的事。我们不要给他们犯这种错的机会，因为我们有没有光彩，与他们和不和我们说话完全无关。

"其次，我要命令您在让别人称呼您时，直接叫您苏亚雷斯，而不是堂洛佩·苏亚雷斯。对于一个商人来说，各种头衔也好，贵族的称谓也好，都不会为他增添任何荣耀；商人的荣耀，完全取决于他交际圈的广度，还有他经营时体现的智慧。

"最后，我要禁止您在任何情况下拔剑。不过，考虑到时尚如此，我还是同意您身上佩一把剑。但您要记得，一个商人想赢得名誉，只能靠准确无误地完成自身承诺。因此，我绝不愿看到，您只靠危险的剑术来吸取人生的唯一一次教训。

"要是您违背了这三条准则中的任何一条，您就会惹我生气，让我动怒；但还有第四条准则您同样要遵守，否则您不仅仅是惹我生气动怒这么简单，您还要遭到我祖父、我父亲和我本人的诅咒。我祖父，也就是您的曾祖父，他可是我们家族财富的奠基者。而这重要的第四条准则是，绝不要和御用银行家莫罗兄弟家族的人发生任何直接或间接的关联。

"莫罗兄弟被称作天底下最有修养的人，而他们也绝非浪得虚名。所以，我给您设下这条防范准则，您完全有道理感到惊讶，但您要是了解了我们家族与他们家族的宿怨，就肯定会释然了。因此，我要简略地对您讲一讲我们家族的故事。"

苏亚雷斯家族的故事

我们家族财富的奠基者是伊尼戈·苏亚雷斯，他在海上磨砺了青春。后来，波托西[1]开采银矿，他参加投标，拿到了很多份额。由此，他在加的斯建起了一家商号。

---

[1] 译注：波托西是现玻利维亚南部城市。1544年这里发现银矿，后大规模开采，成为最著名的银都，19世纪中叶银矿枯竭。

吉普赛人首领说到这里，贝拉斯克斯掏出笔记本记了点东西。吉普赛人首领于是对他说道："公爵先生可能要开始某项有趣的运算吧，我的故事看起来会打扰您、让您分心啊。"

"完全不是这么回事，"贝拉斯克斯说道，"相反，我正在专心听您的故事。伊尼戈·苏亚雷斯先生可能在美洲遇到了某个人，这个人向他叙述了另一个人的故事，而这另一个人又有别的故事要说。我为这层层关系设计了一个结构层次表，有点类似于循环数列的周期表，之所以这么说，是因为循环数列最终会回到起始的数，您的故事最终也会回到起先的人物。所以，还是请您接着讲下去吧。"

吉普赛人首领于是如此这般地说下去：

伊尼戈·苏亚雷斯想建自己的商号，于是开始在西班牙全境结交商贸领域的重要人士。莫罗家族当时在业内的地位已是举足轻重，伊尼戈·苏亚雷斯便向他们表达了建立长久关系的想法。在得到对方的同意后，为了正式开展业务，他在安特卫普进行了一些投资，并把结算的地方放在马德里。不料，他的汇票被退了回来，连带着还有一份拒绝承兑证书，可想而知，他此刻会有多么气恼。没过多久，他又收到一封信，这是封言辞恳切的道歉信。罗德里戈·莫罗在信中说，是因为安特卫普的发货通知单到晚了，他的首席秘书才不肯违背财务方面的既定规则，而他本人当时又在圣伊尔德丰索斯宫[1]里陪内阁大臣，不过，这件事现在该怎么修补就怎么修补，他没

---

[1] 译注：圣伊尔德丰索斯宫是腓力五世的夏宫，位于马德里80公里外。始建于1720年（与本文年代似有不符）。

什么不能答应的。话虽这么说，伊尼戈·苏亚雷斯终究觉得自己受到了冒犯，从此与莫罗家族断绝了任何生意上的交往。他在临终前嘱咐自己的儿子，绝不要与这个家族的人有任何瓜葛。

我父亲鲁伊斯·苏亚雷斯没忘他父亲的这句遗言，照着做了很久。但经济形势恶化，商号数量骤减，可以说，他完全是在迫不得已的情况下找莫罗家族求助的。尽管如此，这个选择最终还是让他追悔莫及。我对您说过，波托西开采银矿时我们拿到了很多份额，因此我们家中藏有大量银锭，银子也成了我们习惯的支付方式，毕竟它不会受到汇率变化的影响。为此，我们造了一些箱子，每只箱子里都装上一百斤银子，相当于两千七百五十七个皮阿斯特外加六个里亚尔。这些箱子家里还保存着一些，您可能也看到过几个，箱子都是铁制的，上面有我们家族标识的铅印，而且每个箱子都有自己的编号。这些箱子去过印度，回过欧洲，又远赴美洲，但无论到哪里，从没有人想打开箱子验证，所有人在接受这种支付时都非常高兴；在马德里，我们的箱子也同样众所周知。有一次，我父亲的手下在向莫罗家族付款时就奉上了四个这样的箱子，但对方的总管不仅要求把箱子打开，还让人验了银子的真伪。这条有辱家族声望的消息传到加的斯后，我父亲盛怒难平。但没过多久，他收到一封罗德里戈·莫罗之子安东尼奥·莫罗写给他的信。信中充满歉意。安东尼奥说，当时宫里的人都在巴拉多利德，他被召见过去了，等他回来后才知道自己手下干的这件事，他非常气愤，但这名总管是外国人，并不了解西班牙的各种通行做法。

我父亲对这样的道歉并不满意，他与莫罗家族中断了所有生意。在临终前，他嘱咐我绝不要与这个家族的人有任何瓜葛。

我没忘父亲的这句遗言,照着做了很久,我也对自己不负父亲遗训的表现感到满意。但世事难料,我最终还是阴差阳错地和莫罗家族走到了一起。我父亲的最后嘱托,我还是遗忘了,或者说,我没有时刻将它放在心头保持警惕。接下来我就告诉您,在我身上究竟发生了什么。

由于与宫里有生意往来,我必须常到马德里去。在都城,我结识了一个叫利瓦德斯的人,他过去也在商界闯荡,但此时已不再亲力亲为。他投资入股了别人的各种生意,单纯靠这些投资的收益生活,这对他来说已是绰绰有余。此人性格与我颇为契合。后来我听说,利瓦德斯是莫罗家族当时的掌门人桑乔·莫罗的舅舅,不过,那时我们的关系已经非常融洽。我本该当即与利瓦德斯断绝往来,但没有这么做,相反,我和他进一步发展成亲密的至交。

我在菲律宾有自己的生意,利瓦德斯不知用什么巧妙的办法知晓了此事。有一天,他对我说,他想投资一百万,和我合伙开拓菲律宾市场。我对他说,他既然是桑乔·莫罗的舅舅,他理应把钱投到自己亲戚的生意上。

"不,"他回答我说,"我不喜欢和亲戚发生商业利益关系。"最后,他不费什么力气就说服了我。他向我保证,我不会因为此事与莫罗家族其他人发生任何关联,他的确做到了这一点,当然,这对他来说更费不了什么力气。回到加的斯,我调整了每年向菲律宾发货的船只数量,在原先两条船的基础上又增加了一条,我随后就没有再想过这件事了。

第二年,可怜的利瓦德斯去世了。桑乔·莫罗给我写了封信,他说他舅舅在我这里投资了一百万,请我把这笔钱还给他。或许,我该把我们的合伙条件以及具体份额都告诉他，但我不想和这个讨厌的家族有什么瓜葛，我于是二话不说，简单地给了他一百万了事。

两年后，我的船回来了，连本带利，我们原先的共同投资现在是三倍返还。因此，其中有两百万是归死去的利瓦德斯所有。在这种情况下，我只得与莫罗家族的人重新建立联系。我写信对他们说，我有两百万要交给他们。

他们回答我说，投资两年前就中止了，钱已入账，这件事他们现在根本不想再听人提起。

我的儿子，您可以想象得出，他们这样不留情面地冒犯我，我不可能不受刺激，因为他们的意思绝对是想让我把这两百万当作礼物自己收下。我把此事说给加的斯的几位商人听，他们都认为，莫罗家族的人没有错，既然那笔投资已经中止，那么，我不论获取了多少利润，莫罗家族都无权分割。我于是取出几份原始文件，想证明利瓦德斯的投资确实用到了船上，假如船不幸失事，我给出去的一百万，我也是有权要求收回的；但我看得很清楚，莫罗这个姓氏具有强大的威慑力，要是我请这些商人组成一个仲裁委员会评判此事，那么，结果很可能对我不利。

我又咨询了一位律师。他对我说，莫罗家族的掌门人并没有在舅舅亡故前与其沟通，因此，他是在未经亡者许可的情况下撤走这笔投资的，而我使用这笔钱完全遵循了亡者的意愿，因此，这笔投资实际上还是在我这里；莫罗家族入账的一百万，其实是另一笔一百万，与投资的一百万完全没有关系。我的律师建议我到塞维利亚法院起诉莫罗家族，我照他的意思做了。我打了六年的官司，花了十万皮阿斯特，尽管如此，我还是败诉了，而那两百万也留在了我这里。

一开始我想把这笔钱投到宗教领域，但我害怕，一部分功德会归这讨厌的莫罗家族所有。因此，我至今还是不知道该如何使用这笔钱。目前，我在做资产负债表时，仍然将这两百万当作我的负债。所以说，我的儿子，您现在该明白了，我禁止您与莫罗家族有任何瓜葛是有充足理由的。

故事说到这里，有人来找吉普赛人首领，众人便各自散去。

浦睿文化 出品

[波]扬·波托茨基 著
方颂华 译

萨拉戈萨手稿(下)

Manuscrit trouvé à
Saragosse

Jean Potocki

第三十三天

我们重新上路。没过一会儿，犹太浪人就与我们会合了，他如此这般地接着说起他的故事：

犹太浪人的故事（续）

就像我上次说到的那样，我们慢慢成长起来。虽说善良的德利乌斯因失明不能亲眼见证，但他一直用谨慎的作风引导我们稳步前行，用卓越的见解为我们指明坦途。遥想往事，竟然已经过去了十八个世纪，在我这漫长的一生中，恐怕也只有童年能让我回想起些许美好和快乐。我像爱我父亲那样爱德利乌斯，我和我的朋友杰马努斯也情同手足。但我和他经常发生争执，争执的主题始终是宗教。犹太教教义是不容异己的，我的宗教思想深受这种理念熏陶，因此我不停地对他说："你们崇拜的那些偶像，个个都有眼睛，却什么也看不到；个个都有耳朵，却什么也听不到。这些偶像全是由金银匠铸造出来的，老鼠都会在上面打洞做窝。"杰马努斯一直回答我说，偶像本身并没有被看作神，我对埃及人的信仰完全是一无所知。

他总是一成不变地这样回答我，最终反倒让我好奇心大起。我求杰马努斯替我在卡埃莱蒙祭司[1]面前美言几句，请他亲自向我传授一些他们宗教的知识。当然，这件事只能秘密进行，要是犹太教会的人知道了，我会被耻辱地开除教籍。卡埃莱蒙非常喜欢杰马努斯，因此，我的请求没费什么周折就被答应了。第二天夜里，我遵照昐咐，去了伊西斯神殿附近的一个小树林。杰马努斯将我介绍给卡埃莱蒙，他让我坐到他身边。在双手合十冥思一段时间后，他用我完全能听懂的下埃及大众语言念起这样一段祷告：

埃及祷告书

哦，我的神啊，你是万物之父

崇高的神啊，你向你的子民显迹

你是以言创世的圣体

你是灵与像相通的圣体

你是大自然创造不出的圣体

你是比任何力量都更强大的圣体

你是比任何高度都更高大的圣体

你是让任何赞美都不能尽言其善的圣体

---

[1] 原注：或指在杨布里科斯（Jamblique）的《埃及秘仪》(Les Mystères de l'Egypte) VII, 4（265, 17—266, 3）及 IX, 4、波菲利（Porphyre）的《与阿奈玻论魔鬼书》(Lettre à Anebon)（可参见圣奥古斯丁《上帝之城》, X, 11）中被当作权威提到的卡埃莱蒙（Chairemon）。此卡埃莱蒙被确认是一位埃及的祭司、斯多葛派哲学家，约在公元 49 年成为青年尼禄的导师。

请接受我用心与言献上的感恩祭

　　你是不可言说的,你也在静默中完成你的宣道

　　你将种种与真知相悖的谬误去除

　　请称许我,支援我,让那些不知道你的人加入进来,从此和熟知你的人一样,享受圣恩,成为你的兄弟,你的孩子

　　你是我的信仰,我要把这信仰向世人高声宣扬

　　在自我的升华中,我领悟了人生,沐浴了光明

　　我愿融入你神圣的光环中,这份诉求,也来自你的启示

　　做完祷告,卡埃莱蒙转身对我说道:"我的孩子,您看,我们和你们一样,有一个以言创世的神。您刚刚听到的这段祷告词,来自《太阳神的学问》[1],此书被我们认为是三倍伟大的托特所作,在我们所有的节庆活动中,他的作品都会被人列队抬出。现在,我们保留有两万六千卷据传是这位生活在两千年前的哲学家写下的文字。由于流传下来的只是祭司誊抄的版本,因此他们在抄写的过程中有可能添加了不少内容。此外,托特的文字充满一种晦涩、玄妙的形而上学,后世的阐释不免五花八门,各不相同。所以,我向您传授的,只能是那些得到最广泛接受的教义,它们与迦勒底人的教义有相当多的类似之处。宗教与这世间所有事物一样,会受到一种缓慢而持

1　原注:《太阳神的学问》(*Poimandrès*)是一部实际由新柏拉图主义作家写于公元4世纪的伪经,作者托名为"三倍伟大的赫尔墨斯"(公元2—3世纪时,希腊神话中的赫尔墨斯和埃及神话中的托特这两个古老的神结合在一起,这时的赫尔墨斯就不再指希腊神,两者结合起来的新神被叫作"三倍伟大的赫尔墨斯"。——译注)。"埃及祷告书"是对《太阳神的学问》31(80—84)—32(85)等部分的意译。

久的作用力影响,这股力量会在潜移默化中不断改变事物原有的形式和属性。最终,在几个世纪后,人们以为始终如一的那个宗教,传递的理念已与最初不尽相同:有些寓意人们再也无法参透,某些教理人们只能将信将疑。

因此我只能向您保证,我传授给您的是我们古时宗教的教义,在底比斯有拉美西斯二世的浮雕,您通过这些浮雕可以看到古时宗教的各种仪式。我把当年我多位老师给我上的课复述给您听,之前我也是这么给我的学生上课的。

我给您的第一个建议是,不要迷恋形象,也不要痴迷于象征,而应该专心把握所有形象与象征的内涵。河泥象征的是一切属性为物质的存在。神身坐莲叶,在河泥上戏水,这意味着思想建立在物质之上,却不必与物质有实际的接触。这是你们的立法者[1]曾使用过的象征,他当时谈论的话题是圣灵可寄附于水上。有人确信,摩西是被太阳城即赫里奥波利斯[2]的祭司抚养成人的,而你们的礼仪、习俗确实与我们有诸多相近之处。和你们一样,我们有祭司世家,有先知,有割礼,以及其他很多相似点。"

卡埃莱蒙的课正上到这里,一位伊西斯神殿的辅祭敲响午夜的报时钟声。我们的老师对我们说,他要去神殿做一些神职工作,我们可以在次日夜幕降临的时候再来找他。

"你们离歇脚点不远了,"犹太浪人说道,"请允许我把后面的故

---

1 译注:犹太立法者指摩西。
2 译注:今埃及开罗。

事留到明天再说。"

浪人走远后,我对他刚才说的话进行了一番思考。我觉得,其中有相当明显的贬低我们宗教原则的意图,他似乎想通过这样的方式,帮助那些想劝我改宗的人实现计划。但我也很清楚我恪守荣誉的法则,因此,在这个问题上我是绝不会越雷池一步的,别人不论采用什么样的方式,都是不可能成功的。

我们到了歇脚点。午饭的过程和平日没有不同。用餐结束,吉普赛人首领有了空闲,便如此这般地接着讲起他的故事:

吉普赛人首领的故事(续)

年轻的苏亚雷斯对我讲述完他家族的故事后,开始有了几分睡意。我知道,他要恢复身体,充足的睡眠是必不可少的,我于是请他把后面的故事留到次日夜里再说。他果然睡得很香。第二天夜里,我觉得他的气色有了好转。趁着他还没有睡意,我请他接着讲他的故事,他便如此这般地说起来:

洛佩·苏亚雷斯的故事(续)

我之前对您说到,我父亲给我下了三条禁令:不能让人用"堂"

来称呼我，不能拔剑，也不能与贵族交往；但最为重要的另一条禁令，是不可以与莫罗家族发生任何瓜葛。另外，我还告诉过您，我唯一的兴趣爱好是阅读小说。于是，将父亲的谆谆告诫牢记于心后，我便开始到加的斯的各家书店购买这类书籍，期待它们能给我的远行带来无穷的乐趣。

我登上一艘三桅商船，离开我们这座炎热干燥、尘土飞扬的半岛城市，心中颇有几分畅快。而船经过一处处鲜花盛开的安达卢西亚海岸时，我却有流连之意。我们的船开进瓜达尔基维尔河，来到塞维利亚。我无暇逗留，只是抓紧时间找骡夫。我找到一个，但他提供的不是带驮轿的骡车，而是相当舒适的四轮马车，我雇了他。我把我在加的斯买的那些书堆满车厢，然后就朝马德里的方向进发。

从塞维利亚到科尔多瓦沿途各地的好风光，莫雷纳山区如画的景致，拉曼恰牧民的田园生活……万千见闻，配上我最爱看的小说，真可谓情趣无限。我的心灵深受感染，这一路上它沉浸在种种全新的感受中，时而激情澎湃，时而温情脉脉。总之，我可以对您这样说，抵达马德里的时候，我已经深深坠入爱河，只是我还不知道，我爱的对象该到哪里寻找。

一进都城，我就去了马耳他十字客栈。当时已到正午，客栈的人马上就在我的房间里给我准备好餐具。我先整理起行李，通常来说，远行者刚进客房都是会这样做的。就在我整理的过程中，我听到也看到门锁那边有动静。我走过去推开门，推的时候动作略猛了一点。我感受到的阻力让我判断出门外有人，而且我把他给撞了。确实，门完全推开后，我看到门后站着个衣着讲究的男子，他正不停地揉着被撞的鼻子。

"堂洛佩大人，"陌生人对我说道，"我在客栈里听说名士加斯帕尔·苏亚雷斯尊贵的公子到了，就赶紧来向您表达敬意。"

"先生，"我对他说道，"假如您只是想进我的房间，那么我开门的时候，您应该是额头上被撞了个包。但您现在受伤的地方是鼻子，看来，您当时或许是把眼睛放在锁眼上了吧。"

"太妙了！"陌生人说道，"您的分析毫无破绽。的确，有了结识您的打算后，我就想事先了解一下您行为举止的特点。我看到您在房间里来回走动，整理您的小物件，您流露出来的高贵气质真是让我深深地着了迷。"

说完这番话，陌生人不请自入地进了屋，并接着对我这样说道："堂洛佩大人，我是旧卡斯蒂利亚[1]布斯克罗斯家族的后人，我们的家族是真正的名门，您千万别把我们和其他姓布斯克罗斯的人混为一谈，他们都是从莱昂王国[2]出来的。我本人名叫堂罗克·布斯克罗斯，不过，从今往后，我不想再靠自己的姓氏显赫，我只愿忠心为大人您效劳，以此求得声名。"

此时我想起父亲的禁令，于是说道："堂罗克大人，我要告诉您，我与父亲加斯帕尔·苏亚雷斯道别的时候，他给我下了条禁令，不允许我接受'堂'这个称谓；除此之外，他还禁止我与任何贵族交往，因此大人您可以看到，您的盛情我已不可能领受。"

听到这话，布斯克罗斯的神情变得极为严肃。他对我说："堂洛

---

1 译注：旧卡斯蒂利亚是西班牙历史地理区，最初位于现布尔戈斯省一带，现属卡斯蒂利亚-莱昂自治区。
2 译注：莱昂王国存在时间为910—1301年。现在的卡斯蒂利亚-莱昂自治区就由当年的莱昂王国和旧卡斯蒂利亚共同组成。

佩大人，大人您刚才对我说的这番话实在是让我无比难堪，因为我父亲在去世前曾给我下过一道命令，但凡遇到商界名士，都要使用'堂'这个称谓，此外还要尽力与他们结交。因此大人您可以看到，您要是不想违背您父亲的禁令，就必然导致我违背我父亲的最后心愿；您越是尽力避开我，我就越要全力争取常在您身边出现。"

布斯克罗斯的这段道理听得我不知如何是好。加上他说话时神情极为严肃，我父亲又禁止我拔剑，我已别无他法，只得尽自己可能避免争执。

不过，堂罗克在我的桌子上发现了几枚八字金币，是那种每块价值八个荷兰杜卡托的金币。"堂洛佩大人，"他对我说道，"我收集这些钱币，而且想收全所有的铸造年份。我看到，您这里恰好有我缺的两个年份。收藏爱好者都有什么样的癖好，您肯定是知道的。我想，我给您个施恩于我的机会，您一定会很高兴，或者更准确地说，这个机会不是我给的，是偶然中的天意。这种钱币是从一七〇七年开始铸造的，从那一年起到现在，我几乎所有年份的版本都有，恰恰就缺您这里的两个年份。"

我尽可能客气地把这两个金币交给堂罗克，希望他能就此离开，但他的用意根本就不在此。

布斯克罗斯脸上又挂起严肃的神情。他对我说道："堂洛佩大人，我觉得，我们要是在同一个餐盘里一起吃饭，恐怕会很不方便，而且汤匙和叉子只能轮流使用，因此，我想再去叫一套餐具来。"

说罢，布斯克罗斯就出门去打招呼。没过一会儿，有人给我们送来第二套餐具。我不得不承认，我这位不速之客在饭桌上的言谈是相当有趣的，要不是有违父命让我感到难过，我原本会很高兴和他一同进餐。

吃完饭后,布斯克罗斯马上就走了。我等阳光炽热的那段时间过去后也出了门,在别人的带领下,来到普拉多大道。这里的秀丽景色我非常喜欢,但我更迫切想看到的地方是丽池公园。丽池公园作为幽静的散步佳处,在小说中常成为浪漫情节的背景。我心头突然生出一种不知从何而来的预感,我觉得,自己也会在那里觅到一个知音,寻到一份真情。

这座美丽的公园出现在我眼前时,我喜不自禁,个中感受我实在难于用言语向您道明。原本我应该会忘情地久久欣赏美景,但突然一个发亮的物体在我眼前闪了一下,定睛看去,那东西在离我两步远的草丛里。我的情绪一下子被从狂喜中拉回来。我将它拾起来,原来这是块挂在一截断了的金链上的像章。像章上画的人是位非常英俊的年轻男子,像章的背面用金丝带绑着一束头发,金丝带上刻着这样一行字:"一切都属于你,我亲爱的伊内丝。"我把这个饰物放进口袋,然后继续散步。

绕了一圈后,我又回到原来的地方。有两个女人站在那里,其中一位非常年轻、非常漂亮,她在地上四处搜寻,神情悲伤,看起来应该是丢了什么东西。我自然当即猜出,她要找的就是那个像章。我恭敬地走到她身边,对她说道:"女士,我想您要找的东西是被我拾到了。但为了慎重起见,我暂时不能交出来。请您先向我描述一番这东西的模样,才好证明它是您的失物。"

"先生,"这位美丽的陌生女子对我说道,"我找的是个连在一截断了的金链上的像章,您看,金链剩余的部分还在我这里。"

"不过,"我向她问道,"像章上有没有刻着什么文字呢?"

"刻着一句话,"陌生女子脸上泛起一道红晕,然后这样说道,"这句话的意思是,我叫伊内丝,像章上画的那个人把自己的一切都交付给我。好了,现在您还有什么不能归还失物的理由吗?"

"女士,"我对她说道,"您还没有告诉我,这个把一切交付给您的幸福的人,他究竟是何许人也。"

"先生,"她对我说道,"我认为,您出于慎重问的问题,我有必要回复您,但您的好奇心我没有义务满足。我真不清楚,您哪儿来的权利这样向我发问。"

"我的好奇心?"我回答她说,"或许不应该这么说,更准确的称呼应该是回报。说到我这样向您发问的权利,我想向您指出,那些归还别人失物的人,一般总会得到一笔正当的报酬。我想得到的回报,就是请您对我说几句话,虽然这几句话可能会使我成为这世上最不幸的男人。"

这位美丽的陌生女子神态严肃地对我说道:"初次见面您就这样得寸进尺,真是太过分了。再说,想凭这种办法获得第二次见面的机会,实在不可靠。不过,您的要求我还是愿意满足您。像章上画的那个人,他是……"

正在此时,布斯克罗斯出人意料地出现在旁边的一条小径上。他带着骑士的派头走到我们面前,对我们说道:"女士,我要向您道贺,因为您刚刚结识的是一位名门之子。他父亲是加的斯最富有的商人。"

陌生女子的脸上显露出极为愤怒的表情。"有些人可以让陌生人随便搭讪,"她说道,"但我认为我不是这样的人。"接着,她转身看着我说道:"先生,请将您拾到的像章还给我。"

她随后跳上马车，从我们眼前消失了。

有人来找吉普赛人首领，他请我们允许他把后面的故事留到第二天再说。等他走后，那位如今只被我们称作劳拉的犹太丽人转身看着贝拉斯克斯，向他问道："公爵先生，这个叫苏亚雷斯的青年，对于他那满腔激情急待释放的样子，您是怎么看的？这个被通称为爱情的东西，您是否曾花工夫思考过、研究过？"

"女士，"贝拉斯克斯回答她说，"我的体系是涵盖自然界万事万物的，因此，大自然在人心中设置的所有情感同样应该包括在内。对于人的情感，我理所当然地进行过全面深入的研究，并给出了我的定义。我在爱情方面的研究尤为成功，因为我发现，用代数的语言表达这种情感是完全可能的。您知道，只要是能与代数联系上的问题，都可以得到明确无误的解答。

"实际上，我们可以假设'爱'是一个正值，前面带有正号；'恨'是与'爱'相对立的负值，前面带有负号；而既不爱也不恨的漠然态度，这是个没有量值的情感，等同于零。

"假如我用'爱'来乘以'爱'，也就是说我'热衷于''爱'，甚至还可以是我'喜欢''热衷于''爱'，那么我得到的始终是正值。毕竟，正数乘以正数结果总是正值。

"可是，假如我'憎恶''恨'，那我就会重新回到属于爱的那些情感中，或者说，我会重新得到正值。毕竟，负数乘以负数结果是正值。

"相反，如果我'讨厌''憎恶''恨'，那我就又进入了与爱相对立的情感中，或者说，我得到的将会是负值。毕竟，负数的立方是负值。

"至于说拿'爱'乘以'恨'或是拿'恨'乘以'爱',结果始终是负值。毕竟,正数乘以负数,负数乘以正数,得到的结果都是负值。的确,不论我是'恨''爱',还是'爱''恨',我的情感总归是与爱相对立的。

"美丽的劳拉,我的这段论证您有什么可反驳的吗?"

"完全没有,"犹太女子说道,"我确信,这样的论证,任何一个女人听了都会折服。"

"换作我肯定不会这样,"贝拉斯克斯接着说道,"因为要是这么快就折服,那她就听不到我接下来的推理,或者说,听不到根据我上述原理推导出来的结论。我现在就接着论证下去:由于'爱'与'恨'特性明确,如同一正一负两个相反数,所以,对于'恨'这个概念,我同样可以写作'负爱',不过,切莫把'负爱'与'漠然'混为一谈,因为后者的属性等于零。

"现在,请您细想一下,情人之间都有哪些行为。最初他们相爱,然后相恨,接着又憎恶曾经的恨,他们于是会比以前更为相爱,但后来一个负因数的出现又让之前的所有情感全转化为恨。在这个过程中,我们不可能忽略,各阶段的情感或者说幂值呈现出正负交替的发展趋势。最后您听说,男人用匕首杀死他的情妇。您想必会非常困惑,不确定这到底是爱至深还是恨至切的结果。其实这相当于一个代数问题,当指数为奇数时,我们要求的那个根 x 可能是正值,也可能是负值。

"这样的现象是非常真实的,因为您常常会看到,小小的反感也可以成为爱的发端。这种反感是个小的负值,我们用负 b 来表示;

反感会引发争执，这种争执我们用负 c 来表示。两者相乘，结果却变成了正号，我们可以用 bc 来表示，也就是说，我们最终得到了一个正值，一种爱的情感。"

此时，这位让我觉得虚情假意的乌泽达小姐打断贝拉斯克斯，对他说道："公爵先生，要是我听明白了您的意思，那么，爱的最佳表示法可能应该相当于按（x-a）的幂展开，假设 a 比 x 小得多的话。"

"可爱的劳拉，"贝拉斯克斯说道，"您理解了我的思路。是的，迷人的女士啊，研究人的内心和进行其他运算一样，都应该拿牛顿爵士提出的二项式定理作为我们的指路明灯。"

随后，众人就四散而去。不过，经过这段对话，所有人都能轻易地看出，这位美丽的以色列女子给贝拉斯克斯的头脑和内心都带来了最为强烈的震撼。由于他和我一样具有戈梅莱斯家族的血统，我毫不怀疑，有人会利用这位可爱女子对他的巨大影响力，促使他改宗为穆斯林。相信事情的发展将会证明我的猜测是准确的。

第三十四天

一大早,我们就上马赶路。犹太浪人没有料到我们走得这么早,远远落在了我们后面。过了很久,他才出现在我们面前。他照旧站在我的身边,如此这般地说起来:

犹太浪人的故事(续)

第二天一入夜,我就赶着去伊西斯神殿旁的小树林。可敬的卡埃莱蒙已静候在那里,准备给我上课。我们都坐下后,他如此这般地说起来:

"尽管我们看重形象和象征,但我们依然信仰一个神,一个比其他所有神都更崇高的神。托特的文字就是相关的印证。他在书中是这样说的:

> 这个首位的主神是在独一无二中与一切隔绝的,他于是是一成不变的。甚至智慧也不能与他结合,其他任何东西都同样不能。

他是他自己的父亲,他是他自己的儿子,也是神的唯一父亲。他是善,他是所有思想、所有最原始存在体的源头。

这个首位的主神是自给自足的,因此只能靠其自身解释自身。他是原则,是万神之神,是独一体中的单子,也是本质的开端;他是先于智慧存在的,他的名字叫诺亚塔克(Noétarque)。[1]

"我的朋友们,你们看,"卡埃莱蒙接着说道,"对于神的理解,其他人的想法都达不到我们这么高的境界;此外,我们认为,可以把神自身的一部分属性、神与人之间的一部分关系归为神的性质,这样我们就有了分解出来的各种神性,或更准确地说是各种神力。

"因此,我们将神的思想称作'艾麦弗'(Emeph),当思想通过语言器官表达出来后,我们将其称作'托特'(Thot,说服),或是'阿尔麦特'(Armeth,诠释)。

"当神的思想在守护真理的同时降临人间,并发挥了传播、繁衍的功效,那它就被称作'阿穆恩'(Amoun)。

"当思想增添了技与艺的协助,它就被称作'普塔'(Ptah),或是'伏耳甘'(Vulcain)。

"当思想表现出更崇高的善济天下的意义,那它就被称作'奥西里斯'(Osiris)[2]。

"我们把神看作是独一无二的,是一体的。但他与我们建立起了无限友善的关系,这让我们认为,我们可以不带任何亵渎的意思,

---

[1] 原注:这段话是对杨布里科斯《埃及秘仪》VIII,2(261,9—262,8)部分的意译。
[2] 原注:参见杨布里科斯《埃及秘仪》VIII,3。

将神看作是多体的；因为他的的确确是多元的，而从我们可以感知到的他的那些性质来看，他也是千变万化、无限丰富的。

"至于守护神或者说魔，我们认为，我们每个人都有两个，一个是善的，一个是恶的。英雄的灵魂就具有魔的属性，因此，它们在各种灵魂当中排名居首[1]。

"从属性上说，诸神可比作以太，英雄和魔可比作空气，而普通的灵魂在我们看来就有几分类似于大地。神的意愿，我们将其比作充盈世间各处的光。

"早先的口传教义还向我们提到天使或信使的能量，它们的职责主要是传达神的命令，但除此之外还有其他一些层次更高的本领，希腊化时代的犹太人称之为执政官或是天使长。

"我们当中那些受命做祭司的人，觉得自己有能力让神、魔、天使、英雄、灵魂在现实中出现，但他们在施这些通神术的时候，免不了会稍许扰乱此世的秩序。

"神降临大地时，太阳或月亮会从凡人眼前消失一段时间。

"天使长身体周围环绕着一团比天使更耀眼的光。至于英雄的灵魂，光要弱于天使，但强过普通人的灵魂。在影子的作用下，普通人的灵魂几乎是黯淡无光的。

"黄道十二宫的那些王，他们呈现出来的形态都是非常威武的。

"此外，在这种种存在体显迹的时候，还会伴随出现无数各具特色的场面，以便相互区分。比方说，恶魔每次现身时，总会给世间带来一些恶的影响，这也使他们具有很高的辨识度。

---

[1] 原注：参见杨布里科斯《埃及秘仪》VIII，6（269，1）。

"至于偶像,我们认为,假如根据一定的天象启示,再借助一定的通神术手法,在制造偶像的时候,是可以还原少量神的本质的。但这种技艺欺骗性很强,根本不配被称作对神的真正认识,我们是摒弃它的。只有层次很低的祭司才会相信它,这些祭司远不能和我有幸所属的这个层次的祭司相提并论。

"我们这个层次的祭司如果有谁召唤神,从某种意义上说,他这时是在共享神的本质。尽管如此,他依然还是凡人,只是神性可以进入他的身体,甚至能达到一定的程度。从某种意义上说,他与他的神结合到了一起。当他进入这种状态时,他可以很轻易地对大地上的野蛮恶魔发号施令,并逼他们脱离所依附的身体。

"偶尔,我们的某些祭司用石头、草和动物身上的东西为原料,混合成一个可以接受神力的物件,但祷告才是将祭司与他的神结合在一起的真正纽带。

"所有这些我向你们阐释的教理和仪规,并不是托特所说,也不是出自生活在拉美西斯二世时代的三倍伟大的赫尔墨斯。按照我们的看法,它们的真正作者,是先知比提斯[1],他最受人们尊崇的时代是在两千年前,他解释了第一代赫尔墨斯的各种观点。但就像我之前对你们所说的那样,随着岁月的变迁,原先的释义早已有了变化,并被添加了其他内容。我觉得,这个古老的宗教流传到今天,不可能没有混入种种杂质。

---

[1] 原注:比提斯(Bitys)是杨布里科斯曾提及的智者,《埃及秘仪》VIII, 5:"这条路径,赫尔墨斯也曾勾勒过;而先知比提斯将其阐释给阿蒙王听。"比提斯或许就是佐西姆斯(Zosime)《论字母欧米伽》(*Commentaires Sur la Lettre Oméga*)当中提到的比托斯(Bitos)。

"最后,假如我要一点不漏地什么都告诉你们,那我要说,我们的祭司有时竟敢用威胁的腔调与神交流。因此,在祭祀的时候,这些祭司会这样说话:

> 我向你们提的要求,你们要是不满足我,我就去把伊西斯千方百计藏匿起来的东西找出来。我会揭露冥府的秘密,我会打烂装奥西里斯的箱子,把他的肢体四处抛撒[1]。

"我必须坦白地告诉你们,这样的咒语我是完全不赞成的,连迦勒底人都绝对不会这么做。"

卡埃莱蒙的课正上到这里,辅祭敲响了午夜的报时钟声。我看你们也快到歇脚点了,请允许我把后面的故事留到明天再说。

犹太浪人走远了。贝拉斯克斯肯定地对我们说,刚才这段故事于他而言,内容没有任何新意,因为全都能在杨布里科斯那本书里找到。"这本书我曾非常专心地读过,"他补充说道,"我一直搞不懂,评论者既然觉得,波菲利写给埃及人阿奈玻的信是真实可靠的,那为何又会认为,埃及人阿巴蒙回应这封信是波菲利编造出来的故事[2]?我觉得实际情况恰恰相反,波菲利的作品融入了阿巴蒙的很多

---

1 译注:埃及有一些关于冥府的神话传说。无论是作为丰产神还是冥王神,奥西里斯的妻子都是伊西斯。据说奥西里斯被弟弟恶神塞特害死在一个箱子里,身体被切成多块,但伊西斯后来在天神的帮助下,使奥西里斯复活,并从此成为冥府之王。
2 原注:是否应该读一读杨布里科斯的作品?埃及祭司阿巴蒙对波菲利写给阿奈玻的信做出回应,这些回应其实在杨布里科斯《埃及秘仪》这部论著中是能够看到的。

回应，此外再添加了一些关于希腊哲学家和迦勒底人的评述。"

"管他什么阿奈玻阿巴蒙呢，"乌泽达说道，"我可以向你们保证，这个犹太人向你们说的全是不折不扣的实情。"

我们来到歇脚点。一顿简餐用罢，吉普赛人首领有了空闲，便如此这般地接着讲起他的故事：

吉普赛人首领的故事（续）

年轻的苏亚雷斯在对我说完花园相会这段故事的结局后，看起来有了睡意。他要恢复身体，充足的睡眠是必不可少的。我便任他沉沉睡去。第二天夜里，他如此这般地接着讲起他的故事：

洛佩·苏亚雷斯的故事（续）

我心中满怀对那位陌生丽人的爱慕，同时又充斥着对布斯克罗斯的愤怒，我就在这样的状态中离开了丽池公园。第二天是星期天，我觉得，要是把教堂都跑一遍，我或许会遇上我心仪的那位女士。前三座教堂都让我无功而返，但到第四座教堂时，我发现了她。她也看到了我。弥撒结束后，她走出教堂，来到我身边，特意在离我很近的地方对我说道："那像章上的人是我哥哥。"

说完，她就走了，而我一直愣在原地动弹不得，因为这短短的一句话让我听得回不过神来。显然，她做出这番让我定心的举动，只能说明她开始对我产生兴趣。

回到客栈，我请人把我的中饭送到房间，同时心中默念，千万不要再看到那个布斯克罗斯。没想到的是，把我的汤端过来的人竟然就是他。他对我说道："堂洛佩大人，我今天推掉了二十场邀约，因为我早就向您声明过，我只想全心全意为大人您效劳。"

我非常想对堂罗克大人说几句不客气的话，但话到嘴边，我就想起我父亲严禁我拔剑的事，我觉得，他这其实是要防止我与他人发生任何争执。

布斯克罗斯让人给他送来一套餐具。落座之后，他带着种非常自得自满的神态看着我，并对我说道："堂洛佩大人，您得承认，昨天我帮了您一个非常大的忙。我扮出一副傻乎乎的样子，对那位女士说您是位富商的公子。她佯装怒不可遏，但其实只是想让您以为，她是个对财富毫不动心的人。别信她这套，堂洛佩大人。您风华正茂，既有才学，又相貌堂堂，但女人爱上您的时候，总会多多少少考虑到您的家产。至于我，我就不用担心这样的事。女人要是爱我，她们只会爱我这个人，一旦与利益相关，我就绝不会造什么情孽。"

诸如此类的话，布斯克罗斯也不知道说了多久。不过，他吃完饭就走了。天黑后，我去了趟丽池公园。但我有种神秘的预感，这一次我不会见到那位陌生丽人。果然，她并没有出现，相反，布斯克罗斯又来了，而且整晚都没有离开。

第二天，他又跑来和我共进午餐，走的时候他告诉我，他要在丽池公园与我会合。我对他说这天我不会再去了，不过我心里也很清楚，他是不可能相信我的话的。太阳一落山，我便来到去丽池公园的必经之路，躲进路边的一家商店。在那儿没待多久，我就看到布斯克罗斯从店门前经过；他去了公园，因为没找到我，没过一会儿，就折返回去了。看到这一幕，我才自己去了公园。在转了几个来回后，我终于看到那位陌生丽人进来了。我毕恭毕敬地走到她身边，看起来，我这副架势并没有让她感到不快。我不知道，我是否该为她在教堂外说的那句话表达谢意。

看着我窘迫不安的样子，她有意为我解困。她带着笑意对我说道："按您上次的那套说法，归还失物时，有权领取一份合情合理的回报，于是，您凭着自己捡到像章，想了解我与像章上的人是什么关系。这关系现在您已经清楚了，那么您就不要再向我追问任何问题了，除非我又丢了什么东西被您捡到了，因为那样的话，您自然有权向我要求新的回报。可是，假如别人总看到我们在一起散步，那会很不妥当。再见了，不过，今后您要是有什么话想对我说，但说无妨，我是不会制止您的。"

说罢这番话，陌生丽人优雅地向我施礼道别，我也带着深深的敬意向她回礼。之后，我虽然身体已到了相邻的另一条路上，但目光还一直流连在刚才的那条小径。陌生丽人又转了几个来回才离开公园。在登上马车的那一刻，她最后望了我一眼，我感到，她的这道注视明显透露出几分对我的好感。

第二天早上，占据我心中的始终是同一种情感，我脑子里也一直想着这情感该如何往下发展。我认为，或许过不了多久，美丽的伊内丝就会允许我和她书信传情。我是个从没有写过情书的人，我觉得，有必要在正式写之前先练习练习，这样才能把握好这种行文风格。我于是拿起笔，写下这样的一封信：

洛佩·苏亚雷斯致伊内丝·某某

　　伴随着我羞涩的心跳，我的手在颤抖，它在抵抗，它拒绝把这一个个字写下来。确实，这些字，它们又能表达什么呢？当爱发声时，哪个凡夫俗子能记录下它的原话？笔根本无法跟上它的节奏。

　　我本希望把我所有的想法都汇聚在这张纸上，但它们早已飘散而去。它们迷失在丽池公园的树丛中，它们停留在留有您足印的沙地上，再也不肯回来。

　　属于我们国王的这座公园，它真的仅似表面上那么美吗？不，并非如此，它的真正魅力其实存在于我的眼中，而放入这魅力的人是您。来这公园的人并不多，但要是别人也看出了我所发现的美，这里是否会成为人流不息的热闹景点？

　　在这座公园里，草地比往日更加清新，茉莉花也竭力散发出缕缕清香，而您穿越的那片小树林，它的阴影正与您如爱侣般紧密相依，它珍惜这段情缘，于是使出浑身解数，要与灼热的日光抗争。而这一切，只是因为您从它们面前走过。可这里还有一颗心，一颗您常驻于斯的心，您将给它带来怎样的改变？

　　写完这封信后，我重读一遍，觉得实在是满纸的荒唐言。因此，我放弃了修改的念头，也不打算把它寄出。不过，或许是想让自己的美梦有始有终，我还是封笺盖印，并在信封上写了一句：给美丽的伊内丝……我随后就把信扔进一个抽屉。

接着，我有了出门的想法。在穿过马德里一条条大街小巷后，我来到白狮客栈门前。我发现这里是个吃中饭的好地方，而且可以避开讨厌的布斯克罗斯。用罢午餐，我就回到自己的客栈。

我打开放情书的那个抽屉，信却不见了。我向手下询问情况，他们对我说，除了布斯克罗斯，再没有人来过。我敢肯定，信一定是被他拿走了。我非常不安，不知道他究竟会拿去做什么。

到了晚上，我没有直接去丽池公园，还是先躲进上次那家商店。没过一会儿，我看到载着丽人伊内丝的那辆马车出现了，布斯克罗斯手里挥着一封信，跟在车后面跑。他不断地打手势，不断地叫喊，车终于停下来，他亲手把信交进车里。接着，马车继续往丽池公园驶去，而布斯克罗斯走上了另一条路。

我不太清楚这一幕会以什么方式收场，但还是缓步向公园走去。在公园里，我看到丽人伊内丝与她的同伴坐在一条长椅上，长椅的椅背紧靠着一棵千金榆。

她示意我到她身边去，并请我坐下，接着对我说道："先生，我必须向您讨个解释。首先，请您告诉我，您给我写这一堆疯话是什么意思？其次，您为什么要请那么一个人帮忙？我很不喜欢他放肆的作风，我想，这您也应该能看得出来吧？"

"女士，"我回答她说，"我给您写了这封信，这一点千真万确，但我原本并不打算把这封信交给您。我只是为求行文之乐才写这封信的，写完后就把它放进了一个抽屉，没想到信被这个讨厌的布斯克罗斯偷偷拿走了。我来马德里后，这个人就一直给我找麻烦。"

497

伊内丝笑起来。她带着欢喜的神情把信又看了一遍,接着对我说道:"原来您叫洛佩·苏亚雷斯。那么,加的斯那位了不起的大商人,您是他的亲戚吗?"

我回答说我是他的亲生儿子。

伊内丝又和我闲聊几句,随后便起身朝马车的方向走去。上车前她对我说道:"您这些疯言疯语我留着不合适,我把信还给您。不过,您可别把它弄丢了,说不定哪一天我会再找您要的。"伊内丝把信交还给我,同时还和我握了握手。

在此之前我还从未和女人握过手,我只是在小说里读到过这种事。但光凭阅读,我不可能准确理解其中的快乐。有了亲身体会后,我不禁感叹,这种表达情感的方式真是太让人陶醉了。我深深感到,自己是这世上最幸福的男人,在这样的情绪中,我回到客栈。

第二天,布斯克罗斯又赏光和我共进午餐。"怎么样?"他对我说道,"那封信被送到该送的地方了吧?看您脸上的表情,我就知道我做的事产生了良好的效果。"

我不得不承认,我确实需要向他表达几句谢意。

晚上,我又去了丽池公园。刚进去,我就看到伊内丝,她走在我身前大约五十步远的地方。她身边没有女伴,只有个家丁远远跟在后面。她扭头看了一眼,然后继续向前走,但手中的扇子落在了地上。我赶紧追上去,把扇子捡起来交还给她。她优雅地接过扇子,然后对我说道:"我向您承诺过,只要您向我归还失物,您就可以得到合情合理的回报。既然如此,我们就坐到那条长椅上,好好商量一下这件大事。"

她带我到昨天的那条长椅上坐下,然后对我说道:"好吧,您归还像章后，问出来像章上的人是我哥哥。那么，现在您又想知道点什么呢？"

"啊！女士，"我回答她说，"我想知道您是谁，您姓什么，您又依靠谁生活。"

"听我说，"伊内丝对我说道，"您或许以为，我会迷恋上您的财富，但假如我告诉您，我父亲和您父亲同样富有，那您就该打消掉这个念头——我父亲是银行家莫罗。"

"天啊！"我叫起来，"我没听错吧？啊！女士，我真是这世上最不幸的男人。我要是再对您念念不忘，就必将遭到我父亲、我祖父和我曾祖父的诅咒，我曾祖父叫伊尼戈·苏亚雷斯，他在海上磨砺了青春，后来在加的斯建起我们的商号。看来，除了死，我已经无路可走！"

此时，布斯克罗斯的头从长椅后的千金榆里探出来。他把头埋在伊内丝和我当中，然后对她说道："女士，他的话您一个字也不要信。他想摆脱别人的时候，总是要这套伎俩。他不想与我结交，于是就编了个借口，说他父亲禁止他和贵族往来。现在，他又改了说辞，说他担心惹恼他的曾祖父伊尼戈·苏亚雷斯，此人在海上磨砺了青春后，又在加的斯建起一家商号。女士，您千万别灰心，想钓这些有钱的小男人总是挺费劲的，必须先让他们看到饵，他们才会上钩。"

伊内丝极度气恼地站起身，朝她的马车走去。

故事说到这里，有人打断吉普赛人首领，我们当天晚上就没有再见到他。

第三十五天

大家重新上马,继续在山间游荡。我们走了大约一小时后,犹太浪人出现了。他像往常一样,站在贝拉斯克斯和我当中,如此这般地接着说起他的故事:

犹太浪人的故事(续)

次日夜里,可敬的卡埃莱蒙像往常一样和善地迎候我们。随后,他对我们说道:

"昨天我们谈的内容太多,我还来不及对你们说一条被我们一致接受的教理,不过,这条教理在希腊人那里更有名,因为柏拉图使其一度成为潮流。我想说的这条教理,是对言语的信仰,或者说,是对神的智慧的信仰,对于言语或者说神的智慧,我们有时称作'曼德尔'(Mander),有时称作'麦特'(Meth),偶尔还会称作'托特'(Thot,说服)。

"我还有一条教理要告诉你们。它是由三个托特当中的一位创立的,他叫'三倍伟大的托特'。根据他的设想,神性是分布在三大神力中的：被他称作圣父的神本身，此外还有圣言和圣灵。

"以上就是我们的基本教理。至于说我们的训言戒律，都很简单、纯粹，涉及我们这些祭司的内容，就更是如此。践行美德、斋戒、祷告——这些就是我们的生活组成。

"我们严守只吃素食的规则，这使得我们不易血脉偾张，想战胜内心的冲动也变得简单得多。阿庇斯神[1]的祭司甚至严禁自己与女人有任何交往。

"我们宗教当下的状况就大体如此。在好几个重要的问题上，它已与古代的宗教相去甚远。其中之一是灵魂转生论，这一说法的支持者现在已寥寥无几，但在七百年前毕达哥拉斯客居我国的时候，这可是流传极广、信众极多的理论。在我们的古代神话中，还谈到了万千星辰上的很多神，他们被称作司星之神，但时至今日，这一学说只有占星的术士才会用。我之前对你们说过，宗教与世间万物一样，始终处在变化之中。

"接下来我还想说的，就只剩下我们的神圣秘仪了，我会把所有你们有必要知道的内容都说给你们听。首先，你们要相信一件事：懂了秘仪之后，你们对我们神话的起源并不会有更深入的了解。打开历史学家希罗多德的书看看吧——他是个懂秘仪的人，在书中几乎每一页，都能看到他对此事的自夸；但他对希腊诸神的起源，似乎并不比普通民众知道得更多。

"他称作圣言圣语的东西与历史毫无关联。那都是些被罗马人称

---

[1] 译注：阿庇斯（Apis）是最早将神性表现在动物身上的神祇，象征丰饶及生产力，外形为公牛，孟斐斯人多崇拜他。

作'Turpi loquens'的东西，或者说是污言秽语。每个学秘仪的人，都要听一段有悖礼义廉耻常识的故事。在厄琉息斯，是宝珀在家中接待刻瑞斯的故事；在弗里吉亚，是巴克科斯的爱情故事[1]。

"在埃及，我们觉得，这些污言秽语属于一种象征，它们反映出物的本质会有多么卑劣，除此之外的用意，我们也不清楚。罗马有个叫西塞罗的著名执政官，他前些年写了本书谈神的本性[2]。他坦承自己并不知道意大利的宗教信仰从何而来。不过，他是做过占卜官的，因此，托斯卡纳宗教中的所有秘仪，他其实都是了解的。懂秘仪的作者，写出来的所有作品都透露着无知，这说明，懂了秘仪，也不能使我们更明白我们宗教的起源。毕竟这一切都确实是上古的事情。在拉美西斯二世的浮雕上，你们就能看到祭祀奥里西斯的仪式。三千多年前，巴克科斯将阿庇斯和姆奈维斯[3]引入埃及，从那时起，埃及人就开始信奉并祭拜它们。

"因此，掌握秘仪并不会带来什么智慧，既无法了解宗教的起源，也无法明白神的历史，甚至都不能参透我们那些象征的含义。但是，研究秘仪的机构依然对人类非常有益。假如有人因为犯下某个严重的错误而自责，或是觉得自己的手杀过人、沾过血而不再干净，那么，他可以来到秘仪祭司那里，承认自己的罪行，随后就可以通过洗礼涤除罪恶。在这个救赎式机构存在之前，很多人会因为

---

1 译注：刻瑞斯在希腊神话中对应的神叫德墨忒尔，宝珀是她的女儿，据说她用掀自己裙子的方式让德墨忒尔重开笑颜；巴克科斯即酒神狄俄尼索斯，他的爱情对象有男有女，爱情故事放荡畸形。弗吉尼亚是位于今土耳其中西部的历史地区之名。
2 原注：西塞罗，《论神性》。
3 原注：阿庇斯是孟斐斯的神牛。姆奈维斯是赫利奥波利斯的神牛，象征着太阳。

不能再靠近神坛而被社会排斥,并由此变成强盗。

"在密特拉秘仪中,信徒们会得到面包和葡萄酒,用这样的一顿餐被称作领圣体:有罪的人与神重修旧好,从此开始新的生活。与他之前的生活相比,这新的生活更加纯洁无辜。"

听到这里,我打断犹太浪人,并向他指出,圣体圣事在我看来是仅与基督教相关的。

贝拉斯克斯接话道:"不好意思,我想说一句。关于这个问题,我曾读过殉道者圣犹斯定的著作,他的说法与书中的内容契合程度非常高。书中甚至还补充说,魔鬼刻意效仿后世基督徒必做之事。这充分说明,魔鬼有多么狡诈。不过,还是请您接着讲下去吧,流浪的犹太大人。"

于是犹太浪人如此这般地接着讲下去:

"不论是哪里的秘仪,"卡埃莱蒙说道,"都有一个相同的仪式内容:一个神死了,人们将他安葬,随后几天还会为他流下伤心的泪水;但神后来又复活了,人们笑逐颜开,欢呼雀跃。有人认为,这个现象是一种象征,它代表的是太阳,是周而复始洒向人间的阳光;不过,通常来说,人们还是觉得,它象征的是赐予大地的种子。"

"好了,"祭司又补充说,"好了,我的犹太少年,关于我们的教理和礼仪,我能告诉您的,差不多就是这些了。您看,你们的先知无数次指责我们,说我们是偶像崇拜者,可实际情况并非如此;不过,我要坦白地说一点,我觉得,不论是您的宗教,还是我的宗教,都难以再满足各自的民族了。放眼看看四周,我们会处处感受到不安，处处体会到求新求变的诉求。

"在巴勒斯坦，人们成群结队地来到沙漠里，想听一位在约旦河给人洗礼的新先知的教诲。在我们这里，您会见到江湖郎中式的犹太僧侣，将波斯宗教与我们埃及宗教混为一谈的祆教祭司；一个叫阿波罗尼奥斯[1]的年轻人披着头金发，从一个城市流浪到另一个城市，自诩为毕达哥拉斯；一些街头卖艺的人自称是伊西斯女神的祭司。过去的宗教已被遗弃，神殿冷清荒凉，祭台上再无香烛燃起。"

故事说到这里，犹太浪人发现我们离歇脚点已不远，便悄然而去，消失在山谷中。

我把贝拉斯克斯公爵拉到一边，对他说道："请允许我征询一下您对犹太浪人所言的看法。他说的某些话是不适合我们听的，而且我觉得，也是与我们的信仰相悖的。"

"阿方索大人，"贝拉斯克斯回答我说，"凡是有思想的人，看到您流露出的虔诚之情，都会心生敬意。我敢冒昧说一句，在信仰这个问题上，我要比您更加开明，但我的信仰同样炽烈、同样纯粹。我可以通过我的体系证明这一点，这个体系，之前我已经和诸位谈过几次，实际上，它无非是对神意以及神无穷智慧的一系列思考。因此，阿方索大人，我是这么看的，但凡是我觉得没什么妨碍的话语，您听的时候也不必瞻前顾后。"

贝拉斯克斯的这个回答让我彻底安了心。到了晚上，吉普赛人

---

1 译注：阿波罗尼奥斯（约前262—前190），古希腊数学家，与欧几里得、阿基米德齐名，年轻时曾前往亚历山大学习。

首领空下来后,便如此这般地接着讲起他的故事:

吉普赛人首领的故事(续)

年轻的苏亚雷斯对我讲述他在丽池公园的倒霉故事后,看起来有了睡意。他要恢复身体,好好休息是必不可缺的条件,我便任他睡去。次日,我来守夜的时候,他如此这般地接着讲起他的故事:

洛佩·苏亚雷斯的故事(续)

我满心爱意,时时刻刻都想着伊内丝。与此同时,相信您也能猜到,我还满腔怒火,恨透了布斯克罗斯。不过,我再怎么恨他,也无法阻止他第二天重新出现在我面前。就在我点的汤被送过来的那一刻,这个讨厌的家伙又来了。他吃了几口垫垫肚子后,便这样对我说道:"堂洛佩大人,我很理解,像您这个年纪,您其实还没有结婚的念头,您不会像别人那样年纪轻轻就干这种蠢事。但是,您拿您的曾祖父会动怒当借口,搪塞一个女孩,这真是种奇思怪想。您这位曾祖父叫伊尼戈·苏亚雷斯,他在海上磨砺了青春后,又在加的斯建起一家商号。您运气还算好,我插的那段话算是把局面修补了一下。"

"堂罗克大人，"我回答他说，"您已经帮了我很多次忙，我想再请您帮一次，那就是您今晚别再去丽池公园了。我确信，今晚美丽的伊内丝是不会再上那儿去了，即便去，也不会再和我说话了。不过，我想去长椅上坐坐，就是昨天我和她坐在一起的那条长椅，我想在那里倾诉自己的不幸，尽情哀叹，尽情悲歌。"

堂罗克神情极为严肃地对我说道："堂洛佩大人，大人您刚刚对我说的这番话，带着种非常伤人的意思在里面啊，我听了以后会觉得，我忠心为您效劳，却不可能换回让您满意的荣幸。没问题，您想一个人哀叹，想尽情哭诉您的不幸，我完全可以做到不妨碍您。可是，美丽的伊内丝还是有可能上那儿去的，要是我不在，您那些冒冒失失的行为，由谁来修补呢？没有人，根本就没有人。堂洛佩大人，我对您实在是太忠心了，所以这件事我不能听从您的安排。"

吃完中饭，堂罗克就马上离开了。等阳光炽热的那段时间过去后，我立即出门赶往丽池公园。不过，我还是像往常那样，先躲进路边的商店。布斯克罗斯这家伙又出现了，他去了趟丽池公园，没找到我，然后又转回来。看他的架势，他似乎接着朝普拉多大道的方向走了过去。我于是走出藏身处，来到那个给我带来无数欢喜、无数忧伤的地方。我坐在前一天的那条长椅上，泪水涟涟。

突然，我觉得有人拍了一下我的肩膀。我以为是布斯克罗斯，便气恼地转过身来，但我看到的是伊内丝，散发出女神般高贵气质的她正面带微笑地看着我。她坐到我身边，命她的女侍退后几步，然后对我说了这样一番话：

"我亲爱的苏亚雷斯，昨天您真的让我非常生气，因为我不明白，您为什么要对我说您的祖父、曾祖父。不过，我现在已经打听出来是怎么回事了。我知道,一个世纪以来,您的家族一直不愿与我们家族有任何瓜葛,当中究竟发生过什么恩怨我是不清楚的,但据说这些事其实并未造成任何严重的后果。话说回来,尽管您有您的难处,但我也同样有我的烦恼。我的生活长久以来一直受我父亲支配,在我结婚这件事上,他非常担心我有和他不同的想法。他希望我尽量别出门,不允许我常去普拉多大道,也不允许我到剧院看戏。但偶尔出门透透气总是免不掉的,也只有在这样的情况下,他才肯答应我和陪媪一起来这里散步。丽池公园是个游客稀少的地方,所以他觉得,我在这里抛头露面并没有什么风险。他给我定下的未婚夫是位那不勒斯的贵族,名叫桑塔·毛拉公爵。我觉得,他娶我只是为了得到我的财产,来壮大他的家业。对我这个未来的终身伴侣,我始终持非常疏远的态度,在见到您之后,我这种态度又坚定了许多。我父亲是个极为顽固的人,尽管如此,他妹妹阿瓦洛斯夫人还是能在很大程度上影响他的想法。我这位亲爱的姑妈像对待最好的朋友一样,给予我无微不至的关心,她也很不喜欢那个那不勒斯的公爵。我和她谈起过您,她非常想与您结识,请和我一起到我的马车那儿去,阿瓦洛斯夫人的一位手下正在公园门口等您,他负责带您去见她。"

让人敬爱的伊内丝说完这番话,我满心欢喜,千百种甜蜜的前景在我心头浮现。我跟着她来到她的马车旁,然后又去了她姑妈的家。我很荣幸地得到阿瓦洛斯夫人的赏识。此后几天,我总是在同一个时间去拜访她,而她的侄女也始终在她家里等我。

我的幸福持续了六天。到了第七天,我听说桑塔·毛拉公爵来到了马德里。阿瓦洛斯夫人劝我千万别泄气,她的一个女佣还神秘

地交给我一封信。信是这样写的:

伊内丝·莫罗致洛佩·苏亚雷斯

我要嫁的那个可憎的男人到了马德里,我们家现在到处都是他的手下。我得到许可,换到一幢窗户朝向奥古斯丁小巷的楼里回避来客。窗户不算太高,我们可以在窗户旁交谈一小会儿。我有些话要说给您听,这些话对我们的幸福至关重要。请在夜色初降时赴约。

我收到这封信时刚刚傍晚五点,夜色初降要等到晚上九点。我还有四个小时的时间,但不知道该如何打发。我决定去一趟丽池公园。一看到这个地方,我自然会沉浸在甜蜜的遐想中,时间再长对我来说都会浑然不觉。到了公园,我先转了几圈,突然,我迎面看到布斯克罗斯。我的第一反应是爬到身边一棵枝叶繁茂的橡树上去,但我身手不够敏捷,没爬上去。重新落地后,我干脆坐到一条长椅上,毫不畏缩地迎候我的敌人。

堂罗克带着他平日里的那副神情,自鸣得意地来到我身边,对我说道:"看起来,堂洛佩大人,莫罗小姐的美丽最终还是战胜了您曾祖父的怒火啊。您那位曾祖父叫伊尼戈·苏亚雷斯,他在海上磨砺了青春后,又在加的斯建起一家商号……您怎么不理我啊,堂洛佩大人?好吧,既然您不肯说话,那么,我想坐在这条长椅上,向您说说我的故事。您肯定会觉得我的某些经历挺古怪的,但听了后您可以多点见闻。"

我决定在夜幕降临前保持忍耐，便任由布斯克罗斯做他想做的一切。于是，他如此这般地讲起他的故事：

堂罗克·布斯克罗斯的故事

我是堂布拉斯·布斯克罗斯的独生子，他是另一位布斯克罗斯的幼弟的幼子，而这位布斯克罗斯又是家族幼门里的幼子。

我父亲有幸以步兵团掌旗官的身份为国王效力了三十年。眼看自己多年的勤勉无法换回一个少尉官衔，他便离开军营，到阿利亚祖洛斯小镇上安家。在那里，他娶了个贵族出身的小姐。这位小姐有个做议事司铎的叔父，他给了他们六百皮阿斯特供他们养老。这场婚姻并不长久，唯一的结晶就是我本人。在我刚满八岁时，我父亲就去世了。

从此，只有我母亲一人照顾我，但她也并不是很上心。或许她觉得，多运动对孩子的身体是有益的，于是，她就任由我从早到晚在大街小巷上乱跑，从不关心我都做了些什么。和我同龄的孩子想出门却不能随便出，既然如此，我就上他们家看他们。久而久之，他们的父母都习惯了，我随便进出，也没人在意。于是，我就有了随时进入全镇任何一户人家的特权。

我有颗天生喜欢观察的心，因此总会特别留意每家每户关起门后的家事，乐此不疲。这些事我都会原样告诉我母亲，她每次都听得津津有味。我甚至应该坦率地说，多亏她的循循善诱，我才有了一身管别人闲事的好本领。当然，这本领主要是用来服务对方，而并不是为我自己谋利。

有一刻，我突发奇想，我觉得要是把我们家发生的一切告诉左邻右舍，或许也会让我母亲非常高兴。没人上我们家做客，她也不和别人交往，但仅有的几个邻居听了我讲的故事后，整个镇上的人很快就全都熟悉了她。突然成为焦点人物，她非但没有高兴，反倒狠狠惩罚了我一顿。我就此明白，只能把外面的新闻往家里传，而不能把家里的事对外张扬。

过了段时间，我发现，不论我到谁家去，主人都会想尽办法回避我。这让我深受刺激。在处处受阻的情况下，我的好奇心只会变得愈发强烈。为了让我的视线能进入一户户人家的内室，我想尽了办法。幸而，镇子上的建筑用的都是轻型材料，天花板仅由一块块木板拼接而成，这为我的行动创造了非常有利的条件。一到半夜，我就爬上一间间阁楼，悄悄用钻头在天花板上钻出小孔。没过多久，每家每户的秘密就全在我掌握之中了。我把这些秘密说给我母亲听，我母亲又接着说给阿利亚祖洛斯镇上的所有居民听，或者更准确地说，是每遇到一个人就单独说给对方听。

大家自然都能猜到，这些事全是我告诉我母亲的。于是，我一天比一天招人恨。我不论去谁家都要吃到闭门羹。但老虎窗他们总是要开的，我就蜷缩在阁楼里，神不知鬼不觉地分享我这些同乡的生活。他们虽然不情愿，但事实上还是收留了我，我住在他们家里，却让他们无可奈何。有时候我觉得，自己和老鼠差不多。我和这种动物还有一个共同点，那就是只要有可能，我就会悄悄溜进放食物的地方，找点东西充饥。

等我到了十八岁，我母亲对我说，我该去找份差事做了。不过，对于就业这件事，我内心里很早以前就有了打算。我想做个律师，这样就有无数机会了解别人的私生活，而且还能光明正大地插手他们的家事。我学习法律的计划就这样敲定了，接着我就来到了萨拉曼卡。

萨拉曼卡是座大城市。它和我出生的那个小镇相比，简直是天壤之别，我的好奇心终于有一片广阔的天地来满足了！而且还有如此多的新阻碍等着我去跨越！在这里，每幢房子都有好几层楼，一到夜里，大门都关得严严实实；更刺激我的是，为了让房间通风透气，二楼、三楼的住户还会彻夜敞开窗户。我一眼看出，光凭我一个人是什么事也干不了的，必须找几个能帮得上忙的朋友，联手完成我的计划。于是，我一边上我的法学课，一边研究我各位同学的性格，防止错找了不合适的人。最后我发现，有四个人看起来会与我性情相投，我便在半夜里和他们结伴闲逛，但起初仅限于在街头喧哗打闹。

最后，我看一切都铺垫得差不多了，便对他们说道："我亲爱的朋友们，这座城市的居民彻夜敞开窗户，你们难道不佩服他们的勇气吗？怎么，就因为住在比我们头顶高二十尺的地方，他们就觉得有权俯视我们这帮学生？他们这样睡觉简直是对我们的侮辱。他们踏踏实实地过生活，我心里就不能踏实。我决定先看看这些人家里都有哪些故事，然后再向他们展示展示我们的本领。"

这番话赢来一阵掌声，不过，大家还是不清楚我究竟想干什么。我于是干脆把话挑明："我亲爱的朋友们，首先要有一把梯子，十五尺高就可以了。你们当中出三个人，用大衣把自己的身体裹好，然后动作轻巧地拿起梯子往前走，别人远远望去，只会以为你们是鱼贯前行的路人。你们假如再留点意，就挑街上最暗的地方走，贴着墙边拿梯子，那就更没人怀疑你们了。梯子拿到房前，等要用的时候，我们再将它竖起来，靠在一面窗户前。我们当中要有个人负责爬上去，他一爬到我们想观察的位置，其他人就各自散开，分别把守一方，以确保大家的安全。把楼上的情况打探出来后，我们再看有什么事情可干。"

这个计划得到一致赞同。于是，我找人做了把很轻便但很结实的梯子。梯子刚拿到手，我们就忙不迭地用起来。我挑了幢外观相当不错的房子，窗户也不是太高。我把梯子靠好，然后就爬了上去。我找了个特别的位置停下来，此时，假如从房间里面向外看，除了我的头，什么也看不见。

这是个满月之夜，但最初那一刻，我眼前一片漆黑，什么也分辨不出来。过了一会儿，我突然发现有个男人在床上满脸惊恐地盯着我看。过度的惊吓似乎让他丧失了说话的功能。不过，他终究还是开了口。他对我说道："这颗还在滴血的可怕头颅啊，请你不要再纠缠我了，不要再为一桩无心之罪谴责我了！"

堂罗克的故事说到这里时，我发现太阳已经落得很低了，由于没戴手表，我便向他询问此刻的时间。

这个挺简单的问题似乎深深冒犯了他。"堂洛佩·苏亚雷斯大人，"他略有点不快地对我说道，"一位雅士深感荣幸地向您叙述他的故事，而您却在故事说到最有趣的时候打断他，问他现在几点。我觉得，您这样的举动，和骂他是个烦人精基本上没什么分别。当然,我认为这样的骂名是不该落到我头上的,就让我带着这样的信念,接着讲我的故事吧。"

看到对方将我当作一颗还在滴血的可怕头颅,我便尽自己所能,摆出最恐怖的表情。盯着我看的那个男人再也受不了了,他跳下床,冲出房间。不过,原来躺在床上的并不只是他一个人,一个少妇醒了过来,从被子里伸出两只圆润的胳膊。她看到了我,于是起床来到她丈夫刚才夺门而出的地方,将那扇门反锁好,然后示意我进屋。梯子有点短,我只得求助于房檐上的一个建筑装饰。我抬起一只脚搭在上面,然后纵身一跃,冲进房间。女士近身打量我一会儿后,似乎意识到自己认错了人,我也看出来,她应该正在等另一个人。不过她还是请我坐下,然后自己到一旁添了条衬裙。

女士回到我身边。她拿了把椅子在离我几步远的地方坐下,随后对我说道:"先生,我在等我的一个亲戚,他要来和我谈点家事,您肯定看得出,他选择从窗户进来,是有他充足的理由的。至于您,先生,我不曾有幸与您结识,我也不清楚,您怎么会在这样一个时间到我家里来,现在可不是接待客人的时候。"

我回答她说:"夫人,我本意并不是来府上拜访,我只是想把头抬到您的窗户外,看看房间里会发生什么有趣的事。"话既然说到这里,我便顺势把我的情况全讲给这位少妇听,从我的兴趣爱好,到我年少时干的那些事,再到我与四个年轻人结伙、请他们帮我完成计划的这段故事。

看起来,在我整个讲述过程中,女士一直听得非常认真。听完后,她对我说道:"先生,您刚才对我所说的这些话让我对您心生敬意。您说的非常对,在这个世界上,没什么事能比了解别人家里的隐私更有趣了。在这个问题上,我一直怀有和您相同的想法。我不能留您继续待在我这里,不过,我们可以改天再见。"

"夫人,"我对她说道,"在您醒过来之前,我有幸让您丈夫看到了我的脸,他把我的脸错当成一个可怕的头颅,以为这颗头颅为了他犯下的一桩无心之罪来谴责他。其中的前因后果,劳驾您说给我听听吧。"

"您的这份好奇心,我完全可以理解,"女士说道,"明天傍晚五点钟我们在公园见面吧,到时候,我会和我的一个女友去那里。不过,今天晚上,我们还是就此告别吧。"

女士礼数周到地将我送到窗口。我爬下梯子,与同伴会合,然后将我进屋的这段见闻向他们描述了一遍。第二天傍晚五点,我准时来到公园赴约。

堂罗克的故事说到这里时,我发现太阳已经落到很低很低的位置了。我不耐烦地插话道:"堂罗克大人,跟您说实话,我有件非常重要的事情要做,所以我不得不向您告辞。等您下一次赏光到我住所和我共进午餐时,您可以再把后面的故事讲给我听,这对您来说没有什么不便。"

布斯克罗斯神情变得极为严肃,他对我说道:"堂洛佩·苏亚雷斯大人,我现在看得很清楚,您确实想冒犯我。果真如此的话,您不如直接向我讲明白:您把我当成了一个寡廉鲜耻的饶舌之徒,一个招人厌烦的家伙。但这不可能,堂洛佩大人,我不可能相信您会这样看待我,我还是接着说我的故事吧。"

我在公园见到了那位女士,她和一位女友在一起,这位女友身材高挑,长得也很漂亮,和她差不多年纪。我们三人一起坐在一条长椅上,那位女士想用一种特别的方式向我介绍她自己,便如此这般地讲起她的故事:

弗拉丝克塔·萨莱诺的故事

我父亲是个英勇的军官,我是她的幼女。他一生勤勉尽责,所以他的薪水在他去世后并没有断,只是换作抚恤金的名义发给他妻子。我母亲带着我姐姐和我回到她的出生地萨拉曼卡,想就此过深居简出的生活,我姐姐叫多萝特娅,我叫弗拉丝克塔。在萨拉曼卡的一个偏僻街区里,我母亲有幢房子。她请人将房子重新装修了一遍,并配上家具,我们就此安顿下来。我们的日子过得非常节俭,这也和我们房子朴素的外观非常相配。

我母亲既不允许我们去剧院,也不允许我们看斗牛表演,连去公园散步都明令禁止。她本人既不上别人家做客,也不在家中接待宾客。因此,我什么娱乐也没有,基本上只能成天靠在窗边看窗外的风景。

我对文雅之士有种天生的好感。假如窗外的大街上走过一个打扮和气质都不错的男人,我就会目不转睛地看他,一直看到对方也注意到我,并确信自己让我产生了某种兴趣。我含情脉脉地看路人,路人也从不会无动于衷。有些人向我打招呼，有些人向我投来欣赏的目光，少数几位还会反复从街头经过。他们这么做明显没有别的用意，只是想多看我几回。我母亲注意到我这个小把戏后，便对我说道："弗拉丝克塔，弗拉丝克塔，您在那儿干什么呢？请学学您姐姐，端庄一些，严肃一些，要不然您是找不到丈夫的。"

我母亲估计错了，因为我姐姐现在依然待字闺中，而我已经结婚一年多了。

其实，我们这条街很荒凉，能看到外表值得我关注的行人，是种稀有的乐趣。不过，一旦遇上有眼缘的，这一带的环境也有它得天独厚的一面：在离我们家窗户很近的地方有棵大树，树下有条长椅，假如有人想痛痛快快地看我，他就可以坐在这条长椅上，这样既不会招人怀疑，也不会引人注意。

有一天，来了个年轻男子，他坐到长椅上，从口袋里掏出本书读起来。无论是打扮还是气质，这个男子比我之前见过的所有人都要胜出一筹。不过，他一看到我，书就再也读不进去了。我们四目相对，他久久无法挪开目光。随后的几天，这个年轻男子每天都来。有一天，他走到我的窗下，看起来像是在寻找什么东西。过了一会儿，他向我问道："小姐，您没有什么东西掉下来吗？"

我说没有。

"那算我倒霉，"他接着对我说道，"不过，假如说您脖子上那个小十字架掉下来的话，我就会把它捡起来，然后带回家。能够拥有某件曾属于您的物品，就能让我有理由幻想一下，与其他坐过这条长椅的人相比，我对您来说或许略有些不同。您在我心中掀起了层层波澜，愿这波澜能换回您在茫茫人群中对我身影的稍许关注。"

正在此时，我母亲进了屋。我来不及向年轻男子回话，但迅速把十字架从脖子上摘下来，然后扔出窗外。

傍晚时分，来了两位女士。在她们身后，紧跟着一个身穿华美制服的男仆。两位女士取下头纱，在长椅上坐下来。此时，其中的一位从口袋里掏出一团叠好的纸，她把纸打开，拿出一只金制的小十字架，然后略带嘲弄地看了我一眼。我确信，那个年轻男子借花献佛，把我人生的第一件信物转送给了这位女士。我怒火中烧，一夜未能成眠。

第二天，我的那个负心郎又坐到他的长椅上。我极为惊讶地看到，他也从口袋里掏出一团纸，然后把纸打开，拿出一只小十字架，深情地亲吻了一下。

到了傍晚，来了两个穿着前一天那种制服的男仆。他们端来一张桌子，盖好桌布后就走了。但没过一会儿他们又回来了，这次他们带了冰激凌、巧克力、橘子水、饼干以及其他一些类似的小吃。随后，昨天傍晚来的那两位女士也出现了，她们坐在长椅上，让人把小吃端过来慢慢享用。

我母亲和我姐姐原本是从不在窗边看风景的，但听到这一连串盘子、瓶子的响声，她们也很难再保持往日的镇定。窗下的一位女士发现了她们，或许是我母亲和我姐姐的样子都很招她喜欢吧，她邀请两人一起享用美食，只是请她们提供几把椅子。

我母亲也没有多推辞，她马上让人端了几把椅子放在街上。我们添了点饰物，随后便来到那位盛情邀请我们的女士面前。走到她近前时，我发觉她与我那位负心郎长得很相像。我猜测她可能是他的姐妹。经过一番暗中的推理，我认为，他和她提起过我，并把我

517

的十字架交给了她。前一天她来这里只是为了看看我的模样。没过一会儿，大家发现忘了带勺子过来，我姐姐便回屋去拿。紧接着，大家发现餐巾也没准备，我母亲想让我回去拿，但那位女士向我使了个眼色，我于是回答说，我不知道餐巾放在哪儿，让我去找的话恐怕永远也不会找到，我母亲便自己回屋了。她刚一离开，我就向那位女士问道："女士，我觉得，您应该有个和您长得很像的兄弟吧？"

"不，女士，"她回答我说，"您说的这个兄弟，就是我本人。不过，现在还是请您仔细地听我往下说。我确实有个兄弟，他叫圣卢加公爵，而我本人很快要做阿尔科斯公爵，因为这个家族的女继承人要做我的新娘。我实在忍受不了我未来的妻子，但要是我公开拒绝这门亲事，必将有不幸的事发生到我家里来，这不是我想看到的。既然我的婚姻无法由我自己做主，那我只好暗中决定，把我的心保留给一个比阿尔科斯家族女继承人更值得爱的人。女士，我绝不是想对您说一些有辱名誉的事。您是不会离开西班牙生活的，我也不会。但我相信，命运会制造出偶然的机缘，让我们未来相聚在一起。假如命运没有这样安排，那我也会自己创造与您重逢的机会。您母亲就要回来了。这里有枚戒指，上面镶的这颗独粒钻石是非常珍贵的。我选这样一枚价值连城的戒指，只是想让您相信，我不会编造自己的出身来蒙骗您。我请求您接受我的这件信物，看到它，您就能想起我。"

我是在我母亲极为严苛的家规下长大的，我很清楚，一旦从名誉的角度考虑，我就必须拒收这件礼物。但我最后还是决定把礼物收下来，我当时到底想了些什么，此刻我已经记不得了。我母亲带着餐巾回来了,我姐姐也把勺子拿来了。那位陌生的女士整晚都极为周到地对待我们。分别时,宾客双方对彼此的印象都非常好。但那位可爱的男士再没有出现在我的窗下,他很可能已经和那个阿尔科斯家族的女继承人成亲了。

我知道,那枚戒指要是一直放在家里,迟早是会被发现的。于是,在接下来的这个星期天,我趁着一家人去教堂的机会,把戒指扔到脚下,装作是别人的失物捡起来,然后再交给我母亲看。她对我说,戒指上镶的可能是一块玻璃,但我还是应该把失物放在口袋里收好。教堂附近有家珠宝行,我们把戒指拿给老板看,老板的估价是八千皮斯托尔。这么高的价格让我母亲听呆了,她对我说,最合适的处置方式,或许是将戒指献给帕多瓦的圣安东尼,他是我们家族的保护人,但要是把戒指卖了,那我和我姐姐出嫁时就有了丰厚的嫁妆。

"对不起,妈妈,"我回答她说,"我觉得,我们应该先贴告示,把我们捡到戒指的事说出来,但不要透露戒指的价值。如果真正的主人出现了,我们就把戒指还给他;如果一直没人认领,那么,不论是我姐姐,还是帕多瓦的圣安东尼,他们都无权过问这戒指,因为戒指是我捡到的,它毫无疑问该归我所有。"

我母亲无言以对。于是,我们在萨拉曼卡全城贴满告示,说有一枚戒指等待认领,不过,戒指的价值没有透露。您自然能猜得到,没人以失主的身份来找我们。

收了这样一份珍贵的礼物,送礼物的那位年轻人自然在我心中留下了难以磨灭的印象。在此后的一个星期里,我再没有出现在窗口。不过,惯性的力量实在过于强大,我最后还是回到从前那样,终日里流连窗外的风景，而且几乎把所有的时间都用在这件事上。

窗外的那条石椅，曾经是少公爵坐着看我的地方。可现在坐在上面的，是位身材肥硕的先生，他几乎把整条石椅都占满了，但他的性格看起来非常平和、非常安静。他发现了站在窗口的我，看起来，我的存在让他感到不舒服。他扭转身体，背对着我，可是，尽管他已经看不到我了，我还是让他浑身不自在，因为他每过一会儿就会带着不安的神情扭动身体，变换姿势。他很快就起身离开了，走之前，他还用眼神表达出内心的某种愤怒之情；奇怪的是，他第二天又来了，之前的那幕场景于是重演了一回。在扭动了两个月的身体后，他向我求婚了。

我母亲对我说，像这样的好夫君，可不是天天都能遇到的，她命我接受求婚。我听从了她的命令，我的名字便从弗拉丝克塔·萨莱诺变成了堂娜弗朗西斯卡·科纳德斯，并住进了昨天您见到我的那个屋子。

成为堂科纳德斯的夫人后，我一心只想着怎么让他过上幸福的日子。这一点我做得很成功，三个月后，他的幸福感和满足感比我期待的还要多，但特别糟糕的是，他以为他也让我变得无比幸福。他脸上那种美满的表情和他的身材相貌极不相称，也让我觉得讨厌、觉得不耐烦。幸而这种福乐安康的日子没有维持太久。

有一天，科纳德斯刚出家门就看到个小男孩，小男孩手里拿着张纸，神情似乎有些慌张。科纳德斯想把纸拿过来看个究竟，经过一番生拉硬拽，纸上的字露了出来，这是一封写给"可爱的弗拉丝克塔"的信。科纳德斯摆出一副凶神恶煞的样子，小信使吓得一溜烟儿跑了。随后，他将这份珍贵的文件带回自己房间，仔仔细细地读起来：

> 我的财富、我的才干、我的姓氏，凭着这一切，我怎么会做不到让您与我结识？我已经准备好了，我要尝试一切，付出一切，穷尽一切办法，只求换来您对我的几分关注。那些主动向我献殷勤的人，或许都只是在欺骗我，而您从来没有给过我任何暗示。不过，我是个天性大胆的人。我在追求自己真情的时候，是什么也阻挡不了的。我的真情一旦出现，就不会有羁绊，也不会有节制——我唯一担心的事，就是始终处在不为您所知的状态。
>
> 培尼亚·弗洛尔伯爵

读了这封信，科纳德斯之前的幸福感、满足感顷刻化作乌有。他变得心神不宁、疑神疑鬼，不允许我随便出门，除非有我们一个女邻居的陪伴。他对这个女人的印象特别好，因为她是个堪称楷模的虔诚信徒。

但科纳德斯还是不敢和我明说他的痛苦，因为他不知道我和这个培尼亚·弗洛尔伯爵发展到了哪一步，他甚至都不知道，我是否清楚这个男人正深爱着我。不过，接下来又发生了无数可疑的事，让他的不安与日俱增。有一次，他发现家里花园的墙上靠着把梯子。又有一次，他觉得家里藏了个陌生人。此外，时不时还会传来小夜曲的声音，这种乐曲是最招吃醋的男人恨的。最后，培尼亚·弗洛尔伯爵的肆意妄为终于发展到没有底线的地步。有一天，我和我那虔诚的女邻居一起去了普拉多大道。我们在那里逛了很久,不知不觉,天色已晚,林荫道的尽头差不多只剩下我们两人。伯爵此时出现在我们身前,他向我正式表白了他的爱慕,并向我声明,他已下定决心,只给自己留两条路,要么拥有我,要么就告别人世。说完这些话,他用力抓住我的手,我不知道,要不是我们高声呼救,这个狂戾之徒会做出什么样的举动。

我们惊恐万分地回到家。虔诚的女邻居对我丈夫说,她从此不会再和我一起出门了。她还告诉我丈夫,要不是有位路过的修士出面制止伯爵,事态会变得无法收拾,而发生这一切,只因为我嫁了个几乎不懂如何让妻子受人尊重的丈夫。她接着说,宗教的确禁止我们报复他人,但有这样一个温柔忠诚的妻子,总该为她的名誉多做点防范。总之,培尼亚·弗洛尔伯爵敢这样肆意妄为,只能说明,他或许了解堂科纳德斯是个性格过于温厚的人。

第二天夜里,我丈夫从他惯走的一条窄巷回家。半路上,他看到前方有两个人挡住去路。其中一个提着把奇长无比的剑,朝墙上挥来舞去,另一个则对他说道:"太棒了,堂拉米尔大人,您实在是太英武了,您要是这样跟著名的培尼亚·弗洛尔伯爵较量一番,那么,那些修士,还有那些为人丈夫的家伙,他们深以为惧的心腹大患就会被除掉了。"听到培尼亚·弗洛尔这个可恶的名字,科纳德斯的耳朵竖起来,他蜷缩起身体,躲到旁边的一条昏暗的小路上。

"我亲爱的朋友,"拿着长剑的男人说道,"灭掉培尼亚·弗洛尔的气焰,对我来说不费什么力气。我并不想取他的性命,只是想教训他一顿,让他再也神气不起来。我拉米尔·卡拉曼萨被人称作西班牙第一剑客,绝不是浪得虚名,但让我困扰的是,我要靠一次次决斗来换回这个声名。只要有一百个多布隆[1],我就会找个海岛,过段逍遥的日子。"

这两个朋友又以同样的口气聊了一会儿。正当他们准备离开的时候,我丈夫从他的藏身处走出来,奔上去对他们说道:"先生们,培尼亚·弗洛尔让很多女人的丈夫不得安宁,我就是其中之一。你们要是想取他的性命,我肯定就当没听见你们刚才说了些什么。不过,你们现在只是想教训教训他,既然如此,我很乐意向两位奉上一百个多布隆,以保证你们在海岛上过逍遥的生活。请留在这里不要走,我这就回去取钱。"

说罢这番话,他真的回家取来一百个多布隆,交给可怕的卡拉曼萨。

第二天夜里,有人非常威严地敲打我们家的房门。我们打开门,看到门外站着一位法官和两名警员。法官对我丈夫说道:"先生,我们特意挑夜里来拜访您,是不想让您因为我们的到来而受到不该有的伤害,也不想让您的左邻右舍受到惊扰。我们来是为了培尼亚·弗洛尔伯爵的事,他昨天被人杀害了。尸体边有封信,看起来像是从一位凶手的口袋里掉出来的。这封信会让人认为,您给了凶手一百个多布隆,怂恿他们行凶杀人,并为他们畏罪潜逃提供方便。"

这时,我丈夫展现出我本以为他不具备的机智。他回答道:"我从没见过培尼亚·弗洛尔伯爵这个人。昨天,有两个陌生来客拿了张我去年在马德里开的承兑汇票给我看,汇票上写的金额是一百个

---

[1] 译注:多布隆是西班牙及拉丁美洲的古金币。

多布隆，我就把钱给付了。您要是愿意，我现在就把汇票找出来给您过目。"

法官从口袋里掏出一封信，然后说道："信上是这样写的：'这位好心的科纳德斯给了一百个多布隆，我们拿这笔钱去圣多明各岛吧。'"

"没错，"我丈夫说道，"这应该就是那张汇票兑换的一百个多布隆。这是见票即付的汇票，我没有权利拖着不付款，兑汇票的人是谁，我也不能过问。"

"我管的是刑事案件，"法官说道，"商业上的事我不在行。再见，科纳德斯大人，请原谅我们对您的打扰。"

就像我之前所说的那样，我丈夫此刻展现的机智令我吃了一惊。当然，我以往也在其他场合见识过他的才能，但那都是触及他本人利益的事，或是谈话谈到了他的身材长相。

等四下恢复平静后，我问我亲爱的科纳德斯，他是不是真的买凶杀了培尼亚·弗洛尔伯爵。起初，他紧咬牙关什么也不认，但最后还是坦白道，他给了剑客卡拉曼萨一百个多布隆，不过，他并没有让对方杀害伯爵的意思，只是想让伯爵别再那么猖狂。尽管如此，伯爵的死毕竟是与他有关的，这让他良心非常不安，他说，他想去圣地亚哥-德孔波斯特拉朝圣一次，或许还要再到更远的地方走一走，以求得上天的宽恕。

可以说，我丈夫的这段坦白就像是个转折点。从那以后，发生了一系列极为怪异、极不符合世间常情的事。差不多每天夜里，都会有可怕的幽灵出现，这让那颗原本就深深自责的心变得更加惶惶不安。几乎每件怪事都能和那一百个多布隆牵扯起来。在茫茫的黑夜中，偶尔会突然冒出一个声音："我来把那一百个多布隆还给你。"有时传来的则是数钱声。

一天晚上，一个女仆在某处角落里看到一只装满多布隆金币的盆。她刚把手放上去，却发现盆里的钱变成了一片片枯干的树叶，她赶紧连盆带树叶一起端来给我们看。

第二天晚上，我丈夫从一间房间走过。房间里没点灯，只有几束稀薄的月光照进来，恍惚之间，他仿佛看到房间一角有颗头颅被放在盆里。他惊恐万分地夺路而逃，然后把这场景说给我听。我跑过去一看，那只不过是他平日里用来套假发的头模，估计是被人无意间放进了他刮胡子的盆里。但我不想反驳他，甚至可以说，我巴不得让他继续惊恐下去，于是发出可怕的叫喊，并向他确认，我也看到了那颗令人胆战心寒的滴着血的头颅。

打那以后，家里差不多所有人都见过这颗头颅。我丈夫惶惶不可终日，弄得大家都为他的神志担忧。不过，想必我不说您也明白，这些幽灵事件都是我自创出来的。培尼亚·弗洛尔伯爵只是个虚构人物，造这个人物出来只是想让科纳德斯烦恼不安，让他别再像以前那样总是一脸幸福感和满足感。所谓的法官、剑客，他们都是阿尔科斯公爵的手下，公爵本人一结完婚就赶回了萨拉曼卡。

昨天夜里，我原本想狠狠吓唬我丈夫一次，我知道，他睡到一半肯定会离开卧房去他的办公室，因为那里有一个祈祷用的跪凳。于是，我把房子的大门锁好，准备在我丈夫离开卧房后，迎候公爵从窗户进屋。我相信，我丈夫是肯定不会看到他进来的，也肯定不会发现窗外的梯子，因为房子每天夜里都锁得严严实实，钥匙也放在我的枕头底下，他不可能起疑心。可突然间，您的头在窗前出现

525

了，我丈夫误以为那是培尼亚·弗洛尔的头颅，为了一百个多布隆的事来谴责他。

我最后要向您交代的一点，就是那个深受我丈夫信任、虔诚到堪称楷模的女邻居的身份。唉，这位女邻居，她其实就是公爵本人，他现在正穿着一身女装，出现在您面前，坐在我的身边。说实话，女装穿在他身上，真的是毫无破绽。到目前为止，我还恪守着身为人妻的职责，但另一方面，我也实在下不了狠心，与可爱的阿尔科斯分手。我到底能不能一直坚守美德，我自己也无法确定，假如非要让我做个决断，我想先得到阿尔科斯的求婚。

弗拉丝克塔的故事到这里就讲完了。公爵接过她的话对我说道："布斯克罗斯大人，我们向您透露自己的秘密，并不是没有用意的。我们想让科纳德斯赶紧去朝圣，我们甚至希望，他不要做完朝圣就算了，最好能让他通过这次旅行下定决心，到某个隐修院里专心悔罪。为此，我需要您和您手下那四位大学生帮忙，具体的计划我会向您解释的。"

布斯克罗斯的故事说到这里时，我发现太阳眼看就要完全消失了。我惊恐地意识到，我怕是要错过迷人的伊内丝对我的邀约了。我于是打断他的话，请他把阿尔科斯公爵的计划留到次日再说。布斯克罗斯像之前那样，用蛮横无理的方式回答了我。我此时再也抑制不住满腔的怒火，脱口对他说道："让人厌恶的布斯克罗斯，你把我的生活弄得每天都充满苦涩，既然这样，你要么把我剩下的日子也全拿走，要么就尽力保全你自己的余生吧。"我一边说一边把剑拔出来,并让他也取出自己的武器。

由于我父亲从不允许我舞枪弄剑,所以真到了用剑的时候,我自然手忙脚乱。刚摆开架势时,我还能把剑挥得虎虎生风,看起来也震慑住了我的对手,但紧接着他用一个我辨识不出的假动作晃开我,一剑刺中我的胳膊,剑尖甚至在我的肩头划开了一道口子。

我手上的剑砰然落地,片刻间我就浑身是血。但最令人绝望的是,我错过了约会,可爱的伊内丝打算和我说些什么,我再也无法知晓。

故事说到这里,有人来找吉普赛人首领。等他离开后,贝拉斯克斯带着颇为郁闷的神情说道:"我早就预料到了,吉普赛人首领的故事是一个一个套在一起的。弗拉丝克塔·萨莱诺向布斯克罗斯说了她的故事,布斯克罗斯再把故事复述给洛佩·苏亚雷斯,洛佩·苏亚雷斯又继续讲给吉普赛人首领听。我真希望吉普赛人首领赶紧告诉我们,美丽的伊内丝后来到底有什么遭遇。但他肯定会再弄个故事插进去,他真是让我烦透了,就像布斯克罗斯让苏亚雷斯烦透了一样。不过,我觉得给我们讲故事的人今晚是不会再回来了。"

的确,吉普赛人首领当天没有再出现。众人也就各自休息去了。

第三十六天

我们又重新上路了。犹太浪人很快与我们会合,然后如此这般地接着讲起他的故事:

犹太浪人的故事(续)

之前我以概述的方式,回顾了智者卡埃莱蒙的课程。但他实际向我讲述的,要比这深得多,也广得多。总的归纳起来,一位叫比提斯的先知在他的著作中论证了神和天使的存在,而另一位叫托特的先知,他的思想从形式上看,罩着一层非常晦涩的形而上学外衣,但其境界也因此显得极为高深。

在这种神学中,被称作天父的神,只能以静默的方式来加以歌颂。此外,这个首位的主神是自给自足的,只能靠其自身解释自身,所以,要强调这个特性时,人们会说:"他是他自己的父亲,他是他自己的儿子。"[1] 人们在看待这个神的时候,也会考虑到这种父子一体

---

[1] 原注:参见杨布里科斯,《埃及秘仪》VIII,2。

的关系；与此同时，人们还称其为"神理"或"托特"，在埃及人的语言中，"托特"的意思是"说服"。

最后，由于人们认为，自然中同时存在灵与物，人们便把灵看作是上帝的一种"流溢"。就像我前面对诸位所说的那样，人们构想出了神在河泥中戏水的形象。这种形而上学思想的创始者被称作"三倍伟大的托特"。柏拉图在埃及游历十八年后，把圣言的学说带给希腊人，希腊人由此送给他一个"神性的柏拉图"的称号。

但卡埃莱蒙又认为，上述这些理念并不完全与埃及古代宗教的精神相符。埃及的宗教已经改变了，而且，世上任何一个宗教与早先相比都应该有所变化。此后不久，在亚历山大举行的犹太教大会上，他的这一观点得到了验证。

我并不是唯一研究埃及神学的犹太人，在我的同族人当中，对此感兴趣的大有人在。最令他们着迷之处，是主导整个埃及文献的一种密码式写作风格。如果探究这种风格的源头，很可能会牵涉到古埃及的象形文字，另一方面也和埃及人的一条训言有关：不要痴迷于象征，而应该专心把握象征的内涵。

我们在亚历山大的那些拉比，他们也想造一些密码供人破译。此外，他们还乐此不疲地假想道，摩西的文字尽管说的都是真实事件，是一段实际存在的历史，但成文时明显添加了神的技艺。这些文字除了叙事时的本义之外，还蕴含着寓意和暗藏的深意。对这些暗藏的深意，我们有几位学者以高妙的手法进行了披露。随着时间的流逝，这些成果为他们赢得了种种声誉。不过，在所有拉比当中，没有哪一位能比斐洛[1]更杰出。通过对柏拉图思想的长期研究，他在形而上学的晦暗世界中凿出了人造之光，人们因此称他为犹太柏拉图。斐洛的第一部著作谈的是创世，其中还特别提到了"七"这个数字的属性。在这本著作中，上帝被称为天父，不过，这种说法与《圣经》的风格相去甚远，倒与埃及神学的主旨非常契合。我们在书中还可以读到，蛇这种动物喻指肉欲，女人来自男人肋骨的故事也富含寓意。

同样是这位斐洛，他还写了一部关于梦的著作[2]。他在书中说，上帝有两座庙宇。其中一座是我们所处的这个世界，庙宇里的大祭司是上帝的圣言；另一座是理性之灵，庙宇里的大祭司是人。

在谈亚伯拉罕的书中[3]，斐洛的表述方式与埃及人更加接近，因为他是这样说的："在我们的《圣经》中，被称作'存在（存在者）'的，就是万物之父；作为最伟大的存在，在他的两侧，有两种最古老、最本原的力量相伴，一种是创造的力量，一种是统治的力量。一个被称作上帝，另一个被称作天主[4]；由于最伟大的存在始终有这两种力量相伴，他会呈现出时而单一时而三体合一的形态：

---

1 译注：亚历山大的斐洛（约前20—40），希腊化时期重要的犹太思想家。他的思想是联系希伯来文化、希腊文化和基督教文化的纽带。

2 原注：斐洛，《论梦》。

3 原注：斐洛，《论亚伯拉罕》。

4 原注：参见让·戈莱兹（Jean Gorez）的译本[《论亚伯拉罕》(*De Abrahamo*)，巴黎，1966年版，73页，(121)]："实际上，正如某位极近真理的人士所说，在中心处，是宇宙之父，《圣经》的原文称他为'存在者'，在他的每一侧，都有最古老、最贴近存在的力量，分别是创造的力量和权御天下的力量。创造的力量，名为上帝。他通过这种力量创立了宇宙并构建了宇宙的结构。权御天下的力量，名为天主。他便是主宰统治一切存在物之体。"

当灵至纯至净，超越了所有数字的束缚，甚至超越了与'一体'如此接近的'二元'的时候，最终就能感悟到抽象、崇高、单一的形象。另一种形态是三体合一的形态，当灵尚未完全参透各种伟大的秘仪时，呈现在其面前的就是这种形态。"

这位把柏拉图思想无限发扬甚至不合理发挥的斐洛，他后来还做了皇帝克劳狄一世[1]身边的议员。他在亚历山大享有很高的声望。他文笔优美，再加上所有人都喜欢带有新意的思想，因此，几乎所有希腊化时代的犹太人都认同他的观点。此后不久，这些人可以说只能在名义上被称作犹太人了。《摩西五经》对他们来说只是一张草图，他们可以随心所欲地在上面绘出自己理解的寓意、自己设置的密码，尤其是三体合一形态中蕴含的密码。

在这一时期，艾赛尼人那古怪的团体[2]已经形成。这些人不娶妻成家，财产公用。最后，四面八方更是涌现出各种新式宗教，有的是犹太教和麻葛教[3]的混合，有的是萨比教[4]和柏拉图思想的混合，各门各派都有很多与星相学相关的教义。旧式宗教开始全面崩溃。

犹太浪人说到这里，我们离歇脚点已经不远，这个永世流浪的

1　译注：克劳狄一世（前10—54），罗马帝国朱里亚·克劳狄王朝的第四任皇帝，公元41—54年在位。

2　译注：艾赛尼派并非真正的教派，是活跃在公元前2世纪到公元1世纪第二圣殿时期的犹太教运动团体。艾赛尼人分布在各大城市，过集体生活，推崇禁欲主义、安贫乐道、每日清洁。

3　译注：麻葛教是琐罗亚斯德派的别称，是古代波斯帝国的国教。该教僧侣被称为麻葛，所以又称麻葛教。

4　原注：古代东方的拜星教。

不幸之人便与我们分手，在群山中消失了踪影。到了晚上，吉普赛人首领空下来后，便如此这般地接着讲起他的故事：

吉普赛人首领的故事（续）

年轻的苏亚雷斯对我讲述了他与布斯克罗斯决斗的故事后，看起来有了睡意。我便任他睡去。次日，我请他接着讲后面的故事，他便如此这般地说起来：

洛佩·苏亚雷斯的故事（续）

布斯克罗斯刺伤了我的胳膊，但他对我说，他又有了一个向我证明忠诚的好机会，他对此感到非常高兴。他撕开我的衬衫，包好我的胳膊，然后又找了件外套裹住我的身体，将我送到一位外科大夫那里。大夫随手找了点工具处理包扎我的伤口，我接着就叫了辆马车，回到自己的住所。布斯克罗斯让人搬了张床放在前厅。为摆脱他，我吃了这么大的苦头，所以我到这时已彻底泄了气，不再对任何事情表示反抗。第二天，我开始发烧，这是受伤的人常有的情况，而布斯克罗斯始终是那么殷勤。他当天从早到晚都没离开过我，此后几天也同样如此。到了第四天，我就可以用绷带吊着胳膊出门走走了。

第五天，我吃完中饭后，阿瓦洛斯夫人的一位家佣带了封信来找我，布斯克罗斯一把将信抢过去，照着上面的话念起来：

伊内丝·莫罗致洛佩·苏亚雷斯

我亲爱的苏亚雷斯，我听说您和人发生格斗，您的胳膊受了伤。我心里很难过，这一点想必您是会相信的。但现在到了做最后一搏的时候了。我想让我父亲在家里见您一面。这是大胆的冒险之举，不过，我姑妈阿瓦洛斯会保护我们，并指导我具体该怎么做。请完全信赖这位带信的人，有什么话就对他说。事不宜迟，拖到明天就来不及了。

"堂洛佩大人，"讨厌的布斯克罗斯说道，"您看，现在您又缺不了我了，不管怎么说，您总该承认，您要干的是一件大事，而这类事正是我所擅长的领域。我一直觉得，您很高兴拥有我这样一个朋友。不过，到了眼下这种情形，有我相助，别人都会为您感到庆幸。啊！我以我的主保圣人圣罗克[1]起誓，您当时要是让我把故事说完，您就会知道我为阿尔科斯公爵做了些什么，可您硬是用一种粗暴的方式打断了我。当然，我是不会为这件事抱怨什么的，因为我刺您的那一剑让我又有了一个向您表达忠诚的机会。现在，堂洛佩大人，我只求您一件事，那就是在行动开始前，您什么事也不要管，一个

---

[1] 译注：圣罗克（Saint Roch，1295—1327），天主教圣徒，曾祈求圣母治疗瘟疫患者。

问题也不要问,一个字也不要说。袖手旁观,堂洛佩大人,您尽管袖手旁观。"

说完这番话,布斯克罗斯领着莫罗小姐派来的那位可以完全信赖的人,一起走进另一个房间。他们交谈了很久,完事后,布斯克罗斯是一个人回来的。他手里拿着张行动路线图,图上标的是奥古斯丁小巷四周的方位。

"这里是巷尾,"他对我说道,"对着多明我会修道院的方向。您刚才见到的那个人到时候会守在这里,有两个帮手为他提供协助。我呢,我会在小巷的另一头,几位得力的朋友会陪在我身边,他们同样也是您的朋友,堂洛佩大人的朋友。哦,不对,我弄错了,这里应该就放两个人,我那几位得力的朋友会在这扇后门旁边,他们负责解决桑塔·毛拉公爵的手下。"

我觉得,他的每一处解释,我都有权发表几句自己的看法,或者至少有权弄清楚到时候我本人要做些什么。但我刚开口,布斯克罗斯就带着非常愤怒的神态打断我,他对我说道:"堂洛佩大人,一个问题也不要问,一个字也不要说。这是我们谈好的条件,您看起来是忘掉了,但我记得清清楚楚。"

在白天剩余的时间里,布斯克罗斯不停地进进出出。到了晚上,情况依旧没有发生变化。某一刻,附近的一间屋子里突然变得灯火通明;另一刻,街上出现了一帮形迹可疑的人;再过了一会儿,到了一个约定好的信号发出的时间,可这信号迟迟未能出现。有时候布斯克罗斯会亲自到我这里来,有时候他只是派个同党向我传达信息。折腾很久之后,他来接我出门,我也只能听命跟在他身后。您可以想象得出,我的心此时跳得多么厉害。一想到自己违背了父亲的禁令,我心里平添了几分烦恼,但爱情最终超越了其他所有情感。

布斯克罗斯走进奥古斯丁小巷,把他那几位得力朋友的岗哨指给我看,然后又向这些人交代了巡逻时的口令。"假如有不相干的人经过,"他对我说道,"我的这几位朋友就会摆出一副吵得不可开交的架势,路人看到后必然会马上换一条街走。""现在,"他接着说道,"我们的目的地到了。这就是您要爬的那把梯子。您看,梯子是紧紧靠在石墙上的。我去观察信号的情况。等我一拍手,您就可以往上爬了。"

谁会相信,经过如此精密的筹划,经过如此周密的安排,布斯克罗斯会把窗户给弄错了呢?可他恰恰就做了这样的事。您接着往下听,就知道这张冠李戴的结果是什么了。

我的右臂还吊着绷带,但在他向我发出信号后,我单靠一条胳膊,也爬得非常顺利。不过,我爬到梯子最高处时,却发现面前的百叶窗并不像事先约定的那样半开着。我只好用能活动的那只胳膊胡乱拍打,这样,支撑我身体的就只剩下两条腿了。恰恰就在此时,一个男人猛地推开百叶窗,窗户狠狠地撞了我一下。我失去平衡,从梯子顶部直接摔到石板地面上。我原本受伤的那只胳膊顿时一折为二。两条腿的一条因为卡在梯子上,也摔折了,另一条则脱臼了,此外,从脖子到腰还擦伤了无数地方。推开百叶窗的那个男人显然希望我摔死,他冲我高声喊道:"你死了吗?"

我担心他会用什么办法来彻底结果我的性命,便回答说我死了。

接着那个男人又冲我大喊道:"炼狱真的存在吗?"

由于我正浑身剧痛,便应付他说,确实有炼狱,我现在就在那儿。接着,我想我就昏了过去。

听到这里，我打断苏亚雷斯，问他那天晚上是否有雷雨。

"应该有吧，"他回答我说，"应该有雷鸣，也应该有电闪。或许正是因为这个原因，布斯克罗斯把房子给弄错了。"

"啊！"我高声叫起来，"毫无疑问，他才是我们那个炼狱里的魂灵！他才是我们那可怜的阿吉拉尔！"我边说边快步跑到街上，此时晨曦已经初现，我便向路上的骡夫租了头骡子，匆忙赶往卡玛尔迪斯修道院。我在一幅圣像前找到跪着的托莱多骑士。由于卡玛尔迪斯修道院内禁止高声说话，我便跪在骑士身边，凑到他耳旁，向他讲述了苏亚雷斯的整个故事。这番话起初并没有让托莱多产生任何强烈的反应，他只是侧转身，同样伏在我耳边问道："我亲爱的阿瓦利托，您觉得法官乌斯卡里斯的妻子还会爱我吗，她这段时间会不会一直在死心塌地等我？"

"太好了！"我回答他道，"不过快别出声了！别把这些善良的隐修士惹火了。您像往常一样做您的祷告，我去通报他们，我们隐修的日子就此结束了。"

院长听说我们打算回归俗世后，还是对骑士的虔诚大加夸奖了一番。

我们刚出修道院的大门，骑士往日的满脸喜气又重现无遗。我和他谈到布斯克罗斯。他对我说他知道这个人，此人是阿尔科斯公爵门下的一位绅士，马德里全城的人都把他看作不可忍受的讨厌鬼。

故事说到这里，有人来找吉普赛人首领。当天晚上，我们就没有再见到过他。

第三十七天

这一天全天用来休整。早饭比平日里更加丰盛,也更加美味。大家聚在一起,无人缺席。美丽的犹太女子精心打扮了自己,但她在这方面的考虑有些多余:假如她的用意是为了取悦公爵,那完全没有必要,因为对方看中的并不是她的相貌。在他眼里,她是个出类拔萃的女子,与其同类相比,她的思想深刻得多,而且,她还有一个用精密科学打造出来的头脑。

利百加很早就想知道公爵在宗教方面的观点,她本人对基督教的反感是非常明确的,她理应也参与了这场劝导我们皈依伊斯兰教的阴谋。只见她用一种半严肃半开玩笑的口气和公爵搭上了腔,她问他,在他的宗教里,会不会有一道让他困惑难解的方程式。

一听到宗教这个词,贝拉斯克斯顿时变得非常严肃。但他发现,对方是用一种半开玩笑的方式和他谈这个话题,他因此显得有些不太高兴。在经过短暂的思考后,他如此这般地回答道:

贝拉斯克斯的宗教理念

我知道您想说的是什么。您既然提到方程式,那我就用几何学的方式来回答您。当我想表示无穷大的概念时，我会写一个平卧的8字，∞，并用它来除以单位1；假如我想表达无穷小的概念，我会写1，然后用它来除以无穷大的符号。但是，我在运算中使用的这些符号，它们并不能让我明白我要表达的对象。无穷大，是这布满恒星的天空的无穷倍。无穷小，是对最小的原子进行无穷的分割。因此，我能表示无穷，但是我不能理解无穷。

然而，对于无穷大和无穷小的概念，假如我无法理解、无法表述而只能用符号表示，那么，我又该如何表述所有无穷的创造者，也就是那无限伟大、拥有无限智慧、代表了无限之善的存在呢？此时，教会的说法为我的几何学分析提供了帮助，它向我提供了三的表述法，三位于一当中，却不会破坏一。这超出了我自身可以构想的范畴，对此我怎么能反对呢？我只有服从。

将人引向不信神明之路的，并不是科学，而应该是无知。对于一样事物，无知者以为，只要每天都看到它，就能够理解它。自然科学家游走在种种谜团当中，一直尝试着去理解，但从来只能一知半解。他学着去相信他不能理解的事，这一步实际上是迈向了信仰。牛顿爵士和莱布尼茨爵士都是真正的基督徒，甚至可以说是神学家，两人都接受了数字中的奥义，但并不能理解。

他们假如生在我们这里，受我们的教会管辖，还要接受另一种不可思议的奥义，这一奥义的主旨是，人与其创造者之间是可能存在一种隐秘联合的关系的。在探讨这种可能性时，是没有办法得出任何直接依据的，因为可以这样说，关于这个问题，能提供的依据，都是未知之量；不过，这个问题还是存在一个切入点，因为它向我们指出，人与其他以物质为外形的智慧存在是有彻底区别的。假如在这座星球上，人真的是独一无二的高等生物，假如我们可以相信人的确与整个动物界有彻底的区别，那我们就能更心安理得地接受，人是可以与他的上帝联合的。有了这样的铺垫后，我们现在可以花点时间来谈谈动物的智慧。

动物有意愿，能回忆，能组合，能平衡，能决断；动物可以思考，但不会对自身的思考进行再思考，毕竟这是上升到二次幂的智力了。动物不会说："我是个会思考的生命体。"这样的抽象表达是它很难具备的能力，人们从没见过哪个动物有数的概念，但数不过是最简单的抽象概念。

喜鹊只要怀疑附近藏着人就绝不会离开自己的窝。有人想利用这个特性来测试它的智力水平。一群猎人当着喜鹊的面躲进附近一个地方，他们先用了五个人。躲的人一个接一个出来，直到看见第五个人，喜鹊才会离开窝。接着猎人的数量又变成六个人、七个人，此时喜鹊已经算不过来了，它总是在看到第五个人出来后就离开窝。猎人们于是得出结论，喜鹊只能数到五。他们错了：喜鹊并没有计数，它只是记住了五个猎人在一起时的群像。计数，这是对事物的量做抽象化处理。

我们还见过一些耍把戏的江湖骗子，他们拿出的牌是黑桃几或梅花几，旁边的小马就按照这个数跺几下蹄子。不过，马跺不跺蹄子、跺几下，其实全是遵照了主人的某个信号。对于计数，马是完全没有概念的。然而，在所有的抽象概念中，计数是最简单的一种，因此它可被视作动物智力的极限。

或许，我们也常能看到动物智力与我们接近的情况。狗能很快分辨出家里的主人、主人的朋友，以及与这个家无关的人。有些人它喜欢，有些人它完全受不了。它讨厌面相凶恶的人。它会烦恼、会激动、会害怕、会盼望某件事。要是有人撞见它违反禁令做不该做的事，它还会表现出羞耻感。普林尼说过一个故事：有人教一群大象跳舞，后来，一天夜里，人们突然发现，这群大象在月光下跳起了学过的舞步。

动物的智慧在运用到某些特殊情形时，其水平甚至会令我们感到惊讶。它们会照着人的指令去做事。它们还会避免做人禁止它们做的事，仿佛这些事与其他能直接损害到它们的事是一样的。不过，它们固然能分清这种或那种行为的利与害，但它们并不能由此概括出好与坏的概念。因此，它们不能分门别类地看待自己的行为。它们无法将自己的行为划分为好行为和坏行为。这种抽象思维比数的抽象概念更难，至少它们现在是没有这样的能力的，实际上，它们将来也不会有这样的能力。

道德心可以说部分是人造的产物，因为这个国家的恶现象到了另一个国家反倒有可能是善的。但总的来说，道德心所展现的，是在这种或那种参考指数下的抽象理念，即善或恶。动物是没有这种抽象能力的。因此它们不具备道德心，自然也无法遵循道德心行事；进一步说，它们没有赏与罚的观念，除非是我们为了自己的目的赏它们罚它们，但它们本身没有这个需求。

我们由此可以看到，人能把这座星球上的所有事物都归纳到某种整体层面审视，而人也是这座星球上独一无二的高等生物。只有人可以对自身的思考进行再思考，只有人具有抽象思维，知道如何概括一个性质。在此基础上，人又是唯一具有"功与过"概念的生物，因为抽象、概括和区分善恶会使他形成一种道德心。但人为什么会具备一些有别于其他动物的特质呢？对于这个问题，我们用类推的方式可以得出这样一个看法：假如世上万事万物都有明确的存在目的，那么，人具有道德心就绝不会没有意义。在这样的推理下，我们被引向了自然宗教。而自然宗教又会将我们引向何处呢？天启宗教为我们设定的目标是未来的奖赏，自然宗教的归途如果与之不同，又会是哪里呢？不过，即便最后得出的值相同，算式里的因数却有可能大相径庭。

　　自然宗教建立在逻辑推理上，但推理是种危险的工具，它很容易伤害到它的使用者。哪种美德不曾被人用推理的手段攻击过？哪项罪行不会成为人们企图辩护的对象？永恒的上帝会置道德的命运于不顾，任凭它受诡辩派的随意支配也不闻不问吗？不会，应该不会。如果信仰是建立在儿时的习惯上，建立在对长辈的敬爱与仿效上，建立在自身内心的需求上，那么，这样的信仰能为人们提供一种比理性更可靠的依附。将我们与兽类区分开的道德心，它本身遭到了怀疑，怀疑论者想让道德心成为他们取乐的话题。他们含沙射影地表示，与布满世间的其他成千上万种以物质为外形的智慧存在相比，人其实并无任何不同。但是，尽管与这种种智慧存在共存于世，人还是能感到自己有一种道德心的，在祝圣仪式上祭司也会对他说："神降临到神坛上，与你们联合。"于是人会深深意识到，自己并不属于兽类的自然界，他回到了自身的世界，在那里重新找回自己的道德心。

　　但是，您会对我说，这并不是在证明，自然宗教与天启宗教殊途同归。如果您是基督徒，您就必须信天启宗教，也必须信奠定其基础的种种神迹。但请您稍等片刻！我们先来确定一下自然宗教与天启宗教之间的区别。

按照神学家的说法，上帝是基督教的创始者。按照哲学家的说法，创始者也同样是上帝，因为哲学家认为，世间万事万物的发生无一不源自神的许可。但神学家的依据是神迹，神迹是超出自然普遍法则之外的特例，这让哲学家颇感为难。哲学家作为自然科学家，他更应该信的是，上帝作为我们神圣宗教的创始者，在订立它时只想从人的角度出发，而不想违背决定物理世界和道德世界的各种普遍法则。

光这样看，差别还相当微小，自然科学家还想用更精巧的方式进一步做出区分。他对神学家说道："那些亲眼见证过神迹的人，毫无疑问会对神产生信仰。而到了十八个世纪之后的您这里，信仰代表着一种功德。假设信仰确实是一种功德，您的信仰也经受过验证（也就是说，要么您能说明这些神迹是真真切切的事实，要么您是通过某种神圣的口传教义了解这些真实发生的神迹的），那么，既然验证方式没有区别，功德也自应没有区别。"

听到这里，神学家放弃防守的姿态，对自然科学家说道："可您呢，自然的法则是谁向您启示的？神迹或许并不限于特例，它还涵盖了一些您并不真正了解的现象，这您怎么能搞得清呢？您斗胆把一些自然法则称作你们自然宗教中的天命，其实您无非是不了解这些法则罢了。对于可见光，您用光学法则来解释，那么，为什么它们可以四面八方互相交融却不至于互设障碍，而在遇到镜子时又像弹性物体一样反射回来呢？声音也会交叉，声音也能通过回声产生复制，它遵循的法则与光基本相同。可是，声音似乎只能算一种'态'，而可见光却更像是一种'体'，这里面的奥妙您并不知晓。因为说到底,您其实一无所知。"

自然科学家被迫承认他一无所知,但还是接着说道:"就算我不能够确定何谓神迹,也远不能否定某种神迹,但是,神学家大人,您,您也无权排斥出自教会的证明。有一些神父坦承,我们的教义、我们的秘仪在先于基督教的那些宗教中就已经存在了。既然它们不是通过神启的方式进入这些早期宗教的,那您就该尊重我的见解,您就该承认,这些教义可以不借助神迹订立出来。"

"最后,"自然科学家又补充道,"假如您想让我直截了当地谈谈我对基督教起源的看法,那我现在就来告诉您:古人的神殿是屠夫的肉肆,他们的神也都是不知羞耻的荒淫之徒。不过,某些宗教人士的聚会在道德准则上还是很纯洁的,他们的祭品也不那么令人反感。哲学家用'狄奥斯'(theos)这个词来指神,但并不做朱庇特或萨图尔努斯这样的具体区分。当时,罗马用武力征服天下,以邪恶控制四海。一位神主出现在巴勒斯坦,他宣扬爱人如己,藐视财富,以德报怨,顺从天父的意愿。

"在他的一生中,有一些纯朴的人追随他。在他死后,这些人聚集到一起。一些开明的人在异教徒的宗教仪式中选择了部分最适合的内容,移至新宗教中使用。最后,教会的神父在宣讲台上慷慨陈词,他们的话比此前讲坛上的所有发言都更打动人心。就这样,通过一些表面上看起来纯属人为的方法,基督教形成了。在异教徒及犹太人信奉的各种宗教中,它是最纯洁的一种。不过,上天的意愿始终都是以这样的方式达成的。或许,万千世界的创造者,他可以在星光如昼的夜晚,让一团团火焰化作字母,写出他神圣的律法,但他没有这样做。一种更完美的宗教应有的种种仪式,他没有明示,

543

而只是将其隐匿于古老的秘仪中,这好比是在一颗橡栗里埋藏了一片有朝一日将荫泽我们后人的森林。所有这一切我们全不知晓,我们在种种'因'当中生活,只有后人才能看到那些令他们震撼的'果'。因此,我们又把上帝称作'天意':假如他用别的方式对世间施加他的影响,那我们只能称他为'天力'。"

这就是自然科学家对基督教起源的看法。这样的看法远不能令神学家感到愉快,但他也没有勇气与之斗争下去,因为他看到,在对手的观点中,存在着一些公正甚至卓越的思想,这使他产生了宽容之心,不愿再去追究那些或可原谅的谬误。

于是,就像我们所称的两条渐近线那样,哲学家与神学家的观点尽管无法真正相交,却变得越来越接近,直至距离可以忽略不计,无限趋近于零——也就是说,两者的区别变成了一个比任何可感知差异都低的值,一个比任何有意义数目都小的量。然而,光凭这样一个我无法感知的差异,我就有权在信仰上与我的兄弟、与我的教会对立吗?光凭这样一个差异,我就有权散播我的疑虑,动摇他们传播的信仰,动摇他们作为自身道德根基的信仰吗?不能,肯定不能,我没有这样的权利。因此,我还是全心全意地顺从现状吧。牛顿爵士和莱布尼茨爵士,他们都是基督教徒,甚至还是神学家。后者甚至还曾致力于教会合一的事业。至于我,我本不该在说完这两位伟人后紧接着提自己,但我也阅读了一些谈创世的作品,研究了其中的神学思想,力求找到一些敬爱造物主的新理由。

说完这番话,贝拉斯克斯摘下帽子,摆出一副冥思的架势。他那忘情遐想的模样,让人不禁联想到进入入神境界后的苦修者。

利百加看起来有些不知所措。我心里很明白,那些想动摇我们宗教原则并力图将我们改造成穆斯林的人,他们在我这里碰了壁,而在这位几何学家身上也同样不会有收获。

第三十八天

经过一天的休整,众人都显得容光焕发。我们抖擞精神重新上路。犹太浪人前一天没有出现,他是个必须永世行走、不能停留片刻的人,所以,他只能在我们行路时过来讲他的故事。正因为如此,我们刚走出四分之一法里,他就现了身。他像往常那样站在贝拉斯克斯和我当中,如此这般地讲起他的故事:

犹太浪人的故事(续)

德利乌斯老了。他觉得自己来日无多,便把杰马努斯和我叫到身边,让我们去门旁边的地窖里挖一挖,要是挖到个青铜盒子,就拿上来带给他。我们照他的吩咐做了,挖出盒子,然后带回来给他。德利乌斯从怀里取出一把钥匙,打开盒子,接着对我们说道:"这里有两份盖了章签了名的羊皮纸文件。其中一份,是证明我亲爱的孩子您拥有耶路撒冷最美丽房子的合同;另一份是债权书,价值三万大流克加多年的利息。"

随后,他向我讲述了我祖父希西家和我舅公西底家之间前前后后的故事。讲完后，他又补充道："这个行为不端的贪婪之徒现在还活着，这说明，良心上的谴责不能置人于死地。我的孩子们，等我一离开人世，你们就去耶路撒冷。不过，在找到保护者之前，你们切莫暴露自己的身份，或许等西底家死了以后再去更好，毕竟他也是风烛残年了，死期应该很快就到。在此之前，你们可以靠我给你们留下的五百个大流克生活。我把这笔钱缝在这个一直不离身的枕头里。

"我只想向你们提一条建议：过问心无愧的生活。长此以往，你们高尚的道德心会为你们赢得回报，让你们在一生当中的每个夜晚都能心静如水。至于我本人，我最后的心愿就是以活着的状态迎接死亡，也就是说，一边唱歌一边死去，人们把这叫作天鹅之歌。荷马和我一样是瞎子，他为阿波罗写过一段颂歌，而阿波罗，就是那个他看不到、我也看不到的太阳。过去我曾给这首颂歌谱过曲，现在就让我来唱唱看，但我担心，或许我不能一直唱到结尾。"

德利乌斯于是唱起颂歌，歌词的第一句是"向你致敬，享福的勒托[1]"，等唱到"得洛斯[2]，你是否愿做我儿的住所"[3]时，德利乌斯的歌声渐渐变得微弱，他靠在我肩上，就此长眠不醒。

我们这位老友的去世让杰马努斯和我悲痛了很久。最后，我们终于起程去了巴勒斯坦。在离开亚历山大后的第十二天，我们抵达耶路撒冷。为保障自身的安全，我们分别取了化名。我易名为安提

---

[1] 译注：勒托是希腊神话中的泰坦女神，司照料与哺育，是阿尔忒弥斯、阿波罗两位大神的哺养者、母亲。

[2] 译注：得洛斯，古希腊宗教、商业重地，据传为阿波罗出生地。

[3] 原注：《致阿波罗的颂歌》(*Hymne à Apollon*) 之一，第 14 至 51 句。

547

帕斯，杰马努斯的新名字是格拉菲拉斯。我们先暂住在城门外的一家小客栈里，随后便打听西底家寓所的情况。很快，我们就得到消息，毕竟那是耶路撒冷最美丽的房子，是一座货真价实、堪比王子行宫的宫殿。西底家寓所的对面住着个鞋商，我们在他家里租下一间很差的房间。我很少出门，杰马努斯则成日里在大街小巷穿梭，打探情况。

跑了几天后，他对我说道："我的朋友，我有了一个很重要的发现：在西底家寓所后面，有一片山谷叫汲沦谷，汲沦谷里的一条激流在他家附近形成了一道壮观的瀑布。瀑布对着他家的花棚，花棚里长满了茉莉花，每天晚上，那个老家伙都会到花棚下面去。他现在已经去那儿了，我带你去看看那个害你的人究竟长什么样吧。"

我跟着杰马努斯，一路来到激流边。激流的对面有一座美丽的花园，花园里睡着个老人。我坐到正对着他的位置，开始细细地打量他。他的睡相与德利乌斯相比差得可真大啊！他似乎正在做噩梦，睡得很不安稳，时不时身体还会惊颤几下。"哦！德利乌斯，"我高叫道，"您建议我过问心无愧的纯朴生活，实在是太有道理了！"

杰马努斯也表达了和我一样的想法。

就在争相感叹的时候，我们突然觉得眼前一亮，刚才的那些想法、那些议论顿时全被抛诸脑后。出现在我们面前的是个十六七岁的少女，她称得上是个绝色佳人，满身艳丽的饰物更让她显得雍容华贵。她的脖子、她的双臂、她的双腿，全挂着珍珠或是镶有各种宝石的金链，而她全身上下仅穿着一件绣金的亚麻长裙。杰马努斯脱口叫道："真是维纳斯再世啊！"我更是在无意识间挪动了脚步，跪倒在她的正前方。美丽的少女发现了我们，显得有点慌乱。不过，她很快镇定如常。她拿起一把孔雀毛制成的扇子,轻轻在老人头上扇起来。凉快一点后,老人可以睡得更加安稳、更加深沉。

杰马努斯拿起一本他特意带过来的书,装模作样地读起来,而我也佯装在一旁倾听。但我们真正关心的,自然是花园里发生的事。

老人醒了。他向少女问了几个问题,这些问题一出口,我们就明白了,他的视力已经非常微弱。按照我们此刻和他的距离,他是不可能看到我们的,这让我们非常高兴,因为我们打算经常过来。西底家倚着那位美丽少女的肩走了,我们也回到自己的住处。由于找不到什么消遣,我们便拉着当鞋商的房东和我们一起聊天。我们从他那里得知,西底家的儿子都已经过世,他的财产将传给他一个叫撒拉的孙女,这个女孩深受她祖父的喜爱。

聊完天,我们回到自己的房间。杰马努斯对我说道:"我亲爱的朋友,我想到一个让你和你舅公彻底了断的办法。这个办法就是把他的孙女给娶过来。不过,必须非常小心行事才能成功。"他的这个计策让我听了非常心动,我们商量了很久。入睡后,我还是陶醉在与此相关的梦境之中。

第二天,我又去了激流边。接下来的几天,我依然准时在那里出现。我每天都会看到我那年轻表妹的身影,她有时是独自一人,有时会和祖父在一起。我是因为她才天天到那儿去的,这一点她自然看在眼里,用不着我明说。

犹太浪人的故事说到这里,我们已来到歇脚点,这个永世流浪的不幸的人便消失在群山之中。

利百加不想让公爵继续分析宗教,却又很想知道被他称作"体系"的那套理论。于是,她一看时机出现便和他谈起这个话题,甚至可以说是用一个接一个的问题向他猛攻。

贝拉斯克斯体系的简介

女士,贝拉斯克斯回答她说,我们是在黑暗中摸索的盲人,只能触碰到几处边角,只弄得清几条街道角落里的状况,千万别让我们来绘制整座城市的地图。但既然您一心想知道,我也只好尽力向您解释一下那套被您称作我的体系的理论,让您能大致有个概念。实际上,这所谓的体系,我更想称之为我看事物的方式。

不论是当下我们眼中涵盖的一切,还是山脚下这绵延的广阔天地,或总而言之一句话,我们感官能感知到的整个大自然,我们都可以将其划分为无机体和有机体;也就是说,后者与前者的区别在于它含有有机物,但是,如果从后者的组成元素看,也绝对可以说,后者能够被归入前者。因此,女士,构成您身体的那些元素,它们同样存在于我们现在所坐的这块岩石中,也同样存在于覆盖在岩石上的青草中。实际上,您的骨头里有石灰,您的肉里面有硅,胆里面有碱,血里面有铁,眼泪里还有盐。您的体脂是由一种可燃物加上某种大气元素组合而成的。最后我想说的是,假如有人将您放入一个倒焰炉里,那您就可以被制作成一根玻璃管;假如人们再添加某种金属粉末,那您就可以被制作成一个非常漂亮的望远镜的物镜。

"公爵先生,"利百加说道,"您的这番描述让我看到一幅非常美妙、非常令人愉快的画面,不过,您还是接着往下讲吧。"

公爵觉得,自己应该是在不经意间赞美了一下美丽的犹太女子。他优雅地取下帽子,再戴回头顶,随后又如此这般地接着讲起来:

我们看到,构成无机体的各种元素,它们有一种自发的转变趋势,尽管不能说是有机化,但至少也是形成了各种化合物。各种元素聚合到一起,然后分解,再与其他元素形成新的聚合。化合后的元素会呈现出某种特定的形态。人们以为,它们的形成是为了有机化,但它们并不能自动成为有机体。没有胚体,它们无法转变为另一类以生命为最终结果的化合物。

就像磁感应那样,生命只有通过它的效应才能被感知。它的第一个效应是中止有机体内的一种被称为"腐败"的内部发酵,只要生命丧失,腐败就会在有机体内出现。因此,古代有位哲学家会无畏地说,生命就是盐。

生命可以长久地蕴含于一个流体内,比如说蛋;生命也可以蕴含于一个固体里,比如说种子。只要环境适宜,生命就会开始成长。

生命会延展到生命体的各个部分中去,甚至流体和血液也不例外;血液一旦离开我们的血管,就会开始腐败。

生命存在于胃壁中,而且还配上了胃酸效应这一强有力的保障,胃酸可以分解所有进入胃中的与生命分离的机体。

生命体的某一部分与整体脱离后,生命依然会在其中保持或长或短的一段时间。

最后,生命有繁殖的属性,这就是所谓生生不息的奥秘。生殖繁衍是个神秘的现象，和大自然所有现象一样。

有机生命体分成两大类：第一类在燃烧时会产生固体碱，第二类会富含挥发性碱。第一类是植物，第二类是动物。

从有机体机能上看，有些动物似乎远比某些植物低端：比如说海上的胶质浮游动物，又比如说寄生在羊脑里的包虫。

还有些动物具有更高端的有机体，但是，从这些动物本身，我们并不能清晰地分辨出人们所说的"意志"。珊瑚类动物张开如花朵般的触手，吞噬微小的浮游生物，但我们可以相信，这样的运动只是它有机体的一种效应，类似于我们常看到的花夜里闭合、白天又朝阳光绽放的现象。

如果做个颇为公正的比较，珊瑚虫在张开触手时，它的意志或许可以与刚出生的婴儿相比：刚出生的婴儿还不会思考，但已经有了意愿；在婴儿身上，意志是先于思想的，因为意志是需求或痛苦的即时反映。

假如我们的某条胳膊或是某条腿长时间处于蜷缩的状态，它就有伸展的意愿，这种意愿是因为我们而产生的。人在节食时，胃常会表示反对。看到合口的菜，唾液腺会膨胀，因此，味觉器官也有它的意愿。在这些情况下，理性常常很难占到上风。

我们可以假想有这样一个人，他长时间没有进食、没有饮水，长时间蜷缩四肢，长时间过独居生活，那么，我们可以看到，他身体的多个部分会同时对他发生作用，让他产生多方面的意愿。

这些在需求出现后即时产生的意志，在成年的珊瑚和刚出生的人身上都能看到。这是构成更高意志的基本元素，会随着有机体的完善得到进一步发展。

在婴儿身上，意志可能是先于思想的，但也早得非常有限；而思想也有其自身的构成元素，这我留到后面再说。

贝拉斯克斯的理论阐述到这里，有人打断我们的聚谈。利百加一再向公爵表达她聆听时的乐趣，而我也对他的论道产生了浓厚的兴致，大家约定，第二天再接着听他往下讲。

第三十九天

我们重新上路,犹太浪人很快与我们会合,然后如此这般地接着讲起了他的故事:

犹太浪人的故事(续)

在我一心想着美丽的撒拉的日子里,并没有陷入情网的杰马努斯用了几天时间去听一位老师讲道,老师名叫约书亚,此后不久便以耶稣之名名扬天下。耶稣是希腊语的写法,希伯来语的写法是亚呼赎阿,这在《圣经》的七十士译本中可以看到。

杰马努斯甚至想追随他的老师去加利利,但他觉得我可能需要他的帮助,便决定留在耶路撒冷。

一天晚上,撒拉取下面纱,将其挂在一棵香脂树的枝条上。但面纱太轻柔,风一吹便飘然而去,打了几个转后,落进汲沦谷。我冲入激流,抓起面纱,然后把它挂在花园露台下方的小树苗上。撒拉取下脖子上的一条金项链扔给了我。我捧起来吻了一下,然后重新跃入激流戏水。

年迈的西底家被我们弄出的声响吵醒了。他想知道发生了什么，便起身查看，撒拉赶紧向他解释了一番。西底家此时正走到一片悬岩上，由于长满小灌木，这片悬岩并没有安设人工的遮挡物，但他误以为有栏杆，一脚踩空，从灌木丛上翻过去，落进了激流里。我赶紧冲到他身边抓住他，然后将他带回岸上。这一连串的事情是在转瞬间一件接一件紧连着发生的。

西底家苏醒后看到自己在我怀中，明白是我救了他的命。他问我是谁，我回答他说，我是个来自亚历山大的犹太人，我叫安提帕斯，我没有家产也没有亲戚可以投靠，便到耶路撒冷来碰碰运气。

"我可以当你的义父，"西底家对我说道，"你就在我家住下吧。"我接受了他的盛情相邀，但没有和他提到杰马努斯。杰马努斯听说此事后觉得挺不错，便独自一人继续投宿在鞋商家里。就这样，我住进我最大的敌人的家里。随着时间的流逝，我对这个敌人的敬重却一天天加深。可是，万一让他知道，我是他最大一笔财产的合法物主的继承人，他或许会杀了我的。与此同时，撒拉在与我朝夕相处后，对我渐渐是看在眼里，乐在心中。

当时，耶路撒冷兑换货币的方式和今天整个东方依然通行的方式一样。您要是去开罗或巴格达，在清真寺的大门前，您会看到一些人膝盖上顶着小桌子坐在地上，这种小桌子都带有滑槽，清点好的钱会滑向桌子的一角。在他们身边，会放着成袋的金币、银币，只要有人需要，他们就能提供这种或那种货币。今天，这些兑币商被称为"萨拉夫"（sarafs）。在你们的福音书上，也记载过这些用小桌子兑换银钱的人（trapesitos）。

在耶路撒冷，西底家垄断了兑币生意，这一行业的几乎所有从业者都只为他一人服务，这些人与罗马的包税人[1]、当地的海关官员关系都非常好，这样无论是哪种货币，他们都可以随意抬高或降低兑换价格。我很快明白，想要赢取我舅公的信任，最可靠的途径就是时刻注意货币的涨跌趋势，让自己成为一名精明的兑币商。我这一计划进行得非常顺利，两个月后，业内人士有什么举动都必先向我咨询一番。

就在这段时间，有消息传出来说，提比略已下令要在整个帝国范围内重铸统一的货币，目前的银币将停止流通，并被熔成银锭，充实皇帝的金库。这条新闻并不是我编造出来的，但我刻意大张旗鼓地进行了传播，诸位可以想见，这样的消息会对兑币商产生何种效应。西底家本人也不知该如何是好，迟迟不能做出决断。

我刚才向诸位说到，在整个东方，现在依然通行在清真寺前兑换货币的方式。在耶路撒冷，当年我们甚至直接把生意做进了神殿。神殿里很开阔，我们只占其中一角，绝不会打扰神职人员的工作。但自从消息传开后，神殿里已经好几天见不到兑币商了。西底家并没有直接向我征询意见，但他似乎想从我的眼神中读出我的心思。最后，在我觉得银币的信誉已经基本丧失殆尽时，我才把我的计划向我舅公和盘托出。他非常认真地听我说完，然后沉思良久，神情犹豫不定，他最后这样对我说道："我亲爱的安提帕斯，我地窖里有两百万塞斯特斯[2]金币，如果你的投机方案成功，那你就可以迎娶撒拉。"

---

1 译注：包税人一次向国库缴清国家规定的税额，然后再代表国家向纳税人征收赋税，包税人借此向纳税人拼命勒索，谋取暴利。
2 译注：塞斯特斯是古罗马货币名。

有希望得到美丽的撒拉，再加上对每个犹太人来说都极具诱惑力的赚钱机会，我不由沉浸在狂喜之中。为使狂喜变成现实，我只能满城奔波，进一步散播对银币不利的消息。杰马努斯也尽其所能助我一臂之力。我说动了几位大商人，他们在交易时拒绝用银币结算。最终，事态发展到整个耶路撒冷的居民都对银币有了种嫌弃和恐惧的感觉。等觉得这种情绪已经相当深入人心后，我们便做起了实施计划的最后准备。

行动的日子到了。我让人把我所有的金币都装进青铜罐子盖好，然后带进神殿。我当众宣布，西底家有一笔款项要用银币支付，他决定拿出二十万塞斯特斯金币，以一盎司金币兑换二十五盎司银币的比例进行收购，也就是说，与正常价格相比，他能获取超出一倍的利润。可是，这对大家来说仍然是一笔好买卖。众人热情高涨，没过一会儿，我就兑掉了拿来的一半金币。与此同时，我让人暗中将兑来的银币一点点转移出去，所以，众人一直以为，我用这种方式，才刚刚赚取二点五万或三万塞斯特斯金币。一切都进行得非常顺利，简直妙不可言，眼看我就要让西底家的家产翻番了，但这时出现了一位法利赛人，他对我们说道……

讲到这里，犹太浪人转身看着乌泽达说道："有个比你更厉害的秘法师强迫我离开你。"

"对啊，"秘法师说道，"神殿里的那场争斗，还有你挨的打，你是不愿向我们提起的。"

"黎巴嫩山的那个老家伙在叫我。"犹太人说完这句话便从我们眼前消失了。说实话，他干这种临时变卦的事我并不太生气，我也不期待他回来，因为我开始怀疑，此人只是个能说会道、极会编故事的骗子。他拿讲自己的故事为借口，对我们说了些并不适合我们听的事。

我们到了歇脚点，利百加请公爵继续阐释他的体系。在花了点时间思考后，他便如此这般地讲起来：

贝拉斯克斯体系的简介（续）

昨天，我努力让诸位了解了构成意志的元素，以及意志是如何先于思想的。今天，我想回溯一下构成思想的元素。

在古代那些思想最深邃的哲学家当中，有一位向我们指出了形而上学探索该走的正确路径，后世很多人对他的发现进行了补充。但在我看来，这些补充并没有任何实质性的突破。

在亚里士多德远未出世的时代，"观念"（idée）这个词在希腊人那里指的是"像"（image），而"偶像"（idole）一词也由其衍生而来。亚里士多德在逐一分析了自己的观念后发现，所有观念的确都来自一种像，也就是说，来自一种感官的印象。故此，最具发明创造精神的天才其实并没有发明创造出任何东西。神话创造者只会将男人的上身与马的躯体拼合起来，将女人的身体与一条鱼尾组为一体。他们拿掉库克洛普斯的一只眼睛，给布里亚柔斯[1]加上无数臂

---

[1] 译注：库克洛普斯是希腊神话中的独眼巨人，布里亚柔斯是希腊神话中的百臂巨人。

膀,但他们没有发明创造出任何东西,因为这并非人力所及之事。亚里士多德这番观点一出,大家逐渐形成共识:任何思想都源自之前的感知,无一例外。

时至今日,有些哲学家却自认为更加深刻。他们这样说道:"我们承认,没有感官的介入,心灵是无法培育它的能力的。但是,这些能力一旦成长起来,心灵就能设想出一些从未在感官中直接出现的事物,比如说抽象的空间、永恒,以及数学上的真理。"

我向你们坦承,这种新学说我一点也不欣赏。对我来说,抽象无非是一种减法。想要抽象,就要去除一些东西。假如我在脑海中将我房间里的一切都去掉,甚至连房间里的空气也去掉,那我就有了一个纯粹空间。假如我把一段时间的开头和结束都去掉,那我就有了永恒。假如我去掉一个智慧存在体的身体,那我就有了天使的观念。假如我在脑海中去掉几条线的宽度,只考虑它们的长度,以及它们涵盖的平面图形,那我就有了欧几里得理论的要素。假如我去掉一个人的眼睛,再扩充他的身材,那我就有了库克洛普斯的模样。所有这些都是通过感官接收到的形象。假如今日的新圣师们能向我举出一个抽象的例子,让我不能通过减法表达,那么,我就当众拜他为师。在此之前,我还是坚持做古人亚里士多德的学生。

"观念"("像")这个词并不仅仅与我们的视觉印象相关。声音会触动我们的耳朵,从而给予我们与听觉相关的观念。柠檬会刺激我们的牙齿,从而给予我们酸的观念。

不过,诸位请注意,引发感受的对象即便缺失,我们的感官依然有产生这种感受的能力。假如有人建议我们咬一下柠檬,虽然可能只是口头上说说,但这情景只要浮现在眼前,我们就会流口水,牙齿也会受到刺激。一曲喧闹的音乐即便停止了演奏，也会在耳中回响良久。按照生理学目前的研究水平，我们还无法解释睡眠，因此也无法解释梦，但我们可以说，人体器官的某些运动是独立于我们意志之外发生的。通过这些运动，感官可以重回感受发生时的状态，或者换句话说，可以重回观念形成时的状态。

我们由此可以得出结论：在生理学领域尚未取得突破时，我们最好从理论上把观念理解成脑部的种种印象，引发感受的对象即便缺失，器官也可以有意识或无意识地通过这些印象如临实境。此外，诸位请注意，假如一门心思总想着那个引发感受的对象，印象反而会变淡；不过，在狂热的状态下，印象可以始终保持与初次感受相同的强度。

说完这一系列定义以及有点难于理解的结论后，我想换个角度再做一番思考，看看这个话题的另一个走向。

那些组织结构与人类最接近而且或多或少表现出一定智慧的动物，据我所知，全都有被我们称作大脑的器官。相反，那些组织结构与植物更接近的动物，是没办法让我们找到这一器官的。

植物有生命，极少量植物可以动，或者更准确地说，是可以活动的。在海洋动物当中，有些物种就像植物那样，并没有移动式运动，或者说，并没有目的是挪动位置的运动。我见过一些始终只有一个动作的海洋动物，这样的动作就像我们肺部的张合，看起来并不是某种意志的产物。

组织结构更完善的动物是有意志的，它们会形成一些观念。但只有人有抽象的能力。

不过，抽象的能力是因人而异的。腺体一旦紊乱，人就有可能患上克汀病；一旦有一两种感官丧失功能，人就极难保持抽象的能力。

从不具备言语器官这个角度看，聋哑人是类似于动物的，他们想直接形成抽象思维是非常难的；不过，别人可以向他们伸出五根或十根手指，指代与手指本身毫无关联的五样或十样事物，通过这样的方式，他们可以形成数的观念。他们在看到别人祈祷跪拜时，也会对不可见的存在形成观念。

对于盲人来说，情况就要简单不少，因为语言是展现人类智慧的伟大工具，通过语言，别人可以直接把现成的抽象例子讲给他们听。此外，盲人始终精神专注，这使得他们在组合方面具备一种特殊的敏锐度。

但请诸位设想一下，要是有一个天生既盲又哑的孩子，那我们可以确定，他将来永远无法形成任何抽象的能力。他可以通过味觉、嗅觉和触觉形成一些观念。他还能对这些观念进行种种遐想。假如他因为做错某件事受到惩罚，他或许会禁止自己再做这件事，因为他没有完全失去记忆功能。可是，恶这种抽象的概念，即便旁人用尽人类掌握的一切精妙方法，也不可能使之进入他的脑子。他于是不会有道德心，他也不可能理解何为功何为过。假如他犯下杀人的大罪，他也很难得到公正的处罚。因此，世间有两种灵魂，上帝吹的生命之气[1]存在两种相去甚远的类型，但这又是为什么呢？说起来至少应该有两层意义吧！

---

1 译注：按照《圣经》的说法，灵魂是上帝造人时吹的气。

和上述例子相比,在爱斯基摩人[1]或霍屯督人[2]与受过教育的文明人之间,差异或者说距离要小得多,但依然非常可观。这样的差异原因何在?这不再是某种感官功能缺失的问题,而是观念多与少的问题,也是组合数量的问题。有人能通过远游者的眼睛遍览整个地球,能通过书籍了解历史事件,他的头脑里存在着无数的"像",而普通农民是不会有这种头脑的;假如他再对自己的观念进行组合、联系、比照,那这个人就有了知识和才智。

牛顿一直习惯将各种观念组合在一起,在他配对的大量观念中,我们能看到落地的苹果和不脱离运行轨道的月球这样的组合。

我由此总结出,才智的差异在于"像"的数量以及组合各种"像"的能力;假如我大胆地表述一下,那就是,才智的高低,与"像"的数量加组合各种"像"的能力成复合正比关系。以下我要讲的内容,请诸位集中精神注意听。

组织结构杂乱不全的动物或许既没有意志也没有观念。它们的运动就像含羞草的活动一样,是无意识的。我们依然可以拿淡水里的珊瑚虫打比方:它在伸展触手吞噬蠕虫的时候,会选择性地挑它觉得最好的几个咽下去,这让它形成了好、更好、差这些观念。它既然有遗弃差食物的能力,那么我们就可以相信,它也是有意志的。第一个意志是伸展八条触手的需要。被吞噬的蠕虫让它形成两种或三种观念:遗弃其中一只,咽下另一只,这是一种选择性意志,而这一意志来自一种或几种观念。

---

[1] 译注:今称为因纽特人。
[2] 译注:南部非洲的原始族群。

如果我们在刚出生的婴儿身上运用同样的推理，那么我们可以看到，他的第一个意志是紧随其需要产生的：正是这种意志让他把嘴放到了奶妈的胸上；等他尝过奶妈的乳汁后，他就产生了观念；另一种感受在他的感官上形成后，他又产生了另一种观念；接着还会有第三个、第四个。因此，观念是可以用数来计量的。此外，我们已经看到，观念还可以组合。于是，我们尽管不能直接对观念进行运算，但至少可以将组合运算的法则运用到观念上。我把组合称为配对，而不是转化，因此 ab 和 ba 是同样的组合。

这样的话，两个字母只有一种配对方式。

对三个字母来说，在只取其中两个的时候，可以配对或者说组合三次，再加上三个字母全用上的这种可能，共计有四种方式。

对四个字母来说，两两组合有六种方式，三个三个组合有四种方式，四个放在一起又有一种方式，共计有十一种方式。

五个字母共计有　　　　　二十六种组合方式，
六个字母共计有　　　　　五十七种组合方式，
七个字母共计有　　　　　一百二十种组合方式，
八个字母共计有　　　　　二百四十七种组合方式，
九个字母共计有　　　　　五百零二种组合方式，
十个字母共计有　　　　　一千零一十三种组合方式，
十一个字母共计有　　　　两千零三十六种组合方式。

我们于是看到，仅仅多出一种观念，就可以让组合的数量翻番；五种观念的组合到十种观念的组合，数量由二十六种递增为一千零

563

一十三种，这相当于一比三十九的比率。

我倒不是想通过具体的运算把才智量化，而只是想展示一下，任何可以进行组合的事物都会遵循什么样的法则发展。

我们已经说过，才智的高低，与观念的数量以及组合各种观念的能力成复合正比关系。

我们于是可以用一个带有不同标量的阶梯来代表这千差万别的种种才智。假设牛顿在阶梯的最高处，他的才智标量为一亿，阿尔卑斯山区的一个农民在最低处，他的才智标量为一万。在这两个量之间，我们可以放进去无数的中间项，它们指代的都是高于农民但低于牛顿的才智。诸位的才智和我本人的才智都在这个阶梯内。

从阶梯高端往下排，各种才智会分别具有诸如以下所列的这些属性：

——对牛顿爵士的发现进行补充；

——完全理解这些发现；

——仅掌握其中一部分；

——精于组合。

不过，我们还可以设想出一个递减的阶梯：以农民为最高点，标量为一万，然后不断下降，直至十六、十一、五这样的标量，最后到只有四个观念、十一个组合和只有三个观念、四个组合。

对于只有四个观念、十一个组合的孩子来说，他还不懂抽象，但在他这个标量与一万这个标量之间，还能看到与观念的数量以及组合各种观念的能力成复合正比关系的各种才智，这样的复合正比所代表的就是抽象能力。

然而，这种复合正比是动物永远无法具备的，先天既盲又哑的孩子也不行，这样的孩子缺少"像"，而动物缺少组合。

最简单的抽象或许是数的抽象。这种抽象旨在将物的数量性质与物本身分离开来。在未掌握这种能力以前，孩子是不具备人类理性的属性的，因为他还不懂抽象；通过对性质的分析还可以达到像做减法那样去伪存真的境界，这也是一种抽象。孩子会一步步达到这种境界；当越过初级抽象的阶段后，他便会在获取并组合观念的过程中进入更高层面的抽象。

由最低到最高排列的这一系列才智，始终是由同类量或者说同种数值组成的，因为决定它们的都是"像"的数量和组合的法则。基本元素始终不变。

因此，不同等级的才智的确可以被归入唯一一种类型，这就好比是最复杂的运算归根结底也可以被视作某种加法或某种减法；任何一部介绍数学知识的论著，只要它内容完整，都可以被实实在在地形容成一个抽象的阶梯，既包括最简单的数学概念，也涵盖高等数学中最深奥的领域。

在这个比较之外，贝拉斯克斯还延伸补充了一些别的内容，看起来，利百加对个中的价值全都心领神会了。随后，众人各自散去，他们俩也带着对对方价值的肯定相互道别。

第四十天

我一大早就醒了。我走出帐篷，打算好好享受一下这清早的凉爽与清新。贝拉斯克斯和那位虚情假意的乌泽达女士，他们也怀着和我一样的想法走出各自的帐篷。

我们一起朝大路的方向走去，想看看有没有赶路者从路上经过。走到一片位于峭壁间的狭窄谷地时，我们决定坐下来静观风景。

在我们所坐的峭壁下方五十尺处有一条隘道。没过一会儿，隘道上出现了一支队伍。队伍走得越近，我们就越感到离奇。开道的是四个美洲人。他们全身上下只穿了件配有花边的长衬衫，但头上都戴着草帽，草帽上高耸着五颜六色的羽毛；此外，他们还各配了一杆长步枪。接着出现的是一群小羊驼，每只羊驼的身上都坐着个猴子。随后，一队骑着马拿着枪的黑人走了过去。再往后是两位年长的贵族，他们各骑着一匹安达卢西亚骏马，穿的都是蓝色丝绒外套，上面绣着卡勒多拉巴十字架[1]。接下来是八位摩鹿加群岛[2]岛民，他们抬着顶中国式的轿子，轿子里坐着位年轻女士，女士身穿西班

---

1 译注：安达卢西亚马被认为是世界上最古老也是最纯正的马种之一。卡勒多拉巴十字架由骑士的剑和牧师的十字架组合而成，象征着庄严与勇敢。

2 译注：摩鹿加群岛，又称马鲁古群岛、东印度群岛、香料群岛，是现印度尼西亚东北部的一组群岛。

牙式服装，款式华美。一个年轻男子骑着马，带着殷勤体贴的神态，守护在轿门边。

此后，又有一辆驮轿跟过来，驮轿上躺着个少女，看起来，她甚至有可能处在不省人事的状态。旁边一位骑着骡子的神父时不时地朝她身上洒圣水，似乎是在为她驱邪。再往后又是一支由肤色各异的男子组成的长队，最深的是乌木般的黑色，最浅的是橄榄般的褐色，想找再白的肤色就找出不来了。

我们看着队伍缓缓经过，并没有打算去问问他们的来路。但等到最后一个人消失在我们视野中时，利百加说道："说实话，我们本应该去问问他们是谁的。"

利百加刚把她的想法说出来，我就看到路上又出现一个人，他应该是落在了队伍的最后面。我壮着胆子直接从峭壁上往下走，一口气冲到这个脱离队伍的人身边。

看到我出现，此人跪下来，满脸惊恐地对我说道："自天而降的大人啊，求求您行行好，放过这个生在金矿矿区、家中没有一亩土地的绅士吧。"

我回答他说，我并非自天而降，我只是想知道，刚才领着如此大队人马从我眼前经过的贵族，他们到底是何方人氏。

"您就为了这件事啊，"这个美洲人勇敢地站起来，"那我可以满足您。您要是愿意的话，我们可以先爬上前面这块峭壁，这样就能更方便地俯瞰在山谷里行进的整支队伍。大人您最先看到的，是几个打扮古怪的开道的人，他们来自库斯科和基多的山区，负责照看那群美丽的小羊驼，我的主人要把这些小羊驼当作礼物，献给西班牙及东与西印度群岛国王。

"那些黑人全是奴隶，或者更准确地说，他们曾经是我主人的奴隶。因为在西班牙的土地上，奴隶制比异端还不受欢迎，一踏上这片神圣的土地，黑人就成了像您与我一样的自由人。

"您现在看到的这位在右侧的老贵族是佩尼亚·贝雷斯伯爵，他与那位著名的总督同名，因为他正是总督的亲外甥，他属于第一流的最高贵族。

"这边这位老贵族叫堂阿隆索，又称托雷斯·罗韦拉斯侯爵，他是某位托雷斯侯爵的儿子，娶了罗韦拉斯家里的女继承人。这两位大人交情一直非常深厚，等佩尼亚·贝雷斯的公子和托雷斯·罗韦拉斯的独生女一成亲，两人的关系必将变得更加紧密。您现在看到的就是这对迷人的伴侣。骑在那匹宝马上的，是年轻的准新郎，坐在中国轿子里的，就是准新娘。这把金轿子是当年婆罗洲国王送给已故佩尼亚·贝雷斯总督的礼物。

"最后那个在驮轿上接受神父驱邪的少女，我和您一样也不认识。昨天早上，我发现离大路不远的地方有个绞刑场，我突然产生了好奇的冲动，想去看一看。到了那儿，我看到这个年轻女子躺在两具早就吊死了的尸体当中。我把所有人都喊过去，让他们看这副奇景。伯爵大人是我的老爷，他看这个年轻女子还活着，便让人把她带到我们前一天过夜的地方。他甚至还决定，大家在原处逗留一天，照料一下这位年轻女子。说实话，她的确配得上这样的待遇，因为她算得上一个完美的丽人。今天，我们壮着胆子把她放上驮轿，带她一起上路，但她还是会时不时地昏厥过去。

"跟在驮轿后面的这位绅士是堂阿尔瓦·马萨·戈多，他是伯爵的首席大厨，或者更准确地说，是他的膳食总管。在他身边的那位是糕点师莱马多,另一位是甜点师莱乔。"

"啊!先生,"我对他说道,"您告诉我的,已经比我想知道的还要多了。"

"最后,"他又补充道,"这个给队伍压阵的、有幸与您交谈的人,他叫堂贡萨洛·德·耶罗·桑格雷,秘鲁绅士,皮萨雷斯和阿尔马格雷斯两个家族的后人,继承了这两个家族的英勇和才华。"

我向这位杰出的秘鲁人表达了感谢,然后便回到两位朋友身边,把我听到的一切向他们讲述了一遍。我们三人一起赶回营地,对吉普赛人首领说,我们见到了他的小隆泽托,而当年他曾在总督面前假扮过的小埃尔维拉,我们也见到了她的女儿。

吉普赛人首领回答我们说,很久以来他们就有离开美洲的计划。他们是上个月在加的斯登陆的。上个星期,他们离开这座城市,后来在瓜达尔基维尔河边歇了两夜。那地方离佐托兄弟的绞刑场不远,在绞刑场里,他们发现一个躺在两具尸体当中的年轻女子。

接着,他又补充道:"我有理由相信,这个年轻女子绝对与戈梅莱斯家族无关,我也从来没见过她。"

"什么!"我惊讶地叫起来,"这个年轻女子不是戈梅莱斯家族用得上的人,但她还是躺到了绞刑架下!鬼上身的事难道是真的?"

"或许吧。"吉普赛人首领说道。

"或许应该想办法把这些远行的人拦下来,"利百加说道,"让他们在这里住上几天。"

"这一点我也想到了,"吉普赛人首领接着说道,"今天夜里,我会派人把他们的小羊驼偷走一半。"

第四十一天

这种挽留异乡客的方式让我觉得非常独特。我刚打算把我的感受说出来，吉普赛人首领就已经走到远处，向手下发出立即撤营的命令。听他下令时的语气我就明白了，我即便表达出自己的意见，恐怕也起不到任何作用。不过，新的宿营地只与原先差了几倍的步枪射程，附近还立着一座裂开的悬岩，看起来，应该是某次地震造成了这样的地貌。众人共进午餐后，便各回帐篷休息。

天色将黑时，我去首领的帐篷找他，还没到就远远听见里面传出一阵吵闹声。皮萨雷斯家族的那位后人带着两个异邦的仆人，甚为傲慢地要求我们归还小羊驼。吉普赛人首领非常耐心地听他说着，这让耶罗·桑格雷大人胆子更壮了，他开始抬高嗓门儿叫喊起来，而且不断使用"骗子""强盗"这样的称呼。吉普赛人首领于是吹起口哨，口哨声极为尖锐刺耳。帐篷里渐渐聚满带着武器的吉普赛人，他们的不断出现压低了秘鲁人傲慢的声调，以至于到最后，他的声音颤抖不停，旁人已经听不清他到底在说些什么了。

吉普赛人首领看到他以这种方式恢复冷静后，便微笑着向他伸出手，对他说道："请您原谅，正直的秘鲁人，从事情的表象上看我确实理亏，您发火也是有一定道理的。但您还是先去找一下托雷斯·罗韦拉斯侯爵吧。请您问问他，他是否还记得一位达拉诺萨女士,这位女士的外甥纯属仗义地乔装成墨西哥总督夫人,替罗韦拉斯小姐挡了灾,要是他还记得,麻烦您请他上这儿来找我们。"

原本不知会如何收场的一幕,却以如此大团圆的方式结束,堂贡萨洛·德·耶罗·桑格雷喜出望外。他承诺,会把交代给他的任务完成好。

等他离开我们后,吉普赛人首领对我说道:"托雷斯·罗韦拉斯侯爵当年是非常喜欢小说和田园诗的。既然要接待他,就必须选个能让他开心的地方才行。"

我们沿着悬岩的裂口往里走,一路上布满浓密的灌木。蓦然间,我眼前出现一派我从未见识过的自然景观,一派让我深深感到震撼的景观。一片深碧色却清澈见底的湖泊,湖泊四周环绕着一座座绝壁奇峰,一块块看起来非常宜人的沙滩把峰峦隔成断断续续并不相连的山带,沙滩上的灌木棵棵鲜花盛放,树排列得并不匀称,但反倒有种精巧别致的韵味。但凡是浪会浸没峰峦的地方,都会有石子路将前后两块沙滩连为一体。湖水还渗进不少山洞。这一个个世外桃源般的山洞犹如卡吕普索的岩洞[1],在洞中可以尽享清凉,甚至还可以尽情戏水。万籁无声的空寥感清晰地说明,这一带完全是无人问津之所。

"这里是我小小王国的一个行省,"首领对我说道,"我人生当中有几年光阴是在这里度过的,或许那也是我最幸福的几年。不过,两位美洲来客就快到了,我们找一个舒服的、可以挡风遮雨的地方

---

[1] 译注:卡吕普索(Calypso),古希腊语词义为"我将隐藏",是希腊神话中的海之女神,据说曾与奥德修斯在洞穴里共同甜蜜生活七年,现马耳他的戈佐岛有卡吕普索岩洞。

静候他们吧。"

我们歇脚的地方算得上是这里最美的洞穴之一,落在后面的利百加和她哥哥也很快跟了进来。没过多久,我们等的那两位长者就到了。

"这是真的吗?"他们当中的一位说道,"这么多年过去了,我真的还能和儿时的大恩人重逢?我常托人打听您的情况,但一直徒劳无功,他们带回美洲的消息基本上都没有什么价值,从不能令人满意。"

"他们不可能带回什么令人满意的消息,"吉普赛人首领说道,"我经历过太多转变,我的生活方式千变万化,想查出我的行踪,实在是太难的一件事了。不管怎么说,我们现在又见面了,既然如此,就请两位赏光在这幽静的地方住上几天吧。你们一路辛苦,需要休息,正好在这里享受一下美好的休闲时光。"

"可是,"侯爵说道,"这一带是魔鬼出没的地方啊!"

"这一带确实有这样的恶名,"首领回答道,"在阿拉伯人统治时期,这里曾被称作'魔鬼的浴场'。今天,它的称呼已被改为'拉弗里达湖'。莫雷纳山区的居民没人敢靠近这一带,一到晚上,他们都会谈论这里发生的种种奇事。我当然也不想点醒他们,让他们完全了解实情。我现在要带二位参观这里的山谷,但我想求得您的同意,跟您过来的大部分随从,他们最好还是留在外面,去我们安营扎寨的地方休息。"

"我的老朋友啊,"侯爵说道,"我的女儿,还有我那未来的女婿,请您给他们一点特殊待遇吧!"

吉普赛人首领深深鞠了一躬,然后便命手下把这对年轻人外加几个贴身仆人接进来。

吉普赛人首领带着他的客人在山谷里四处游览，贝拉斯克斯此时却带着惊讶的眼神环顾四周。他拾起一块石头，端详一会儿，说道："点上火以后，这石头能和我们的玻璃器皿融为一体，不需要添加其他东西。我们现在所处的地方以前是个火山口。火山口是倒圆锥形的，通过它的斜坡，我们可以求出它的深度，因此也可以计算出火山爆发时的膨胀力，这真是个值得思考一番的问题啊。"

贝拉斯克斯沉思一会儿，然后从口袋里掏出笔记本，在上面写了些东西，接着又说道："关于火山，我父亲的观点非常正确。他认为，无论是水蒸气的热力，还是火药燃烧时的冲击力，任何类似的力量都远不及火山中心释放的膨胀力。他由此得出结论，如果哪一天我们能对流体形成充分的认识，那么，相当多的自然现象都可以通过流体动力效应得到解释。"

"这么说，在您看来，"利百加问道，"这面湖泊是火山喷发后形成的了？"

"是的，女士，"贝拉斯克斯回答道，"石头的属性说明了这一点，湖泊的形状也是有力的佐证。从对岸景物的清晰度来看，我推断湖面的直径在三百土瓦兹[1]左右，火山锥斜坡的总体倾斜度在七十度上下，故而我们可以得出，火山中心的深度为四百一十三土瓦兹，这意味着，火山喷发时造成了九百七十三万四千四百五十五立方土瓦兹[2]物质的移动。正如我刚才对您所说，人类所掌控的力，不论积

---

1 译注：土瓦兹是法国旧长度单位，1土瓦兹约等于1949米。
2 原注：斜坡斜度70度、直径300土瓦兹的情况下，计算得出深度为412.08土瓦兹。按照同样的直径以及413土瓦兹的深度，可得出9 731 083立方土瓦兹的体积，如按412.08土瓦兹的深度计算，得出的体积为9 709 406立方土瓦兹。

573

累到何种程度，都不会产生这样的效果。"

利百加正想对他的论证做几句补充的时候，吉普赛人首领带着侯爵和他的同伴们回来了。贝拉斯克斯的话题显然无法让众人产生一致的兴趣，为了结束这段几何学演绎，吉普赛人首领走到自己的贵宾身边，对他说道："大人，在我与您结识的时候，您是个只生活在感情世界的人，您那时的长相也似天使般俊美。您与埃尔维拉结合后，过的必定是最甜美、最喜乐的日子。在人生的道路上，你们必定享尽芬芳，不曾遭遇过荆棘。"

"并不完全如此，"侯爵说道，"的确，在我的人生中，感情或许占据了过多的比例，但我并没有忽略过我作为绅士的任何一种职责，因此，我可以毫不愧疚地坦承我的这项弱点。既然我们重聚在这样一个非常适合讲述浪漫故事的地方，那么，只要您愿意，我就把我这一生的经历向您说一遍吧。"

听到这样一个建议，现场所有人都情不自禁地鼓起了掌，侯爵便如此这般地讲起他的故事：

托雷斯·罗韦拉斯侯爵的故事

正如您所知，您进了德亚底安修会后，我和我母亲住在离您姨妈不远的地方。我母亲偶尔会去看望小埃尔维拉，但从不带我一起去。埃尔维拉进了修女院后，表面上一直摆出一副愿意好好做修女的架势，我这个年纪的男孩去看她确实不太合适。相恋却不能相见的处境给我们带来深深的苦恼,我们只能通过书信聊以慰藉。我母亲虽然心甘情愿扮演信使的角色,但每次都惴惴不安、口有怨言。她说,罗马的宽免可不是那么容易获得的,按照规定,我们只有在获得宽免后才能通信。尽管顾虑重重,但她还是保证了我们信件来往的顺畅。至于埃尔维拉的财产,我们小心翼翼地不动用一分一毫,因为她一旦正式进入教会,所有财产将重新回到罗韦拉斯的旁系亲属那里。

您的姨妈向我母亲谈起她那个做德亚底安修士的舅舅,听起来,此人应是位精明睿智之士,他或许能在教廷宽免的问题上为我母亲指点迷津。我母亲向您姨妈表达了诚挚的谢意。她随后就写信给您的舅公桑特斯神父,神父觉得此事非同一般,因此没有直接回复,而是亲自来到布尔戈斯,身边还陪了一位教廷大使馆里的顾问。顾问用的是化名,因为他们想让整个商议过程在秘密状态下进行。

最终的处理结果是,埃尔维拉再在修女院里过半年初修期的生活,此后她的圣召阶段就告一段落,她将成为修女院里最高规格的住客。一方面,有专人为她提供服务,也就是说,会有女佣陪她一起隐修;另一方面,修道院外有幢房子名义上归她使用。不过,这房子平常是我母亲和几位负责具体监护事宜的律师住在里面。至于我,我理应和我的家庭教师一起去趟罗马,那位教廷顾问也需要和我们同行。但实际上,这次远行被搁置下来,因为大家都觉得我实在是太年幼了,根本达不到申请宽免的年龄。于是,我又等了两年才动身。

这两年是怎样的两年啊!每天,我都到会客室与埃尔维拉见面。

除此之外的时间，我要么给她写信，要么用来读小说，读这样的书对我写信时的遣词造句产生了很大的帮助。埃尔维拉读的书和我一样，她写的回信也和我非常合拍。可以说，在我们的信件往来中，很少会出现我们自己的文字，我们的表达方式都是移花接木而来，不过，字里行间的深深爱意都发自彼此的真心，或者至少可以说，我们相互间已经形成了非常强烈的依恋感。在我们两人当中，始终拦着一道栅栏门，它虽说是我们无法逾越的障碍，但也进一步激发出我们的欲望。年轻人特有的热血在我们的血管里燃烧到近似沸腾，我们的头脑早已偏离正常的秩序，此际，我们的感官也开始向冲动脱轨的方向发展。

动身的日子还是来了。分手的那一刻极度凄凉、极度残忍，我们的伤痛不是伪装出来的，也不是从书本上学来的。我们大放悲鸣，埃尔维拉甚至发疯似的说起了胡话。大家都担心她会因悲伤过度而染病不起。其实我的悲伤并不亚于埃尔维拉，只是我能调动更强大的力量来抑制它。一路奔波后，旅途的见闻也给我带来很多益处，让我恢复了不少。此外，给予我极大帮助的还有陪我同行的那位良师。他并不是一路在学校里摸爬滚打混上来的教书先生，而是位退伍的军官，他甚至还在宫里效力过几年。他叫堂迭戈·桑特斯，和您舅公同姓，也是这位德亚底安修士相当近的亲戚。他是个既看透俗世也熟知俗世规则的人，他用了些巧妙迂回的办法，将我的头脑重新带回到现实中来。不过，积习终究难改，我的一些错误习性远远没有根除。

到了罗马后，我们做的第一件事就是去拜访里卡迪大人。他是个非常有影响力的人物，在耶稣会教士那里的声望尤其高，而耶稣会当时在罗马是举足轻重的机构。里卡迪大人看起来很严肃也很高傲，面容令人敬畏，一根镶有多颗巨型钻石的十字架在他胸前闪耀，这使他显得更加气度不凡。

里卡迪表示，他已经听说了我们的事，他认为，此事必须严守秘密，我们也要尽量少出入上流社会的圈子。"但是，"他补充道，"您最好常上我家来转转。别人看到您是我重视的人，一定会关注您，而您又难得在别的地方出现，这就说明，您是个谨慎持重的人，制造出这种效果对您是有好处的。我会去枢机团[1]探探风声，看看那里的人对您的事有什么想法。"

我们听从了里卡迪的建议。每天早上，我都去游览罗马的名胜古迹，到了天黑的时候，我就上这位教廷圣轮法院[2]审理官的家里来。他住的地方是一幢别墅，离巴贝里尼家族[3]的别墅很近。帕杜利侯爵夫人负责替主人接待宾客。她的丈夫已经去世，她住在里卡迪家中，是因为她没有更近的亲戚可以投靠了。至少，别人的说法就是这样，可实际上又没人能说得清他们的具体关系，因为里卡迪本身是热那亚人，而那个所谓的帕杜利侯爵又是在国外工作时去世的。

这位年轻的寡妇很会让客人产生宾至如归的感觉，她待人非常和蔼可亲，处处不失礼节，但又尽显持重、高贵。尽管这么说，我

---

1 译注：枢机团又称枢机院，是天主教最高宗教机构。

2 译注：圣轮法院（Rote）是教廷三大法院之一，同教廷最高法院一样，是一个上诉法院，主要处理婚姻纠纷的案件。

3 译注：巴贝里尼（Barberini）是一个17世纪在罗马极为显赫的意大利贵族家族，家族中出过教皇和多位红衣主教。

还是觉得她对我有些特殊的优待，甚至有种好感，她的好感随时随刻都有可能流露出来，不过，这全体现在其他人感觉不到的细节中。这种只可意会不可言传的隐秘情感在小说里处处可见，我自然极易分辨，但我也很同情帕杜利，因为她是在向一个无法对她进行回应的人传递这样一种情感。

尽管如此，我还是努力寻找机会和侯爵夫人说话，并有意识地将对话引入我最喜欢的话题，也就是说，和她谈爱情，谈各种恋爱的方式，谈深情与激情该如何区分，谈忠诚与持久。不过，在与这位美丽的意大利女子谈论这个严肃话题时，我脑中从不曾闪现过对埃尔维拉不忠的念头，我寄往布尔戈斯的信和过去一样充满炽热的爱和浓浓的思念之情。

有一天，我独自一人去了别墅，我的良师并没有与我同行。里卡迪不在家中，我便到花园里散步。不经意间，我走进一个石洞，在那里我看到了帕杜利，她似乎正忘情地沉浸在遐想之中。我进洞时发出的小小声响惊动了她，将她拉回到现实里来。与我在这里不期而遇，她显得极为惊讶，她的神情差点让我怀疑，她遐想的对象会不会就是我。她甚至表现得像一个试图从险境中逃脱的人，面露惊慌。

但她还是很快恢复镇定，请我坐下，然后用意大利人习惯的方式问候我："今天早上您散步了吗[1]？"

我回答她说，我去了科尔索大道，在这条街上我见到了不少美丽的女人，其中最美的一位是莱普里侯爵夫人。

---

[1] 译注：原文为意大利语"Lei a girato questa mattina？"。

"您就没见过更美的女人吗？"帕杜利问我。

"抱歉，请容我冒昧地说一句，"我回答她说，"我在西班牙认识一位比她要美得多的小姐。"

这个回答似乎令帕杜利夫人有些不悦。她重新陷入遐想，她那美丽的眼睑垂下来，眼睛紧盯着地面，目光中印刻着浓浓的哀怨。

为了让她开心，我又和她谈起情感的话题。

此时，她抬起呆滞无神的双眼，看着我问道："您这么擅长描述情感，那这些情感都是您亲身体会过的吗？"

"啊，当然体会过，"我回答她说，"而且比我所描述的还要强烈千倍、深刻千倍，这全都是为了那位拥有超凡脱俗之美的小姐。"

我刚说完这几句话，帕杜利整张脸就变得色若死灰。她张开双臂，仰面朝天地倒在地上，简直就像断了气一样。我从未见过女人这副模样，也完全不知道该如何处置。所幸的是，我看到花园里有两个女佣在散步。我赶紧跑到她们身边，让她们去救主人。

随后，我便离开花园，一路上都在思考刚才发生的事情。爱的力量让我深深惊叹，它只要在人的心里留下一点火星，就能把人烧得遍体鳞伤。我同情帕杜利，同时也谴责自己，因为是我给她制造了痛苦和不幸，但我仍然认为，我不可能做出对埃尔维拉不忠的事。我既不会对帕杜利动心，也不会对世上其他任何一个女人动心。

第二天，我又去了里卡迪的别墅。没有人接待我，帕杜利夫人生病了。第三天，整个罗马都在谈论她的病情，而且人人都说她病得很严重。我深感愧疚，因为我把自己当成了她这场重病的起因。

在她病后的第五天,一个身披斗篷、脸也被斗篷遮住的年轻女子走进我的住所。她对我说道:"异邦的大人啊,一个生命垂危的女人想见您一面,请跟我走吧!"

我想她说的必定是帕杜利夫人。我认为,一个生命垂危的女人的心愿我是不该违背的。一辆马车在街尾等着我,我和那个遮面的年轻女子一同登上车。我们从花园的后门进了别墅。下了马车,我们走上一条极为昏暗的小径,随后转入一道走廊,从走廊出来,又穿过几间漆黑的房间,最后来到帕杜利夫人的卧室。她躺在床上,向我伸出手来。她的手是滚烫的,我想这应该是发烧引起的身体反应。我抬起头看了一眼病人,我发现她衣不蔽体,身体大部分部位都裸露在外。在此之前,我对女人身体的认识还仅限于脸和手。眼前的这一幕让我手足无措,我的膝盖开始发软。我终于做出了对埃尔维拉不忠的事,但这一切都是在我完全不明就里的状况下发生的。

"爱神啊!"这个意大利女人高声叫起来,"这是你创造的神迹啊!我爱的人让我重获新生了!"

原本我还是纯洁如玉之体,但突然间我就成了个耽于肉体之欢的人。四个小时就这样过去了。最后,接我过来的女侍提醒我们,到了分开的时候了,这时,我才步履略显艰难地朝马车的方向走去。半路上,我被迫抓住女侍的胳膊,身体倚靠在上面,而她躲在斗篷下偷笑。在即将与我分离的那一刻,她把我拥入怀中,对我说道:"往后我也有份的。"

一上马车,欢愉的心情就烟消云散,取而代之的是最刻骨铭心的愧疚。"埃尔维拉,"我高呼道,"埃尔维拉,我背叛了您!埃尔维拉,我再也配不上您了!埃尔维拉,埃尔维拉,埃尔维拉……"总之,其他人遇到这种情形会说的话,我全都说了一遍。我躲进自己的住所,下定决心再也不来见侯爵夫人了。

托雷斯侯爵说到这里时,几个吉普赛人来找他们的首领议事。首领对自己老朋友的故事非常感兴趣,便请他就此打住,第二天再接着往下讲。

第四十二天

大家换了个山洞会合，这里的雅致秀美与前一天的相比丝毫也不逊色。所有人都很期待托雷斯侯爵奇遇故事的后文。他看到我们迫不及待的模样，便如此这般地接着说起来：

托雷斯·罗韦拉斯侯爵的故事（续）

昨天我向诸位说到，犯下出轨罪行而成为罪人后，我内心有多么愧疚。我毫不怀疑，帕杜利夫人的女侍第二天还会来接我，将我带回到她主人的床前。我做好了打算，一定要冷言冷语地将她拒之门外。不过，西尔维娅这一天并没有出现，此后几天也同样没来找我，这倒令我颇有些感到意外。

西尔维娅是在一周后来的。她的打扮非常精致，但与她的相貌相比，这些打扮顿时变得可有可无，因为她实际上比她的主人更加漂亮。

"西尔维娅，"我对她说道，"请您出去，西尔维娅，您让我背叛了这世上最值得敬爱的女人，您欺骗了我。我本以为去见的是一个生命垂危的女人，但您把我带到了一个耽于肉欲的女人面前。我的心没有犯罪，但我的身体已不再无辜。"

"您身心都是无辜的，甚至可以说，是非常无辜、非常纯洁的，"西尔维娅回答我说，"这一点您大可放心。不过，我今天来并不是要带您去见侯爵夫人，她现在正在里卡迪的怀抱里呢。"

"里卡迪不是她的舅父吗？"

"根本不是这么回事。里卡迪根本不是她的舅父。请跟我来，我会把这一切对您解释清楚的。"

我完全是在好奇心的驱使下跟着西尔维娅出了门。我们登上马车，来到别墅，走的依然是花园后门。随后，这位漂亮的使者把我带进她的房间。这真算得上是一间交际花的房间啊：一瓶瓶香脂，各式各样的梳子，还有些用来别在身上的小饰物，此外就是一张洁白如雪的床，床下面放着一双极为雅致的女式拖鞋。西尔维娅摘下手套，放下头纱，随后又取下胸前的一块手巾。

"请停手，"我对她说道，"别再往下脱了。您主人就是这样让我成了个不忠的人。"

"我主人？"西尔维娅回答道，"她用的都是我至今不敢尝试的大招儿啊。"

她边说边打开一个柜子，从里面取出些水果、饼干，还有一瓶酒。她将这些东西放在一张桌子上，然后把桌子拖到床边，对我说道："我可爱的西班牙小伙子啊，女仆是用不了什么好家具的。屋子里原先有把椅子，但今天早上被人搬走了。请您上床在我身边坐下吧，我真心诚意为您献上的这些小点心，请您不要嫌弃。"

她如此彬彬有礼地招待我，我自然无法拒绝。我坐到西尔维娅身边，吃起了水果，喝起了酒。我请她对我讲讲她主人的故事，她便如此这般地说起来：

里卡迪大人和劳拉·切雷拉即帕杜利侯爵夫人的故事

里卡迪是热那亚一个名门之家的幼子，他年纪轻轻就加入教会，很快便跻身高级教士的圈子。帅气的长相，再加上教士穿的紫色袜子，当时在罗马，这可是两件吸引女性的强大武器。和所有年轻的高级教士一样，里卡迪对自己的优势进行了充分利用，甚至可以说是过度利用。三十岁时，他就厌倦了寻欢作乐的生活，开始想在事业上干出一番成就。

但他也不肯彻底断了与女性的交往。他想找个只用来满足自己欢愉的情人，却不知道该如何着手。过去他曾给罗马最美丽的几位公主当过"私用骑士"，可公主们现在喜欢的是更年轻的高级教士。其实，持续不断的献媚也早已令他厌倦，因为这会形成一种习惯性的拘束感，让他无法忍受。自己包养女人也同样存在缺点，因为这些女人都不具备上流社会的知识，和她们基本上没什么话可谈。

踌躇不定间，里卡迪想出一个计划。这是个在他之前、在他之后都有很多人想过、实践过的计划：完全按照自己的心愿培养一个女孩，这样的女孩长大后，必然会给他带来他想要的快乐和幸福。确实，一个处处受上天宠爱的可人儿，看她在容颜渐渐成熟的同时思想也走上萌芽绽放的道路，向她展示世间万象和上流社会的风情，感受她一次次惊奇的反应，偷偷观察她情窦初开的神情，把自己的见解全部传授给她，将她打造成一个完全属于自己的人，这该是多么愉快的一件事啊！可是，此后又该怎样处置一个如此迷人的尤物呢？很多人会选择与她结婚，以此作为一幕的终结。里卡迪没办法这么做。尽管在反复构思这个放荡的计划，但我们这位高级教士同样不会忘记自己的仕途。他有一个在教廷圣轮法院当审理官的叔父，此人官运亨通，已成为红衣主教的备选人，这位叔父还得到保证，在正式晋升后，可以将自己现在的职位传给侄子。不过，这一切还要再等上四五年才能全部实现。里卡迪觉得，事情还没眉目之前，自己不如先回故国[1]看看，甚至还可以到各地游历一番。

有一天，里卡迪在热那亚街头散步时，一个十三岁的小姑娘冲他走了过来。小姑娘拎着只装满橙子的篮子，动作优雅地取出一个想卖给他。里卡迪轻佻地伸出一只手，将她未经梳理、披散在脸上的头发拨开。从五官来看，小姑娘将来会出落成一个完美的美人。他问这个卖橙子的小女孩父母是何人。她回答说，她父亲已经过世，她与母亲相依为命，家中贫寒，母亲的名字叫巴斯蒂安娜·切雷拉。里卡迪跟着小姑娘去了她家，他先报上自己的名号，接着对巴斯蒂安娜说，他有个心肠特别好的亲戚，这位夫人喜欢收养贫困的小女孩，等小女孩长大后还会为她们提供一笔嫁妆。他可以把小劳拉安置在这位夫人家中。

母亲微笑着对他说道："我没有听说过您的那位亲戚，但她肯定是个非常值得尊敬的女士。不过，您本人爱帮助有需要的年轻女孩，

---

[1] 译注：热那亚当时为独立的城邦共和国。

这是远近闻名的。您可以把我这个小姑娘带走。我不清楚您将来是否会培养她的美德，但您肯定会帮她脱离贫穷，贫穷要比所有的罪恶都更糟糕。"

里卡迪想向母亲表示点心意，以作补偿。

"不，"她回答他说，"我不是卖我的女儿。但您要是愿意给我本人一点资助，我会欣然接受。生存是第一法则，经常缺衣少食让我难以坚持工作。"

当天，小劳拉就住进一个受里卡迪保护的人家里。她的手上涂了杏仁做的手霜，头发缠在卷发棒上，脖子上挂了条珍珠项链，胸前的衣服绣有花边。小姑娘把所有的镜子都照了一遍，完全认不出自己了。不过，从最初那一刻起，她就明白她的归宿将是哪里，自己的身份，她也心中有数。

小姑娘从前总归有几个和她一起玩耍的小伙伴，这些孩子不清楚她过上了什么样的生活，都非常挂念她。其中最想见到她的那个叫切科·博斯科内，这是个十四岁的小男孩，脚夫的儿子，已经长得人高马大，也已经喜欢上这个卖橙子的小姑娘。两人以前经常见面，有时是在大街上，有时是在我们家里，因为他们家和我们家稍微沾点亲。我说"我们"，是因为我也姓切雷拉，而且有幸是我主人的表亲。

我和切科都非常担心我们的表亲，因为我们不光听不到她的消息，甚至连说她的话题、提她的名字都要被大人禁止。我平日里干编织床上用品的活儿，我表哥在真正够力气当脚夫之前，是在码头上做杂活。每天手上的活儿一做完，我就到一个教堂的门廊下找他，在那里，我们常会谈起我们那生死未卜的表亲。为她的命运，我们曾流下过无数泪水。

一天晚上,切科对我说:"我想到个主意。这段时间天天都下大雨,切雷拉夫人无法出门。等雨过天晴的第一天,她肯定就不会继续在家里待下去了,要是她女儿还在热那亚,她一定会去找她。所以到时候我们跟着她就行,劳拉到底藏在哪儿,自然也就水落石出了。"

听了他的计策,我不禁拍手叫好。第二天雨就停了,还出了大太阳,我去了切雷拉夫人家,看到她从一个很旧的衣柜里翻出一件比衣柜还旧的斗篷。我和她聊了几句便赶紧跑去通知切科。我们躲在暗处观察。没过一会儿,我们就发现切雷拉夫人出了门。我们跟着她一直走到一个很远的街区,她进了一幢房子,我们继续躲在暗处观察。等她从房子里出来走远后,我们便冲进去爬上楼梯,或者更准确地说,我们是一步几级地飞速跨上了楼梯。楼上是一间漂亮的套房,我们打开门,看见了劳拉,我一把搂住她的脖子抱住她;切科马上拉开我,将劳拉拥入怀中,还把自己的唇紧紧贴在了她的唇上。但就在此时,另一扇门打开了,里卡迪走了出来,他打了我二十个耳光,踢了切科二十脚。他手下的人也过来了。转瞬之间,我们就带着挨了耳光的脸、受了踢打的身体,被扔到大街上。我们明白,从今往后,我们表亲的命运再不是我们该关心的事了。

切科后来在马耳他一艘海盗船上做水手,我再没有听到过他的消息。

至于我,我并没有彻底断掉与劳拉重逢的想法。可以说,在我逐渐长大成人的过程中,这个想法一直陪伴着我。我为几户人家做过事,最后进了里卡迪侯爵家当女佣。这个里卡迪侯爵,他是我们现在这位里卡迪高级教士的哥哥。侯爵家里上上下下都对帕杜利夫人议论纷纷，因为大家都不清楚，侯爵的弟弟是从哪儿认的这位新亲戚。她尽管暂时避开了家里亲戚的寻找，但手下仆人的好奇心她是避不开的。经过一番调查，我们很快就弄清楚，这位所谓的侯爵夫人不是别人，正是劳拉·切雷拉。侯爵得知后让我们千万不要走漏风声，还把我派到他弟弟身边，想借此警告他弟弟，如果不想惹出无尽的麻烦，就要加倍小心。

不过，我要对您说的并不是我自己的故事，帕杜利侯爵夫人的故事被我说跑题了。因为刚才说到小劳拉住进一个受卡迪保护的人家里后，我就岔开来从自己的角度接着往下说了。她实际上在那里并没有待太久。她后来被转移到热那亚附近一座靠河的小城，高级教士大人常会去看自己调教出来的杰作，每去一次，满足感都会增添几分。

两年后，里卡迪去了伦敦。他用了个化名，并自称是意大利商人。劳拉以妻子的身份陪在他身边。此外他们还游历了巴黎和其他几座大城市，在这些地方，更方便过隐姓埋名的生活。她变得一天比一天可爱，一天比一天迷人。她敬爱自己的恩人，也让他成了世上最幸福的男人。三年就这样飞逝而过。里卡迪的叔父终于晋升为红衣主教，他催促里卡迪赶紧回罗马。

里卡迪先带着情人来到自己在戈里齐亚[1]附近的一块封地。抵达的第二天，他对她说道："女士，我有条消息要告诉您，您听了肯定会开心的。您现在是帕杜利侯爵的遗孀了，他不久前奉皇帝陛下之

---

1 译注：意大利东北部城市。

命到境外履职，但使命未成就去世了。相关的证明文件全在这里。帕杜利是我们家的亲戚，所以您可以坦然地去罗马与我会合，然后您就在我家做接待宾客的工作。"

逗留几天后，里卡迪就先行动身去了罗马。

刚换了新身份的侯爵夫人深深陷入思索之中。她开始认真思考里卡迪的人品，思考自己与他的关系，思考能从这种处境中得到些什么。三个月后，她被叫到自己所谓的舅父身边。她看到，刚刚出任要职的他显得容光焕发、气宇轩昂。这份荣耀也让她沾了光，她受到了种种高规格的礼遇。里卡迪向全家上下宣布，帕杜利是自己母亲的亲戚，他现在把帕杜利的遗孀接到家中照看。里卡迪侯爵从未听说帕杜利结过婚，于是对这件事展开了一番调查，调查的结果我之前已经向您说过，侯爵把我派到他弟弟身边服侍新侯爵夫人，想让她时时保持最谨慎的作风。

我是由海路离开热那亚的，上岸地点在奇维塔韦基亚[1]，我随后就来到罗马。我进了侯爵夫人的府上。她把手下支开，扑入我的怀中。我们回忆童年往事，谈论我的母亲、她的母亲，还有我们一起吃栗子的场景。小切科自然也没有被漏掉。我说他上了一条海盗船，从此再没有音讯。劳拉原本就已经动了情，再听到这个消息，不禁泪如雨下，久久不能平静。她反复恳求我，在外人面前只能以她女侍的身份出现，千万不能露出任何破绽，以防被那位高级教士看穿。她补充说，我的热那亚口音会出卖我，因此我只能承认自己出生在热那亚共和国，而不能冒充罗马当地人。

---

1 译注：意大利中部城镇，首都罗马的主要港口，东南距罗马约 70 公里。

劳拉也有自己的计划。她先用半个月时间保持以往恬淡乐观的性情,但过了这段时间后,我们面前的她就仿佛换了一个人。她变得非常严肃,常常忘情地沉浸在遐想中,性情多变,厌烦一切。里卡迪想不出任何办法来取悦她,他已经无力再让她恢复从前的模样。

"我亲爱的劳拉,"他有一天终于开口问她,"您到底缺了什么?想想我把您从老家带出来的时候,您过的是什么样的生活,再看看您现在过的又是什么样的生活!"

"您为什么要把我带出来?"劳拉以极为激愤的口气回答道,"我怀念的正是我当年贫穷的生活!跟这帮公主们在一起我能做什么?她们那套假惺惺的礼节,简直和尖酸刻薄的咒骂没什么区别。哦,我的破衣服、我的黑面包,还有我的栗子,我实在是太怀念你们了!一想到这些,我的心就像碎了一般。还有你,我的小切科,原本等你长大到可以做脚夫的时候,你就要娶我的!和你在一起,我过的可能是贫穷的生活,但绝不会虚无缥缈、充满幻象,那些公主,她们只怕羡慕还来不及。"

"劳拉,劳拉,"里卡迪叫起来,"您这是从哪儿学来的一套新语言啊?"

"这是自然的语言,"劳拉回答他说。"自然创造出一个个少女,是让她们变成妻子、变成母亲的,这才是上天赋予女人生命的用意,她们并不是生来该做放荡教士的外甥女的。"

说完这番话,劳拉跑进一间内室,闭门不出。

里卡迪很为难,不知该如何是好。在人前他一直把帕杜利说成自己的外甥女,要是这个女人一昏头把真相说出来,那他就完蛋了,他的事业也就到此终结了。但这个没事找事的女人,他心里面是喜欢的,他害怕就此失去她。这一切都让他非常不开心。

第二天,里卡迪身体微微发抖地来到劳拉门前,但他惊喜地发现,迎接自己的是最温柔、最体贴的待遇。

"请原谅我,"她对他说道,"亲爱的舅父,亲爱的恩人,我是一个不配活在此世的忘恩负义的女人。我是您一手调教出来的,您塑造了我的头脑,我拥有的一切都该感恩于您。我那些任性的举动完全是无心而为,请您原谅我吧。"

两人很快和好如初。

几天后,劳拉对里卡迪说道:"我和您在一起生活是没办法幸福的。您实在是太像我的主人了。这里的一切都属于您,我完全是一个附属品。刚来拜访的那位大人,他把自己在乌尔比诺公国[1]最美丽的土地都给了他的情妇。他这才算得上是真正的情人!我要是向您要那块我曾住过三个月的男爵封地,您一定不肯给我,但那是您伯父坎比奥西传给您的遗产,您完全可以处置。"

"您想要独立门户,"里卡迪说道,"那就是要弃我而去了。"

"我独立门户是想给您更多的爱。"劳拉回答他说。

里卡迪不知道到底是该答应她还是该拒绝她。他爱她,不愿失去她,但另一面,他既担心自己的职位受到影响,又害怕从此受情人的控制。

劳拉看穿他的心思,本可以就势将他逼到绝境,但里卡迪在罗马终究是个能呼风唤雨的人。只要他一发声,就会有四个警察出面,抓走他的外甥女,然后让她在某个修道院里长久悔罪。想到这一点

---

[1] 译注:乌尔比诺公国是曾经存在于意大利北部的主权国家,1631年并入神圣罗马帝国。

后,劳拉有所顾忌,她最后决定装病,以此为理由让里卡迪对她言听计从。您进石洞的时候,她脑子里想的正是这个计划。

"什么?她当时不是在想我?"我极为惊讶地问道。

"不是的,我的孩子,"西尔维娅对我说道,"她当时想的,是一块富饶的男爵领地,这块地的年收益能达到四千斯库多。突然间,她脑子里闪过一个念头,她可以装病甚至装死。在伦敦的时候,她见识过一些女演员的表演,她以前就模仿过她们,装病装死的样子她都试过。她想看看能不能瞒过您。您看到了,我的西班牙小伙子,直到刚才,您还一直蒙在鼓里。不过,您和她这段故事里的其他情节,您是无权抱怨的,我主人也毫无怨言。至于我,您那天虚弱无力地靠在我肩膀上时,我觉得您确实有几分可爱。所以我当时说了句,'往后我也有份的'。"

我应该对诸位说些什么呢?我刚刚听到的这一切让我又惊又窘。我从幻梦中醒来,完全不知该如何是好。看到我心神恍惚的样子,西尔维娅趁机将我的感官和肉体也带入迷乱的状态。她轻而易举地就达到了目的。她甚至乘胜追击。在被她送上车后,我已经不清楚,自己是该像上次那样忏悔、愧疚,还是该放下这些事情不再去想。

托雷斯侯爵说到这里时,吉普赛人首领有事要离开我们。他请侯爵就此打住,将后面的故事留到第二天再讲。

第四十三天

众人像之前那样聚在一起，请托雷斯侯爵接着讲他的故事自然是少不了的一个环节，他于是如此这般地说起来：

托雷斯·罗韦拉斯侯爵的故事（续）

之前我向诸位讲到，我做了两次对不起美丽的埃尔维拉的事。第一次出轨后，我痛心疾首、无比愧疚。但第二次出轨后，我已经不清楚，自己是该继续愧疚，还是该放下这些事不再去想。不过，我要向诸位保证，我对我表妹的爱是始终如一的，我写给她的信也同样充满激情。我的那位良师，他觉得我满脑子浪漫想法是一种病态表现，便想不计一切代价将我拉回到现实当中。偶尔，他还会采用一些有点脱离他工作正道的手段。他让我接受各种诱惑的考验，而我每次都无力抵抗。但我对埃尔维拉的深情始终和过去一样，我迫不及待地想知道，宽免通知究竟何时才能从教廷法院的书记室里出来。

终于有一天，里卡迪把桑特斯和我叫过去。他的神情中透出几分庄重，这说明他有重要的消息要向我们宣布。不过，他马上又以和蔼的笑容来缓解严肃的气氛。他对我们说道："您的案子已经终结，但这并不是说您可以免受惩罚。对于某些天主教国家的信徒而言，我们宽免的标准相对来说颇为宽松，而西班牙的信徒想得到宽免要困难得多，因为那里的信仰更纯粹，教规执行得也更精准。话虽如此，教皇陛下还是考虑到，罗韦拉斯家族为美洲的皈依做出了重大贡献，此外，两个孩子虽然犯下了小过错，但那也是罗韦拉斯家族一系列不幸事件造成的后果，而不是某种渎神思想熏陶的恶果。因此，教皇陛下解除了你们二人存在于地上的亲缘关系。未来这关系在天上同样也会得到解除。不过，为防止其他年轻人效仿你们，犯下类似的错误，您被勒令在脖子上挂一串一百颗珠子的大念珠，每天诵读《玫瑰经》，持续三年，以此作为赎罪；此外，你们还要为韦拉克鲁斯的德亚底安修士建一座教堂。我谨为此向您本人以及未来的侯爵夫人表示祝贺。"

诸位可以想见，我听到这番话会有多么高兴。我赶紧跑去领了教皇的敕书。两天后，我们就离开了罗马。

我日夜兼程地赶回布尔戈斯，又见到了埃尔维拉，她比以前更美了。此时已是万事俱备，只等朝廷批准我们的婚礼了。埃尔维拉的财产彻底回到她手中，跟我们攀亲认友的人也越来越多。很快，我们的监护人收到期待中的批准书，除此之外，朝廷还赐予我托雷斯·罗韦拉斯侯爵的头衔。

于是，大家开始全力忙起裙子、首饰、珠宝的事。事情虽然杂乱，但人人都很开心，毕竟，所有的忙碌都是为了那位即将成为新娘的少女。可温柔多情的埃尔维拉对这一切并不在意，她所关心的，只是照顾好她爱人的饮食起居。

我们成婚的日子终于到了。对我来说，这真是漫长到可怕的一天，因为婚礼到晚上才开始，地点是在布尔戈斯附近我们一座乡间居所的小教堂里。

我独自在花园里散起步来，想用这种办法使我那焦躁急迫的内心恢复平静。走了一会儿后，我坐在一张长椅上，开始思考起我之前的所作所为，这些行为实在是对不起那位将与我结合的天使。我细数一遍我的不忠经历，竟然有十二次之多。于是，我的内心再次充满愧疚。我用最严厉的方式谴责起我自己，暗自说道："负心的人啊，可怜的家伙！你为何不去想想这赐予你的世间珍馐，你为何不去想想这心中只有你甚至只为你呼吸的女神？她甚至从未主动和别的男人说过一句话！"

我长椅的椅背紧靠着一棵千金榆，千金榆外又有另一条长椅。就在我全心忏悔之际，从那条长椅上传来埃尔维拉两个侍女的声音，她们的对话让我不由自主地细心聆听，欲罢不能。

"看吧，曼努埃拉，"其中一个说道，"我们的女主人今天肯定会非常高兴，因为这是真心真意的爱，对这份爱，她情真意切地证明过好多次。那些站在栅栏外的求爱者，她也会慷慨地给他们一点小甜头，但完全不能和这样的真爱相比。"

"是啊，"另一位侍女说道，"您想说的是不是她的吉他老师，那个老师曾经借着把她的手放到琴弦上的机会，偷偷吻了她的手一下。"

"我才不是说这个，"第一个侍女说道，"我说的可是带了感情的美好故事，这样的故事足足有一打那么多，故事里的感情自然都很纯洁,但她很喜欢这样的感情游戏,还用自己的方式鼓励对方。第一个人是那个教她地理的小老师。这个人就非常爱她。因此,她把自己的一缕头发装在一个精美的盒子里送给了他,我第二天给她梳头时看得很清楚,她的头发少了一块。第二个人是那个把她财产状况和收入明细说给她听的男人,那是个能说会道的英俊小生。他就算得上是个颇受她青睐的男人。他用种种最讨人欢心的语言夸奖埃尔维拉,甚至会夸得她心花怒放。她送过他一幅自己的侧面画像,还把手成百次地伸出栅栏让他亲吻。她常送他几朵小花当礼物,他则会还以一束束鲜花。"

后面的话我已经记不清了,但我可以向诸位保证,侍女之前说,类似的故事有一打那么多,而她讲出的例子也绝对够数。我听得目瞪口呆。或许,埃尔维拉向他们表达的只是非常纯洁的好意,又或许,这只是儿戏般的闹着玩。但话说回来,我心目中的那个埃尔维拉,她甚至不该让人对她产生不忠的怀疑。只能说,要是从情理上推断,她在我心目中的形象或许完全经不起推敲。从口齿不清的孩提时代起,埃尔维拉就说一些与爱有关的语句,长大了之后更是继续谈论爱的话题。我理应明白,她对爱情这件事是情有独钟的,除了我以外,自然可能有别的对象一吐心声。但在此之前,即便有人告诉我这些事,我也是绝不会相信的。我现在信服了,醒悟了,我沉浸在悲伤的情绪中不能自拔。这时,有人叫我去参加婚礼仪式。我进了小教堂,我那张完全脱形的脸让我母亲大吃一惊,也让我的新娘惴惴不安、满心忧虑。神父甚至也慌了手脚,不清楚是否还该再为我们主持婚礼。不过,他还是完成了主婚的程序。我敢肯定地告诉诸位,但凡是被给予太多期望、经历太久等待的日子,都不会让人体会到原先预期的效果。

但到了夜里,情况发生了转变。礼成后,初婚的快乐为我们罩上一层保护网。栅栏边嬉戏的故事,完全从埃尔维拉的记忆中被抹去了。她体会到一种前所未有的激情,这让她的内心充满爱和感激。她把自己的全部身心都交给了她的丈夫。

第二天,我们脸上都洋溢着极为幸福的表情,我又怎么可能再让痛苦残存心间呢!阅尽人生的男人都会知道,在他此生能得到的财富当中,没有哪一种可以和新婚妻子带给他的幸福相提并论。在婚床上,她带来多少等待参透的秘密,多少留给未来去实现的梦想,多少温柔贴心的絮语。在宴尔新婚的日子里,我们要么反复地回想刚刚经历的甜蜜激情,要么在虚妄的幻象中展望未来,一个因希望而绘上最绚丽缤纷色彩的未来——人生经历过这样的日子,夫复何求?

亲友们给了我们几个月时间,让我们沉浸在自我陶醉的状态中。直到他们觉得我们能听得进别人言论的时候,他们才努力唤醒我们心中的抱负。

罗韦拉斯伯爵生前希望得到最高贵族的荣誉,按照亲友们的看法,我们应该让他的遗愿在后人身上实现。我们自己要享有这个称号,上天赐给我们的子孙后代,他们也要享有这个称号。亲友们向我们劝说道,不论我们的申请最后是否成功,但只要努力过,未来就不会后悔,人生不给自己留下憾事总是好的。

我们当时还处在只能依亲友意愿行事的年纪,于是就由他们带着我们去了马德里。总督得知我们的心愿后,也以最恳切的措辞为我们写了封陈情书,助我们一臂之力。看起来,这件事很快会出现有利于我们的发展，可这只不过是看起来的表象，表象虽然能说明朝中确实有各种积极的反应，但表象终究是表象，永远不会成为现实。

希望渐成泡影，我的亲友们非常伤心，很不幸的是，我母亲也陷入深深的忧伤。她是一心想看自己的小隆泽托成为西班牙最高贵族的，哪怕让她倾尽所有也在所不惜。所以，这个可怜的女人很快就抑郁成疾，她明白，自己恐怕来日无多了。她开始考虑灵魂救赎的问题。她最先想到的一件事，就是向比利亚加小镇上那些正直的居民表示感谢，在我们需要的时候，他们非常好心地向我们伸出援助之手。她特别希望能为镇长和镇上的神父做点事。我母亲自己是没有任何家当的，但埃尔维拉很乐意代劳，帮她实现这个崇高的计划。埃尔维拉提供的捐助甚至超出我母亲原本的期望。

我们在比利亚加的老朋友们享受到这份福气后，立即起程来到马德里，围在他们的善人床边。母亲离开我们时，我们依然深深相爱，生活依然美满富足。她在平静的睡梦中进入永恒世界，她一生的优秀品德，特别是数不尽的善心善行，在地上就已得到部分回报。

可是，此后不久，我们就接二连三地遭遇不幸。埃尔维拉为我生下两个儿子，但他们都突患急病夭折。从此，最高贵族的头衔对我们来说彻底失去了吸引力。我们决定放弃申请，迁往美洲生活。在那里，有很多归到我们名下的生意等着我们亲自打理。侯爵夫人的身体也出现了比较严重的问题，但请过的医生都确信，海上旅行对她的健康有利，可以助她复原。

我们于是起程远行。经过十星期的海上生活，我们抵达韦拉克鲁斯。医生们说的没错，旅行确实产生了良好的疗效。踏上新世界的陆地时，埃尔维拉不仅精神抖擞，连容貌也比以往更美。

总督派了手下的一位一等军官在韦拉克鲁斯为我们接风，然后把我们带到墨西哥城。此人和我们谈了很多佩尼亚·贝雷斯伯爵摆阔气摆排场的故事，还介绍了他给这里带来的种种风雅时尚。其实，通过我们在美洲的联系人，这些事我们之前已有所耳闻。他们告诉我们，他对女人的兴趣又恢复了，因为他意识到，自己的雄心壮志已完全得到满足，既然没有可能再通过婚姻获取幸福，他就在不失礼节却又情意绵绵的婚外交往中寻求快乐，这是西班牙社群过去独有的一种风气。

在韦拉克鲁斯稍事停留后，我们便以最悠闲的心情开始了墨西哥城之旅。如大家所知，这座都城是一座建在湖上的城市。夜幕降临时，我们抵达了湖畔。刚到没一会儿，我们就发现前方驶来大约一百条挂着彩色灯笼的贡多拉式小船。领头的那条船装饰得最为华美，也最先靠到岸边。总督从船内现身。他径直走到我妻子面前，对她说道："您是我一生敬爱、从未忘怀的那个女人的超凡脱俗的女儿，我与自己合理的心愿失之交臂，我想，这都是上天的安排。不过，人世间最靓丽的这道风景，上天这一次终究没有埋没，为此我要感谢上天。欢迎来到我们这个半球，您让这里变得更美。您来了以后，旧世界就再没有什么值得我们羡慕的了。"

说罢，总督又让我深感荣幸地拥抱了我一下，我们随后便进了他的船，各自落座。没过一会儿，我就发现，总督一直在盯着侯爵夫人看，而且面露惊讶之色。

他最后开口说道："夫人，我本以为，您的五官一直清晰地印在我脑海之中。但我现在要坦白地告诉您，光凭印象，我恐怕永远也无法认出您。话说回来，就算您有变化，那也是为您增色的变化。"

此时，我们才想起来，总督其实根本不知道我妻子长什么样，印在他脑海之中的是您的模样。

我对他说，变化确实非常大，所有只见过埃尔维拉儿时模样的人，现在再想认出她来，应该都非常不容易。

船行驶半个小时后，我们面前出现一座人工浮岛。经过精妙的设计，岛的外观与天然岛屿并无差异。岛上树木繁茂，有橙子树，也有其他的树种，还有一些小灌木。但它的不同之处在于，它可以平稳地在水面上浮游。随着自身的浮动，岛可以漂移至湖面各处，不漏过湖上的每一片风光。在墨西哥，这样的工程并不罕见，当地人称其为"查那巴斯"[1]。岛中央有座灯火通明的圆形建筑，我们在很远处就能听见那里喧闹的音乐声。没过一会儿，借着船头的灯笼，我们看出，建筑的门牌上写的是埃尔维拉名字的起首字母。在即将靠岸上岛时，我们看到两队人。他们有男有女，衣着极为华丽，但饰物非常古怪，与珍稀宝石交相辉映、争奇斗艳的，是五颜六色的各类羽毛。

"夫人，"总督说道，"这两队人中，一队是墨西哥本地人。您现在看到的这位为首的美丽女子，她是蒙特苏马女侯爵，这个伟大的姓氏过去属于这里的国王，她是他们的后人。她原本应该继续享有一些权力，这些权力在很多墨西哥人看来是非常正当合理的，但马德里议会不予认可。为安慰她的不幸，我们宣布，她是我们所有节庆活动的女王。另一队人自称是秘鲁的印加人。他们听说太阳神的

---

[1] 译注：墨西哥的阿兹台克人会先将木桩打入湖底，同时在木桩间沉入绑上石头的芦苇和树枝做地基，然后在木桩上绑上柳条编成的席子，制造出"查那巴斯"浮岛。

一个女儿刚到了墨西哥，于是赶来向她表达敬意。"

总督恭维我妻子的时候，我一直目不转睛地看她。在她的双眸中，我看出一团说不清道不明的火焰，这团火焰的源头是一种自我表现、自我欣赏的星星之火。在我们婚后的七年里，它一直默默存在，却没有机会点旺。的确，尽管我们是有钱人，但去了马德里以后，我们根本算不上什么人物。埃尔维拉一直忙于照料我母亲、我们的孩子，后来自己的健康也出现了问题，所以没有什么机会一展风采。但这次旅行在让她恢复健康的同时，还使她重现了最美的容颜。她现在来到一个新的舞台，而且被推上了舞台的最前沿。注视她的时候，我感觉到，她有可能会对自己产生一些不切实际的狂热想法，期待有朝一日接受万众瞩目的关注。

总督请埃尔维拉担任秘鲁这队人的女王，然后又对我说道："无疑，您是太阳神女儿的头号臣民。不过，这是个化装舞会，我们所有人都要改个行头换个身份，所以，在舞会结束前，希望您能暂时听命于另一位女王。"说罢，他就向蒙特苏马女侯爵介绍我，并把她的手放入我的手中。

舞会进入高潮。两队人尽情舞蹈，他们时而各跳各的，时而聚在一起跳，相互间的比拼让舞会气氛变得非常热烈。大家决定，化装舞会要一直办到这个季度结束。

于是，我就继续做墨西哥女王的臣民，而我妻子在对待她的臣民时始终保持着亲切宽恤的态度，这我都看在眼里。

对于这位墨西哥王室的女传人，我需要向诸位描述一下她的模样，或者更准确地说，让诸位大致了解一下她的相貌特征。因为她那种带着野性的优雅气质，她激情似火的内心每一次变化时带来的迅速的五官反应,我实在难于用言语表达清楚。

特拉斯卡拉·德·蒙特苏马生在墨西哥的山区,所以她的脸庞并不似平原地区居民那般黝黑。尽管从色泽上说,她的脸与金发女郎还是不一样,但同样柔和、同样精致,一双煤玉般的黑眸更是熠熠生辉。她的五官没有欧洲女人的清晰棱角,但也绝不像其他美洲人那样平平塌塌。特拉斯卡拉面部唯一能体现美洲人特征的,只有那双略显丰润的秀唇了。不过,每次微笑时,这样的双唇倒更显迷人,她的优雅气质也在这转瞬间尽显无遗。至于她的身材,我已经完全不知道该怎么向诸位形容了,我还是交给诸位自行想象吧,或者更准确地说,应该托付给那些能画出阿塔兰忒或狄安娜女神的艺术家,让他们去自行想象。

她习惯的肢体动作也全显得与众不同。她的一举手一抬足,都能让人感觉到有种如火的热情一闪而过,但随后又被她自己压制下去。她外表的平静并不意味着她真的心如止水,反倒映衬出她内心的一次次躁动。

特拉斯卡拉身上流淌着蒙特苏马家族的血,这让她时时想到,她是为了统治世间一片辽阔的土地而出生的。在和她攀谈时,人们都会发现,她带着种女王被冒犯后自然流露出来的高傲神情。不过,她的眼神又是极为温柔的,她还没有开口,这眼神就足以让对方心猿意马。一番话说完后,对方更是会意乱神迷。她走进总督的舞厅时,脸上似乎总带着种愠怒,因为这里的人享受的是和她一样的待遇。但只要稍过一会儿,她的待遇就无人能及了:但凡是懂爱的人都早已将她认可为自己的女王,他们会拥在她身边向她大献殷勤。每到此时,特拉斯卡拉都会即刻褪去女王的光环,变成一个普通的女人，陶醉在他人的敬意之中。

从第一场舞会起，我就察觉出她内心的高傲。我觉得，要对她说些恭维之辞，这样才能烘托出她的面具所代表的身份，也才能扮演好总督分配给我的她的第一臣民的角色。可是，特拉斯卡拉对我的态度却非常糟糕。"先生，"她对我说道，"在舞会上做女王，无非是让那些一出身就远离王座的女人心花怒放。"

她一边说，一边扫了我妻子一眼。埃尔维拉此刻正被一群秘鲁人围在当中，他们跪在地上伺候她。她显得极为傲慢，极为得意，简直可以说是狂喜到目中无人，我真的有点为她感到羞耻。当晚，我就把自己的感受说给她听。我给她的建议，她心不在焉地接受了，我向她献的殷勤，她也漠然待之。自我表现、自我欣赏的情绪深深占据了她的心灵，爱情已被放逐到远离她心灵的无名之地。

有了众星捧月的体会后，那种迷恋、那种陶醉是久久难于消弭的。埃尔维拉更是一步步深陷其中。她那毫无瑕疵的美丽，还有特拉斯卡拉那无与伦比的魅力，让整个墨西哥为之倾倒。埃尔维拉每天的生活除了回味前一天的成功，就是为后一天的再次成功做准备。她仿佛正快步从一个陡坡往下冲，冲向一个除了种种享乐外别无其他的世界。我想拦住她，但毫无成效。我自己也被带着冲下去，但我的方向与她相反。那些布满鲜花的小径，那些随着我妻子的步伐呈现出种种欢乐盛景的小径，正离我越来越远。

我当时还不到三十岁，甚至连二十九岁也没满。在我这个年纪，情感上还保存有一部分青春时代的纯真，但又增添了年富力强的壮年男人的澎湃激情。我的爱是在埃尔维拉的摇篮边萌生的，它从不曾脱离过儿时的环境，而她的思想是在痴迷浪漫的时候初步形成的，

603

此后并没有进一步成熟。我的思想其实也不比她深刻多少。但我的理性还是随着年龄的增长有了长足进步，因此我能够意识到，埃尔维拉脑子里关注的事情正在发生变化。她开始计较各种小利益，爱和别人搞小对抗，私下里还常拿点小事说别人坏话。女人常会陷入这样狭窄的圈子不能自拔，但困住她们的往往不是思想的局限，而是性格的缺陷。能够跳出这个圈子的女人少之又少，我甚至一度以为不存在这样的女人。直到认识特拉斯卡拉之后，我才幡然醒悟，我原先的判断实在是大错特错。在她心灵的成长道路上，从不曾出现过和别人争风吃醋、明争暗斗这样的事。她的每一位同性在与她交往时，似乎都能感受到她的友善。有些女人尊敬她，因为她们欣赏她的美丽、高雅，或是佩服她的思想，这些女人更是能得到她极为热情的对待。或许，她想让这些女人常围在她身边，想让自己不负她们所望，想与她们建立起真正的友谊。她很少谈论与男人有关的话题，并始终对此持谨慎的态度；偶尔为之，也只是用来赞美少数高尚、慷慨的男子汉行为，因为只有这样的事她才觉得有必要一提。每到此时，她总是坦率甚至热情地表达自己的仰慕之情。此外，她的谈话体现的往往是具有普遍价值的思想，尤其在谈到新世界的繁荣、同胞的幸福时，她总是显得异常兴奋。只要她觉得时机妥当，她就会把谈话引向这两个她最感兴趣的主题。

　　不知道如何控制女性的男人，往往就会被女性掌控。或许是受星座的影响，又或许是天性使然，很多男人似乎注定要一生服从女性制定的法则。我毫无疑问也属于这样的人。我最初的角色是埃尔维拉卑微的爱慕者，后来又做起了相当温驯、相当听话的丈夫。我身上原本系着条锁链被她牵在手上，但她并不珍惜，渐渐松开了手。

化装舞会一个接一个地办,我完全沉浸在这种社交生活的节奏中。可以说,我成了一个紧跟女侯爵脚步、与她形影不离的追随者。与身体相比,我内心对她的依赖程度还要高出许多。我的这些变化我自己也意识到了,我最初的感觉是,我的思想在升华,我的心灵在成长。从性格上说,我比以往更果断;从意志上看,我也比以往更坚定更有力。我产生了一种实践自身想法、用行动影响他人的需求。我于是申请公职,并获得批准。

我承担的职责是管理墨西哥的几个省。我发现,这些地方的原住民正在受征服者的欺压,我于是开始为他们争取权利。我遇到了一些强大的敌人:内阁大臣不再信任我,朝廷似乎也对我有威胁之意。我以最勇敢的姿态抵抗种种阻力。最终,我赢得了墨西哥人的爱戴和西班牙人的尊重。不过,最让我看重的,是我引起了那个已经完全占有我内心的女人的青睐。其实,特拉斯卡拉和我一样矜持,甚至应该说,她比我更为矜持,但她的目光总是在搜寻我的目光。当两道目光相遇后,她的目光会停留片刻,并透出几分喜悦,随后又在不安中默默移开。她和我的交谈并不多,我为美洲原住民做的那些事,她甚至从来都没有提过。但只要她开口和我说话,她的呼吸就会变得紊乱,气息的频率比平常更快,声音也比平常更甜美,还多了一丝羞怯。因此,哪怕是内容最无趣的对话,也是在为我们心心相印的默契打下基础。

特拉斯卡拉以为找到了一个拥有和她相同灵魂的人——她错了,我只是把她的灵魂移植到了自己身上。是她给了我启示,是她指引我行动。

不过,我终究还是高估了自己个人的力量。于是,我那些凌云壮志渐渐变成静静的沉思。我为美洲人民塑造幸福的构想化作其他一些大胆的计划，而我的娱乐消遣也印上了一种英雄主义的色彩。我在森林里追逐美洲豹和美洲狮，我甚至还会主动攻击这些猛兽。但我最常做的事，是深入荒无人迹的山谷里放声倾诉，感受那空寂的回声。爱情在我心头荡漾，可是，撩动我心弦的那个人，我却不敢向她坦承心迹，我只有将这回声当作我爱情的知音。

不过，特拉斯卡拉已经猜出我的心思，而我也开始领会到她的真情。我们之间的关系，明眼人其实很容易看得出。我们于是尽力避开他们的注意。总督虽然非常喜欢他那些宏大的节庆活动，整个墨西哥上流阶层也一直热情参与，但他手头的要务越来越多，他只得暂时中止这些活动。于是，所有人的生活都开始循规蹈矩起来，不再像以往那样放浪形骸。特拉斯卡拉在湖的北面有座房子，她便在那里过起深居简出的日子。起初，我只是常去拜访她；但最后，我每天都要去看她一回。在二人世界里，我们究竟是以什么方式相处，我就无法向诸位详细解释了。从我的角度看，这类似于一种狂热的崇拜。从她的角度看，这像是一团圣火，一团在虔诚、静思的气氛中被她点燃的圣火。我们都想向对方坦白自己的情感，但千言万语只能停留在唇边，谁也不敢真正把它说出来。这是一种妙不可言的状态，我们享受着其中的甜蜜与美好；同时，我们又小心翼翼，唯恐它会产生任何改变。

托雷斯·罗韦拉斯讲到这里时，吉普赛人首领必须去处理他部落的事务了，他于是请老朋友就此打住，把后面的故事留到第二天再说。

第四十四天

众人像之前那样聚在一起。有人请托雷斯侯爵接着讲他的故事，他便如此这般地说起来：

托雷斯·罗韦拉斯侯爵的故事（续）

我已经向诸位讲述了我对敬爱的特拉斯卡拉的爱情，也描述了她的心灵和她的相貌。通过接下来的故事，诸位可以对她有更全面的了解。

我们神圣宗教里蕴含的各种真理，特拉斯卡拉都是信服的。但与此同时，她还像敬神一样崇敬自己的祖先。在她这种二元的信仰中，祖先们被安置在一个不一样的天堂里。这天堂并不在天上，而是在天与地之间的某个边缘地带。她同胞们的种种迷信行为，她在一定程度上是认同的。她相信，自己祖上的那些著名先王，他们的亡灵会在昏黑的夜里降临人间，到山中的一座古墓停留。特拉斯卡拉是无论如何也不肯在夜里造访古墓的。不过，我们在白天的时候去过那里几次，每次都会待上好几个小时。她一一向我解释祖先墓碑上刻的象形文字，还把文字背后的意蕴说给我听，毕竟，族人代代口传下来的教义她早已谙熟于心。

将这些铭文差不多全看了一遍后，我们继续搜寻，又发现一些被青苔、荆棘掩盖的墓碑。我们将其整理干净，开始新的研究。

有一天，特拉斯卡拉指着一丛带刺的灌木对我说，这里长了这样的植物并非偶然，种的那个人是有意图的，这里一定有亡灵生前是他的敌人，他想借此向上天发出召唤，实现复仇的心愿。她说，要是我能毁掉这些不祥的枝条，无异于为世人造福。我从身边一个墨西哥人那里拿过一把斧头，砍倒这棵带有恶毒意图的灌木。随后，我们看到一块石碑，上面铭文的字数非常多，远远超过我们之前见过的所有墓碑。

"这段话是在我们被征服之后写的，"特拉斯卡拉对我说道，"墨西哥人当时模仿西班牙语造了些字母，将其与象形文字糅合到一起。这个时期的铭文是最易识易懂的。"

特拉斯卡拉读起铭文的内容，但读着读着，她的脸上开始显露出痛苦的表情，而且情况越来越严重。猛然间，她摔倒在石碑上不省人事，这块石碑里埋藏的两个世纪的秘密，应该就是让她突生恐惧的原因。

特拉斯卡拉被人带回家中。她渐渐恢复一点意识，但除了开口说一些毫无关联的胡话之外，别的什么也干不了，这让人只能认为，她的神志出现了问题。我带着一颗死了的心回到自己的家。第二天，我收到一封信，信是这样写的：

　　阿隆索，我是拼尽全力、努力集中精神来给您写这封短信的。把信交给您的人是科索阿斯老先生,他做过我的老师,我们民族古代的语言就是他教会我的。请带他去看我们发现的那块石碑,他会把上面的铭文翻译给您听。

我现在视线模糊,眼睛上罩着一团浓浓的雾气。

阿隆索,有一些可怕的幽灵挡在了您与我之间。

阿隆索,我再也看不见您了。

科索阿斯老先生是位祭司,换句话说,他出生于祭司世家,是古代祭司的后人。我带着他去了墓地,将那块致命的石碑指给他看。他将上面的象形文字抄录下来,然后带回家研究。我去特拉斯卡拉家里看她。她正处在胡言乱语、神志不清的状态,根本没有认出我来。到了晚上,她似乎开始退烧,但医生请我暂时不要在她面前出现。

第二天,科索阿斯来我家找我,他已经将那段用墨西哥文字写成的铭文译好,并把译文交给了我。译文是这样写的:

我叫柯亚脱尔,是蒙特苏马的儿子。我把马里娜[1]卑贱的遗体带到了这里,这个女人,她将自己的心、自己的祖国都出卖给那个令人憎恶的海盗头子科尔特斯[2]。

---

1 原注:贝尔纳尔·迪亚斯·德尔·卡斯蒂略(Bernal Diaz del Castillo)在他《征服新西班牙信史》(Histoire Véridique de la Conquête de la Nouvelle-Espagne)一书的第37章中曾讲述过堂娜马里娜的故事,她生于作为太阳神维齐洛波奇特利的信使的家族,与一位叫沙拉米略的西班牙贵族结婚。

2 译注:科尔特斯(1485—1547),西班牙征服者,1519年率领一支探险队伍入侵墨西哥,建立韦拉克鲁斯城,征服阿兹台克帝国,在墨西哥城传扬天主教思想。

我祖先的亡灵会在昏黑的夜里回到此地,让她失去生命的遗骸还魂片刻,让她再一遍遍感受临终前的痛苦和死亡来临时的恐惧。

我祖先的亡灵啊,请听听我的声音,听听这声音发出的诅咒,这一声声诅咒啊,我都是代表活人祭的祭品喊出来的,而祭品的心和血还在我手上热气腾腾地放着。

我叫柯亚脱尔,是蒙特苏马的儿子,我已身为人父。我的女儿们正流浪在高山的冰峰上,但她们依然美丽,因为美丽是我们王族血统的标志。我祖先的亡灵啊,万一柯亚脱尔的某个女儿,或是她女儿、儿子的女儿,万一带有我血统的某个女子,将来把自己的心、把自己的妩媚之躯献给那帮背信弃义的海盗的后人,万一带有我血统的女子中将来出了个马里娜,我祖先的亡灵啊,请在昏黑的夜里降临此地,用可怕的酷刑惩罚她!

请你们在昏黑的夜里降临此地,扮作喷火的吸血鬼,撕碎她的身体,抛入地里,愿你们撕扯下的每一块残骸都受尽折磨,都要一遍遍感受临终前的痛苦和死亡来临时的恐惧!

请你们在昏黑的夜里降临此地,扮作长着红烙铁嘴巴的鹰隼,撕碎她的身体,抛向空中,愿你们撕扯下的每一块残骸都受尽折磨,都要一遍遍感受临终前的痛苦和死亡来临时的恐惧!

我祖先的亡灵啊,如果你们拒绝我的要求,我会向复仇之神怪罪你们,这些神已经喝饱那些活人祭品的血。到那时,他们会让你们遭受同样的折磨!

在此我刻下这些诅咒,我叫柯亚脱尔,是蒙特苏马的儿子,

> 我在墓上种下这棵叫作"梅斯库萨尔特拉"的灌木。

这段文字差点让我也产生和特拉斯卡拉一样的反应。我试着劝说科索阿斯，墨西哥人的这些迷信行为只是无稽之谈。但我很快看到，我完全找错了攻击点，因为他本人向我指出同一个方向的另一条路，他这条路同样可以让特拉斯卡拉的心灵得到一些安慰。

"大人，"科索阿斯对我说道，"毫无疑问，先王们的亡灵会回到山里的这片墓地。他们能折磨死者，也能让生者不得安宁，特别要注意的是，按照您看到的那块石碑上的诅咒，他们是应了诅咒里的召唤而来。不过，有很多理由、很多办法可以缓解这可怕的威力。首先，被刻意种在这不祥墓碑上的不祥灌木，您已经把它给毁掉了。其次，您难道和科尔特斯那帮野蛮之徒有什么共同之处吗？请您继续做墨西哥人的保护者。您放心好了，该用什么技法让先王们的亡灵恢复平静，我们并非一无所知。甚至那些过去在墨西哥深受崇敬的可怕的恶神，那些被你们的祭司称作魔鬼的恶神，我们一样有办法对付。"

我建议科索阿斯不必太过宣扬他的宗教观点，但另一方面我也真的做好打算，要抓住一切机会为墨西哥原住民尽一份力。这样的机会很快就出现了。总督征服的那些省份发生了叛乱。不过，所谓的叛乱其实是一次正义的反抗，因为原住民遭遇到完全有悖于朝廷意愿的残酷压迫。但严厉的佩尼亚·贝雷斯得到的全是扭曲事实的虚假信息，自然不会再去区分事件的性质。他亲自率军讨伐新墨西哥，驱散了起义军，最后还带回来两个部落酋长，准备在新世界都城的断头台上将他们当众处死。在判决书即将宣读的那一刻，我走进法庭，将手放在两位被告的肩头，说出了这样一句话："我代表国王触碰他们的身体。"[1]

这句话是西班牙法律中的一句古老用语，时至今日威力犹存，没有哪个法庭敢于违抗。此语一出，任何判决都要停止执行；但与此同时，说这句话的人也要拿自己的人身作为担保。总督怒不可遏，毫不留情地行使自己的权力，把我关进一间羁押罪犯的单人囚室。不曾想，我在这囚室里度过了一生中最甜蜜的时光。

一天夜里——当然，在这昏暗的牢狱里，时时都是黑夜——我发现，长长走道的尽头，出现了一团微弱而苍白的光影，这团光影朝我的方向走来，我认出了特拉斯卡拉的模样。她一到来，我的囚室便顿时化作了乐园。不过，让牢狱变成美景并不是她来的目的，她为我准备的是最美妙的惊喜：她向我表露了她的心迹，她对我的感情与我对她的爱慕并无二致。

"阿隆索，"她对我说道，"正直高尚的阿隆索啊，您赢了。我祖先的亡灵现在都平静了。我这颗心原本不会依附于任何凡人，但现在它归您所有了，您坚持为我那些不幸的同胞造福，并一再付出牺牲，这也是对您义行的回报。"

特拉斯卡拉一说完这番话便倒在我的怀里，她看起来没有了感觉，生命的迹象也近乎停止。我本以为，是重逢的激动造成了这样的意外，但可惜的是，原因并非如此简单，实际情况要危险得多。她在墓地里受到了惊吓，随后又发烧讲胡话，这一连串的打击已严重损坏她的体质。

---

[1] 译注：原文为西班牙语"Los toquo por parte de el rey"。

不过，特拉斯卡拉的眼睛很快重放光芒，而天上的星光也在此时洒进我的牢房。我觉得，这昏暗的囚室变成了一座绚烂的殿堂。爱神，古人之所以将你奉为神明，只因为他们都是自然之人，他们为你在尼多斯和帕福斯[1]展现的威力折服。可是，爱神啊，在新世界的这座牢房，你还可以展现更强大的威力！我的囚室现在化作爱神你的圣殿，外面那些斩首用的木砧是供奉你的祭台，一条条铁链成了献给你的花环。时至今日，这神奇的幻象也不曾真正散去。它长存于我那因岁月变迁而渐渐冷漠的心中，完整无缺。每当我的思绪飘回到过往种种亦真亦幻的情景时，脑海中浮现的从不会是我与埃尔维拉的新婚之夜，也绝不会是劳拉放纵的床榻，而只是一座牢房里的高墙。

我前面说到，总督对我怒不可遏。他暴戾的个性让他忘记了司法公正的原则，也忘记了与我之间的个人交情。他派了艘轻便的快船去欧洲呈交报告，在他这份报告中，我被描述成一个包庇叛乱的逆贼。

不过，船刚扬帆启航，总督就恢复平静。他性格中善良、公正的一面又重新占了上风。他从另一个角度对整件事重新审视了一遍。他也不管自己会不会受牵连，只顾着匆匆写了份新的报告，将之前的那一份完全推翻。他派了第二艘快船带着报告赶赴欧洲，期待能挽回第一份报告可能造成的严重后果。

马德里议会做任何决定都非常缓慢，因此，第二份报告有充足

---

[1] 译注：尼多斯是现属土耳其的一座古希腊城市，这座城市有供奉爱神阿芙洛狄忒的神殿，著名的雕塑《尼多斯的阿芙洛狄忒》便出于此地；帕福斯是塞浦路斯城市，曾为该国首都，据说阿芙洛狄忒就诞生在附近海浪拍打岸边巨岩激起的泡沫中。

的时间呈交。大家苦等一段时间后，回复才终于来到。回复非常开明、非常通达，算是遂了大家的愿。表面上看，马德里议会的判决书措辞极为严厉，叛乱的发动者和包庇者都被判处了死刑。但仔细看判决书的用词就会发现，这些死刑犯到底指谁，是完全没人能说得清的，而总督同时还收到秘密指令，禁止他继续往下盘查。

可是，判决书刚公布时，外人是不明就里的。特拉斯卡拉的健康状况本已岌岌可危，听到死刑一词后，她仿佛受到了致命一击。她开始吐血……发烧……一开始是缓慢的低烧……接着就全身滚烫，高烧持续不退……

这位慈祥的老人再也说不下去了。几度哽咽后，他起身远离我们，将自己的泪水尽情释放出来，而我们肃穆地坐在原处，鸦雀无声。这位墨西哥丽人的坎坷命运让我们每一个人都喟然叹息。

第四十五天

众人按往常的时间聚到一起,请侯爵继续说他的故事,他便如此这般地讲起来:

托雷斯·罗韦拉斯侯爵的故事(续)

之前我向诸位讲述自己的厄运时,并没有谈埃尔维拉是如何与我共患难,又是如何表达自己的痛苦的。她先是做了几条深色的裙子,以此用作平日的打扮。接着,她又隐居到一个修道院里,用修道院的会客室来取代以往社交活动的大客厅。而出现在会客室的时候,她也总是拿着块手帕,头发乱蓬蓬的。她来我的牢房里探视过我两次。她用这些方式表达对我的关心,我不可能不感动。后来,尽管我实际上已被免罪,但法庭有自己的程序,再加上西班牙人做事天性拖沓,我在牢里又待了四个月。最终出狱后,我马上赶到侯爵夫人所在的修道院,将她带回我们的私邸。我让人组织了一场宴会,以示对她归家的庆祝。

上天明鉴,这对我来说是一场怎样的宴会啊!特拉斯卡拉已经不在人间。到场的那些宾客，哪怕是平日里最冷漠的人，此时也一样会想起她，他们纷纷表达自己的遗憾，让我在回想她时一次又一次感到光荣。他们都如此悲伤，我本人的悲痛更是可想而知。从此，我沉浸在这种情绪中不能自拔，身边无论发生什么我都无知无觉。

我能走出这种状态，多亏一种新情绪的鼓舞，它帮我渐渐扫除了阴霾。但凡是天性积极向上的年轻人，总会有立身扬名的欲望。三十岁时，他会产生受人赏识、受人尊重的需求；岁数再长一些，他期待的是别人的敬重。我当时处在希望得到尊重的年纪，不过，要是旁人知道，在我所有行为的背后爱情起了多大的推动作用，那么，我或许就不会得到尊重了；但大家都觉得我具有高尚的品格，因此才会表现出罕见的美德，尊重我是理所应当的事。尊重之外，大家还对我有点狂热的崇拜，毕竟，对一个为大众谋福利的人表现出崇拜，也是人之常情。墨西哥城的百姓一再向我表示，他们给予我极高的评价。他们向我表现出来的敬意鼓舞了我，帮我从深深的悲痛中走了出来。我觉得自己还配不上他们如此高看，但希望未来能实至名归。世事从来就是如此，当我们被悲痛压垮、觉得未来一片漆黑的时候，指引我们命运的天命会在意外之处为我们再度撒播光明，让我们重回生活的正轨。

我打算用实际行动证明，自己没有辜负他人的尊重。我先后出任过几项公职，每一份工作，我都以廉正的作风、认真积极的态度去完成。但我是个为爱而生的人。特拉斯卡拉的音容笑貌依然占据着我的心，她在我心里留下一片巨大的真空，而我也在寻找填补这片真空的机会。

人过了三十岁，还是会有心动的感觉，甚至也可以撩拨起别人的心弦。但这个年纪的男人还想像年轻人那样谈情说爱,就是件不幸的事了。他无法再露出快乐的笑容,只能把温情与喜悦藏在眼中,一张口,说的全是可爱的蠢话。他也愿意找各种办法取悦对方,但已经很难有花这种心思的冲动。机灵俏皮的鸟儿一眼就能把他看穿,她拍打着翅膀飞快离开,要和年轻的同类相依相伴。

还是不用吟诗的方式讲故事吧。总之,我有了些情人,我为她们付出,她们也给我回报。但她们对我的感情一般来说都带着种各取所需的动机,只要有必要,她们就会抛下我,去找更年轻的情人。偶尔,我也会受刺激,但从不会感到悲伤。每份感情都是一道枷锁,失去了一道并不沉重的枷锁,我就拿另一道同样轻松的枷锁来换。有了这样的原则,无论是什么情况,我得到的愉悦都远比痛苦要多。

我妻子四十岁了,她依然保持着风采。恭维的话还是常在她耳边出现,但已经纯属敬意。别人见到她时还是会热情地与她交谈,可谈论的话题已不再是她本人。上层社会尚未抛弃她,只是她在人们眼中已不复当年的魅力。

总督过世了。侯爵夫人早已有了她的日常交际圈,希望自己做东,把朋友请到家里来欢聚。我当时还很喜欢和女人打交道,只要下层楼梯就能看到各路丽人,对我来说也是件乐事。就这样,我像结识一位新朋友那样,对侯爵夫人产生了新的感觉。她让我感受到种种可爱之处,我也努力让自己讨她的欢心。现在陪在我身边的这个女儿,她就是这段旧情新恋故事的结晶。

侯爵夫人的这次晚育给她的健康造成了致命影响,各种小毛病开始接二连三地出现在她身上。最后,她终于因体力衰竭得了场大病,而这场病也让她成了墓中人。我为她一次次痛哭,流下的泪水代表的都是我的真心。她是我的第一个爱人,也是我的最后一位女友。我们是血脉相通的亲人,我的财富、我的爵位都因她而来,我实在有太多的理由一遍遍怀念她!失去特拉斯卡拉的时候,生活的种种幻象还包围着我;到了侯爵夫人去世时,我已找不到宽慰。我孤独无助,终日消沉,任何事都不能让我振作起来。

但我终究还是释怀了。有一次,我到我的土地上去,住在一位属臣家中。他有个非常年轻的女儿,年轻到还不懂哪个年龄段的异性才值得她欣赏。她对我产生了感情,这是一种与爱情有几分相似的感情。于是,她让我在人生的晚秋季节摘采到盛放的鲜花。

最终,我的感官在岁月中失去热度,但我的心并没有冷却,我对我女儿的亲情,比过往任何一次爱情都要深。看着她幸福成长,未来在她的怀里告别人世,这是我每天都会想到的心愿。我没有枉费苦心:我亲爱的女儿用她真挚的爱给了我回报。她的未来没有任何值得我担心之处,一切都为她考虑好了。我觉得,我已经给她的未来提供了最充分的保障,可以说,在这一点上我做到了极致,世上其他任何一个人,都不会做得比我更好了。我离世的时候,一定会很平静,当然也不能说毫无遗憾;和其他每个人一样,我在此世度过的这一生,经历了种种艰辛坎坷,但也感受了不少幸福欢乐。

你们想听我的故事,我现在已经全部讲完了。不过,我有点担心,我的故事或许让我们这位几何学家听得无趣,因为他刚刚掏出笔记本,在上面写满数字。

"请您原谅我,"几何学家回答道,"其实我对您的故事非常感兴趣。听了您这一生的历程,我发现,在您迈步向前的同时,有一股情感的动力推动着您成长。这股动力为您的事业提供了支撑,而到了您生命的暮年,它依然为您带来慰藉。我觉得,我仿佛看到一条闭合曲线,它始于纵坐标上的某一点,在横轴上方连续变化:起先它是根据某种法则递增,到了横轴中部,它近似于一条稳定的水平线,再往后,它又按照先前的法则逆行发展,逐步递减。"

"说实话,"侯爵说道,"我确实认为,我这一生的故事可以为别人提供一定的教诲,但要把它弄成方程式恐怕不太可能。"

"我想讨论的并不单是您的一生,"贝拉斯克斯接着说道,"而是普遍意义上的人的一生。生理和心理的能量是起初随着年纪不断增长、接着会停止不变、最后又会不断下降的一种力,从这个角度看,它与其他的力没有什么不同,也要服从类似的力的法则。换句话说,用心理成熟度衡量的生理、心理总能量,它与年龄的数值之间是存在某种比例关系的。接下来我就对此进行详细的解释。我把您这一生的历程看作一个椭圆的长轴,这长轴也是一条分成九十等份的横坐标,我随后取椭圆短轴的上一半作为纵坐标,当横坐标在四十五岁时,它在纵坐标上的对应值与四十岁和五十岁时相比,均高出2/10个单位值。请注意,纵坐标上的数值代表的是能量等级,长轴即横坐标上的数值代表的是年龄,两者属性不同,但纵坐标上的数值是根据横坐标的数值变化的。于是,我们能得到一条符合椭圆属性的曲线,这条曲线起先上升得非常迅速,接着进入一段近乎稳定不变的区间,随后又会按照先前上升的规律逆行发展,迅速下落。

"您出生的那个时刻是坐标的原点,此时,y 轴和 x 轴都一样处在 0 的位置。您出生一年后,纵坐标上的数值变成了 31/10。在此之后,一年间的纵坐标数值差异再不会达到 31/10 这么高,因此,由赤

619

条条来到人间的婴儿转变为一个能牙牙学语地说出包含理性最基本元素语句的生命体，其中的差异比人生其余任何一年都大。

"人在两岁、三岁、四岁、五岁、六岁和七岁的时候，纵坐标上表示他能量的数值分别为47/10、57/10、65/10、73/10、79/10和85/10，一年间的差异分别是16/10、10/10、8/10、8/10、6/10、6/10。

"人在十四岁时，纵坐标上数值达到115/10，因此，从七岁到十四岁之间的总差别，不过是30/10。到了十四岁，人开始成长为青年；到了二十一岁，人依然处在极具活力的青春期，而这七年间的总差别只有19/10。从二十一岁到二十八岁，当中的差别是14/10。请注意，我这条曲线代表的是性情温和、情感比例适中的人，他们能量的最大值出现在四十岁到四十五岁之间。但您是一位能从爱情中得到巨大动力的人，所以，您纵坐标上的最大值应该至少比其他人提前十年出现，也就是说，差不多是在三十五岁的时候，而您个人曲线之前的上升速度也比其他人更快。那么，假设您纵坐标的最大值出现在三十五岁，对应的就是一个大直径即横轴为七十的椭圆。这样的话，十四岁时纵坐标的数值，性情温和的人为115/10，而在您身上变成了127/10；二十一岁时纵坐标的数值，您也不是134/10，而是144/10。但在四十二岁的时候，性情温和的人还可以继续增长1/10的能量，而您已经开始下落。

"请您再稍微留点意，仔细听我下面的论述：十四岁时，您爱上了一个少女；二十岁时，您成了一位最优秀的丈夫；满二十八岁后，您背弃了妻子，做出了非常明显的出轨行为，但您爱的那个女人有一颗崇高的心灵，这感染了您，让您的心灵也趋向完美；三十五岁时，您在社会上扮演的是一个非常光荣的角色；接着，您又像二十八岁时那样，重新对婚外恋情产生了兴趣，而您四十二岁时纵坐标的数值与您二十八岁时正好一样；此后，您又重新像二十一岁时那样做起了好丈夫，您四十九岁时纵坐标的数值对应的便是您的二十一岁；最后，您去一位属臣的家，爱上了一个非常年轻的小姑娘，这和您十四岁时的爱情经历如出一辙，而您五十六岁时纵坐标的数值与十四岁时相等。侯爵先生，您这一生对应的椭圆，希望它的横轴长度不限于七十，而能延续到一百。但如果是这样，您的椭圆会慢慢成为一条变形曲线，很可能与悬链线[1]类似。"

说完这番话，贝拉斯克斯站起身，带着种可怕的神情挥舞胳膊，然后拔出剑，在沙地上画起图形。看起来，他有可能要把悬链线的整套理论都讲述给我们听，幸好侯爵和这里其他大部分人一样，对我们这位几何学家的演示兴趣不大。在征得同意后，侯爵先回去休息了，而其他人也陆续随他而去，只有利百加守在几何学家身边。贝拉斯克斯根本没注意到有多少人离开，能看到美丽的犹太女子，对他来说就已足够。于是，他开始向她解释自己的体系。我也留在旁边继续听了一段时间，但我对科学术语和数字从未有过特殊的兴趣，听多了之后实在感到乏味，我抵挡不住阵阵袭来的睡意，便也回去休息了。但贝拉斯克斯依旧兴致勃勃地讲着他的长篇大论。

---

1 译注：悬链线是一种曲线，因其与两端固定的绳子在均匀动力作用下下垂相似而得名。

第四十六天

墨西哥远行队决定重新启程，他们在我们身边逗留的时间远远超过预期。侯爵使出浑身解数，反复劝说吉普赛人首领，想让他跟自己去马德里，在那里过与出身相符的生活。但吉普赛人首领根本不想听这样的话，他甚至请侯爵帮他守住自己一生的种种秘密，永远不要向外人提起他。这些远方来客向未来的贝拉斯克斯公爵致以深深的敬意，并客气地向我表达了友情。

我们一直将他们送到山谷尽头，接着又目送了很久。返程路上，我突然想到，远行队里似乎缺了个人。在兄弟谷那个该死的绞刑架下被发现的少女，她的模样跳入我的脑海。我向吉普赛人首领询问她的情况，我想知道，当中是不是又发生了古怪离奇的一段新故事，曾经将我们折磨得死去活来的地狱幽灵，是不是又玩了什么新花样。

吉普赛人首领带着嘲讽的表情微笑着对我说道："这回您弄错了，阿方索大人。不过，人的天性就是这样，领略过一点神奇后，就会把最普通的事也当作神奇看待。"

"您说得对，"贝拉斯克斯打断他的话，"我们可以用几何级数的理论来印证您的观点，拿一个迷信的、头脑迟钝的人当首项，拿炼金术士或星相学家当末项，首项与末项之间的那些人，代表的就是无数对人类思想产生影响的偏见。"

"这个推论我无可反驳,"我说道,"但说来说去,我还是不清楚那个陌生的少女究竟是什么人。"

"我派了一位手下打探这个少女的来历,"吉普赛人首领回答道:"按照报告上来的情况,少女是个可怜的孤儿,情人死后她失去了理智,由于无人投靠,她只能依赖过路客的施舍和牧羊人的怜悯维生。她孤苦伶仃,无家可归,终日在山间流浪,什么时候夜色拦住了去路,她就什么时候停下来,原地过夜。的确,那天夜里她走到兄弟谷的绞刑架下,但她意识不到那个地方的可怕,因此她睡得很平静。侯爵看到她后同情心大发,便派人照顾她,可这个疯女人体力一恢复就逃脱了,从此在群山中消失不见。您此前从没有遇到过她,我倒是有点惊讶。这个可怜的女人,她最后的命运肯定是从某片悬崖上摔下去,然后悲惨地离开人世。老实说,像这样一个可悲的生命,消失了也不会有人感到惋惜。结队出行的牧羊人在夜里点好篝火后,偶尔会看到这个少女走到他们身边。每到此时,多洛莉塔——这是这个可怜的女人的名字——便会找个地方平静地坐下来,然后用瘆人的目光盯住其中某个牧羊人,接着还会扑倒在他怀里,用死去的情人的名字来称呼这个人。一开始,牧羊人一见到她就躲,但后来他们也渐渐习惯了。现在,她爱上哪儿乱跑就上哪儿乱跑,牧羊人不会管她,甚至还会把自己的食物分给她吃。"

吉普赛人首领说这番话的时候,贝拉斯克斯开始探讨起作用力与反作用力的理论。这样的一对力可以相互平衡相互抵消:激情的力量与理性的力量进行了长期的斗争,最后,激情的力量赢得了胜利,它建立起疯狂的统治,成为大脑的绝对主人。对我来说,我只是对吉普赛人首领的描述方式感到惊讶,我本以为他要借此机会再向我们说一段长故事。或许，他三言两语讲完多洛莉塔的故事，只是因为犹太浪人出现在我们的视野中，并大步从山上走下来。秘法师低声念起可怕的咒语，但似乎毫无效果，因为犹太浪人看起来根本就不在乎。最后，他走到我们跟前，用简单的方式向众人打了个招呼。

他对乌泽达说道："你的控制已经终结，你的行为配不上你的功力，现在你已经功力全失，等待你的是一个可怕的未来。"

秘法师放声大笑起来，但这明显不是发自内心的笑，因为他马上又用一种我们听不懂的语言，口气近似哀求地劝说犹太浪人。

"好吧，"亚哈随鲁回答道，"今天就算了，今天是最后一次——往后你再也不会见到我了。"

"管他呢，"乌泽达说道，"往后会发生什么，我们到时候会看到的。不过，今天，老无赖，你要借着我们散步的机会继续说你的故事。我和那个塔鲁丹特的酋长到底谁的本事大，将来大家总归会看清楚。再说，你总想避开我们，原因我是知道的，放心好了，这原因我将来是肯定要说给所有人听的。"

这个永世流浪的不幸的人用杀人般的眼光看了秘法师一下。他明白自己暂时无法脱身，便像往常那样站到我和贝拉斯克斯当中，经过片刻沉默，如此这般地接着讲起他的故事：

犹太浪人的故事（续）

我之前向诸位讲到，我种种梦寐以求的心愿眼看就要实现的那一刻,神殿里出了乱子。一个法利赛人走到我身边,对大家说我是骗子。我的反应和常人遇到这种事时一样,我回击他,指责他无中生有地对我进行诽谤,我还警告他说,要是他不立即消失,我就会让手下把他扔出去。

"够了!"法利赛人转身向众人高声喊道,"这个可耻的撒都该人欺骗了你们。他散布谣言,想在你们身上大捞一笔,他利用了你们的轻信,再不揭开他的面具就来不及了。为了向你们证明我讲的全是实话,现在,我以高出他一倍的价格,用金币兑换你们的银币。"

按照这个比价,法利赛人还是能获取百分之二十五的利润,但贪财贪利的情绪已经冲昏民众的头脑,他们争先恐后地拥到他身旁,把他称作城里的大善人,同时还用最恶毒的方式咒骂我。随着时间的推移,这些人的头脑开始慢慢发热,嘴上的咒骂也变成手上的推搡。骤然间,神殿里像炸了锅一样喧哗一片,连对面说话的声音也听不见了。眼看一场可怕的暴风雨即将来临,我赶紧拼尽全力,把所有的金币、银币收到一起,让手下运回家。但仆人们还没来得及把钱全部运走,失控的民众已纷纷扑上兑钱的桌子,见到剩下的钱就抢。我拼命反抗,但一切反抗均属徒劳,因为我的对手实在是人多势众。转瞬间,神殿变成了战场。我不知道这场战斗会以什么样的方式结束,甚至担心自己能不能活着走出去,因为我的头已经在流血了。可是,就在此刻,拿撒勒的先知带着他的弟子们走进神殿。我永远也忘不了那个声音,那庄重而严厉的声音一出,神殿内顿时安静下来,喧哗声完全消失。我们不知道他会支持谁,都等着看他的表态,法利赛人确信自己更占理,但先知的愤怒是冲着我们双方而来,他指责我们玷污了神殿,把上帝的居所弄得乌烟瘴气,为了魔鬼的钱财做出轻慢造物主的事。他的话在神殿内外都引起强烈的反响，一大群人围进来，其中不少是新教义的信奉者。我这边的人和法利赛人那边的人都意识到，先知的干预会给我们造成灾难性的后果。我们没有弄错，因为转眼间，无数人的声音同时响起来，这声音仿佛发自同一个胸腔，从同一张嘴里呐喊出来——"滚出神殿！"民众这次也不再考虑自己的利益了，他们群情激昂，一边把兑钱的桌子往外扔，一边将我们赶出去。我们到了大街上一看，外面聚集的人更多，但民众的注意力都集中在先知身上，对我们已不再关心。于是，我趁着一片混乱溜进小路，然后以最快的速度奔回西底家的寓所。到了寓所门口，我发现仆人们正抱着抢回来的钱往屋里躲。我简单地看了一眼钱袋里的情况，心里便有了数：虽然我预期的收益未能实现，但我们也没有蒙受损失，这让我心里踏实了许多。

之前发生的一切西底家已经全知道了，撒拉则一直满心焦虑地等我回来。她看到我身上血迹斑斑时，脸色一下子变得惨白，她扑到我身上，搂住我的脖子。

老人默不作声地看了我很久，不断地摇头，仿佛在理清思路。他最后对我说道："我已经向你承诺过，只要你能把交给你的那笔钱翻倍赚回来，就可以迎娶撒拉。可你都做了些什么？"

"错不在我，"我回答道，"要不是一个意外情况毁了我的计划，事情就成功了。我冒着自己的生命危险捍卫了您的财产。您可以点一点您的钱，您不仅毫无损失，甚至还小赚了一点。不过，与我们期待的结果相比，这当然不值一提。"

说到这里，我突然间灵机一动，我决定，把一切都放到命运的天平上，彻底做个了断，我于是说道："不过，假如您一定想在今天大赚一笔,那我可以用另一种方式来补偿您的损失。"

"什么方式?"西底家叫起来,"啊,我明白了,你肯定又有了一个类似的包赚不赔的计划了吧!"

"完全不是这么回事,"我回答道,"请您相信,我要献给您的东西,价值是看得见摸得着的。"

说完这话我就快步走出去,没过一会儿,我夹着个青铜盒子又回来了。西底家认真地看着我的举动,撒拉的唇上则露出饱含希望的微笑。我打开盒子,取出里面放的一张纸,从当中一撕两半,交给老人。西底家看明白是怎么回事后,双手抽搐着将纸揉作一团,而他的脸在盛怒之下开始扭曲变形。他想从椅子上站起来,但站到一半便停住了;他想开口说话,但话堵在喉咙里说不出来。我的命运如何,马上就要见分晓了,我跪在老人脚下,泪水沾满他的衣襟。

看到这一幕,撒拉赶紧来到我身边陪我跪下。她虽然不清楚缘由,但也跟着哭起来,一边哭还一边亲吻祖父的手。老人头垂在胸前,心中百感交集,一言不发地把手中的纸团撕得粉碎,然后猛地站起身,快步离开房间。我和撒拉两个人独守在房内,完全不确定事态会如何发展,心中痛苦不堪。我必须承认,此时我已经处在万念俱灰的状态。我明白,在发生这么多事之后,我不可能再在西底家的家里待下去了。我最后看了一眼哭成泪人的撒拉,然后就走到屋外。但突然间,我感到身边发生一阵骚动,抬头一看,走道上站满了人。我问他们发生了什么事,他们微笑着回答我说,这个问题应该问我自己,而不是问别人。

"西底家想把他的孙女许配给你。他刚刚下令,让我们尽快操办婚事。"

诸位自然可以想象得出，从极度绝望到幸福得难以言说，这种否极泰来的感觉有多么美妙。半个月后，我迎娶了撒拉。让我唯一感到遗憾的是，杰马努斯没有来到婚礼现场。我的命运发生了如此辉煌的转变，他本该亲眼见证，但杰马努斯已经将拿撒勒先知的学说奉为圭臬，那天我们被赶出神殿，他也是驱逐我们的人之一。因此，尽管我对他的友情不变，但我还是被迫断绝了和他的交往，此后我也没再见过他。

在经历如此多的波折之后，我以为自己终将过上平静的生活，毕竟，我已放弃曾让我陷入重重险境的兑币生意。我本想单纯靠财产度日，但又不愿成为一个好逸恶劳的人，于是决定把自己的钱借给别人用。这世上自然不乏等钱急用的人，我由此获得了非常可观的收益。撒拉也让我的日子过得一天比一天舒适，但一件突如其来的事改变了这一切。

太阳已经开始落山，你们休息的时间就快到了。至于我，有个强大的咒语在召唤我，我无法抵抗，只能去往他方。我心里充满一种奇怪的预感，莫非我的苦难就要到头了？诸位，我们就此别过！

道别之后，浪人便消失在附近一片狭窄的谷地里。他最后那几句话让我感到非常困惑，我问秘法师其中到底有何含义。

"我怀疑，"他说道，"这个犹太人后面的故事，我们永远也听不到了。每次一说到他因冒犯先知而被罚永世流浪的时候，这个无赖就会消失，纵使有再大的法力，也不能把他召唤回来。他最后那几句话我是听惯了，一点也不感到惊讶。我这几次见他时发现，这个流浪的家伙比以前老了很多，不过，他应该还不至于马上离世。对了,您的传奇故事未来会变成什么样?"

一听此言,我就意识到,秘法师接下来的话题肯定不适合品行端正的基督徒去听,我便就此中断对话,离开众人,独自先回了帐篷。

没过一会儿,其他人也到了营地,但他们显然没打算马上休息,因为贝拉斯克斯的声音在我耳边回响了很久,他一直在向利百加解释某个几何方程式。

第四十七天

第二天,吉普赛人首领向我们宣布,有一批新的货物即将抵达,为安全起见,他想留在此处专心等候。听到这条消息,我们都很高兴,因为大家都觉得,在整个莫雷纳山区,再想找到比这里更迷人的地方,恐怕不那么容易了。从早上开始,我就和几个吉普赛人一起去山里打猎,一直到晚上,我才回来与我们这个团体内的其他成员会合,听吉普赛人首领接着讲他的奇遇。他是如此这般开场的:

吉普赛人首领的故事(续)

我和托莱多一起走上回马德里的路,他发誓说,在卡玛尔迪斯修道院里浪费的时间,他一定要全部弥补回来。此外,他对洛佩·苏亚雷斯的奇特遭遇也表现出浓厚的兴趣,于是,我又向他细说了其他的一些情节。骑士全神贯注地听完,然后这样说道:"经历了这段时间的赎罪,可以说,我现在有一种重获新生的感觉。我想,要是能以行善事的方式开始新生活,恐怕最为恰当。这个可怜的男孩我很同情他,他在这里没有朋友、没有熟人,躺在病床上没人关心,满脑子想的又都是爱情,他肯定没办法在一座陌生的城市里脱离困境。阿瓦利托,你先带我去见见苏亚雷斯吧,或许我可以帮到他。"

托莱多的这个计划我一点也不吃惊,他思想中崇高的一面,还有他乐于助人的品质,我很早以前就认识到了。

果然,我们刚到马德里,骑士就去探望苏亚雷斯。我一直陪在他身边。我们一进门,就被眼前的一副奇景给吓到了。洛佩躺在床上,烧得很厉害。他圆睁着双眼,却什么也看不见。唯有他的唇角会偶尔露出一丝令人惊慌的笑意——或许,他正想着他深爱的伊内丝。布斯克罗斯坐在紧靠着病人的一把椅子上,但我们进门时,他身体动都没动一下。我走到他近前,发现他睡得正香。托莱多也向这个给可怜的苏亚雷斯制造了种种不幸的家伙走了过来,并用力摇了摇他的肩膀。

堂罗克醒了,他揉了揉眼睛,然后高喊起来:"我这是看到谁了啊?您怎么在这儿,堂何塞大人!昨天,我刚刚有幸在普拉多大道遇见莱尔纳公爵阁下,他仔仔细细打量了我一番,或许他想与我结交吧。大人啊,劳您转告您的兄长,如果公爵阁下需要我效力,我会随时随刻听他的吩咐。"

托莱多打断布斯克罗斯滔滔不绝的言论,对他说道:"现在不是说这些的时候,我来这里是想了解一下病人的情况,看看他都有什么需要。"

"病人的情况不妙,"堂罗克回答道,"他的需要嘛,第一点是照料,第二点是安慰,此外还有美丽的伊内丝的芳心。"

"说到第一点,"托莱多打断他的话,"我这就去找我兄长的医生,他是马德里最高明的外科大夫。"

"至于第二点,"布斯克罗斯插话道,"您是帮不了他的,因为您不能让他父亲重生。至于第三点,我可以向您担保,我本人会不惜一切代价去完成他的心愿。"

"是真的吗?"我叫起来,"堂洛佩的父亲去世了?"

"是的,"布斯克罗斯回答道,"他父亲是伊尼戈·苏亚雷斯的孙子,而这位伊尼戈·苏亚雷斯,他在海上磨砺了青春,然后在加的斯建起一家商号。其实,病人原本情况已经转好,要不是他父亲的死讯给了他第二次打击,他或许当时很快就康复了。"

"大人,您既然关心我朋友的命运,"布斯克罗斯接着转头对托莱多说道,"那就请您允许我陪您一起去找医生,路上就由我来为您效劳。"

他话一说完,两人便出了门,留下我独自一人守护病人。我久久注视着洛佩那苍白的脸庞,仅仅隔了这么短的一段时间,苦难就在他的脸上刻下一道道皱纹,而他所有的不幸全拜一人所赐,我不禁暗自咒骂起那个烦人的家伙。病人进入梦乡,我一举一动都小心翼翼,大气也不敢喘一口,生怕不经意间打扰到他的休息。可就在此时,突然响起敲门声。我很不高兴地站起身,蹑手蹑脚地走过去将门打开。我看到的是一个已不再年轻但风韵犹存的妇人。我伸了根手指放到唇上,示意她不要发出声音,她见此状,便将我带到楼梯边的平台上。

"我年轻的朋友,"她对我说道,"您能否告诉我,苏亚雷斯大人今天身体状况如何?"

"相当糟糕,我觉得,"我回答道,"不过,他刚刚入睡,但愿睡眠能让他恢复一点元气。"

"我听说他的病很重,"陌生妇人接着说道,"有人一直在挂念他,是这个人让我来打听情况的。这张便条,麻烦您等他醒来后转交给他。明天我还会再来看看他有没有好转。"

说完这番话后,她便离我而去。我将便条放进口袋,回到屋里。

没过多久,托莱多就把医生带回来了。一看到这位阿斯克勒庇厄斯[1]好学生的言谈举止,我就想起桑格雷·莫雷诺医生。他把病人的情况看了一遍后摇摇头,说自己暂时什么也确定不了,但他会整夜守在苏亚雷斯床头,这样,到了第二天他就可以做出最终诊断。托莱多友好地拥抱了他一下,叮嘱他事事留意,什么细节都不要忽略,随后就和我一起离开了。我们心里面都打好主意,第二天天一亮就赶回来。半道上,我把陌生妇人来的事告诉了骑士。

他接过便条说道:"我可以肯定地说,这张便条是美丽的伊内丝写的。要是苏亚雷斯情况有所好转,我们明天就把便条交给他。我对这个人的伤痛负有很大责任,要是能通过这次机会换得他的幸福,让我减掉一半寿命,我也是真心愿意的。不过,现在天色已晚,我们赶了这么久的路,也需要休息了。来吧,您就上我家睡吧。"

这个男人已经让我越来越有亲切感,他对我的邀请,我自然欣然接受。吃饱喝足恢复体力后,我倒头就睡,睡得非常香甜。

第二天一早,我们就赶过来看苏亚雷斯。医生的表情说明,他的医术起到了充分作用,病情已在他控制之中。病人的身体虽然依旧非常虚弱,但他可以认出我了,还友好地向我打了个招呼。

---

[1] 译注:阿斯克勒庇厄斯是希腊神话中的医神。

托莱多把自己如何造成他失足摔伤的经过原原本本地讲了一遍，并向他保证，会尽自己所有能力，来补偿他遭遇的种种痛苦，最后还请他不计前嫌，拿自己当朋友看待。苏亚雷斯豁达地接受了建议，还把自己虚弱无力的手伸向骑士。随后，托莱多和医生一起进了旁边的房间，我趁这个机会把那张便条交给病人。便条上的话无疑是一针强心剂，因为洛佩·苏亚雷斯马上从床上坐起来，一行行泪水顺着面颊往下流。他把便条贴在胸口，一边啜泣一边高声叫道："伟大的上帝啊，原来你并没有抛弃我，原来我在这世上并不孤独！伊内丝，我亲爱的伊内丝并没有忘记我，她是爱我的！亲爱的阿瓦洛斯夫人还亲自来看望了我！"

"这都是您应该得到的，洛佩大人，"我回答道，"您既然要爱上帝、回报上帝，那么，您就该先平静下来，情绪突然发生剧烈波动，会对您的身体造成很大危害！"

最后半句话被托莱多听见了，他和医生一起走过来。医生反复叮嘱，要注意休息，多喝凉水，他说自己晚上会再来一趟，随后便告辞而去。

过了一会儿，房门又被人推开，布斯克罗斯走进来。"太好了！"他高声叫道，"我看得很清楚，我们的病人已经恢复了不少。真是恰到好处啊，因为马上就要到我们施展自己所有真才实学的时候了。城里现在到处都在说，大银行家的千金小姐即将嫁给桑塔·毛拉公爵。随这些人乱说去吧，到底谁能笑到最后，很快就能见分晓了。刚才我在金鹿客栈遇到公爵的一个随从，我对他说，他们这趟远行一定会徒劳无功。"

"我觉得，不管怎么说，"托莱多打断他的话，"洛佩大人不该放弃希望。不过，我亲爱的朋友，这件事我希望您别再插手了。"

骑士说这句话时表情极为坚定，堂罗克一句也不敢反驳。不过，过了一会儿，托莱多就和病人告辞了。他离去的时候，我注意到，堂罗克在一旁暗自偷乐地看着他。

"光说漂亮话，事情能有什么进展，"托莱多刚一离开，堂罗克就这样说道，"必须赶紧行动才行，越快越好。"

这个烦人的家伙刚说完，我就听到敲门声。我想来的人应该是阿瓦洛斯夫人，我于是伏在苏雷亚斯耳边，小声对他说，要让布斯克罗斯从后门出去避一避。但布斯克罗斯明白我的意思，火气冲冲地说道："我再说一遍，现在必须赶紧行动才行。要是来的这个人与我们的事情有关，那我是必须在场的，至少我也要待在隔壁的房间，这样你们说的话我全能听见。"

苏亚雷斯向布斯克罗斯投去一道哀求的眼光，布斯克罗斯也看出来，自己要是站着不动地方，恐怕谁也不会答应，他于是走进旁边的房间，躲在门后。阿瓦洛斯夫人没有停留太久。看到病人情况转好，她非常高兴。她向苏亚雷斯保证，伊内丝一直挂念着他，也一直爱着他，她本人来看他，也是应了伊内丝的要求。最后，阿瓦洛斯夫人又强调说，伊内丝得知他最新遭遇的不幸后，心神不安，她决定当晚和姑妈一起来看他，她要当面对他说些安慰的话，给他鼓励，给他希望，让他不畏命运的安排，担负起自己的未来。

阿瓦洛斯夫人前脚刚走，布斯克罗斯后脚就冲进房间高声叫道："我听到了什么？美丽的伊内丝今晚会来看我们？啊！要是爱情能有最真实可靠的证明，那么在我看来，必定非此莫属了。可怜的小姐啊，她甚至没考虑过，如此失去理性的行为，会有永远毁掉她名誉

635

的危险。不过，我们会代她考虑周全的。堂洛佩大人，我现在就去找我的朋友，过会儿我就把他们安置在您的屋子前，让他们严加看守，不放任何陌生人进来。放心吧，整个行动由我来负责。"

苏亚雷斯还没来得及回答，堂罗克就已经跑出去，他那脚底生风的模样简直就像踩到了一片滚烫的大地。眼看布斯克罗斯又要干出新的蠢事，又一场灾难即将来临，我也顾不得再和病人说些什么，便赶紧冲出门去，找到托莱多，把发生的这些事全向他讲述了一遍。骑士听罢，额头愁云一片，想了一会儿后，他命我先回到苏亚雷斯身边，对病人讲清楚，他会竭尽全力，防止那个烦人的家伙再干出什么疯狂的行径。天快黑的时候，我们在屋里听到一大群人驻足街头的声音。没过多久，伊内丝和她的姑妈进了屋。我不想自己也招人厌烦，于是偷偷溜出去，刚从门里出来，我就听到街上传来一阵喧哗。我下楼一看，原来是托莱多和一个陌生人在激烈地争论。

"先生，"那个陌生人说道，"我告诉您，我是费了好大的劲才混进来的。我敢肯定地说，我的未婚妻正在这个屋子里和一个从加的斯来的商人约会。这个无赖，他还有个朋友，此人当着我管家的面，在金鹿客栈召集了几个流氓，叫他们守着这屋子，不让任何人打扰这对野鸳鸯。"

"对不起，大人，"托莱多回答道，"不管怎么说，我绝不会放您走进这个屋子。刚刚有一位年轻女子进去了，这我完全不否认，但她是我的一个亲戚，我不允许任何人对她进行诬蔑。"

"您在说谎！"那个陌生人叫起来，"这个女人叫伊内丝·莫罗，她是我的未婚妻。"

"大人，您说我说谎，那就是把我当作骗子，"托莱多说道，"您该不该这么说我不管,但无论如何您已经冒犯了我,您必须先给我一个满意的交代,要不然您一步也别想动。我是托莱多骑士,莱尔纳公爵是我的兄长。"

陌生人举起帽子说道:"大人,桑塔·毛拉公爵为您效劳。"

说完这句话,他就脱掉外套,拔出剑来。高挂在屋门上方的灯笼光线幽暗,两人你来我往,身影朦胧。我靠在墙上,静候这段不幸插曲的结局。突然,公爵把剑扔开,手按在胸口倒了下去。幸运的是,莱尔纳公爵的医生恰巧在此刻赶到,他原本是赴约来看苏亚雷斯的。托莱多让他先察看一下桑塔·毛拉的伤势,并忧心忡忡地问他,这样的伤会不会致命。

"完全不会,"医生回答道,"只要让人赶紧把他带回家,包扎好伤口就行,过半个月左右,他应该就可以康复,这一剑连肺部都没有擦到。"

说完这些,他掏出一瓶嗅盐放在伤者鼻子前,桑塔·毛拉马上睁开了双眼。

骑士走到他面前,对他说道:"阁下,您没有弄错,美丽的伊内丝确实就在这里,她和一位年轻男士在一起,她深爱这个人,爱他甚至超过爱自己的生命。正所谓不打不相识,我现在认识到,阁下是个高尚的人,理应不会强迫一位少女违心出嫁。"

"骑士大人,"桑塔·毛拉气息微弱地回答道,"我相信您说的话都是真的。但让我感到很惊讶的是,美丽的伊内丝她本人从没有告诉我,她已心有所属。要是她亲口对我说几句话,或亲手写几行字……"

公爵本想继续说下去,但又失去知觉,被人抬回了家。托莱多赶紧去找伊内丝，把公爵放弃求婚、就此罢休的条件告诉了她。

接下来我还能向诸位说些什么呢？故事的结局已经不难猜了。有了爱人坚定的爱情做保障，苏亚雷斯的身体很快就康复了。他失去了父亲，但身边多了个妻子，还添了个朋友。伊内丝的父亲并不像过世的加斯帕尔·苏亚雷斯那样，视两个家族为不共戴天的仇敌，他反倒衷心地向两个年轻人献上自己的祝福。婚事一结束，这对新人就立即动身返回加的斯。布斯克罗斯依然纠缠不放，将他们一直送到马德里城外几里远的地方，他自称在两人缘定终生的过程中帮过大忙，因此成功地从新婚夫妇那里勒索到一笔钱。我当时以为，这个让我一见到就有种说不出来的厌恶感的人，这个让人无法忍受的家伙，应该不会再与我的生活有任何交集了，但事情并不像我想象的那样。

前一段时间我就已经注意到，堂罗克偶尔会提起我父亲的名字。我有预感，我父亲要是真被他惦记上了，将来恐怕会发生对我和我父亲不利的事，我于是开始注意布斯克罗斯的行踪。我很快就发现，他有个女亲戚名叫姬塔·西米安托，他非常想让这个女人嫁给我父亲，因为他知道，堂阿瓦多罗是个有钱人，财富甚至有可能比外人想象的还要多。这个美丽的女子已经搬到小街对面的房子里住下了，与我父亲的阳台正好面对面。

我姨妈先前就已搬回马德里。我自然要去看看她，和她深情拥抱一下。一见到我，善良的达拉诺萨夫人就流下激动的泪水，但同时她又恳求我，在赎罪期结束前，不要再抛头露面。我向她提到布斯克罗斯的计划。她觉得，必须赶紧想办法阻止这桩婚事。她去找她舅舅弗莱·赫罗尼莫·桑特斯，把情况说给这位德亚底安修士听。

然而，作为宗教人士，她舅舅坚决不肯插手这种与男欢女爱相差无几的事。他说，他一般是从不管别人家事的，即便偶尔为之，也只是为了调和矛盾或杜绝丑闻，总之，不论怎么说，这样的事并不在他职权范围以内。到了这个地步，我只好自己想办法了。我本可以请热心的托莱多帮我，但这样我就必须把自己的身世和盘托出，因此，在不肯损害自己名誉的前提下，我是无论如何也不能选这条路的。于是，我继续密切关注布斯克罗斯的行踪。苏亚雷斯走后，他与托莱多骑士的关系变得非常近，在与骑士打交道的时候，他也的确不像之前那样惹人厌烦。不过，他每天早上还是会出现在骑士面前，询问有没有需要自己效劳的事。

故事说到这里，吉普赛人首领的一位手下来找他谈部落这一天的事务，我们当天就没有再见到过他。

第四十八天

第二天，众人一会合就请吉普赛人首领继续说他的故事，他便如此这般地讲起来：

吉普赛人首领的故事（续）

半个月前，洛佩·苏亚雷斯迎娶了迷人的伊内丝，从此做起幸福的已婚男士。布斯克罗斯认为，多亏他出了很大一份力，才有了这段美好姻缘；打那以后，他改为托莱多效力。我提醒骑士，要当心他这个新的贴身手下，稍不留意，这家伙招人厌烦的本性就会显露出来。不过，堂罗克在某些情况下还是知分寸的。骑士于是就允许他常来向自己献殷勤，而堂罗克本人也意识到，要想长久保留这项权利，就必须行为适度。

有一天，骑士问布斯克罗斯，阿尔科斯公爵和一个女人保持了多年的暧昧关系，这到底是怎么一回事，那个女人是不是有倾城之貌，才会让他如此长久痴迷。

布斯克罗斯神情异常严肃地对骑士说道："阁下既然向我询问我

雇主的秘密,那说明阁下很清楚,我对阁下忠心耿耿,什么事都不会刻意隐瞒。另一方面,我有幸对阁下有足够的了解,我知道,尽管阁下的举止在外人看来略有点轻浮,但这向来只会给女人制造麻烦,何况她们也都表示了谅解;我还知道,阁下是不会让自己忠诚的仆人学坏的。"

"布斯克罗斯先生,"骑士说道,"我现在并不是要您夸奖我。"

"我明白,"布斯克罗斯说道,"可是,只要是有幸结识阁下的人,口中就会情不自禁地说出夸奖阁下的话。阁下问我的这段故事,我已经对那个年轻商人说了前半部分,这家伙啊,我们想尽办法才让他娶到美丽的伊内丝。当然,我向他讲述的时候,故事里的人物用的都是化名……"

"他听到的故事,应该就是我所知道的内容,"骑士说道,"洛佩·苏亚雷斯曾向小阿瓦利托转述过这段故事,小阿瓦利托后来又对我讲了一遍。您最后说到,弗拉丝克塔在公园里对您说完故事,身着女装扮作弗拉丝克塔闺密的阿尔科斯公爵来到您身边,他对您说,必须让科纳德斯赶紧去朝圣;公爵甚至希望,科纳德斯不要做完朝圣就算了,最好接着再去某个隐修院专心悔罪。"

"阁下,"布斯克罗斯打断他的话,"阁下的记忆力真是太惊人了。身为最高贵族的公爵大人的确对我说了这些话。既然这个女人自己的故事阁下已经全知道了,那么,我就按照时间顺序接着往下讲吧。现在,您可以对她的丈夫有进一步了解了。我还会告诉您,他是如何结识那个可怕的朝圣者埃瓦斯的。"

托莱多骑士坐下来对我们说,阿尔科斯公爵有弗拉丝克塔这样一个情妇,真让他羡慕不已。过去他一直喜欢这种行事无拘无束的女人，也交往过一些，但她们与弗拉丝克塔相比，都远远不及。

布斯克罗斯带着种暧昧的神情笑了一下，然后便如此这般地讲起故事：

由布斯克罗斯讲述的科纳德斯的故事

这位做丈夫的，姓得可真够巧[1]，一听到他的姓，简直就像看到一个生动传形的家徽。他出生在萨拉曼卡一个平民家庭。他起先长期做底层的公职人员，工作之余还干点批发的小生意，为几位零售商供货。后来，他继承了一笔丰厚的遗产。从此，他和很多西班牙人一样，除了上教堂、到公共场所转一转、抽抽雪茄之外，再不做其他任何事情。

您肯定会对我说，像科纳德斯这样除了静心度日别无他好的男人，本不该娶这么一个透过窗户向他抛媚眼、滑头到极点的女人为妻。但人心就是这样，简直像是个不解之谜，世上就没有一个人肯按自己的实际情况做自己该做的事。有人把幸福全寄托在婚姻上，但一生选来选去，也选不出一个心仪的伴侣，最后反倒独身而终。还有人发誓永远不讨老婆，后来却结完婚又离，离完婚再结。科纳德斯就这样进入了婚姻的殿堂：一开始他是很满意的，但没过多久他就追悔莫及。一个所谓的培尼亚·弗洛尔伯爵，不光生前给他惹

---

[1] 译注：科纳德斯（Cornadez）与西班牙语"戴绿帽子的男人"（cornudo）形似。

麻烦,死后阴魂还跑出地狱折磨他,他从此变得心事重重、性情抑郁。没过多久,他就让人搬了张床放进自己的办公室,办公室里之前已添置了祈祷用的跪凳,以及盛圣水的罐子。白天,他很少和妻子见面,在教堂逗留的时间比以往要多得多。

有一天,他在教堂里遇到一个朝圣者,此人一直在他身边盯着他,眼神弄得他心绪不宁,让他只得匆匆离开教堂。晚上散步时,这个人又在他身边出现。从此之后,不论走到哪里,他都会看到这个朝圣者;不论他走到哪里,那道尖锐的凝视目光都会伴随着他。这让他有苦难言,焦虑无比。

最后,科纳德斯成功克服天性中羞怯的一面,对那个朝圣者说道:"先生,您要是再这么纠缠我,我就要到治安法官那里起诉您了。"

"纠缠,纠缠,"朝圣者以一种阴森低沉的声音回答道,"是的,您是受到了纠缠,受到了很严重的纠缠:一百个多布隆,一个人头,还有个惨遭谋杀、死前连临终圣事都做不成的人。怎么样,我没猜错吧?"

"您到底是什么人?"科纳德斯充满恐惧地问道。

"我是个被天主弃绝的人,但我期待能得到神的宽恕。您听说过学者埃瓦斯吗?"

"他的故事我只知道个大概。他不幸地成了个无神论者,最后的结局非常悲惨。"

"正是如此。我是他的儿子,我是个一生下来就被打上永罚烙印的人,不过,这个惩罚也让我有了一样本事,我能认出罪人额头上隐含的标记,还能将他们带上救赎之路。来吧,被撒旦愚弄的不幸的人，让我和你好好谈一谈，这样你会对我有更深的了解。"

朝圣者带着科纳德斯来到则肋司定会修道院的花园，挑了其中一条很偏僻的小径往里走。两人在一条长椅上坐下来，朝圣者如此这般地开始他的讲述：

由其本人之子即受永罚的朝圣者讲述的迭戈·埃瓦斯的故事

我叫布拉斯·埃瓦斯，是迭戈·埃瓦斯的儿子。我父亲非常年轻的时候就进了萨拉曼卡大学，并且很快凭借优异的成绩脱颖而出。没过多久，他的同学就全被他甩在身后。又过了几年，他掌握的知识甚至超越了老师。当时，他成天将自己关在工作室里，埋头阅读各个学科的大师著作。他满怀憧憬，期待有朝一日也能赢得同样的荣耀，让自己的名字被人写进大师的名录。这已是很不平凡的雄心，但除此之外，迭戈还有另一个抱负：他想出版一些匿名作品，等这些书的价值被世人公认后，他再把自己的名字亮出来，这样就可以享受一举成名的美好感觉。心里面有了这个计划后，他开始觉得萨拉曼卡的天地过于狭小，主宰自己命运的星辰难以在此放射出足够绚烂的光芒，他于是把视野投向都城。无疑，只有在那里，杰出人士才能倚仗自己的天才，赢得世人理所应当的尊敬，被民众景仰，受内阁大臣的器重，甚至还有可能获得国王的宠幸。

总之，迭戈认为，只有去都城，自己的才华才有用武之地，才可以换得公正的回报。我们这位年轻学者当时所研究的内容，包括笛卡尔的几何学，托马斯·哈里奥特的分析法，以及费马和罗伯瓦尔的著作[1]。他清楚地看到，这些伟大的天才为科学开辟了新的道路，但他们在新道路上的脚步并非那么踏实、稳妥。于是，他将这几位的发现全部融为一体，然后再加入一些尚未被他人尝试过的新思路，此外还对部分沿用至今的运算方法进行了修正。埃瓦斯花了一年多时间写他的这本书。当时的几何学著作一概使用拉丁语，但埃瓦斯的书是以西班牙语创作的，这样他在表达时可以更加游刃有余。为更利于出版，他还精挑细选出一个可以引发读者好奇心的书名——"通过对无限的全方面认识来揭示分析的奥秘"。

随着书稿的完成，我父亲告别了青春期，步入成年。他收到一份来自监护人的通知，通知上说，他的财产原本应有八千皮斯托尔，但出于各种意外，目前只剩下八百皮斯托尔了，只要他以法律形式解除监护关系，这笔钱就会立即转交给他。埃瓦斯计算了一下，他发现，请人印刷自己的书籍再把这些书运到马德里，刚好需要八百皮斯托尔。他于是匆忙签下解除监护关系的文书，收到那八百皮斯托尔，随后就将书稿交付审查。

负责神学领域问题的审查官挑了个刺出来：无穷小分析似乎会让人联想到伊壁鸠鲁的原子论，而伊壁鸠鲁的学说是不受教会认可的。他回复审查官说，书中谈的都是抽象的量，并不涉及具体的物质微粒，审查官于是收回反对意见。

---

[1] 原注：托马斯·哈里奥特（Thomas Harriot, 1560—1621），英国数学家；皮埃尔·德·费马（Pierre de Fermat, 1601—1665），法国几何学家；吉尔·佩尔索内·德·罗伯瓦尔（Gilles Personne de Roberval, 1602—1675），法国几何学家。

书稿从审查官手中转到印刷商那里。印出来的将会是一本四开本的大部头，书中的一些数学符号因为没有现成的，必须专门铸模，这样的话，假设印一千本书，出版总费用会达到七百皮斯托尔。埃瓦斯已经做好打算，他把每本书的售价定为三个皮斯托尔，因此，在听到报价后，他毫不为难地接受了。埃瓦斯根本不是个贪钱的人，不过，能确保小有盈利，他还是感到很开心。

印刷耗费了半年多时间。埃瓦斯本人亲自校对核稿，这项枯燥乏味的工作对他来说远比写书费力得多。最后，他找了辆全萨拉曼卡城能找到的最大的马车，把一箱箱沉重无比的包裹运回家，在这些包裹上面，寄托着他当下的荣耀和未来的不朽。

第二天，埃瓦斯沉浸在喜悦之中，希望就在眼前，让他如痴如醉。他找了八头骡子来驮书，自己骑在第九头骡子上，开始向马德里进发。到了都城后，他直接来到书商莫雷诺的书店，对老板这样说道："先生，这八匹骡子背上驮的全是我的一部作品，共有九百九十九本，我手上拿的是第一千本。您先卖一百本，得来的钱全归您，共计有三百皮斯托尔；一百本之后，您再把收入算到我的账上。我敢说，用不了几个星期，所有书就会全卖光；我随后会接着印第二版，增补部分内容，因为我在第一版的印刷过程中又有了些新的认识。"

从莫雷诺的神情看，他不太相信这本书能销得这么快，但他看到萨拉曼卡审查官的许可证明，于是也没有多说什么，便把所有包裹都收进店，再拿出几本样书，摆在橱窗里。埃瓦斯找了家客栈住下，他一点时间也没有浪费，马上就开始撰写补遗和添加注释的工作，第二版印刷时，这些内容将全被收录进去。

三个星期就这样过去了。我们的几何学家觉得该去莫雷诺的书店看一看了,他想目前的销售所得应该也不少了,自己的那一份最起码该有一千皮斯托尔吧。但到了书店打听完情况,他的内心受到巨大打击,因为书一本都没卖掉。

很快,他就遇到一件对他打击更大的事。刚回到客栈,一位皇家警察就拦住他,将他带上一辆车厢密封的马车,押着他进了塞哥维亚城堡的牢房。一位几何学家成了朝廷要犯,这听起来有点令人惊讶,但事情总有它的前因后果:莫雷诺书店的书架上摆放了两三本埃瓦斯的书,常来的读者当中免不了会有人好奇地翻看一下。其中一位刚看到书名"揭示分析的奥秘"便打趣说,这书怕不是反政府的小册子吧。另一位仔细地把书名来回看了一遍,然后狡黠地笑道,这书肯定是在嘲讽财政部部长堂佩德罗·阿拉尼耶斯:首先,"分析"这个词在西班牙语中与"阿拉尼耶斯"谐音;其次,书名里的限定部分"通过对无限的全方面认识"同样暗指这位部长,因为他从身材上来说是个无限矮小、无限肥胖的人,从道德上来说更是个无限高傲、无限低贱的家伙。通过这些戏谑之语,我们很容易看出,莫雷诺书店的常客是什么话都敢说也什么话都能说的,政府对这个民间的小型政务嘲讽委员会持宽容态度。

熟悉马德里的人都知道,从一定程度上说,常来莫雷诺书店的人阶层都比较高,他们关心同样的事情,观点也很接近,这帮上层人士一旦开了什么有意思的玩笑,就会很快传开,成为街头巷尾流传的趣闻。因此,没过多久,关于埃瓦斯作品的那几句玩笑就从理发店里传了出去。最后,不论走到哪个十字路口,人们都会听到谈论这件事的声音。

647

同样没过多久，阿拉尼耶斯部长的新外号就出来了——"分析部部长""全方面无限大人"。这位财政部长早已习惯了民众的指责，起先并没有太在意，但同样的外号在耳边回响多次后，他还是感到有点奇怪，便问秘书究竟是怎么回事。秘书回答说，这个玩笑的源头是一本所谓的几何学书籍，书目前正在莫雷诺书店销售。部长不再细问，他先派人抓了作者，然后又将所有书没收。

埃瓦斯对这来龙去脉自然一概不知。他被囚禁在塞哥维亚城堡的牢房里，身边没有笔墨，也不知道关押何时才能结束。为了消磨时光，他决定把自己的所有学识都在脑子里回顾一遍，也就是说，他要逐一回想自己在每门学科中掌握的知识。试过之后，他非常满意地发现，自己的研究范围不折不扣地涵盖了人类的所有知识领域。他认为，自己完全可以像皮科·德拉·米兰多拉[1]那样，写一本《论一切可认知的事物》。

埃瓦斯雄心勃勃，想在学术界扬名立万。他构思出一个宏大的计划，准备创作一部一百卷的巨著，把当时人类掌握的各科知识全都涵盖在内。他还是想以匿名的方式出版这本书。读者免不了会中他的圈套，以为作品必然是由各界学者联合创作而成的，此时埃瓦斯就可以把自己的名字亮出来，随后，他必将一举成名，被世人称作博学奇才。尽管工程如此浩大，但埃瓦斯的脑力是足以应付的；此外，他还投入了深深的情感，开始全身心投入这项计划中去。而这项计划也能使他内心的两种激情得到满足：一种是对科学的爱，

---

[1] 译注：皮科·德拉·米兰多拉（Pico della Mirandola, 1463—1494），意大利哲学家、人文主义者，曾试图创作《论一切可认知的事物》（*De Omni re Scibili*），后世的笛卡尔、伏尔泰均对此有过嘲讽。

一种是对自我的爱。

埃瓦斯在狱中待了六个星期，这段时间对他来说飞逝如电。六个星期后，他被带到监管城堡的长官那里，和长官在一起的还有财政部部长的书记长。书记长以尊敬的态度向他行礼后，对他说道："堂迭戈·埃瓦斯，您在没有保护人的情况下就在上层社会的圈子里抛头露面，这是种极端不谨慎的做法，因为在您受到指控时，没有一个人会出面为您辩护。有人说，您在您那本谈无限分析的书里对财政部部长堂佩德罗·阿拉尼耶斯含沙射影。所以，部长大人怒气冲天也不是没有道理，他把您印出来的书悉数焚毁了，不过，这样的处理方式他已经感到满意了。他很想原谅您，并为您提供一个会计的职务，就在财政部里工作。我们偶尔会被手上的一些计算问题难倒，将来这些计算就交给您了。您马上离开这座监狱吧，将来您再也不必回来了。"

埃瓦斯起初非常痛心，他花了如此多心血才写成的著作，除了自己留下来的一本外，其余九百九十九本竟被人一口气全烧光了。不过，幸好他已经有了新的计划，他的荣耀也有了新的寄托对象，他于是很快宽下心来，去财政部报到上班了。人们交给他一些年度结算表、现金折扣备抵单，以及其他各种计算任务，他全都轻松完成，这也让他得到多位上司的器重。部里预支给他四分之一的当月薪水供他开销，还在部长名下的一幢房子里为他配了间住所。

故事说到这里，有人来找吉普赛人首领，请他到自己手下那里议事，我们只好按捺住好奇心，耐心等待次日的下文。

第四十九天

一大早,众人就重新聚到洞里。利百加首先表示,布斯克罗斯在讲故事时确实非常有技巧。

"为了达到恐吓科纳德斯的效果,"她解释道,"换作一个普通的耍阴谋的人,无非就是找几个帮手披上裹尸布,扮作幽灵混入他家。这样的确会收到一定成效,但只要科纳德斯镇定下来,然后平静地思考一番,效果就不会再延续。布斯克罗斯选的是另一条路:他试图只用言语来影响科纳德斯。大家都或多或少知道一点无神论者埃瓦斯的故事,耶稣会士格拉纳达[1]在自己作品的注释中曾专门提起此事。那个自称受永罚的朝圣者,他假扮埃瓦斯的儿子,通过亲口讲故事的方式,可以进一步对科纳德斯的心灵制造严重打击。"

"您的结论下得太早了,"老首领说道,"朝圣者完全可能就是无神论者埃瓦斯的儿子,毫无疑问,他讲的故事并没有在您提到的作品里出现过,那本书记载的主要是埃瓦斯临终前的种种细节。所以,还是请您多给点耐心,等故事讲到结局时再做判断吧。"

---

[1] 原注:这里究竟是指雅各·德·格拉纳达(Jacques de Granada,1572—1632),西班牙神学家,托马斯·阿奎那《神学大全》的评注者,还是指鲁伊斯·德·格拉纳达(Louis de Granada,1505—1588),西班牙多明我会传道者?

由其本人之子即受永罚的朝圣者讲述的
迭戈·埃瓦斯的故事（续）

埃瓦斯于是过起自食其力的生活，不再为衣食烦忧。别人交给他的工作，他早上花几个小时就能做完。他真正用心面对的，是那项浩大的工程，为此他要倾尽自己的才华，但同时也能感受到知识的所有乐趣。我们这位雄心勃勃的全才作家决定写一本八开本的作品，每门学科各列一卷。他注意到，语言是区分人类与其他生物的根本属性，他便把第一卷献给万国语法。在文稿中，他陈述道，在世界上各种语言当中，一段话的不同部分会有不同的表达法，思想萌芽后成形的方式也不尽相同，这种种表达法，这种种成形的方式，造就了语法结构的千变万化。

接着，埃瓦斯从人的自身思维转向人的周边万物带给人的各种观念。他第二卷写的是自然史概论；第三卷是动物学，即关于动物的知识；第四卷是鸟类学，即关于鸟类的知识；第五卷是鱼类学，即关于鱼的知识；第六卷是昆虫学，即关于昆虫的知识；第七卷是蠕虫学，即关于蠕虫的知识；第八卷是贝类学，即关于贝类动物的知识；第九卷是植物学；第十卷是地质学，即关于大地结构的知识；第十一卷是岩石学，即关于石头的知识；第十二卷是化石学，即关于化石的知识；第十三卷是冶金学，即在矿石中提取、加工金属的技术和知识；第十四卷是试金学，即检验矿石的技术和知识。

第十五卷又重新回到人自身，讲述的是生理学，即人体的知识。第十六卷是解剖学；第十七卷是肌肉学即关于肌肉的知识；第十八卷是骨学；第十九卷是神经学；第二十卷是静脉学，即关于静脉系统的知识。

第二十一卷是医学的总体介绍。随后几卷则分别是：第二十二卷的疾病分类学，即各种疾病的知识；第二十三卷的病因学，即关于各种疾病成因的知识；第二十四卷的病理学，即各种疾病发生发展过程的知识；第二十五卷的征候学，即关于各种症状的知识；第二十六卷的临床医学，即对临床病人观察治疗的方法；第二十七卷的治疗学，即治愈病人的技术（这也是所有技术中最难的一种）；第二十八卷是饮食学，即饮食方面的知识；第二十九卷是卫生学，即保持健康的技术；第三十卷是外科学；第三十一卷是药学；第三十二卷是兽医学。

接下来在第三十三卷里，谈到的是普通物理学；第三十四卷是特殊物理学；第三十五卷是实验物理学；第三十六卷是气象学；第三十七卷是化学；第三十八卷是与化学相关的一些伪科学，比如说炼金术；第三十九卷是赫尔墨斯的神秘哲学。

讲述完这些自然科学后，埃瓦斯开始转向与战争有关的学科，毕竟人们都认为，战争状态也是人类社会的一种非常自然的状态。于是，第四十卷谈的是战略学，即战争的艺术；第四十一卷是设营术，即安营扎寨的技巧；第四十二卷谈的是防御工事；第四十三卷谈的是地下战争，即布雷的技艺；第四十四卷是烟火制造术，即制造信号弹的技艺；第四十五卷是弹道学，即抛掷或发射重物的技术：火炮让弹道学走上了迷途，埃瓦斯通过对古代武器的深入研究，可以说让这门学问又获得了新生[1]。

---

1 译注：弹道学一词源于公元前 3 世纪的古希腊，原义是设计、制造和使用投掷装置的理论和技术。

在此之后，埃瓦斯又回过头来讲和平时期的技艺。第四十六卷讲的是民用建筑；第四十七卷是造船学；第四十八卷是军舰制造；第四十九卷是航海学。

接着，埃瓦斯开始审视社会环境中的人。他的第五十卷是用来讲立法的；第五十一卷谈民法；第五十二卷谈刑法；第五十三卷谈政治权利；第五十四卷谈历史；第五十五卷是神话学；第五十六卷是年代学；第五十七卷是传记学；第五十八卷是考古学即古物的各种知识；第五十九卷是钱币学；第六十卷是纹章学；第六十一卷是文书学，即宪章和各种官方文件的知识；第六十二卷是外交学，即驻外使馆的学问和外事谈判的技巧；第六十三卷是语文学，即各种语言的总体知识；第六十四卷是目录学，即书和出版物的学问。

再往下，埃瓦斯又回到思维的艺术。他在第六十五卷里谈逻辑学；在第六十六卷谈修辞学；在第六十七卷谈伦理学即伦理道德；在第六十八卷谈感性学，分析的是我们通过感官接收到的感觉。

随后是第六十九卷，谈的是神智学，即与信仰相联系的关于智慧的研究；第七十卷是神学总论，并进一步划分为第七十一卷的教义，第七十二卷的争论即对共同教义产生不同解释的争议权，以及第七十三卷的苦行、禁欲，即如何训练培养虔诚；接下来的第七十四卷谈《圣经》的注解，即圣经经文的各种含义；第七十五卷是《圣经》诠释学，即这些注解本身的理论依据；第七十六卷是经院哲学，即完全独立于常识之外进行论证的艺术；第七十七卷谈的是神秘主义神学，即唯灵主义的泛神论。

神学说完后，埃瓦斯对主题进行了非常大胆的转变。在第七十八卷里，他谈的是释梦学，即对梦的解释，这一卷的内容是相

653

当有趣的。在这一卷中，埃瓦斯列举了一些历史上的谬误，它们有的是被人刻意行骗弄出来的，有的则毫无特殊动机，但它们都能让世人信服几个世纪。因为我们看到，在古埃及，一个肥牛和瘦牛的梦居然对政治产生了影响[1]，这个梦使得古埃及的土地全收归法老所有。在那五百年之后，我们看到，阿伽门农在公民大会上向希腊民众讲述自己的梦。最后，在特洛伊战争六个世纪后，又有了巴比伦的迦勒底王请人释梦的故事[2]，以及通过德尔斐神谕释梦的故事。

第七十九卷讲的是鸟占术，即以鸟来占卜吉凶的学问，这是托斯卡纳的肠卜僧[3]特别喜欢使用的一种方式。这种占卜仪式是由塞内加记载在他的书中，然后流传到后世的[4]。

第八十卷的内容与其他卷相比学术价值更高，它讲述的是巫术的发展历程，埃瓦斯一直溯源到琐罗亚斯德、欧塔涅斯[5]的时代。在这一卷里，我们可以看到这种可悲学问的整个历史，它甚至给我们这个世纪也带来了耻辱，因为在我们这个世纪的开端，它还大行其道，流毒不浅。即便到了今日，它也没有完全被世人摒弃。

第八十一卷说的是卡巴拉秘法以及其他几种占卜术，比如说用

---

1 译注：这是《圣经·旧约·创世记》和《古兰经》上共同的故事：古代埃及某法老梦到尼罗河里面先上来七头肥牛，后来又上来七头瘦牛把前面七头肥牛吃掉，为法老解梦的人预计埃及将遭遇七年的丰收和七年的大灾荒，提醒他早做准备。这个解梦的犹太人后来成了法老的宰相。

2 译注：指但以理为迦勒底国王尼布甲尼撒和伯沙撒释梦的事。

3 译注：在古罗马时期，肠卜僧每每在宰杀所祭祀的牲畜后，查视其内脏、肠胃的情况，以推断吉凶。

4 原注：肠卜僧的占卜仪式可参见西塞罗，《论占卜》，第2卷。

5 原注：欧塔涅斯（Ostanes）是一位传说中的术士，他生活在琐罗亚斯德之前，可能是由埃及迁居到波斯的。

棍占卜、用水占卜、用土占卜等。

说完这些骗术，埃瓦斯突然间转向最无可置疑的真理。第八十二卷说的是几何学；第八十三卷说的是算术、运算；第八十四卷说的是代数；第八十五卷说的是三角学；第八十六卷是立体计量学，主要方法是把固体看作放进水杯里的石块；第八十七卷是地理学；第八十八卷是天文学，以及它的偏门歧路星相学；第八十九卷是机械学；第九十卷是动力学，即关于强作用力的科学；第九十一卷是静力学，即各种平衡力的科学；第九十二卷是水力学；第九十三卷是液体静力学；第九十四卷是液体动力学；第九十五卷是光学和透视学；第九十六卷是折射光学；第九十七卷是反射光学；第九十八卷是解析几何学；第九十九卷是微积分的初步概念。最后的第一百卷献给了分析学，按照埃瓦斯的看法，分析学是研究科学的科学，是人类思想的最后一块界标。

在某些人看来，对一百门不同学科都有深入了解，这理应超出了一个人的脑力所能及的范围，但埃瓦斯就做到了。他在每一卷里探讨一个学科，从这门学科的历史写起，在结尾处总会以充满智慧的视角展望未来，探讨补充和拓展这一学科的途径。可以说，他用这样的方式，从各个方向拓宽了知识的边界。

埃瓦斯创作的时间全是挤出来的，而且在时间分配上规律性极强。他每天天不亮就起床，先把当天办公室里的工作按实际步骤在脑子里过一遍，做好充分准备。他随后就去部里上班，到的时间比其他人都早出半小时。他手里握着笔，头脑中任何与个人作品相关的想法全都被暂时清空，只待正式上班的铃声响起。铃声一响，他就开始自己的计算，然后以惊人的节奏迅速完成。事情做完，他就去莫雷诺的书店。在那里，他已是深受信任的熟客，可以随意取一些对他创作有用的书，带回家参考。把书放到家里后，他会再出一趟门，吃一顿简易的中饭，下午一点钟之前他正式回家，然后一直工作到晚上八点。在此之后，他会与附近的小男孩们一起玩玩球，最后回家喝杯巧克力便上床睡觉。每到星期天，他会整天外出，找个地方安静地思考此前一周的创作内容。按照这样的方式，埃瓦斯一年要用约三千个小时来打造他那本包罗万象的巨著。十五年后，经过四万五千个小时的工作，这令人叹为观止的作品真的完成了，但马德里全城无人知晓，因为埃瓦斯是个不露声色的人，他从没有向任何人说起过他的作品，他只想一次性将这部科学巨著献给世人，达到一鸣惊人的效果。

就这样，在埃瓦斯过完三十九岁生日的时候，他的这部著作如愿完成。年将四十之际，自己的声名终于要像含苞待放的花朵那样迎来盛开的良辰，他非常高兴。但与此同时，他心中也生起一片失落的愁云，因为这份以希望为动力的工作早已成了他的习惯，对他来说，不辍的笔耕好比是别人终日不休的社交活动，能让他每天从早到晚时刻充实。

"社交活动"就此戛然而止，他开始体会到一种从未经历过的无聊感。对于埃瓦斯来说，这真是一种全新的感受，他由此走上一条完全脱离本性的道路。他不再品味孤独，所有的公共场所都留下了他的身影。每到一处，他见人就摆出一副上前攀谈的架势，但实际上他谁也不认识，而且他没有和人说话的习惯，他于是总是张口结舌，无话可说。不过，他自以为，马德里全城的人很快就会都认识他，每个人都会寻求他的友谊，而他的名字也会传诵在所有人口中。

埃瓦斯实在太需要消遣一下了，为此深受折磨的他产生重回出生地看一看的念头。那是阿斯图里亚斯的一个默默无闻的小镇，他希望自己能很快让故里变得闻名遐迩。十五年来，除了和附近的小男孩们一起玩玩球，他从不允许自己有任何其他娱乐。他期待，在回到自己度过童年时代的地方后，也能在那里玩一玩球，相信那必会是一种妙不可言的乐趣。

出发前，埃瓦斯想欣赏一下他那一百卷书摆在一张桌子上时的壮观景象。他按印刷的开本，把整个文稿重新抄写了一遍。然后，他把这份复本交给一位装订工，并一再叮嘱，每卷的书脊上都要写明学科的名称、卷号，从第一卷万国语法起，至第一百卷分析学，全不可遗漏。

三个星期后，装订工完成了工作，放书的书桌也早已准备就绪。埃瓦斯将这密密麻麻的一排书放上桌子。他找出所有原始文稿以及部分章节的修改稿，满心欢喜地将它们一烧而光。随后，他给自己的房间上了两道锁，在门上贴好带有自己印章的封条，便踏上回乡之路。

再次见到故乡，埃瓦斯期待的那些快乐全都如约而至。一件件纯真甜美的往事如潮水般涌上心头，他欢喜得流下了泪水。经过这二十年艰辛无比的创作，可以说，他早已忘却了眼泪的滋味。我们这位全才作家很自然地产生了一种想法，他打算在自己出生的这座小镇里度过余生。可是，那一百卷作品还在马德里等着他，他只好重新踏上去都城的路。回到家时，封条还和原先一样完整无缺，他便打开了门……没想到，他眼前的情景是，那一百本书化作了无数碎纸片，装订也全部脱落，残缺混乱的书页在地板上东一堆西一堆，简直不堪入目!

面对这可怕的一幕,埃瓦斯只觉得天旋地转。他倒在自己书稿的残骸中,彻底不省人事。

唉!这场灾难的缘由是这样的:埃瓦斯从不在家吃饭,马德里的老鼠虽然猖獗,但原先是不会光顾他的房间的,因为它们在这里最多只能啃几支笔;但刚刚上了胶的一百册书搬进房间后,情况就大不相同了,更何况书搬进来的当天主人便离家而去。胶的气味招来了老鼠,房间里空无一人更是让老鼠壮了胆,它们越聚越多,在书上翻滚,将书咬碎、吞食……

埃瓦斯醒来后,正巧看到这群魔鬼当中的一员,这只老鼠正将他"分析学"那一卷的最后几页往一个洞里拖。或许,埃瓦斯以往从没有产生过愤怒这种情绪,但此时此刻他头一回感到怒不可遏。他又看到一个劫掠他"解析几何"的强盗,便猛地向它扑去——结果他一头撞到墙上,再次晕了过去。

埃瓦斯第二次恢复神志后,将覆盖在地板上的碎纸片扫到一起,倒进一个箱子。他随后坐在箱子上,开始无比伤感地回想。没过一会儿,他打了个寒战。第二天,风寒转变为胆汁热,他高烧不退,陷入昏迷。别人帮他请了医生。

故事说到这里,有人来找吉普赛人首领,请他到自己手下那里议事,他于是决定把后文留到次日再讲。

第五十天

第二天，众人聚在一起，吉普赛人首领如此这般地接着讲起了他的故事：

由其本人之子即受永罚的朝圣者讲述的
迭戈·埃瓦斯的故事（续）

埃瓦斯被老鼠毁掉毕生的荣耀后，给他看病的医生也放弃了他，最后只有照看他的女看护对他不离不弃。在她悉心的照料下，埃瓦斯的情况很快有了转机，经过一场俗称的良性发作后，他的命保住了。这位女看护三十岁，尚未出嫁，名叫玛丽卡，她原本只是单纯出于好心和友情来照顾他的，因为她和她做鞋匠的父亲就住在附近，埃瓦斯偶尔会在晚上闲暇时与她父亲聊聊天。大病初愈后的埃瓦斯深深感到，他需要好好报答这位善良的姑娘。

"玛丽卡，"他向她问道，"我的命是您救的，此外，您还让我的新生之路变得非常甜蜜。我可以为您做些什么呢？"

"先生，"这个还没出嫁的姑娘回答他说，"您可以给我幸福，但具体怎么给,我不敢明说。"

"说吧,说吧,放心好了,只要在我能力范围内,我肯定去做。"

"假如我让您娶我为妻呢?"

"我很乐意,真心实意地乐意。将来,在我健康的时候,有您为我做饭,生病的时候,有您来照顾我,出门的时候,有您防着那些老鼠。是的,玛丽卡,您什么时候愿意,我们就什么时候办婚礼,越快越好。"

身体还没有彻底好,埃瓦斯就忙着打开那个装着他百科全书书稿碎片的箱子。他想把残留的书页整理一遍,结果这让他的病情产生反复,他的身体又虚弱了许多。等到稍有恢复可以出门的时候,他就去了趟财政部,向部长汇报说,自己已工作十五年,并培养出几个能顶替他的学生,他现在身体已经完全毁掉了,他希望就此退休,并想申请相当于在职薪水一半的退休金。在西班牙,作为部里的职员,得到这种福利待遇并不难,埃瓦斯很快得偿所愿。紧接着,他就娶了玛丽卡。

从此,我们这位学者改变了他的生活方式。他找了个偏僻街区里的房子,搬进了新家。他下定决心,在把自己那一百卷书稿重新整理出来之前,绝不迈出家门半步。所有书稿,书脊附近那半边纸都被老鼠啃光了,剩下来的全是另半边,而且这另半边也残缺不全、破烂不堪。不过,凭借着这些遗骸,埃瓦斯足以慢慢回想出全文。就这样,他开始整本书的重写工作。与此同时,他还开始了另一种创造,一种类型截然不同的创造:玛丽卡将我带到了世上。但我是个罪人,一个被天主弃绝的人。啊!在我出生的那一天,地狱里或许办了场庆典,为了庆祝那燃烧不休的地狱之火又多出来一个新的火种，受罚的人都被加了刑，一声声凄厉的哀号让魔鬼们得到更开怀的享受。

说完这番话后，朝圣者似乎沉浸在绝望的情绪中，泪流满面。稍稍平复后，他转身对科纳德斯说道："今天我没办法再接着往下讲了。明天还是这个时间，我们再到这里来碰面。请千万不要失约，因为这关系到您未来的永生。"

科纳德斯心里面又多了一层惊恐。他忐忑不安地回了家。当天夜里，他被那个死去的培尼亚·弗洛尔给惊醒了，幽魂在他耳边数起了钱，一百个多布隆，从头到尾，一个子儿也不落。

第二天，他又去了则肋司定会修道院的花园。他见到了朝圣者，朝圣者如此这般地接着讲起自己的故事：

我来到人间，但我母亲几个小时后便离开了人世。在遇到我母亲之前，埃瓦斯从未亲身体会过爱情或友情，他只是在自己百科全书的第六十七卷里对这两种情感做了番定义。妻子的亡故仿佛是在向他证明，他的人生注定只能对友情和爱情浅尝辄止。一百卷八开本的书稿被老鼠吃掉，他大病一场，但失妻之痛对他内心的打击更为沉重。埃瓦斯的家很小，我的每一声啼哭都会在整个屋子里回荡，我要是继续留在家里，他就什么事也做不成。我的外祖父鞋匠马拉农收留了我，看起来，能在自己家里亲手把外孙带大，是件让他深感荣幸的事，因为这是一位会计师、一位绅士的儿子。

我的外祖父社会地位卑微，但他有办法让生活过得宽裕。我一到适学年龄，他就送我上学。我刚满十六岁，他就买好衣服给我穿。

他还常给我一些零花钱，使我能毫无顾忌地成天在马德里城内闲逛。他觉得，只要他能说一句"我的外孙，他是个会计师的儿子"，就算是对他最大的回报。不过，我们还是回过头来说说我父亲，看看他那悲惨的命运吧，他的人生结局是大家都熟知的——但愿所有不信教的人都能在惊恐之余引以为戒吧！

迭戈·埃瓦斯花了八年时间来弥补老鼠造成的损失。他的作品眼看就要再度完工，可这时他看到几份外国的报刊，根据报刊上的信息，在他这些年闭门创作的过程中，不少学科已经取得显著的进展。看来，自己又要再费一番工夫了，埃瓦斯不禁发出一声叹息，但他也不想让自己的作品变得不完美，他于是又把别人的新发现按照学科一门门增补进去。这又耗费了他四年的光阴。因此，他共计有十二年时间足不出户，而且几乎时时刻刻都在伏案创作。这种常坐不动的生活方式彻底毁掉了他的身体。他患上了顽固性坐骨神经痛、肾病和膀胱结石，各种痛风的先兆也显露出来。尽管如此，他的百科全书最终还是完成了。埃瓦斯把书商莫雷诺请到家里来看书稿。不过，卖他那本《揭示分析的奥秘》、使他遭到牢狱之灾的莫雷诺，现在已经不在人世了，来的这位是子承父业的小莫雷诺。

"先生，"埃瓦斯对他说道，"这里的一百卷书稿，涵盖了当下人类掌握的所有知识。这套《百科全书》会给您的书店增添荣耀，我甚至敢说，也会给西班牙增添荣耀。我本人并不求什么个人的报酬，只希望您能好心替我将它印刷出版，这样的话，我吃过的那些苦虽然仍历历在目，但总算是苦尽甘来，心血没有白费。"

莫雷诺一卷卷翻看起来，看得非常认真，他最后对埃瓦斯说道："先生，这部作品接下来的事就交给我吧，但您得先做个决定，我想把全书缩减为二十五卷。"

"走吧，"埃瓦斯无比愤怒地回答道，"快走吧，回您的书店，印那些谈情说爱或是卖弄学问的没用的书去吧，那些书简直是西班牙的耻辱。您快走吧，先生，让我一个人忍受肾结石的痛苦，也让我一个人欣赏自己的才华吧，要是这才华能得到慧眼赏识，那它必将为我换来世人普遍的尊重。不过，我再也不会向世人索求什么东西了，更不会求书商办什么事了。您快走吧。"

莫雷诺走了，埃瓦斯仿佛跌入无比黑暗的深渊，心情失落到极点。那一百卷书稿不断在他眼前浮现，它们是他用毕生才华创造出来的孩子，他带着无尽的欢喜构思出它们的雏形，虽然历经重重苦难，但依然苦中作乐地将它们逐一带到人间，可现在，它们只能被永远遗忘、永远埋没。他觉得自己的整个人生就此幻灭，不论是现在还是未来，都变得毫无意义。他的头脑原本一直在探索自然的种种奥秘，但现在只能悲凉地思考人世间无穷无尽的苦难。他想探测一下人间的苦难究竟能深到何种程度，他于是发现，恶竟然无处不在，最后，在他的眼中，除了恶就再也没有其他任何东西了。他暗自问道："恶的创造者啊，您究竟是谁？"

这个想法一出现，他本人也有毛骨悚然之感，他于是想研究一下，看看恶作为存在体，是否必须事先被创造出来。经过这样一番思考，他把问题转向更开阔的另一个角度。他开始关注起自然的力量，他认为，自然能赋予物质一种完全可以自圆其说的能量，而根本不需要借助超自然的创造。

在他看来，不论是人还是动物，其生存靠的都是一种能量酸，它可以使物质产生发酵式的效果，并给物质带来恒定的形态，这有点类似于，在酸的作用下，碱性的土质元素[1]会结晶，并成为形态始终相似的多面体。他把潮湿树表上生成的蕈状物质[2]看作一根串联的链条，通过这根链条，黏土的结晶和动植物的繁衍被联系到一起。他于是认为，这两种现象即便不是同一类，本质上也至少具有类似性。

像埃瓦斯这样的学者，拿诡辩式的论据建立起自己错误的理论体系，引人走向歧途，对他来说实在是易事一桩。比方说，他还认为，可被分作两种类型的骡子，它与混合盐有相近之处，而混合盐的结晶体是杂乱无序的。在他看来，某些土质元素与酸发生作用时的发泡沸腾现象，类似于黏滑植物[3]的发酵，他认为，这种发酵本应是生命的开端，但因为缺乏有利的条件，无法继续发展下去。

埃瓦斯注意到，瓶子里的晶体在成形时，都会聚集在瓶子最亮的那一部分，一旦光线阴暗，结晶就变得很困难。由于光对植物的生长也是重要的促进因素，他于是认为，在酸这个让自然变得生机勃勃的万能物质里面，包含着光流体这种元素。此外，他还发现，染上蓝色的纸在被光照久了以后，会变成红色，而这也是他把光看作一种酸的原因[4]。

1　译注：拉瓦锡曾于1789年在《化学基础论述》一书中将各种化学元素分成四大类，其中有一类是"能成盐的简单土质"，如石灰、硅土等。而在此之前的17世纪中叶，虽然已有用化学分析法解决元素概念的尝试，但对元素的理解基本上还是停留在"土、气、水、火"或"冷、热、干、湿"等说法上。

2　译注：即菌菇类生物。

3　译注：指木耳、地衣、绿藻等植物。

4　作者原注：埃瓦斯在1660年左右去世，他在物理学方面的知识自然非常有限，所以我们看到，他吸收了帕拉塞尔苏斯关于酸的理论（译注：帕拉塞尔苏斯，1493年生于瑞士，卒于1541年，是文艺复兴时期著名的炼金师、医师、自然哲学家）。

埃瓦斯知道，在高纬度地区，特别是在极地附近，由于没有足够的热量，血有碱化的危险，在这种情况下，必须靠服用酸才能产生疗效。他由此得出结论，热量在特定情况下是可以通过酸得到补充的，因此热量本身也是一种酸，或者至少是酸这个万能物质的一种元素。

埃瓦斯也知道，人们曾发现过葡萄酒在雷击后变酸、发酵的现象。他还在桑楚尼亚松的作品里读到，创世之初，是经过震耳欲聋的雷声，被赋予生命的存在物才像被唤醒过来一般，开始了它们的生命历程。于是，我们这位不幸的学者，他毫不畏惧地用异教徒的宇宙起源论来证明，雷这种物质为能量酸提供了最初的动力，而能量酸本身具有千变万化的无限形态，但在复制同形物质时又能保持永久的恒定性。

埃瓦斯在探索创世的奥秘时，本该将此一切归为造物主的荣耀。上天啊，他要是能这样做该有多好啊！但原本应该守护他的善天使抛弃了他，知识让他变得高傲，也冲昏了他的头脑，他毫无防备地沉浸在恃才傲物的幻象中，而这幻象崩塌后，他的整个世界也就随之崩塌了。

唉！就在埃瓦斯将他那罪恶的思想不断升级直至超越人类智慧的范畴时，他那凡夫俗子的肉身受到了解体的威胁。或许是为了将他击垮，他受到的困扰不再只是原先的那几种慢性病，各种急性病也先后发作起来。他的坐骨疼痛不止，他的右腿功能也就此丧失；他肾里原先的小结石现在变成大结石，不断撕扯着他的膀胱；他的关节炎让他左手的手指弯曲到无法伸展，右手指关节眼看也要出问题；最后，他那严重忧郁的心情把他的心力和体力同时损耗殆尽。

他害怕家人看到他身体衰竭时的模样，因此拒绝我去照顾他，也拒绝和我相见。只有一个残疾的老人帮他料理家务，为他打理一切，使他还能勉力支撑下去。但在这个老人自己也得了病之后，我父亲只得痛苦地接受我对他的照顾。

没过多久，我的外祖父马拉农也发起高烧。五天后，他就被病魔击倒了。在弥留之际，他明白自己大限将至，便把我叫到身边，对我说道："布拉斯，我亲爱的布拉斯，接受我最后的祝福吧。你的父亲是个满腹经纶的学者，但他要是没这么多学问该有多好啊！幸亏你是由你的外祖父养大的，他是个信仰简单、干的事也简单的人，他将你抚养成人的方式也同样简单。你千万别拿你父亲当榜样。这几年，他基本上已经不履行宗教的义务了，他的观点要是让异教徒听到，恐怕都会引以为耻。布拉斯，对于人类的智慧，你千万要留点神、当点心！再过一会儿，我的知识就要胜过这世上所有的哲学家了。布拉斯，布拉斯，我为你祝福，我马上就要断气了。"

说完这番话，他果真就咽气了。我为他处理了后事，尽了最后一份孝心，然后回到我父亲那里。我已经四天没来看他了，在这四天当中，那位残疾老人也去世了，慈善机构里的弟兄们操办了他的安葬事宜。我知道，我父亲现在彻底是孤身一人了，我于是打算全心全意地照料他，但刚走进他的家门，我就被眼前的一幕奇景吓到了，我站在外屋动弹不得，内心充满惊恐。

我父亲全身没有穿一件衣服，只披了条跟裹尸布差不多的床单。他坐在椅子上，静静地看落山的夕阳。凝望了相当长一段时间后，他突然提起嗓门儿高声说道："太阳啊，您那美丽的余晖，今天是最后一次震撼我的双眼了。可是，太阳啊，在我出生的那一天，您为什么要像往日那样升起？难道是我自己要求出生的吗？我又为什么会被生下来？大家都对我说，我拥有一个灵魂，我于是一生为它忙碌，不惜以身体作为代价。我倾尽心血与才智，但成果被老鼠吃了个干净，书商也看不上眼。我身上什么也不会残留下来，我将彻底、完全地死去，死得如此卑微，就仿佛我从不曾来到过人世。虚无啊，来接收你的猎物吧。"

埃瓦斯就这样在悲观阴郁的情绪中沉浸了一段时间。随后，他拿起一只大口杯，我远远望去，感觉杯子里应该倒满了陈酒。他抬起头，望着天说道："哦，我的上帝啊——假如确实有这么一个上帝，请怜悯我的灵魂吧——假如我确实有这么一个灵魂！"

说罢，他饮尽口杯里的酒，将空杯子放在桌上。然后，他抬起一只手按在心口，仿佛要把心头的某种恐慌给压下去。屋内先前已另外准备了张桌子，桌子上还铺了层垫子，他爬上桌子，在垫子上躺下来，双臂交叉放在胸前，再不说一句话。

您可能会感到惊讶，我亲眼见到了自杀的整个准备过程，但竟然没有扑上去夺酒杯，也没有高声求助。其实我自己也非常惊讶，但回过头来看，我现在可以非常确定地说，有种超自然的力量将我定在原地，使我一个动作也无法自由地做出来，我当时毛发尽竖，惊悚到了极点。

发现我处在这种状态的，是那些安葬了残疾老人的慈善机构里的弟兄们。他们看到我父亲躺在桌子上，身上盖着条裹尸布，便问我，他是不是已经死了。我回答说我什么也不知道。他们又问我，裹尸布是谁给他盖上的。我回答说，是他自己披在身上的。他们查看身体后发现，我父亲已完全没有生命迹象。他们发现了酒杯，里面还残留着少量液体，他们于是拿起酒杯仔细检验。检验完，他们脸上挂着不悦的神情，抛下我走了，这让我变得极度沮丧。接着，我们这片堂区的教士也来了。他们向我问了同样的几个问题，然后也转身就走，走的时候还对我说："他死的方式和他活着的方式一样，我们没办法为他下葬。"

我独自一人守在逝者身边。我彻底丧失了勇气，行动的能力不复存在，甚至连思考的能力也离我而去。我一头栽进我父亲之前坐的那把椅子里，重新陷入一动不动的状态，和慈善机构里的弟兄们看到我时一模一样。

夜幕降临，天上层云密布。突然，一阵旋风吹来，我的窗子被刮开了，一道淡蓝色的闪电射了进来，仿佛将整个房间都穿透了，但闪电过后，屋子里比先前更加昏暗。眼前虽是黑茫茫一片，但我依稀觉得有几个亦真亦幻的身影在移动；接着，我仿佛听到我父亲的尸体发出了一阵长长的呻吟；随后，一声声回声透过空寂的夜空，从远处传过来。我想站起来，但我的身体牢牢地定在原处，做不出任何一个动作。一阵刺骨的寒意袭入我的四肢，我打了个类似于发烧前的寒战，浓浓的睡意冻结我的感官，幻象开始变成梦境。

在一阵惊颤中，我醒了过来。我看到，在我父亲的尸体旁，点着六只巨大的黄色蜡烛，有个人正坐在我对面看着我，他仿佛一直在等待我醒来的这一刻。他面色威严肃穆，身材高大，黑色的头发略有些卷曲，厚厚地垂在前额；他的眼光炯炯有神，非常锐利，但同时也不失温和，甚至还散发着一种深深的诱惑力；此外，他身穿灰色外套，脖子上套着拉夫领，打扮看起来有点像农村里的乡绅。

陌生人看到我醒来，便带着和蔼的笑容对我说道："您好，我的孩子！我这样称呼您，是因为我已经把您看作属于我的一员。现在，您已被上帝和世人抛弃，赐予您生命的这位智者，他的遗体就在这里，却得不到大地的收容。不过，我们是不会抛弃您的。"

"先生，"我回答他说，"我想您刚才是对我说，我被上帝和世人抛弃了。说到世人，我觉得您说的没错，但说到上帝，我认为，上帝是绝不会抛弃他的任何一个受造物的。"

"您的看法从某种意义上说是对的，"陌生人说道，"但这个问题我会换个时间再向您解释。为了让您相信我们确实对您非常关心，我现在把这笔钱交给您，您清点一下，一共是一千个皮斯托尔。年轻人总该有点喜好，也该有满足喜好的能力，所以，不必节约，尽量把这笔钱花掉吧，有什么事，就找我们好了。"

接着陌生人击了一下掌，六个戴着面具的人应声出现。他们抬走埃瓦斯的尸体，蜡烛随之熄灭，周围又变得黑茫茫一片。不过，我没有继续守在黑屋里。经过一阵摸索，我找到房门。置身街头仰望星空后，我觉得我的呼吸自由多了。我能清晰地感觉到装在口袋里的那一千个皮斯托尔，这也帮我恢复了不少勇气。我在马德里城内四处穿行，一直走到普拉多大道的尽头，就是此后不久西贝莱斯女神雕像[1]所在的地方。我在那儿找了一条长椅躺下，很快便进入梦乡。

故事说到这里，吉普赛人首领请我们允许他就此打住，等到第二天再讲后面的内容。当天，我们就没有再见到过他。

---

[1] 译注：西贝莱斯女神，又译为"西布莉女神"，是古代地中海地区崇拜的女神，后传入希腊、罗马，在不同地区名称各异。1780年女神的雕像在西贝莱斯广场落成，西班牙人又称这里为"丰收女神广场"。

第五十一天

众人按往常的时间聚在一起。利百加向老首领表示，迭戈·埃瓦斯的故事虽然她之前已经听说过一点，但这次听到完整的版本，还是深感震撼。

"不过，在我看来，"她接着又补充道，"为了捉弄这个可怜的丈夫，这些人完全没必要如此绞尽脑汁。想搞乱他的脑子，方法可以简单得多。或许，他们选择讲这样一个无神论者的故事，是想让科纳德斯原本已经惊恐不宁的灵魂更加不堪重负吧。"

"请允许我向您指出一点，"吉普赛人首领说道，"在我有幸向诸位讲述这段奇特故事的过程中，您一直在匆忙地下结论。阿尔科斯公爵身份很高，别人想为他效劳，编出一些人物甚至自己扮演这些人物，都是有可能的。但不管怎么说，后面这段您从未听过的埃瓦斯儿子的故事，在由他本人说给科纳德斯听的时候，目的肯定和您所认为的不同。"

利百加向首领保证说，这段故事她同样很感兴趣，于是老人便如此这般地接着讲起他的故事：

受永罚的朝圣者布拉斯·埃瓦斯的故事

我之前对您说，我一路走到普拉多大道主路的尽头，躺在一条长椅上进入了梦乡。等我醒来时，太阳已经升得很高了，我觉得，弄醒我的，应该是一块轻轻从我脸上掠过的手帕。因为在醒来的那一瞬间，我看见一位年轻女子，她正拿自己的手帕为我驱赶蝇虫，以防我在梦中受到惊扰。接着，我又深为惊奇地发现，我的头竟然非常舒服地靠在另一位年轻女子的膝盖上，我能清晰地感觉到，她呼出的带有淡淡芳香的气息在我发间飘曳。由于醒来时几乎没有发出任何动静，我便继续装睡，让这美妙的感觉尽量多延长一段时间。

我重新闭上眼睛。没过一会儿，一个声音传过来，语气中有点埋怨，但算不得尖刻，这声音明显是冲着护我睡觉的这两位姑娘来的："塞莉娅，索莉里娅，你们两个在这里干什么呢？我还以为你们去了教堂，没想到你们在这里虔诚地干这种事呢。"

"可是，妈妈，"那个拿膝盖给我当枕头的姑娘回答道，"您不是对我们说，善行和祷告具有同样的功德嘛。这个可怜的年轻人昨晚肯定过得非常糟糕，守着他，让他好好地接着睡，这难道不算是一件善行吗？"

"肯定算，"很明显，妈妈的语气里埋怨少了很多，喜悦的成分添了不少，"这肯定算得上是一件非常有功德的事，你们能有这样的想法，虽说未必能证明你们有多么虔诚，但至少也能反映出你们心地纯净。不过，我的充满善心的索莉里娅啊，您现在还是轻轻地将这个年轻人的头放在长椅上，然后跟我一起回家吧。"

"啊，我的好妈妈！"姑娘接着说道，"您看他睡得多香啊。妈妈，与其将他弄醒，您还不如先把勒着他的拉夫领给松开。"

"好啊，"妈妈说道，"您这是交给我一桩好差事呢。不过，先让我来瞧瞧他吧，说实话，他看上去睡得真的很香呢。"妈妈一边说着，一边把手轻轻放到我下巴下面，松开我的拉夫领。

"这样子他就能睡得更舒服了，"那位之前还没有说过话的塞莉娅此时说道，"他呼吸能畅快不少——我觉得，做善事真的会带来一种美妙的感觉呢。"

"这个想法确实很有见地，"妈妈说道，"不过，做善事也不要做过头了。走吧，索莉里娅，轻轻地将这个年轻人的头放在长椅上，我们随后就走吧。"

索莉里娅轻轻地用两手托住我的头，然后将膝盖抽出来。此时我觉得，再继续装睡已经没有意义了。我于是坐起身，睁开双眼。母亲见状发出一声惊叫，两个女儿也想赶紧逃走，但我把她们拦了下来。

"塞莉娅！索莉里娅！"我对她们说道，"你们是如此美丽，心地又是如此纯净，而您，您看起来必然是她们的母亲，因为您的魅力更加成熟。三位让我由衷产生了仰慕之情，因此，在与你们分别前，我才会冒昧占用你们的一点时间，将自己的这份感触表达出来。"

我对她们说的这番话全都是实情：塞莉娅和索莉里娅目前还太年轻，需要一定的时间来展现各方面的潜质，但将来必定会有完美的容颜和气质；至于她们的母亲，本身年纪应该就不满三十岁，面相上看更是连二十五岁都不到。

"骑士大人，"母亲对我说道，"既然您刚才只是在装睡，那您应该很清楚，我的两个女儿心地有多么纯净，相信您对她们的母亲同样会产生好感。这样的话，我要是请您送我们回家，也就不该有什么顾忌了，您一定不会因此对我产生什么坏印象。我们的相识如此奇特，未来的关系似乎注定该变得密切。"

我跟着她们上了路。她们的家就正对着普拉多大道。一进家门，两个女儿便去准备巧克力。母亲让我坐到她身旁，然后对我说道："您看，我们的家还是挺宽敞的，但这与我们目前的处境相比，显得略有些奢侈。这房子是我在条件更优越的时候住进来的。我现在很想把主楼层转租出去，但又不敢这么做，因为我目前的处境特殊，我必须尽量少和人打交道，老老实实地过遁世的生活。"

"夫人，"我回答她说，"我也因为一些原因需要过遁世的生活，如果您觉得方便，我很愿意租下主卧。"

说完此话，我把钱袋掏出来。一看到货真价实的现金，夫人即便对我有什么疑虑，自然也全部打消了。我预付了三个月的房租和伙食费。根据约定，每天的中饭会直接送到我房间里来。此外，还有个可靠的家仆供我调遣，他可以为我处理家务，也可以出门替我做事。一切谈妥，索莉里娅和塞莉娅也端着巧克力重新出现在我们面前。她们听说我们的交易后，眼神中充满占有欲，仿佛我已成了她们的囊中之物。不过，她们当即遭到自己母亲目光的回击，似乎她也想争夺一番对我的占有权。三人之间争风吃醋般的小较量没有逃过我的眼睛。到底今后会有什么结果，我把一切交给命运定夺。当下我所考虑的，只是如何在新住所里安顿好自己。

我很快就发现，自己过上了非常优越的新生活，样样事都顺心方便。一会儿是索莉里娅给我带来个文具盒，一会儿又是塞莉娅在我的桌子上摆盏灯或是放几本书。任何一个细节都不会被她们忽略。两个美丽的姑娘一般是分头来，万一不小心在我房间遇上，她们总会开怀大笑，笑个不停。母亲自然也会过来，她主要是负责为我理床，她在床上铺的是荷兰布料做的床单，外加一床精致的丝绒被，以及一堆坐垫、靠垫。早上，我就是这样和她们一起在房间里度过的。到了中午，她们又把我的餐具送进房间，我看在眼里，乐在心中：三个迷人的女子尽力取悦我，甚至还带有几分刻意博取我好感的意思，我不可能不感到欢喜。不过，时间还有的是，别的事我也不去多想，我只顾着悠闲自得地享受美食，填饱肚子。

午餐就这样吃完了。随后，我拿起斗篷和剑，到城里散步。能拥有这么多的快乐，真是我前所未有的体验：我现在是个独立的人，口袋里装满了钱；我有非常健康的身体，精力充沛；此外，三位女士对我的悉心照料，也使我产生了高度的自信，毕竟，年轻人在受到女性青睐时自我评价提升，也是人之常情。

我先上一家珠宝店买了几件首饰，接着又去剧院看了场戏，最后再回到家里。三位女士都坐在家门口。索莉里娅一边弹吉他一边唱歌，另两位女士则忙着手头的女红，一个织包头发的发网，一个编网格花边。

"骑士大人，"母亲对我说道，"您现在住进了我们家，您对我们也表现出莫大的信任，但您还不了解我们是什么人。因此，把我们的情况讲给您听，我觉得更为妥当。骑士先生，我的名字叫伊内丝·桑塔雷斯，是哈瓦那市前市长堂胡安·桑塔雷斯的遗孀。他娶我的时候没有什么财产，离我而去的时候同样没有留下什么财产，只剩下您看到的这两个女儿和我相依为命。我独自一人管理家务，穷困潦倒，就在这捉襟见肘的时候，我非常意外地收到一封我父亲写来的信。我父亲的名字我就不说出来了，请您理解。唉！他的人生，也是一直在和种种不幸的事做斗争。不过，按照他信中告诉我的消息，他最终还是谋得了一个显赫的职位，成了负责管理战争经费的财务官。他在信里说要资助我两千皮斯托尔，并命我搬到马德里来。我照他的吩咐来到马德里，可到了之后竟然听说，我父亲被人指控盗用公款，甚至犯有重大叛国罪行，已被关押在塞哥维亚城堡的监狱里。不过，他原先居住的房子还是保留了下来，可供我们继续租住。于是，我就在这里安顿下来，过起深居简出的生活。我从来不接待任何访客，只有一位年轻人是例外，他在政府负责管理战争事务的部门里当差，只要是涉及我父亲案子的事，他都会过来向我转达。除了他，没有任何人知道我们与那个不幸的在押犯人之间的关系。"说完这番话，桑塔雷斯夫人的眼泪流了下来。

"请别哭了，妈妈，"塞莉娅说道，"万事总有终结之时，或许，我们的苦难也会有个尽头。我们现在遇上了一位外表非常阳光的年轻骑士，我觉得，我们与他的相逢应该算是个吉兆。"

"说实话，"索莉里娅说道，"他来了以后，我们虽然还是孤单，但孤单中不再伴有任何忧愁了。"

桑塔雷斯夫人看了我一眼，我清晰地感觉到，她的这道目光中既透着哀怨，也包含柔情。两个女儿也朝我看过来，随后两人又垂下眼，面颊绯红，手足无措，仿佛沉浸在重重心事之中：看来，这三位迷人的女子都是喜欢我的。对我来说，这实在是一种美妙无比的感觉。

就在此时，一个身材高大、长相也很帅气的年轻男子来到我们身边。他拉住桑塔雷斯夫人的手，将她带到几步开外的地方，与她进行了一番长谈。接着，桑塔雷斯夫人又把我带过去，对我说道："骑士大人，这位是堂克里斯托瓦尔·斯帕拉多斯，我刚刚和您提到过他，在马德里，我们只和他一个人见面。我想让他也有认识您的福分，不过，虽然我们现在成了同住在一个屋檐下的邻居，我却还不清楚，我到底是有幸在和谁交谈。"

"夫人，"我对她说道，"我是个贵族，阿斯图里亚斯人氏，我姓莱加内斯。"我觉得，埃瓦斯这个姓氏还是不提为好，因为说不准有人听说过我父亲的故事。

年轻的斯帕拉多斯傲慢地打量了我一眼，看起来，他连招呼也不想和我打一下。我们走进屋里，桑塔雷斯夫人让人端来一盘水果，并配了些小点心。三位丽人关注的焦点还是在我这里，但我明显注意到，这个刚进门的家伙也吸引了她们不少目光，耗了她们不少表情。我有种受到伤害的感觉，想把一切重新纳为己有，于是竭尽所能，展现自己优秀的一面、可爱的一面。

就在我占尽上风的时候，堂克里斯托瓦尔将他的右脚搭在左膝上，跷起二郎腿，看着自己皮鞋的鞋底说道："说实话，自从马拉农鞋匠去世后，在马德里，还真是没人能做出一双完美的好鞋了。"说罢，他带着种揶揄和蔑视的神情朝我看过来。

马拉农鞋匠是我的外祖父，我是被他养大的，他对我恩重如山，但他让我的出身变得不那么光彩，至少我自己的感觉是这样。我觉得，要是三位女士知道我有个做鞋匠的外祖父，那我在她们心目中的形象会逊色很多。我原先的喜悦顿时一扫而光，我时而愤怒地瞪着堂克里斯托瓦尔，时而以高傲的眼神蔑视地看他。我想禁止他再踏入这个房门半步。

他终于走了。我跟在他身后,想向他当面表明我的态度。我在街尾追上了他,随后就将自己准备好的不敬之词说了出来。我以为他会动怒。但他反倒摆出一副和蔼的神情,托起我的下巴,似乎要像哄小孩那样对我做出亲昵的表示。但猛然间,他将我抱起来,我的双脚都被他抱得离了地;接着,他又踢了我一脚,准确地说,是在我落地时狡猾地绊了我一下,我面朝下摔进路边的一条小沟。我摔得晕头转向,爬起来时满身泥污。我满腔怒火地回到了住所。

女士们都已经就寝了。但我上床后久久无法入睡:爱与恨这两种情绪在我脑海里翻腾,使我一直产生不了睡意。恨的对象只是堂克里斯托瓦尔一个人,但爱的对象就不同了,我的心中充满着爱意,目标却完全无法确定。塞莉娅、索莉里娅,还有她们的母亲,三人的身影轮番在我脑中浮现,她们的模样变得比现实中更美。在这一夜剩余的时间里,她们的三张面孔与我的梦境交织在一起,一直纠缠着我不放。

第二天,我很晚才醒。一睁开眼,我就看见桑塔雷斯夫人坐在我的床角,脸上似乎有哭过的痕迹。

"我年轻的骑士啊,"她对我说道,"我是来您房间避一避的,楼上有一帮人找我要钱,但我拿不出来。唉,我确实欠他们的钱!但我总要穿衣服,总要养这两个可怜的孩子吧?她们一直过的是非常委屈的生活。"

说到这里,桑塔雷斯夫人开始啜泣,她那噙满泪水的双眼无意间望向我的钱袋,钱袋就放在我身边的床头柜上。她这无声的语言我自然理解。我把里面的钱全倒在桌子上,凭肉眼估算,将其分成两等份，然后将其中一份交给桑塔雷斯夫人——如此慷慨的举动显然出乎她的预料。她先是满脸惊讶地愣了半晌，接着，她捧起我的双手，激动地亲吻了两下，还把我的手贴在她的心口。她最后捧起钱高声叫道："啊！我的孩子们啊，我亲爱的孩子们啊！"

两个姑娘应声而来，她们也吻了我的手。昨夜的梦已在我的血液中留下火种，经她们这番深情的道谢，火种变成熊熊烈火，烧得我血脉偾张。

我匆忙穿好衣服，想到屋子的露台上透透气。走到两个姑娘的房间门前时，我听到她们的啜泣声，接着，两人又相拥而泣。我把耳朵贴在门前听了一会儿，随后就直接进了屋。

塞莉娅对我说道："无比珍贵、无比可爱的客人啊，请您听我说。我们刚才激动到失态的样子被您看到了。自打我们出世以来，不论发生什么不愉快的事，都不会影响我们彼此间的感情，可以说，我们俩如影随形的关系，主要是靠感情来维系，而不是凭血缘来支撑。可是，您来了以后，情况发生了变化。我们的心中竟然悄悄出现一种嫉妒的情绪，甚至差点走到相怨相恨这一步。幸亏索莉里娅天性善良，如此可怕的不幸结局才没有成为现实。刚才，她扑进我的怀里，我们的泪水混为一体，我们的心也紧紧相连。现在，我们亲爱的客人啊，我们能不能彻底和解，就要靠您了。请向我们承诺，您给我们的爱，不能一个多一个少，若是您有什么情话要对我们说，有什么真情要向我们流露，都请您不偏不倚地将其一分为二。"

面对如此恳切、如此强烈的邀请，我还能怎么回应呢？我将她们轮番拥入怀中，擦去两人脸上的泪水，她们的烦忧化作痴狂的深情。

我们一起去了露台，桑塔雷斯夫人也过来找我们。她满脸喜色，深深陶醉在无债一身轻的幸福感觉中。她请我共进午餐，并希望我这一整天都陪在她身边。这顿饭的气氛非常融洽，大家敞开心扉，无话不谈。家仆都被打发开了，由两个女儿轮流上菜。情绪的大起大落让桑塔雷斯夫人感到筋疲力尽，她于是一口气喝了两杯口味浓醇的罗塔[1]葡萄酒。她的眼神虽有些迷乱，但眼中射出的光更加明亮犀利。她显得非常兴奋，现在恐怕该轮到她的两个女儿嫉妒她了。不过，她们还是非常尊重母亲，这样的想法不至于真的进入她们脑中。而且，酒酣耳热时的母亲依然是进退有度的，远不至于做出任何放纵的行为。

说到我本人呢，我也远没有打算设计来诱惑她们。诱惑我们的，是性与青春。自然天性下的冲动是美妙的，它让我们这顿饭局始终洋溢着一种难于言表的诱惑感，我们恋恋不舍，难于离席。不知不觉，夕阳初现，我们本该就此暂别，但我先前叫人到附近一家饮料店里买的冷饮到了，大家笑逐颜开，因为这成了我们不离不散的借口。到此为止，一切都非常美好。可是，我们刚刚重新落座，克里斯托瓦尔·斯帕拉多斯的身影就出现了。一位法国骑士闯入穆斯林贵族的后宫，他招来的反感和愤怒，恐怕也比不上我此刻看到堂克里斯托瓦尔时的反应。桑塔雷斯夫人和她的两个女儿当然不是我的妻眷，我也没有什么后宫，可是，我的心已经在一定程度上征服了这三位女士，我的权力一旦需要妥协退让，自然就会使我产生痛苦不堪的感受。

---

[1] 译注：罗塔是现西班牙加的斯省的一个城市。

堂克里斯托瓦尔完全没有注意到我的反应，甚至连我这个人也没注意到。他只向几位女士打了招呼，然后就带着桑塔雷斯夫人来到露台尽头，和她进行了一番长谈。谈完之后，他也不等别人邀请，便自说自话地坐在桌旁。他一言不发地吃着喝着。就在我们的话题转到斗牛时，他猛地推开餐盘，朝桌子狠狠砸了一拳，然后说道："啊！我以我主保圣人圣克里斯托福[1]的名义发问，为什么我必须要在部长的办公室里做个小职员？哪怕给我做卡斯蒂利亚议会的主席我也不稀罕，我宁愿当马德里最蹩脚的斗牛士。"

一边说，他一边伸出一只胳膊，做了几下刺牛的动作，随后又向我们展示他健美的肌肉。为了进一步展现自己的力量，他拖出一把椅子，将三位女士一个个全抱上去，然后两手探到椅子下方，连人带椅子一起高举起来，在房间里整整绕了一圈。堂克里斯托瓦尔觉得这是个乐趣无穷的游戏，于是又接着绕下去，直到坚持不住才肯停手。他拿起斗篷和剑，准备告辞。在此之前，他一眼都没往我这边瞧过。但到了告辞的这一刻，他突然开口对我说道："我的绅士朋友，自从马拉农鞋匠去世后，谁做的皮鞋最好啊？"

女士们听了这句话，无非觉得他在胡言乱语，因为堂克里斯托瓦尔明显是个经常乱说话的人。但我听了以后，自然火冒三丈。我找出自己的剑，然后提着剑飞奔出门，猛追堂克里斯托瓦尔。

我是抄近道追他的，在路的尽头我终于追上他。我拦在他面前，抽出剑，对他说道："放肆无礼的家伙，你一次次卑鄙无耻地羞辱

---

[1] 译注：圣克里斯托福（？—251），一位受天主教及正教会敬礼的圣人，又译作"圣基道"或"圣基道霍"，他最有名的传说是曾经帮助耶稣假扮的小孩子过河。他是旅行者或游子的主保圣人，"克里斯托瓦尔"是"克里斯托福"在西班牙语中的变形。

我，你必须要为此付出代价。"

堂克里斯托瓦尔的手本已放在剑鞘上，但他发现地上有根小木棍，便捡起来冲着我的剑身狠狠一击，剑应声从我手中脱落。接着，他走到我身前，一把揪住我的头发，将我拖到小沟边，和前一天一样，将我扔进沟里，但这一次他的动作要粗暴得多，我晕头转向、眼冒金星的时间也长得多。

有人伸出手将我拉了起来，我定睛一看，原来是那位派人抬走我父亲尸体、还给了我一千个皮斯托尔的绅士。我扑倒在他脚下，他一脸和善地扶我起来，让我跟他走。我们安静地往前走，一直走到曼萨纳雷斯河的大桥边，这里停着两匹黑马。我们跨上马，沿着河岸骑了半个小时。最后，我们来到荒野里的一所房子前，房门自动打开，我们走进一个房间。这房间里铺着棕色的哔叽地毯，布置着银烛台和银炭炉。我们各找一把椅子坐下，彼此靠得很近。陌生人对我说道："埃瓦斯大人，世事就是如此，世人都推崇秩序，但秩序并不能保证分配的公平。有的人天生力大无穷，一拳能击出相当于八百斤的力量，而有的人只能达到六十斤。所以世间才会有反叛这样的事情，反叛过后，地位、等级就可以稍做调整。"

一边说，陌生人一边打开一个抽屉。他从里面取出一把匕首，对我说道："您看看这件器具：它这一头形状像橄榄，另一头却又尖又细，甚至细过了头发丝，把它系在您的腰间吧。再见了，我的骑士，我是您的好朋友，欣嫩子谷的堂彼列[1]，您可要一直把我记在心间。当您需要我的时候，您就在午夜过后到曼萨纳雷斯河的大桥来，

---

1 原注：欣嫩子谷的堂彼列，意指地狱里的恶魔。

您拍三下手,黑马就会出现。对了,我忘了件重要的事——我有个和上次一样的钱袋要给您,您不必推辞。"

我向慷慨的堂彼列表达了谢意。我跨上之前骑的那匹黑马,一个黑奴骑了另一匹,我们一路骑到桥边,我随后下马走回住所。

一回到家,我就上了床,然后很快进入梦乡。不过,我做的都不是什么好梦。睡觉前,我把匕首放在枕头下面,恍惚间我觉得匕首离开原处,插进了我的心脏。我还依稀看到堂克里斯托瓦尔闯进屋子,从我手上抢走了三位女士。

第二天早上,我的心情非常抑郁。两位姑娘来看我,也没能让我恢复常态。她们想方设法逗我开心,却产生了意料之外的效果:我的回应不再像以往那般单纯,少了几分亲昵,多了几分轻佻。她们走后,我一个人待在房间,手里拿着匕首。我老是觉得堂克里斯托瓦尔站在我面前,便挥舞起匕首向他发出威胁。

这个可怕的家伙当天晚上又出现了,他依然完全无视我的存在,却对几位女士百般殷勤。他轮番戏弄她们,先把她们惹怒,然后又逗她们开心。最后,他这套愚蠢的言行战胜我的温柔体贴,受到女士们更多的欢迎。

晚餐是我叫人送进来的。菜肴很丰盛,品相更是精美,但这顿饭几乎全被堂克里斯托瓦尔一个人吃了。吃完饭,他拿起斗篷准备走,可走之前他突然又绕回到我身边,对我说道:"我的绅士,我看到您腰带上系了一把匕首啊,这算怎么回事?您更应该在腰带上放一个鞋匠绱鞋时用的锥子啊。"

说完此话,他放声大笑着离去。我一路紧追,在一条街的拐角处追上他,我走到他身体左侧,拔出匕首,使出最大的臂力朝他刺去。可是，力刚发出去，我就感到一股同样大小的阻力迎面而来，我的胳膊被生生推回来。堂克里斯托瓦尔面不改色地转过身来，对我说道："无赖，你不知道我穿着护胸甲吗？"

接着，他一把揪住我的头发，将我扔进沟里。但这一次我摔得很开心，因为这免除了我谋杀的罪行。我带着种满足感爬起来。这种好心情一直伴着我上了床，这一夜我睡得比前一夜要踏实得多。

第二天早上，女士们看到我气定神闲，情绪比前一天稳定了许多，便各自向我表达了欣慰之情，但我天黑后再也不敢陪在她们身边了。我害怕见到那个我曾企图谋杀的人，我觉得自己已无法再正视他了。这天晚上，我一直在大街小巷里散步，可是，一想到那头狼又闯进我的羊圈，我又不禁怒上心头。

午夜时分，我走到桥边。我击了击掌，那两匹黑马便出现了。我跨上先前骑过的那一匹，跟着向导来到堂彼列的房子。门又是不叩自开，我的保护人将我迎进屋里，带我坐在炭炉边我前一天坐过的椅子上。

"好吧，"他带着点嘲讽的语气对我说道，"好吧，我的骑士，您的刺杀没有成功——这也没关系，您还是有这个意图的，这我们都知道。再说，我们已经想办法帮您摆脱了这个讨厌的情敌。他做过一些不得体的事情，罪状被人揭发了，他今天也成了犯人，被关进了桑塔雷斯夫人的父亲待的那个监狱。现在，就看您会不会把您的好运变成实实在在的好处了，与您到目前为止所享受的快乐相比，这好处还要更美妙几分。这个糖果盒是我送给您的礼物，请把它收下，盒子里的糖果配方极为精妙，送给您那几位女士吃吧，您自己也品尝一点。"

我接过糖果盒，盒子散发着一种怡人的香气，我对堂彼列说道："您让我把好运'变成实实在在的好处'，但我并不太清楚您指的是什么。那三位女士，母亲对我信任有加，她的两个女儿又是如此天真无邪，我要是利用这一切胡作非为，那我简直就是个魔鬼了。我还没有您认为的那么邪恶。"

"我心目中的您，"堂彼列说道，"和亚当其他所有后人是一样的，您并不比他们更坏，也并不比他们更好。他们在犯罪前都顾忌重重，犯罪后又满心内疚。通过这样的方式，他们会暗中庆幸，自己还保留有一些美德；不过，美德是一种他们不加分析研究就接受其存在的理想品质，假如他们愿意分析研究一下到底何谓美德，那么，他们或许会认为，顾忌、内疚这些令人烦恼的情绪，他们完全犯不着有；通过分析研究，他们甚至还会把美德归作某种成见，因为所谓成见，就是不经预先分析判断就被人接受的观点。"

"堂彼列大人，"我针对我的保护人的看法进行了回答，"我父亲的那套作品，第六十七卷是专门谈道德伦理的。在他看来，成见并不是不经预先分析判断就被人接受的观点，而是一种在我们出世前就已经被人分析判断过的观点，是像遗产一样传到我们这里的。儿时的惯性思维在我们心灵中播下了种子；有了好的例子做示范，这种子会萌芽成长；掌握了法律知识后，它会变得枝繁叶茂；等到我们以这样的标准来要求自己时，我们就能成为正派的人；要是超越法律的要求，以更高的尺度约束自己，我们就会成为具有美德的人。"

"这算得上一个不错的定义，"堂彼列说道，"也证明了您父亲的水平。他写得挺好，思想就更出色了，或许有朝一日您也会走上他这条路。不过，我们还是回过头来，探讨一下您说的这个定义吧。我同意您的看法，成见是已经被人分析判断过的观点，但这并不代表，在达成共识的评价形成后，就不可以再重新进行分析判断。一个人如果有深入研究万事万物的好奇心，那他就会把成见都拿来分析检验一遍，即便法律是世人必须严守的规则，他也会做一番分析检验。其实您可以注意到，法律秩序的设计，唯一得益者似乎是那些没有热情、天性懒惰的人，他们所期待的，只有婚姻里的快乐，还有通过节省和劳动得到的生活保障。然而，世间的天才，激情如火的人，对金钱和享乐有着无穷渴望的人，他们愿意挥洒人生、放纵自我，社会秩序又是怎样对待这些人的呢？他们的余生可能在牢房里度过，甚至会受酷刑折磨而死。幸而，人类的法规制度并非真的和表面看上去一样。法律就像一道道限制通行的栅栏，大部分人一见到它就会绕道而行。可是，还是有很多人想直接越过栅栏，他们会想办法从上面翻过去，或是从下面钻过去。我要是再往下讲这个话题，也许会讲得漫无边际。现在已经很晚了，再见了，我的骑士，好好享用我的糖果盒吧。请您相信，我会一直为您提供保护。"

我向堂彼列大人告辞，返回自己的住处。有人给我开门。我回到房间，躺在床上，想赶紧入睡。我把糖果盒放在床头柜上，怡人的香气不断飘来。我抵抗不住诱惑，打开盒子吃了两颗糖，然后就睡着了。这一夜，我一直觉得浑身燥热。

那两位和我以友相待的小姑娘按惯常的时间进了我的房间。她们发现我的眼神有点异常：确实，这天早上我看她们的感觉和往日大不相同，她们的每一个动作我都觉得是在讨我的欢心，甚至是在挑逗我。她们和我说的话，哪怕是最普通最寻常的话，我也听出了勾引我的意思。她们身上的每一个地方都让我兴致大发，让我想到一些之前从未想过的事。

索莉里娅看到我的糖果盒，她吃了两块糖果，然后又抓了几块递给塞莉娅。没过一会儿，我刚才胡思乱想的那些场景真的开始向现实发展了：两姐妹的内心被一种异样的情感所占据，在不知不觉中，她们已深深陷入这种情感不能自拔。等意识到这种变化时，两人都大惊失色，赶紧带着尚存的一点羞涩离开了我，而这羞涩中也有种欲拒还迎的娇羞感。

她们的母亲进来了。自从我伸出援手帮她摆脱债主的纠缠后，她对我的态度就多了几分亲昵。她以很亲近的方式问候我后，我倒是冷静了片刻。但没过一会儿，我就开始用看她两个女儿的眼神看她本人。她意识到我心里的波动，不禁面露窘色。她的目光不断地逃避着我的目光，最后竟落在那个致命的糖果盒上。她打开盒子，拿了几块糖果就走了。但很快，她又回来了，她继续用亲近的方式对待我，甚至把我喊作她的儿子，然后又紧紧搂住我。最后，经过一番努力的挣扎，她带着痛苦的神情离开了我。而我已从意乱情迷发展到激动难抑：我觉得每一处血管都燃烧着熊熊烈火，身边的所有物体我都看不清了，一层浓浓的迷雾挡在我面前。

我朝露台走去。姑娘们的房间半开着门，我不由自主地走了进去。她们的神志比我还要迷乱，这让我甚为吃惊。我想从她们的怀抱中挣脱出来，但我使不出力气。她们的母亲进来了，指责的话还没说出口就咽了回去——因为很快她便失去了指责我们的资格。

"请您原谅我，科纳德斯大人，"朝圣者补充道，"或许我对您说了些不该说的事。这种事哪怕当故事讲一遍也是弥天大罪,所以请您务必要原谅我。可是,您想获得救赎,听听这段故事是非常有必要的。我正努力将您拉出沉沦的泥沼,我希望自己能成功。您明天还是这个时间上这儿来,请千万不要失约。"

科纳德斯回了家。当天夜里,培尼亚·弗洛尔的幽魂依然让他不得安宁。

故事说到这里,吉普赛人首领要忙自己的事去了。他向我们告辞,并承诺第二天再接着讲后面的故事。

第五十二天

众人按往常的时间聚到一起。吉普赛人老首领看出他的听众已等得不耐烦了,便接着讲起他的故事,或者更准确地说,讲起布斯克罗斯向托莱多骑士讲述的故事:

吉普赛人首领的故事(续)

第二天,科纳德斯来到朝圣者指定的地点,朝圣者如此这般地接着讲起他的故事:

受永罚的朝圣者的故事(续)

我的糖果盒空了,糖果全被吃光了。但不论是我们相视的眼神,还是各自发出的叹息,都似乎在说明,我们想将熄灭的那团火重新点燃。我们满脑子都是罪恶的回忆,罪恶感让我们意志消沉,但那罪孽深重的极乐感受同样挥之不去。

但凡罪恶,就必然会压抑自然的情感。桑塔雷斯夫人在无度的欲望中放纵自我,全然忘记自己的父亲还在牢房里饱受折磨,此刻,他或许已经收到自己的死刑判决书。既然桑塔雷斯夫人都忘记了这件事,我自然就更不会去想了。

一天晚上,我看到家里进来了一个用大衣精心将自己包裹起来的男子,这让我心里面不免有些害怕。我接着又发现,他为了更好地掩饰自己,甚至还戴了个面具,我的心更是慌乱不已。这个神秘人物示意我坐下,接着他自己也找了个地方坐下来,并对我说道:"埃瓦斯大人,您看起来与桑塔雷斯夫人有些瓜葛,所以我想开诚布公地和您谈谈与她有关的一件事:此事非常严肃,我很难向一个女人交代清楚。桑塔雷斯夫人之前信任了一个冒失鬼,就是那个克里斯托瓦尔·斯帕拉多斯。目前,此人和戈拉内斯大人在同一所监狱里服刑,这位大人就是前面我说的那位女士的父亲。克里斯托瓦尔·斯帕拉多斯这个疯子,他自以为掌握了某些权贵人物的机密,可真正的机密只有我才知道,我现在只能简略地向您透露一点。从今天开始算,再过一个星期,等太阳落山半小时后,我会来到这所房子的门前,把犯人的名字念三遍:'戈拉内斯,戈拉内斯,戈拉内斯'。念完第三遍,您就交给我一个装有三千皮斯托尔的钱袋。戈拉内斯先生现在已经离开塞哥维亚了,他被关押在马德里的一所监狱里。那天午夜之前,他的命运将最终得到裁定。我要说的就是这些,我这趟任务完成了。"这个戴面具的男子一边说着结束语,一边站起身走了。

我清楚,或者说我自以为我清楚,桑塔雷斯夫人没有任何筹钱的办法。我于是做好向堂彼列求助的准备。我只是简单地告诉我那迷人的女房东,堂克里斯托瓦尔不会再来她家了,因为他的上司对他产生了疑心,但我本人已经在各个部门打通了关系,我完全有理由认为,让她父亲的事得到圆满处理,是大有希望的。父亲有了得救的可能,桑塔雷斯夫人欢喜到了极点。她对我的情感除了那些我主动寻求的之外,又多了一份感激。身体上的放纵对她来说也不像之前感觉的那般罪恶了。有了这件功德无量的善事,罪过理应获得补赎。我们的极乐感受增添了新意,这让我们继续把所有时间都耗费在上面。不过,我还是抽出一个夜晚去见了堂彼列。

"我一直在等您,"他对我说道,"我早就知道,您的顾忌坚持不了多久,您的内疚更是转瞬即逝。亚当的所有后人都是同样的德行。不过,我没有想到,您会这么早厌倦欢愉。您简直就像这个小小星球上的那些国王一样,他们没有我的糖果盒,也从来没有真正品尝过欢愉的滋味。"

"唉!彼列大人,"我回答他说,"您刚才所言,有一部分说得实在是太准确了,但您认为我现在的状况让我感到厌倦,我觉得并不是这么回事。相反,我倒很担心,万一这种状态终结,生活对我来说就不再有任何吸引力了。"

"但您这次来找我,是向我要三千皮斯托尔救戈拉内斯大人的啊。他被宣判无罪后,就可以回家和他的女儿、外孙女团圆了——他已经把这两个外孙女许配给他办公室里的两位职员了。您将来会看到这两位幸福的丈夫拥着各自丽人的场景。但是,他们的丽人已经将纯真献给了您,在付出如此珍贵代价的情况下,她们所要求的,只是将您围绕在中心,享受属于自己的那一部分欢愉。她们之间的关系算不上是嫉妒，而更应该说是竞争，她们俩都一样，在轮到自己给您创造幸福时，必然非常开心，当您把幸福的感觉还给另一方时，她们自己也会感同身受，毫无妒忌之意。她们的母亲见的世面、懂的知识更多，但在热情奔放这方面丝毫不输她们，在我那个糖果盒的作用下，她亲眼见到自己两个女儿享受幸福的过程，却毫无怨言。您已经经历了如此美妙的时光，那您剩下的日子该怎么过呢？您还会寻求婚姻状态下合法的男欢女爱吗？或者您会找一个娇艳的妇人释放您的情感？但她不会为您献上任何肉体层面的欢愉，因为在您之前，任何一个凡人都没有从她那里得到过这种体验。"

接着，堂彼列换了种口气对我说道："不，我错了，桑塔雷斯夫人的父亲确实是无罪的，他能不能得救就看您了。做善事的欢愉应该胜过其他任何一种欢愉。"

"先生，您谈善事的时候语气是那么冷漠，谈欢愉的时候情绪又是那么热烈，可这些欢愉说到底只是原罪范围内的欢愉。看来您是想让我永堕地狱啊。我有种压抑不住的想法，您莫不是……"

堂彼列不等我说完就打断我。"我是一个强大组织的核心成员，"他对我说道，"这个组织以实现人的幸福为目标，具体的途径，就是帮他们克服依赖成见的毛病。这些无谓的成见，他们在奶妈怀中吃奶的时候就一起吞进了肚子，此后，一旦他们有什么欲望，这些成见就会跳出来妨碍他们。我们出版过一些非常棒的书，在书中，我们用非常精彩的方式论证，对自我的爱是人类一切行为的本源；对可怜人的和善怜悯，对长辈的尊重孝顺，对爱人炽热的爱、温柔的情，国王对子民的仁慈，这些全是利己主义经过精心掩饰后的表现。不过，假如对自我的爱是我们所有行为的原动力，那么，满足我们自身的欲望就应该是所有行为的自然目标。立法的人对这一点深有感悟。他们在制订法律条款的时候,故意留下一些空子给人钻,有利害关系的人肯定不会错过。"

"什么!"我对他说道,"彼列大人,难道您认为,所谓公正和不公,都不是实实在在的品性?"

"这都不是绝对的品性,而只是相对的。我来对您讲一则寓言吧,这样您会更容易理解。

"一群非常小的小虫子在高高的草丛上爬。其中的一只对同伴们说道:'看那只躺在我们身边的老虎,它算是最和善的动物了,它从来没有伤害过我们。羊就不一样了,羊是一种凶残的动物,现在要是来只羊,它肯定会将我们连同庇护我们的草一起吃进肚里;不过,老虎是公正的义士,它会为我们复仇的。'

"埃瓦斯大人,由此您可以得出结论,所有与公正和不公相关的理念,或是与善恶相关的理念,都是相对的,它们不可能具有绝对性,也不可能具有普遍性。我同意您的观点,即做完人们所说的善行后,总会产生一种幼稚的满足感。好人戈拉内斯先生受到不公正的指控,您把他搭救出来,肯定可以体会到这种满足感。您要是真厌倦了成天和他家人在一起的生活,那您就别犹豫,赶紧把这件事做了吧。不过,您还是再想想吧,您还有时间。那笔钱您是要在周六交出去的,太阳落山半小时后。那么,请您在周五到周六的那个夜里上我这儿来吧,三千皮斯托尔会在午夜准时备好。再见了,这个糖果盒,请您和上次一样收下吧。"

我回到家里,半路上吃了几块糖果。桑塔雷斯夫人和她的两个女儿一直在等我,并没有睡觉。我想谈谈犯人的事,但她们根本没给我这个时间……可是，为什么我会犯下这么多可耻的弥天大罪呢？总之，您只需要知道，在无度放纵自己的欲望后，我们再也没有了时间的概念，每天是星期几也搞不清了，犯人的事情早已被抛到九霄云外。

转眼到了星期六，白天眼看就要过完了，我感觉，躲在云层背后的太阳在天空中映射出一片片血色的光芒。几道闪电骤然划过天际，我不禁打了几个寒战。我努力回想我与堂彼列的最后一次对话。突然，我听到一个阴森低沉的声音连叫三遍："戈拉内斯，戈拉内斯，戈拉内斯。"

"天啊！"桑塔雷斯夫人惊叫道，"这是上天的神灵还是地狱的魔鬼？他肯定是在通知我，我的父亲已离开人世了。"

我顿时失去知觉。醒过来后，我马上出门，朝曼萨纳雷斯河的桥边走去。我想见堂彼列，看还有没有最后一搏的机会。半道上，我被一队警察拦下来。他们将我带到一个我从没去过的街区，接着又将我带入一幢我更加没有概念的房子。不过，我很快就看出来，这房子是所监狱。我被拴上铁链，然后被关进一间昏暗的地下室。

我听到身边传来一阵铁链的响动——"你是小埃瓦斯吗？"和我同处一间牢房的那个不幸的人向我问道。

"是的，"我对他说道，"我是埃瓦斯，我听出了你的声音，你是克里斯托瓦尔·斯帕拉多斯。你有戈拉内斯的消息吗？他是不是清白的？"

"他是清白的，"堂克里斯托瓦尔说道，"但指控他的人谋划得很高妙，他是生是死，全在这个人股掌之间。此人找他要三千皮斯托尔，但戈拉内斯交不出这笔钱，于是，他们刚才在监狱里把他给吊死了。他们还让我自己选择，到底是被吊死，还是在非洲海边拉腊什城堡[1]的监狱里度过余生。我选择了后一条路，打算到时候一有机会就越狱逃走，然后做一个穆斯林。至于你，我的朋友，肯定会有人逼你承认一些你完全一无所知的事情，毕竟你和桑塔雷斯夫人关系亲密，别人自然会认为你什么都知道，他们还会推断，你是她父亲的同谋。"

您可以想象，一个人长久沉溺在肉体的欢愉中，他的身心都已萎靡；突然间，这个人要面临漫长而残酷的折磨，这种威胁对他来说会有多么恐怖。我仿佛已经感受到酷刑给我肉体造成的痛苦，我毛发尽竖，彻骨的寒意渗入我的肢体。我在惊吓中不断地打着哆嗦：我的肢体已不再受我意志的控制，只会像痉挛一样，冷不防地抽动几下。

一个狱卒走进牢房，准备把斯帕拉多斯带走。斯帕拉多斯从我身边经过时扔给我一把匕首，可我根本没有勇气把匕首攥在手中，更没有勇气用它来刺死自己。我已经绝望到脱离常情的地步，连一死了之这种解脱方式也不能让我安心。

"哦，彼列！"我高声叫了起来，"彼列，我很清楚你到底是谁，但我现在还是只能祈求你的保佑！"

"我来了，"这个邪恶的魔头高声回应道，"拿起这把匕首，割破你的皮肉，用你的血在我给你的这张纸上签名。"

"啊！守护我的善天使啊，"听罢这话我又叫起来，"您难道完全将我抛弃了吗？"

---

[1] 译注：拉腊什（又称阿拉伊什），现摩洛哥港口城市。

"你现在才祈求他的保佑，未免太迟了吧。"魔头厉声喝道，把牙咬得嘎吱作响，口中还喷出了火焰。

与此同时，魔头将爪子抓向我的前额。我感到前额一阵刺骨的剧痛，然后便昏了过去；或者更准确地说，我进入了一种恍惚之境。

突然，一道光照亮了牢房——一位双翼生辉的小天使出现在我眼前。他递给我一面镜子，然后对我说道："看看镜子里的你吧，前额上那个呈反像的'陶'字圣符[1]，就是永罚的标志。将来，你还会在其他罪人的额头看到这个标志。你要领十二个这样的人走上救赎之路，然后你自己也会回到这条正道。穿上这件朝圣者的衣服，跟我来。"

我醒过来，或者说我觉得我醒了过来，因为此时我已不在牢房里了，我在一条通往加利西亚的大道上，而我身上穿的正是朝圣者的衣服。

没过一会儿，一群朝圣者走过来，他们要去圣地亚哥-德孔波斯特拉。我加入他们的队伍，跟着他们走遍西班牙的所有圣地。我还想去意大利，到洛雷托[2]看一看。我当时在阿斯图里亚斯，我便打算先在马德里停留一下，再去意大利。一到马德里，我就赶往普拉多大道，四处找寻桑塔雷斯夫人的家。尽管周围的房子我都认出来了，但她的家我无论如何也找不到。当中仿佛有种奇怪的力量在阻挠我，这也说明，我依然处在撒旦的控制下。我不敢再继续寻找下去了。

我拜访了几座教堂，然后又去了丽池公园。这座公园非常荒凉，

---

1 译注：关于"陶"字圣符，可参考本书"第九天"一章的相关注释。
2 译注：洛雷托是现意大利安科纳省的一个城市。有一种传说认为圣母玛利亚是在这里出世的。

我在里面只见到一个人,他孤零零地坐在一条长椅上。他的外套上绣着马耳他十字,这说明,他是骑士团的一位重要人物。他看起来正在想心事,因为过于专注,简直像是尊栩栩如生的雕像。

我朝他走去,快到他身边时我仿佛看到,他的脚下有一道深渊,他的脸就像倒映在水里那样映在深渊的表面。可是,深渊里并没有水,有的只是正在燃烧的团团烈火。

我继续朝他走去,深渊的幻象突然间消失了。等我定睛打量这个人的时候,我发现他额头上有个呈反像的"陶"字圣符,和我在小天使镜子里看到的自己前额上的那个永罚标志一模一样。

故事讲到这里,有人来找吉普赛人首领谈当天的事务,他只得向我们告辞。

第五十三天

第二天，吉普赛人老首领继续根据布斯克罗斯的叙述，如此这般地接着讲他的故事：

受永罚的朝圣者的故事（续）

我很快就明白，我见到的这个人，是我要带上救赎之路的那十二个罪人中的一个。我极力争取这个人的信任——他好不容易才相信，我与他结识的动机并非是无聊的好奇。既然得到了信任，我必然要听听他的故事。在我的请求下，他如此这般地讲起来：

封地骑士[1] 托拉尔瓦的故事

少年时代还未结束，我就收到一封俗称"钦定令"的文书，我

---

1 译注：关于"封地骑士"及马耳他骑士团的等级划分，可参见本书"第三十一天"一章的相关注释。

从此就成了马耳他骑士团的一员。我有几个位高权重的保护人，他们让我在二十五岁时就得到了出资装备战船的资格[1]。第二年，骑士团大团长分封大小骑士，他把阿拉贡语言区[2]最好的一块骑士团管理地封给了我。自此，我就有了向往骑士团高级勋位的资格，我现在依然有这个资格。不过，要真的晋升到这一步，必须等年纪足够成熟才行。在此之前，我完全无事可做。于是，我就拿我们的几位大区领主当榜样，学他们的作风，或许，他们应该为我树立起更好的榜样才是。总之一句话，在那个时候，我成天忙着做爱，而且我认为，这种事如果算是原罪，也只是最轻微的一种。上天啊，要是我到此为止，没有继续犯更严重的罪行，那该有多好啊！我必须要深刻检讨的罪状，是我容易动怒，一动怒我就会心怀恶念，此时，哪怕是我们宗教里最神圣的原则，我也敢于冒犯。现在回想起来，我真是满心惶恐，不过，我还是暂且搁下事情的结果，按部就班地从头说起吧。

首先我想告诉您，在马耳他岛上，有几个贵族家族并没有加入骑士团，不论是和哪一级的骑士，他们都从来不打交道，他们认可的人只有大团长。大团长是所有骑士的首领，团务委员会是大团长的枢密院。

岛上的居民除了贵族阶层外，接下来就是中等阶层了。这个阶层的人在各行各业工作，他们需要寻求骑士的保护。这个阶层的女

---

1 译注：出资装备战船或提供其他服务是马耳他骑士团晋升的必要条件。
2 原注：阿拉贡语言区的骑士团管理地：马耳他骑士团辖地共分八个大区或"语言区"：奥维涅、普罗旺斯、法国、意大利、阿拉贡、卡斯蒂利亚、德国和英国。各大区领主都有自己的专门职责和称谓，阿拉贡大区的领主又称"大馆长"。

士们都是自食其力的,她们被尊称为"onorate",这个词在意大利语中的意思是"可敬重的人"。无疑,她们是配得上这样的称号的,原因有两点:一方面,她们的举止端庄得体;另一方面我也坦率地对您说吧,她们喜欢把自己的爱情弄得神神秘秘,不肯公开张扬。

长期的历史经验足以让这些"可敬重的"女士引以为鉴:按照法国骑士的个性,保持神秘感是他们无法做到的事,或者至少可以说,法国骑士固然具备很多出类拔萃的优秀品质,但要想在他们当中找到一个具有谨慎品质的人,却是件很难成功的事。正是出于这样的原因,法国的年轻男子虽然在其他所有国家都能大受女性青睐,但到了马耳他,除了烟花女子就没人欢迎他们了。

来自德国的骑士人数虽然不多,但他们是最受"可敬重的"女士喜爱的人群。我想,他们受到的这种优待,主要得益于他们脸上那白里透红的肤色。第二受欢迎的是西班牙男子,我认为,这主要靠的是我们的性格,外人都觉得我们诚实可靠,这个评价实在是恰如其分。

法国骑士,尤其是巡海骑士[1],他们会想办法报复这些"可敬重的"女士,比如说用各种方式嘲讽她们,要是得知她们私下里筹划的某个阴谋,更是会狠狠地将其揭穿。但法国人喜欢自己抱团生活,不肯花工夫学意大利语,而意大利语是当地的通用语言,所以法国人发出的任何声音都不会引起巨大反响。

各地的骑士,还有那些"可敬重的"女士,我们一直相安无事,过着安宁的生活,直到一艘法国战船将一位名叫福勒凯尔的封地骑

---

1 原注:指在海上巡游的骑士(最初的目的是保护朝圣者远行队)。

士带到我们这里。他是昂古莱姆伯爵家族的后人，祖上有人做过普瓦图的司法总管。他之前就来过几次马耳他，每次来都会惹出和人决斗的事。这一次，他是来申请战船总管的职务的。他已经三十五岁了，因此，人们期待他能够比以往更加稳重。的确，这位封地骑士已经不再像过去那样爱争吵、爱惹是生非了，但他性格高傲、蛮横，甚至爱结党营私，以求得比骑士团大团长更高的威望。

封地骑士敞开家门迎接各方客人——法国骑士常常成群结队去他家做客。我们去得很少，最后甚至不会踏进他的家门半步，因为那里的谈话主题总让我们觉得不舒服，比如说对"可敬重的"女士的谈论，而她们可是我们喜爱并且尊重的人。

封地骑士每次出门，总有很多年轻的巡海骑士围在身边。他常会带他们去一个叫"窄巷"的地方，把自己过去决斗的地点一处处指给他们看，并向他们讲述每场决斗的具体情形。

我这里最好向您交代一下，按照马耳他的习俗，决斗是被明令禁止的事，但"窄巷"是个法外之地。这是一条任何窗户都看不到的小巷，巷子的宽度仅容得下两个人横对着摆好架势然后兵刃相见，后退的余地都没有。决斗双方面对面横向站好后，双方的朋友还会拦住路人，以免决斗者受到打扰。拿这里当唯一的决斗地点，目的是防止蓄意杀人：某人只要觉得自己树敌在外，就不会从"窄巷"经过。当然，要是在其他地点发生死于非命的事件，人们也不会将其视作决斗的结果。此外，进"窄巷"是不允许携带匕首的，违反者会被处以死刑。因此，决斗实际上在马耳他不单能得到宽容，甚至还是种被允许的行为。当然，所谓允许也只限于默许，远不能冠冕堂皇地行事。提起决斗，大家还是会带有某种羞耻感，毕竟，蓄意杀人是与基督教的爱德背道而驰的,更何况这里是宗教骑士团国家的首都,存在这样的事情总归不妥。

综上所述,封地骑士带人去"窄巷"闲逛是完全出格的行为。这样的闲逛对那些法国巡海骑士来说影响很坏,他们变得极易争斗,而且这些人本身就已经相当好斗了。

这种坏风气愈演愈烈。西班牙骑士的保留意见也越来越多,最后,他们全都聚到我家,向我表示,这帮人的闹腾已经变得完全不能忍受,并问我是否需要采取行动加以制止。我感谢同胞们对我如此器重,在这件事情上给予我充分的信任,我因此向他们承诺,我会和封地骑士谈一谈,我要向他指明,那些法国年轻人的行为已经属于肆意妄为,现在,只有他才能阻止事态继续发展下去,因为在全法国三个大区里,他都享有极高的声望,一直受人尊重。我打算在谈话中把这件事涉及的方方面面都向他阐述清楚,不过,我也不希望矫枉过正,最终弄得一场决斗都没有了。由于这件事涉及的是骑士间的单打独斗,干预这样的事对我来说是种荣誉,我自然乐于接受使命。但回过头来想,可以说,我就这样让自己最终走到了封地骑士的对立面。

当时正值圣周,我与封地骑士的会面只能过半个月再说。现在回想起来,他应该知道了在我家发生的事,所以他故意找碴儿,想先给我一个下马威。

冲突发生在圣周五那天。您知道,按照西班牙的习俗,某人要是对一个女人感兴趣,这一天可以跟着她一个教堂一个教堂地跑,每到一处都为她递上圣水。其实这么做多少是嫉妒心作祟,因为做的人担心别人也会这么做,担心别人利用这样的机会与这个女人结识。这种西班牙的习俗也传到了马耳他。于是，我当天就一直跟在一位我仰慕几年的"可敬重的"年轻女士身边。然而，从她进的第一个教堂起，封地骑士就抢先来到她身边。他总是站到我们当中，背朝着我，偶尔还会往后退，在我的脚上踩来踩去，这一幕旁人也都注意到了。

走出教堂，我不露声色地走到我这个对头身边，跟他闲谈最近发生的一些新闻。我随后问他接下来要去哪个教堂，他告诉了我。我对他说，我认识一条近道，然后便在他不知不觉中把他带到"窄巷"。一走进小街，我便拔出剑。像这样一个日子，当然不会有任何人打扰我们，因为大家全都去了教堂。

封地骑士也拔出自己的剑，但并没有举剑，只是剑尖朝下地拿在手里——"怎么回事！"他对我说道，"今天可是圣周五啊！"

我根本不想听他说话。

"听着，"他对我说道，"我有六年多没做弥撒了，在信仰上欠了这么多债，我感到非常害怕。三天以后……"

我本是个天性平和的人，但您知道，这种性格的人一旦被激怒，就什么道理也听不进了。在我的逼迫下，封地骑士摆起格斗的架势，但他的脸上流露出一种我看不透的恐惧。他靠住墙，那动作让人感觉，他似乎已预见自己会被击倒，所以要事先找好支撑身体的地方。事实上也果真如此，第一剑我就刺穿了他的身体。

他的剑慢慢垂落。他背贴在墙上，用奄奄一息的声音说道："我原谅您，但愿上天也能原谅您！把我的剑带到白骨顶[1]，在城堡的小

---

1 译注：白骨顶（Tête-Foulque），鹤形目秧鸡科的鸟类，头具额甲，白色，端部钝圆。福勒凯尔（Foulequère）的姓氏词源上与此相同。

教堂里，请人唱一百遍弥撒吧。"

说罢，他就断了气。起初，我并没有太在意他的遗言，我能记得这几句话，是因为之后我又多次听到。当时，我只是按照这种情况下的惯用方式，向大家做了公告。可以说，在我向众人交代前因后果时，决斗这件事并没有成为别人责怪我的话柄：大家都讨厌福勒凯尔，他的死让人觉得是罪有应得。但我自己还是感到，我的行为在上帝眼中是罪孽深重的，特别是我为了这件事还把自己该做的圣事给遗漏了，我的良心对我展开无情的谴责。这种状况持续了一周。

周五到周六的那个夜里，我突然一阵惊颤，从梦中醒过来。环顾四周，我觉得自己好像并不是在卧室里，而是来到了"窄巷"，躺在小巷的路面上。我很惊讶自己怎么会在这里，但此时我眼前清晰地出现了封地骑士的模样，他正靠墙而立。幽魂看起来想和我说话。费了半天力，他终于对我说道："把我的剑带到白骨顶，在城堡的小教堂里，请人唱一百遍弥撒吧。"

刚听他说完这句话，我又昏昏沉沉地睡过去。第二天，我是在自己的房间、自己的床上醒过来的，但那段幻象从头到尾毫无遗漏地保存在我的记忆中。

随后的这天夜里，我叫了一个仆人在我房间里陪睡，结果一夜无事，我什么也没看到。接下来的几天夜里同样如此。但是，在周五到周六的那个夜里，我又看到之前的那段幻象，唯一的区别是，我的仆人也躺在小巷的路面上，离我只有几步远。封地骑士的幽魂再次在我面前出现，对我说了和之前一样的话。后来，每个周五的夜里，都会出现同样的幻象。我的仆人也梦到自己躺在"窄巷"里，但他既没看到封地骑士,也没听到他说什么话。

封地骑士想让我把剑带到白骨顶,我一开始并不知道这是个什么地方。有几位老家是普瓦图的骑士告诉我,这是普瓦图首府普瓦提埃城三法里外的一座城堡,位于一片森林当中。关于这座城堡,当地有各种离奇的传说,而且有人在城堡里见过一些稀奇古怪的东西,比如说福尔克-塔伊费尔[1]穿过的盔甲,以及死在他手里的那些骑士用过的武器。福勒凯尔家族甚至有条家规,只要是他们实战使用过的兵器,不论是用于战争还是私人决斗的,都要收入城堡陈列起来。这一切让我听得兴味盎然,但我想先把自己信仰上的问题解决掉。

我先去了趟罗马,找赦罪院的主教忏悔。这段时间一直纠缠我的幻象,我也坦白说给他听了。他没有拒绝为我赦罪,但他的条件是,我必须先把自己的罪赎完,在白骨顶城堡的小教堂里请人唱一百遍弥撒便是赎罪的内容之一。上天看来是接受了我的诚意,忏悔一结束,封地骑士的幽灵马上就停止了对我的纠缠。我已经从马耳他把他的剑带过来了,我于是就尽自己最快的速度,踏上去法国的路。

到了普瓦提埃城后,我发现当地居民都已经知道了封地骑士的死讯。不过,这里为他感到惋惜的人并不比马耳他多。我让随行人员留在城里,自己换了身朝圣者的打扮,请了位向导带路。步行去白骨顶城堡是最合适的,再说,那段路也不便于车辆通行。

---

1 译注:福尔克-塔伊费尔(Foulques-Taillefer,1025—1087),1048年起成为昂古莱姆伯爵,应为文中封地骑士福勒凯尔的祖先。

来到城堡，我们发现主塔大门紧闭。主塔旁有座钟架，我们便敲起钟来，敲了很久，城堡的主人才终于现身——他也是白骨顶城堡里的唯一居民。此外还有一位隐修士负责管理小教堂，我们见到他时，他正在做祷告。等他做好祷告，我告诉他，我来这里是想请他唱一百遍弥撒的。一边说，我一边将祭品放上祭台。我想把封地骑士的剑也一起放上去，但城堡的主人对我说，剑是要放在兵器堂内的。所谓兵器堂，就是陈列各种兵器的大厅，福勒凯尔家族所有因决斗而死的人，还有所有在决斗中被他们家族成员杀死的人，遗留下来的剑都放在那里，这是这座城堡一直以来的神圣习俗。

我跟着城堡主人来到兵器堂。我确实在这里看到了各种型号的剑，此外，大厅的墙上还挂有很多幅肖像，为首的那一幅画的是昂古莱姆伯爵福尔克-塔伊费尔，白骨顶城堡正是由他建成的。他当时建这座城堡是为了他的一个私生子，此人后来做了普瓦图的司法总管，白骨顶城堡的福勒凯尔家族便由此起源。

在兵器堂的一角有个大壁炉，司法总管和他妻子的肖像分列壁炉两侧。两幅画都画得栩栩如生。其他的肖像也画得非常出色，只是明显带有古风。不过，福尔克-塔伊费尔的肖像给人带来的震撼感，是其他任何一幅都比不上的。这幅画在水牛皮上绘制而成，画中人一只手举剑，另一只手握着侍从递过来的圆盾。兵器堂陈列的剑大部分都挂在这幅肖像下，像花簇一样聚成一团。

我请城堡主人给兵器堂生点火，然后又请他把我的晚饭带到这里来。

"晚饭我肯定会为您做好的，"他回答我说，"不过，我亲爱的朝圣的客人啊，我真心劝您一句，晚上来我的房间睡吧。"

我问他为何要这样小心翼翼。

"我自有我的道理，"城堡主人说道，"不管怎么说，我会在我的床边为您放一张床。"

我很高兴地接受了他的建议，尤其是今天正赶上星期五，我担心中断了的幻象又再度出现。

城堡主人去准备晚饭后，我开始仔细看起这里的兵器和肖像。正如我刚才所说，每幅画都画得惟妙惟肖。暮色渐浓，在昏暗的日光下，深色的窗帘与深底色的画像混为一体，再加上壁炉里的火光，肖像上能让我辨别出来的，只有一个个人物的面庞。一种可怕的感觉突然袭来。或许，这种恐惧感只是我个人的一种感觉，因为我那段时间的内心状态已让我形成了一种习惯性的恐惧。

城堡主人把我的晚饭带来了。主食是一条从附近小河里钓上来的鳟鱼，此外还有一瓶口感挺不错的红酒。我想把隐修士请来和我共进晚餐，但他只吃水煮的绿叶菜。

我一直准时诵读我的日课经。对于发愿修行的骑士来说，这是一项必尽的义务，至少在西班牙是这样的。吃完饭，我便将日课经和念珠从口袋里掏出来，对城堡主人说，我暂时还没有睡意，我想一直祷读经文到夜深，他只要先带我看一下我睡的房间就可以了。

"好吧，"他回答我说，"那位隐修士，他到了夜里十二点，会来旁边的小教堂祷读经文。到那个时候，您就从这道小楼梯上下来，房间的门我会一直开着，您不会找不到。午夜过后，千万别在这里继续逗留。"

城堡主人走了。我开始祷读经文，时而还会添点柴火。但我不敢朝这房间里多看，因为那些肖像让我感觉像活的一样。我要是在某幅画前多看两眼，画上的人就仿佛活动起来，冲我眨眼睛、撇嘴唇，尤其是分列壁炉两侧的司法总管夫妇的肖像。恍惚间，我好像看到他们朝我投来愤怒的目光，他们随后还会对视一下。一阵风吹来，我心中寒意更浓，因为风不仅晃动了窗户，还把那花簇般的一团剑也带得砰然作响，剑与剑相互撞击的声音让我浑身颤抖。不过，我还是继续虔诚地祷读我的经文。

终于，我听到了隐修士的诵经声。等他一读完，我便开始下楼梯，准备进城堡主人的房间休息。我手里拿着一小截蜡烛，烛火突然被风给吹灭了，我只得上楼找火。可就在此时，我发现司法总管和他的妻子走出各自的画框，在壁炉的一角坐下来。我大惊失色，而他们像聊家常一样说起话，说话的内容也清晰可辨。

"我的朋友，"司法总管说道，"这个卡斯蒂利亚人杀了封地骑士，还没有向他忏悔，您怎么看这个人？"

"我的爱人，"那个女幽灵回答道，"在我看来，这件事是一桩重罪，是很恶毒的事。所以我认为，塔伊费尔先生不和这个卡斯蒂利亚人决斗一番，是不会放他离开城堡的。"

我惊慌失措，急忙转身冲下楼梯。我四处寻找城堡主人的房门，可光凭黑暗中的摸索，我根本找不到门在何处。我手里一直拿着那只熄了火的蜡烛。我想，无论如何，总是要先把蜡烛重新点亮。想到这一点后，我的情绪也略有些平复，我努力劝说自己，壁炉边的那两个人只是我想象出来的幻影。我于是重新走上楼梯，然后停在兵器堂门口朝里看，壁炉边那两个幻影之前出现的位置，现在确实不再有人了。我便壮着胆子进了门。可没走几步，我就发现塔伊费尔正摆出决斗的架势站在大厅当中，手里的剑直挺挺地冲我指来。

我想掉头回楼梯，但兵器堂门口此时站了个侍从，他扔给我一副长手套。我已经完全不清楚该怎么办了。我从那花簇般的剑中抽出一把，朝着这个要和我决斗的鬼魅猛扑过去。我明明觉得已将他劈作两半了，但没想到，我的心脏上方紧接着挨了一剑，那种感觉就像烙铁贴上去一般灼热难当。我的血喷涌而出，流满大厅，我昏了过去。

第二天早上，我是在城堡主人的房间里醒来的。他因为一直没等到我过来，便带上圣水来找我。他发现我躺在地板上不省人事，但身上没有任何伤口。看来，我自以为挨的那一剑无非是幻觉。城堡主人也不向我询问任何问题，只是建议我离开城堡。

我向他告辞后，便踏上去西班牙的路。一个星期后，我来到巴约讷[1]。到的那天是星期五，我住进一家客栈。当天夜里，我在一阵惊颤中醒过来。我看到塔伊费尔先生站在我的床前，冲我挥舞他的剑。我在胸口划了个十字，幽灵随之化作一道青烟，消失无踪。但我还是感觉胸口挨了一剑，和我在白骨顶城堡挨的那亦真亦幻的一剑完全相同。我的血不断地涌出来，淹没我的身体。我想喊人，又想从床上爬下来，但这两件事我一样都做不到。我一直处在这种难于言说的恐慌状态中，直到户外传来第一遍鸡鸣。我终于又进入了梦乡。但第二天，我就生病了，其状之惨，所有人看了都觉得可怜。

之后的每个星期五，我都会经历同样的幻觉。再怎么祈祷也无法解脱。看起来，我会被忧郁一直带进坟墓。在进入坟墓前，我已经无力让自己摆脱撒旦的纠缠了。我对神的慈悲还残存着最后一丝

---

[1] 译注：法国西南部城市，临比斯开湾。

希望，多亏这丝希望，我才能支撑下去，才能忍受自己的苦难。

封地骑士托拉尔瓦的故事到这里就结束了，或者更准确地说，那个受永罚的朝圣者向科纳德斯转述的故事到这里就结束了。接着，他又换成自己的角度，如此这般地继续讲他本人的故事：

封地骑士托拉尔瓦是个宗教圈里的人，他一意决斗，不仅自己的宗教义务没有完成，还不允许对手还清信仰上的欠债。尽管如此，我还是非常清楚地告诉他，假如他真想摆脱撒旦的纠缠，就该到各处的圣地走一走，有罪的人去了圣地，或多或少都会感受到圣恩的慰藉。

托拉尔瓦被我轻松说服。我们一起去了西班牙的几个圣地。接着，我们又到了意大利，去了洛雷托和罗马。这一次，赦罪院的主教给他的不再是有条件的赦罪，而是全面彻底的赦罪，还附上了教皇的赦令。托拉尔瓦身心得到完全的释放。他回了马耳他，而我来到萨拉曼卡。

第一次见到您，我就发现您的额头上有永罚的记号，而您的整个故事，也一清二楚地摆在我面前。培尼亚·弗洛尔伯爵确实见到任何女人都想诱惑对方、占有对方，但他在现实中并没有诱惑谁，也并没有占有谁。他犯的无非是意念上的罪，他的灵魂不会因此蒙受危险。不过，他已有两年未尽自己的宗教义务，在您派人杀害他的时候，或者至少可以说，在您间接导致他被人杀害的时候，他正打算还清信仰上的欠债。您饱受折磨的原因就在于此。现在，只有一种办法可以让您得到解脱，就是效仿那个封地骑士。让我做您的向导吧：您知道，这件事涉及我自身的救赎。

科纳德斯被说服了。他把西班牙的圣地游历了一遍，然后又去了意大利。他前后用了两年时间完成自己的朝圣。科纳德斯夫人这段时间一直是在马德里过的，她的母亲和姐姐也搬到那里生活了。

科纳德斯最终回到萨拉曼卡，发现自己的家焕然一新，被打理得井井有条，而他的妻子也比以前更美、更可爱、更温柔。过了两个月，她又去马德里看了一次母亲和姐姐。随后，她再度回到萨拉曼卡，并从此在这座城市安心定居。就在她回萨拉曼卡的同时，阿尔科斯公爵被任命为驻伦敦的大使。

故事就此戛然而止。托莱多骑士不禁开口说道："我亲爱的布斯克罗斯，您这怎么能算说完了呢？我想知道故事的最终结局，想知道科纳德斯夫人现在究竟变成什么样了。"

"她变成了寡妇，"布斯克罗斯说道，"后来再婚了，她的行为举止堪称典范。快看，她现在正朝这边走来，我想她是要上您家里来吧。"

"您说什么？"托莱多叫道，"您看到的那个人，她是乌斯卡里斯夫人啊！啊，她的戏演得可真好！她当初真让我以为，我是她第一个倾心的男人呢。将来我一定要教训她一顿。"

骑士想一个人见他的情人，便匆忙将我们打发走了。

"我也必须向诸位告辞了，"吉普赛人首领此时说道，"我要去处理一下我们这个小社会里的人民事务了。"

第五十四天

第二天,众人按往常的时间聚到一起,请吉普赛人首领接着讲他的故事,他便如此这般地说起来:

吉普赛人首领的故事(续)

乌斯卡里斯夫人此前的真实经历,托莱多现在都已心知肚明。但在一段时间内,他爱恶作剧似的和她谈弗拉丝克塔·科纳德斯的事,就好像在讲另一位他有心结识的迷人女郎。按他的口气,这位女郎或许是唯一可以给他带来幸福的人,也是可以让他就此定性、不再见异思迁的人。不过,托莱多最终还是厌倦了男女间的私情,他和乌斯卡里斯夫人的关系也渐渐断了。

托莱多的家族一直沐浴朝廷的圣恩。马耳他骑士团在卡斯蒂利亚大区的负责人职务空缺后,朝廷有意栽培他上任,于是骑士赶紧起程去马耳他。在接下来的这段时间里,我失去了保护人,而布斯克罗斯设下诡计想陷害我那个身为制墨高手的父亲,也就没人可以干预了。于是,我将整个阴谋都看在眼里,却无法出手阻止。事情的经过是这样的。

我刚开始讲我的故事时就说过,每天早上,我父亲都会走到朝向托莱多大街的阳台上,呼吸一会儿新鲜空气。接着,他又会来到朝向垂直小街的另一座阳台,等邻居面对着他出现后,问候一句"Agour"。要是没能和人打声招呼,他是不肯回屋的。邻居也不想让他等得太久,于是纷纷抓紧时间露面,接受他的致意。但除此之外,他与这些人并没有什么日常来往。

这些善良的邻居后来搬了家,取而代之的是两位西米安托女士,她们是堂罗克·布斯克罗斯的远房亲戚。西米安托夫人是姑妈,四十岁上下,五官显得还很年轻,面相温和,但有点故作正经。西米安托小姐是侄女,身材颀长,长相出众,眼睛相当秀美,一双玉臂更是美得令人赞叹。

这所房子刚空下来,两位女士便搬了进去。第二天,我父亲来到朝向垂直小街的阳台上时,很高兴地发现,自己有了两位新邻居。她们接受了他的致意,并带着极为优雅的神情向他回礼。这意外的一幕让他心里产生了一种说不出的愉快。但他还是转身进了屋,两位女士也没有继续逗留。

他们保持这种方式,你来我往地打了一个星期的招呼。到了这星期的最后一天,我父亲发现,西米安托小姐的房间里有一样让他感到无比好奇的东西。这是个小玻璃柜,柜子里放着大大小小、各式各样的水晶瓶:其中一部分瓶子装满了色泽艳丽的颜料,看起来是用于染色的,另一部分瓶子装着金色、银色或青铜色的沙粒,最后还有一些瓶子装的是金色的清漆。玻璃柜就放在窗户旁边。西米安托小姐上身只穿着件简单的紧身胸衣,就开始忙来忙去,她一会儿取出这个小瓶子，一会儿又去找另一个。她到底用这些瓶子来干什么呢？我父亲猜不出来，也没有侧面打探消息的习惯——他遇到事情宁可不清不楚，糊里糊涂。

有一天，西米安托小姐紧靠在窗边写东西。她用的墨看起来太浓了，她于是往里面添了点水，但墨一下子又变得很淡，没办法再继续使用了。我父亲被她举手投足间优雅的仪态所打动，便装了瓶墨水，派女仆送给她。女仆回来时，除了转达对方一再的谢意外，还带了个纸盒，盒子里放了十二根西班牙蜡[1]做成的火漆蜡棒，每根颜色都不同，盒子上印着漂亮的图案，还配了些精彩至极的格言警句。西米安托小姐成日里在忙些什么，我父亲这下子全明白了：她忙的事和他本人的工作很接近，而且可以说是互为补充的。按照行家的看法，制蜡的工艺比制墨的工艺更考究、更完善。他怀着满心的仰慕之情折好一个信封，拿出笔，蘸上自己精美的墨水，写了个地址，然后用刚刚拿到的新蜡，小心翼翼地把印章盖上去。印章盖得可以说非常完美，他把信封放在桌子上，津津有味地看个不停。

当天晚上，他去了趟莫雷诺书店。一个他从没见过的男人带了个和他一模一样的纸盒子，盒子里也放着十二根西班牙蜡做成的火漆蜡棒。他取出蜡棒现场试验了一下，所有人都连声赞许。这件事让我父亲犯了一晚上嘀咕，夜里做梦也梦到了西班牙蜡。

第二天早上，他和往常一样来到阳台，与邻居打招呼。他甚至已经张开口准备多说几句了，但最后还是什么多余的话也没有说，

---

[1] 译注：西班牙蜡是 17 世纪由佩皮尼昂（现法国城市，当时属西班牙）的一位贵族发明的蜡，据说配方源于他在东印度群岛的旅行经历。

便默默地回到了房间。不过，他还是选了个最佳的位置，观察西米安托小姐房间里发生的一切。只见那位丽人举着个放大镜，细细察看女仆擦拭过的家具。她发现了一小撮灰尘，便马上把女仆找回来重擦。我父亲原本就注重自己房间里的整洁，现在看到自己可爱的女邻居也这么爱干净，对她的尊重不免又增添了许多。

我说过，我父亲每天主要干的事就是抽抽雪茄，点点行人的人数，或是算算阿尔巴公爵府屋顶上瓦片的数量，但他现在已经没办法再花几个小时做这些事了。几分钟不到，他就分了心，一股强大的吸引力将他不断拉向那座朝向垂直小街的阳台。

最先注意到这一转变的人是布斯克罗斯，他好几次当着我的面言之凿凿地说，堂费利佩·德·阿瓦多罗很快将以自己的真名面对世人，那个"大墨坛"的外号就要离他而去了。尽管我不太懂法律方面的事情，但我能猜出来，我父亲的第二次婚姻对我来说肯定不会是件好事。我于是跑去找姨妈达拉诺萨，请她无论如何做点什么，以防止出现不幸的结局。我姨妈听了我告诉她的消息后，极为难过，赶紧去找自己的舅父桑特斯。可是，这位德亚底安修士答复说，婚姻是很神圣的圣事，他无权干涉。不过，他还是许诺，他会留意此事的进展，以确保我的利益不受任何损害。

托莱多骑士已经移居马耳他相当长一段时间了，因此，我只能无力地静观事态发展，甚至偶尔还会助推一下。布斯克罗斯从不去见他这两个亲戚，只与她们保持信件沟通，他委托送信的那个人往往就是我。

西米安托夫人既不上别人家，也不接受别人来自己家做客，而我父亲更是近似于足不出户。他并没有随便更改自己原先的起居安排,也没有随便放弃去戏院的老习惯,但只要天上出现一点点雾,他就可以拿来当不出门的借口。这段日子以来,他基本上片刻不离朝向垂直小街的那半边屋子,从早到晚地看西米安托小姐弄她的瓶子,或是西班牙蜡做成的火漆蜡棒。她那双露在外面的秀美玉臂一直晃来晃去,让他浮想联翩,他已经完全无法再想别的事了。

对面出现的一个新玩意儿再度引发了他的好奇心:这是个形状和他的墨坛颇有几分相似的坛子,但体积要小得多,坛子放在一张铁制的三脚桌上,三脚桌下点着几盏灯,使温度始终保持在微热的区间。没过多久,旁边又多出来两个一模一样的坛子。第二天,我父亲上阳台说完"Agour"之后,张开口,准备询问这些坛子的用途,但他实在没有说话的习惯,终究还是一言不发地回到了自己屋里。

好奇心一直折磨着他,他决定派女仆再给西米安托小姐送一瓶墨。女仆回来时带了三个小水晶瓶,里面分别装着红墨、绿墨和蓝墨。

第二天,我父亲去了趟莫雷诺书店。他在那里见到一个在财政部任职的人,此人胳膊下夹着张财务状况表,上面有几条纵栏是用红墨水填的,项目名称用的是蓝墨水,线框用的是绿墨水。这位财政部职员说,这套墨是他一人独有的,他可以打赌,没人能拿得出和他一样的墨。

此时,来了个我父亲从没见过的人。他走到我父亲身边,说道:"阿瓦多罗大人,您是制作黑墨的大行家,不过,这些颜色的墨您做得了吗?"

我父亲不喜欢别人质问他,顿时显得无比难堪。他张开口准备回答这个问题，但最终也还是一句话也没说。他径直回家找到他那三个瓶子又带来，瓶子里的东西让众人惊叹不已。财政部职员在征得我父亲许可后，各取了一点样品。赞美声让我父亲无比陶醉，他暗暗将这份荣耀归功于美丽的西米安托小姐，但直至此时，他还不知道对方的姓名。一回到家，他就找出那本谈墨水制作法的书，经过仔细查阅，他发现有三处地方谈到制作绿墨，七处谈到红墨，两处谈到蓝墨，所有这些内容乱糟糟地全进了他的脑子。可是，只要他一想事，西米安托小姐的那双玉臂就会清晰地浮现出来。他身上某些沉睡良久的感觉又苏醒了，它们向他发出信号，要让他感应到它们的威力。

第二天早上，我父亲和两位美丽的女士打完招呼后，终于下定决心，要询问她们的姓名。但他张开口之后还是什么话都没有说出来，只好回到自己的屋里。

接着，他又走到朝向托莱多大街的那座阳台。他发现，街上来了位衣着较为考究的男子，男子的手上提着个黑色的瓶子。他明白，此人肯定是来向他求墨的，他于是把坛子里的墨好好地搅拌了一遍，以保证接出来的墨在质量上没有瑕疵。坛子的开关阀现在是安在坛身三分之一高的地方，这样可以确保永远不会出现大块的墨渣。那个陌生人进了屋，我父亲替他把瓶子倒满。但这个人并没有走，他把墨瓶放在一张桌子上，然后坐下来，问我父亲他可不可以抽根雪茄。我父亲本想回答他，但一个字也没说出来，陌生人便从自己的烟盒里取出一根雪茄，就着桌子上的一盏灯把烟给点着了。

这个陌生人不是别人，正是那个无情的布斯克罗斯。"阿瓦多罗大人，"他对我父亲说道，"您在这里造的，是一种给世间带来过诸多罪恶的液体。借助它，人们设计过多少阴谋，筹划过多少背叛，玩弄过多少骗人的把戏，又出版过多少糟糕的书！所有这些罪恶，全是在墨的流动间完成的。更何况，人们还能用墨来传情，于是破坏夫妻间幸福、损害夫妻间名誉的那些暗地里的勾当，全和墨有牵连。对我这个观点，您做何感想，阿瓦多罗大人？您一句话也不说。当然，通常情况下，您就是一句话也不说的。这也没什么，我就一个人说两个人的话吧，我对此已经习以为常了。啊，过来吧，阿瓦多罗先生，请您坐在这把椅子上，我会把我的想法说给您听的。我敢说，从我这个墨瓶里，将来会出来……"

布斯克罗斯一边说，一边猛地将墨瓶推了一把，墨全泼到了我父亲的膝盖上，他赶紧擦拭一番，然后换了条裤子。再回来时，他发现布斯克罗斯正举着帽子等他，看起来是要向他告辞。我父亲见他要走，心里很高兴，便去为他开门。布斯克罗斯确实出了门，但没过一会儿他又回来了。

"对了，"他对我父亲说道，"阿瓦多罗大人，我们都忘了，我的瓶子现在是空的了。不过，您就别费这个事了，我自己来操作吧。"

布斯克罗斯取了只漏斗套在瓶口，然后打开开关阀。瓶子装满，我父亲再次去开门，布斯克罗斯跟着就匆匆忙忙地走了。过了一会儿，我父亲突然发现，开关一直是开着的，墨已经漫进房间。我父亲赶紧跑去关开关，但就在此时，布斯克罗斯又回来了，似乎根本没意识到自己把这里弄成了一锅粥。他再次把墨瓶摆到桌上，然后在原先的那把椅子上坐下来，他从自己的烟盒里取出一根雪茄，就着桌子上的灯把烟给点着了。

"对了，阿瓦多罗大人，"他对我父亲说道，"我听别人说，您儿子曾经摔进过这个坛子。我敢担保,假如他会游泳,就肯定不会有事。不过,您是从哪儿弄来这个坛子的?我觉得产地应该是埃尔托沃索吧。土质真是出类拔萃啊,那里的人一般用这种土坛炼硝石。这土的硬度和石头差不多。请允许我用这根杵来测试一下。"

我父亲想阻止他的测试,但布斯克罗斯已经举起杵朝坛子猛敲了一下,坛子应声裂开,墨像瀑布一样喷涌而出,将我父亲从上到下浇了个遍,也将房间里所有的东西都浇了个遍,布斯克罗斯同样不能幸免,被浇得全身都是墨渍。

我父亲平日里是极少极少开口的,但这一次他终于拼尽全力放声高叫。两个女邻居闻声而出,在自家的阳台上探头张望。

"啊,女士们!"布斯克罗斯叫道,"刚才这里发生了可怕的意外事件,大坛子碎了,房间被墨淹了,大墨坛大人再也无法忍受了。女士们,请你们展现基督徒的爱德,来做做善事,把他接到你们的房间去吧。"

女士们欣然接受了提议。我父亲尽管非常慌乱,但得知自己有机会接近那位美丽的女士时,心中还是有几分暗喜。他感觉,西米安托小姐已伸出那双秀美的玉臂远远地迎候他,并向他露出了最亲切的笑容。

布斯克罗斯扔了件外套搭在我父亲肩头,让他去两位西米安托女士的家。他前脚刚进她们的家门,后脚便跟来一条坏消息:他家楼下是一位布料商的店铺,店主人上来对他说,墨渗进店铺,自己已派人找司法人员来核算损失了。与此同时,又有一个人上来向他传话,房东也无法忍受他在这里继续住下去了。

就这样,我父亲被逐出了自己的住所。他全身上下都是墨渍,那副模样说是天底下最凄惨的样子也不为过。

"您不必悲伤,阿瓦多罗大人,"布斯克罗斯对他说道,"两位女士家里有间她们一直没用过的空房间,房间是对着院子的。我会找人把您的衣物都搬过去。您在她们家住一定会很开心,那里有红色、绿色和蓝色的墨,跟您的黑墨不相上下。不过,我建议您暂时别着急出门,因为您要是去莫雷诺书店,那里每个人都会让您把墨坛打碎的经过说一遍,可您又是个不太喜欢说话的人。您看,这一带所有爱看热闹的人现在都上您屋子里来了,他们都想看看黑墨洪水的壮观景象,到了明天,这件事就会成为全马德里人的唯一谈资。"

我父亲非常沮丧,但西米安托小姐一个亲切的眼神抛过来,他又恢复了勇气,安心搬进新居。他还没在那儿待多久,西米安托夫人就过来找他,并对他说,经过和侄女的一番商讨,她们决定把正对大街的那个房间挪出来给他住。我父亲原本就喜欢清点行人的人数,或是计算阿尔巴公爵府屋顶上瓦片的数量,自然满心欢喜地接受了这个交换。两位女士问他,那些色料是否可以依旧放在原处,他点了点头,以示同意。不过,三个墨坛还是被转移到整个屋子当中的客厅里。西米安托小姐从此进进出出,取取放放她的那些色料,但她一句话也没说过。屋子里一片沉寂,我父亲沉浸在从未有过的幸福之中。

八天就这样过去了。到了第九天,布斯克罗斯来看我父亲,并对他说道:"大人,我来向您宣布一件大好事,这件事您肯定早就暗中期许,却不敢明明白白地表露出来——您已经打动了西米安托小姐的芳心。她答应把一生托付给您,我给您带了份文件过来,您要是愿意在这个星期天张贴结婚告示的话,您就在文件上把您的名字签上。"

我父亲非常吃惊，想反问几句，但布斯克罗斯没有留给他时间。

"阿瓦多罗大人，"布斯克罗斯接着说道，"您这第二次婚姻已经算不上是秘密了，消息在马德里城里都传开了。所以说，万一您想推迟婚事，就得上我家来一趟。西米安托小姐的亲戚到时候会聚在我家里，听您讲述推迟婚事的理由，这个礼数您是免不掉的。"

一想到自己有可能要与一大家子人对峙，我父亲就感到非常沮丧。他想说点什么，但布斯克罗斯没有留给他时间。

"我知道您要说什么。您想说的我也很理解，您希望由西米安托小姐亲口向您宣布这件幸福的大事——我看到她已经朝这边走过来了，那么，我就先行告退，请二位自便。"

西米安托小姐带着副略显尴尬的神情进来了，她甚至不敢抬头看我的父亲。她取了几瓶色料，然后默默地开始拌色。她的羞涩为堂费利佩壮了胆，他目不转睛看着她，视线再也无法转移到别处，而且看她的眼神也和往日不同。

那份与结婚公告相关的文件被布斯克罗斯留在桌子上，西米安托小姐浑身颤抖地走过去，拿起文件读了一遍。她随后用手蒙住眼睛，泪水从指间流下来。自从妻子去世以来，我父亲从没有哭过，更没有让别人哭过。看到有人为自己流下热泪，他深为感动，可对方究竟是因何而哭，他完全猜不透。

西米安托小姐是为了文件里的内容而哭，还是因为他没有签名才哭的？她到底是愿意嫁给他还是不愿意呢？不管怎么说，她一直哭个不停：任凭她这么哭下去，实在太过残忍；让她解释清楚，又必须费一番口舌。我父亲干脆拿起一支笔，在文件上签下了自己的名字,西米安托小姐吻了吻他的手,拿起文件走了。

惯常的工作时间一到,西米安托小姐就重新出现在客厅。她一言不发地吻了下我父亲的手,随后又做起西班牙蜡。我父亲抽起雪茄,数起阿尔巴公爵府屋顶上的瓦片。将近正午的时候,我舅公弗莱·赫罗尼莫·桑特斯来了,他带了份结婚契约,契约上把我的权益也讲得清清楚楚。我父亲在上面签了名,西米安托小姐也签了名,她吻了吻我父亲的手,然后接着做起西班牙蜡。

大墨坛毁了之后,我父亲再也不敢去戏院了,莫雷诺书店就更不必提了。这种与外界隔绝的遁世生活让他心生倦意。签完契约后的第四天,布斯克罗斯提出带我父亲坐马车兜兜风。我父亲接受了建议。他们跨过曼萨纳雷斯河,来到一所方济各会的小教堂前。布斯克罗斯请我父亲下车。两人步入教堂,西米安托小姐早已在门内等候。我父亲张开口,想说他本以为这只是次简单的兜风,但他什么话也没说出来。他牵着西米安托小姐的手,将她带到神坛前。

从教堂出来,这对新婚夫妇登上一辆精美的马车,回到马德里。两人在一幢漂亮的房子前下了车,房子里正在举办舞会。阿瓦多罗夫人和相貌最帅气的一位年轻男子跳起了开场舞,他们跳的是凡丹戈舞,一曲终了,掌声如雷。在我父亲心目中,他妻子的形象还停留在吻他的手的时候,那时候的她温柔安静,看起来百依百顺,可这样的形象他再也没机会见到了。舞池里的是个极端活跃、爱高声喧哗又浮躁不定的女子。我父亲独自坐在一旁,他不找任何人说话,也没有任何人找他说话。不过,这种处世方式并没有让他感到不开心。

舞会间隙有冷肉和冷饮助兴,我父亲吃饱喝足后产生了睡意。

他偷偷问妻子，是不是到了回家的时候了。妻子对他说，回家的时候早过了，这房子就是他的家。我父亲猜想，这房子或许是他妻子的一份嫁妆，他于是爬上楼，走进卧室，自顾自睡了。

第二天早上，阿瓦多罗先生和夫人被布斯克罗斯叫醒了。

"先生，您现在是我亲爱的表亲了，"他对我父亲说道，"我这么称呼您，是因为您妻子是我在这世上关系最近的女亲戚，她母亲是莱昂王国布斯克罗斯家族的后人，而这个家族属于我们家族的一个分支。在今天之前，我一直不愿和您谈您的个人事务，但从今天开始，我想好好关心一下这方面的事，而且要胜过对我自己事务的关心，这对我来说是件挺容易办到的事，因为我并没有真正只属于我一个人的事务。说到您，阿瓦多罗先生，我花了番工夫，终于准确地打听出您的收入，以及十六年来您的财产使用情况，相关的文件材料全在这儿了。从您第一次结婚起，您每年有一笔四千皮斯托尔的收入，但您并没有将这笔钱全花掉：您自己只用六百皮斯托尔，还留了两百皮斯托尔当您儿子的教育费。这样的话，每年您都会剩下三千两百皮斯托尔，您把这笔钱存进了同业公会的银行。利息您都交给了德亚底安修士赫罗尼莫，让他用来行善。您这个行为我无法指责，但说实话，这些钱花在穷人身上让我很恼火，今后他们再也别想做这个指望了。您每年四千皮斯托尔的收入，我们可比您会花多了，您在同业公会银行这十六年来积攒的五点一二万皮斯托尔，我们是这样支配的：买这幢房子花了一点八万皮斯托尔，我承认，这个价格有点贵，但卖主是我的亲戚，而我的亲戚也就是您阿瓦多罗大人的亲戚；阿瓦多罗夫人佩戴的项链和耳环您都看到了，它们的价值是八千皮斯托尔，既然我们的交情和兄弟差不多了，那我就算成一万吧，道理我改天再和您详细说明。我们现在还剩下二点三二万皮斯托尔。您那位恶魔般的德亚底安修士，他留了五千给您那个淘气的儿子，只要他还能再露面，这笔钱就归他；我们又花了五千来为您添置新房的家当；此外，跟您说句老实话，您妻子的嫁妆只有六件衬衣，再加上六双袜子。您会对我说，就算是这样，您无论如何还剩下了五千皮斯托尔，尽管您完全不知道该怎么用这笔钱。好吧，为了帮您走出困境，我同意把这笔钱借给您，利息我们马上就可以商量好。阿瓦多罗大人，这里是一份全权委托书，您肯定愿意把自己的名字签在上面。"

布斯克罗斯的这番话让我父亲惊讶万分，他一直回不过神来。他张开口想反问几句，却又不知从何问起。他最后躺回床上，拿睡帽盖住了眼睛。

"太好了，"布斯克罗斯说道，"用戴睡帽装睡的方式来摆脱我，您可不是头一个。这套把戏我早就习惯了，我现在口袋里也一直放着顶睡帽。我先在这沙发上躺一会儿，等这个盹儿打完，我们就回过头来谈这份全权委托书。假如您愿意，我们还可以把您的亲戚和我的亲戚都召集过来，大家一起商量，下一步该怎么办。"

我父亲将头埋在枕头里，一边认真思考自己的处境，一边盘算重归安宁的脱身之法。他隐约看到一条出路：要是让妻子随心所欲、自由行事，他或许还能按以前的方式继续生活下去，每天到戏院看看戏，然后再去莫雷诺书店转转，甚至还可以干干制墨的老本行。想到这里，他稍许宽慰了点，他于是掀起睡帽睁开眼睛，示意要在全权委托书上签字。

他签好字，然后做出要下床的动作。

723

"请稍等一会儿，阿瓦多罗大人，"布斯克罗斯对他说道；"在您起床前，最好先让我把您今天的日程安排对您说一下。我认为，这样的安排您听了后一定会满意的，更何况今天和未来所有的日子一样，只是您丰富多彩的快乐生活中的一环。首先，我会给您带来一副漂亮的绣花护腿，外加一整套马服马裤，一匹宝马良驹正在大门口等着您，等会儿我们一起骑马，慢慢转到普拉多大道去。阿瓦多罗夫人随后会坐马车赶到，您将来会发现，她有一些朋友是上流社会里的名士，这些人自然也将是您阿瓦多罗大人的朋友。说实话，这些人现在对她已经不如以前那般热情了，但他们看到她与您这样一位成就斐然的人物结为夫妻，自然会抛却偏见，迷途知返。我现在就敢把话放给您听：朝廷里那些一流的贵族老爷们将来都会来找您，他们会主动迎合您，会张开双臂拥抱您——我该怎么说呢？他们会用尽全力拥抱您，抱得您透不气来。"

听到这里，我父亲昏了过去，或者至少可以说，他陷入了一种呆若木鸡、对外界的一切毫无反应的状态，与真正的昏迷已是大同小异。

布斯克罗斯完全没有察觉到，自顾自地继续讲下去："在这些贵族老爷当中，肯定会有几位主动赏您面子，光临此地尝尝您家宴的滋味。是的，阿瓦多罗大人，他们会这样赏您面子的，而这也是我对您的期待，到时候，您就会看到您妻子是如何尽主人之道的。啊！我说句实话，您还根本不了解这个会制作西班牙蜡的女人。您什么话也不说啊，阿瓦多罗大人？您让我一个人说下去，这样也对。好吧，比方说，您喜欢看西班牙的喜剧，但您或许从来没去看过意大利歌剧，那可是宫里面时兴的娱乐。好吧，您今天晚上就去看一场吧。猜猜看,您会坐在什么样的包厢里面?您会坐在伊哈尔公爵的包厢里面,这样,您的身份至少也是个高级侍官啊。有了这个交情,您就可以成为公爵阁下的熟人,并参加他的晚会。在晚会上,您可以见到朝廷里的文武百官,所有人都会和您说话,您可要准备好答词哦。"

我父亲此时已恢复神志,但他所有的毛孔都在向外渗冷汗。他的胳膊开始变得僵硬,脖子不断挛缩,头也耷拉下来,他的眼球暴突,胸膛像受到重压一样透不过气来,沉重艰难的呼吸声清晰可辨,身体的抽搐也越来越明显。布斯克罗斯终于发现了我父亲的状况,他找人来帮忙后,自己就赶紧去了普拉多大道,而我那位后妈随后便与他会合。

我父亲陷入了昏睡的状态。苏醒后,他几乎谁都不认识了,只有他妻子和布斯克罗斯是例外。但他一看到他们,脸上就写满愤怒。除此之外,他始终很平静,一言不发,只是拒绝下床。在情势所迫不得不下床的那一刻,他仿佛彻骨生寒,一连打了半个小时的哆嗦。很快,他的病情就进一步加重。他只能咽下极少量的食物,食道的痉挛堵住了他的喉咙;他的舌头冰凉肿胀,眼神黯淡无光并透着惊恐;他的皮肤变成了褐黄色,上面布满白色的疙瘩。

我以仆从的名义混进我父亲的房子。眼睁睁看着他的病情一步步发展,我的心中有无限感慨和叹息。我姨妈达拉诺萨也加入了这次机密行动,她在病床前守护了好多个夜晚。病人看起来并没有认出她。至于我的后妈,很显然,她的存在会给病人造成极大的痛苦。赫罗尼莫神父请她到外省转一转,布斯克罗斯也跟着她一起走了。

为了帮这个不幸的人解除心病,我想出了最后一招,这一招也的确起到了短暂的疗效。有一天，我父亲的视线越过半开半掩的房门，进入对面的房间，他看到一个非常近似于他以前那只墨坛的坛子。坛子旁放着张桌子，桌子上摆满了各种配料，以及为配料称重的天平。我父亲的脸上顿时浮现出欣慰的笑容。他下床来到桌边，让人递了把椅子扶他坐下。由于他身体非常虚弱，他就让别人在他面前操作，自己监督整个流程。到了第二天，他就能亲自动手帮点小忙了。再到第三天，他的精神更好，参与程度更高。

但几天后，他便开始发烧。这次发烧和他先前的病并无关联，症状也不是非常严重，但他身体过于虚弱，扛不住任何一点小病。他去世了。尽管大家在最后时刻想尽办法勾起他的回忆，但他终究还是没能认出我来。我父亲是个天生没有充足体力和脑力的人，这使得他的生命活力甚至达不到普通人的正常水平，他的人生就这样画上了句号。以往，他是出于某种本能，选择了一条适合他的生活道路。别人想把他抛进繁华喧闹的俗世圈子里，没想到竟让他送了命。

该回过头来讲讲我自己的事了。我两年的悔罪时光基本结束了，教廷考虑到弗莱·赫罗尼莫的身份，允许我重新使用自己的本名，附加的条件是我要去马耳他，在骑士团的战船上服役，随船出一次海。我非常高兴地接受了这个条件，希望能在那里和托莱多封地骑士重逢，但这一次我不再是他的家仆，而更接近于一种和他平等的关系。破破烂烂的衣服我确实也穿够了，在姨妈达拉诺萨家里，我把我所有的衣服都试了个遍，最后穿上身的是一套很显富贵的行头，她在旁边看着我，乐开了花。我是在大清早出发的。我改头换面得如此彻底，自然要避开好事者的好奇目光。我在巴塞罗那上船，经过一段短途航行，最终抵达马耳他。和骑士的重逢让我感到无比开心，甚至超出我此前的预期。

骑士向我保证说，他从头到尾都知道我是乔装打扮的，根本没有看走过眼，而且他早已做好准备，等我以真面目示人后，就和我以友相称。他担任一艘战船的船长。他把我带到他的船上，我们一起在海上航行了四个月，并没有给柏柏尔人制造太多麻烦，因为他们都乘坐轻便的小船，能轻而易举地从我们身边溜走。

我少年时期的故事到这里就全部讲完了。我是事无巨细全都对诸位讲述了一遍的，因为每件事的细节都深深地印在我的脑海中。直到今天，我眼前还会依稀浮现出萨努多神父那肃穆的身影，还有布尔戈斯那些德亚底安修士住的教师宿舍。有时候，我会觉得自己还在圣洛克教堂的大门前吃栗子，当高贵的托莱多从我面前走过时，我向他伸出了自己的手。接下来，我要向诸位讲述我青年时期的奇遇，但不会再用如此细致的方式了。那是我一生中最辉煌的时期。每当思绪将我牵引到这段人生时，我能感受到的，只有杂乱纷呈的种种激情，我能听到的，只有这些激情如风暴袭来时发出的嘈杂声响。当时充斥在我内心的那些情感，那些带我升华、助我感受到隐秘幸福的情感，现如今都已沉没在被遗忘的记忆深渊里。的确，透过往事的迷雾，我能看到一缕缕明媚的阳光，这阳光所代表的，是两情相悦的爱，但我爱的那些女子，已经融合为一个模糊的群像。我现在能感觉到的，只是一个个美丽温柔的少妇，一个个乐观开朗的少女，她们向我走来，将雪白的玉臂缠绕在我的脖子上；我甚至还看到一个个招人厌烦的陪媪，面对让人感动的爱情画面，她们无力抵抗，最后，她们把原本应该由她们永远拆散的情人撮合到了一起。我看到窗边的灯火，那是一颗炽热的心在焦急等待时向我发出的信号；我还看到一道道通往密室的楼梯，楼梯的尽头是我将要进入的暗室。那一段段让我体会到人间极乐的美好时光啊！凌晨四点，报时的钟声敲响，第一缕阳光露出天际，情人到了必须分别的时刻。唉！情到深处，纵使离别，也显得甜蜜动人。在我看来，年轻人的爱情故事到哪里都一样，这是全世界相通的事。我的这些爱情奇遇，诸位应该是不会有多大兴趣的。不过，我第一次动真情的故事，想必大家还是愿意听的。在这个故事里，有一些令人惊诧、让人震撼的情节，甚至可以说还有几分神奇。

只是今天天色已晚，我还需要花点时间想想我这个部落的事。所以，请诸位允许我明天再接着往下讲吧。

第五十五天

众人在惯常的时间聚到一起。吉普赛人首领得闲后，便如此这般地接着讲起他的故事：

吉普赛人首领的故事（续）

第二年，托莱多骑士获得船队的最高指挥权。他的兄长给他寄了六十万皮阿斯特，供他开支。骑士团当时有六艘战船，托莱多自己出资又装备了两艘新船。船队群英荟萃，有来自全欧洲风华正茂的六百位骑士。当时，法国开创时尚先河，为军人配置了统一的军服。于是，托莱多也让我们穿上了一半西班牙风格一半法国风格的制服。我们穿着大红的套装，配上黑色的铠甲，胸前绣有马耳他十字，脖子上套着拉夫领，头戴西班牙尖帽。这身制服我们穿起来非常精神。不论我们出现在哪儿，女人们都会守着窗户一步不离；小姐们的陪媪拿着情书在大街小巷跑来跑去，常会弄错地址，张冠李戴的结果就是闹出一个又一个笑话。我们的船停靠过地中海的所有港口，每到一处，都会为城里面的居民增添一场节庆。

日子在这一场场节庆中慢慢流逝，我迎来了二十岁生日。托莱多比我大十岁。

托莱多骑士被任命为卡斯蒂利亚大区的副领主，他带着自己的新荣誉离开了马耳他。临行前，他邀请我和他一起周游意大利，我满心欢喜地答应了。我们先坐船去那不勒斯，一路顺利。招人喜爱的托莱多很快中了当地一个又一个美女的圈套，但幸好他不是个儿女情长的人，要不然，我们恐怕就很难离开这里重新上路了。托莱多有一套极为高超的本领，他在与每一个美女分手时，都能让对方一句责备的话也说不出口。就这样，他告别自己在那不勒斯的短暂情缘，继续在佛罗伦萨、米兰、威尼斯和热那亚尝试新的故事。我们直到第二年才最终返回马德里。

抵达马德里的当天，托莱多就去朝见国王。接着，他到他兄长莱尔纳公爵的马厩里挑了匹最漂亮的骏马。而我也获赠一匹不相上下的宝马。我们两人骑上马，来到普拉多大道，混入那支护拥在女士马车前后的马队。

一辆富丽堂皇的马车吸引了我们的目光。这是辆敞篷马车，上面坐着两位穿着半丧服[1]的女士。托莱多认出高傲的阿维拉女公爵，便赶紧上前向她行礼献殷勤。另一位女士转过身和他迎面相对，两人显然并不相识，但看起来她的美深深打动了他。

这个陌生女子不是别人，正是美丽的西多尼亚公爵夫人。她刚刚结束深居简出的生活方式，重新开始社交活动。她认出当年被关在她地下室里的那个小囚徒，便伸出一根手指放在唇上，示意我切

---

1 译注：指重孝期之后穿的黑白色或淡紫色孝服，在远亲去世时也可穿这种丧服。

莫声张。随后，她那双美眸又转回去看托莱多，而托莱多的眼神里，带有一种让我难以形容的严肃而羞涩的感觉，就我所知，这是他和其他女人打交道时从未出现过的。西多尼亚公爵夫人曾经声明，她此生不会再改嫁，阿维拉女公爵终身不嫁的态度更是众所周知之事。因此，她们的社交圈很需要一位具有马耳他骑士这类身份的人物。两位女士主动向托莱多表达了密切交往的意愿，这对托莱多来说自然是喜出望外、求之不得的事。西多尼亚公爵夫人没有表露出任何与我相识的迹象。她不动声色地让自己的女友接纳我加入他们的小圈子。我们组成一个欢乐四人组，每逢节庆宴会，在最热闹的地方总会看到我们。托莱多一生中已被女人爱过千百遍，但这是他第一次真心爱上一个女人。我也尝试着向阿维拉女公爵表达自己的敬爱，不过，在向诸位描述我和这位女士的关系前，我需要对她当时的处境做几句简单的交代。

我和托莱多在马耳他的时候，她父亲阿维拉公爵去世了。一位雄心勃勃的大人物突然离世，总会引起强烈的反响。面对如此重大的损失，人们深感惊讶，也深为悲伤。马德里的人又想起贝阿特丽斯公主，她和公爵曾有过一段隐秘情缘。关于两人私生子的传闻再度成为议论的热点，看来，阿维拉家族未来的命运就要指望这个儿子了。所有人都期待逝者的遗嘱对此能有明确的交代。但这个期待终究没有成真，遗嘱里什么事也没有澄清。朝廷上下只好不再议论此事，而高傲的阿维拉女公爵以更清高、更傲慢的姿态，重新回到上流社会的交际圈。她原本就不肯走结婚成家这条路，父亲去世后，她前行的方向更是离这条路越来越远。

我生来便是个非常优秀的绅士，但在西班牙人的理念中，女公爵与我之间不可能存在任何形式的平等关系。尽管说她肯屈尊与我接近，但这只能代表，她愿意把我看作一个受她保护、由她来扶携的人。托莱多是温柔的西多尼亚的骑士，而我就像是我这位女友的仆从。

这种卑躬屈膝的关系并没有让我不高兴，我可以不流露自己的任何一点情感，专心迎合曼努埃拉的种种愿望，执行她的每一道指令。总之，我会倾尽全力去实现她的所有想法。在为我的女王服务时，我一直小心翼翼，留意自己的每一句话、每一个眼神甚至每一次呼吸，谨防自己的某个情绪、某个念头不小心显露出来。我害怕冒犯她，更害怕她将我从身边驱逐开去，这些畏惧让我逐渐产生了压抑自身情感的力量。在这段甜蜜的奴役日子里，西多尼亚公爵夫人只要有机会，便会在女友面前夸奖我，但她能为我争取到的好处，至多是几道和蔼可亲的微笑，而这样的微笑体现的只是保护关系。

这种生活持续了一年多时间。我会在教堂或是普拉多大道见到阿维拉女公爵，领受她当天交给我的各种指令，但我不会进她的家门。

不过，她有一天让人把我叫到她家。她在织布机旁做女红，身边簇拥着一群女仆。她让我坐下，然后带着副倨傲的神情对我说道："阿瓦多罗大人，您每天向我表达各种敬意，看来，我需要依托家族的信誉来为您提供一些补偿，否则，我不免有愧于自己的血统。我舅父索里恩特亲自向我指出了这一点，他拥有一个以他姓氏命名的军团，他想为您提供一份这个军团的上校证书。您能给他个面子，接受这份好意吗？您可以先考虑一下。"

"女士，"我向她回答道，"我已经将自己的命运与可亲的托莱多的命运联系在一起了,他为我谋到什么职务,我就做什么工作,我只求如此。说到我有幸每天向您表达的敬意,最美好的补偿,莫过于得到允许,将这份荣幸继续维持下去。"

女公爵并没有回答,只是轻轻摆了摆头,示意我离开。

一个星期后,我又被叫到高傲的女公爵家中。她像第一次那样接待了我,并对我说道:"阿瓦多罗大人,您表现得如此慷慨大气,您想在这一点上胜过阿维拉家族、索里恩特家族的人,乃至所有和我有血缘关系的贵族人士,这真让我无法忍受。我还是向您提个新建议吧,这对您的前程是有好处的。有位绅士,他的祖上一直是我们家族的属臣,这个人在墨西哥发了笔大财,他只有一个女儿,嫁妆会有一百万……"

我没等女公爵把话讲完,便带着几分愤怒起身对她说道:"女士,尽管我血管里流的不是阿维拉家族、索里恩特家族的血,但我血液供养的这颗心心气极高,一百万是打动不了的。"

说完此话,我就想离去,然而女公爵请我重新落座。她命身边的女仆都到另一个房间回避,但不要把现在这个房间的门关上。她随后对我说道:"阿瓦多罗大人,我现在只剩下一样东西可以作为补偿提供给您了。您对我的事情一直如此热心,因此我有理由期待,这一回您不会再拒绝我了。我希望您能帮我一个重要的忙。"

"的确,"我回答她道,"我为您效力,想求得的唯一补偿,就是继续为您效力的荣幸和幸福。"

"离我近一点,"女公爵对我说道,"要不然,那间屋子的人会听到我们的谈话。阿瓦多罗,您或许知道,我父亲与贝阿特丽斯公主私下里是有夫妻之实的,或许还会有人像透露大机密一样告诉您,他们生下了一个儿子。实际上，这个消息是我父亲自己派人散播的，因为这样可以更好地迷惑朝臣。事实上，他们当时生下的是个女儿，而且这个女儿现在还在人世。她是在马德里附近的一家修女院里长大的，我父亲在去世前把这个秘密透露给了我，而她本人至今还不清楚自己的身世。我父亲为她做了长期的计划，他都说给我听了，但他的死让这一切都化为泡影。

"时至今日，再接着实施他为此构思的宏伟计划，已经完全不可能了。让我姐姐彻底恢复身份，在我看来也无法实现，我们能做的第一步，或许是帮这个不幸的姑娘摆脱她永无止境的遁世生活。

"我是见过她的，莱昂诺尔是个好姑娘，纯朴、开朗。我能感觉到，自己对她有种实实在在的喜欢，但修女院院长说了无数遍我和她长得像，弄得我不敢再去看她。不过，我已在修女院声明，我只是她的保护人；另一方面，我还故意暗示，我父亲年轻时有过无数风流韵事，她便是其中的结晶之一。可是，前不久，宫里有人去了修女院，他们打探到一些让我感到不安的消息，因此我决定派人把她接到马德里城里来。

"我在雷特拉达街有一座看起来并不显眼的房子。我让人把对面的房子也租了下来。我想请您到这租的房子里住下来，把我托付给您的对象照看好。这张纸上是您新居所的地址，这封信请您交给圣于尔絮勒会德尔佩尼翁修女院的院长。您带上四个骑马的侍从，再配一辆两只骡子拉的车。会有个陪媪跟我姐姐一起过来，她将来也会守在我姐姐身边，您只要和这个陪媪打交道就可以了。您不要进她们的房子，我父亲和一位公主生下的女儿无论如何要保有完美无瑕的名誉。"

说完这番话，女公爵轻轻摆了摆头。在她家里，这就是让我离开的信号。我于是向她告辞。出门后，我先看了看我的新住所。屋子里配置齐全，住起来非常舒服，我留下两个可靠的仆人，然后去托莱多家打理好我寄住的房间，并将此房间保留下来。至于我从我父亲那里继承的房子，我以四百皮阿斯特的租金租了出去。

我也看了一遍莱昂诺尔的房子。房子里已经有两个准备服侍她的女仆，此外还有一个原本在阿维拉家工作的男佣，但他并没有穿佣人的制服。用平民人家的标准来衡量，房子里的布置非常丰富，格调也非常高雅。

第二天，我带上四个人骑马来到德尔佩尼翁修女院。我被领进院长的会客室。

读完我带来的信，院长一边微笑，一边叹道："仁慈的耶稣啊，尘世里有太多罪行，我非常庆幸自己早已不涉尘世。我的骑士，您来此处找的这位小姐，她与阿维拉女公爵长得太像了，她们怎么能相似到这种程度呢！两幅不同画像上的仁慈的耶稣，恐怕也比不上她们两人这般相似。这位小姐的父母究竟是谁？没人知道。过世的阿维拉公爵，但愿他的灵魂能归属上帝……"

看起来，院长絮絮叨叨的感叹一时半会儿结束不了，我只好向她表示，我要赶紧完成自己的使命。院长晃着脑袋，叹了很多遍气，说了很多遍"仁慈的耶稣"，然后才指示我，有事尽管找负责外联工作的修女谈。

我顺她的指示去了。谈妥之后，内院的门就开了，从里面走出来两位用面纱牢牢遮住脸部的女士。她们一言不发地上了骡车。我骑上马，默默地跟在后面。快进马德里城时，我上前为她们开道；

抵达目的地时，我抢先来到房门前迎候她们。我没有和她们一起进屋，只是去了对面我自己的寓所。在那里，我可以看到她们入住的情况。

在我看来，莱昂诺尔的确与女公爵非常相像，但她长着一头金黄耀眼的头发，面色更白，身材也显得更为丰满。我在自己窗前远眺只能得出这样的结论，毕竟莱昂诺尔不可能安安静静地始终保持同一种姿势，让我看清她的五官。能从修女院脱身，她看起来很高兴。她尽情表达着内心的喜悦，在整个房子里跑来跑去，从阁楼跑到地窖，每一个房间都不错过。看到最普通的家庭用品，她也会惊喜地欢叫，发现一块漂亮的木柴或是一口锅，她也会兴高采烈。她一直向身后几乎跟不上她脚步的陪媪提问，问题接二连三，压得对方喘不过气来。没过一会儿，女管家就让人安上百叶帘，她把窗户关上，我就什么也看不到了。

吃完中饭，我去了趟女公爵的家，把这趟差事的完成情况向她汇报。她带着一贯的冷淡接待我。

"阿瓦多罗先生，"她对我说道，"莱昂诺尔注定是要嫁人的。按照我们的习俗，您不可以进她家，哪怕未来您做她的丈夫，现在也是不能进的。不过，我会告诉陪媪，让她把正对您窗户的百叶帘收起来一扇，但您自己的百叶帘必须全部拉下来。莱昂诺尔做的事，您都需要向我汇报。对她而言，与您结识或许是件危险的事，更何况您曾对我说过，您对婚姻是敬而远之的。"

"女士，"我向她回答道，"我当时只是对您说，我对婚姻并没有明确的兴趣。不过，您说得对，我是没打算结婚。"

与女公爵告辞后，我去了趟托莱多家，但我没有向他透露我和女公爵的秘密。我接着就回到我在雷特拉达街的寓所。对面房子的百叶帘和窗户全都打开了。老仆人安德罗多弹起吉他,莱昂诺尔步伐敏捷地跳起波莱罗舞。她的舞步非常优雅,一个从加尔默罗会修女院出来的人能有这样的风采,我全然没有想到。说句题外话,她从小是在加尔默罗会修女院成长的,父亲去世后才转到圣于尔絮勒会修女院。莱昂诺尔兴奋地做出各种近似疯狂的举动,甚至想让陪媪和安德罗多共舞一曲。看到严肃的阿维拉女公爵有一个性格如此开朗的姐姐,除了深感惊奇,我无法再有别的反应。此外,我对女公爵说到底是暗藏爱慕之心的,由于两姐妹长得过于相似,我面前就相当于出现了一个活泼外向的女公爵形象,这自然会对我产生强烈的吸引力——我默默注视着她,直至深深陶醉其中。此时,陪媪将百叶帘全拉了下来。

第二天,我来到女公爵的家,向她汇报了我所看到的场景。我毫不隐瞒地对她说,她姐姐在纵情欢乐时的天真举止让我看了极为开心,我甚至还斗胆表示,我看得深深陶醉直至忘形,是因为她身上体现出她这个大家族里的人共有的高贵气质。

由于这话听起来隐隐有点表白的意思,女公爵显得很生气,神情一下子变得严肃起来。

"阿瓦多罗先生,"她对我说道,"不论我们两姐妹有多相像,您想夸奖一个人,都请别把另一个人也混进来。请您明天再来吧。我要出趟远门,我希望出发前再和您见一面。"

"女士,"我对她说,"哪怕您的怒火将我烧成灰烬,您的容貌也会像女神的形象那样,深深刻在我灵魂的记忆中。对我来说,您是高高在上的,我完全不敢对您产生任何爱恋的想法;但今天,我在另一位年轻女子身上看到了您那女神般的容貌,她开朗、直率、简单、自然,她让我找到了保全自己的办法,我可以通过爱她来爱您。"

我越往下说,女公爵的神色就越发严厉。我本以为她会将我赶出去,但我并没有被赶出去,她只是简单地对我重复一句,明天再来见她。

我在托莱多家里吃了中饭,晚上又回到自己的岗位。对面房子的窗户是开着的,我能一眼望到房间的尽头。莱昂诺尔正亲自准备一份蔬菜牛肉浓汤。她每时每刻都在征求陪媪的意见。她切好肉,把肉放进一个盘子。随后,在爽朗的笑声中,她又亲自将一块雪白的桌布铺在桌上,并摆好两套简单的餐具。她穿着件普通的紧身褡,衬衣的袖子一直挓到肩头。

有人关上窗户,拉下百叶帘。但这幕情景已在我心中造成强烈的冲击。一个年轻男子看到一个姑娘家中的私密生活后,又怎么可能保持平静?与此类似的种种画面应该就是将人推进婚姻殿堂的动力吧。

我第二天结结巴巴向女公爵汇报的话,我现在已记不太清了。她显然担心我要向她正式表白,于是赶紧插话对我说道:"阿瓦多罗大人,我昨天对您说过,从今天开始,我要出趟远门。我要去我们阿维拉公爵的领地住一段时间。我已经传话给我姐姐,允许她在太阳落山后出门散步,但不能离家太远。您要是愿意,就在那个时候和她攀谈几句吧,我已经让人跟陪媪打过招呼,她到时候会放你们两人交谈,随便谈多久都没问题。努力去了解这个姑娘的思想和个性吧,等我回来后,您把您的想法都说给我听。"

接着,她摆了摆头,示意我告退。我依依不舍地离开了女公爵。我真的爱上了她。她是个极端高傲的女人,但这并没有使我气馁。相反,我觉得,她要是有心找个情人,或许会选身份比她低的男子,毕竟这样的情况在西班牙并不少见。总之,有个声音告诉我,女公爵有一天会爱上我的。可实际上,我也不知道这个预感从何而来,显然,她对我的态度完全不能为此提供任何依据。当天,我整个白天都在想女公爵,但到了晚上,我又重新想起她的姐姐。我来到雷特拉达街。月色清朗,我看到莱昂诺尔和她的陪媪,她们坐在离房子大门不远的一条长椅上。陪媪也认出了我,走到我跟前,邀请我坐在她监护的那个姑娘身边。然后,她就朝远处走去。

经过一段时间的沉默,莱昂诺尔开口向我问道:"他们允许我见的那位年轻男士想必就是您吧?您会对我产生友情吗?"

我回答她说,我对她已经产生了深厚的友情。

"是吗,那劳驾您说说看,我叫什么名字?"

"您叫莱昂诺尔。"

"我不是问您这个。在我的全名里,应该还包括了其他的部分。我在加尔默罗会的时候非常单纯,但现在可不是那样了。那时候我以为,世界上只有修女和告解神父两种人,但我现在知道,这世上有丈夫,有妻子,他们日夜相伴,不分不离,他们的孩子会使用父亲的姓氏,正是因为这个,我才想知道我到底叫什么名字。"

在加尔默罗会,特别是在其中的某几个修女院,教规非常严苛,因此,看到莱昂诺尔到了二十岁还对世事如此懵懂无知,我并不感到惊讶。我回答她说,我只知道她叫莱昂诺尔,我接着又告诉她,我看到过她在房间里跳舞,显然,她的舞蹈知识不可能是从加尔默罗会修女那里学到的。

"不是在那儿学的,"她回答我说,"把我安置在加尔默罗会的是阿维拉公爵。他去世后,我就进了于尔絮勒会,有个寄宿在那里的女人教会了我舞蹈,另一个教会了我唱歌,至于夫妻间的生活方式,所有寄宿在于尔絮勒会的女人都对我说过,这对她们来说根本不是秘密。因此,我很想有一个自己的姓氏,但或许我只有通过结婚才能实现这个心愿。"

接着,莱昂诺尔和我聊起在剧场看喜剧、在公园里散步和在竞技场看斗牛等话题,看起来,她非常想亲自见识这几件事。此后,我又和她进行过几次交谈,都是在晚上。一个星期后,我收到女公爵写来的一封信,信的内容是这样的:

  我让您接近莱昂诺尔,是希望她能对您产生好感。陪媪向我保证说,我的心愿已经达成。您假如真的一心一意想为我效劳,那就娶莱昂诺尔为妻吧,您要想清楚,拒绝就代表着对我的冒犯。

我给她写了这样一封回信:

  女士:

  我对阁下的忠诚是占据我内心的唯一情感。需要向妻子奉献的那些情感,在我的心中,或许已不再有位置。莱昂诺尔配得上一个全心全意为她着想的夫君。

接下来，我又收到这样一封信：

> 再继续隐瞒您也没有意义了：您对我来说是个危险人物，您拒绝迎娶莱昂诺尔，确实让我产生了此生最强烈的快乐感觉，但我决定征服这种感觉。因此我给您一个选择，要么娶莱昂诺尔为妻，要么永远不要在我面前出现，甚至永远不要在西班牙露面，凭我在官里的声望，这一点我完全可以做到。请不要再给我写信了。陪媪会向您传达我的指令。

不论我对女公爵有多深的爱意，如此趾高气扬的一封信足以让我心生反感。有那么一刻，我想去找托莱多，把一切说给他听，向他寻求保护，但托莱多一直深爱着西多尼亚公爵夫人，两人目前的关系正如胶似漆，他恐怕很难站在我这边，做出对女友的好朋友不利的事。我于是决定闭口不言。当天晚上，我来到窗边，想看看我未来的妻子。

对面的窗户是开着的，我能一直看到房间的尽头。四个女人正将莱昂诺尔团团围住，为她梳妆打扮。她穿了件绣着银边的白缎子衣服，头上戴了顶花环，脖子上佩了条钻石项链。弄完这些，那四个女人又给她套了团白纱，将她从头到脚全部盖住。

这一切让我颇感惊奇。很快，我又看到更让我惊奇的事：有人抬进来一张桌子，放在房间的最里面，然后又把这张桌子布置得像个神坛。桌子上摆好蜡烛后，一位神父走进来，他的身后还跟着两位绅士，这两位绅士看起来只能是婚礼的见证人，新郎并没有露面。

此时，我听到有人在敲我的门。陪媪出现在门外。她对我说道："大家都在等您，您不会想违抗女公爵的意愿吧？"

我跟着陪媪走到对面。新娘的婚纱一直穿在身上，她的手被人拉到我的手中：总之一句话，他们给我们办了场婚礼，我们成了夫妻。

见证人向我和我妻子表达祝福，但他们连她的脸都没看到，便匆匆而去。陪媪把我们带进一间沐浴在淡淡月光下的房间，然后就将房门紧紧关上并离开了。

故事说到这里，吉普赛人首领的一位部下来找他商议事情。他向我们告辞，我们当天就没有再见过他。

第五十六天

我们按往常的时间聚在一起。吉普赛人首领得闲后,便如此这般地接着讲起他的故事:

吉普赛人首领的故事(续)

我上回对诸位讲到,我的婚事是在怎样的情形下完成的。我与妻子婚后的生活方式跟这场奇怪的婚礼也非常合拍。太阳落山后,她的窗子就会打开,我能看到她房子里的全貌。但她不再像之前那样晚上出门散步,我没有办法接近她。直到午夜前后,陪媪才会来找我。第二天天亮前,她又会把我送回自己的寓所。

一个星期后,女公爵回到马德里。我和她重逢时是带着种羞愧的,我对她的崇拜被我自己给亵渎了,这让我深为自责。相反,她却以一种极为友善的态度对待我。两人单独相处时,她的高傲化作乌有,我成了她的兄弟和朋友。

一天晚上,我回到自己的寓所,刚准备关上房门,我便感到自己衣服下摆被什么东西从后面拉住了。我扭头一看,只见布斯克罗斯站在我的身后。

"啊,啊!我总算抓到您了,"他对我说道,"托莱多大人对我说,这段时间他再也没见过您,您的很多举动连他都不知情。我向他保证,只需要二十四个小时,我就能发现您的行踪,我成功了。啊,我的男孩啊,你得对我再尊重一点,因为我娶了你的后妈。"

最后这句话虽然不长,但足以勾起我的痛苦回忆,让我想到,我父亲的离世跟布斯克罗斯造的孽有多大关联。我不由自主地对他流露出敌意,然后赶紧摆脱了他。

第二天,我去女公爵家,把这次令人愤怒的相遇说给她听,她听了后情绪明显产生了很大的波动。

"布斯克罗斯是个特别爱打听别人事的家伙,"她对我说道,"什么事都瞒不过他。一定不能让他对莱昂诺尔产生好奇。今天我就把她送到我们的领地去。请别恨我,阿瓦多罗,这么做是为了确保您的幸福。"

"女士,"我对她说道,"幸福这个概念似乎指的是天从人愿后的感觉,但我从来就没有做莱昂诺尔丈夫的心愿。当然,我现在确实已和她相依相伴,我对她的爱也每天都在增加,不过,我不知道用'每天'这样的说法合不合适,因为我只能夜里和她在一起,白天并不能见到她。"

当天晚上,我回到雷特拉达街,但一个人也没见到,对面的房门和窗户始终是紧闭的。

几天后,托莱多让人把我叫到他的房间,对我说道:"阿瓦多罗,我在国王面前提起了您。陛下委派您去那不勒斯完成一项任务。我们上次在那不勒斯的时候,坦普尔,那个可亲的英国人,他让我提了点初步方案,他现在想和我在那不勒斯再见一面,假如我去不了,他希望由您做我的代表。国王认为,让我出这趟远门并不合适,便想派您代劳。"

"不过,"托莱多又补充道,"我觉得您并不太乐意接受这个安排啊。"

"陛下的好意,我受宠若惊,也义不容辞,但现在有一位女士做我的保护人,任何事情,我都想先征得她的同意再去做。"

托莱多笑了,对我说道:"我已经和女公爵说过了,今天上午您去见她一面吧。"

我来到女公爵的家。她对我说道:"我亲爱的阿瓦多罗,西班牙王朝当下的处境,您是知道的。国王来日无多,他要是驾崩了,奥地利家族在西班牙的血脉也就断了,在如此严峻的时刻,任何一个善良的西班牙人都该舍身忘己,只要有机会为国效力,就不该错过。您妻子现在很安全。她是不会给您写信的,加尔默罗会没有教过她。就让我来做她的秘书吧。陪媪刚刚告诉我一条消息,假如这条消息被核实是真的,那我会很快向您转告,您听了以后,一定会对莱昂诺尔更加专情。"

女公爵一边说一边低下头,脸上泛起红晕,随后便示意我离去。

我到内阁大臣那里去领受具体的指令,涉及的主要是外交政策、立场,此外还延伸到那不勒斯王国的行政归属问题,此时此刻,朝廷上下前所未有地希望它能长久留在西班牙的怀抱。第二天,我便踏上行程。一路上,我尽最大可能争分夺秒,快马加鞭。

我带着大部分人在初涉职场时的那种热情,去完成我的使命。但一到工作的间隙,我的心就会重新牵挂起马德里的一切。女公爵是爱我的，这是种不由自主的爱，甚至可以说，她已经向我做出过某种明确的表示。她姐姐现在成了我的妻子，她自然不会再为我投入太多的深情。但她对我依然保持着一种依恋，这一点足有千百个例子可以证明。莱昂诺尔是我夜里的神秘女神，她通过婚姻之神的双手，让我尝尽肉欲之杯里的佳酿。我对她的记忆不仅充斥在心头，也印刻在身体的各处感官上。初别时的遗憾渐渐转化成一种绝望。没有了她们两人，情与性对我来说就失去了意义。

女公爵写给我的信，每次都是和内阁大臣给我的公函一起寄过来的。她的信从来没有署名，字迹也经过伪装。我从信中得知，莱昂诺尔身怀六甲，产期渐近，但她生了病，特别糟糕的是，她的身体从此变得非常虚弱。后来，我又得知，我做了父亲，而莱昂诺尔受尽病痛的折磨。我收到的这一条条关于她身体的消息，看起来像是有心的铺垫，更悲伤的消息似乎随时会来。

最后，托莱多在最出乎我预料的时候来到我这里。他扑进我怀里，对我说道："我来这里是为国王办事的，但派我来的是那两位女士。"

他一边说，一边交给我一封信。我颤抖着打开信，因为我已经预感到信里会有怎样的内容。女公爵向我宣布了莱昂诺尔去世的消息，随后，她又以最体贴的友爱方式，给予我方方面面的安慰。

长久以来，托莱多都是对我言行举止影响最大的那个人；此刻，他充分发挥自己对我的影响力，使我的头脑重归平静。其实，从一定程度上说，我对莱昂诺尔并没有多少了解，但她是我的妻子，一想到我们短暂婚姻中的种种快乐，她的形象在我脑海里就变得清晰、真实起来。从悲痛中平复后，我内心里依然留有浓浓的伤感和深深的失落。

托莱多把我手头的事务全部接管过去。等一切处理完毕,我们便踏上返回马德里的路。快到都城城门时,他把我叫下马,然后带我一路绕行,来到加尔默罗会的墓地。在他的指引下,我看到一块黑色大理石墓碑,墓碑下方刻有"莱昂诺尔·阿瓦多罗"的字样。我的泪水浸透了墓碑。我挣扎着起身,准备去见女公爵,但中途又几度折返。女公爵并没有任何责备我的意思,相反,刚一见面,她就向我表现出情人般的关怀和体贴。最后,她把我带进内室,让我看一个躺在摇篮里的婴儿。我激动到了极点,情不自禁地单膝跪地。女公爵向我伸出手,想拉我起身。我亲吻了她的手。她示意我离开。

第二天,我去拜见内阁大臣,内阁大臣又带我一起去觐见国王。托莱多在推荐我去那不勒斯时,就已经顺势在国王面前替我邀了功——我被授予卡拉特拉瓦骑士团[1]骑士勋章。这个勋章虽不能使我跻身一等贵族之列,但也让我跟他们接近了不少。与托莱多和两位公爵家族的女士相比,我已不再是卑微得近似尘埃了。当然,我的身份完全是由他们打造出来的,而他们看起来也很高兴能助我出人头地。

紧接着,阿维拉女公爵把她在卡斯蒂利亚议会的一份差事交给我处理。我带着诸位可以想象出来的最大热情投入工作,同时也不忘谨慎对待每一个细节,这让我的保护人对我更为器重。我每天都能见到她,而她对我也越来越体贴。我人生故事中最奇妙的部分便

---

1 译注:西班牙最早的宗教性军事组织。1158 年由两个西多会修士创立,目的是保卫卡拉特拉瓦城和反对摩尔人。1164 年得到罗马教皇认可。

由此开始。

从意大利回来后,我又住回到托莱多家,但雷特拉达街的房子依然归我使用。我让一个叫安布罗西奥的家仆住进去。对面那所房子是我成婚的地方,它一直属于女公爵。房子现在门窗紧闭,里面一个人也没有。一天早上,安布罗西奥来找我,恳求我另找个人替他,最好是个胆子大的人,因为一过午夜,他住的房子就会让人感觉不对劲,而对面的房子同样如此。

我让他向我详细说明,那里到底在闹什么鬼,安布罗西奥坦白地告诉我,他过于惊慌,什么也没看清。说完,他又再次表示,他已下定决心,不论是一个人,还是有别人陪他,他都不会再去雷特拉达街过夜。他的这番话激发起我的好奇心,我决定当天夜里就亲自探探险。屋子里还保留着一部分家具。我吃完晚饭就过去了。我让一个仆人睡在楼道里,我自己守在朝街并正对以前莱昂诺尔寓所的那个房间。为防止不小心睡过去,我连喝了几杯咖啡。终于,我听到午夜的钟声响起来。安布罗西奥对我说过,幽灵都是在这个时间出现的。为了不让幽灵受到任何惊吓,我把蜡烛吹灭了。很快,我就看到对面的房子里露出一道光。这道光从一个房间移到另一个房间,接着又从楼下移到楼上,因为有百叶帘的遮挡,我无法看出光究竟源自何处。第二天,我去了趟女公爵的家,要来了对面房子的钥匙。一回到雷特拉达街,我便进楼查看,房子里空空荡荡,我可以确信,里面绝对没有住人。我把每层楼的百叶帘都打开来一扇,然后就忙自己的正事去了。

到了夜里,我像前一天那样守着。午夜钟声响起后,那道光又出现了,但这一次我看清了光从何处而来。一个女人身着白衣,手里提了盏灯,慢慢地穿过一楼的每一个房间,接着又去往二楼,最后消失无踪。烛火映在她身上的光芒非常微弱,我无法看清她的容貌,但那一头金黄的秀发让我能分辨出,她正是莱昂诺尔。

天一亮,我就去找女公爵。她不在家。我去看我的孩子,但我察觉出,女仆们情绪有点躁动不安。起初并没有人愿意向我解释。最后奶妈终于告诉我,昨夜来了个一身白衣的女人,手里还提着盏灯,她在孩子面前看了很久,末了为她祈完福才离开。

女公爵回来了。她让人把我叫过去,对我说道:"我希望您的孩子别在这里待下去了,我这么想自然有我的道理。我已经下了命令,让人布置一下雷特拉达街的房子。孩子以后要住在那里,由奶妈陪在身边,此外还有个假扮孩子母亲的女人。我建议您也搬回去住,不过这或许会给您带来一些麻烦。"

我回答她说,对面的房子我会负责到底,并偶尔在那里过夜。

一切都按女公爵的意愿办了。我特意让我的孩子睡在朝街的那个房间,百叶帘也取下来不再放置。

午夜的钟声响起。我来到窗前,看对面的房间,孩子和奶妈都已熟睡。那个手里提着盏灯的白衣女人出现了。她来到摇篮边,久久地看着孩子,为孩子祈福,随后又站在窗前,朝我的方向注视良久。她走出门去,过了一会儿,灯光又在楼上的房间闪现。最后,这个女人在屋顶上现身,她步履轻盈地越过屋脊,来到邻家屋顶上,并在我的视野里渐渐消失不见。

我必须承认,这一切让我深感困惑。我基本上没有睡着。第二天一整天,我都焦急地等待午夜的到来。午夜的钟声终于敲响,而我早已守在窗前。没过一会儿,我看到对面房子里进来一个人,但此人并不是之前的那位白衣女子，而是个类似侏儒的人。他面色泛蓝，一条腿是木制的假腿，手里提着个灯笼。他来到孩子身边，端详了一会儿，接着便朝窗子走去。他爬到窗台上，盘腿坐下来，开始全神贯注地看我。看了段时间后，他突然从窗子上跳下来，站在了街头，或者更准确地说，他似乎是从窗子上滑下来的。他随后敲响我的房门。

我隔着窗户问他，他到底是谁。

他并没有回答，只是对我说："胡安·阿瓦多罗，拿上你的斗篷和剑，跟我走。"

我照他说的做了。下楼来到街上后，我看见这个侏儒在我身前二十步的地方，他一边一瘸一拐地拖着木腿往前走，一边用灯笼给我指路。走了大概一百步后，他向路的左边拐去，将我带进一片位于雷特拉达街和曼萨纳雷斯河之间的荒凉地带。我们从一道拱门下穿过，走进一片栽有几棵树的天井。西班牙的天井被称作"patio"，指的是车无法通行的内院。天井的尽头，是一幢哥特式小建筑的正门，从门来看，这建筑很像是座小教堂。白衣女子从门里走出来，侏儒用他的灯笼照亮了我的脸。

"是他！"她叫起来，"确实是他，我的丈夫，我亲爱的丈夫！"

"夫人，"我对她说道，"我以为您已经不在人世了呢。"

"我还活着！"

千真万确，真的是她。单从声音我就能听出来是她，但更重要的是，她的语气中表现出一种合情合理的激动和狂喜。这些情绪表达得如此强烈，让我根本产生不了任何疑心，来反思一下我们的相遇有多么神奇，而且我连想这些问题的时间也没有。过了一会儿，莱昂诺尔离开我的怀抱,消失在黑暗中——瘸腿的侏儒继续用他的小灯笼为我指路。我跟在他身后,穿过了一片又一片废墟,走过一处又一处荒凉无比的街区。突然,灯笼灭了。我想把侏儒叫回来,但不论我怎么叫喊,他都不再搭理我了。夜色正浓,我决定就地躺下来,静候天亮。我于是渐渐进入梦乡。

等我醒来时,天色已经大亮。我发现自己躺在一块黑色大理石墓碑旁,墓碑上用金字刻着"莱昂诺尔·阿瓦多罗"。简而言之,我睡在妻子的坟头。我一件件回想昨夜发生的事情,越想就越觉得惶恐不安。我很久没去告解亭忏悔了。我于是上德亚底安修会找我的舅公赫罗尼莫神父。他身体欠佳,便为我找了另一位告解神父。我问神父,魔鬼有没有可能披上人形,扮作女人。

"这是有可能的,"他回答我说,"圣托马斯·阿奎那在《神学大全》里对女恶魔做过明确的描述,遇上她们可是犯了大事情啊。假如一个男人长久不做圣事,魔鬼就会对他产生一定的控制力,然后魔鬼会以女人的形态出现,引诱他们犯罪。我的孩子,您假如觉得自己遇上了女恶魔,那一定要去罗马向赦罪院的主教求助,事不宜迟,您得赶紧去。"

我回答说,我经历了一件非常奇特的事,被一些幻象捉弄了。我请他允许我就此中断忏悔。

我去托莱多家里找他。他对我说,过一会儿,他要带我去阿维拉女公爵家里吃饭,西多尼亚公爵夫人也会去。他发现我心事重重,便向我询问缘由。我此刻的确正在胡思乱想,而且完全无法理清思路,找出个合乎理性的解释。到了和两位女士共进午餐的时候,我还是愁容满面,但她们显得很开心、很活跃,托莱多和她们的配合也相得益彰，最后，我终于被这样的气氛感染了。

午餐过程中，我就注意到他们的一些暗语和笑声似乎与我有关。饭吃完后，我们这个欢乐四人组并没有去客厅，而是走上去内室的路。一进房间，托莱多就将房门锁上，对我说道："杰出的卡拉特拉瓦骑士团勋章获得者，请您跪在女公爵膝下吧，她已经做了您一年多的妻子了。您可别对我们说您不相信这样的事！其实，您要是把您的故事说给外人听，他们或许都能猜个八九不离十，但整件事最高妙之处，就是如何杜绝您本人起疑心，我们为此真是花了无数精力。实际上，雄心勃勃的阿维拉公爵，他的秘闻帮了我们很大的忙。他确实有个儿子，当年他也很想让这个儿子获得认可。不过，这孩子不幸夭折了，他于是要求自己的女儿终身不嫁，这样的话，阿维拉家族的一个分支索里恩特家族将来可以拥有全部领地。我们的女公爵性情高傲，也不想给自己的家找个男主人，但自打我们从马耳他回来后，她的这份高傲有烟消云散之势，要是任其发展下去，怕是会引起轩然大波。幸亏阿维拉女公爵有一位好闺密，此人也是您的好朋友，我亲爱的阿瓦多罗。阿维拉女公爵向这位闺密坦承心迹后，我们三人决心协力合作，来实现她这份无比珍贵的权益。

"我们编造出一个莱昂诺尔，所谓的公爵与公主生下的女儿，她实际上就是女公爵本人，无非是戴了个金黄色的假发，稍稍涂了点粉。在毫无防备的状态下，您自然无法认出，那个从小寄宿在加尔默罗会的天真的小姑娘，其实就是您高傲的保护人。我看过几回这个角色的排演，我向您担保，我当时也和您一样被骗到了。

"您拒绝了各种飞黄腾达的可能，唯一的心愿就是守在女公爵身边，见此情形，她下定了要把终身托付给您的决心。你们是在上帝和教会面前成的亲,但你们并没有当着世人的面结为夫妇,或者至少可以说,您根本无法拿出您成婚的证据,因此可以说,女公爵并没有违背之前关于婚姻的承诺。

"你们就这样成了亲。在此之后,为避开某些好事者的窥伺,女公爵必须去自己的领地过几个月。布斯克罗斯当时刚回马德里不久,我故意让他跟踪您,这样我们就有了蒙骗您的借口——为了甩掉这个爱管别人闲事的家伙,莱昂诺尔需要到乡下避一避。接下来,经过一番商议,我们把您安排到那不勒斯,因为我们已经不知道怎么接着向您交代莱昂诺尔了,而只有在你们的爱情结晶出世,你们的权益多了份保障后,女公爵才肯在您面前露出真面目。

"说到这里,我亲爱的阿瓦多罗,我要向您乞求谅解,因为是我对您宣布了您妻子的死讯。虽然她是个从未存在过的人,但这条消息算得上捅了您胸口一刀。不过,您的真情并没有就此消亡。女公爵看到,您对她大相径庭的两种存在形态都爱得如此深沉,她非常感动。这一个星期以来,她一直想把真相告诉您,心急如焚。可我又当了回罪人,我固执地想让莱昂诺尔从另一个世界回来。女公爵也很乐意扮那个白衣女子,不过,步履轻盈地越过屋脊翻到邻家屋顶上的人,并不是她本人,那个莱昂诺尔只是个通烟囱的少年。

"第二天夜里出现的还是这个古灵精怪的少年,不过,这一次他扮演的是跛腿怪[1]。他坐在窗台上的时候,是沿着一根事先绑好的绳

---

[1] 译注:1641 年,西班牙作家鲁伊斯·贝莱斯·德·格瓦拉(Luís Vélez de Guevara, 1579—1644)出版了他的《跛腿怪》(*El Diabio Cojuelo, Novela de la Otra Vida*)一书。1707 年,法国作家勒萨日(Alain René Lesage,1668—1747)在此基础上创作出同名小说(*Le Diable Boiteux*)。此后,还出现了多部同类型作品。

子滑到街上的。在加尔默罗修会那所旧修道院的天井里究竟发生了什么事,我并不知情,但今天早上我派了个人尾随您,我知道您去教堂做了长时间的忏悔。我不喜欢跟教会打交道,我担心这个玩笑会引发一些不必要的后果,弄出很多麻烦。因此,我不敢再违抗女公爵的意愿,我们决定,今天就把真相向您和盘托出。"

可亲的托莱多原话基本上就是如此。但我当时已经没有办法细听下去,我跪倒在曼努埃拉的脚下。她的脸上浮现出一种既可爱又尴尬的神情,这仿佛是坦承自己彻底失败的表情。我赢得了胜利,虽然只有两个见证人,也永远只会有两个见证人,但这样的胜利对我来说依然珍贵无比。

就这样,我沉浸在充满爱情与友情的美好世界里,甚至连我的自尊也得到极大的满足。对于一个年轻人来说,这是多么幸福的感受啊!

故事说到这里,有人来向吉普赛人首领禀告,部落里有事务需要他亲自出面处理。我转身看着利百加,对她说道,我们之前听了很多荒诞不经的奇妙故事,但所有故事最终都可以用自然的方式解释清楚。

"您说得对,"她对我说道,"或许您的故事将来也可以用这种方式解释清楚。"

第五十七天

大家都以为会有什么大事发生。吉普赛人首领一早派了些探子四处打探消息,然后一直焦急地等待这些人回来。每次问他什么时候可以撤营出发,他总是摇头,然后回答说,他还不能确定具体时间。山里的日子开始让我感到厌倦。要是能尽快与我的卫队会合,我一定会非常高兴。不过,尽管这个意愿非常强烈,我还是要平心静气地再等候一段时间。在山里面,白天总是过得相当无聊,只有晚上才会呈现出让人心情愉悦的另一番景象,因为作为吉普赛人首领朋友圈子里的一员,我越来越深地体会到这个圈子的优秀。我迫不及待地想知道,他奇特的人生故事会有怎样的进展。这一次,是我开口向他发出请求,希望他能满足我们的好奇心。于是,他如此这般地接着讲起他的故事:

吉普赛人首领的故事(续)

诸位应该还记得,上回我说到我和阿维拉女公爵、西多尼亚公爵夫人以及我的朋友托莱多一起吃的那顿午餐。正如我所说,直到那个时候我才明白，高傲的曼努埃拉原来就是我的妻子。真相大白后，我们坐上已在门外备好的马车，一起去了索里恩特城堡。又一个惊喜在城堡里等着我：那位在雷特拉达街假扮莱昂诺尔陪媪的女士带我见了我的女儿，小玛洛莉塔。这位陪媪名叫堂娜罗莎芭，孩子已将她当成自己的亲生母亲。

索里恩特城堡位于塔古斯河[1]河畔，那一带算得上是世间最迷人的地区之一。不过，自然风光的魅力只让我迷恋了很短的一段时间。对女儿的父爱，与妻子的情爱，和至交的友爱，令人感动的真心信任，让人愉快的亲密关系，这一切使我每天都能对快乐产生新的感悟。在我们这短促的一生中，有一种被人称作幸福的感受，这种感受洋溢在我这段时光的每个时刻。我如果没有记错，我这种生活状态应该持续了六个星期。此后，我们就必须返回马德里了。抵达都城的时候，夜色已经很深。我一直把女公爵送到她私邸的楼梯口。她依依不舍，情绪非常激动。

"堂胡安，"她对我说道，"在索里恩特城堡，您是曼努埃拉的丈夫，但到了马德里，您自始至终都是死去的莱昂诺尔的丈夫。"

她刚说完这句话，我就发现一道黑影在楼梯的栏杆后面闪过。我一把揪住那个人的衣领，将他拖到光线充足的地方。原来是布斯克罗斯。我本已打算好好教训他一番，让他为自己的监视行为付出代价，但此时女公爵朝我看了一眼，仅仅是这一眼，便让我举起的手放下来。她看我的这一眼也没有逃过布斯克罗斯的注意。他带着惯常的那种无礼口吻，开口说道："女士，其实我只是想感受一下您

---

[1] 译注：塔古斯河自西班牙东部流过伊比利亚半岛，直到葡萄牙的大西洋沿岸，长1007千米。

的个人魅力，哪怕只能欣赏一小会儿也好。我实在抵抗不了这个诱惑，您的美丽散发出绚烂的光彩，让这黑暗的楼梯变成了一个小太阳，要不是这样的话，恐怕谁也不会发现我躲在这里。"

说完这句恭维的话，布斯克罗斯深深鞠了一躬，然后就走开了。

"我不知道刚才那句话有没有被这个无耻的家伙听见，"女公爵说道，"这让我很担心，他的嘴可是靠不住的。去吧，堂胡安，和他谈一谈，要是他脑子里有什么毫无意义的怀疑，那就帮他都清理掉。"

这场意外似乎让女公爵不安到极点。我离开她，一路追赶，在大街上把布斯克罗斯给拦下来。

"亲爱的继子，"他对我说道，"刚才你差点就要拿根棍子打我。你要是真打了，后果对你来说或许非常糟糕。首先，你这样就是拒绝对你继母的后夫表达敬意；其次，你将来会知道，我已经不再是你从前认识的那个街头混混了。最近这段时间，我找到了自己该走的正路，部里面甚至宫里面都对我的才能表达了认可。阿尔科斯公爵的大使任期已满，他现在已经回来了，朝廷对他很器重。他以前的情妇乌斯卡里斯夫人如今独身寡居，而她和我妻子的关系非常亲密。我们现在可以志得意满地做人，看见谁都不需要害怕了。但你得告诉我，我亲爱的继子，女公爵刚才跟你说了什么悄悄话？你们一副惊恐得要死的模样，生怕我听到你们说了些什么。我告诉你，不论是阿维拉，还是西多尼亚，或是你那个处处受宠的朋友托莱多，我们都不是很喜欢。他把乌斯卡里斯夫人给抛弃了，乌斯卡里斯夫人是不会原谅他的。你们几个人一起到索里恩特城堡待了那么久，当中的原因我现在还没搞明白。你们不在这里的那段日子，大家可都在操心你们的事呢。你们啊,你们什么事都不知道——你们就像刚出生的婴儿那样纯洁天真。梅迪纳侯爵是西多尼亚家族的成员,他现在正在为他儿子争取公爵头衔,他想让这孩子和西多尼亚公爵夫人的小女儿结婚。确实不假,小姑娘今年才十一岁,但年纪根本不是什么问题。侯爵和阿尔科斯公爵有多年的交情,而阿尔科斯公爵又受红衣主教波托卡雷罗[1]的赏识,这位主教在宫里权势滔天,所以这桩事将来肯定能办成。你可以把这些情况提前告诉公爵夫人。等一下,我亲爱的继子!别以为我认不出你,你曾经在圣洛克教堂的大门下做过小乞丐。你当时有事情闹到了教廷的宗教裁判所,不过,与这个神圣法庭相关的事,我都没有好奇心。我现在要和你告辞了,再见吧!"

布斯克罗斯走了。我看得出,他还是以前那个爱耍阴谋、惹人厌烦的家伙,唯一的区别在于,他现在把自己的才能用到了更高的领域。

第二天,我和阿维拉女公爵、西多尼亚公爵夫人以及托莱多共进早餐。我把前一天晚上听到的这段话复述给他们听,产生的反响完全超出了我的预期。托莱多已不似当年那般俊美,也很久不向女士献殷勤了,他目前的最大追求,是一个荣誉性的职位。但不幸的是,一直提携他的那位奥罗佩萨伯爵[2]已经从原先的首相岗位卸任

---

[1] 原注:鲁伊斯·曼努埃尔·费尔南德斯·德·波托卡雷罗(Louis Manuel Fernadez de Portocarrero,1629—1709),红衣主教,在 1699 年左右,他利用自己的影响力,促成安茹的腓力五世在卡洛斯二世去世后被立为西班牙王位继任者。

[2] 原注:奥罗佩萨伯爵(Le Comte Oropesa),在 1685—1691 年间、1698—1699 年间任首相。他支持奥地利家族继承王位。

了,他因此只得谋划其他途径。阿尔科斯公爵回到马德里,又深受那位红衣主教的赏识,这对他来说可不是什么好消息。

西多尼亚公爵夫人看起来担心的是领取终身年金的事。相反,每次一谈到宫里的事和宫里的红人时,阿维拉女公爵都会显得比平时更为高傲。即便是亲密无间的挚友,境况也会有这么大的差异,这让我深受震动。

过了几天,我们正聚在西多尼亚公爵夫人家里吃早饭,来了位贝拉斯克斯公爵的仆从。他向我们禀告,他的主人前来拜访。贝拉斯克斯当时正值壮年,长相俊美,总是穿着一身法国款式的服装,这是他坚持不变的装束,因为他可以由此获得与众不同的优越感。他的口才也远远胜过西班牙人,西班牙人普遍话不多,而且的确是出于这个原因,他们才喜欢通过抽雪茄、弹吉他来避免交谈时的尴尬。相反,贝拉斯克斯可以轻松自如地由一个话题转到另一个话题,而且总有办法在不经意间恭维我们这两位女士几句。

或许,从智慧这方面来说,托莱多要更胜一筹,但智慧终究要隔段时间才能显露一二,口才却可以滔滔不绝地尽情展示。贝拉斯克斯的口若悬河是令人感到愉快的,他自己也意识到,他的这几位听众一直对他的话怀有浓厚兴趣。他转身面对西多尼亚公爵夫人,大笑着对她说道:"说实话,我必须要向您承认,任凭大家怎么想,也肯定想不出比这更古怪、更令人惊叹的事了!"

"那到底是什么事呢?"公爵夫人问道。

"女士,"贝拉斯克斯回答道,"美丽的容颜、青春的年华,您确实没有独占,其他很多女人都可以和您分享。但是,放到所有岳母当中来比,您无疑就是最年轻、最美丽的那一位了。"

公爵夫人还从未想过这一点。她当时二十八岁，很多刚结婚的女子看起来明显要比她更为年轻，但换一个角度看问题，就让她有了重焕青春之感。

"请您相信我，女士，"贝拉斯克斯补充道，"我说的绝对是事实。国王交给我一个差事，让我来您这儿，替年轻的梅迪纳侯爵向您女儿求婚。陛下很想让您这显赫的姓氏续上香火，所有的最高贵族也都是这个想法。女士，您想想看，您牵着女儿的手将她带到神坛，那该是多么迷人的一个画面啊！您和您的女儿必将迎来所有人羡慕的目光。换作我是您，我一定会在婚礼那天打扮得和您女儿非常相似，穿一身绣着银边的白缎衣服。我还想冒昧地向您提个建议，我可以帮您弄到巴黎的布料，我会把最好的几家商号都向您做个推荐。我已经向那天的小新郎承诺好了，我要给他穿上法国款式的礼服，戴一顶金黄色的假发。再见了，各位女士！我要去见波托卡雷罗，他又有些任务要交给我办，但愿也是这样令人愉快的任务吧！"

一边说结束语，贝拉斯克斯一边向两位女士各看了一眼，他的眼神会让这两个女人都以为，自己给他留下的印象要比另一位更深。他行了好几遍礼，然后踮起一只脚原地转了个圈，转身离去。这就是当时在法国被人称作优雅举止的动作。

贝拉斯克斯公爵走了以后，房间里陷入长时间的沉寂。两个女人想的还是绣着银边的白裙，但托莱多提醒大家，还是该多关注一下时局。他高声叫道："照这样看，要在朝廷里寻求支持，就只能找阿尔科斯和贝拉斯克斯这样的人物了？可这帮人是全西班牙最浅薄不堪之辈！假如亲法派的世界观都是这样，那就必须加入亲奥地利这一派的阵营！"

说完这番话，托莱多真的就立刻赶去见哈拉齐伯爵[1]，他是奥地利当时驻马德里的大使。两位女士去了普拉多大道，我骑上马跟在她们身后。

没过一会儿，我们看到一辆鲜红的马车，乌斯卡里斯夫人、布斯克罗斯夫人神气活现地坐在车上，阿尔科斯公爵骑马守护在她们身边。布斯克罗斯紧跟着公爵，他当天刚刚被授予卡拉特拉瓦骑士团的十字勋章，勋章就佩戴在他的胸前。看到这一幕，我目瞪口呆。我也有一枚一模一样的十字勋章，我本以为，能获得勋章是对我功劳的嘉奖，更是对我正直的褒赏，正是凭借着这份正直，我赢得了一些位高权重的人士的友谊。我要向诸位承认，看到我最鄙夷的那个人胸前佩戴了这枚勋章的时候，我惊愕到了极点。我仿佛被定在原处，一直守在最初看到那辆鲜红马车的地方，动弹不得。

布斯克罗斯在普拉多大道上转了个圈回来，发现我还在刚才与他错身而过的地方。他于是摆出一副亲近的架势来到我身边，对我说道："我的朋友，你看到了，虽然走的是不同的路，但我依然可以达到同一个目标。我和你一样，也是卡拉特拉瓦骑士团的骑士了。"

我愤怒至极。"我已经看到了，"我回答道，"不过，我告诉您，我亲爱的布斯克罗斯，不论您是不是骑士，只要让我发现您在我常去的那些房子边窥探，我就会像对待最无耻的人那样对待您。"

布斯克罗斯尽其所能，摆出他最温和的表情，向我回答道："我亲爱的继子，你的这几句话是需要一些解释的，但无论怎么样我都

---

[1] 原注：费迪南-博纳文图尔·德·哈拉齐（Ferdinand-Bonaventure de Harrach, 1637—1706），神圣罗马帝国驻西班牙大使，他尽其所能，想让西班牙王位保留在奥地利家族。

不会恨你，我现在是将来也一直会是你的朋友。为了向你证明这一点，我想对你谈几件重要的事情，这些事情涉及你本人，更涉及阿维拉女公爵。你要是想知道详情，就把你的马交给侍从，然后陪我去最近的一家饮料店。"

我很想知道他到底要跟我谈什么事，此外我也很担心，那个对我来说最珍贵的人，她生活的安宁会不会受到打扰。就这样，我被他说服了。布斯克罗斯点了些冷饮，然后就天南海北地乱说起来。起初，店里只有我们两个人，但没过一会儿又来了些瓦隆卫队的军官。他们找位子坐下，都点了巧克力。

布斯克罗斯弓起背，探着身体凑到我面前，对我低声说道："亲爱的朋友，你有点生我的气啊，因为你一直在想我悄悄溜进阿维拉女公爵家里那件事。不过，我当时可是听到了几句没法从脑子里抹去的话。"

说到这里，布斯克罗斯一边狂笑，一边把目光转向瓦隆卫队的那群军官，然后接着说道："我亲爱的继子，女公爵当时对你说：'在那里做曼努埃拉的丈夫，在这里做死去的莱昂诺尔的鳏夫。'"

说完这句话，布斯克罗斯再次爆发出一阵狂笑，而他的眼睛一直盯着那群瓦隆卫队的军官。他把这套把戏重复做了好几遍。瓦隆卫队的军官都站起身，躲到一个角落，开始议论我们。突然，布斯克罗斯猛地从座位上跳起来，然后一言不发地走出店门。

瓦隆卫队的军官一起走到我桌旁，其中一位非常礼貌地对我说道："您的同桌刚才在我们身上发现了非常滑稽可笑的东西，如果您能告诉我缘由，我的同伴和我本人将感到欣慰。"

"骑士大人，"我回答道，"您的问题非常合理、非常正当。的确,我的同桌刚才算得上是在狂笑,但我并不能猜透其中的原因。不过,我可以向您保证,我们的谈话与诸位一点关系都没有,说的只是自己的家事,这些事情本身没有任何滑稽可笑之处。"

"骑士大人,"瓦隆卫队的那位军官回答道,"我要坦白地告诉您,尽管您的回答无疑表达了对我的尊重,但我完全不能满意。我会将您的原话转告给我的同伴。"

看起来,瓦隆卫队的这群军官进行了一番商议,那个与我交谈的人的态度并没有获得一致认同。

过了一会儿,之前的那位军官又来到我身边,对我说道:"骑士大人,您好心向我们提供了解释,但从这解释中我们究竟该得出什么结论,我的同伴和我无法达成一致的意见。我有几位同伴觉得您的回复能让他们满意。但很不幸,我的看法和他们相反,这让我非常恼火,为了避免发生口舌之争,我已经跟他们说好,要和他们分别决斗一番。至于您,骑士大人,我承认,这件事说到底我该找布斯克罗斯大人理论的,但我想斗胆说一句,凭他那个人的名声,我要是和他决斗,我是毫无荣耀可言的。另一方面,大人,当时您总归是和布斯克罗斯在一起的,而且在他笑的过程中,您甚至还瞄了我们一眼。因此我认为,这件事本身我们都不必再放在心上了,但为了从此结束对事情的解释,我们还是拔出各自的剑,这样才合理正当。"

上尉的同伴没有放弃对他的劝说,他们想让他明白,不论是找他们决斗还是找我决斗,他都是没有任何理由的。但他们也很清楚自己是在和什么人打交道,他们最后只得放弃努力,由其中一位做了我的见证人。

我们所有人都来到决斗的场地。我让上尉受了处轻伤，但同时我的身体右侧也挨了他一剑，当时的感觉就像被针扎了一样。中剑后没一会儿，我狠狠地打了个寒战，然后就倒在地上不省人事了。

吉普赛人首领的奇遇故事正讲到这里，有人打断他的话，他只得去处理自己部落的事务。

秘法师转头看我，然后向我问道："要是我没弄错，刺伤阿瓦多罗的那位军官，应该就是您父亲吧？"

"您说的没错，"我回答道，"在我父亲那本记录册上提到过这场决斗，我父亲特意说明，因为担心和那几位不同意他看法的军官发生无益的口舌之争，他当天和其中的三位进行了决斗，并先后刺伤了他们。"

"上尉先生，"利百加说道，"您父亲这么做，确实证明他有非凡的先见之明。因为担心发生无益的口舌之争，他一天之内以决斗的方式和别人交手了四次。"

利百加冒昧地开我父亲的玩笑，让我很不开心。我还没来得及回击她，众人已四散而去，第二天才重新聚到一起。

第五十八天

到了晚上，吉普赛人首领如此这般地接着讲起他的故事：

吉普赛人首领的故事（续）

醒来时，我发现自己的两只胳膊都被放了血。在云山雾罩之中，我依稀辨认出阿维拉女公爵、西多尼亚公爵夫人和托莱多，三个人的眼里都噙着泪水。我又一次昏厥过去。连续六个星期，我都处在一种几乎不间断的睡眠状态中，甚至可以说，跟死了也没什么差别。因为担心刺激到我的眼睛，百叶帘一直是放下来的；在处理我伤口的时候，我的眼睛也会被绷带蒙上。

最后，我终于能看东西和说话了。我的医生给我带来了两封信。第一封是托莱多的，他在信中对我说，他去了维也纳，我猜不出他这次远行有何使命。第二封信是阿维拉女公爵的，但并不是她亲手所写。她通过这封信告知我，有人在雷特拉达街进行调查，甚至连她自己的私邸也开始受人监视。她失去耐心，便到自己的领地（或者按西班牙的说法，到她的领国）过起了隐居生活。

我一看完这两封信，医生便命人拉下百叶帘，所有人随之离去，我独自沉浸在自己的心事当中。这一次，我是真的做了一番非常严肃的思考。此前，人生在我看来仿佛是一条布满鲜花的小径，直至此时，我才开始注意到小径上遍生的荆棘。

又过了半个月，医生允许我坐马车出门转转。到了普拉多大道后，我从马车上下来，想自己散散步，可刚迈开腿，我就感到浑身无力，只得找了条长椅坐下。

没过一会儿，那位做我决斗见证人的瓦隆卫队军官出现在我身边。他对我说，在我伤势危重的这段时间，我的对手陷入深深的绝望，他现在就在附近，恳请和我拥抱一下。我接受了，我的对手于是扑倒在我脚下，接着又紧紧将我拥入怀中。在向我告辞时，他哽咽地说道："阿瓦多罗大人，请给我一个机会，让我为您跟别人决斗一回！那必将是我人生中最美好的一天。"

他走了没多久，布斯克罗斯就出现了。他带着一贯的傲慢无礼的神情来到我身边，对我说道："我亲爱的继子，你这次受的教训可以说有点过于严厉了。或许本来该由我亲自给你上一课，但效果恐怕不会有这么成功。"

"亲爱的继父，"我回答道，"那位勇敢的军官刺伤了我，但我一点也不怪他。我自己也一直随身佩剑，我知道，有这样的经历是难免的。不过，您在这件事里扮演的角色，我认为配得上用棍棒狠狠地打一顿。"

"别冲动，亲爱的继子，"布斯克罗斯说道，"用棍棒狠狠地打一顿，这种话我们别再提了，按照眼下的局势，要打也应该打你。我们这么久不见，在这段日子里，我已经变成一个有影响力的人物了，和第二流的副部长基本上是一个地位。我还是向你透露一点细节吧，这样你就知道当中是怎么回事了。

"我作为阿尔科斯公爵的侍官，好几次出现在波托卡雷罗红衣主教阁下面前，红衣主教阁下也注意到了。有一次，他竟然屈尊向我微笑了一下，那微笑中透着一种特殊的关照。这也让我壮了胆，此后，只要有拜见他的机会，我都会向他献一番殷勤。

"有一天，红衣主教阁下走到我身边，轻声对我说道：'我知道，亲爱的布斯克罗斯，这座城市里发生的各种事情，没有人能比您搞得更清楚了。'

"我灵机一动，用了个令自己也感到惊讶的方式回答道：'阁下，大家都说威尼斯人善于治国，在他们那里，您说的这门学问，是每一个有意为国事奉献自我的人都需要具备的能力。'

"'他们做得对。'红衣主教评价道，接着，他又和其他几个人聊了一会儿，然后就离开了。

"一刻钟过后，王宫总管走到我身边对我说道：'布斯克罗斯大人，红衣主教阁下让我传话，请您共进午餐，我觉得，红衣主教阁下甚至有话要在饭后对您说。有一点您要注意，讲话时不要海阔天空地讲太多，因为红衣主教阁下的饭量很大，饭后会控制不住地急着打盹儿。'

"我感谢总管向我提了如此友好的建议，然后就留下来和其他十来位客人共进午餐。红衣主教一个人吃了差不多一整条白斑狗鱼。

"吃完饭后，他把我叫进他的工作室。'怎么样，布斯克罗斯大人，'他对我说道，'您最近这些日子有没有听到什么有趣的新闻啊？'

"红衣主教的问题让我深感窘迫,因为说老实话,当天也好,前几天也好,我一条有趣的新闻也没听到。不过,稍加思索后,我这样回答道:'阁下,最近这些日子,我听人说起一个具有奥地利血统的小孩。'

"红衣主教极为惊讶。

"'是的,'我补充道,'阁下或许记得,阿维拉公爵当年曾与贝阿特丽斯公主秘密成亲。他们通过这场婚姻生下了一个叫莱昂诺尔的女儿,她后来结了婚,还生了个孩子。莱昂诺尔现在已经离世,被葬在加尔默罗会的修道院里。我见过她的墓,但后来墓又消失了,完全没有留下任何痕迹。'

"'这件事会给阿维拉家族和索里恩特家族造成极大的损害。'红衣主教说道。要是那条白斑狗鱼没有加速他的睡意,红衣主教阁下的话也许会更长一些。我见此情形,便及时告退了。

"这些事发生在三个星期以前。真的,我亲爱的继子,我明明记得墓的位置,可它竟然会不翼而飞。但我清清楚楚地记得,墓上刻着'莱昂诺尔·阿瓦多罗安眠于此'这样一句话。在红衣主教阁下面前,我没有把她的姓说出来,我这倒不是要给你保守机密,而只是想把这当作另一条新闻,留到以后再讲。"

陪我散步的医生一直在几步开外远远地守着我。突然,他发现我面色苍白,眼看就要晕过去。他告诉布斯克罗斯,身为医生,他需要履行职责,中断对话,将我送回家中。我于是回了家。医生给我喝了些对身体有益的清凉饮品,然后让人拉下百叶帘。我又尽情地想起心事:布斯克罗斯有几句话简直是将我羞辱到了极点。

"跟上等人打交道免不了会这样。"我暗自想道,"女公爵和我这桩婚事说到底算哪门子婚事呢?因为一个虚构出来的莱昂诺尔,我引起了当权者的猜疑,除此之外,我还必须听一个让我厌恶的家伙当面说我闲话。从另一方面看,我要想还自己一个公道,就不可能不背叛女公爵,而她又是那么高傲,绝不会承认与我之间的婚姻关系的。"

我随后又想起小玛洛莉塔,她此时已经两岁了,在索里恩特城堡的时候,我曾将她紧紧拥在怀里,但我不敢用女儿这个词来称呼她。"我亲爱的孩子,"我不禁在心中高喊起来,"命运给你安排了怎样的未来?或许你要在修女院里度过一生?不行,我是你的父亲,我已经准备好了,凡是涉及你命运的大事,我是绝不会小心翼翼不闻不问的。我会做你的保护人,哪怕这要拿我的生命作为代价!"

一想到孩子,我的情绪就开始激动起来。我的泪水不断涌出,很快,我的血也不断地往外流,因为我的伤口又裂开了。我把医生叫了过来,他重新给我包扎了一遍,我随后给女公爵写了封信,托一位她留在我身边的仆人把信交给她。

两天后,我又去了趟普拉多大道。我注意到,每一处的人群都躁动不安,议论纷纷。有人告诉我,国王即将驾崩。听到这样的消息,我认为,我的事情或许会被人暂时淡忘。事实证明,我的判断是正确的。第二天,国王真的驾崩了[1]。我赶紧写了第二封信,托另一位信使带给女公爵。

又过了两天,国王的遗嘱被启封,继承王位的是安茹的腓力五

---

[1] 原注:卡洛斯二世于1700年去世。

世。这件事原本完全没有走漏风声,所以,突然间真相大白后,西班牙上下都陷入了深深的惊诧。我又派人送了第三封信给女公爵。她回复了我的三封信,并让我去索里恩特等她。体力略有恢复后,我就动了身。在我抵达两天后,女公爵也赶到了。

"我们暂时逃过一劫,"她对我说道,"这个卑鄙的布斯克罗斯已经走上正轨,以后他肯定会查出我们结婚的事。这让我真的非常非常愤怒。我当然觉得这不公平,不过,我也知道,在蔑视婚姻的同时,我把自己放在了一个过高的位置上,这个位置超越了我自身的性别,甚至还超越了您的性别。一种必将招惹是非的高傲感占据了我的灵魂,就算我愿意放下身段,竭尽全力去克服这种高傲感,但我老实告诉您,我实际上是根本做不到的。"

"但您女儿呢?"我打断她的话,向她问道,"她未来会有什么样的命运?我永远都不该和她再见面吗?"

"您会和她再见面的,"女公爵说道,"不过,我们现在不要再谈这件事了。请相信我,因为她过这种与世隔绝的生活,我承受的痛苦比您想象的要深得多。"

女公爵的确承受了很多痛苦,而我除了承受痛苦,还要忍受屈辱。我对女公爵的爱和她的高傲扯上了关系,我现在算是得到了应得的惩罚。

亲奥地利的派系决定开一次全体大会,会议的地点设在索里恩特城堡。通过这次会议,我见到了奥罗佩萨伯爵、英凡塔多亲王、梅萨尔伯爵以及其他很多大人物。身份地位普通的来宾也有不少,但其中有些人让我觉得可疑。一个叫乌泽达的人自称是星相学家,他一直坚持不懈地和我套近乎。最后还来了一位叫贝尔普施的奥地利人,他是王后[1]身边的红人,自从哈拉齐伯爵离任后,他就是奥地利驻西班牙大使馆的全权代表。

这群人花了几天时间议事。最后,他们围着一张铺有绿色桌布的大桌子,开了一场隆重的正式会议。女公爵也是参会代表之一,我可以确信,参与国家事务的自豪感,或者更准确地说,参与国家事务的欲望已经彻底占据她的头脑。

奥罗佩萨伯爵面朝贝尔普施,对他说道:"先生,如您所见,在前任奥地利大使任期内,常和他一起讨论西班牙事务的人,现在都聚在此处。我们既不是法国人,也不是奥地利人,而是西班牙人。要是法国国王接受遗嘱,他的孙子就必然会成为我们的国王。未来会发生什么事,我们确实无法预见,但我可以向您保证,我们当中任何一个人都不会挑起内战。"

贝尔普施明确表示,整个欧洲都已做好战备,绝不允许波旁家族掌控一个幅员如此广阔的国家。他随后请亲奥地利派系的诸位亲王派一位他们的密使去维也纳。奥罗佩萨伯爵将目光投到我的身上,我已经觉得,他马上就要开口推荐我了,但他又露出沉思的表情。他接着说道,如此决定性的一步,若是立即实施,恐怕时机尚不成熟。

贝尔普施接着表示,他会留下自己的一位心腹继续商议。他当然很容易就能看出,参会的各位大人都在观望,不到合适的时机,他们是不会公开向朝廷表示反对的。

---

[1] 原注:王后指的是驾崩的卡洛斯二世第二任妻子,诺伊堡的玛利亚-安娜(Marie-Anne de Neubourg, 1667—1740),她出生于普法尔茨选帝侯家族,是神圣罗马帝国皇帝利奥波德一世皇后的妹妹。

会议结束后，我来到花园与女公爵会合，我告诉她，在谈到派密使去奥地利的问题时，奥罗佩萨伯爵曾注视过我。

"堂胡安大人，"她说道，"我要向您承认，之前我们就这个问题谈起过您，推荐您的就是我本人。看起来您对我的举动有责怪之意。我无疑是该受指责的，但首先我想对您解释一下我的处境。我原本是个不适合爱情的人，但您的爱成功地打动了我的心。于是，我想在彻底放弃爱情之前，体会一次爱的喜悦。不知道您怎么看这件事？我也学着去了解您，可我的观念并没有改变。不论是心灵上还是身体上，我都给了您特殊的权利，尽管这些权利很微小，但也到了不能再保留下去的时候了。我会抹去过往的痕迹，让它淡得近似于无。我想在上流社会闯荡几年，如果可能，我还想尽力扭转西班牙的命运。在此之后，我要成立一个由贵族小姐组成的会社，我本人将担任会长。

"至于您，堂胡安，您接下来要和托莱多领主会合，他现在已经离开维也纳，去了马耳他。不过，由于您现在所属的派别有可能让您身处险境，我要买下您的所有财产，然后将其转移到我在葡萄牙的属地，具体地点是在阿尔加维王国[1]。堂胡安，您要采取的防范措施还不仅限于此。西班牙有一些不为人知的世外之域，在这些地方，人们可以避开所有危险，平安度过一生。我会把您介绍给一个人，此人会带您见识这些地方。我的话看起来让您很吃惊啊，堂胡安。以往我在您面前表现出很多的柔情，但布斯克罗斯的监视让我感到

---

[1] 原注：阿尔加维直到13世纪末都是一个独立的摩尔人王国，此后很久都保持着"王国"的称谓。

恐惧，因此我才会做出这样的决定，这决定已无可更改。"

说完这番话，女公爵便离我而去，任我一人独自沉思。我心头涌现出种种想法，而这些想法对这群上流社会的贵族来说都不太友好。

"上天啊，让这些人都从大地上消失吧，"我暗自叫道，"这些半神半人的家伙，其他的凡夫俗子对他们来说根本不值一文！我过去不过是这个女人的玩物，她想找我配合她，一起验证她的心究竟适不适合爱情；她现在又要将我流放，而且，她觉得能为她的事业还有她朋友的事业牺牲自我，我理应为此大喜过望！这是根本不可能的事。幸亏我是个无足轻重的小人物，我将来肯定能过上平静的生活。"

后半段话我是高声喊出口的。话音刚落，一个声音突然响起，回应我道："不，阿瓦多罗大人，您是过不了平静的生活的。"

我转头一看，那个我之前向诸位提到过的星相学家乌泽达正站在树丛下。

"堂胡安，"他对我说道，"您刚才的自言自语我听到了一部分，我可以向您担保，在眼下这样的乱世里，没有一个人可以寻求到平静的生活。您身处在一个强大的保护伞下，您不该拒绝它。快去马德里，把女公爵向您建议的出售财产的事处理好吧，接着请您来我的城堡做客。"

"别跟我提女公爵！"我满腔怒火地高声叫道。

"好吧，"星相学家说道，"那我们来谈谈您的女儿吧，她此时此刻正在我的城堡里。"

心里有了拥抱女儿的念头，我的怒火就平静下来。此外，真与我的几位保护人彻底断绝关系，也是不妥当的行为。我于是去了马德里，放出假消息，说我想移民美洲。我把我名下的房子和其他所有财产都转交给女公爵的律师，然后就跟着乌泽达派来的一个仆人上路了。这个人绕了很多弯路才最终将我带到乌泽达城堡，那里是诸位曾经住过的地方，现在的主人是他的儿子，即眼下在场的这位可敬的秘法师。

星相学家在门廊前迎候我，对我说道："堂胡安大人，到了这个地方，我就不再是乌泽达，而是马蒙·本·热尔松，从宗教信仰和家族渊源这两方面看，我都是不折不扣的犹太人。"

他随后带我参观了他的实验室、工作室，以及他神秘住所的每一个角落。

"请您向我解释一下，"我向他请求道，"您的技艺是否存在真实可靠的基础。因为我听说您是个星相学家，甚至还是位巫师。"

"您想试一试吗？"马蒙说道，"那请您朝这面威尼斯的镜子里看一看吧，您看的同时我会去把百叶帘都拉下来。"

一开始，我什么也没有看到。但过了一会儿，镜子的表面慢慢变得明亮起来，我看到曼努埃拉女公爵，她的怀中抱着我们的孩子。

我们竖着耳朵，满心好奇地准备听接下来的情节。不料就在此时，吉普赛人首领的一位手下来找他，要和他谈论部落当天的事务。

吉普赛人首领离我们而去，我们当天晚上也就没有再见到他。

第五十九天

第二天，我们迫不及待地等着天黑。吉普赛人首领出现时，我们已经聚在一起很久了。我们表现出如此浓厚的兴趣，他非常高兴，于是，他不等我们请求，便如此这般地接着讲起他的故事：

吉普赛人首领的故事（续）

我之前向诸位说到，我盯着看那面威尼斯的镜子，镜子里出现了女公爵怀抱孩子的画面。

过了一会儿，幻象消失了，马蒙收起百叶帘。我对他说道："巫师大人，我觉得您完全没有必要借助魔鬼的力量给我施障眼法。我认识女公爵，她已经像施魔法一样愚弄了我一次，而且方式更加令人惊叹。总之一句话，既然看到镜子里呈现出她的模样，那我毫不怀疑，她本人现在应该就在这座城堡内。"

"您说的没错，"马蒙说道，"我们这就去和她一起共进早餐吧。"

他打开了一扇小暗门，我跪倒在我妻子脚下，而她也无法掩饰内心的激动。

在恢复平静后,她这样说道:"堂胡安,我在索里恩特向您声明的话,本应只说一遍,不再重复,因为那些内容都是事实,而我的决定也是无可更改的。但在您离开后,我一直深深自责,我觉得自己表现得太不温柔,太不体贴。作为女性,这种让人觉得铁石心肠的事,我在本能上是厌恶的。出于这样的本能,我决定在这里等您,并和您做最后一次告别。"

"女士,"我向女公爵回答道,"您曾经是我生命中独一无二的一个梦,对我来说,这个梦取代了所有的现实。请追随您的命运前行吧,把堂胡安永远忘了吧。这一切我全都没有意见,但请您想一想,我还有个孩子留在您身边。"

"您过会儿就能见到她,"女公爵打断我的话,"我们随后一起把她托付给那些未来将负责她教育成长的人。"

诸位,我还有什么话可以对你们说的呢?我当时认为,甚至到了此时此刻我还是这样认为,女公爵做的没错。我真的能和她生活在一起吗?我只是她没有名分的丈夫。我们的关系就算已经避开公众的好奇心,但不可能一直瞒过我们家仆的眼睛,秘密是不可能长久守住的。秘密失守的话,女公爵的命运无疑将遭到彻底的改变。这就是为什么我会认为,她有权这样做,而我也理应顺从。再过一会儿,我就该见到我的小翁迪娜了,现在大家都这么叫她,因为她只是简礼付洗,而没有通过正规的仪式接受洗礼[1]。

吃中饭的时候,我们又聚在一起。马蒙对女公爵说道:"女士,

---

[1] 原注:简礼付洗指用水而没有用圣油的洗礼。"翁迪娜"(Ondine)和"简礼付洗"(ondoyer)的词源一致。

我觉得，有些事情或许应该让堂胡安知道。您要是同意，就由我来说吧。"

女公爵表示同意。

马蒙转过头，面朝我说道："堂胡安大人，您现在所处的这片土地，它的深度是圈外人完全感受不到的，这是一片每个人都守着一份秘密的土地。在这条山脉里，有广阔的洞穴和地下空间。住在里面的是一些摩尔人。自从西班牙驱逐摩尔人之后，他们就来到这里，从此再也没有离开。您眼前这片延伸的山谷里，有一些所谓的吉普赛人，在他们当中，有的是穆斯林，有的是基督徒，还有一些没有任何信仰。您再看那座山，最上方有一座钟楼，钟楼的顶部竖着根十字架。那里是多明我会的修道院。教廷的宗教裁判所对这里发生的一切不闻不问，自然是有他的道理，因此，多明我会的那些修士也权当什么都没看见。您眼下所在的这个房子一直住的是犹太人。每隔七年，葡萄牙和西班牙的犹太人都会聚到这里庆祝安息年[1]：今年是耶和华定下这一律法后的第四百三十八个安息年。我已经对您说过，阿瓦多罗大人，在山谷里的那些吉普赛人当中，有的是穆斯林，有的是基督徒，还有一些没有任何信仰。实际上，这些没有信仰的人是迦太基人的后裔。在腓力二世[2]统治时期，有几百个这样的家庭全家人被处以火刑，幸免于难的少数几户人家来到这里，在一片据说是由火山形成的湖泊旁找到避身之所。多明我会的修道院在那一带有一座小教堂。

---

1 原注：安息年，据《利未记》25，2—7："第七年是安息年，土地要休息，以尊崇耶和华"。（438×7 = 3066）

2 原注：腓力二世（1527—1598），1556年起成为西班牙国王。

"阿瓦多罗大人,现在让我们来谈谈对小翁迪娜的安排,将来她是永远不会知道自己的身世的。陪媪是一心一意效忠女公爵的人,今后就由她来做孩子的母亲。我们已经在湖边给您女儿造了一所漂亮的小屋子,修道院里的多明会修士会教授她一些基本的宗教原理。其余的事情,我们就交给天意吧。不管是怎么样的好奇之徒,都不可能找到拉弗里达湖的湖岸。"

他说这番话的时候,女公爵的眼眶噙满泪水,我也情不自禁地落泪了。第二天,我们就来到这片湖的湖畔,把小翁迪娜安置过去。诸位都知道,我们现在所处的地方,便紧邻着拉弗里达湖的湖域。

在接下来的这一天里,女公爵又恢复从前傲慢自大的模样,我得承认,我们在离别时并没有显得情意绵绵,难舍难分。我也没在城堡里过久逗留。我乘船去了西西里,找到斯佩罗纳拉上尉,请他安排人将我送到马耳他。我来到托莱多领主的家中。我这位高贵的朋友深情地拥抱了我,把我带进一间偏僻的房间,然后将门锁了起来。半小时后,领主的管家为我送来了一顿丰盛的饭菜。到了晚上,托莱多亲自过来看我,他的胳膊下面夹着厚厚的一捆信,或者用政治圈的话来说,是厚厚的一捆外交函件。第二天,我再次起程,我要把这些外交函件转交给卡洛斯大公[1]。

我在维也纳见到了皇帝陛下[2]。当然,我做的第一件事是转交外交函件。刚转交完,我就像在马耳他那样被关进一个偏僻的房间。一个小时后,大公亲自来看我。随后,他把我带到皇帝那里,禀告

---

[1] 原注:卡洛斯大公即后来的神圣罗马帝国皇帝查理六世(1685—1740)(译注:卡洛斯大公是西班牙的说法,一般称卡尔大公或查理大公等)。

[2] 原注:指利奥波德一世(1640—1705),1658年即位。

道："我有幸向皇帝陛下暨使徒陛下[1]介绍这位卡斯特利侯爵，他是从撒丁岛来的绅士，我想请陛下赐予他王室侍官的钥匙[2]。"

利奥波德一世通过下唇的摆动，做出他能做到的最温和表情，然后用意大利语问我，我是什么时候离开撒丁岛的。

我没有与君王说话的习惯，更没有说谎的习惯，于是，我只深深地向他鞠了一躬，以示回复。

"好吧，"皇帝说道，"我就任命您做我儿子的侍官吧。"

就这样，我在完全情非所愿的状态下，变成了卡斯特利侯爵，撒丁岛来的绅士。当天晚上，我头疼欲裂；第二天，我就发起了高烧；再过了两天，我患上了天花。我应该是在克恩顿[3]的一家小客栈里被传染上的。我这场病来势非常迅猛，病情也非常重。不过，我还是痊愈了，甚至可以说还因祸得福：从相貌上看，卡斯特利侯爵与堂胡安·阿瓦多罗再也没有任何相似之处，在更名的同时，我还易了容。绝不会再有人认得出，我就是当年那个差点成为墨西哥总督夫人的假埃尔维拉。

我刚一痊愈，与西班牙联络的工作就交给了我。

在此期间，安茹的腓力五世成了西班牙及东与西印度群岛的国王，甚至也赢得了国民的心。可就在这样的时候，不知道是哪里来的魔鬼干预起了朝政。从某种意义上说，腓力五世和他的妻子倒成

---

[1] 译注：神圣罗马帝国是政教合一的国家，所以对皇帝有"皇帝陛下"和"使徒陛下"两种称谓。

[2] 译注：王室侍官的钥匙指的就是王室侍官的职位，钥匙是这一职位的象征。

[3] 译注：现奥地利最南面的一个州。

了于尔桑亲王夫人[1]的首席国民。此外，法国大使德斯特雷红衣主教被接纳进国会，这让西班牙人的愤怒达到了极点。最后，路易十四觉得自己可以为所欲为，他把曼托瓦[2]变成了法国的驻防区。卡洛斯大公于是又有了做西班牙国王的希望。

1703年年初的一个晚上，大公派人召见我。他一看到我，就上前几步向我迎来，并屈尊拥抱了我，他的拥抱甚至可以说是饱含深情的。这样的欢迎方式意味着有特别的事要宣布。

"卡斯特利，"大公说道，"您没有收到关于托莱多领主的消息吗？"

我回答说我什么消息也没收到。

"他在世时是个了不起的人啊。"顿了一会儿，大公又补充道。

"在世时——这是什么意思？"我高声叫起来。

"是的，"大公说道，"在世时——托莱多领主因恶性高烧在马耳他去世了，但您可以把我当作第二个托莱多。请为您的朋友哭泣吧，也请您始终忠诚地待我。"

因为痛失好友，我流下酸楚的泪水，同时我也明白，我再也不可能放弃卡斯特利的身份了。在情非所愿的状态下，我成了受大公奴役的工具。

第二年，我们去了伦敦。随后，大公由伦敦奔赴里斯本，我则

---

[1] 原注：安娜-玛丽·德·拉特雷穆瓦耶（Anne-Marie de la Trémoille，1642—1722），她在第二任丈夫弗拉维奥·德格利·奥尔西尼于1698年去世后，用起了"于尔桑亲王夫人"的称谓。她肩负路易十四的外交使命，自1700年起在西班牙政坛扮演重要的角色，直到1714年腓力五世的第二任王后将她逐回她的祖国法国为止。

[2] 译注：曼托瓦是现意大利伦巴第大区曼托瓦省省会，当时属西班牙统治下的米兰公国。

与彼得伯勒爵士[1]的队伍会合，这位爵士是我在那不勒斯时有幸结识的，我在那不勒斯的那段故事，之前我已向诸位提及。他接受巴塞罗那驻军投降时，我就在他身边。当时，他通过一次高贵而杰出的行动，向世人彰显了他的品格。就在双方协商投降条约时，有几支联军的部队进入巴塞罗那城，开始肆意劫掠。以腓力五世名义指挥军队的波波利公爵在彼得伯勒爵士面前抱怨了此事。

"请允许我和我的英国同胞到城里去一会儿，"彼得伯勒说道，"我可以担保，一切将像从前那样秩序井然。"

他履行了自己的诺言，随后就离开了巴塞罗那，让这座城市在败降时保全了颜面。

没过多久，几乎已征服西班牙全境的卡洛斯大公来到巴塞罗那。我重新陪在他左右，一直用着卡斯特利侯爵的名字。有天晚上，我和大公的其他侍官在城里的主广场散步，随后我看到一个人，他那时而缓慢时而快速的走路方式让我想起布斯克罗斯。我于是派了个人跟踪他。去的人回来禀告说，那家伙戴着个假鼻子，自称罗布斯蒂医生。我当即确定，他就是和我打过无数交道的那个无赖，他混入城内，必然带着监视我们的意图。

我把情况向大公做了汇报，大公让我全权处理此事，按自己的想法去处置他。我先是下令把这个无赖关进警察总局。我为他准备好一场当街表演的节目：我派了些精锐部队的士兵排成两排，从警察局门口开始，一直列队站到港口，每个人手里都拿着根鞭打用的

---

1 原注：查理·莫当特，彼得伯勒伯爵（Charles Mordaunt, Count of Peterborough, 1658—1735），指挥联军讨伐安茹的腓力五世，尤以围攻巴塞罗那的战事闻名（1705—1706）。

桦条。他们相互间的间隔相当宽，这样可以保证他们伸直手臂挥舞桦条。布斯克罗斯被从警察局里带出来后，当即就明白了，这一切都是为他精心准备的，或者换句通俗的话来说，他是这场盛典里的国王。他拔腿就跑，同时拼命躲闪，他虽然逃掉了一半的抽打，但还是至少挨了两百鞭。到港口后，他瘫倒在一条小艇上，这条小艇将他带上一艘三桅战船，在那里，他有足够的时间治疗自己的背伤。

又到了吉普赛人首领处理他部落事务的时候了，他向我们告辞，后面的故事便留到了次日。

第六十天

第二天，吉普赛人首领如此这般地接着讲起他的故事：

吉普赛人首领的故事（续）

我又为大公效力了十年。我生命中最美好的时光就这样可悲地度过了。但实际上，这段岁月对于其他西班牙人来说，也快乐不到哪里去。无序的状态每天似乎都有结束的可能，但新的混乱同样每天都在爆发。腓力五世在于尔桑亲王夫人面前的懦弱让朝臣们深感绝望，可卡洛斯大公这一派也同样没有任何值得高兴的理由。两个派系都犯下了很多错误，厌倦感和幻灭感已经普遍存在于人们心中。

阿维拉女公爵长期以来都是亲奥地利派系的灵魂人物，但她一度有归附腓力五世的可能，要不是于尔桑亲王夫人那盛气凌人的高傲气焰伤害了她，这种可能或许已转化为事实。于尔桑亲王夫人被召到罗马，看起来，马德里这个尽显她盖世英才的舞台，她终于要被迫放弃了。可是，她没过多久又回来了，这一次她比以往更加飞扬跋扈。阿维拉女公爵只得去阿尔加维，全心创办自己的修道院。

西多尼亚公爵夫人接连失去女儿和女婿。西多尼亚家族的香火彻底断了，她的财产转到了梅迪纳·塞利家族，公爵夫人本人去了安达卢西亚。

1711年，在哥哥约瑟夫去世后，卡洛斯大公继位称帝，从此成为查理六世[1]。欧洲各国争权夺利的觊觎目光不再投向法国，而是对准了这位新皇帝。没有人再希望西班牙出现和匈牙利一样的政权转变[2]。奥地利人从巴塞罗那撤军，但他们将卡斯特利侯爵留在了那里，当地百姓十分尊崇他，对他的信任到了无以复加的程度。我不遗余力地引导他们重拾理性，但我的一次次尝试均以失败告终。我不知道加泰罗尼亚人的内心究竟被何种疯狂所占据，他们觉得自己可以与整个欧洲抗衡[3]。

在时事风云变幻的过程中，我收到一封来自阿维拉女公爵的信。她在信末的签名已经变成了"桑托谷修道院院长"。信中只有以下的寥寥数语：

> 请您尽快去乌泽达那里，试着与翁迪娜见一面。别忘了先和多明我会修道院的院长谈一谈。

腓力五世部队的总司令波波利公爵开始围攻巴塞罗那。他在城

---

1 原注：约瑟夫一世（1678—1711），1705年即位。查理六世生于1685年，殁于1740年。
2 译注：1699年，匈牙利全境开始由神圣罗马帝国的哈布斯堡家族统治。
3 译注：在西班牙王位继承战争末期，法国已与英国、奥地利先后签署和约，但唯独加泰罗尼亚地区对和约毫不知情，孤军奋战，对抗法国、西班牙联军，直至1714年9月11日巴塞罗那被攻陷。

外立起一个高二十五尺的绞刑架,并声明这是为卡斯特利侯爵准备的。

我把巴塞罗那城里的显要人物都召集在一起,对他们说道:"先生们,一直以来你们都给予我厚爱,对我信任有加,我在此深表谢意,但我不是战士,因此无法担任你们的指挥官。此外,万一你们到了山穷水尽、被迫投降的时候,对方向你们提出的第一个条件肯定就是把我给交出来,那样的话你们必然非常为难。出于这些原因,我觉得,我最好还是就此与诸位告辞,此生也应该不再相见。"

可是,一旦民众走上疯狂的道路,就会自发地争取尽可能多的同伴;他们甚至还觉得,拒绝让你脱身会对他们有利。因此,大家都不允许我离开,但我很久以前就已经做好了筹划。海边有一条小船在等我,午夜时分,我悄悄地登船离去。第二天晚上,我在弗洛里亚纳上了岸,那是安达卢西亚的一个渔村。

我给了水手们一笔丰厚的报酬,让他们回去,然后独自一人走进深山。

在山间久久寻路后,我最终找到乌泽达城堡,见到了城堡的主人。他尽管精通星相学,但还是花了一番工夫才认出我。

"堂胡安大人,"他说道,"或者说卡斯特利大人,您的女儿身体非常健康,相貌也美得难以形容。其他的事情,您还是和多明我会的院长谈吧。"

两天后,一位非常苍老的僧侣走到我身边,对我说道:"骑士大人,我隶属于教廷的宗教裁判所,我们的机构认为,对于这片山区里的很多事情,应该不闻不问。这样的态度只是为了感化这里为数众多的迷途羔羊,希望他们有朝一日能够皈依。这些迷途的人对年轻的翁迪娜产生了极坏的影响。此外，她本人也是个有很多奇思怪想的姑娘。我们为她上课，把我们神圣宗教的基本原理传授给她，她听的时候很认真，看起来也没有怀疑过我们话语的真实性，但课上完没多久，她就会去参加穆斯林的祷告，甚至还会参加异教徒的节庆活动。请您到拉弗里达湖旁边看一看吧，大人，既然您有权管她，那就请您试着探一探她的真实想法吧。"

我向可敬的多明我长老表达了谢意，然后就去了湖边。我走的这条路将我带到了北侧的湖角。我看到一条帆船正以闪电般的速度在水面上滑行。船的构造让我赞叹不已：船身形状像一只防滑的鞋子，又窄又长，船上配有两根平衡杆，它们的平衡作用可以防止船倾覆，三角帆固定在一根非常牢固的桅杆上。船上立着一位少女，她手撑着桨，既像是擦着水面滑行，又像是在水的上方滑翔。这条奇怪的船最后停在我站的那片湖角。少女从船上走下来，她的肩膀和小腿都露在外面，一条绿色的丝裙紧紧裹住她的身体。她一头波浪式的卷发垂在雪白的脖子上，偶尔，她会像马儿甩马鬃那样甩甩自己的头发。她的模样让我联想到美洲的土著人。

"啊，曼努埃拉，曼努埃拉！"我心中暗叫道，"这就是我们的女儿吗？"

是的，她就是我们的女儿。我独自朝她的屋子走去。几年前，翁迪娜的陪媪去世了，女公爵当时亲自来了一次，把女儿托付给来自瓦隆的一户人家。但翁迪娜不肯受任何人管束。她是个寡言少语的人，喜欢爬树，攀岩，从山上跃入湖中。但她不乏聪明才智。比方说，刚才我向诸位描述的那条精美的小船，就是由她本人设计制作的。只有一个词可以让她俯首听命，那就是她父亲的名字。假如有人想让她做点什么，或者想从她那里得到点什么，便会"以她父亲的名义"来命令她。我进了她的屋子后，大家决定赶紧把她喊过来。她浑身颤抖地来到我面前，双膝跪地。我将她紧紧拥入怀中，极度深情地拥抱她，但我还是无法让她说出哪怕一句话来。

吃完饭后，翁迪娜又要到她的船上去了，我和她一起上了船。她划起双桨，船很快驶入湖中央。我试着和她交谈，她于是将桨平放下来，神情看起来是在很认真地听我说话。船此时已前行到湖的东岸，紧靠着环绕在湖畔的那片绝壁奇峰。

"亲爱的翁迪娜，"我对她说道，"修道院神父说的那些虔诚的训言，你有没有用心听过？翁迪娜，你可是个有理智、有灵魂的人，宗教应该成为你人生道路的指引！"

就这样，我尽力以自己能做到的最好的方式，履行父亲的职责，向她发出谆谆教诲。可就在此时，翁迪娜突然跳入水中，从我眼前消失了。我深感惊恐，便急忙回到她的住处，找人帮忙。大家对我说，这完全不值得担心，因为山下有无数的洞穴，洞穴与洞穴之间还有拱洞彼此相连，翁迪娜对这地下的通道熟稔于心。她常常会潜入水中，消失不见，一般总要过几个小时才会回来。果然，没等太久，她就回来了，但这一次我放弃了对她的说教。正如我之前所说，翁迪娜是个不乏聪明才智的姑娘，但她自小孤独，完全是在放任自流的环境中长大的，她对俗世的事理人情根本没有一点概念。

几天后，一位僧侣以女公爵或者更准确地说以曼努埃拉院长的名义来看我。他取出一条看起来像是她佩戴的头巾给我看，然后表示要带我去见她。我们沿着海岸一路前行，来到瓜迪亚纳河[1]的入海口。我们随后转道西行，抵达阿尔加维，并最终进入桑托谷修道院。修道院基本上已经建设完毕。女院长带着一贯的高傲神情，在会客室里接待了我。不过，等陪同们全都走开后，她内心的激动就再也无法掩饰了。她昔日的宏伟梦想早已灰飞烟灭，唯一保留在她心中的，是对那一去不复返的爱的怀念和怅惘。我想和她谈谈翁迪娜，但女院长一边叹着气，一边求我把这个话题留到第二天再说。

"我们还是来谈谈您吧，"她对我说道，"您的朋友们都没有忘记您。您的财产通过他们的手，现在已经翻了一番，眼下要确定的是，您该以什么名字取回这些财产。您不可能再自称卡斯特利侯爵了，参加过加泰罗尼亚起义的人，国王是不会原谅的。"

我们就这件事讨论了很久，但并没能得出最终的结论。几天后，曼努埃拉交给我一封奥地利大使写给她的密件。对方用奉承的口气建议我返回维也纳。我承认，在我一生当中，难得遇到这样让我深感幸福的事。我曾忠心耿耿地为皇帝效力，他对我存有感激之心，这对我来说就是最为甜蜜的回报了。

不过，我不会为了一些虚妄的希望而迷途不知归路，朝廷的习气我实在是太了解了。当年我得到大公的宠幸，旁人全能坦然接受，那只是因为他当时还在为王位而战，看起来也前景渺茫。可他现在已成为基督教世界里的头号君主，我一旦回到他身边辅佐他，旁人是不会容下我的。有一位奥地利贵族让我尤为担心，过去他一直有

---

[1] 译注：瓜迪亚纳河是伊比利亚半岛最长的河流之一，源出西班牙中南部，经葡萄牙注入加的斯湾。

陷害我的想法，此人是阿尔特海姆伯爵，将来他必定是个执掌大权的人物。尽管如此，我还是去了维也纳，跪倒在使徒陛下的面前，亲吻了他的双膝。皇帝陛下屈尊和我一起探讨了我名字的问题，他觉得还是保留卡斯特利的名字为佳，不必用回我的本名。他随后为我提供了帝国里的一个高级职位。他的好意让我深为感动，但有一种神秘的预感告诉我，这样的优待我不会享受太久。

在这段时期，有一些西班牙贵族永远地离开了祖国，移居奥地利。在他们当中，有拉里奥斯、奥亚斯、巴斯克斯、塔鲁加等几位伯爵，还有其他一些人士。我和这些人都很熟，而他们都催促我说，我应该以他们为榜样，就此定居下来。这其实也是我的想法，但正如我之前对诸位所说，我有一些躲在暗处的敌人，他们一直在监视我。我那次觐见皇帝时的全程对话都被他们掌握了，他们迅速将谈话内容转告给西班牙驻奥大使。大使认为，设计迫害我，是他作为外交使节的职责。当时有几项重要的会谈正谈到关键时刻，大使一方面为会谈制造障碍，另一方面把矛盾转嫁到我身上来。大家都觉得，会谈突然受阻，与我和我以前扮演的角色有关。他达到了自己的目的：我很快注意到，我的处境发生了彻底转变。我的存在看起来妨碍了朝中的各位大臣。其实，在来维也纳之前，我就已经预料到会有这种转变，因此我也没有过度伤心。我请求皇帝最后一次召见我，以作辞别。我的请求被接受了，召见过程中什么事都没谈，我随后就去了伦敦。又过了几年，我才回到西班牙。

和修道院女院长重逢时，我发现她面色苍白，身体虚弱。"堂胡安，"她对我说道，"岁月把我改变成什么模样，您都看到了。我的人生对我来说已不再有任何吸引力，而且我也真真切切地感觉到，我就要走到人生的尽头了。上天啊！这些年来，我亏欠您的实在是太多了，您有无数理由可以指责我！听我说一件事：我的女儿带着不信神明的身份去世了，而我的外孙女是穆斯林。请您把这封信拿去读一读吧！"说罢这番话，她递给我一封乌泽达写来的信，信的内容是这样的：

尊敬的院长女士：

在我到摩尔人的洞穴里拜访时，我听说有位女子想和我交谈。她将我带到她的住处，然后对我说道："星相学家大人，您什么都知道，所以我想请您解释一件我儿子遇到的奇事。有一次，他在我们这片山区的隘口和深渊里走了一整天，然后发现一片令人神往的水域。他遇上一个美若天仙的女子，他虽然真的把她当作了仙女，但还是当即爱上了她。我儿子现在出远门了，他求我不惜一切代价弄清楚这件神秘的事。"

那个摩尔女人的原话就是这样，我一听她说完就马上猜到，那个仙女正是我们的翁迪娜。确实，她喜欢先跑进一个洞穴，然后消失不见，接着又在湖的另一侧再度现身。为了使那个摩尔女人平静下来，我对她说了些毫无意义的空话，然后就自己去了湖畔。我想从翁迪娜那里问出个究竟，但都是白费劲，女士，您是知道的，她是个厌恶说话的人。但我很快就没有再苦苦追问她的必要了：她体形的变化泄露了她的秘密。我将她带进城堡，她在城堡里生下了一个女儿。可是，她一心想尽快回到自己的湖边，因此，在生下女儿后她就逃出城堡，重新过起她以前的野蛮人生活。几天后，她就患病去世了。我不想对您隐瞒任何事情，就我所能回忆的情况来说，翁迪娜生前从未对任何一种宗教表露过兴趣。至于她的女儿，这个孩子的父亲是一个血统极为纯正的摩尔人，毫无疑问，孩子将来会成为穆斯林。

"您可以想象，堂胡安，"女公爵带着失望到极点的口气补充道，"这件事让我多么难过。我的女儿带着不信神明的身份去世了！而我的外孙女也做不了基督徒。无所不能的上帝啊，您对我的惩罚实在是太过严厉了！"

说完这最后一段情节，吉普赛人首领提醒众人夜色已深。接着，他就与自己的手下会合，而我们也各自休息去了。

第六十一天

我们预感到，吉普赛人首领这一生的传奇故事马上就要说到结局了。我们于是怀着更焦急的心情等待夜晚的来临。在他开口讲述时，我们也听得更加认真。他是如此这般地接着讲他的故事的：

吉普赛人首领的故事（续）

可敬的桑托谷修道院女院长用严苛的方式惩罚自己，以此作为赎罪，但她的身体机能已经衰退，这样的生活让她难于承受，否则，她的身体或许不会这么轻易地被忧虑压垮。我眼看着她生命的火焰慢慢熄灭，再也没有勇气离开她半步。我穿上僧侣的服装，这样就能随时进入修道院。有一天，不幸的曼努埃拉在我怀中离开了人世。女公爵的继承人索里恩特公爵于是来到桑托谷，他用最开诚布公的方式和我进行了交谈。

他对我说道："我知道您和亲奥地利派系的关系，我本人也属于这个派系。万一有需要帮助的地方，您随时可以来找我，您向我的求助，我会视作荣幸。至于说公开正式的交往，我恐怕难以做到。您肯定能理解，一旦有了交往，无论如何，我们双方都会毫无必要地面临险境。"

索里恩特公爵说得有理。亲奥地利派系此前将我安置在一个毫无防守余地的岗位上，我被推上了前台，这样他们就可以随心所欲地拿我当牺牲品。我还剩下一笔可观的财产由莫罗兄弟代管，收回来自行支配是很方便的事。我打算先去罗马或英国旅行一次，但等到必须制订最终的人生计划时，我却什么决定也做不出。一想到重回俗世生活，我就浑身战栗。社会上种种错综复杂的人际关系令我深深鄙夷，而这种鄙夷从某种意义上说也成了我一个实实在在的心病。

乌泽达注意到我犹豫不决的样子，明白我不知道下一步该做什么才好，便建议我为戈梅莱斯酋长效力。

"怎么样才算为他效力？"我问道，"这会不会威胁到我们国家的和平？"

"完全不会，"他回答道，"藏匿在这片山区的摩尔人，他们在酝酿一场伊斯兰革命，革命的动力一方面是政治上的利益，另一方面是宗教上的狂热。他们有取之不竭的财富助他们实现目标。西班牙有几个声名极为显赫的家族为了自身的利益，和他们建立起了联系。宗教裁判所也从他们这里获取了大量的好处。同样的活动，要是在地上进行，宗教裁判所是绝不会容忍的，但换到这里的地下，罗马方面就不闻不问了。总之，请您相信我，堂胡安，试着和我们一起，在这一片片山谷里生活吧。"

我对俗世已无比厌倦，便决定听从乌泽达的建议。那些信奉伊斯兰教或是没有任何信仰的吉普赛男子一看到我，便把我当作他们命中注定的首领。他们对我忠心耿耿，任何考验都难以动摇。不过，让我进一步坚定决心的，是吉普赛女子。她们当中有两位让我特别喜欢，一个名叫姬塔，另一个名叫锡塔。她们两个都非常迷人，我一时间不知道究竟该选谁才好。她们看出了我的犹豫，便携手帮我化解了尴尬。她们对我说，在她们这里，一个男子可以娶好几个妻子，结婚也不需要通过任何宗教仪式的许可。

说起来惭愧，我不得不承认，这种自由的生活方式诱惑了我。如果想一直在美德的道路上前行，很不幸，只有一个办法，那就是避免做任何一件不能充分反映美德的事。换一个角度讲，如果一个人需要隐姓埋名，隐瞒他的行动或计划，那么，过不了多久，他就不得不掩饰自己的整个人生。我与女公爵的婚姻只有一处可指责的地方，那就是我必须掩盖这个事实，然而，正是因为这第一步的掩盖，我的人生必然要随之出现一个又一个秘密。不过，最终将我留在这一片片山谷里的，是一种更为纯净的魅力，那就是此地居民生活方式对我产生的吸引力。在我们头顶上的苍茫天穹，始终带着清新气息的洞穴和森林，芳香的空气，晶莹剔透的湖水，草地上似乎会随着我们每一个脚步绽放出新蕊的花朵，总之一句话，大自然将它的全貌、将它所有的神奇景象都展现在我面前，让我那颗厌倦了俗世、厌倦了喧嚣的心得到平静。

我的两个妻子给我生下了两个女儿。我从此开始更为专心地聆听来自我内心信仰的声音。我亲眼看到，悲伤将曼努埃拉带进了坟墓，我于是决定，我的两个女儿既不能做穆斯林，也不能做没有信仰的人。因此我不会让她们过放任自流的生活。而我本人已没有了选择，我必须留下来为戈梅莱斯效力。我受命处理一些极为重要的事务，手上也掌握了巨额资金。我变得很富有，但我本人已无欲无求，经过族长的许可，我尽自己所能献身慈善事业。我常能成功地拯救一些苦难无边的人。

总的来说，我在地下的生活是我以往地上生活的延续。我再度成为外交使节。我去了几次马德里，还到西班牙境外走了几趟。这种忙碌的生活方式让我一度丧失的能量又回来了，我也越来越喜欢这样的生活。

在这段时间里，我的两个女儿也渐渐长大了。我借着上一次外出的机会，将她们带到马德里。两个年轻的贵族赢得她们的芳心。这两个骑士所在的家庭恰巧与我们这些地下居民有往来，因此，万一我那两个女儿向他们讲述了一些我们山谷的故事，我们也不必担心他们会泄露出去。等我把女儿们都嫁出去后，我就会寻找一个适合退隐的神圣之地，在那里平静地度过我的余生。我这一生尽管没能完全脱离过错，但绝不能被说成是罪恶的一生。

诸位在见到我时，都想让我讲述我的人生故事，现在，我只希望，你们的好奇心得到了满足，没有留下任何遗憾。

"我真的很想知道，"利百加说道，"布斯克罗斯后来怎么样了。"

"我现在就来告诉您，"吉普赛人首领回答道，"巴塞罗那的那次鞭打治好了他喜欢窥视别人的毛病，不过，由于他入监时用的名字叫罗布斯蒂，因此他认为，这件事完全无损布斯克罗斯的名誉。于是，他不知羞耻地投靠了阿尔贝罗尼红衣主教[1]，在此人的部门里谋

---

[1] 原注：胡里奥·阿尔贝罗尼（Julio Alberoni, 1664—1752），西班牙红衣主教、内阁大臣。

事,转变成一个平庸的阴谋家,算得上是他保护人的缩影,因为这位红衣主教是个很有名的大阴谋家。

"后来,另一个叫里佩尔达[1]的冒险家操纵了西班牙政坛。在他掌权的这段日子里,布斯克罗斯又过上了好日子。但岁月不饶人,时间总会在人最春风得意的时候给他的事业画上休止符——布斯克罗斯的双腿突然失去功能。瘫痪后,他让人把自己带到太阳门广场,在那里,他重新干起了自己古怪的老本行。他时常拦住行人,只要有可能,就干预他们的私事。上一次去马德里的时候,我看到他坐在一个打扮堪称世上最滑稽的人身边,我认出来,此人便是诗人阿古德斯[2]。身体的衰老让诗人丧失了视力,这个可怜人只能安慰自己,荷马也同样是个盲人。布斯克罗斯把城里的各种流言蜚语说给他听,阿古德斯将这些故事一一改编成诗句当街吟诵,尽管他当年的才能已所剩无几,但偶尔还是会有人饶有兴致地在一旁聆听。"

此时我又接着问道:"阿瓦多罗大人,翁迪娜的女儿后来怎么样了?"

"您以后会知道的,现在请诸位做好准备,我们马上要出发了。"

我们踏上行程。走了很长一段时间后,我们来到一片夹在高耸峭壁间的深谷,抬眼望去,四周处处都是险峰。

等帐篷全搭好,吉普赛人首领走到我跟前,对我说道:"阿方索

---

[1] 原注:约翰·威廉,冯·里佩尔达男爵(Johann Wilhelm, Baron von Ripperda, 1690—1737),荷兰冒险家,在放弃新教信仰后成为西班牙的内阁大臣和最高贵族。1728年失宠后回到荷兰,重新成为新教徒,随后又去往摩洛哥,皈依伊斯兰教,更名为奥斯曼帕夏。

[2] 原注:关于诗人阿古德斯的内容,需要参见附录中版本A的第四十七天的内容才可理解。

大人,带上您的斗篷和剑,跟我来。"

走了百来步后,我们停在一座石山的豁口前,我朝里面望了一眼,看见一条长长的阴暗通道。

"阿方索大人,"首领说道,"您的勇气我们都是知道的,再说,您已经不是第一次走这条路了。请您顺着这条通道往前走,像上一次那样进入地下。我就此和您告辞了,我们必须在这里分手。"

我清晰地记得第一次来访时的情形,于是平静地在黑暗中前行了几个小时。最后,一道亮光出现,我来到那间墓室,又见了那位年事已高的伊斯兰苦行僧,他正在祷告。

听到我的脚步声,他转身对我说道:"欢迎您,年轻人!我很高兴看到您回来。您了解了一部分我们的秘密,但您恪守诺言,闭口不谈。现在,我们要向您揭示全部秘密,而且您也不必再缄口不言了。您暂时先休息一会儿,把体力恢复好。"

我坐在一块石头上,苦行僧递给我一个篮子,篮子里有肉,有面包,还有葡萄酒。我吃了起来。等我吃完,苦行僧朝墓上的一块隔板推了一下,石板随着铰链的转动收进去,他随后向我指了指下面的旋梯。

"请从这里往下走,"他对我说道,"您会看到您要做什么。"

我重新在黑暗中走起来。在踏过大约一千级台阶后,我进入一个点着几盏灯的洞穴。我看到一条长石椅,石椅上整齐地摆放着好多把钢制的凿子和长柄锤。石椅前,一块一人高的金矿矿脉正闪闪发光。矿石呈深黄色,看起来非常纯。我明白了他们期待我做什么:我要尽自己所能采掘金子。

我左手抓住一把凿子,右手拿起一只锤子。没过多久,我就成了个相当熟练的矿工,但凿子很快就钝了,我只得经常更换。三小时后,我采下来的金子一个人一次已经搬不走了。

此时我注意到,洞穴里到处是水。我爬上台阶,但水还在往上漫,我只得离开洞穴。我回到墓前,苦行僧还在那里。他向我表示感谢,然后又指给我看另一道旋梯,不过,这是通往上方的梯子。我爬上去,在又踏过大约一千级台阶后,进入一个圆形的大厅,这里点着无数盏灯,灯火映照在云母片和蛋白石做成的墙板上,放射出耀眼的光芒。

大厅的最里面立着一尊金色的宝座,宝座上坐着位长者,他头上缠着雪白的头巾。我认出来,他就是河谷里的那位隐修士。我的两位表妹配着最华美的服饰出现在他两侧,他的身边还围着一群穿着白衣的苦行僧。

"年轻的拿撒勒人,"族长对我说道,"您肯定能认出来,我是在瓜达尔基维尔河河谷接待您的隐修士,您也肯定能猜得出,我就是戈梅莱斯家族的大族长。您的两位妻子,您自然是不会忘记的。她们的真情真意得到了先知的赐福,她们现在都要做妈妈了。她们将创立的这一支世系,未来可以让哈里发的职位重回阿里[1]后人之手。您没有辜负我们对您的期望:您回到营地后,对您在我们这片地下世界的经历没有透露一个字。愿安拉将幸福的甘露洒满您的额头!"

说完这番话,族长从宝座上下来,拥抱了我一下,我的两位表

---

1 译注:阿里·伊本·艾比·塔利卜(约600或602—661),伊斯兰教历史上的第四任哈里发(656—661年在位)。他是逊尼派所承认的最后一位"纯洁的哈里发",也是什叶派唯一承认为合法的哈里发。

妹也跟在他后面拥抱了我。那些苦行僧全都告退,我们四人走进一个侧厅,在侧厅最里面的餐桌上,晚饭已摆放整齐。晚饭过程中,没有任何正式的言论,也没有人想试着让我皈依伊斯兰教。我们在欢快的气氛中度过了这一夜的大部分时光。

第六十二天

第二天早上，我再次被派下矿井，采了和前一天差不多等量的金子。到了晚上，我去见族长，我的两个妻子依然在他身边。我请求他满足我的好奇心，向我解释一下困扰我的好几个问题，特别是他本人的传奇经历。

族长回答说，确实到了向我完全揭开秘密的时候了，他于是如此这般地讲述起来：

戈梅莱斯族长的故事

我是戈梅莱斯家族第一代族长马苏德·本·塔赫尔的第五十二位传人，戈梅莱斯宫城堡便是由他建立起来的，他总会在每个月的最后一个星期五消失，然后到下一个星期五才回来。

您的两位表妹已经告诉过您一些事情，我想把她们说的内容补充完整，由此向您揭示我们的所有秘密。摩尔人产生在阿尔普哈拉斯山区定居的想法时，离他们来西班牙并没有几年。当时住在这些山谷里的部落是图尔杜利人，又称图尔德塔尼人[1]。这些当地居民把自己叫作"从塔尔西斯来的人"[2]，并自称过去曾在加的斯地区居住。他们依然使用本民族古代语言的一些表达方式，甚至还有自己的文字。他们的字母被西班牙人称作"desconocidas"，意思就是"不明文字"。在罗马以及后来的西哥特人统治时期，图尔德塔尼人缴纳大量的贡品，以此保留他们的自由和古老信仰。他们崇敬的是被他们称作"雅赫"的上帝[3]，并在一座叫"戈梅莱斯·雅赫"的山上奉献祭祀，所谓"戈梅莱斯·雅赫"，在他们的语言里，指的就是"雅赫山"。那些阿拉伯的征服者是基督徒的敌人，但他们更痛恨信异端宗教的人，或是被他们视作信异端宗教的人。

有一天，马苏德在城堡的地下拱洞里发现了一块石头，石头上写满古代文字。他把石头搬开，看到里面有一道旋梯通往山的深处。马苏德取了个火把，独自一人走下去。他发现了大大小小的房间，各式各样的通道和走廊，但他担心迷失方向，便半途折返了。第二天，他重新进入地下，这一次，他注意到自己脚下有一些闪闪发光的光滑亮片。他把这些亮片拾起来带回住处，经过验证，确信这些亮片都是纯金，他于是进行了第三次探险。他顺着金末的痕迹，来到你这几天工作的那个金矿矿脉。看到如此巨大的财源后，他目瞪口呆。他赶紧回到自己的住处，然后采取各种他能想到的防范措施，让宝藏脱离其他所有人的视线。他派人在地下空间的入口修了座小

---

1 原注：现今一般认为图尔杜利人和图尔德塔尼人是存在血缘关系但有明显区别的两个民族。
2 译注：塔尔西斯（Tarsis）是《圣经·旧约》里提到过的一个遥远地区，具体位置不明。
3 译注："雅赫"（Jahh），与"耶和华"（Jah）的写法非常相近。

清真寺，然后说自己想过隐修士的生活，在那里祷告、冥思。但实际上，他一直在矿脉边不知疲倦地工作，尽自己所能将这珍贵的金属采掘出来。工作的进展无比缓慢，因为他非但不能冒险找人帮忙，还要暗中弄到那些采矿时必备的钢制工具。

此时马苏德也明白了一个道理，单凭财富是获取不了任何权力的。世上所有君王拥有的黄金全加在一起，也比不上他面前的金子多。他付出了人们无法想象的努力来开采矿石，但他并不知道该如何用他的金子，也不知道该把金子藏在何处。

马苏德是先知的狂热信徒，也是阿里的狂热追随者。他相信，是先知本人指引他发现了这些金子，而先知赐予他这笔财富，是想让哈里发的职位重回自己的家族，也就是说，重归阿里的后人，并通过这一代代后人，让全世界都皈依伊斯兰教。这个想法从此成为他头脑中的坚定信念，他于是满腔热情地投入到这项事业中。巧的是，在这段时期，倭马亚家族在巴格达的统治已摇摇欲坠，很多人希望阿里的后人能重掌王权。不久，阿拔斯家族果真推翻了倭马亚王朝，但阿里的后人没有从中得到任何好处。有一位倭马亚家族的成员甚至来到西班牙，做起了科尔多瓦的哈里发[1]。

马苏德产生了一种前所未有的腹背受敌感，但还是有自己的办法精心掩饰，藏匿行踪。他甚至放弃了在短时间内实施自己计划的想法。不过，他只是换了种行动的方式，从某种意义上来说，他是放眼未来，做起了长期打算。他选了六位与自己同辈的部落长老，请他们庄严宣誓，然后向他们披露了金矿矿脉的秘密。他对他们说

---

[1] 原注：参见第一天的相关注释。

道:"这个宝藏我已经拥有十年了,不过,它没能让我获得一点利益。要是我年轻一些,我或许可以召集战士,通过金子和战剑来统治天下。但这个宝藏我发现得太晚了。那时候大家就很清楚,我是阿里的追随者,我要是想建立自己的派系,恐怕还没建立起来,就已经被人杀害了。我一直希望,未来有一天,我们的先知会让哈里发的职位重回自己的家族,到那个时候,全世界都会皈依他的宗教。时机尚未来到,但必须未雨绸缪。我与非洲保持着一些联系,在那里,我暗中给予阿里德家族[1]支持,不过,我们同样要壮大我们家族在西班牙的势力。首先,我们必须严守这个宝藏的秘密。我们不可以所有人都用一个姓氏。因此,我的表弟泽格里斯,将来你要带着你全家去格拉纳达定居。我家里的人全留在山里,保留戈梅莱斯的姓氏。其他几位,你们将来要去非洲,在那里娶法蒂玛家族[2]的女子为妻。我们必须给予年轻人特别的关怀,要试探他们的才智,让他们经受各种各样的考验。如果有朝一日,年轻人当中能出一位才能和勇气都出类拔萃的人物,那就可以建议他去推翻阿拔斯王朝,彻底铲除倭马亚王朝的余孽,然后让哈里发的职位重归阿里的后人。在我看来,未来的这位征服者应该享有马赫迪的称号,也就是说,他应该是第十二代伊玛目,先知所宣称的'日出西方'将在他身上得到印证。"

以上便是马苏德的计划。他将计划写入一本书里,从此刻起,任何行动他都会征求这六位部落长老的意见。最后,他放弃自己

---

[1] 译注:阿里德家族是阿里父系分支的后人,建立起了摩洛哥的一个苏丹王朝。
[2] 译注:穆罕默德的女儿法蒂玛是阿里的妻子,法蒂玛生有两子:哈桑和侯赛因。法蒂玛家族指的就是哈桑和侯赛因的后人,即现代的哈希姆家族。

的职位，把大族长的荣誉连同戈梅莱斯宫城堡都交给了其中一位长老。

经过八位族长的先后统治，泽格里斯家族和戈梅莱斯家族获取了西班牙最美丽的几块土地。其他几个家族则远赴非洲，一部分人担任了要职，与当地一些最强大的家族实现了联姻。

在伊斯兰历的第二个世纪末[1]，一位泽格里斯家族的成员大胆妄为地自称马赫迪，也就是说，他把自己当成了天经地义的首领。他在离突尼斯城不远的凯鲁万[2]定都，征服了摩尔人在非洲的全境，成为法蒂玛王朝哈里发世家的开创者[3]。戈梅莱斯宫城堡的族长运了很多金子给他，但另一方面，族长也必须前所未有地加强警惕，以防秘密泄露，因为基督徒开始在西班牙占上风，大家都很担心戈梅莱斯宫城堡会陷落到基督徒手中。很快，族长又有了新的烦恼：阿本瑟拉赫家族[4]的地位迅速上升，这个家族当时与我们是敌对的关系，他们的思想与我们截然相反。泽格里斯和戈梅莱斯两个家族性情粗犷，保守封闭，但一心想传播自己的信仰。阿本瑟拉赫家族则性情温和，喜欢向女性献殷勤，与基督徒一直保持着友谊。他们探听出我们的一部分秘密，给我们制造了无数陷阱。

---

1 译注：伊斯兰历第二个世纪末当指9世纪初，公元800年，艾格莱卜王朝在凯鲁万定都，但法蒂玛王朝建于909年，此处作者应有误。

2 译注：凯鲁万位于突尼斯中部偏东地区，现为突尼斯第四大城市，北距首都突尼斯城155公里。

3 原注：公元909年，一位来自叙利亚的伊斯玛仪派成员赛义德·伊本·侯赛因自称是阿里后人和马赫迪。他于公元910年在凯鲁万掌权，建立了法蒂玛王朝。

4 译注：关于阿本瑟拉赫家族，参见第一天的相关注释。

马赫迪的后人征服了埃及[1],在叙利亚和波斯也得到认可。阿拔斯家族的势力崩塌,塞尔柱突厥人的首领占领了巴格达[2]。尽管如此,阿里的学说传播范围依然极为有限,逊尼派一直保持着统治地位。

在西班牙,阿本瑟拉赫家族逐渐带坏了整个社会的风气。女人在公开露面时不再戴面纱,男人拜倒在女人脚下追求她们。戈梅莱斯宫的那些族长不再离开城堡,也不再接触金子。事态发展到最后,为了拯救信仰、拯救王国,泽格里斯家族和戈梅莱斯家族终于有人结成联盟,反对阿本瑟拉赫家族。在自己的阿尔罕布拉宫的"狮庭"内,阿本瑟拉赫家族遭到一场屠杀[3]。

这一悲惨事件使格拉纳达失去了它相当重要的一支守卫力量,也加速了它的灭亡。阿尔普哈拉斯山谷里的人随着整个国家归附了胜利者。戈梅莱斯宫的族长毁掉他的城堡,躲到你曾经去过的佐托兄弟所在的地下空间避难。六位部落长老也带着各自的家人,和族长一起藏进地下深处,剩下的人则躲入通往其他山谷的邻近洞穴。

泽格里斯家族和戈梅莱斯家族里有些人选择了信奉基督教,或者说,装出改宗的样子。莫罗家族便是其中的一支。他们过去在格

---

1 原注:法蒂玛王朝第四位首领阿尔-穆伊兹于公元973年征服埃及,迁都开罗,称哈里发。

2 原注:塞尔柱突厥王朝建立于1055年,承认阿拔斯的哈里发,但这些哈里发的权力日渐削弱。阿拔斯帝国正式消亡是在1258年,蒙古的旭烈兀在巴格达城大肆劫掠,杀死了哈里发穆斯台绥姆。

3 原注:1485年左右,泽格里斯家族指控阿本瑟拉赫家族的阿本-哈梅德与王后达克萨拉通奸,在煽动下,国王下令屠杀阿本瑟拉赫家族。阿尔罕布拉宫意为"红城",是格拉纳达王国的宫殿。

拉纳达经营一家商号，后来，家族里还有成员发展为西班牙朝廷的御用银行家。他们不必担心资金匮乏的问题，因为他们可以动用地下的所有财宝。与非洲的往来特别是与突尼斯王国的联系，一直没有断。直到神圣罗马帝国皇帝、西班牙国王卡洛斯一世的统治时代，一切都按部就班、顺利无阻。先知的律法虽然在亚洲不似哈里发帝国时期那样光芒四射，但在欧洲得到广泛传播，这要归功于奥斯曼帝国的征服扩张。

不和与争斗毁掉了地上的一切。而在这一时期，同样的问题在地下世界也就是我们的洞穴里也出现了。狭小的空间让矛盾冲突变得格外激烈。瑟菲和比拉争夺族长的宝座，这个宝座当然是值得觊觎的，因为占有它就意味着掌控了取之不尽的金矿。瑟菲眼见自己势单力薄，便想与基督徒联手，比拉将匕首刺进了他的胸膛。随后，比拉对安全防范问题进行了一次总规划。洞穴的秘密被写在一张羊皮纸上，内容分成六个部分，每一部分都被切割成一条竖幅。于是，要想知道完整的秘密，只有集齐六条竖幅才能办到。六位部落长老每人各取一条竖幅，他们只能自己保管，绝不可以转交他人，否则会被处死。六个人都将竖幅缠在自己的右肩上。比拉对洞穴内部和洞穴附近的居民都掌握着生杀大权。他刺进瑟菲胸膛的那把匕首成为他强权的象征，后来还传给了他的继任者。比拉就这样在洞穴世界建立起他的暴政。此后，他坚持不懈地投入大量精力，参与非洲事务。在非洲，戈梅莱斯家族已经成功赢得几个王位，他们在塔鲁丹特和特莱姆森[1]实现了统治。但非洲人的性情并不专一，他们聆听

---

[1] 译注：特莱姆森（Tlemsen）是现阿尔及利亚城市，近西北边境。

的,还是主导自己情感的声音。在世界的这一部分,戈梅莱斯家族的行动从未取得过预想中的成功。

在这一时期,留在西班牙的摩尔人开始受到迫害。比拉非常敏锐地利用了时局的变化。他极为机智地开辟渠道,在洞穴世界与政府高层人士之间建立起一种互助互利的体系。这些高层人士自以为只是保护了几个想过平静生活的摩尔人家族,但实际上,族长在对他们慷慨回报的同时,他们也为族长实施自己的计划提供了方便。此外,我还在家族的年鉴里看到过这样一条记录:比拉推行了或者说重建了对年轻人的考查计划,通过重重考验,让年轻人展示出自己坚定不移的品格。要知道,在比拉之前,这种考查计划早已被淡忘了。

此后不久,摩尔人开始遭到驱逐。当时洞穴里的族长名叫卡德尔,他是一位智者。他想尽办法,来保障洞穴居民的安全。银行业巨头莫罗家族创建了一个由显贵组成的慈善机构,显贵们做出一副怜悯摩尔人的姿态,并以此为掩饰,提供了无数服务,也赢得了巨额回报。

那些被一直驱逐到非洲的摩尔人都有复仇的思想,这种思想无休无止地刺激着他们的神经。大家自然都会认为,在世界这一部分的人迟早会发动起义,侵犯西班牙领土。但没过多久,非洲各国政府纷纷宣布,要讨伐这些流民。无数的鲜血在内战中无谓流淌,洞穴里的族长也慷慨地投入了无数无谓的金钱:冷酷无情的穆莱伊斯梅尔利用这百年的纷争,建立起一个如今依然存在的国家[1]。

---

1 原注:穆莱伊斯梅尔于1672—1727年间在位("穆莱"是摩洛哥国王的荣誉称号)。阿拉维家族或曰阿里德家族建立的王朝自1659年统治摩洛哥至今。

我已经说到我出生的年代了,往下我会向您谈我本人的经历。

族长说到这里,有人上前禀报,晚餐已准备就绪。这一晚过得和前一晚一样,我就不再细述。

第六十三天

早上，我又被派下矿井。我开始尽全力采金。由于连续干了好几个整天的活儿，我对这份工作已是轻车熟路。晚上，我回到族长身边，我的两位表妹依然和他在一起。我请族长接着昨天的内容往下讲，他便如此这般地说起来：

戈梅莱斯族长的故事（续）

我们地下领地的历史，我已经尽我所知告诉您了。现在，我要向您讲的是我自己的人生奇遇。我生在一个非常开阔的山洞里，那山洞就在我们现在所处的这个洞穴旁边。山洞里是看不见天空的，仅有的一道光源也是间接照进来的，但我们偶尔会出洞，在岩缝中呼吸一点新鲜空气。透过岩缝，我们可以看到狭窄的一片天穹，甚至还能经常看见太阳。我们在岩缝外有一小块土地，我们在这地上种了些花。我父亲是六位部落长老之一，因此他必须和他的所有家人在地下生活。他有一些旁系亲属住在山谷里面，以基督徒自居。其中一部分人还在阿尔拜辛安了家，那是格拉纳达的一个镇。您知道，那镇上并没有任何民居，居民都住在山腰上的山洞里。这些独特的住所有一些与其他山洞相通，并能一直延伸到我们的地下世界。住得近的人每逢星期五都会过来与我们一起祷告，离得远的、要走长路的人则只在盛大的节日过来。我母亲对我说的是西班牙语，我父亲则说阿拉伯语。我于是逐渐掌握了这两门语言，但主要还是擅长阿拉伯语。我熟背《古兰经》，认真研究它的各种注解。从童年时代开始，我就成了一个狂热的穆斯林，做起了阿里的信徒，在人们反复的思想灌输下，我对基督徒产生了刻骨铭心的仇恨。所有这些情感可以说是我生来就具有的，在我们那阴暗的洞穴里，它们伴随着我一起成长。

就这样，我长到了十八岁。一种日积月累的情绪在这一年爆发出来，我深深感到，地下的洞顶在压抑我的心灵，让我不堪重负。我渴望纯净的空气，求之不得的抑郁感对我的健康产生了负面影响，我失去了活力，整个人眼看着就迅速消沉下来。我母亲第一个注意到我的状态。她开始打探我的心事，我把我所有的感受都告诉了她。我向她描述了那种日夜折磨我的抑郁感，我对她说，我的心头萦绕着一种奇怪的不安，但我无法用言语表达清楚。说完，我又补充道，我真的很想呼吸另一种空气，看看天空，看看森林，看看山，看看海，看看人，要是我得不到实现心愿的机会，那我可能会死的。

我母亲泪光闪闪地对我说道："亲爱的马苏德，你的病其实我们都有。我本人也有过一段非常难受的时候，他们当时允许我出门走一走。我一直走到了格拉纳达，甚至还去了更远的地方。但你的情况和我完全不同。他们给你设计了宏大的计划，你很快就要投身到俗世中去，到那个时候，你要去很远的地方，比我想让你见识的地方还要远得多。不过,明天一大早你还是来找我吧,我保证让你呼吸到新鲜纯净的空气。"

第二天早上,我准时去找我母亲。

"亲爱的马苏德,"她对我说道,"既然你想呼吸到比我们山洞里更清新的空气,那你就得让自己具备足够的耐心。你顺着这个方向匍匐前行一段时间后,会到达一个很深很窄的山口,在那里呼吸要比在我们这里自由畅快得多。你甚至还能找到几个地方爬上山,看你脚下那片一望无际的广阔世界。这条低洼的通道一开始只是岩石上的一个豁口,但它随后又分成好多条路,通往好几个方向。可以说,这是一座条条小路盘绕在一起的迷宫。所以你要带上几根炭条,在每一个岔口标上记号,标记你之前走过的路,只有这样,你在回来时才不会迷路。带上一包干粮,至于水,到时候你会找到充足的水源。我希望你一路上什么人也碰不到,但小心起见,你还是在腰间系上这把土耳其弯刀吧。我满足了你的心愿,但同时也给自己制造了巨大的危险,所以,你还是赶紧走吧,别再耽搁了。"

我向我善良的母亲表达了谢意,然后就爬行起来。我进入一条在岩石上挖出来的狭窄通道,但通道上布满青草。后来,我看到一个小水湾和一片清澈的水,稍远处还有几条纵横交错的山涧。随着我不断前行,白天已经在不知不觉中过去了一半。一道瀑布的轰鸣声吸引了我,我来到瀑布下的小河边,顺着河坡往下走,一直走到河汇入水湾的地方。这真是个让人心醉神迷的地方啊。我想发出几声赞美,但一句话也说不出口,我就这么出神地凝视了一会儿眼前的风景。不过,我很快就感到腹中空空,饥饿难忍。我从包里取出干粮,按先知的要求净手之后,就吃了起来。吃完饭,我再次净手,并打算就此折返,回到地下空间。我沿着来时的路往回走。突然,我听到一阵奇怪的哗哗水流声,我转身望去,只见一个女人从一片湖中走出来。她湿漉漉的头发几乎遮住了全身,不过,她身上还是有一条绿色的丝裙,裙子紧紧裹着她的身体。这个仙女一从湖里出来便躲进灌木丛中,再露面时换了一身干衣服,头发也用一把梳子盘了起来。

她爬上一座山,或许,她是想感受一下远眺时的美景吧。美景看完,她便下山朝刚才钻出来的那片湖走去。此时,我突然在无意识间迈起步子,跑到路当中,拦住她。她起初极为惊诧,但我紧接着跪在了地上,看到我如此谦卑的举动,她稍微定下心来。她走到我面前,把手放在我下巴下面,托起了我的头,在我额头上亲吻了一下。随后,她疾如闪电地跳入湖中,就此不见踪影。我确信她是个仙女,或者说,是我们传说故事里的佩里仙子[1]。尽管这么想,我还是到她刚才换衣服的灌木丛里去了一趟,在那里,我发现了她铺在树上等着晾干的衣裳。

我已经没有任何理由再在外面耽搁了,于是赶紧回到山洞。我拥抱了母亲,但没对她说我的那段奇遇,因为我在我们的抒情短诗里读到过,仙女都喜欢别人为她们保守秘密。看到我异常兴奋的样子,母亲也很高兴,她给予我的自由产生了如此良好的效果,这让她非常欣慰。

第二天,我又去了那片湖。由于事先已用炭条标好路线,因此

---

1 译注:佩里(Péri),一般认为是波斯神话中的仙女,是堕落天使的后代,需赎罪后方可进入天堂。

我找起来毫不费力。到达目的地后,我用尽全力高喊起来,想请仙女原谅我之前贸然在她湖里净手的行为。不过,我还是又净了一遍手,净完手后,我把干粮铺开,出于一种神秘的预感,我这次带的食物是两人份的。我刚准备享用这顿盛宴,就听见一阵水花四溅的声音,仙女从湖里走出来,并笑着向我泼水。

她朝灌木丛跑去。换上干裙子后,她坐到了我的身边。随即,她就像一个普通的凡人那样吃起东西,但一句话也没有说。我觉得,缄默不语应该是仙女们的习惯,不存在任何不妥之处。

堂胡安·阿瓦多罗已向您讲述了他本人的故事,那么,您应该会猜到,我的这个仙女就是他的女儿翁迪娜。她是在某处山下的拱洞旁潜入水中的,然后从她的湖游到我的湖。

翁迪娜非常纯真,或者更准确地说,她既不知道什么叫原罪,也不知道什么叫纯真。她美丽的容颜让我看得如痴如醉,她的动作举止是如此简单,又是如此摄人心魄,我深深地爱上了她。从此,我一心想成为一个仙女的丈夫。我们这种交往持续了一个月的时间。

有一天,族长派人把我叫过去。我看到,六位部落长老都和他在一起,其中也包括我父亲。"我的儿子,"我父亲对我说道,"你将要离开我们的山洞,去那些传播先知信仰的幸福国度走一走。"

他的话让我感到一种彻骨的寒意。让我和仙女天各一方,这对我来说和死也没什么差别。"亲爱的父亲,"我高声叫起来,"请您允许我永远不离开这些山洞!"

我刚把这句话说完,便看到六把匕首一起朝我指来。而且,我父亲看起来想抢在别人前面,第一个用匕首刺透我的心脏。

"我接受你们杀我,"我说道,"但请允许我先和我母亲说说话。"

813

我的请求得到许可。我扑进母亲怀里,将我和仙女的奇遇故事告诉了她。

我母亲非常惊讶,对我说道:"亲爱的马苏德,我觉得,在这大地上根本就不存在什么仙女。话说回来,我也完全不懂这方面的事,不过,离这儿不远住着位希伯来智者,我会找机会问问他的。假如你爱的那个女人真是个仙女,那么她肯定有办法在任何地方与你重聚。再说,你也知道,在我们这里,稍有抗命不遵的行为就会被处死。老一代的人为你设计了宏大的计划,你还是赶紧从命,努力用你的行为证明,你配得上他们的厚爱!"

母亲的话给了我深深的震撼。我觉得她说的有道理,仙女确实应该是无所不能的,即便我走到天涯海角,我的仙女也该有办法与我会合。我于是去见父亲,向他保证,我会对他言听计从,绝不违抗。

第二天,我和一个家在突尼斯城的人一起上路了。他叫席德·阿迈德,他先带我去了他的家乡,那是世界上最令人赞叹的城市之一。我们接着由突尼斯城来到宰格万[1],这是一座以制造红色毡帽即菲斯帽[2]闻名的小城。有人告诉我,在这座小城附近,有一片奇特的建筑,它是由一座神殿和一长排柱廊组成的,柱廊依湖而建,以半环的形状将湖湾紧拥在内。湖湾中湖水丰盛,浪起时,水喷涌而起,仿佛是神殿中的一座喷泉。在古代的某个时期,人们还建过引水渠,将这片湖里的湖水一直引到迦太基城。此人还说,神殿里

---

1 译注:宰格万(Zaghouan),现突尼斯东北部城市。
2 译注:菲斯帽即土耳其毡帽,流行于奥斯曼土耳其帝国时期的传统帽子,呈筒状,顶部常有流苏。

供奉的是一位水神。我当时实在是昏了头，我觉得，这位水神应该就是我的仙女。我来到这片湖前，用尽全力高声呼唤她，但应答我的只有我自己的回声。后来，还是在宰格万，又有人对我谈起另一个奇特的建筑，那是座由精灵建造起来的宫殿，宫殿的废墟在城外几里处的荒地里。我去了那里，看见的是一个环形的废弃建筑，风格怪异，但非常美，一个男子坐在废墟里画画。我用西班牙语问他，这座宫殿是不是真的是由精灵建造的。他笑了，然后对我说道，这里过去是座剧场，也是竞技场，古罗马人常在这里举办斗兽活动，这一带现在叫杰姆，过去曾以扎玛的名字著称。这位游客的解释我一点也不感兴趣，我宁愿在这里遇上几个精灵，它们或许会给我带来我那位仙女的消息。

离开宰格万后，我们去了法蒂玛王朝的旧都凯鲁万。这是座有十万人口的大城市，城里的气氛躁动不安，看起来随时都有可能发生起义。我们在这里整整待了一年。此后，我们由凯鲁万来到古达米斯[1]，这是个独立的小城，是"枣椰树之乡"的一部分。所谓"枣椰树之乡"，指的是这片从阿特拉斯山脉一直延伸到撒哈拉大沙漠的广阔地带。这里的枣椰树果实产量极高，对于一个生活节俭的人来说，一棵树就能保障他全年的口粮了，而这个地方的人生活普遍节俭。不过，这里也不乏其他食物，比如说一种叫"杜拉"的谷物[2]。此外，这里还产一种不长毛的羊，这种羊都是大长腿，肉味鲜美。

在古达米斯，我们遇到了很多先辈在西班牙居住的摩尔人，虽

---

[1] 原注：古达米斯（Ghadames），现利比亚的绿洲城市。
[2] 原注：杜拉（doura），或杜扎（douza），字面上指玉米，但这里很可能是指黍。

然他们当中没有任何人直接出自泽格里斯家族或戈梅莱斯家族,但不少人家还是以非常友好的态度为我们效力。总之,这是一座难民之城。

在古达米斯待了不到一年,我收到一封我父亲写来的信,信的末尾有这样一句话:"你母亲让我告诉你,仙女都是普通的凡人,她们甚至会有孩子。"我恍然大悟,我的仙女原来和我一样是肉体凡胎,有了这样的想法,我那些离奇的想象终于消停一些。

族长说到这里,一位苦行僧上前禀报,晚餐已准备就绪,我们于是在欢快的气氛中上桌用餐。

第六十四天

第二天,我自然又下了矿井。一整天,我都在那里热情饱满地干我的矿工工作。到了晚上,我来到族长身边,请他继续讲他的故事,他便如此这般地讲起来:

戈梅莱斯族长的故事(续)

我之前对您说到,我收到我父亲的一封信,信中告诉我,我的仙女是个普通女人。我当时在古达米斯。席德·阿迈德接着带我去了费赞[1],这个地方要比古达米斯大,但这里的土地没那么肥沃,居民全都是黑人。我们随后又从费赞来到阿蒙绿洲[2],我们要在这里等候埃及方面的消息。半个月后,我们的信使带着八只单峰驼回来了。这种动物走起路来慢得让人不堪忍受,但我们除了忍受别无选择,在这样的节奏中,我们不间断地骑行了八个小时。我们随后开始休

---

1 原注:费赞(Fezzan)是现利比亚的一个地区。
2 译注:阿蒙绿洲(Oasis d'Ammon),利比亚中部一绿洲的旧称,现称锡乌拉绿洲(Oasis de Syouah)。

息,每个骑单峰驼的人都分到一个饭团,此外还有阿拉伯胶和咖啡。我们休息了四个小时,然后重新出发。

第三天,我们在巴尔比拉马稍事休整,"巴尔比拉马"的意思是"无水之海"。这是片宽广的布满贝壳的沙壤谷地,在这里,我们看不到任何植物或动物。重新出发后,我们在天黑时来到一片富含泡碱[1]的湖边,所谓泡碱,其实是一种盐。护送者和他们的单峰驼就此与我们告别,我和席德·阿迈德两人单独留下来过夜。黎明时分,来了八个壮汉,他们抬着桥子带我们过湖。能蹚水而过的那段湖面非常狭窄,队伍只得鱼贯而行。泡碱在他们脚下嘎吱作响,他们的双脚都包着动物皮以作防护。我们就这样被运到湖对岸,整个路程花了两个多小时。湖的这一侧通向一片山谷,在山谷入口的两侧,各立着一座白色花岗石石山,山谷则在一个巨大的拱洞下方向远处延伸,这拱洞本是天然之物,但后来明显经过人工改造。

向导们在拱洞下点了火,又抬了大约一百步后,他们在一个类似于小码头的地方停下来,跟我们一起等船。他们为我们提供了简餐,自己也一边喝东西一边抽"哈希什"来恢复体力,"哈希什"是大麻种子的萃取物。接着,他们点起一支用树脂制成的大火把,这支火把点起来后,四周很远的地方都能看见,他们把火把固定在渡船上掌舵的地方。我们上了船,那些挑夫顿时变身为桨手,在这一天白天余下的时间里,我们全在这片地下水域上游荡。天黑时,我们驶到一个水湾,运河在这里分成几条支流。席德·阿迈德对我说,拉美西斯二世造的迷宫就是从这里开始的,古时这一带非常有名,

---

[1] 译注:即天然苏打。

但到了今天，存留下来的只有一部分地下空间了，它们与卢克索[1]的洞穴以及底比斯的所有地下遗址相通。

附近有些住了人的山洞，我们的船在其中一个山洞口停靠下来。主舵手替我们找来食物，吃完饭后，我们用"哈伊克"[2]裹住身体，在船上睡了。

第二天早上，桨手们又划起桨。我们的船穿过一条条长长的通道，通道两侧的石板体积庞大得令人惊诧，有的石板上还写满象形文字。最后，船驶进一座港口，我们向港口里的驻防部队通报了身份。部队的军官带我们去见他的上司，上司又把我们带到了一位德鲁兹人族长那里。

族长面色和蔼地向我伸出手，对我说道；"年轻的安达卢西亚人，我们在戈梅莱斯宫的兄弟们已经给我写了信，他们对您称道不已。愿先知能为您赐福！"

族长看起来与席德·阿迈德是早就相识的。晚饭端上来了，可就在我们吃饭的时候，一帮衣着怪异的人冲进房间，他们用一种我完全听不懂的语言和族长交谈。他们的言辞看起来非常激烈，还用手朝我指来指去，仿佛在控诉我犯下了某种罪行。我想用眼神询问那位随我一路行来的同伴，但他已不见踪影。族长对我大发雷霆。有人按住我的身体，将我的手脚都捆绑起来，然后把我扔进了一间牢房。

我这牢房是一个从岩石上凿出来的小山洞，有几条走道将之与

---

[1] 译注：卢克索为埃及古城，位于南部尼罗河东岸，因埃及古都底比斯遗址而著称。
[2] 原注："哈伊克"（Haïk）是某些妇女用来裹身体的呢料。

819

其他地下空间相连。牢房的入口处点着盏灯，我于是看到两只可怕的眼睛，再从眼睛往下看，是一张竖着獠牙、令人生惧的猛兽面孔。一条鳄鱼身体的一半已经进入我的洞穴，看那架势是想将我一口吞进肚里。我被绑住了手脚，身体完全无法动弹，只能一边祷告，一边等待死亡的来临。

但鳄鱼其实是被拴在铁链上的，这只是一场考验勇气的仪式。德鲁兹人当时已在东方建立起一个信徒众多的教派，他们的起源要追溯到一个叫达拉齐的狂热传教者，不过，他实际上只是为法蒂玛王朝在埃及的第三任哈里发哈基姆效力的工具[1]。这位君王以其亵渎宗教的言行闻名于世，他通过各种方式，想重新树立古埃及人对伊西斯女神的信仰。他命令国民将他视作神的化身，同时荒淫无道，犯下种种可憎的罪行，对自己的信徒，他也包庇纵容他们的可耻行径。在那个时期，古代的秘仪还没有完全废止，人们会在这地下迷宫内举办各种秘仪仪式，哈里发本人也通晓这些秘仪。由于行为举止过于疯狂，哈里发最后走上失败的道路。他的信徒遭到镇压和迫害，幸存者于是来到这所迷宫内避难。

今时今日，他们传播的是最纯粹的伊斯兰律法，是阿里教派信徒当下践行的律法，也是法蒂玛王朝过去采用的律法。他们以"德鲁兹派"为名，是为了避开被世人普遍厌恶的"哈基姆派"这样的名称。那些古老的秘仪，德鲁兹人现在只保留下勇气考验的仪式。

---

[1] 原注：哈基姆·阿姆尔-阿拉（Al-Hâkim bi-Amr-Allâh），在位时间996—1021年，他想把自己伊斯玛仪派的信仰强加给逊尼派的国民。穆罕默德·伊本·伊斯玛伊尔·达拉齐（Mohammed ibn Ismaïl Al-Darazi），约1020年去世，他传播哈基姆是神的化身的学说，他的弟子后来在叙利亚取他名字的词源创立了德鲁兹派。

后来，我还看过几场这类仪式，见识了一些物理学的应用方法，这些方法要是让欧洲最好的学者看到，无疑会引起他们的深思。此外，我还觉得，德鲁兹人具有一定程度的创造精神，这种精神完全与伊斯兰信仰无关，它体现的是一些我完全没有概念的东西。但我当时过于年轻，无法形成深入的认识。我在这片迷宫洞内度过了整整一年，在这一年中，我常去开罗，那里有一些与我们保持秘密交往的人家，我会在他们家中小住。

实际上，我们进行这样的旅行，只是为了结交逊尼派的暗藏对手，因为当时逊尼派正处在一统天下的地位。此后，我们开始奔赴马斯喀特，那里的伊玛目立场坚定地公开反对逊尼派。这位杰出的精神领袖礼数周到地接待了我们，把信奉他的阿拉伯部落名单列给我们看，然后告诉我们，他可以轻而易举地将逊尼派赶出阿拉伯世界。不过，他的信仰与阿里的信仰是对立的，我们对他也不能做任何指望[1]。

接下来，我们乘着帆船从马斯喀特来到巴士拉，然后经希拉斯[2]进入萨非王国[3]的领地。在这里，我们的确看到，阿里的信徒处处占据主导地位，但波斯人耽于感官之欢，又因为内部的斗争呈分裂之势，把自己的伊斯兰教义传播到境外，这根本不是他们所关心的事。

---

1 原注：马斯喀特的伊玛目：公元7世纪中叶起，阿曼与哈瓦利吉派（伊斯兰教的"清教徒"派，他们认为，不顺从他们严格的清规戒律的人都不是真正的穆斯林）结盟；公元750年，哈瓦利吉派分支伊巴德派在阿曼选出了他们的伊玛目。17世纪中叶，在将葡萄牙人和荷兰人赶出阿曼沿海并赢得政治独立后，马斯喀特的一代代伊玛目不断扩张统治，并于1741年采用了苏丹的称号。

2 译注：希拉斯（Chiras）是最早入侵波斯的阿拉伯人建立的城市。

3 原注：萨非王朝是于1502—1736年间统治波斯的王朝。

有人建议我们去看看居住在黎巴嫩山丘地带的耶西迪人[1]。耶西迪人这个称谓指的是好几个教派群体，黎巴嫩的这一支用的名称其实是穆塔瓦里派[2]。从巴格达，我们穿过沙漠，来到塔德莫，也就是被你们称作帕尔米拉[3]的地方。在这里，我们给耶西迪人的族长写了封信。他给我们派了些马和骆驼，以及一支全副武装的护卫队。

全体民众聚集到一个离巴勒贝克[4]很近的山谷里。那一刻，我们实实在在地体会到一种满足感：十万名狂热的信徒齐声发出诅咒，声讨欧麦尔[5]，声嘶力竭地赞美阿里。他们还举办了一个仪式，祭奠阿里之子侯赛因[6]。耶西迪人用刀割破臂膀，甚至有人在疯狂的状态下割开自己的血管，随后倒在自己的血泊中死去。

我们在耶西迪人这里停留的时候比预计的要久，最后，我们在这里收到来自西班牙的消息。我的父母都已不在人世，族长有意将

---

1 原注：耶西迪人是信仰中混合了古波斯拜火教、亚述人多神教以及一些借用自犹太教、基督教聂斯脱里派和伊斯兰教宗教元素的宗教派别（他们的一个教义是未来为堕天使撒旦平反）。但此处作者似应指一个什叶派的分支教派。

2 原注：穆塔瓦里（Mutawali，阿拉伯语意为"负……责任的"），多个什叶派分支教派使用的名称（如某些伊斯玛仪派教派和阿拉维派）。

3 译注：帕尔米拉是现叙利亚境内的著名古城。

4 译注：位于贝鲁特东北约85公里处的贝卡谷地，巴勒贝克城意即"太阳城"。公元前64年，巴勒贝克被罗马征服。此后罗马人在这里建造了著名的宗教建筑群，巴勒贝克成为罗马帝国的圣地。

5 原注：欧麦尔·伊本·哈塔卜（Omar ibn Al-Khattâh），第二任哈里发：什叶派痛恨前三任哈里发，在他们看来，这三人篡夺了第四任哈里发阿里的权位，但他们尤其痛恨欧麦尔，因为他是穆阿维叶·伊本·艾比·苏富扬关系最近的亲戚，穆阿维叶是阿里的仇敌，也是倭马亚王朝的创始人。

6 原注：侯赛因（626—680）是阿里的次子，也是第三代伊玛目，他在卡尔巴拉被刺杀，后来什叶派会在阿舒拉节纪念这一事件。

822

我收为义子。

经过四年的旅行，我最终愉快地回到西班牙。在完成一系列仪式后，族长正式纳我为义子。很快，我被告知一些连六位部落长老都不知晓的计划。族长想把我培养成一个马赫迪式的人物。黎巴嫩方面最先表达了对我的认可。接着，埃及的德鲁兹人也表示支持。然后，凯鲁万也同意听我指挥，而我要不惜一切代价将这座城市变为我的都城，等我将戈梅莱斯宫的财宝都运到那里后，我就会成为这世上最强大的君王！

这一切并不能算是异想天开，但首先我还过于年轻，其次我对指挥军队一窍不通。大家于是决定培养一下我的实战经验，让我立即与奥斯曼帝国的军队会合，他们当时正与德国部队作战。我是个天性温和的人，对这样的计划原本想提出反对意见，但我无权抗命，只能顺从。我配上一个高贵战士应有的装备，奔赴伊斯坦布尔，做上首相的侍官。一位叫尤根的德国将军让我们遭遇惨败，首相被迫撤退到塔内河即多瑙河的后方。接着，我们想重组攻势，占领特兰西瓦尼亚[1]。我们沿普鲁特河[2]前行，但此时匈牙利人从背面包抄过来，切断了我们回土耳其边境的退路，并彻底击溃了我们。我前胸挨了两颗子弹，被当作死人遗弃在战场上[3]。

一些鞑靼牧民收留了我，他们为我包扎伤口，只给我吃凝固的

---

1 译注：旧地区名，指现罗马尼亚中西部地区。
2 译注：多瑙河支流，现为罗马尼亚和摩尔多瓦的界河。
3 原注：这里指的明显是彼得瓦拉丁战役（1716年8月5日），萨瓦的欧根亲王击溃了一支由首相阿里指挥的15万人的土耳其大军，阿里本人也受了致命伤（不过，既然故事讲述的年份是1739年，那么，利百加当时的年纪显然要比第九天、第十四天中所描述的大得多）。

马乳。完全可以说，是这种饮料挽救了我的性命。不过，在接下来的一年时间里，我的身体还是一直很虚弱，我无法骑马，在这些牧民更换营地的时候，他们会让我躺在一辆马车上，由几位老妇人照料我。

我的头脑也变得和我的身体一样虚弱不堪，鞑靼人的语言我连一句都没有学会。又过了两年，我遇到一位会说阿拉伯语的毛拉[1]。我对他说，我是个来自安达卢西亚的摩尔人，我想请他们放我回自己的祖国。毛拉代我出面向可汗陈情，可汗赐给我一笔回乡的路费。

最后，我回到我们的山洞，这里的人都以为我已经过世多年。我的回归引得众人一片欢腾，唯独族长心怀忧伤，因为他看到我是如此虚弱、如此消沉。到了这个时候，我再想成为马赫迪，恐怕已极不合适了。尽管如此，族长还是派了一位信使去凯鲁万，调查一下当地的民意，因为大家都想尽快重整旗鼓，投入行动。

六个星期后，信使回来了。所有人都围在他身边，但他话还没说几句就倒在地上不省人事，这更是让大家的好奇心上升到极点。经过一番急救，他恢复意识，张开口想说话，但根本无法集中精神组织语句。众人听了半天，只听懂一个意思：凯鲁万目前正在暴发瘟疫。大家想将他隔离起来，但为时已晚：他的身体、他的行李都已有人接触过，没过多久，山洞里的所有居民都在这场可怕的灾难中倒下了。

这件事发生在一个星期六。到了之后一周的星期五，山谷里的摩尔人像往常那样，来找我们一起做祷告，还给我们带来了生活必

---

1 原注：学者。

需品，但他们面前是一派尸横遍野的景象，我在尸体当中爬行，左胸下方长着个巨大的淋巴结，可还是死里逃生了。

由于已没有传染的顾虑，我便开始埋葬死者。在为六位长老除衣时，我发现了那六条羊皮纸竖幅，我将它们合在一起，就这样得知了那取之不竭的金矿的秘密。

族长在临死前打开闸门，我把积水放掉，然后长久地欣赏着自己的财宝，却不敢去触碰。我这一生经历了太多的风雨，需要的是安宁，马赫迪的荣耀对我已产生不了任何一点诱惑。

我本人并不了解与非洲的秘密联络渠道，而山谷里的那些穆斯林已经决定，今后只在他们本地祷告，就这样，我孤零零一个人留在我的地下领地。我再度潜入矿井，然后又把在山洞里发现的各种珠宝聚集到一起。我用醋将珠宝仔细清洗一遍后，便去了马德里，在那里，我假扮成一个从突尼斯城来的毛里塔尼亚珠宝商人。

我平生第一次看到一座基督教城市，城里女人的自由度令我惊讶，男人的轻浮则让我愤慨。我怀着深深的怅惘，期待能在一个伊斯兰城市定居下来。我想去伊斯坦布尔，在那里过富足的生活，把过去的一切都忘掉，需要添补家用的时候再偶尔回一回山洞。

这就是我的计划。我本以为不会有人知道我的存在，但我错了。作为商人，我需要以物换钱，于是去了闹市，在那里摆摊售卖我的珠宝。我标好了固定的价格，从不和人讨价还价。这个方法让我获得了普遍的尊重，也确保了我的盈利，虽然这些利润对我来说完全是无关紧要之事。

可是，无论我走到哪里，不管是普拉多大道、丽池公园，还是其他任何一个公共场所，都有个人一直尾随着我，他那炯炯有神的锐利目光似乎能直透我的心灵，读出我所有的心事。在这个人坚持不懈的注视下，我陷入极大的不安。

族长沉思不语，看起来仿佛在忘情地回想往事。就在此时，有人来禀告我们，晚餐已准备就绪，于是，族长把后面的故事留到次日。

第六十五天

我下了矿井,重新开始工作。这一天,我采的金子数量非常可观,成色也相当完美。作为对我工作热情的回报,到了晚上,族长如此这般地接着对我讲起他的故事:

戈梅莱斯族长的故事(续)

昨天我对您说到,在马德里,无论我去哪儿,总有个陌生人默默地注视我,他这样无休无止地对我进行监视,让我陷入一种难于言说的不安。最后,我终于在一天晚上下定决心,要和他开诚布公地谈一谈。

"您要对我干什么?"我向他问道,"您想用您的目光把我给吞了吗?您到底要对我怎样?"

"我不想对您干什么,"陌生人回答道,"我唯一要做的事情,就是在您背叛戈梅莱斯家族秘密的时候,把您给杀了。"

这寥寥数语让我一下子清醒过来,我重新意识到自己的身份和处境。我明白,我必须放弃这种颐养天年式的生活,同时,另一种不安深深地占据我的心头，我既然掌管了这笔宝藏，就无可逃避地要面对这样的不安。

此时天色已晚，陌生人邀请我去他家。他让人准备好晚饭，然后小心地将门关牢，接着，他跪倒在我面前说道："洞穴里的君王啊，请您接受我的敬意！但要是您背叛您的职责，那我就会像当年比拉·戈梅莱斯杀瑟菲那样，取您的性命。"

我请我这位奇怪的臣子起身落座，然后问他到底是谁。陌生人满足了我的愿望，如此这般地向我讲述起来：

乌泽达家族的故事

我们家族是世上最古老的家族之一，但我们并不喜欢夸耀自己的出身，而只满足于将家族的源头上溯到亚比书，他是非尼哈的儿子，以利亚撒的孙子，亚伦的曾孙，而亚伦是摩西的兄长，也是以色列的大祭司。亚比书生布基，布基生乌西，乌西生西拉希雅，西拉希雅生米拉约，米拉约生亚玛利雅，亚玛利雅生亚希突，亚希突生撒督，撒督生亚希玛斯，亚希玛斯生亚撒利雅，亚撒利雅生约哈难，约哈难生亚撒利雅二世。

亚撒利雅二世在著名的所罗门神殿行使大祭司的圣职，著有几部史书，他的几位后人还续写了他的作品。所罗门为我主做过很多贡献，但他晚年时竟然允许自己的几位妻子公开崇拜偶像[1]。亚撒利

---

1 原注：《列王纪》，2，17（所罗门于公元前972至公元前932年在位）。

雅二世胸中燃起正义的怒火，他起初打算批驳这渎圣的行为，但经过一番思考后想通了，历代君王在迈入暮年后，都会对妻子的所作所为表达出一定的理解和认同。于是，他选择以不闻不问的态度应对这种他完全无法接受的逾矩行为，后来，他以大祭司的身份去世了。

亚撒利雅二世生亚玛利雅二世，亚玛利雅二世生亚希突二世，亚希突二世生撒督二世，撒督二世生沙龙，沙龙生希勒家，希勒家生亚撒利雅三世，亚撒利雅三世生西莱雅，西莱雅生约萨答，约萨答被掳至巴比伦[1]。

约萨答有个叫作俄巴底亚的弟弟，我们就属于俄巴底亚这个分支的传人。不满十五岁时，他当上了国王的侍从，并易名为萨德克。国王身边还有其他一些希伯来少年，他们同样更换了名字。其中有四位少年从来不碰王膳，因为王膳中有非洁食的肉类，他们只靠吃植物的根茎和水来维生，但依然长得健壮。相反，萨德克一个人吃四个人的量，却日渐消瘦[2]。尼布甲尼撒是一位伟大的君王，但他同时也是个易受野心驱使的人。他曾在埃及见过一些高达六十尺的巨像，于是下令以同样的尺寸为自己立一座金像，所有人见到都要跪拜[3]。那些拒绝吃不洁肉食的犹太少年同样拒绝在塑像前下跪，但萨德克虔诚地遵守了命令。在他亲笔写下的回忆录中，他向自己的后人发出告诫，不论是遇到国王还是看见国王的塑像、宠臣、嫔妃甚至爱犬，都始终要行跪拜礼。

---

[1] 原注：本系谱来源自《历代志》I, 6, 1—15（这次巴比伦之囚发生在公元前587年）。
[2] 原注：《但以理书》, 1, 5—16,《犹太古书》X, 10, 2。
[3] 原注：《但以理书》, 3, 1。

俄巴底亚或者说萨德克生下撒拉铁，撒拉铁生活在薛西斯一世时期，薛西斯被你们称为泽克西斯，我们犹太人则把他叫作亚哈随鲁。这位波斯王有个宠臣叫哈曼，那是个骄横跋扈到极点的人。哈曼发出告示，任何当他面不下跪的人都要被吊死。撒拉铁是第一个向他行此大礼的人。不过，哈曼本人后来也被吊死了，而撒拉铁也同样是第一个在末底改[1]面前行下跪礼的人[2]。

撒拉铁生下玛拉基，玛拉基生下扎法德，尼希米在耶路撒冷做总督的时候，扎法德就生活在这座城市。以色列的女人和少女都不具备太强的吸引力，男人们宁可找摩押人和亚实突人[3]为妻。扎法德就娶了两个亚实突人为妻。可恶的尼希米为这件事用拳头打过扎法德，按照这位圣人在自传里的记录，他还扯下扎法德的一把头发[4]。尽管如此，扎法德还是在自己的回忆录里建议后人，假如确实喜欢其他种族的女性，那就不要顾忌犹太人怎么看。

扎法德生拿顺，拿顺生艾法德，艾法德生所罗巴伯，所罗巴伯生艾鲁罕，艾鲁罕生乌萨比，乌萨比生活在犹太人开始起义反抗马加比家族的时代[5]。乌萨比天性反对战争，他收拾好自己的财产，来

---

1 译注：哈曼被处死后，末底改被封为宰相。
2 原注：《以斯帖记》，3—7。
3 译注：据《圣经》所言，摩押是罗得跟大女儿所生的儿子，他的后代和土地都称为摩押。摩押人生活的中心地带是在死海以东的高原。亚实突今译阿什杜德，是旧约时代非利士人的五个要塞之一。
4 原注：《尼希米记》，13，23—31（约公元前430年）。
5 译注：公元前167年，犹太祭司玛他提亚领导犹太人对抗塞琉古王朝。公元前143年，玛他提亚的后人建立独立的犹太国即马加比王朝，马加比王朝统治期间曾因法利赛人和撒都该人的纠纷爆发内战。

到卡西亚特避难，这是座当时居住着迦太基人的西班牙城市[1]。

乌萨比生下约拿单，约拿单生下卡拉米，卡拉米听说故土重归和平后便回到耶路撒冷，但他依然保留着在卡西亚特的家，以及城市周边的各处地产。您一定还记得，我刚才说过，在巴比伦之囚的时代，我们家族分成了两支。约萨答是长门的首领，他是个诚实并且虔诚的以色列人，他的所有后人都承继了他的品格。我也不清楚是怎么回事，家族的两支后来互为仇敌，长门被迫移居到埃及，他们在大祭司奥尼阿斯修建的圣殿里全心效忠以色列的上帝[2]。这一分支后来断了香火，或者更准确地说，这一分支后来只剩下一个人，他叫亚哈随鲁，以"犹太浪人"的绰号闻名。

卡拉米生下埃利法斯，埃利法斯生下埃利书，埃利书生下伊法莲。在伊法莲生活的时代，卡利古拉皇帝意欲强行将自己的塑像放入耶路撒冷的犹太圣殿。犹太法庭召开全体大会，伊法莲也参加了会议，他不仅认同竖立皇帝的塑像，甚至还同意再放一座皇帝坐骑的塑像，因为皇帝已经将自己的马任命为罗马执政官。但耶路撒冷的居民向总督佩特罗尼乌斯发起反抗，皇帝只好放弃原先的计划[3]。

伊法莲生下内拜约，在内拜约生活的时代，耶路撒冷正起义反抗罗马的维斯帕先皇帝。内拜约不等事态平息便来到西班牙，我之前对您说过，我们家族在那里有大量财产。内拜约生下尤苏伯，尤

---

1 译注：卡西亚特（Kassiat）或指现卡塔赫纳一带，当时的"新迦太基"。
2 原注：奥尼阿斯四世是在公元前154年移居埃及的（《犹太古书》XIII, 3, 1）。
3 原注：关于卡利古拉（12—41）坐骑的故事，参见苏埃托尼乌斯《罗马十二帝王传：卡利古拉》25。

831

苏伯生下西姆兰，西姆兰生下雷法雅，雷法雅生下耶利米，耶利米后来成了汪达尔王国国王君德里克的御用星相学家[1]。

耶利米生埃兹邦，埃兹邦生乌泽戈，乌泽戈生耶雷莫特，耶雷莫特生亚拿突，亚拿突生亚勒篾。在亚勒篾生活的时代，尤瑟夫·本·塔赫尔入侵西班牙，他不仅征服了这个国家，还让这个国家皈依了他的宗教[2]。亚勒篾来到这位摩尔人首领的面前，请他允许自己皈依先知的宗教。尤瑟夫的弟弟马苏德向亚勒篾表示欢迎，这让亚勒篾的心最终得到宽慰。马苏德将他留在身边，派他去非洲和埃及完成各项任务。亚勒篾生苏菲，苏菲生古米，古米生叶泽，叶泽生沙龙，沙龙是法蒂玛王朝第一位司库[3]。

沙龙定居在凯鲁万，生下两个儿子：马基尔和马哈布。马基尔留在凯鲁万，马哈布回到西班牙，为戈梅莱斯家族效力，负责戈梅莱斯家族与非洲和埃及的联络事务。

马哈布生约弗莱特，约弗莱特生马尔基尔，马尔基尔生贝雷斯，贝雷斯生德霍德，德霍德生萨沙梅尔，萨沙梅尔生舒阿，舒阿生阿什耶格，阿什耶格生贝莱格，贝莱格有个儿子，叫押顿。

眼看摩尔人要被逐出西班牙全境，在格拉纳达被征服的两年前，押顿改信基督教。国王斐迪南二世是他的教父。尽管如此，押顿还是继续为戈梅莱斯家族效力。到了晚年，他又否定拿撒勒的先知，重回自己先人的信仰。

押顿生下梅利塔，梅利塔生下亚撒黑，在亚撒黑生活的时代，

---

1 原注：君德里克于公元409年率军越过比利牛斯山进入西班牙，于公元427年去世。
2 原注：塔里克·伊本·齐亚德于公元711年征服西班牙。
3 原注：法蒂玛王朝于公元910年在凯鲁万建立。

为洞穴居民立下最后一部族法的比拉杀死了瑟菲。

有一天，族长比拉派人叫来亚撒黑，对他说了这样一番话："您知道，我杀了瑟菲。他的死是先知定下来的，只有他死了，哈里发的职位才能重归阿里的后人。因此，我建立了一个由四大家族组成的联盟：黎巴嫩的耶西迪人家族，埃及的卡比尔家族，还有非洲的本·阿扎尔家族。这三个家族的首领都以自己的姓氏以及子孙后代的姓氏为名立下承诺，按照三年一个轮回的规律，每年由其中一个家族派人来我们的洞穴，此人必须既勇敢又聪慧，既有俗世的经历，又有稳重甚至带点狡猾的性格。他的任务是对我们洞穴里的大小事务进行监督，确保一切与律法相符，一旦有人做出僭越律法之事，无论是族长还是六位部落长老，他都有权处死，总之，他的权力覆盖洞穴里所有有罪之人。完成任务后，他将得到七万块纯金金币的回报，或者按你们的算法，得到十万西昆。"

"强大的族长，"亚撒黑回答道，"您只说了三个家族，那第四个家族在哪里？"

"就是您的家族，"比拉说道，"为此您会每年得到三万块金币，但您要负责联络、写信，您甚至还将成为洞穴的管理者之一。话说回来，要是您出错或是玩忽职守，不论什么情况，那三个家族里的一员就会立即将您处死。"

亚撒黑本想考虑一下，但很快贪念就占了上风，于是，他为自己也为自己的后人领受了这项任务。

亚撒黑生下热尔松。三个参与计划的家族各司其职，各自领取三年一次的七万块金币。热尔松生下马蒙，也就是我本人。我忠诚地执行祖父接受的任务，怀着满腔热情为洞穴里的君王效力，我甚

833

至在瘟疫发生的那一年自掏腰包,向本·阿扎尔家族支付了他们应得的七万块金币。我现在来向您献上我的敬意,并向您表露我永不动摇的忠心。

"令人敬重的马蒙啊,"我说道,"请您可怜可怜我吧!我胸口里还留着两颗子弹,我已经不再有资格做族长或马赫迪了。"

"至于马赫迪的事,"马蒙回答道,"您大可以放心,没人会再考虑这个问题。不过,族长的身份和责任您是不能拒绝的,要不然,三个星期内,卡比尔家族的人就会杀了你们,您本人,甚至还有您的女儿。"

"我的女儿?"我惊讶地叫起来。

"是的,"马蒙说道,"仙女为您生下的女儿。"

此时有人禀报,晚饭已准备就绪,族长便就此停止讲述。

第六十六天

我又在矿井里度过了一整天。到了晚上,族长接受我的请求,如此这般地接着讲起他的故事:

戈梅莱斯族长的故事(续)

我别无选择:我和马蒙携手实施起戈梅莱斯宫的复兴计划,与非洲和西班牙几个大家族的联络渠道也重新打通。六个摩尔家族的人重新在洞穴里安了家。可是,非洲的戈梅莱斯家族人丁很不兴旺,男孩要么夭折,要么天生智力存在缺陷。我本人情况也差不多,我有十二个妻子,但她们一共只为我生下两个儿子,而且全都夭折了。马蒙劝我,不妨在戈梅莱斯家族的基督徒后人中挑选接班人,哪怕只是通过母亲的关系而具有我们家族血统的人也可以一试,这些人可以今后再改宗,皈依先知的信仰。

因此,贝拉斯克斯有权进入我们的家族,我已经定下来,将女儿许配给他,我的女儿就是利百加,在那些吉普赛人的营地里,您和她天天见面。她是由马蒙抚养成人的,马蒙传授给她各种各样的学问，其中也包括卡巴拉秘法。

马蒙离世后，他的儿子接管了乌泽达城堡，我和他一起详细筹划了迎接您的整个方案。我们当时希望您能皈依穆斯林的宗教，最起码也要为我们家族传宗接代，后一个愿望我们还是得到了满足。您两位表妹怀的孩子，将来会被所有人视作戈梅莱斯家族血统最纯正的后人。我们的方案必须要等您来西班牙才能实施。加的斯的长官堂恩里克·德·萨也是我们的联络人之一，他给您派了洛佩斯和莫斯基托两个随从，这两个人在那个叫"栓皮栎"的饮水槽边抛下了您。尽管如此，您还是勇敢地继续前行，一直来到克马达店家，在那里，您遇上了您的两位表妹，因为喝了一杯催眠的饮料，第二天您是在绞刑架下醒来的，身边还躺着佐托两个兄弟的尸体。然后，您从绞刑架来到我隐修的小屋，见到那个被魔鬼附身的可怕的帕切科，他实际上只是比斯开省一个街头卖艺的。这个可怜人因为一次危险的跳跃表演失去一只眼睛，他残疾后找到我，向我求助。我本以为，他那悲惨的故事会让您内心产生波动，您向您两位表妹发誓严守秘密的事也要透露出来，但您信守承诺，什么话也没有说。第二天，我们让您经受了一场与先前相比要可怕得多的考验。那些所谓的宗教裁判所成员，他们用最可怕的酷刑威胁您，却终究没能动摇您的勇气。

您的表现让我们产生了进一步了解您的想法，于是，我们把您请到乌泽达城堡。您从城堡的露台往下看的时候，似乎看到了您的两位表妹。没错，那两个人正是她们。不过，您走进吉普赛人首领的帐篷后，您看到的只是他的两个女儿，请您放心，您和她们之间没有任何瓜葛。

为了考查您，我们必须尽可能多留您一段时间，但我们也担心把您的日子弄得过于无聊。因此，我们为您安排了好几种消遣方式，比如说，乌泽达请我手下的一位长者扮演犹太浪人，他从自己家谱里找出相关的故事告诉那位长者，再由那位长者向您复述。这样的故事也算得上是寓教于乐吧。

我们地下生活的所有秘密，您现在全都知道了，不过，这样的生活肯定不会再维持多久了。过不了多长时间，您就会得到消息，一场地震把这一带的山全给毁了。为了制造出这样的效果，我们已经准备好无数炸药，而那也将是我们最后一次逃离。

现在您可以走了，阿方索，俗世正在向您发起召唤。您之前已经从我们这里收到了一张无限额的汇票，我们对您苛求了那么多，这也算是给您的公正补偿。您要知道，地下领地很快将不复存在，因此，您千万要给自己的未来一个充分的保障，要让自己无忧无虑地独立生活。莫罗兄弟会为您提供帮助的。我再和您道别一次吧！也请您和您的两位妻子好好拥抱一下。这两千级台阶将把您送到戈梅莱斯宫城堡的废墟，带您去马德里的向导也将在那里迎候您。再见了，再见了！

我登上旋梯。第一缕阳光在我面前出现时，我就看到了那两位将我遗弃在"栓皮栎"饮水槽边的随从，也就是洛佩斯和莫斯基托。两人都满脸喜色地亲吻我的手，随后，他们把我带进那个被当作客栈的旧城堡，我在那里吃了晚饭，还舒舒服服地洗了个澡。

第二天，我们快马加鞭，重新赶路。天黑时分，我们来到卡德尼亚斯店家，在那里，我又见到了贝拉斯克斯，他正在全神贯注地思考一个看起来非常像是化圆为方的问题。这位了不起的几何学家并没有当即认出我来，我只好先把他在阿尔普哈拉斯山脉的经历一件一件地说给他听。听完后，他将我拥入怀中，重逢的喜悦也在他脸上显露出来。与此同时，他向我诉说起他无尽的离别之苦，因为他和劳拉·乌泽达已是天各一方。劳拉·乌泽达——这就是他现在对利百加的称呼。

后　记

我是在 1739 年 6 月 20 日抵达马德里的。到的第二天，我收到莫罗兄弟写来的一封信，信封上盖的黑色封印让我预感到有不幸的事发生。果然，我从信中得知，我父亲因中风过世，我母亲把我们那块沃登家族的领地租了出去，自己则搬进布鲁塞尔的一家修女院，她想靠租金维生，过平静的隐世生活。

第二天，莫罗本人来找我，说他有话要对我说，并请我在他说的过程中保持绝对安静。

"直到现在，大人，"他说道，"您其实还是只知道我们的一部分秘密，但很快您就会无所不知了。眼下，所有知晓洞穴秘密的人都在向境外各国转移财产，假如他们当中有人运气不好、蒙受了损失，我们所有人都会为他提供帮助。大人，您有一位表叔在印度，他刚刚去世，但几乎没有为您留下任何遗产。为了保证您在财产骤增后不引起任何人注意，我已经放出风声，说您继承了一笔可观的遗产。到时候您需要在布拉班特[1]、西班牙甚至还要在美洲购置各种产业，这些事情请允许我来代劳。至于您，大人，您的勇气我是非常了解

---

[1] 译注：布拉班特位于现荷兰南部和比利时中北部，曾为西属尼德兰的一部分，法国大革命时期该公国消亡。

的,我毫不怀疑,您会坐上'圣萨卡里亚斯'号战舰,去卡塔赫纳增援,那里现在正面临英军统帅爱德华·弗农[1]的威胁。英国政府并不想打仗,是公共舆论推动了这场战争。不过,战事很快就要平息了,要是您放弃这次机会,将来再想参与战争,恐怕就没么容易了。"

莫罗陈述的这项计划实际上已被我的那些保护人研究布置了很久。我带着我的队伍一起上了战舰,这是一支从多个战团里挑选出来的精兵部队。一路顺利无阻,我们到得也非常及时,正好来得及与勇敢的埃斯拉瓦[2]一起守在工事里防御。英国人后来放弃围城,我于1740年3月回到马德里。

有一天,进宫办事的时候,我注意到王后侍官中的一位年轻女子,我一眼认出她是利百加。有人告诉我,这位年轻女子是来自突尼斯的公主,她逃离了自己的国家,皈依了我们的宗教。国王做了她的教父,授予她阿尔普哈拉斯女公爵的称号,此后,贝拉斯克斯公爵还向她求了婚。利百加注意到有人和我谈论她,便向我投来一道哀求的目光,仿佛是在请我不要泄露她的秘密。

此后不久,宫里上下都去了圣伊尔德丰索宫,我和我的队伍也跟着去了托莱多[3]安营。

我在靠近集市的一条小街上租了个小屋子。我对面住着两个女

---

1 原注:爱德华·弗农(Edward Vernon,1684—1757),英国海军上将,1741年率军围攻卡塔赫纳。
2 原注:塞巴斯蒂安·德·埃斯拉瓦(Sebastian de Eslava,1685—1759),西班牙将军,新格拉纳达总督。
3 译注:托莱多是西班牙古城,位于马德里以南70公里处,现托莱多省省会,离圣伊尔德丰索斯宫不远。

人,每人都带着一个孩子,据说她们的丈夫都是海军军官,正在海上服役。这两个女人完全过着不问世事的生活,看起来只是一心照顾她们的孩子,而这两个孩子真的都像小天使一样漂亮可爱。每天,她们都会轻轻摇动孩子的摇篮,给他们洗澡,穿衣服,喂奶。这幅充满母爱的温馨画面深深感染了我,使我几乎不能离开窗户半步。另一方面,我也确实充满好奇,因为我想看看这两位女邻居的芳容,但她们一直小心翼翼地戴着面纱,从不肯摘下。两个星期就这样过去了。朝街的这个房间是属于孩子们的,两位母亲并不在那里吃饭。可是,有天晚上,我看到这个房间里摆上了餐桌,她们似乎要准备一场盛宴。

紧贴着桌子的最里端,摆了把用鲜花装饰的椅子,看来,这是这场盛宴主角的座位。桌子两侧则各放了一把很高的儿童椅,显然是为两个孩子准备的。接着,我那两位女邻居向我示意,让我和她们共进晚餐。我非常犹豫,不知该如何应对,此时她们揭开面纱——我认出了艾米娜和齐伯黛。我和她们一起生活了半年。

在此期间,因为国事诏书和查理六世继承权的纠纷,欧洲爆发了一场战争,西班牙也很快积极参战[1]。我于是与我的两位表妹告别,做起亲王堂菲利波[2]的副官。战争爆发后的那几年,我一直在亲王身边,等和平协议签订时,我晋升为上校。

我们当时是在意大利。莫罗家族派了位代理人来帕尔马回收资

---

[1] 原注:根据1713年颁布的国事诏书,查理六世定自己的女儿玛利亚·特蕾西亚(1717—1780)为继承人。奥地利王位继承战争发生在1741—1748年。

[2] 译注:菲利波一世(1720—1765),西班牙国王腓力五世的次子,帕尔马公国公爵(1748—1765)。

金，并帮助公国处理财政方面的问题。一天夜里，这个人来见我，他带着种神秘的表情对我说，大家都在乌泽达城堡焦急地等我，我要赶紧上路，不能有任何延误。他还告诉我一个联络人的信息，我要在马拉加与此人见面。

向亲王告假后，我在利沃诺登船。经过十天的航行，我来到马拉加。我要见的那个人事先已得知我抵达的消息，他在码头接到了我。我们当天便继续赶路，第二天就来到乌泽达城堡。

城堡里正在召开一场重要的会议，在场的有族长，他的女儿利百加，贝拉斯克斯，秘法师，吉普赛人首领和他的两个女儿、女婿，佐托和他的两个弟弟，自称被魔鬼附身的人，最后还有十二位来自那三个结盟家族的穆斯林。族长宣布道，既然人已到齐，我们就赶紧到地下空间去吧。

我们是在夜幕刚刚降临时出发的，第二天黎明时分抵达目的地。我们进入地下空间，稍稍休息了一会儿。

随后，族长让众人聚在一起，说起了以下这番话，说完之后还用阿拉伯语向穆斯林复述了一遍："千年以来，这座金矿一直是我们家族的宝藏，它似乎是取之不竭的。正是出于这样的信念，我们的祖先决定用这些金子来宣扬伊斯兰教，特别是为阿里的信奉者提供支援。他们实际上只是这笔宝藏的守护者，守护的职责让他们付出了无尽的艰辛，经历了无数的困苦，而我本人也在这一生中遭受了数不清的磨难。我的焦虑一天比一天严重，早已让我难以承受，为了彻底释放焦虑，我想搞清楚这座金矿是否真的是取之不竭的。我在好几个地方钻开矿岩，从每一个地方我都看得出，矿脉已经到底了。莫罗大人已经评估了我们所余的财产总额，并计算出在座每一位应得的份额。通过他的计算，主要继承人中的每一位将分到一百万西昆，普通合作者每人分到五万。所有的金子都已被采出来，现在全藏在一个离这儿很远的洞穴里。我想先陪诸位到矿井里走一趟，这样就可以现场验证，我所言非虚。然后，诸位就可以领取各自的那一份财产了。"

我们走下旋梯，来到墓室，接着便进入矿井。确实，矿已经完全开采光了。族长催促我们往回走。等我们都来到山上后，传来了一阵可怕的爆炸声。族长对我们说，我们刚刚离开的那片地下空间，已经被人炸毁了。

随后，我们来到那个堆放剩余金子的洞穴。非洲的合作者取走了他们的那一部分，我和几乎所有欧洲人的金子都由莫罗代为处理。

我回到马德里，觐见国王，国王在接见我的时候，态度显得格外亲切[1]。我在卡斯蒂利亚购置了大量地产，还被授予佩尼亚·弗洛里达伯爵的头衔，从此，我算得上是卡斯蒂利亚位居一等的贵族了。

我的勋位也和财富同步增长：在三十六岁的时候，我成了将军。

1760年，我被任命为一支舰队的指挥官。我要去巴巴利海岸，与那里的各个国家建立友好和平的关系。我把最先登陆的地点选在突尼斯，我希望那里的问题和麻烦能少一点，这样就可以建立起一个好榜样，借用到其他国家。船在锚地抛锚靠岸后，我派了一位军官到陆地上传达我来的消息。但实际上，城里的人事先已经知道了，拉古莱特港湾[2]到处都是彩色的小船，它们将我和我的随行人员载入

---

[1] 原注：斐迪南六世（1712—1759），1746年即位。
[2] 译注：拉古莱特港是突尼斯首都突尼斯城的港口。

突尼斯城。

第二天,我被引见给贝伊[1]。这是个二十岁的年轻人,长相极具男子汉的魅力。他们用最高规格的礼遇盛情招待我。当天晚上,我获邀参观马努巴宫[2]。有人将我带到花园里一个僻静的独立小屋内,我进屋之后,门就锁上了。接着,屋里的一扇暗门转开,贝伊走了进来,他单膝跪地,吻了吻我的手。

随后,我又听到第二扇暗门打开的声音,这一次走进来的是三个蒙着面纱的女人。她们除去了面纱:我认出了艾米娜和齐伯黛。齐伯黛手牵着一位少女,她就是我的女儿,而艾米娜是那位年轻贝伊的母亲。沉寂多年的父爱在我身上苏醒过来,这种感情带有多么强大的力量,我完全无法用言语表述。美中不足的是,我一想到两个孩子的信仰与我本人相悖,我的喜悦就平添了几分忧愁。我向他们诉说了我的痛苦感受。

贝伊向我坦承,他非常热爱自己的宗教,但他妹妹法蒂玛是被一位西班牙女奴带大的,所以她内心深处觉得自己是个基督徒。

我们决定,我的女儿将移居到西班牙,在那里接受洗礼,并成为我的继承人。

将这一切安排妥当,足足花了一年的工夫。

国王成了法蒂玛的教父,并授予她奥兰公主的头衔。一年后,她嫁给贝拉斯克斯和利百加的长子,她比他们的儿子要年长两岁。

我将自己所有的财产都定给了她,我同时说明,我已经没有父

---

[1] 译注:贝伊是奥斯曼帝国时对长官的称谓。1705 年突尼斯王朝的统治者称贝伊。
[2] 译注:马努巴(Manouba)是突尼斯西北郊的一座城市,也是突尼斯贝伊的夏宫所在地,参见第二十九天末尾处内容。

系的近亲，我女儿虽然是个摩尔姑娘，但她是我与戈梅莱斯家族女子结亲后生下的骨肉，她是我唯一的继承人。尽管此时我还年富力强，但我已经打算做一份不太辛苦、可以颐养天年的工作了。萨拉戈萨行政长官的职位当时正好空缺，我便提出申请，并获得了批准。

在向国王陛下表达谢意并正式辞行后，我去了莫罗兄弟那里一趟。二十五年前，我将一卷文稿封印后寄存在他们那里，我现在想请他们还给我——那便是我当初第一次来西班牙时前六十六天[1]的日记。

我亲手将这份日记誊抄了一遍，然后放进一个铁盒，相信有朝一日，我的后人会让它重见天日。

---

[1] 译注：法文原版本为"六十天"，现版本改为"六十六天"。

第四十七天（版本Ａ）

第二天，吉普赛人首领向我们宣布，有一批新的货物即将抵达，为安全起见，他想留在此处专心等候。听到这条消息，我们都很高兴，因为大家都觉得，在整个莫雷纳山区，再想找到比这里更迷人的地方，恐怕不那么容易了。从早上开始，我就和几个吉普赛人一起去山里打猎，一直到晚上，我才回来与我们这个团体内的其他成员会合，听吉普赛人首领接着讲他的奇遇。他是如此这般开场的：

吉普赛人首领的故事（续）

托莱多骑士彻底踏实了，他完全摆脱了朋友幽灵现身这件事的阴影，一心只想着与乌斯卡里斯夫人重逢。于是，我们匆忙踏上回马德里的返程之路。那个原先照顾苏亚雷斯后来又跟我换班的小乞丐也随我们一起到了马德里，我让他赶紧去看那位躺在病床上的年轻人。我一直把骑士送回他的家中，将他交还到侍从手里。与主人久别重逢，侍从个个都显得很高兴。接着，我来到圣洛克教堂的大门下，把我那帮小伙伴召集起来。一支浩浩荡荡的队伍开向卖栗子的女贩也就是我们常光顾的食品供应商那里,她拿出红肠和栗子,我们一边开心地吃着,一边为这场重聚互相庆祝。简餐刚吃完,我们就看见一个男子走过来停在我们面前,他仔细地打量着我们,看起来,他想挑个人做他的帮手。这张脸对我来说并不陌生,过去,我几乎每天都能看到他行色匆匆地在这一带走来走去。我觉得他可能是布斯克罗斯。我走到他身边,问他是不是洛佩·苏亚雷斯那位既聪明又谨慎还出了不少好点子的朋友。

"正是我,"这个怪人回答道,"虽然他不是太情愿,但我还是一直为他跑来跑去,只可惜夜色茫茫,再加上电闪雷鸣,我把托莱多骑士的家当成了银行家莫罗的府邸,要不然我肯定已经促成他的婚事。不过不必着急啊,桑塔·毛拉公爵终究还不是美丽的伊内丝的丈夫,也永远不会是,要是我这句话说错了,我就再也不叫堂罗克这个名字了。啊,对了,我的小家伙,我站在这门廊前,是想在你们当中挑个聪明的孩子帮我做事的,既然你知道这件事,那我就找你做帮手吧。你要感谢上天,这件事为你开辟了一条致富之路。可能一开始你会觉得,你做的事让你感觉不到什么光彩,因为我既不会付你钱,也不会买衣服给你穿,至于说你的食物,我要是为这件事替你操一点点心,那我觉得我就该咒骂一下上天了,因为不论是乌鸦的小幼崽还是庞大的雏鹰,上天都给了它们自然的食物啊。"

"这样的话,布斯克罗斯大人,"我回答他说,"我为您效力,帮您做事,究竟有什么好处,我看得不是很明白。"

"好处嘛,"怪人接着说道,"恰恰就在我每天交给你完成的大量任务里,通过这些任务,你可以走进一些大人物的候见厅,他们将来说不定有一天会成为你的保护人。此外,在任务的间隙,你乞讨我是不阻止的。所以说，你要为你的好运感谢上天。现在，你跟我一起去理发店吧，我要在那里一边聊天一边休息一会儿。"

进了理发店后，布斯克罗斯把我带进后间，如此这般地向我做了一番长长的指示："我的朋友，刚才你玩完牌，往口袋里放了几个半里亚尔的硬币，这我都看到了。掏两个出来，找家店买个一品脱大小的瓶子。然后，你拿着瓶子去托莱多大街，找一个叫大墨坛费利佩的人。你对他说，堂布斯罗克斯想为他的一位诗人朋友求墨。

"等他把墨装满后，你就去大麦广场，找广场角落里的一家食品杂货店。你爬到店里的阁楼上，然后你就会看到堂拉吕斯·阿古德斯，你肯定能一眼认出他，因为他一只脚穿着黑袜，一只脚穿着白袜，套的拖鞋也是一只红一只绿，他甚至还会把短裤套在头上当帽子戴。你把那瓶墨交给他，再代我向他讨一首他说好给我写的讽刺诗，诗的内容是嘲讽那些择偶时屈就的男贵族，写一个西班牙语版，再写一个意大利语版。然后你再从那里回到托莱多大街，溜进大墨坛费利佩家旁边的屋子，他们两家只隔着一条小街。你去看看那里的租客还在不在，弄清楚他们到底是真的想搬家，还是只装装样子，因为我想把这屋子租下来，让我的一个女亲戚住进去，将来，她或许会把大墨坛先生拖离他那永不与之分离的墨坛。接着，你再去银行家莫罗的家里。你去了之后就进主房也就是最大的套间。你说你要见桑塔·毛拉公爵的贴身仆人，然后把这张打了蝴蝶结的便条交给他。你随后再去马耳他十字客栈，看看加斯帕尔·苏亚雷斯有没有进店入住。从客栈出来，你要抓紧时间，以最快的速度再去……"

"天啊！"我叫了起来，"布斯克罗斯大人，您要想清楚，您交给我一天干的活儿，抵得上别人一个星期的量啊！您可别一上来就用这么严厉的方式考验我的热情还有我的双腿。"

"那好吧,"布斯克罗斯说道,"我本来还有好几件事要交给你做呢,那就留到明天再说吧。对了,要是桑塔·毛拉公爵那边有人问你是谁,你就回答说,你是在阿维拉官邸跑腿的人。"

"可是,布斯克罗斯大人,"我对他说道,"不经允许就谎报大人物的名号,这样会不会有点不妥?"

"或许吧,"我的新主人回答道,"或许你是有被揍一顿的危险,不过,富贵险中求,我能为你提供的好处足以补偿这点不妥了。去吧,去吧,我的朋友,别把时间浪费在讲道理上面了,快点走吧。"

为布斯克罗斯效力的这份荣誉,我原本是该拒而不受的,但布斯克罗斯说到我父亲,还有他那个会把我父亲从墨坛旁拖出来的女亲戚,这件事强烈地激发了我的好奇心。此外,我也想知道,他到底会采取什么措施,来阻止桑塔·毛拉公爵迎娶美丽的伊内丝。我于是买了个瓶子,然后迈开脚步,朝托莱多大街走去。可是,等我走到我父亲家门口时,我突然浑身颤抖,完全无法前行。我父亲出现在阳台上,他看到我手里拿着个瓶子,便示意我进来。我遵命进屋,但在我一级级踏上台阶的过程中,我的心一直在狂跳,而且越跳越猛。终于,我打开房门,与我父亲面对面站在一起。那一刻,我差点就要扑倒在他膝下。我能及时收住,或许是我的善天使阻止了我吧,但我那激动的表情已经引起我父亲的怀疑,似乎还让他感到有些不安。他拿过瓶子,装满墨,连求墨的是谁也没有问。他显出一副不欢迎我继续待下去的表情,为我打开房门。我又望了那个让我摔进墨坛的橱柜一眼。我还看到姨妈用来砸碎墨坛并救了我一命的木杵。我内心的激动和紧张达到极点,我抓起父亲的手,吻了一下。这个动作让他惊恐万分,他一把将我推出门外,关上房门。

布斯克罗斯让我把瓶子送给诗人阿古德斯,然后再回到托莱多大街,打探一下我父亲邻居的情况。我觉得,这两件事完全可以调换一下顺序。我于是先去了邻居家。邻居们已经搬走了,我暗自做好打算,这房子里未来房客的举动,我一定要多加留意。

我接着便去了大麦广场,很快就找到那家食品杂货店。不过,想进诗人的阁楼并不是件易事,屋顶上的瓦片、板岩、天沟让我走得晕头转向。终于,我在一扇老虎窗前发现了我要找的那个人,他的模样比布斯克罗斯描述的还要滑稽可笑。看起来,阿古德斯刚刚得到某种神启,诗兴大发,文思泉涌。他一看到我,便向我吟诵了这样一段诗句:

> 从天而降一张凡人的脸,
> 踏着红瓦,踩着蓝板岩,
> 你站在尖尖的屋脊上,头顶蓝天,
> 乘着和风的翅膀倏然出现,
> 说吧,你来找我有何贵干?

我回答他说:

> 我是个可怜的穷小孩,
> 阿古德斯,为了给您送墨我才到这里来。

诗人又接着说道:

那请你把瓶子递过来,
这液体它借用的是铁粉的色彩,
将没食子溶入希波克里尼之泉[1],
我的激情便能在乌黑的江河中奔腾绵延。

"阿古德斯先生,"我顺着他的诗对他说道,"您对墨的这段描述肯定会让大墨坛大人非常开心,他就是我给您带来的这瓶墨的制造者。不过,请您告诉我,您可不可以用无韵的方式说话,那是我听得比较习惯的语言。"

"我的朋友,"诗人说道,"无韵的语言,我是永远无法习惯的。人际交往这种事,我甚至都尽量回避,因为世人的语言言之无物,充满阿谀奉承的言辞。想写出好的诗作,我就必须提前很久准备,让我的脑子里只存在与诗相关的思想,让我只用和谐的语句与自己对话。假如这些语句本身还不够和谐,我就将它们重新组合,像谱一曲心灵的乐章那样,使它们变得和谐。我用这种方式成功地创造出一种全新的诗。在我之前,诗的语言仅限于堆积一定数量的所谓诗情诗意的词句,但我要让人类语言中存在的所有词入诗。你看我刚才吟的那两首诗,里面用到了'瓦''板岩''没食子'这样的词。"

"我觉得,您想用什么词就用什么词,别人干预不了。不过,我想请教一下,您的诗是不是最好的诗?"

"诗本身能有多好,我的诗就有多好;而且,与别人相比,我的

---

[1] 原注:希波克里尼之泉指赫利孔山的泉水,为缪斯女神专属。

诗具有一种更广泛的功用。我写诗是把诗当作一种普世的工具,特别是在写描述诗的时候,可以说,是我本人创造了这种诗,通过描述诗,我可以描述一些看起来不值一提的事物。"

"描述吧,阿古德斯先生,尽情地描述吧。不过,请您告诉我,您答应给堂布斯克罗斯写的那首讽刺诗,是不是已经写好了。"

"天晴的时候我从不写讽刺诗。等哪天风雨交加,或是乌云密布,天空中一片凄迷的景象,那时你再来找我要讽刺诗吧。"

> 大自然的悲鸣在折磨我的心智
> 它占据了我的灵魂,渗入了我的文字
> 我开始恨我自己,我在这人世里的同类
> 他们劣迹斑斑,全是无耻之辈
> 我于是举起画笔,蘸满最阴暗的色彩
> 描绘这人世间的罪恶,将万千丑陋逐一揭开
> 然而,金光闪闪的福玻斯[1]又来到他的跑马场
> 为人间的天空洒下万丈光芒
> 伴着诗歌的韵律,我的思想与上帝相逢
> 它离开大地,飞向了天空

"最后一个韵不是太好,"诗人补充道,"但作为即兴诗,这样也可以接受了。"

---

[1] 译注:福玻斯是希腊神话中的太阳神,每天清晨,他驾着太阳车出现在地平线上,给大地带来光明。

"我向您担保,我觉得没有任何不妥之处,毕竟我也是受过教育的人。我会对布斯克罗斯说,您只能在雨天写讽刺诗。不过,我再来找您讨诗的时候,该从哪儿进您的房间呢?楼梯只能通别人家里。"

"我的朋友,院子的尽头有把梯子,爬上梯子可以进一间阁楼,阁楼里是我那个骡夫邻居堆的草料和麦子,穿过阁楼,您就可以进我的房间了。不过,只能在阁楼没堆满的时候才行,这几天就没办法从那儿走,别人给我送饭,也要到你发现我的这扇老虎窗边来。"

"您住在这样的房间里,应该觉得自己很不幸吧。"

"我?不幸?朝廷里的官员,城里的百姓,他们都喜欢我的诗,也成天谈论我的诗,难道这样我还不幸?"

"但我觉得每个人都在谈论自己的事吧。"

"这用不着你来说。可你要知道,我的诗是所有谈话的基础,不论谈什么,大家都会引用我的诗,从而不断地回到这个基础上来,毕竟,我的诗一写出来就变成了大众熟知的格言。你朝那儿看,那是莫雷诺书店,进去的人不少吧,他们都是去买我的作品的。"

"愿这能帮您交上好运!但是我觉得,在您写讽刺诗的那些日子,您房间里不会很干爽吧。"

"这边滴雨,我就上那边去,其实,滴雨不滴雨,我常常都注意不到。不过你还是快走吧,因为说无韵的语言让我感到不舒服。"

我离开诗人家,去了银行家莫罗的家。我走进主房,求见桑塔·毛拉公爵的贴身仆人。但我一开始只能和一个跟我角色差不多的小男孩谈事情,他是为仆人的仆人效力的人。他带我去见了一个跟班,跟班又带我去见了一个穿制服的仆人,穿制服的仆人又带我去见了贴身仆人。没过多久,我非常意外地被带进公爵的房间,他正在梳妆打扮。我是透过一层粉雾看见他的,他朝镜子里照来照去,面前摆着颜色各异的蝴蝶结。他以相当粗暴的口气对我开了腔:"小男孩,你要是不想挨鞭子抽,就老老实实地对我说,你从哪儿来,又是谁让你带这张便条过来的。"

我故意让他催问了几句。最后,我坦白地告诉他,我是在阿维拉官邸跑腿的人,我和那里的厨房小学徒一起吃饭。公爵向贴身仆人使了个眼色,仆人给了我几个硬币,把我打发走了。

我要去的地方就剩下马耳他十字客栈了。苏亚雷斯的父亲已经到了,他正在打听自己儿子的消息。有人对他说,他儿子和一位绅士格斗了一番,但这绅士原本是天天和他一起吃中饭的,后来,此人又上他儿子那里住下,并介绍他儿子结识了几个身份可疑的女人,其中一个女人在自己家里把他儿子从窗户里扔了下去。

这些半真半假的消息每说出来一句,就仿佛朝老苏亚雷斯的心里扎进去一刀,他回到自己的房间,闭门不出,禁止任何人进入。客栈里几位先前和他打过交道的管事人想进房为他提供服务,但他一个也不肯见。

按照布斯克罗斯之前的吩咐,我去理发店对面的饮料店和他碰头。我把几份差事的完成情况向他做了汇报。他问我是怎么知道苏亚雷斯的遭遇的,我说是当事人本人告诉我的。苏亚雷斯家族的那些故事,还有他们家族与莫罗家族的不和,我也全告诉了他。布斯克罗斯对这些事原本只是隐隐约约知道个大概,认真听我讲完后,他对我说道:"看起来,要制订一个全新的计划了,这个计划应该从两个截然不同的方向着手。一方面,要破坏桑塔·毛拉与莫罗家族的关系;另一方面,要让莫罗家族与苏亚雷斯家族和好。

"说到这个计划的前半部分,其实已经有非常深入的推进了。在向你解释之前,我必须要先跟你谈谈阿维拉家族的一些情况。

"阿维拉家族目前的这位公爵,年轻时可是朝中头一号红人,深受自己主上的宠幸,甚至可以说,主上待他非常亲近,不拘礼节。年少得志很难不张狂,公爵也没有逃脱这条普遍的规律。他似乎根本没把和自己平级的最高贵族放在眼里,还暗中定下与王室联姻的计划。"

说到这里,布斯克罗斯自己停下来,对我说道:"可怜的小家伙,我何苦对你说这些事呢?你出生在卑贱的阶层,你们那个阶层是永远不该听到这些事的。再说,到现在为止,也没几个绅士和你打过交道吧?"

"我亲爱的主人,"我对他说道,"我并不知道,想有幸赢得您的信任,还需要向您提供各种各样的证明。我也犯不着说自己的家谱,我只想给您一个最简单的证据,我接受的教育是出身最好的年轻人才能拥有的。由此您可以得出结论,我是迫不得已才沦为乞丐的。您可以说我的命不好,但不该说我出身卑贱。"

"好吧,"布斯克罗斯说道,"你用的语言也确实和平民百姓不一样。那你对我说说看,你到底是谁?来吧,马上就告诉我吧。"

我摆出一副严肃甚至有些悲伤的神情,然后对他说道:"您是我的主人,只要您愿意,您就可以强迫我说出来,但这涉及一个法庭,一个严厉同时又神圣而圣洁的法庭……"

"我什么都不想听了,"布斯克罗斯说道,"我更不想和你说的那个法庭打任何交道。好吧,我把我所知道的关于阿维拉家里的事都告诉你吧。你既然会守你自己的秘密,那就该知道怎么保守我的秘密。

"幸运的阿维拉公爵,因为自己时运亨通、深受宠幸而扬扬得意,竟然动起与主上联姻的念头。当时,贝阿特丽丝公主在姐妹当中是最出众的一位,她待人亲切,如水的目光让人一看就知道她是个温柔多情的女子。阿维拉因为深受信任,便利用特权,在她身边安插了一个绝对听命于自己的女亲戚。这位年轻臣子的鲁莽计划当然是先秘密成婚,然后再等待时机,获取国王的特别恩准,使婚事得到公开认可。阿维拉这一计划究竟成功实现到哪一步,无人知晓。整整两年,他的这个秘密没有走漏一点风声,但是,在这段时间里,他还想尽一切办法排挤奥利瓦雷斯[1]。这件事他没能成功,相反,首相还探出了他的秘密,至少是探出了其中的一部分。阿维拉成了阶下囚,被关进塞哥维亚城堡的牢房,没过多久又被流放。有人告诉他,假如肯随便找个人结婚,他就可以获得赦免,但他拒绝了。大家得出结论,他已经与公主成婚了,有人想把公主身边的女管家也就是阿维拉的女亲戚给抓起来,但大家又担心,这样做会闹得满城风雨,甚至会在一定程度上败坏王室的声誉。

"公主因身体日渐虚弱,病重而亡。新的解决方案于是被提出来。为了结束流放生活,阿维拉公爵决定和年轻的阿斯卡尔结婚,她是奥利瓦雷斯的外甥女。两人生下一个女儿,阿维拉公爵妄自给她取名为贝阿特丽丝[2],这实在是有点太过张扬地纪念他与公主的那

---

[1] 原注:加斯帕尔·德·古兹曼,奥利瓦雷斯伯公爵(Gaspar de Guzman, Comte-duc d'Olivares, 1587—1645),腓力四世时期的西班牙首相,1643 年被罢官。
[2] 译注:在最终版本中,阿维拉公爵的女儿名叫曼努埃拉。

段情缘了，但他昔日的雄心抱负总算是通过这一大胆的举动得到满足。看起来，他甚至偶尔还担心，自己的那段故事会被人们渐渐淡忘。奥利瓦雷斯公爵的继任者堂路易斯·德·阿罗[1]开始确信，阿维拉公爵与公主之间存在着秘密婚姻的关系，甚至很可能还结下了果实。调查行动就此展开，但最终徒劳无功。

"阿维拉公爵的夫人去世了，公爵让女儿进了布鲁塞尔的一家修女院，由她的姨妈博福尔公爵夫人照顾她。她接受的教育非常独特，人们用培养男孩子的方式来培养她。

"贝阿特丽丝已经回马德里半年了。她非常美丽，但性情高傲，看起来相当排斥婚姻。她认为，作为一个女性继承人，不一定要给自己找个男主人，她有权独立生活。她父亲对她的看法表达了认同。熟知朝中旧闻的老臣子们便又想起公爵与公主秘密成婚的往事，他们认为，两人生下了一个儿子，公爵希望儿子得到公开的认可。不过，所有人都严把口风，表面上对这件事绝口不提，我能知道这么多，是因为我和公爵家里的人有某种交往。

"阿维拉公爵的女儿贝阿特丽丝是不会结婚的。此外，她是个心高气傲的人，她的这种傲气可以说从未有人见过先例，因此我认为，在西班牙，是没人敢向她求婚的。不过，桑塔·毛拉正好也是个极度自恋的人，我希望能让他相信，阿维拉公爵的千金爱上了他。

"我的第一步方案就是这样。您知道，当下女人们追逐的时尚，就是那些大蝴蝶结。她们会把蝴蝶结套在头上，系在胳膊上或是别

---

[1] 原注：堂路易斯·门德斯·德·阿罗（Don Luis Mendez de Haro），腓力四世的首相，1661年去世（但在最终版本中，阿瓦多罗的婚姻大约发生在1700年西班牙王位战争爆发的三年前，这样算起来，贝阿特丽丝那时大约有40岁）。

在裙子的边沿。我们这些贵族小姐太太们啊，她们的蝴蝶结，都是直接从巴黎、那不勒斯、佛罗伦萨运过来的，看到别的女人用了和她们花纹图案一样的丝带，她们心里面都会非常不舒服。

"桑塔·毛拉公爵上周日是该进宫的，他确实也去了。当天晚上，宫里举办了舞会。公爵长相俊美，舞姿潇洒，更何况他又是个外国人，因此现场最美丽的那些女士都注意到了他。几乎每位女士都向他打了招呼。公爵首先主动打招呼的对象是美丽绝伦的贝阿特丽丝，但她只是以极度冷淡甚至带点轻蔑的态度回应了一下。公爵在和几位朝臣交谈时发出了抱怨，他甚至还拿西班牙女子的高傲当笑柄，开起了玩笑。

"过了一会儿，一位仆人借着给他送柠檬水的机会，悄悄递给他一张纸条，纸条上只写着三个字——'别泄气'。虽然没有署名，但纸条上系着一段绿色配淡紫色的丝带，这和贝阿特丽丝当天身上的饰带完全一致。他知道，已经有人对这位女士说过，来自那不勒斯的那位大人对她高傲的态度颇有微词。她应该是害怕闹出不愉快，才主动向他示好的。这么一想，桑塔·毛拉便不再怀疑，丝带便是纸条的署名。他志得意满地回到住处，此时，未婚妻在他眼中已魅力不再，尽管来马德里的那一天，她的美丽曾让他惊艳不已。

"第二天，桑塔·毛拉和未来的丈人共进早餐，并向他问起阿维拉公爵女儿的情况。莫罗对他说，这位女士是在佛兰德斯长大的，对西班牙和西班牙人都有种疏远感。她那种常人从未见过的高傲气质，以及拒绝结婚的坚定态度，莫罗都是从这个角度解释的。按照莫罗的看法，贝阿特丽丝将来或许会和一位外国男子定情。老实的银行家这么一说，便在不知不觉中毁了自己一直非常看重的这门亲事。确实，桑塔·毛拉觉得自己有非常充足的理由相信，贝阿特丽丝不喜欢西班牙男子，但会对外国青年另眼相待。

"同一天早上，桑塔·毛拉收到一张折得像便条一样的纸，但纸上面什么也没写，只包着一段橙色配紫色的丝带。桑塔·毛拉当天去了歌剧院，看到了贝阿特丽丝，她身上的饰带和那段丝带一模一样。"

"机灵鬼先生，"布斯克罗斯补充道，"您这么聪明，我想您肯定已经猜到了奥妙何在。您肯定能推断出，我为公爵女儿的贴身女仆效劳，她每天早上都会把女主人当天饰带的布料给我一小段。您今天带去的便条上面就系着一段丝带，便条里的内容是约他晚上在法国大使的招待会上见面。到时候我要好好盯着桑塔·毛拉公爵，因为阿维拉公爵的女儿今天早上收到那不勒斯总督奥苏纳公爵女儿的一封来信，信里面谈了不少关于桑塔·毛拉的事。招待晚会上，贝阿特丽丝和桑塔·毛拉不可能不说几句话，他们的对话是逃不过我的耳朵的——法国大使给了我参加他各种招待会的权利。

"实际上，我也不会直接在他们身边出现，感谢上天，我长了一双好耳朵，只要在同一个屋子里，离我最远的人讲什么我也听得见。好了，今天就到这里吧。你现在肯定胃口大开了，我就不留你了，快去找点吃的吧。"

我去了托莱多骑士的家，他正准备和他亲爱的乌斯卡里斯夫人一起吃饭，见我来了，便打发走仆人，把端菜添水的事交给我做。等乌斯卡里斯夫人也走了以后，我把布斯克罗斯为了离间桑塔·毛拉和莫罗家族而策划的大胆阴谋告诉了托莱多，他听得津津有味，并答应为我们提供帮助，有了这样一位盟友，成功的概率自然高了很多。

托莱多骑士是最早来到法国大使官邸的客人之一，他与美丽绝伦的贝阿特丽丝交谈起来。起初，她只是用一贯的傲慢态度对待他，但骑士有一种难于抵挡的亲和力，让人没办法不和他边谈边笑。聊着聊着，骑士就和她谈到桑塔·毛拉。因为自己的女友在信中提到过这个人，贝阿特丽丝便想对他多一些了解，她的兴致明显比平常高了一点，甚至引起了其他人的注意。两位听到他们谈话的贵族赶去向桑塔·毛拉道贺，毕竟，征服这个女子的心可不是件简单的事。这对桑塔·毛拉来说算是致命的一击，他已经完全搞不清楚自己几斤几两了——他直接把自己当作了贝阿特丽丝的夫君。在回住所的路上，他满脑子都在计算，阿维拉公爵的遗产全算在一起，会比伊内丝·莫罗的嫁妆多多少。打这一晚起，他开始用最明显的蔑视态度来对待莫罗一家。

第二天，托莱多骑士把布斯克罗斯叫到自己家中，让布斯克罗斯大有受宠若惊之感。经过商议，大家决定以贝阿特丽丝的名义写一封信，由于只能以丝带代替署名，大家都小心翼翼地避免这方面的差错。整封信充满谜一般的色彩：所有话都只说一半藏一半，让读信的人感觉到写信人的种种为难，信的末尾是约对方在伊卡斯公爵的晚会上见面。桑塔·毛拉的回信倒也透出几分才智，当然，他还是不出所料地准时赴约了。但这一次贝阿特丽丝又摆出先前那副高傲的模样，差点毁了我们的计划。托莱多骑士赶紧把桑塔·毛拉拉到一旁，悄悄地对他说，贝阿特丽丝和父亲发生了激烈的争吵，因为她父亲竭尽全力想让她嫁一个西班牙人。从这一刻起，桑塔·毛拉彻底相信自己得到了真爱，大家都注意到，他整个人洋溢着一种发自内心的喜悦,而且是一种任何事都动摇不了的喜悦。

我们继续与这位轻信的那不勒斯贵族通信。所谓的贝阿特丽丝的情书的意思变得一天比一天明确,很快,信中就隐约透露出希望对方早做决断的口气。信里面说,桑塔·毛拉竟然一直借宿在莫罗家中,这无疑是一件让人惊诧莫名的事情。桑塔·毛拉本人其实也想断了这边的关系,但又不知道该从何入手。

有一天,桑塔·毛拉收到的信与往日不同,这是一首长诗,诗名叫作"给择偶时屈就的男贵族的讽刺诗"。诗的开篇是这样的:

> 帕克托勒斯河[1]河泥里飞出的昆虫,
> 成群结队地来到艾俄洛斯[2]的领空,
> 它们是否以为就此进入了天堂,
> 将自己肮脏的血与神明的至纯血液混为一谈?
> 您怕是忘了当年萨尔摩纽斯[3]的行径,
> 这个鲁莽的国王竟伪造雷霆之音,
> 还把火抛向天空,冒充宙斯的闪电之形,
> 结果他从青铜马车上摔下来,丢了性命。

可以看出,这篇讽刺诗主要针对的不是择偶时屈就的男贵族,而是那些想通过这样的婚姻谋求上升空间的富人。这首诗和阿古德

---

1 译注:帕克托勒斯河是小亚细亚古国古底亚的河流,据希腊神话所说,河水中夹带着金沙。
2 译注:艾俄洛斯是希腊神话中掌管风的神。
3 原注:萨尔摩纽斯是艾俄洛斯的儿子或孙子,建造了萨尔摩涅城,以宙斯自居,之后宙斯将他杀死,并毁了他的马车和城市。

斯其他的作品一样，写得不算好，也不算多差，但它产生了期待中的效果。

在和莫罗一家同吃餐后点心的时候，桑塔·毛拉饶有兴致地把这首讽刺诗念了一遍。整桌人都离席而去，进了另一个房间，桑塔·毛拉公爵也不再浪费时间解释，立即叫人备马，当天就搬进一家设施齐备的出租私邸。第二天，全城人都知道了这件事。所谓的贝阿特丽丝又写了一封信，这封信的措辞比先前更为温柔，信中还允许桑塔·毛拉遵照礼节正式求婚。他按吩咐做了，却被贝阿特丽丝的父亲一口回绝，这位父亲事后甚至都没告诉女儿一声。就这样，这位那不勒斯贵族既没有因为向贝阿特丽丝求婚被拒而感到羞惭，也没有因为拒绝和伊内丝的婚事而过度恼火。

于是，现在只剩下修复苏亚雷斯家族和莫罗家族的关系这件事了。事情的进展是这样的：加斯帕尔·苏亚雷斯因为生儿子的气，一直把自己关在客栈的房间里，闷久了以后，他终于决定先出门散散心再说。他来到太阳门附近的一家饮料店。店里有一帮人围在一张桌子边聊天，他坐在附近，饶有兴致地听他们说话，但不插一句嘴，毕竟他在马德里没什么熟人，随便插话是不妥当的。

有一天，老苏亚雷斯又来到这家饮料店，离他不远坐了两个人，其中一位对另一位说道："先生，我想对您说，在西班牙，没有哪家商号能与莫罗家族相比了。这件事我很清楚，我看过他们一五八〇年以来的资产负债表，还有他们这一百年来所有生意的目录。"

"先生"，另一位回答道，"我想您会承认，加的斯的地理位置比马德里更重要，旧世界和新世界之间的贸易往来，体量要比都城里面的资本流动大得多。因此可以说，加的斯商界领头的苏亚雷斯家族，要比马德里排名第一的莫罗家族更让人敬佩。"

由于后面这一位说起话来声如洪钟，店里的好几个闲人便挪位置，换到他们的桌边坐下。老苏亚雷斯听见别人谈论他，心里非常高兴，他紧紧靠着墙，这样听起来更清楚，也更不容易受人关注。

接着，前一位也抬高声音说道："先生，我很荣幸地告诉您，我见过莫罗家族一五八〇年以来的资产负债表，也了解苏亚雷斯家族的故事。伊尼戈·苏亚雷斯在海上磨砺了青春后，又在加的斯建起一家商号，一六〇二年，他在没有发货的情况下，竟然就拿着汇票找莫罗家族承兑。这种不正规的做法原本会毁了他这家新开的商号，但莫罗家族宽宏大量，让整件事平息下去。"

听到这里，老苏亚雷斯差点就要当众发作，不过讲述者又接着说下去："自一六一二年起，苏亚雷斯家族用银锭充当支付工具，虽说这些银锭号称品质相同，但实际上优劣非常不均。莫罗家族进行了公开验证，验证的结果让苏亚雷斯家族的商号再一次面临被毁的危险，但莫罗家族宽宏大量，把这件事也平息了下去。"

老苏亚雷斯已经压制不住自己，不过讲述者又接着说下去："最后，加斯帕尔·苏亚雷斯在菲律宾做生意时资金不足，想尽办法拉莫罗家族的一位舅父入股，找这个人借了一百万。为了取回这倒霉的一百万，莫罗家族应该是打了场官司，这官司到现在或许都没有完全结束。"

加斯帕尔·苏亚雷斯怒不可遏，就在他即将大发雷霆之际，一个他从来没见过的人走到莫罗家族那位支持者面前，对他说道："先生，我现在当众宣布，您刚才所说的话，没有一个字是真实可信的。伊尼戈·苏亚雷斯在找莫罗兄弟兑款前，确确实实从安特卫普发了货。莫罗家族根本无权拒绝承兑，他们的道歉信现在还在苏亚雷斯家族的办公室里，办公室里还有另一封道歉信，涉及的是银锭的事。最后，您刚刚提到的那场官司，其实您根本不知道任何内情，官司的目的并不是要莫罗家族取回借的那一百万，而是让他们根据股份把菲律宾生意获取的两百万利润收回去。您对面的先生刚才对您说的话很有道理，苏亚雷斯家族是西班牙首屈一指的商人，至于先生您本人，毫无疑问，您是爱说大话、根本不知道自己说的是什么的那种人。"

那位莫罗家族的支持者像个被揭穿的小人一样，窘迫不堪地离开饮料店。加斯帕尔·苏亚雷斯认为，他有必要向那位为他说话的人表示一下谢意。他带着满脸友好的表情来到那人身边，邀对方一起到普拉多大道上散散步，那人欣然接受。等到了目的地后，两人在一条长椅上坐下，老苏亚雷斯对他的新朋友说道："先生，您刚才说的那番话让我感激万分，您不必对我的谢意有任何怀疑，因为我就是加斯帕尔·苏亚雷斯，我们家族唯一的掌门人。您气宇轩昂地驳斥了那个造谣的小人，维护了我们家族的荣誉。我可以推断出来，您对加的斯的贸易一定有非常深入的了解，对我的生意尤为熟悉。我看，您应该是个经验丰富的生意人，您可以告诉我您的名字吗？"

和老苏亚雷斯对话的不是别人，正是布斯克罗斯，他觉得没有必要把真名说出来，便谎称自己叫罗克·莫拉雷多。

"莫拉雷多先生，"老苏亚雷斯接着说道，"恕我冒昧，您的姓氏在生意圈里不是很有名，很可能，您在投资中没有把您的才华和优点充分体现出来。我想请您做我几桩生意的合伙人，为了让您相信我的诚意，我把我目前的心事和计划都坦诚地告诉您。我有个独生子，我原本把全部希望都寄托在他身上。我派他来马德里，同时嘱咐他三件事情：不能让别人叫他'堂苏亚雷斯'，而只能叫'苏亚雷斯'，不能与贵族交往，不能拔剑。结果您猜怎么着？在我儿子住的那个客栈里，所有人都只称呼他'堂洛佩·苏亚雷斯'。一个叫布斯克罗斯的绅士成了他在马德里唯一打交道的人。后来他还拔剑和这个布斯克罗斯格斗了一番，最糟糕的是，他竟然被人从窗户扔了下去，这种事可从来没在苏亚雷斯家族任何一个人身上发生过。为了惩罚这个不孝的忤逆子，我想再结一次婚，这个主意我已经定下了，越早结越好。我还不满四十岁，续弦是不怕惹别人闲话的。我只要求我的未婚妻出身于一个本分的生意人家庭，品行上洁白无瑕，您对马德里很熟悉，我能指望您帮我找到这么一个人吗？"

"先生，"布斯克罗斯回答道，"我认识一个非常本分的生意人，他女儿刚刚拒绝一位大贵族的求婚，因为她决心不攀高枝。她父亲很生她的气，命她在一个星期内另选一名夫婿，否则就立即从家里搬出去。您说您今年四十岁了，但您看起来才刚满三十。今晚您去拉克鲁斯剧场看《格拉纳达围城》那出戏吧，前两幕您安安心心地看，到第三幕的时候我会来找您的。"

加斯帕尔·苏亚雷斯于是就去看了《格拉纳达围城》，第二幕还没结束，他的新朋友就来了。新朋友将他拉出剧院，带他左绕右绕地穿过一条条大街小巷，似乎有意想让他晕头转向。老苏亚雷斯问他，那位小姐姓甚名谁，他回答说，问这样的问题有失慎重，这桩婚事是有可能谈不成的，那位小姐强烈希望，在婚事最终定下来之前，任何人都不知道内幕。老苏亚雷斯表示理解。他们走到一幢非常气派的大房子后面，然后穿过里面的马厩，登上一道昏暗的楼梯，进入一间点着几盏灯却没有摆放任何家具的房间。没过多久，两位罩着面纱的女士走了进来。其中一位说道："苏亚雷斯大人，我这么安排确实是胆大妄为，但您千万不要觉得我本性就是如此，我是因为我父亲自命不凡的虚荣心才被迫走这一步的。他想让我嫁给一个大贵族。那些贵族小姐太太们，她们接受的教育应该非常适合她们所在的上流社会，可我呢，我到这个圈子里去做什么？上流社会的生活光鲜亮丽，我那薄弱的理性很可能经不起考验，我在那个世界里面是找不到幸福的，很可能还会影响我在彼世的救赎。我打算嫁给一位商人，我也尊重苏亚雷斯这个姓氏，所以想和您结识。"

说完这番话，女士取下面纱。她的美让老苏亚雷斯惊艳不已，他单膝跪地，从自己的手指上摘下一枚价值连城的戒指，一言不发地递给她。

就在此时，一扇侧门轰隆一声被人撞开。一位年轻男子持剑走了进来，他的身后还跟着一群高举火把的侍从。

"苏亚雷斯先生，"他说道，"您就这么娶一位莫罗家族的小姐啊！"

"莫罗！"老苏亚雷斯高叫起来，"我可不想娶莫罗家族的人！"

"请您出去，我的妹妹，"年轻男子接着说道，"至于您嘛，苏亚雷斯先生，您向莫罗家族的小姐示爱，却又不打算娶她，我完全可以把您从窗户扔出去，这绝对公道，但我不愿玷污我自己的家。我先让手下出去，然后再把我的想法说给您听。"

莫罗公子的手下退了出去，公子本人于是对老苏亚雷斯说道："先生，现在只剩三个人了。布斯克罗斯先生既然跟您一起来了，那就请他做个见证人吧，这您不能拒绝。"

"您说的布斯克罗斯是谁?"老苏亚雷斯说道,"这位先生姓莫拉雷多。"

"这不重要,"莫罗公子说道,"把您的剑拔出来吧!您确实比我年长,但您跪在我妹妹面前的时候,看起来还是很年轻的嘛,所以,比剑的时候您肯定也可以焕发一下青春。快拔剑,要不就从窗户跳下去。"

相信谁都能料到,老苏亚雷斯必然是选择拔剑出鞘,但他的剑术连自己的儿子都比不上,因此胳膊很快挨了一剑。莫罗公子一看对方流血,便退出房间,布斯克罗斯掏出一条手帕缠在老苏亚雷斯的伤臂上。接着,他把老苏亚雷斯带出房子,去一位外科医生那里止血包扎,再送他回到客栈。

在客栈里,老苏亚雷斯看到自己的儿子被人用担架抬进来,这幅场景让他心疼到极点,但他不肯流露出自己的真情,还是打算狠狠谴责一下儿子。

"洛佩,"他对儿子说道,"我早就禁止过你跟贵族打交道。"

"啊!我的父亲,"儿子回答道,"我只和一个贵族打过交道,就是和您在一起的这一位,再说我可以向您担保,我和他的交往是被迫的。"

"至少,"老苏亚雷斯说道,"你不该和他格斗,拔剑这件事我是禁止你做的。"

"先生,"布斯克罗斯插话道,"您想想看,您的胳膊正受着伤呢。"

"一切我都可以原谅你,"老苏亚雷斯又补充道,"但被人从窗户扔下去,这件事我无法容忍。"

"先生,"布斯克罗斯接着说道,"一刻钟以前,这样的尴尬事也可能发生在您的身上。"

老苏亚雷斯羞惭到极点。就在此时,有人送来了一封信,信是这样写的:

加斯帕尔·苏亚雷斯大人:

谨以此信代犬子埃斯特万·莫罗向您致以最恭敬的歉意,犬子发现您与他妹妹伊内丝在我们马夫的房间里共处一室,所以才觉得有必要向您表达他的怨愤之情。

贵公子洛佩·苏亚雷斯也曾尝试跳窗进入伊内丝的房间,但他弄错了房子,从梯子上摔下去,摔断了双腿。

这些举动完全可以让人假定,您一家人正在设法破坏我们家的名誉,我是有理由将您告上法庭的。不过,我还是更倾向于和解这条路,以下就是我的和解方案:

我们还在为您想让我接受的那两百万皮阿斯特打官司。这笔钱我现在表示接受,但条件是我再另出两百万皮阿斯特,然后把所有钱全部交给贵公子,并答应他与我女儿伊内丝的婚事。

出于罪恶的虚荣心,我一念之差要把女儿错嫁给一位大贵族,幸得贵公子让我女儿领悟到真情,这件事才没有酿成恶果。贵公子帮了我们家一个大忙。

加斯帕尔·苏亚雷斯大人,人总是因罪受罚的。贵公子的行为给我们两家人增添了无尽的荣耀,他虽然想跳窗进入伊内丝的房间,但毫无疑问,是两家人半世纪的恩怨让他出此下策,实际上，我们的恩怨只是下属的错误造成的，我们已经尽自己所能进行了修补。

加斯帕尔大人，请抛弃掉那些与基督教爱德相悖的思想吧，不论在此世还是彼世，这样的思想都是有害的。

作为贵公子的岳父，我在此向您致以最诚挚的问候，愿能有幸以您卑微仆人的身份替您效劳。

莫罗

老苏亚雷斯当众读完信后，默默坐进一把扶手椅，陷入沉思。看起来，有两种截然不同的想法在他心里激烈地斗争。

小苏亚雷斯的心事已经彻底化解。他经过一番痛苦的挣扎，将身体挪下担架，爬到父亲身边，吻了吻父亲的双膝。

"洛佩，"父亲高声叫道，"你这是要和一个莫罗家族的女人相爱啊！"

"您想想看，"布斯克罗斯说道，"您都在那个女人膝下跪过了。"

"我原谅你了。"加斯帕尔说道。

故事的结局自然不难猜到。当天晚上，洛佩·苏亚雷斯就被带进他未来岳父的府上，在他伤愈的过程中，伊内丝的悉心照料起到了很大作用。加斯帕尔·苏亚雷斯并不能完全克服自己对莫罗家族的偏见，儿子婚礼一结束，他就赶回了加的斯。

洛佩·苏亚雷斯在马德里做了半个月的幸福新郎，随后，他就带着迷人的伊内丝·莫罗踏上返乡之程，加斯帕尔·苏亚雷斯早已在加的斯等得心急如焚。

布斯克罗斯的这场大行动画上了圆满的句号，而另一场他更牵挂于心的行动也拉开了序幕。他要让我父亲与他的女亲戚姬塔·西米安托成婚，这位丽人已经住进小街对面的屋子。但我也做好了搅黄这门亲事的打算。

我先是把这件事告诉了我的舅公，可敬的德亚底安修士弗莱·赫罗尼莫·桑特斯，但这位教士坚决不肯插手这种与男欢女爱相差无几的事。他说，他一般是从不管别人家事的，即便偶尔为之，也只是为了调和矛盾或杜绝丑闻，总之，不论怎么说，插手这样的事并不在他的职权范围以内。

到了这个地步，我只好自己想办法了。我本可以请热心的托莱多帮我，但这样我就必须把自己的身世和盘托出，因此，这是我不能选择的一条路。作为权宜之计，我暂时先拉近布斯克罗斯和托莱多骑士之间的关系，同时提醒骑士多加防范，因为布斯克罗斯是个喜欢对人纠缠不休的家伙。

故事说到这里，吉普赛人首领的一位手下来找他谈部落这一天的事务，我们当天就没有再见到过他。

作者及本书大事年表

1761 年	3月8日，扬·波托茨基生于波多利亚[1]的皮基夫[2]城堡，父亲约瑟夫·波托茨基，母亲安娜·特蕾莎·波托茨基（出嫁前原姓奥索林斯卡）。受法语教育（母亲拒绝说波兰语）。
1762 年	弟弟谢韦林出世。
1767 年	妹妹安娜-玛丽出世。
1772 年	波兰第一次被瓜分。
1774—1778 年	先后在洛桑和日内瓦求学。
1778 年	赴维也纳（他父亲同时也是奥地利国民）；巴伐利亚王位继承战争期间，以骑兵少尉身份加入奥地利军队。
1778—1779 年	先后游历意大利、西西里[3]、突尼斯、马耳他。成为马耳他骑士团骑士，参加了对北非巴巴利地区的远征。
1781 年	或在西班牙居住过一段时间。
1783 年	作为一支考古远征队成员赴匈牙利、塞尔维亚[4]。对斯拉夫世界开始产生研究的兴趣。
1784 年	5—6月间：游君士坦丁堡。

---

1 译注：波多利亚是东欧的一个历史地区，包括现乌克兰中西部、西南部及摩尔多瓦东北部的部分地区。历史上先后属多个国家，1672 年被奥斯曼帝国占领，1699 年重回波兰立陶宛联邦，1793 年在波兰第二次被瓜分时成为俄罗斯帝国的一个省。
2 译注：现乌克兰南部文尼察州村落。
3 译注：当时的西西里王国尚未并入意大利。
4 译注：当时塞尔维亚属奥斯曼帝国统治。

	初次尝试文学创作。
	8—9 月访埃。他用二十封信向母亲讲述了此次旅行，信中的内容构成了他首部著作——出版于 1788 年的《土耳其和埃及游记》(*Voyage en Turquie et en Egypte*)——的主要素材。
	从亚历山大港出发，于 10 月 13 日抵威尼斯。在佛罗伦萨附近的韦莱特里观赏到科普特人[1]的手稿，并参观了属波吉亚家族[2]所有的考古博物馆。
1785 年	于年初返回波兰。
	4 月 29 日，与时年十七岁的朱莉娅·特蕾莎·卢博米尔斯卡结婚。她的父亲是斯坦尼斯瓦夫二世[3]的元帅，母亲伊莎贝拉（出嫁前原姓曹尔托里斯卡）。
	赴巴黎。或与科学界建立了广泛联系。与菲利波·马齐[4]、西庇阿·皮亚托利神父[5]过从甚密。
1786 年	3 月 4 日，长子阿尔弗莱德出世。
	秋天，游意大利。或游英国。
1787 年	7 月，与妻子和母亲一起赴比利时疗养地斯帕，在这里与德·让利斯夫人[6]结识，两人建立了持续的书信交往。

---

1 译注：科普特人指古埃及信仰基督教的民族。

2 译注：波吉亚家族是 15 和 16 世纪影响整个欧洲的西班牙裔意大利贵族家族，也是文艺复兴时期仅次于美第奇家族的意大利著名家族。

3 译注：斯坦尼斯瓦夫二世（1732—1798），波兰立陶宛联邦末代国王与大公（1764—1795）。

4 译注：菲利波·马齐（Filippo Mazzei，1730—1816），意大利医生、哲学家、思想家、学者。

5 译注：西庇阿·皮亚托利（Scipione Piattoli，1749—1809），意大利天主教士、教育家、作家、政治活动家，是波兰启蒙运动中的一位重要人物。

6 译注：斯特法妮·菲利西泰·德·让利斯（Stéphanie Félicité de Genlis，1746—1830），法国女文学家。

	9—10月间，荷兰发生反对联省共和国执政威廉五世的起义，波托茨基在起义期间游荷兰，"想看一看内战的场面"。
1788年	5月21日，次子亚瑟出世。
	经维也纳回华沙，受到波兰国王的盛情接待。
	波兰受其邻国觊觎，波托茨基在第一时间表达了对普鲁士的敌视态度。他拿出自己年收入的五分之一，用于波兰更新武器装备，8月16日，当选波兹南[1]的议员，进入波兰国会，积极倡导独立自由的政治主张。
	9月，开设一家"自由印厂"，计划在这里出版"任何可能被其他印厂拒印的政治文字"（在这头一年里，印刷出版了六十七份政治宣传册）；11月，创办《V城先生[2]的国会周报》，这份报纸一直发行到1792年。
	出版《土耳其和埃及游记》。
	11—12月：腓特烈·威廉二世[3]鼓励波兰抵抗俄国的野心计划。
1789年	出版《土耳其和埃及游记》的第二版，增补了《荷兰游记》(*Voyage en Hollande*)；出版《论世界史及对萨尔马提亚[4]史的研究》(*Essay sur l'Histoire universelle et Recherches sur celle de la Sarmatie*)（第一、第二册）。
	11月4日，波托茨基在华沙开办了一家政治俱乐部，这

---

1 译注：在第二次瓜分波兰时，波兹南被划归普鲁士。
2 译注：V城当指华沙。
3 译注：腓特烈·威廉二世（1744—1797），普鲁士国王（1786—1797）。
4 译注：萨尔马提亚人是位于黑海以北的伊朗人部落联盟。自15世纪起，波兰人开始将自己的起源与萨尔马提亚人联系在一起，16—19世纪，萨尔马提亚主义成为在波兰贵族中占领统治地位的生活方式、文化和思想。萨尔马提亚主义赞颂波兰军队过去的胜利，倡导波兰贵族维持这种传统。

	是"一个向公众开放的阅览室"（阅览室内配有各类报刊和宣传册）。
	在姨姐夫伊格纳西·波托茨基的影响下，开始转变为亲普鲁士派。
	8月，游柏林，受到腓特烈·威廉二世的接待，结识了普鲁士前任国王腓特烈大帝的弟弟海因里希亲王。
1790 年	欠银行家彼得·特波罗夫八万荷兰盾，欠菲利波·马齐六千西昆，因获得一笔遗产解困。
	5月，与让-皮埃尔·弗朗索瓦·布朗夏尔[1]同乘热气球飞越华沙上空。
	出版《论关于自由的警句》(Essay d'Aphorismes sur la Liberté)，及《论世界史及对萨尔马提亚史的研究》的第三、四册。
	8月末，离开华沙赴法国，10月抵法。波兰国王听说波托茨基与雅各宾派过从甚密，担心他加入法国国籍，为法国国民制宪议会效力，于是写信给菲利波·马齐，请他对波托茨基的行动严加注意（在这封信中，他称波托茨基为"我们的头号雅士"）。
1791 年	与瑞典驻法国大使斯特尔·荷尔斯泰因男爵会谈，建议未来由古斯塔夫三世[2]继任波兰国王。
	2月，启程赴西班牙，并在西班牙居住三个月，后赴摩洛哥。9月初返加的斯，经里斯本、伦敦，于11月抵巴黎。
	5月3日，波兰制订了一部自由主义的宪法，这是继美国之后世界上第二部成文的国家宪法。

---

1 译注：让-皮埃尔·弗朗索瓦·布朗夏尔（Jean-Pierre François Blanchard，1753—1809），法国航空家，曾驾热气球于1785年第一次飞越拉芒什海峡。

2 译注：古斯塔夫三世（1746—1792），瑞典国王，他是普鲁士国王腓特烈大帝的外甥，俄罗斯女皇叶卡捷琳娜二世的表哥。1792年被瑞典贵族刺杀身亡。

| 1792 年 | 1 月，波托茨基横穿德国，抵华沙。他重新对波兰政局产生兴趣。弟弟谢韦林希望未来由俄国亲王康斯坦丁大公[1]继任波兰国王。时任国王斯坦尼斯瓦夫二世加入了塔戈维查联盟，这是一个由波兰亲俄派权贵组成的联盟，试图促成俄国的军事干涉。波托茨基警告国王，波兰有被其三个邻国瓜分的危险。

俄军入侵波兰，5 月 5 日，波托茨基在国会递交了一份全民征兵的提案，并作为志愿兵参加了由扎别罗将军[2]指挥的立陶宛军队。

日林齐战役（6 月 18 日）、杜边卡战役（7 月 17 日）[3]中，俄军获胜。

7 月 24 日，波托茨基回到华沙，宣布退出政坛，并表示从此将全心投入学术研究。

出版《论世界史及对萨尔马提亚史的研究》第五、六册，出版《摩洛哥帝国之旅》(*Voyage dans l'Empire du Maroc*)，以及续篇《东方故事之哈菲兹的旅行》(*Voyage de Hafez, récit oriental*)（一部根据真实经历改编的谈波兰及其国际关系的小说）。 |
|---|---|
| 1793 年 | 波兰第二次被瓜分。

波兰国会解散后，波托茨基全心投入历史研究。5 月，出版《呈现斯拉夫各民族历史的编年史、回忆录及研究文献》(*Chroniques, Mémoires et Recherches pour servir à l'Histoire de tous les Peuples slaves*)，后又出版《滑稽表演集》(*Recueil de Parades*)。 |

---

1 译注：康斯坦丁·巴甫洛维奇大公（1779—1831），沙皇保罗一世的第二个儿子，俄属波兰的实际统治者（1815—1830）。
2 译注：米哈尔·扎别罗（Michal Zabiello，1760—1815），立陶宛大公国将军。
3 译注：日林齐（Zielince），现乌克兰城镇；杜边卡（Dubienka），现波兰卢布林省城镇。

	计划赴乌克兰,但最终赴德国并在德国一直生活到1796年。
1794 年	在汉堡小住,其间常与克洛卜施托克[1]见面,后赴丹麦。
	4月20日,在莱茵斯贝城堡海因里希亲王宫前,组织表演其剧目《安达卢西亚的吉普赛人》(*Les Bohémiens d'Andalousie*)。剧本于当年出版。
	5月,柯斯丘什科[2]发动英雄起义。
	6月,波托茨基在卡罗维瓦利[3]与其堂兄斯坦尼斯瓦夫·科斯卡·波托茨基[4]会面。
	8月26日,妻子朱莉娅·特蕾莎·卢博米尔斯卡在克拉科夫因肺痨去世。
	8—9月:在加利西亚地区[5]旅行,此行促成他写就《在下萨克森几地之旅》(*Voyage dans quelques parties de la Basse-Saxe*)一书(1795年出版)。
1795 年	10月24日:波兰第三次被瓜分。
1796 年	波托茨基在布伦瑞克[6]出版《斯基泰[7]、萨尔马提亚和斯

---

1 译注:克洛卜施托克(Klopstock,1724—1803),德国诗人。崇尚浪漫主义,对歌德和狂飙突进运动影响甚大。

2 译注:柯斯丘什科(Kosciusko,1746—1817),波兰军队领导人,波兰、立陶宛、白俄罗斯和美国的民族英雄,领导了反抗俄罗斯帝国和普鲁士王国的科希丘什科起义。在领导1794年起义之前,他作为大陆军上校参加了美国独立战争。

3 译注:现捷克西部城市。

4 译注:斯坦尼斯瓦夫·科斯卡·波托茨基(Stanislaw Kostka Potocki,1755—1821),波兰贵族、政治家、作家,是波兰启蒙运动中最具象征意义的人物之一。

5 译注:加利西亚为中欧历史地名,现属乌克兰和波兰。波兰第一次被瓜分后成为普鲁士王国的一个省份。

6 译注:现德国下萨克森州城市。

7 译注:斯基泰人是公元前8世纪至公元前3世纪位于中亚和南俄草原上的印欧语系东伊朗语族的游牧民族,曾建立斯基泰王朝。

	拉夫人的历史地理知识节录》(*Fragments historiques et géographiques sur la Scythie, la Sarmatie et les Slaves*)。
	赴维也纳，与生活在那里的父母、岳母团聚，在维也纳出版《再游黑海回忆录》(*Mémoire sur un nouveau Périple du Pont-Euxin*)。岳母负责他两个儿子的教育。
	最后一次回到华沙，向斯坦尼斯瓦夫·奥古斯特·波尼亚托夫斯基[1]表达祝福。
1797 年	4 月，赴莫斯科参加沙皇保罗一世的加冕典礼。
	5 月，启程赴高加索［根据这次旅行写成《阿斯特拉罕[2]和高加索的草原之旅》(*Voyage dans les steps d'Astrakhan et du Caucase*) 一书，1829 年，波托茨基的学生尤利乌斯·冯·克拉普罗特[3]为其出版该书］。
	开始撰写《萨拉戈萨手稿》。
1798 年	4 月，赴克里米亚；后返波多利亚，过起隐居生活。
1799 年	4 月 10 日，波托茨基娶康斯坦莎·波托茨卡为第二任妻子，她是扬·波托茨基的暴发户表亲斯坦尼斯瓦夫·菲尼克斯·波托茨基的女儿。波托茨基得到了一百万兹罗提[4]的嫁妆（1808 至 1809 年间因婚变返还了一部分）。
1800 年	5 月 18 日，长女伊莱娜出世。
1800—1802 年	创作《俄罗斯各民族远古史》(*Histoire primitive des Peuples de Russie*)，这部作品集中了他二十年来对斯拉夫世界的研究成果，于 1802 年出版。
1801 年	三子安德烈·贝尔纳出世；波托茨基亲力亲为，为这个孩

---

1 译注：即前文所说的波兰立陶宛联邦末代国王斯坦尼斯瓦夫二世。
2 译注：历史上伏尔加河的一个汗国，1556 年归属俄罗斯。都城为今俄罗斯城市阿斯特拉罕。
3 译注：尤利乌斯·冯·克拉普罗特（Julius Von Klaproth, 1783—1835），德国东方学家。
4 译注：波兰货币单位。

	子的教育投入了大量心血。
1802 年	4 月，与家人一起赴彼得堡，并在这里出版了《俄罗斯各民族远古史》一书。
	被沙皇亚历山大一世任命为私人顾问。开始对古希腊、罗马文化感兴趣。
	12 月 14 日，波托茨基的父亲在维也纳去世。
1803 年	1 月初，波托茨基和家人一起赴维也纳，他在这里一直生活到 9 月。
	此后启程赴意大利，在佛罗伦萨出版了《曼涅托[1]〈埃及史〉第二卷中的王朝》(Dynasties du second Livre de Manethon)。
	拟和家人一起游罗马和那不勒斯，但由于经济上出现状况，他被迫从威尼斯返维也纳，家人继续旅行。
1804 年	在彼得堡以校样形式印刷了《萨拉戈萨手稿》第一天至第十天的内容。
	波托茨基给俄国大臣、他第一位妻子的表亲亚当·恰尔托雷斯基[2]写了几封信，并寄去几篇文章，倡导一种在俄国领导下的理想化的泛斯拉夫主义。
	在维也纳创作出版《赫尔松省[3]的古代史》(Histoire ancienne du Gouvernement de Cherson)。
	12 月，被沙皇亚历山大一世任命为外交部亚洲司官员。
1805 年	小女儿特蕾莎出世。
	2 至 3 月间，以校样形式印刷了《萨拉戈萨手稿》第十一

---

1 译注：曼涅托（活动时期为公元前 4 世纪末至公元前 3 世纪初），古埃及祭司和历史学家，用希腊语著《埃及史》一书（三卷）。

2 译注：亚当·恰尔托雷斯基（Adam Czartoryski, 1770—1861），波兰贵族、政治家、作家。曾任俄罗斯帝国总理大臣、外交部部长，1831 年任波兰临时政府首脑。

3 译注：赫尔松省是俄罗斯帝国的一个省，1803 年建省，现属乌克兰。

天至第十三天的内容。

编写了一份《亚洲关系概论》(*Précis des Relations asiatiques*)的报告，经修改后，报告易名为"亚洲体系"(*Système Asiatique*)。

著作出版密集期：《曼涅托〈埃及史〉第一、二卷中的年代》(*Chronologie des deux premiers Livres de Manethon*)、《波多利亚省的古代史》(*Histoire Ancienne du Gouvernement de Podolie*)、《沃里尼亚省[1]的古代史》(*Histoire Ancienne du Gouvernement de Wolhynie*)、《俄国欧洲部分的考古地图》(*Atlas archéologique de la Russie européenne*)。

7月，波托茨基作为学术负责人，参加了一个由两百四十名成员组成的旨在与中国建立友好关系的使节团，但行动最终半途而废，主要原因是远征队队长戈洛夫金亲王在礼节上的态度问题[2]。

1806年

1月29日，波托茨基人虽然还在蒙古，但被接纳为彼得堡科学院院士。

7月初，波托茨基抵彼得堡，编写了一份《中国远行报告》(*Mémoire sur l'Expédition de Chine*)，呈交给恰尔托雷斯基。

11月，波托茨基将他的《亚洲体系》呈交给恰尔托雷斯基，报告阐述了用文化和商业方式征服亚洲的方案，并力主占领阿富汗，打开通向印度的大门。这份报告也引起法国政府的兴趣。

---

1 译注：现乌克兰西部的一个历史地区，当时俄罗斯帝国的一个省。

2 译注：戈洛夫金亲王（Prince Golovkine, 1762—1846），俄罗斯帝国外交家，曾任驻斯图加特和维也纳大使。1805年率团远赴中国，到达乌尔格（现乌兰巴托）后，当地官员在寒冷的天气里请他们露天吃饭，并让他们对摆着烛台的桌子磕头。戈洛夫金亲王表示拒绝，远征队无功而返。

	俄军在奥斯特里茨战役中惨败后，恰尔托雷斯基失宠，被布德伯格取代，布德伯格对《亚洲体系》这份报告并不认同。
1807 年	布德伯格让波托茨基创办一份用法语编写的《北方报》(*Journal du Nord*)，旨在向国际读者介绍俄国政治，这是一份没有报酬的工作。
	《提尔西特和约》[1]签署后，眼看布德伯格将和恰尔托雷斯基一样遭废黜，同时又因经济问题无法在彼得堡维持上流社会的生活，波托茨基决定彻底告别政坛，于 11 月 30 日辞职。年末，回到波多利亚。
	临行前，他将一份手稿交给法国大使馆一位叫加布里埃尔-艾德蒙·卢梭·德·圣艾尼安的官员，手稿为《萨拉戈萨手稿》前二十二天的内容。
1808 年	波托茨基与妻子康斯坦莎分手，但继续在迪米多夫卡他妻子的领地里生活。此时的他受病痛折磨（他患上了脚痛风），负债累累。
	4 月 15 日，与妻子签署了一份财产分割协议。
	出版《对以"古代编年史"为名的埃及史残章的批评式研究》[2] (*Examen critique du Fragment égyptien, connu sous le nom d'Ancienne Chronique*)。
1809 年	2 月 1 日，波托茨基与妻子正式宣布离婚（波托茨基需要返还一部分嫁妆）。从这一天开始，他离开原居住地，先后赴图利钦、伊瓦诺，当年冬天赴克列梅涅茨[3]。

---

1 译注：《提尔西特和约》是拿破仑法国与第四次反法同盟战败国俄国和普鲁士在 1807 年 7 月 7 日和 9 日签订的和约。

2 译注：在当时的法文版曼涅托《埃及史》一书中，附有以"古代编年史"为名的一些残章，有人认为这些残章也是曼涅托所写，也有人认为其出自曼涅托之前的作者之手。

3 译注：三地均为现乌克兰城市。

	弗里德里希·阿德隆[1]在莱比锡以"莫雷纳山脉冒险记"（*Abenteuer in der Sierra Morena*）之名出版了《萨拉戈萨手稿》开篇的德译本。
1810 年	波托茨基赴彼得堡，再版《俄国欧洲部分的考古地图》，出版《研究古奥运会之前时代的年代学原则》（*Principes de Chronologie, pour les temps antérieurs aux Olympiades*），克列梅涅茨学界对这部作品反响冷淡，这或许导致他的意志进一步消沉。
	约瑟夫·德·麦斯特尔[2]写给他两封《就〈圣经〉年代问题致扬·波托茨基伯爵的信》，信中充满对他的指责。
1811 年	3—5月间，经维尔纽斯、比亚韦斯托克[3]返波多利亚。或在当年游巴黎或西班牙，但无明证。
1813 年	在克列梅涅茨出版《研究古奥运会之前时代的年代学原则》第二版的第一册。
	在巴黎出版《阿瓦多罗》（*Avadoro*）。
	11月，波托茨基在乌拉季夫卡[4]迎接他从俄军战俘营归来的长子。他的长子、次子之前均加入华沙公国的拿破仑军队。
1814 年	在巴黎出版《阿方索·范·沃登生命中的十天》（*Dix Journées de la Vie d'Alphonse Van Worden*），在克列梅涅茨出版《研究古奥运会之前时代的年代学原则》第二版的第

---

1 译注：弗里德里希·阿德隆（Friedrich Adelung, 1768—1843），德国语文学家、博学家，后成为俄罗斯帝国国民。

2 译注：约瑟夫·德·麦斯特尔（Joseph de Maistre, 1753—1821），萨丁尼亚王国政治家、哲学家、历史学家、作家。

3 译注：维尔纽斯是现立陶宛首都，比亚韦斯托克现为波兰东北部城市，位于白俄罗斯边境附近。

4 译注：现乌克兰南部文尼察州村落。

1815 年　二、第三册。这部作品因未得到审查机关明确许可，有被查封的危险。波托茨基上诉后，拉苏莫夫斯基[1]部长下令取消查封。

7 月 3 日，长子阿尔弗莱德与约瑟芬·曹尔托里斯卡结婚。这桩婚事让波托茨基重新振作起来，也改善了他和岳母伊莎贝拉·卢博米尔斯卡之间的关系，他的岳母一直承担着他长子、次子的生活费用。

为特姆贝基[2]的诗集《索菲约夫卡》(Sofijowka) 写序，诗集的法文译本在维也纳出版，当时正值维也纳会议[3]期间。

出版《斯坦尼斯瓦夫·波托茨基传》(Vie de Stanislas Potocki)，该书写成于 1811 年。

出版《研究古奥运会之前时代的年代学原则》的第四、第五、第六册。

在家产散尽、身体多病的情况下，波托茨基于 12 月 11 日在乌拉季夫卡自杀身亡。据肖洛维耶夫斯基（S. Cholowiewski）的描述，他花了几个月时间，从一只茶壶盖上取材，磨制出一枚子弹，然后将子弹装入枪膛自杀。据另一个版本的说法，他自杀用的子弹可能是一枚经神父祈福过的银弹。12 月 20 日，遗体在皮基夫安葬（另据最新研究，波托茨基有可能是于 11 月 20 日去世、12 月 2 日安葬的）。

1　译注：拉苏莫夫斯基（Razoumovski, 1748—1822），俄国政治家，1810—1816 年间任俄国国民教育部部长。

2　译注：斯坦尼斯瓦夫·特姆贝基（Stanislaw Trembecki, 1739—1812），波兰启蒙运动诗人。

3　译注：维也纳会议是 1814 年 9 月 18 日至 1815 年 6 月 9 日在奥地利维也纳召开的外交会议，目的在于解决由法国大革命战争和拿破仑战争导致的一系列关键问题，保证欧洲的长久和平。

1822 年	夏尔·诺迪埃[1]在没有署原作者姓名的情况下，把"蒂博·德·拉雅基埃尔的故事"（参见第十天的内容）移植到他的《地狱风情》(Infernaliana)一书中。
1829 年	尤利乌斯·冯·克拉普罗特在巴黎出版《阿斯特拉罕和高加索的草原之旅，及这些地区早期居民的远古史》(Voyage dans les steps d'Astrakhan et du Caucase. Histoire primitive des Peuples qui ont habité anciennement ces contrées)、《再游黑海回忆录》。
1832 年	普希金根据不完整的《萨拉戈萨手稿》的开篇内容[2]，创作了一个俄语版本，即诗作《阿方索》(Alphonse)。
1834 年	库尔尚伯爵（即莫里斯·库赞）[3]出版了一本所谓的《克雷基侯爵夫人回忆录》(Souvenirs de la Marquise de Créquy)，书中以"地上的天堂"为题，讲述了一段"卡廖斯特罗手稿残章"的故事，内容剽窃了"朱利奥·罗马蒂和萨莱诺山公主的故事"（参见第十二、第十三天的内容）。
1841 年	"库尔尚伯爵"在《新闻报》(La Presse)上发表作品《夺命谷》(Le Val funeste)，内容抄袭了《阿方索·范·沃登生命中的十天》的开篇，《国民报》(Le National)揭露了这次抄袭，双方为此打起官司，一时间闹得满城风雨。
1842 年	《阿方索·范·沃登生命中的十天》在巴黎重印。
1847 年	埃德蒙·霍耶茨基[4]在莱比锡出版《萨拉戈萨手稿》的波兰语译本。

1　译注：夏尔·诺迪埃（Charles Nodier，1780—1844），法国作家。
2　译注：普希金看过巴黎出版的《阿瓦多罗》《阿方索·范·沃登生命中的十天》这两本书后，曾尝试寻找剩余部分的书稿，未能成功。
3　译注：莫里斯·库赞，库尔尚伯爵（Maurice Cousin, comte de Courchamps，约1777—1859），法国作家。
4　译注：埃德蒙·霍耶茨基（Edmund Chojecki，1822—1899），波兰记者、作家、诗人。

1855 年	华盛顿·欧文[1]出版《沃尔夫特栖息地》(Wolfert's Roost and other stories)一书，书中有一段"马耳他骑士团大区领主"的故事，但没有指明出处（参见第五十三天的内容）。
1862 年	霍耶茨基的译本在布鲁塞尔重版。
1917 年	霍耶茨基的译本在华沙重版（收入"缪斯丛书"）。
	霍耶茨基的译本在华沙重版[出版者马里安·托波罗夫斯基（Marian Toporowski）]，有少量改动和删节。
1956 年	经莱谢克·库库尔斯基（Leszek Kukulski）编校（除霍耶茨基的译本外，还对照了 S 版本和 K 版本的手稿[2]），新的波兰语版本在华沙出版。
1958 年	经罗杰·卡依瓦[3]编校，非全本的《萨拉戈萨手稿》重版（约占全书四分之一）。
1964 年	沃伊切赫·哈斯[4]将《萨拉戈萨手稿》搬上大屏幕。
1968 年	莱谢克·库库尔斯基的《萨拉戈萨手稿》波兰语版本经重新编校后重版。
1972 年	罗杰·卡依瓦编校的版本以"阿维拉女公爵"(La duchesse d'Avila)的书名重印。
1973 年	法国电视广播公司（ORTF）在其所属频道播放菲利普·杜克莱斯特（Philippe Ducrest）导演的四集电视剧《阿维拉女公爵》。
1980 年	经达尼埃尔·博瓦（Daniel Beauvois）编校，《阿斯特拉

1　译注：华盛顿·欧文（Washington Ivring，1783—1859），19 世纪美国最著名的作家，号称美国文学之父。

2　译注：参见"原版第三版编者序"。

3　译注：罗杰·卡依瓦（Roger Caillois，1913—1978），法国作家、社会学家、文学批评家。

4　译注：沃伊切赫·哈斯（Wojciech Has，1925—2000），波兰导演。

罕和高加索的草原之旅》（两卷）重版。

1987 年　多米尼克·特里埃尔（Dominique Triaire）整理、评注的波托茨基的《政治文集》（*Ecrits politiques*）出版。

1989 年　《萨拉戈萨手稿》第一个全本出版。
多米尼克·特里埃尔编校的《滑稽表演集及安达卢西亚的吉普赛人》重版。

原版初版编者序

错综复杂的叙事，丰富多彩的情节，幽默的笔调，离奇的情与欲，不断闪现的大胆构思——开卷后，我们会惊叹连连地沉浸在这部作品的世界中。《萨拉戈萨手稿》是一部神秘感长存的著作。

纵览全书，扬·波托茨基如同博尔赫斯所说的那位崔鹏[1]，不但想创作一本比《红楼梦》人物更多的小说，同时还要缔造一座让所有读者都如堕烟海的迷宫。

或许波托茨基曾自问过这样一个问题：不局限于唯一一个"主人公"或者说中心人物的视野和经历，而是通过一群主角的观点，借助他们千变万化的视角，去创造一个世界，与此同时，还要把现有的所有叙事类型集于一书，这究竟该如何去实现？换言之，在叙述一系列故事（这看起来是波托茨基很喜欢的叙述法）的同时，怎样才能让它们成为一个有机的整体，而不是松散的合集？想解决这个问题，就需要为所有这些故事找到一个能让它们融为一体的框架。

其实这是不乏先例的。要综合参考的对象有两类故事集，一类是《一千零一夜》《十日谈》《坎特伯雷故事集》，在这些作品中，框架仅仅是一种非常薄弱的外部串联，另一类是《堂吉诃德》《吉

---

[1] 译注：参见博尔赫斯的《小径分叉的花园》。

尔·布拉斯》，这些作品里的故事只是作为情节主线的次要元素嵌入其中的。波托茨基要在两者之间寻求一种平衡，同时还要超越所有这些先例。

书名"萨拉戈萨手稿"本身就构成了第一层框架：我们将阅读到的是一份于1765年放入一个铁盒的历史文献，1809年，它在战火中被偶然发现，随后由一位拿破仑军队的军官译成法语。

小说的主框架是通过一对互补视角呈现给我们的一段奇遇故事：一方面，这是一位尚未到弱冠之年的青年男子（阿方索·范·沃登）的故事，他刚刚踏入社会，面对的就是一片让他心神不安的天地；另一方面，这也是一个四十岁男人（族长）的故事，他感到自己正迈向暮年，体力衰退，难于继续承担应尽的职责，也无法推进组织的宏大计划，因此希望物色一位合适的继任者。

在异乡的土地上，在一片属于火山带的荒凉地区，阿方索·范·沃登遭遇到一系列类似入会仪式的考验：他在绞刑架下醒来，身边是两具风干的尸体；尽管承受种种压力，但他需要严守一个一步步向他揭开谜底的秘密，并始终忠于自己的承诺和信仰。在孤身一人的情况下，他深入地下，用一只长柄锤加一把凿子来采掘金矿，他还经受了一次象征意味浓厚的水漫矿井的考验。他的勇敢最终赢得回报：他不仅拥有了金子和各种荣耀，两位妻子还为他各生下一个孩子。

所有这些考验都是由戈梅莱斯家族的族长安排的，他在一个潜居地下的组织里担任领袖，几个世纪以来，这个组织一直在积极筹划，准备有朝一日重返俗世，让真正的宗教威扬四海（这是否有点像波托茨基同时代作家让·保罗[1]笔下某个革命组织策划的行动？）。族长年轻时曾进入过一个沿袭了古埃及传统秘仪的地下世界，他在那里和范·沃登一样，经历了一场考验勇气的仪式。按照命运的安排，族长应成为马赫迪即救世主式的人物，但他自感没有这样的才能，也缺乏这方面的欲望。而就在范·沃登给戈梅莱斯家族续下香火之后，能为未来实现种种宏伟计划提供保障的金矿却枯竭了，这片地下世界也随之在一场爆炸中化作乌有。

在这层框架中穿插着很多故事，其中很大一部分经过族长的精心编排，有的是为了影响范·沃登的言行而虚构出来的（帕切科、秘法师、利百加、犹太浪人），有的是起消遣作用的真实传奇故事（佐托、吉普赛人首领阿瓦多罗），此外还有两位远行者的故事，他们的出现纯属意外，但又恰到好处：贝拉斯克斯，他也是戈梅莱斯家族的一位成员；托雷斯·罗韦拉斯，他是吉普赛人首领幼年时的朋友。

在这些故事中，吉普赛人首领的故事比重极高（从第十二天开始，一直延续到第六十一天，内容约占全书的一半），读者不免偶尔会将他当作本书的主人公，甚至波托茨基本人也把这一部分截取出来单独成册，以"阿瓦多罗"的书名出版[2]。从某种意义上说，这段流浪汉小说构成了位于主框架内部的第二层框架；但就像建筑上的老虎窗一样，

---

[1] 译注：让·保罗（Jean Paul，1763—1825），德国作家，德国浪漫主义文学先驱，原名保罗·弗里德里希·里希特尔（Paul Friedrich Richter）。

[2] 原注：《阿瓦多罗，西班牙故事》(Avadoro, histoire espagnole)，作者 MLCJP（即扬·波托茨基伯爵先生），巴黎 1813 年版。

这层框架留出了一处处供其他主角讲述自己故事的空间（贝拉斯克斯、犹太浪人、托雷斯·罗韦拉斯），而其本身又嵌套着其他一些故事。

从篇章结构上看，主框架以及第二层框架的一部分是内含对称布局的，这在作者的最初构思里体现得尤为明显。按照当时的设想，作品应以六个"十日谈"的形式呈现出来，在《阿瓦多罗》一书单独成册出版前，所有的手稿和印刷稿都附有"十日谈"这样的副标题。此外，"十日谈"本身也具有一定的结构性功能，也就是说，如果按"十日谈"的方式将全书划分为六章的话，任何一组情节（分散在几天里的故事）都不会因为某一章的结束而被一分为二[1]。

---

1 原注：以下概要列出最初构思里的六个"十日谈"内容（带下划线的部分是对称布局所涉内容）：1. 范·沃登遇到的最初考验（第一天），他本人的故事（第三天），伪装的宗教裁判所（第四天）；艾米娜、齐伯黛和戈梅莱斯宫（第一天）；隐修士的第一次出现（第二天）；帕切科（第二、第八天）；秘法师（第九、第十天）；佐托（第五至七天）。2. 幽灵的故事（第十一天），利百加（第十四天）；阿瓦多罗 I（他的父亲，达拉诺萨姨妈：第十二、第十三天），II（玛丽·德、托雷斯、隆泽托、佩尼亚·贝雷：第十五至十八天，第二十天）；贝拉斯克斯 I（他父亲的故事：第十九天）。3. 犹太浪人 I（他父亲的故事：第二十一、第二十二天），贝拉斯克斯 II（他本人的故事：第二十三至二十五天）；阿瓦多罗 III（在德亚底安修会：第二十六天，梅迪纳·西多尼亚公爵夫人：第二十七至二十九天）。小说中心点（第三十天）：戈梅莱斯家族的秘密向范·沃登部分披露。4. 阿瓦多罗 IV（托莱多，弗拉丝克塔，布ँ克罗斯，洛佩·苏亚雷斯：第三十一至三十六天）；犹太浪人 II（他本人的故事：第三十一至三十六天，第三十八、三十九天）；贝拉斯克斯 III（宗教和哲学见解：第三十七至三十九天）。5. 托雷斯·罗韦拉斯（第四十一至四十五天）；犹太浪人 III（第四十六天）；阿瓦多罗 V（科纳德斯，布拉斯·埃瓦斯和迭戈·埃瓦斯：第四十八至五十三天）；阿瓦多罗 VI（他父亲的故事：第五十四天）。6. 阿瓦多罗 VII（阿维拉女公爵：第五十五至五十九天）、VIII（外交使命，他故事的结局：第五十九至六十一天）；戈梅莱斯家族族长的故事（秘密揭晓，范·沃登考验结束：第六十二至六十六天）；秘法师家谱（第六十五天）。

889

我们于是可以清晰地看出，主框架即范·沃登的奇遇故事以及戈梅莱斯家族秘密的故事，它们精准地处在小说的开篇、中心点和结尾；而作为族长主要辅佐者的秘法师，他在第一个"十日谈"里出场，他家族的故事在最后一个"十日谈"中展开。

在第二层框架（吉普赛人首领的故事）内部，我们注意到，阿瓦多罗父亲的故事被放置在第二个"十日谈"的起始部分（第十二、十三天），以及倒数第二个"十日谈"的结尾部分（第五十四天）；隆泽托和埃尔维拉的故事则位于第二个"十日谈"的后一半（第十五至十八天、第二十天），以及倒数第二个"十日谈"的前一半（第四十一至四十五天）。

这样的对称布局与情节发展结合得非常自然，完全不会在阅读过程中形成突兀感，相反，它使作品产生了一种内在的平衡，更让穿插了其他一些次要情节的全书结构变得更为牢固[1]。

如果这些故事只是简单地放在同一个框架内，一个接一个前后连接，那我们看到的便是个传统的"嵌套小说"（roman à tiroirs）。

然而，波托茨基在这一点上又有自己的创新：这些故事每一个都可以自成框架，再引导出一些新的故事来——甲在讲述第一个故事时，会夹进一段乙向他讲述的第二个故事，而在这第二个故事讲述的过程中，又会出现乙从丙那里听来的第三个故事……通过这样

---

1 原注：另一处或许纯属偶然的对称布局设计：在占篇幅最多的人物阿瓦多罗出场前，有五个人讲述了自己的故事（艾米娜、帕切科、范·沃登、佐托、秘法师），在他开始讲述自己的故事后，另有五个人穿插着讲述了自己的故事（利百加、贝拉斯克斯、犹太浪人、托雷斯·罗韦拉斯、族长）。

连续不断的套中套结构，波托茨基创造了一种"连环嵌套"（à tiroirs gigogne）的小说形式。

这一现象在第二层框架内尤为明显，随着吉普赛人首领故事的展开，插入的内容变得越来越多，三层嵌套是时而可见的，五层嵌套甚至也能找得出例子：在第五十三天，我们看到的是封地骑士托拉尔瓦向布拉斯·埃瓦斯讲述的他自己的故事，而这个故事是由埃瓦斯复述给科纳德斯，再由科纳德斯复述给布斯克罗斯，又由布斯克罗斯当着阿瓦多罗的面转述给托莱多，最后由阿瓦多罗向范·沃登讲述出来的！嵌套结构弄到如此繁复的程度，甚至连小说里的人物利百加和贝拉斯克斯有时也口出怨言，他们当众表示，自己像进入迷宫一样，听得不明所以。

这部小说还令人惊叹地将各种叙事类型集于一书：黑色小说（绞刑架的故事），盗匪故事（佐托），神怪故事（帕切科、秘法师），幽灵故事，流浪汉小说（阿瓦多罗），浪荡子的故事（帕切科、托莱多、布拉斯·埃瓦斯），哲学故事（贝拉斯克斯、迭戈·埃瓦斯），爱情故事（埃尔维拉和隆泽托、洛佩和伊内丝、特拉斯卡拉和托雷斯、族长和翁迪娜），政治类小说（阿瓦多罗故事的结尾部分、族长的故事），甚至还有一些类似炫技的小片段，如迭戈·埃瓦斯百科全书的目录、乌泽达的家谱；此外，有的故事借鉴了东方传说的风格（艾米娜和齐伯黛的故事），还有的能让人联想到"高贵野蛮人"[1]的

---

[1] 译注：17世纪一些有美洲经历的欧洲人在作品中描述了当地土著人的形象，将他们称作"高贵野蛮人"（bon sauvage），这些人被塑造成与欧洲社会对立的、在自然状态下生存的理想化人群。

故事（如特拉斯卡拉的自然宗教，又如翁迪娜的野生生活）；实话实说，有几个故事我们甚至难于为其做出准确归类。在帕杜利侯爵夫人的故事和达丽奥莱特的故事中，波托茨基沿用或者说延伸了《太太学堂》的主题[1]，而姬塔·西米安托是又一位"沉默无言的妻子"[2]。

如此丰富多样的叙事，想让它们始终构成一个统一的整体，就必须要有一个牢固的结构，如双层框架、对称布局、嵌套结构等：可以说，波托茨基是高乃伊之后、鲁塞尔[3]之前最伟大的法语文学结构设计师之一。

但不同的故事之间还存在着其他一些联系：如多线并存的人物，又如多样化重复的主题。

确实，有好几个人物同时在多个故事里出现，如银行家莫罗，又如书商莫雷诺[4]。佐托虽然有属于自己的独立故事，但在朱利奥·罗马蒂的故事里也扮演了一个角色；隆泽托、埃尔维拉、佩尼亚·贝雷斯，阿瓦多罗年幼时见到的这些人，他们的故事要等托雷斯·罗韦拉斯（即隆泽托）从美洲回来以后才能补充完整。范·沃

---

[1] 译注：《太太学堂》是莫里哀的一部喜剧，剧中的男主人公为了培养百依百顺的妻子，买了一个4岁的小姑娘将其送进修道院，等她长大成人后再和其结婚生活。但妻子在与社会接触后很快爱上了别人，并设法逃脱了原先的家庭。

[2] 原注："沉默无言的妻子"借指以故扮温驯但婚后便原形毕露的女人为主题的作品。

[3] 译注：雷蒙·鲁塞尔（Raymond Roussel，1877—1933），曾影响过超现实主义的法国作家。

[4] 原注：我们注意到，波托茨基对类似发音的名字是情有独钟的：在佐托的匪帮里有个成员也叫莫罗，一位医生的名字叫桑格雷·莫雷诺，布斯克罗斯化名为莫拉雷多，此外还有一个叫桑塔·毛拉的公爵，一部带有琳达·莫拉这个人名的书籍。

登的父亲不光出现在他儿子的故事里——他后来与吉普赛人首领较量过一番，在第二十八天的故事里，还先后与十一个人过了招！布斯克罗斯说的那位弗拉丝克塔，原来就是阿瓦多罗故事里托莱多认识的那位乌斯卡里斯夫人。贝拉斯克斯在讲述自己的故事时提到的叔父，到了吉普赛人首领的故事里，成了奉国王之命向梅迪纳·西多尼亚公爵夫人提亲的说客。利百加、阿瓦多罗的女儿翁迪娜，还有秘法师的父亲马蒙，都在族长的故事里以新的形象出现。吉普赛人首领的故事中有过阿吉拉尔魂灵现身的场景，但那其实只是此后出场的洛佩·苏亚雷斯。通过乌泽达的家族史，我们又看到了奥尼阿斯四世、犹太浪人、尤瑟夫·本·塔赫尔、凯鲁万的马赫迪、瑟菲和比拉，这些人物在犹太浪人或艾米娜或族长的故事里曾有过亮相。

多线并存的人物就像是将一个个故事串在一起的小桥，见到散布全书各处的这些小桥，我们就能明白，我们面对的不仅仅是一系列故事和一个个孤立的小天地，所有人物的命运其实都包含在同一片宇宙之中。

另一个保证全文统一性的元素，是同样的旋律或主题在不同的故事中重复出现，于是，继范·沃登之后，帕切科、秘法师、利百加、贝拉斯克斯，最后还有多洛莉塔，他们分别体验了在魔咒般的绞刑架下醒来的经历。

绞刑架的主题使全书在开篇就出现了赋格曲[1]的特征，而三角恋

---

[1] 译注：编者在这一部分以音乐为喻，赋格曲是盛行于巴洛克时期的一种复调形式，其基本特点之一是运用模仿对位法，使一个简单而富有特性的主题在乐曲的各声部轮流出现一次。

893

爱的主题可视为另一支赋格曲（范·沃登、帕切科、利百加、秘法师、贝拉斯克斯，最后还有阿瓦多罗），其中甚至还出现过四角恋爱（布拉斯·埃瓦斯与桑塔雷斯夫人及她的两个女儿）。

每当书中人物讲述自己的故事时，年轻人初涉尘世总是个非常自然的主题，它成了调节全书节奏的一种变奏方式，人物进入暮年后对自己一生略带酸楚的回顾（贝拉斯克斯的父亲、迭戈·埃瓦斯、托雷斯·罗韦拉斯、阿瓦多罗），也会产生同样的变奏效果。所有这些故事，所有这些人物的命运，它们互相映照，让读者仿佛置身于镜子游戏之中。

大部分主角的故事里都会出现父亲这个角色，这些父亲几乎个个都是性格古怪之人，而孩子们都会非常看重父子之间的关系，不论在什么情况下，对父亲始终怀有深深的尊重。此外，我们还能看到，在全书范围内，社会等级受到普遍尊重，家族渊源也得到普遍关注。

我们可以再举几个重复出现的旋律或主题：地下空间、修道院、宗教人士、决斗、神秘事件（以及对它们的理性解释）。

波托茨基喜欢营造神秘化的气氛，喜欢追求假面舞会式的效果，这种偏好是否出自他对戏剧的热爱（他曾组织表演过自己创作的轻歌剧《安达卢西亚的吉普赛人》和六场滑稽演出[1]）？但不管如何，《萨拉戈萨手稿》呈现出的是一个真相与谎言紧密交织而难于分割的世界。

---

[1] 原注：《滑稽表演集》(*Recueil de Parades*)，华沙1793年版。《安达卢西亚的吉普赛人/伴有小咏叹调的喜剧》(*Les Bohémiens d'Andalousie/Comédie mêlée d'ariettes*)，1794年版，出版地点不详。《滑稽表演集》《安达卢西亚的吉普赛人》很快将由出版本书的何塞·柯尔蒂出版社重版发行。

有一个主题明显具有独一无二的重要性，那就是"荣耀"，因为（在不同宗教或哲学见解的伴随下——这一点我们后文会再细谈）它奠定了书中各个人物的价值体系和存在意义。瓦隆卫队的上尉、盗匪佐托、大商人苏亚雷斯、尽管身为乞丐但依然气质高贵的阿瓦多罗，他们每个人都有自己的荣耀操守，也都有自己特定的道德标准。不过，波托茨基以令人叹服的方式让我们清晰感受到，这各有千秋的荣耀操守虽能激荡书中的小世界，但都有局限、荒谬的一面。《萨拉戈萨手稿》是从《堂吉诃德》《格列佛游记》到《没有个性的人》这一系列伟大讽刺小说中的一员。不过，为了避免过于尖锐，波托茨基的讽刺还伴有一种非常明显的幽默感，他以极为优雅的手法实现了这微妙的平衡：既与自己的人物保持非常明确的无限距离，又像在他们身边一样，把他们视为亲人；对他们的局限性及弱点洞如观火，但又会体贴他们、关心他们，甚至为他们动情。对高傲的阿维拉女公爵是这样，对年轻而糊涂的洛佩·苏亚雷斯还是这样……甚至对布斯克罗斯、弗拉丝克塔也同样如此。

每个个体都有自身的局限性，恰恰是因为这一点，才需要各种各样的故事、各种各样的风格，以及互为补充的视角，让世界呈现出它的完整性。风流放荡的托莱多、勇敢守信的范·沃登、诡计多端的布斯克罗斯、有骑士风度的盗匪佐托、全才作家埃瓦斯、既是几何学家又是哲学家的贝拉斯克斯、新贵罗韦拉斯、弗拉丝克塔、帕杜利侯爵夫人、阿瓦多罗、贝拉斯克斯、范·沃登等人的父亲、洛佩·苏亚雷斯、阿维拉女公爵、有着颗浪漫之心的佩尼亚·贝雷斯、托雷斯·罗韦拉斯、特拉斯卡拉，戈梅莱斯家族的族长：每一个人物都令人难以忘怀。这不是挂着一幅幅人物画像的画廊，而是一个世界。

《萨拉戈萨手稿》是一首波澜壮阔的复调乐曲，在这首乐曲的演绎中，每位主角都在自己的声部内放出独立的声音，同时又通过主旋律与和声，跟其他人、跟整体紧密地联系在一起。用音乐术语来说，这就是一首大型赋格曲。

与开篇绞刑架、三角恋爱等一连串强劲乐章相比，结尾的紧凑连奏同样令人印象深刻：

——秘密揭晓，范·沃登得到奖励。矿脉耗尽，地下空间被炸毁（作者原本还构思过一个类似于儒勒·凡尔纳某几部小说的火山爆发结局）；戈梅莱斯家族的计划灰飞烟灭。

——族长对此前六十六天里发生的大事进行了总结，"乌泽达家族史"则回顾了小说中提到的所有重要历史事件，正是在这些历史事件的作用下，虚构与"现实"天衣无缝地融合在一起。

——所有主角，不论是穆斯林（族长、艾米娜和齐伯黛），还是基督徒（贝拉斯克斯、范·沃登和阿瓦多罗），或是犹太教徒（利百加），他们都是同一个大家族的成员，这个具有象征意味的构思在莱辛的《智者纳坦》[1]中也出现过。

---

[1] 译注：《智者纳坦》（*Nathan der Weise*）是德国戏剧家莱辛于1779年创作的剧作，讲述了一个智慧的犹太商人纳坦如何通过一个"戒指寓言"消弭了犹太教、基督教和伊斯兰教间的界限，从而达成宗教和解。

因此，再回到我们分析的起点来看，我们注意到，全书采用错综复杂的结构并非毫无目的：将多种多样的故事交织串联在一起，这是一种表达不同命运、不同理念并生共存的形式。

在这各种命运、各种理念争鸣的合唱会上，会不会有某个观点最受青睐，有某个声音与波托茨基本人的思想和见解最贴近呢？我们认为，要是只将某一个人物放在舞台的中心，不论他是范·沃登，还是族长，或是阿瓦多罗、贝拉斯克斯，都会背离作品的本意，因为呈现不同视角下的多元景观，恰恰才是本书的魅力所在。但反过来看，通过散布在不同人物身上的某些个性特征，我们还是能联想到作者的某段亲身经历或是某种内心信念。

作者是一位多情之人，他在年轻时是否也曾像隆泽托或洛佩·苏亚雷斯那样迷恋浪漫的爱情作品？我们没有任何实据，但这是非常可能的事。风流放荡的托莱多大人曾同时在多个女子间周旋，但后来又厌倦了男女间的种种情事，这是否正是作者本人的写照[1]？托雷斯·罗韦拉斯以伤感的口吻说，人到了某个年纪后，就不能再做驰骋情场的指望了，这句话也明显带有强烈的作者个人色彩。

贝拉斯克斯无师自通地掌握了数学知识，这个故事是在1805年

---

[1] 原注：伊丽泽·冯·德·雷克（Elisa von der Recke）曾根据皮亚托利所言，讲述过关于作者的丑闻。据她称，波托茨基可能与自己的亲生母亲、妹妹，以及后来的岳母卢博米尔斯卡公主有过情感上的纠葛［见玛利亚·埃维莉娜·佐尔妥夫斯卡，《波兰名人生平辞典》(*Polski Slownik Biograficzny*)，"扬·波托茨基"词条，波兰弗罗茨瓦夫1984年版］。

后不久写成的。当时，波托茨基正亲力亲为，为他第三个儿子的教育投入大量心血（前两个儿子的教育是由他们的外祖母负责的），其中就包括向孩子传授数学这门科学的基础知识[1]。

波托茨基和阿瓦多罗一样，一生经历了种种传奇，去过很多地方，真真切切地迷恋过吉普赛人的生活，履行过外交使命，并在生命的末年意识到，不论是哪国的朝廷，都盛行腐败之风，对朝臣薄情寡义——书的最后几个部分就是这些传奇经历的真实写照。

波托茨基又像贝拉斯克斯的父亲那样深深认识到，"学会萨拉邦德舞"，能有利于在朝中加官晋爵，专注于学问（对作者来说，就是研究斯拉夫世界各民族的语言和文明）则会一无所获。此外，在他身上，是不是还有点迭戈·埃瓦斯这种无所不知的大学者的影子？不管怎么说，埃瓦斯与书商、出版人争论时的口气被描述得极为真实，而这些描写看起来理应反映了作者的实际生活经历。埃瓦斯将自己的一生献给了学问，但他始终不受人理解，被命运辜负，在暮年之际，他意识到，他浩如烟海的著作将一无所存，他的生命将无法留下任何痕迹，此时他深深陷入绝望：他那段发自内心的呐喊是多么震撼人心，而写下这段文字的人竟然后来也和他笔下的人物一样，选择以自杀的方式结束生命！

哲学和神学的理论散见于全书各处，但主要集中在卡埃莱蒙的传道、贝拉斯克斯的体系、暮年埃瓦斯的思想以及彼列的道德观这

---

[1] 原注：玛利亚·埃维莉娜·佐尔妥夫斯卡，《〈萨拉戈萨手稿〉的起源》，载《华沙手册》，华沙1981年第3期（Maria Eveline Zoltowska, *La Genèse du Manuscrit à Saragosse*, in *Les Cahiers de Varsovie*, No 3, Varsovie, 1981）。

几个部分。

卡埃莱蒙关于古代宗教的论述是由犹太浪人向范·沃登转述的,这一部分内容旨在展现基督教以及所有天启宗教在信仰和仪式上的历史性、相对性。

书中在谈到宗教话题时,必然会带有一定的怀疑主义气息:犹太智慧的最高境界体现在《光辉之书》中,但"这本书之所以叫这个名字",按照秘法师的说法,"是因为里面的内容一般人完全看不懂"。伊斯兰教固然能宽容地接受多配偶制,但其信徒往往过的是清教徒式的生活(族长对基督教城市民风败坏深表痛惜),有的人会狂热得失去理性(见关于祭奠阿里之子侯赛因的描述),争权夺势还会让他们的组织分崩离析。至于基督徒,他们对摩尔人毫不宽容,设立了宗教裁判所,信仰往往是建立在"神迹"或玄妙之事上,而这些事无非只是骗局或误解,在整部书中,波托茨基不放过任何一个机会,不遗余力地去除基督教信仰中的神秘化色彩。

因此,贝拉斯克斯这位启蒙哲学的代言人在说明自己的宗教理念时,会用论证的方式来解释自然宗教的思想(第三十七天),他阐述称,"就像我们所称的两条渐近线那样,哲学家与神学家的观点尽管无法真正相交,却变得越来越接近",他还强调说,自然科学家可以在"不借助神迹"的情况下订立教义。他说,"我也阅读了一些谈创世的作品,研究了其中的神学思想,力求找到一些敬爱造物主的新理由";虽然他嘴里说,要像"牛顿爵士和莱布尼茨爵士"那样,"全心全意地顺从"正统宗教,但实际上他放开手脚,尽情宣讲从洛克、孔狄亚克和霍尔巴赫那里获得启发的感觉论和唯物主义思想。"假如有人将您放入一个倒焰炉里",他对自己深爱的、此后还娶之

899

为妻的女人这样说道,"那您就可以被制作成一根玻璃管"[1]。"就像磁感应那样,生命只有通过它的效应才能被感知"。"这些在需求出现后即时产生的意志(是意志造就了生命的效应),在成年的珊瑚和刚出生的人身上都能看得到"。"意志是先于思想的"。"亚里士多德这番观点一出,大家逐渐形成共识,任何思想都源自之前的感知,无一例外"。"才智的差异在于'像'的数量以及组合各种'像'的能力,假如我大胆地表述一下,那就是,才智的高低,它与'像'的数量加组合各种'像'的能力成复合正比关系"。

贝拉斯克斯的思想在他那个时代是超前的,早在1739年,他就将数学运用到道德和心理学的领域。但实际上,直到18世纪末,"观念学家"卡巴尼斯、德斯蒂·德·特拉西、曼恩·德·比朗以及历史学家沃尔内才正式提出这种思路[2];贝拉斯克斯构思了一条生命轨迹的曲线,并把道德上的冲突转变为一种矢量运算,还通过组合数学的方式来测算智力的发展[诚然,1796年,狄德罗已经在他的《宿命论者雅克》(*Jacques le Fataliste*)一书中借雅克主人之口说出这样的话:"晚上我鼻烟盒里所剩烟草的数量是和我白天的快乐成正比

---

[1] 原注:埃瓦斯称,"不论是人还是动物,其生存靠的都是一种能量酸",这同样也表达了一种唯物主义信仰。

[2] 原注:曼恩·德·比朗(Maine de Biran,1766—1824)在他的日记里写道:"为什么我们不能用实验物理学的方法处理心理学问题?"随后,他写了一篇《论观念学与数学的关系》(*Mémoire sur les Rapports de l'idéologie et des mathématiques*)。卡巴尼斯(Cabanis,1757—1808)在他为法兰西学院撰写的一份报告中引用了曼恩·德·比朗这篇论文的内容。德斯蒂·德·特拉西(Destutt de Tracy,1754—1836)呼吁建立一座"研究伦理学和政治学的综合工科学校"。沃尔内(Volney,1757—1820)在他于1814年出版的《古代史新探》(*Recherches nouvelles sur l'histoire ancienne*)中提出,要"根据物理学家、几何学家在精密科学中的研究方法"来研究历史。

的，或者反过来说，是和我白天的烦恼成反比的。读者，我这种从几何学借用而来的说话方式，请您一定要习惯。"]。

启蒙思想中的伦理道德观是由堂彼列陈述出来的——他说："我是一个强大组织的核心成员，这个组织以实现人的幸福为目标，具体的途径，就是帮他们克服依赖成见的毛病。这些无谓的成见，他们在奶妈怀中吃奶的时候就一起吞进了肚子，此后，一旦他们有什么欲望，这些成见就会跳出来妨碍他们。我们出版过一些非常棒的书，在书中，我们用非常精彩的方式论证，对自我的爱是人类一切行为的本源；对可怜人的和善怜悯，对长辈的尊重孝顺，对爱人炽热的爱、温柔的情，国王对子民的仁慈，这些全是利己主义经过精心掩饰后的表现。不过，假如对自我的爱是我们所有行为的原动力，那么，满足我们自身的欲望就应该是所有行为的自然目标。立法的人对这一点深有感悟。他们在制订法律条款的时候，故意留下一些空子给人钻，有利害关系的人肯定不会错过。"

是否正如莱谢克·库库尔斯基在他编校的波兰语版导言中所说，这种唯物主义和利己主义的哲学观便是小说的核心理念，也是作者想传递给读者的启示呢？我们认同，波托茨基确实在书中以坚持不懈的态度，想通过贝拉斯克斯之口，表达出一种引领时代甚至超越时代的哲学观。然而，即便我们接受，这种理性主义思想可视为作品的主基调，但我们还是不难发现，在波托茨基心中，依然存在着一片巨大的非理性的阴影区；在面对死亡时，宗教问题是他挥之不去的一个心结——据传说，他自杀前曾拜托一位神父为他将要使用的那颗子弹祈福。埃瓦斯是书中最具唯物主义精神的人物，也是最绝望的一个人物，他是个无神论者，但他在临死时还是发出了这样的高呼："哦，我的上帝啊——假如确实有这么一个上帝，请怜悯我的灵魂吧——假如我确实有这么一个灵魂！"

那么，除去某些态度犹疑的时刻，波托茨基是否依然像莱谢克·库库尔斯基所论证的那样，是一位理性主义的先锋，是夏多布里昂《基督教真谛》的猛烈抨击者[1]？整部作品又是不是围绕着贝拉斯克斯构建起来的？在我们看来，这种把《萨拉戈萨手稿》视作论著式小说的诠释偏于狭隘，只看重某一个人物或某一种观点，不顾其他，这是多么贫乏的思路啊！在这部小说里，化装舞会式的场景，设谜解谜式的套路，都占据了极其重要的地位。波托茨基用千变万化的方式，设计出一个又一个面具，一位又一位人物，一段又一段哲学学说。这都是文学范畴的游戏，是应该还原到本真状态的虚构情节。

《萨拉戈萨手稿》延续了巴洛克时代戏剧和假面剧[2]的伟大传统。它所体现的现代性，在于作者没有试图掩盖其中的虚构特征、文学游戏的特征。另一方面，全书的构思固然是自由的，但它展现的依然是一个世界的全貌，而这个世界的创造者，他丰富多元甚至相互矛盾的多重面目也完全得到了展示。

这是一部虚构的作品。使用传授秘义式的套路，并不是要掩盖读者期待破解的秘密；相反，这套路犹如棋局般的游戏，为想象提供了驰骋的空间，或者用我们之前的说法，为这个虚构故事搭建了

---

1 原注：此论点是站不住脚的，因为后来我们知道，波托茨基从1797年就开始了《萨拉戈萨手稿》的创作（译注：夏多布里昂的《基督教真谛》出版于1802年）。

2 译注：假面剧指假面喜剧（或即兴喜剧），是16、17世纪从意大利发展起来的一种欧洲喜剧形式。

框架。对各种叙事类型的戏仿，这属于文学游戏。此外，波托茨基本人又像玩一场角色扮演游戏那样，借用各种面具，让自己先后成为可亲的浪荡子托莱多、冒险家阿瓦多罗、无所不知的埃瓦斯、哲学家贝拉斯克斯，他时而是伊壁鸠鲁派，时而是理性主义者，时而慷慨，时而自私。

真理并不会只体现在单一的某个人物身上，是这部作品的整体，是这首伟大的赋格曲全曲，是这场多种命运交织在一起的合唱会，以零星多元的角度呈现出真理的面貌。

波托茨基是从1797年开始创作这部小说的，一份当年手稿的复印文件可以对此提供证明，手稿的内容是第一天故事里的部分情节（本书第8至9页里的内容）[1]。此后创作的进展相当缓慢：1803年末，他写完了十天的故事，一年之后又新增了三天，他随后作为一支远征队的成员奔赴中国，直到1806年7月才回到彼得堡。1807年，他将一份书稿的复件交给加布里埃尔-艾德蒙·卢梭·德·圣艾尼安，这份书稿便是写到了第二十二天前三分之一处的本书手稿。此后不久，他对政治心生倦意，又因经济问题无法在彼得堡这样的大城市里维持上流社会的生活，于是回到波多利亚，在一座城堡里过起隐居生活。在这里，他显然投入了更多的精力和时间来创作小说，因为《阿瓦多罗》是1813年在巴黎出版的，第二年又紧接着出版了《阿方索·范·沃登生命中的十天》，这意味着，小说的前五十六天至迟是在1812年创作完毕的。这两部节选式作品的出版是他创作过

---

[1] 译注：页码所指为法文原版第8至9页里的内容。

程中一段犹豫期的产物，在这一时期，他应该对小说完整面世的可能性产生了怀疑。究其原因，要么是书的内容过长，要么是构思过于复杂，要么是他自感体力不支，无法将小说写完。

所幸的是，他后来意识到，将小说这样肢解，无异于毁掉整部作品，他于是重新开始实施最初的计划。他完成了小说的创作，但当时很可能已疲态渐增，这在文字中有非常明显的迹象：

——尽管全书结局在构思上依然气势宏大，但最后一部分的文体常常显得突兀匆忙。多层框架的搭建给人一种马虎了事的感觉（第五十三天），甚至此后基本不再做这方面的设计。

——最终定稿时，对于第一天到第五十六天的内容，波托茨基原封不动地使用了先前的一个版本，然而，在《阿瓦多罗》《阿方索·范·沃登生命中的十天》中，他已经亲手进行了一些修改，有些修改还非常出色。

——对于第四十七天的内容，他重写了一个新版本[1]，但新版本中没有了诗人阿古德斯这个人物，到了第六十一天，阿古德斯以已知人物的身份再度出场，这显然是作者的疏漏之处。此外，原版本中有段内容解释了阿维拉女公爵家中的秘事，这一部分也在新版本中被舍弃（我们将不可轻弃的第四十七天旧版本作为附件附在正文后，读者可以参阅）。

---

1 原注：这一天的内容被重写，很可能出于两个原因，一方面是原版本篇幅过长，另一方面是其中包含着一处非常明显的时间错误：阿维拉女公爵生于奥利瓦雷斯在世时，即1645年之前，那么，在1697年她应该已年过50（她女儿第二年出世，卡洛斯二世于1700年去世时她刚刚两岁），但她竟然能假扮自己年仅20岁的妹妹（译注：文中是姐姐）！

——此外,他已不再有时间明确某些人物的姓名(恩里克·德·萨,还是埃马纽埃尔·德·萨?姬塔·萨莱斯还是姬塔·西米安托[1]?),协调某些人物的年纪与他们故事所跨越的时间长度,也无力再将情节的转变与历史事件的年代契合起来,而他原本正是想通过一个个历史事件,让虚构与现实天衣无缝地结合在一起。

——至于放弃十日谈的篇章结构,尽管这一决定也发生在同一时期,但我们认为,这是由于作者有意识弃用了这种章节划分法,而不是疲态所致[2]。

《阿瓦多罗》《阿方索·范·沃登生命中的十天》,这是本书在作者生前出版的仅有的两个节选版本。1804、1805年,前十三天的内容曾以校样形式在圣彼得堡印刷过,但从未进入发行销售的渠道。1809年,弗里德里希·阿德隆根据这些校样稿的内容,在莱比锡以"莫雷纳山脉冒险记"(*Abenteuer in der Sierra Morena*)之名出版了德译本[3]。

1847年,埃德蒙·霍耶茨基根据一份他在波托茨基家族档案室里发现的手稿,在莱比锡出版了《萨拉戈萨手稿》的波兰语译本,但他此后可能销毁了这份手稿。

---

[1] 译注:这些人物的姓名在现法文版和中文译文中均已统一。
[2] 原注:但后记中依然说的是"60天的日记",而不是"66天"(译注:此处现法文版和中文译文均已改正)。
[3] 原注:我们在德国、奥地利、法国、瑞士的图书馆里均未发现此译本,在英国和美国的藏书目录里也未有收获。

在法国，波托茨基的名字长期被人遗忘，以至于他的这部小说被人无耻地剽窃了多次。夏尔·诺迪埃根据《阿方索·范·沃登生命中的十天》一书，几乎毫无改动地移植了"蒂博·德·拉雅基埃尔的故事"[1]。某位库尔尚伯爵（又名莫里斯·库赞）在他所谓的《克雷基侯爵夫人回忆录》[2]中，讲述了一段"卡廖斯特罗手稿残章"的故事，题为"地上的天堂"，而这正是"朱利奥·罗马蒂和萨莱诺山公主的故事"的翻版。后来，他又在《新闻报》上故伎重演，以连载的方式刊登了一部题为"夺命谷"的小说[3]，内容照搬了《阿方索·范·沃登生命中的十天》的开篇。《国民报》揭露了他的抄袭行为，双方为此打起官司，一时间闹得满城风雨[4]。但显然这场风波既没有引起读者也没有引起出版商对《萨拉戈萨手稿》作者的兴趣[5]。

直到1958年，本书作者才真正得到法国读者的初步了解。当时，罗杰·卡依瓦出版了一部非全本的《萨拉戈萨手稿》（约占全书四分之一）。

我们根据目前能发现的所有素材（印刷物，残缺不全的手稿原

---

1 原注：见《地狱风情》(*Infernaliana*)，巴黎桑松出版社（Sanson）1822年版。
2 原注：巴黎1834年版，1873年重印，加尔尼埃出版社（Garnier）。
3 原注：从1841年10月10日连载到10月14日，即《国民报》揭发他剽窃行为的那一天。此外，据罗杰·卡依瓦称，这位库尔尚伯爵还在一本名为《堂贝尼托·德·阿尔穆斯纳尔》(*Don Benito d'Almusenar*) 的书中抄袭了《阿瓦多罗》的情节，但这本书我们未能发现。
4 原注：关于这场官司，可参阅《国民报》1842年2月4日的文章《〈夺命谷〉的结局》。
5 原注：不过，据玛利亚·埃维莉娜·佐尔妥夫斯卡的研究，1842年巴黎曾重版过《阿方索·范·沃登生命中的十天》，参见其未公开出版的论著《奇幻文学的先驱：扬·波托茨基和他的〈萨拉戈萨手稿〉》(*Un Précurseur de la Littérature Fantastique: Jean Potocki et son 'Manuscrit Trouvé à Saragosse'*)，耶鲁大学，1973年。

稿及复件，以及埃德蒙·霍耶茨基的译本），推出了您现在看到的这个版本。我们力求通过这个版本，让《萨拉戈萨手稿》以原创作语言完整地再现于世。

原版第二版编者序

作为本书作者的直系后人，马雷克·波托茨基伯爵向我们提供了三份属他所有的手稿[1]，因此，为本书推出新版便成为势在必行之事。我们借此机会，根据R2版本[2]，标注出第十四至第二十天的个别变化，并根据伯爵提供的手稿，对第四十六、四十七两天的译文，以及自第五十七天至小说结尾的译文[3]，进行了修订。

这些新素材是对第一版确立的文本的肯定：从叙事内容看，小说并没有任何变化。

从此，我们需要面对的就是多版本由作者亲书或修改过的手稿，这一事实让我们认识到，不论对于哪一处细节而言，我们或许都永远无法知晓作者本人所期待的最终形式，因为我们发现，波托茨基在修改完一份手稿后，并不一定会把改动整合到其他手稿内。因此，为了确定作者在文体上的最后意图，就必须把现存的所有手稿放在一起比对。通过注释，读者可以了解到，我们是如何根据收集到的

---

1 原注：这三份手稿分别被标注为G、Q、K'版本。
2 译注：这些以字母形式指代的素材、版本在原书中有详细说明，中文译本略去。根据原版第三版编者序的内容，R2版本是华沙的波兰国家图书馆提供的手稿之一。
3 译注：这两个部分原由埃德蒙·霍耶茨基的波兰语译本转译而来，参见原版第三版编者序。

所有素材一处一处定稿的[1]。

和第一版一样,基本的文本内容得到完整再现。另一方面,为了避免注释部分过于庞杂,我们只选择了其他素材中具有积极正面作用的内容加以标注,有明显错误或疏漏的地方,我们全部略去不提。

我们谨此向马雷克·波托茨基伯爵致以谢意,因为除了三份手稿之外,他还提供给我们一张珍贵的照片,照片拍摄的是年代背景不明的由戈雅绘制的扬·波托茨基画像。此外,我们还要向审校这次新版本校样的茜尔维·乌尔曼小姐(Sylvie Wührmann)表示感谢。

---

[1] 译注:版本方面的注释在中文译本中略去。

原版第三版编者序

借这次重印的机会，我们想回顾一下《萨拉戈萨手稿》全本法文版当初面世的整个过程。在本书第六百七十六页，我们以鸣谢词的形式，向所有为这次出版行动助力、保证其成功实现的有关方面和各界人士表达了谢意，并罗列了他们提供的种种素材[1]。另一方面，在前两版出版后，我们看到一些书评，书评本身让我们深感荣幸，但在书评中，各位批评家对我们的这个全本法文版依然有不甚理解之处。长久以来，我们一直非常欣赏波托茨基的这部杰作，该书原以法文创作，却没有出过任何一个法文的版本（罗杰·卡依瓦的法文版缺失了原书四分之三的内容，而且难言充分可靠，因此不计在内），这对我们来说无疑是巨大的憾事。莱谢克·库库尔斯基的波兰语版本（1956年及1968年）引起了我们的关注，他使用三份各包含一部分残章的手稿（我们分别以K、S、V三个符号指代），来修改此前霍耶茨基的波兰语译本（C），这样看来，以他的这些素材为基础，再配上我们手头其他一些过往的相关印刷物（L、A、D），整理出一个法文全本，是完全可以期待之事。华沙的波兰国家图书馆非常慷慨地向我们提供了这三份手稿的微缩胶片，后来又提供给我们

---

1 译注：此鸣谢辞中文译本略去。

残章F，以及R版本的手稿。而我们的社长也向我们指出，在蓬塔尔利耶市[1]的市立档案馆里，有一个M版本手稿的复本。通过所有这些素材，我们对作品的构思和创作进程有了认识，对不同文献的相对价值也有了了解，并由此复原出法文文本的六分之五内容。此后我们又继续访问了世界各地的图书馆，查看了各种馆藏书目的目录，但搜寻工作一直没有成果（目前，我们已不再能够从公立图书馆发现任何有价值的文本残章），因此，法文文本中缺失的部分只能从唯一的参考文献即霍耶茨基的波兰语译本（C）重新译回法文：斯库平斯卡-扬科夫斯卡女士（Skupinska-Jankowska）承担了翻译工作，并顺利完成。由于C版本是完全独立的素材，因此在版本注释中可以看到，我们以这一素材为基础，将其与其他所有文献进行了从头到尾、极为细致的比照[2]。就这样，我们推出了《萨拉戈萨手稿》的第一个全本法文版。

在作品付印的过程中，我们了解到，《华沙手册》杂志的第三期是波托茨基专刊，专刊为我们提供了一些新信息，我们于是在最后时刻又增补了几个注释。专刊里提到两本未公开出版的论著，作者分别是玛利亚·埃维莉娜·佐尔妥夫斯卡和旺达·拉帕茨卡（Wanda Rapacka），而直到《萨拉戈萨手稿》第一版出版几个月后，我们才得到这两本论著的复件，但我们并未从中发现任何需要我们返工修改的见解。不过，佐尔妥夫斯卡女士的年谱研究，特别是她为《波兰名人生平辞典》撰写的扬·波托茨基词条，让我们大受启发，我

---

1 译注：蓬塔尔利耶（Pontarlier），法国城市。
2 译注：如前所述，版本注释在中文译本中略去。

们又借鉴了多米尼克·特里埃尔出版的波托茨基的《政治文集》，将这本书中编者整理的带有具体年代、日期的事件与佐尔妥夫斯卡女士的研究结合在一起，在《萨拉戈萨手稿》的第二版中配上了一份"作者及本书大事年表"。这份大事年表确实是非常必要的。此外，在第二版出版前，马雷克·波托茨基伯爵令我们非常感动地提供了三份属他所有的手稿残章（K'、G、Q），这三份手稿是对我们第一版工作的肯定（因为从叙事内容看，小说并没有任何变化）；更值得一提的是，有了这三份手稿，从波兰语重新译回法文的部分缩减到只占全书的九分之一。

目前读者所看到的第三版对之前的版本进行了严谨苛刻的审校：修正或增补了十几处注释，对翻译部分的文字（第四十六、四十七两天，以及自第五十七天至小说结尾）在文体上进行了一些微小的修饰。这些调整来自我们几位新合作者的宝贵建议，在此谨向她们致以衷心的感谢。

勒内·拉德里扎尼（René Radrizzani）
1992年2月11日写于洛桑

图书在版编目（CIP）数据

萨拉戈萨手稿/（波）扬·波托茨基
（Jean Potocki）著；方颂华译. —— 长沙：湖南文艺出
版社，2020.1
书名原文：Manuscrit trouvé à Saragosse
ISBN 978-7-5404-9415-5

Ⅰ.①萨… Ⅱ.①扬… ②方… Ⅲ.①长篇小说-波
兰-现代 Ⅳ.①I513.45

中国版本图书馆CIP数据核字（2019）第185702号

MANUSCRIPT FOUND IN SARAGOSSA by Jean Potocki
Copyright © Jean Potocki, 1947
This edition arranged with Editions Corti
Simplified Chinese edition copyright © 2020 Shanghai Insight Media Co.
All rights reserved.

著作权合同登记号：18-2018-180

萨拉戈萨手稿
SALAGESA SHOUGAO
[波]扬·波托茨基 著 方颂华 译

出版人	曾赛丰
出品人	陈垦
出品方	中南出版传媒集团股份有限公司
	上海浦睿文化传播有限公司
	上海市巨鹿路417号705室（200020）
责任编辑	刘诗哲
封面设计	朱疋
责任印制	王磊
出版发行	湖南文艺出版社
	长沙市雨花区东二环一段508号（410014）
网址	www.hnwy.net
经销	湖南省新华书店
印刷	河北鹏润印刷有限公司

开本：880mm×1230mm 1/32　　印张：29.25　　字数：650千字
版次：2020年1月第1版　　　　　　印次：2020年5月第5次印刷
书号：ISBN 978-7-5404-9415-5　　定价：118.00元（全二册）

版权专有，未经本社许可，不得翻印。
如发现印装质量问题，请联系出版方：021-60455819

浦睿文化
INSIGHT MEDIA

出 品 人：陈　垦
策 划 人：仲召明
出版统筹：戴　涛
监　　制：余　西
编　　辑：赵　阳
封面设计：朱　疋
版式设计：祝小慧

欢迎出版合作，请邮件联系：insight@prshanghai.com
新浪微博：@浦睿文化